AF802432

# MEIKEL-IMHOF-RIEDEL

# Grundbuchrecht

## Kommentar zur Grundbuchordnung

6., neubearbeitete Auflage

von

Dr. Wilhelm Imhof und Dr. Hermann Riedel

Staatsbankdirektor in München

Landgerichtsrat in München

Band II, 3. Lieferung

§§ 20—28 GBO

1968

J. SCHWEITZER VERLAG, BERLIN

HODES

## Hessisches Nachbarrecht

erläutert von Oberlandesgerichtsrat Dr. FRITZ HODES, Frankfurt (Main).
2., erweiterte Auflage. Oktav. XVI, 182 Seiten. 1967. Kartoniert DM 28,—

„Die gut durchdachten und ausgefeilten Bestimmungen berücksichtigen die von der Rechtsprechung herausgearbeiteten Grundsätze und sind den Erfordernissen neuzeitlichen Bau- und Siedlungswesens angepaßt. Hodes war an der Vorbereitung des Gesetzes maßgeblich beteiligt. Dementsprechend zeichnen sich seine Erläuterungen durch ihre Klarheit und Zuverlässigkeit aus und zeigen den Zusammenhang der Bestimmungen mit den allgemeinen Vorschriften des BGB sowie ihr Verhältnis zur Hessischen Bauordnung in vortrefflicher Weise auf. Insgesamt ein Buch, dessen Anschaffung sich auch für einen am Nachbarrecht interessierten ‚Nichthessen' lohnt. In Hessen wird es für Gerichte, Rechtsanwälte, Notare und auch für Baubehörden unentbehrlich sein."
*Deutsche Richterzeitung*

MEISNER-STERN-HODES

## Nachbarrecht im Bundesgebiet (ohne Bayern) und in Westberlin

4., verbesserte und erweiterte Auflage von Oberlandesgerichtsrat Dr. FRITZ HODES, Frankfurt (Main). Oktav. XXVII, 837 Seiten. 1964. Ganzleinen DM 88,—

Eine Fundgrube der schwer zu ermittelnden Gesetze, Verordnungen und Entscheidungen in den betreffenden Ländern.

„. . . bietet einen umfassenden, lückenlosen Überblick über das Nachbarrecht, wie er sonst nirgends zu finden ist. Alle, die sich mit nachbarrechtlichen Fragen befassen, werden ohne dieses Werk nicht auskommen." *Staatsanzeiger für Rheinland-Pfalz*

„Eine ungeheure Arbeitsleistung und ein immenses Wissen stecken darin. Wir aber brauchen nur nachzuschlagen, und die Gerichte werden in immer steigendem Maße zitieren: ‚Siehe M.-S.-Hodes, Bundesnachbarrecht, Seite . . .'"
*Bezirksnotar Haegele in: Der deutsche Rechtspfleger*

„Dieses klassische Standardwerk unserer Rechtsliteratur erweist sich als führend im nachbarrechtlichen Schrifttum und als unentbehrlich für die Praxis." *Der Städtetag*

MEISNER-RING

## Nachbarrecht in Bayern

5., neubearbeitete und vermehrte Auflage. Früher MEISNER, Das in Bayern geltende Nachbarrecht. Bearbeitet von Oberstlandesgerichtsrat Dr. JOSEF RING, München. Oktav. XX, 704 Seiten. 1961. Ganzleinen DM 54,—

„Dieses Werk von hohem, wissenschaftlichem Rang und großer praktischer Bedeutung behandelt viele Fragen von allgemeiner Bedeutung und hat daher zu Recht auch über Bayern hinaus im ganzen Bundesgebiet Anerkennung und Verbreitung gefunden." *Bayerischer Bürgermeister*

„Mit dem vorliegenden Buch, dessen frühere Auflagen bereits hohe Anerkennung gefunden haben, wird dem Praktiker ein Werk von besonderem Niveau zur Verfügung gestellt, das in Gesetzgebung, Rechtsprechung und Schrifttum den neuesten Stand wiedergibt. Die übersichtliche Anordnung und souveräne Beherrschung des Stoffes, die prägnante Sprache und erschöpfende Behandlung aller im täglichen Leben auftauchenden nachbarrechtlichen Probleme sind die besonderen Vorzüge dieses ausgezeichneten Werkes."
*Bundes-Baublatt*

bei Nachweis der Genehmigung zu erfolgen. Gegen das Ersuchen um Widerspruchseintragung haben die Betroffenen kein Rechtsmittel, wohl aber haben sie bei Eintragung und Löschung des Widerspruchs im GB die Beschwerde nach § 71. Die ersuchende Behörde hat bei Eintragungs- und Löschungsersuchen im Falle einer Ablehnung die Beschwerde nach § 71. Dazu *Bem 83b*.

Daneben besteht für das GBA die Möglichkeit zur **Eintragung eines Amtswiderspruchs** nach § 53 Abs 1 S 2, wie sich aus § 7 Abs 2 S 3 GrstVG(*Anh*) ergibt; dazu *Pikalo-Bendel* aaO Bem F. Über die Eintragungsvoraussetzungen *§ 53 Bem 2ff*. Die Löschung desselben erfolgt nach § 53 Abs 2 S 2 von Amts wegen, wenn die Voraussetzungen hierzu vorliegen; dazu **KG** HRR 1935 Nr 131, *§ 53 Bem 51ff*. Daneben besteht bei Unrichtigkeitsnachweis oder auf Antrag die Möglichkeit zur Löschung nach § 22, dazu *§ 53 Bem 62*, auch *Pikalo-Bendel* aaO Bem F II d. Die Eintragung des Widerspruchs auf Ersuchen oder von Amts wegen kann auch gegenstandslos geworden sein, weil die Beteiligten den Vertrag rückgängig gemacht haben oder das Genehmigungsverfahren nicht mehr weiterbetreiben. In solchen Fällen zB kann dann auch eine Löschung des Amtswiderspruchs auf Antrag und Bewilligung des oder der Betroffenen erfolgen; dazu auch **KG** JFG 1, 392, *Güthe* 1862 (GrstVerkBek), *Ricks* GB Praxis 174. Die Eintragung eines Widerspruchs kann von der Genehmigungsbehörde nach rechtskräftiger Erteilung des Zuschlags und Eintragung des Erstehers im GB nicht verlangt werden, weil sie der Meinung ist, daß der Ersteher die Genehmigungsfreiheit im ZwVVerfahren zum GrstErwerb mißbraucht hat, **OLG Karlsruhe** RdL 1966, 153 = DRspr II (285) 81a. Der auf Grund des § 7 Abs 2 GrstVG(Anh) eingetragene Widerspruch zersört den guten Glauben des Erwerbers, beschränkt aber den Eigentümer in der Verfügung über sein Recht nicht und stellt insbes kein der ZwVerst entgegenstehendes Recht iDs § 28 ZVG dar, **AG Waldbröl** RdL 1963, 319 = DNotZ 1964, 370 Ls. Dazu *Bem 83b*.

Im Interesse der Klarstellung der Rechtslage bestimmt § 7 Abs 3 GrstVG(*Anh*), daß dann, wenn **die auf Grund eines nicht genehmigten Rechtsgeschäfts vorgenommene Eintragung einer Rechtsänderung im GB 1 Jahr** besteht, die **Genehmigung** fiktiv als **erteilt** gilt, außer wenn vor Ablauf der Frist ein Widerspruch im GB eingetragen worden ist oder Antrag auf GBBerichtigung oder ein Ersuchen auf Eintragung eines Widerspruchs gestellt worden ist; dazu *Pikalo-Bendel* GrstVG § 7 Bem G. Dies bezieht sich auf ein Rechtsgeschäft, das genehmigungsbedürftig ist, aber nicht genehmigt oder bei dem die Genehmigung versagt wurde.

2. Das Verfahren über **gerichtliche Zuweisung eines Betriebs** ist in §§ 13 ff. GrstVG(*Anh*) geregelt; dazu *Haegele* Beschränkungen Bem 31, *Pikalo-Bendel* GrstVG § 13 Vorbem C, D. Es soll mit dieser Regelung der Zersplitterung von land- und forstwirtschaftlichem Grundbesitz entgegengewirkt werden, damit eine ähnliche Wirkung wie im Höfe- und Anerbenrecht erreicht wird. Deshalb hann, wenn ein **landwirtschaftlicher Betrieb einer durch gesetzliche Erbfolge entstandenen Erbengemeinschaft** gehört, das Landwirtschaftsgericht auf Antrag eines Miterben die Gesamtheit der Grste des Betriebs einem der Miterben zuweisen, § 13 Abs 1 S 1 GrstVG-(*Anh*). **82d**

Die **Wirkung** der Zuweisung ergibt sich aus § 13 Abs 2 GrstVG(*Anh*). Das Eigentum an dem zugewiesenen Betrieb geht mit Rechtskraft der Entscheidung oder zu einem später bestimmten Zeitpunkt auf den Erwerber über. Nach Abschluß des Verfahrens **ersucht** der Vorsitzende des Gerichts des 1. Rechtszugs das **GBA um Eintragung des Erwerbers**, § 25a LwVG; dazu *Pikalo-Bendel* GrstVG § 13 Bem K II 4. Das GBA hat, da es ein Ersuchen nach § 38 ist, nur die Ordnungsmäßigkeit des Ersuchens zu prüfen; dazu *§ 38 Bem 11ff*. Nach Bejahung dieser Frage hat es die GBEintragung vorzunehmen.

83 **e) Genehmigung nach dem Bundesbaugesetz**

Dazu Kommentierungen zum **BBauG**, insbes *Brügelmann-Förster-Grauvogel* ua (Kohlhammer-Verlag), *von Hausen-von der Heide, Heitzer-Oestreicher* (2. Aufl 1965), *Knaup-Ingenstau, Schrödter, Schütz-Frohberg, Zinkahn-Bielenberg,*

ferner *Bonczek* Das BBauG im Hinblick auf Bodenwirtschaft und Bodenordnung ZfV 1960, 321, 371, *Burkhard* Die Bauqualität von Grsten und ihre Behandlung nach dem BBauG BlGBW 1967, 87, *Daniels* Überblick über das BBauG unter besonderer Berücksichtigung der Überleitungsvorschriften MittRhNotK 1961, 139, *Diester* Das BBauG vom 23. Juni 1960 MDR 1960, 797, *Dittus* Zum Erscheinen des BBauG DVBl 1960, 537, *Eppig* Das BBauG in der notariellen Praxis DNotZ 1960, 509, *Ernst* Das BBauG ZMR 1960, 130, Grundsätze der Neugestaltung des Baurechts DÖV 1961, 561, *Evers* Die baurechtswidrige Baugenehmigung BlGBW 1962, 241, *Frohberg* Das BBauG BlGBW 1960, 225, JR 1961, 1, *Gehrmann* Die Rspr der Verwaltungsgerichte zur Stellung des Nachbarn im Baugenehmigungsverfahren BlGBW 1962, 133, 153, 253, *Haegele* GBRecht Bem 188, 195, 206, 395, 493, 1372, 1556, 1563, 2067ff., 2080ff., 2136ff., Beschränkungen Bem 24 54, 60, 72, 260ff., 368ff., Merkbuch 146/3ff., 312/5, Unterrichtsbriefe (Bundesbaugesetz), Von BBauG Rpfleger 1960, 327, Verkehrsbeschränkungen und Vorkaufsrechte nach dem BBauG Rpfleger 1961, 3, *Haegele-Riedel* Rechtspfleger-Handbuch (Grundstücksrecht), *Horber* GBO § 7 Bem 2 (Bc), § 19 (Bem 10 (Bb), § 20 Bem 6 (C), *Jacobi* BBauG und preuß Ansiedlungsgenehmigungsgesetz RdL 1961, 120, *Häring* Die Gutachterausschüsse nach dem BBauG — eine kritische Würdigung BlGBW 1967, 84, *Kehrer* Die Auswirkungen des BBauG auf die Praxis der Notare, Ratschreiber und GBBeamten BWNotZ 1960, 241, *Kriegel* Zum Teilungsbegriff im Zusammenhang mit der Bodenverkehrsgenehmigung (§ 19 BBauG) AVN 1964, 240, *Löscher* Eine Zweifelsfrage zum BBauG Rpfleger 1961, 343 (zu § 177 Abs 2 BBauG), *Maurer* BBauG und Kreditsicherung durch Grundpfandrechte/Kreditwesen 1961, 1018, *Müller* BBauG und Landesplanungsgesetzgebung BlGBW 1962, 117, *Neumann-Duesberg* Kopplung baurechtlicher Amtsmaßnahmen mit wirtschaftlichen Gegenleistungen BlGBW 1967, 64, *Oehm* Qualifizierte und einfache Bebauungspläne als Grundlage für Bebauungsgenehmigungen aaO 70, *Pietzonka* Probleme des BBauG NJW 1961, 1425, *Riedel* BBauG und GBA in Rpfleger 1968, *Ripfel* Die Beschränkungen des Bodenverkehrs sowie die Vor- und Ankaufsrechte der Gemeinden nach dem BBauG BB 1960, 1184, *Röll* Die Tätigkeit des Notars zum Zwecke des GBVollzugs und das BBauG MittBayNotV 1961, 207, *Scharnberg* Gebt mehr Planungsfreiheit (zur BenutzungsVO) BlGBW 1967, 21, 57, *Schröder* Das Zusammenwirken der Behörden im Baugenehmigungsverfahren DVBl 1962, 743, *Schulte* Das BBauG RdL 1960, 253, *Schupp* Die Neuordnung der Baulandbeschaffung und der Bodenpreise im kommenden BBauG BlGBW 1960, 166, *Schwering* Versagungsgründe für die Bodenverkehrsgenehmigung beim Verkauf von Grsten im Außenbezirk DNotZ 1962, 236, *Steffens* Die Bodenverkehrsgenehmigung (Göttingen 1963), Das BBauG in der Rspr (Göttingen 1966), *Urschlechter* Die städtebauliche Neuordnung und das BBauG BlGBW 1962, 129, *Wagner* Genehmigungsverfahren nach dem BBauG DVBl 1962, 737, *Wambsganz* Das BBauG NJW 1960, 1321, *Wolff* Was will das BBauG? BlGBW 1960, 81, Genehmigungs- und Mitteilungspflicht nach dem BBauG MittRhNotZ 1961, 329, *Zinkahn* Das BBauG DÖV 1960, 617, Die Regelung der Enteignung im BBauG DÖV 1961, 578, Das BBauG in der Praxis der Landkreise / Der Landkreis 1961, 178, Die Schranken der gemeindlichen Planungshoheit BlGBW 1963, 6,

Das neue BBauG und der Grundbesitz AIZ 1960, 101, BBauG verkündet BB 1960, 722, Zum neuen BBauG RdL 1961, 117, Das BBauG DRiZ 1960, 222, BBauG DRiZ 1960, 258,
*DRspr* V (527), *LM* BBauG, *NJW* FH für öffentliches Recht 1959ff.,
auch LitHinweise *Bem 83c, g*

Das **Bundesbaugesetz** — BBauG — vom 23. Juni 1960 BGBl I 34 = BGBl III 213-1 = SaBl 865 / 21. März 1961 BGBl I 241 = SaBl 481 / 12. April 1961 BGBl I 425 = SaBl 621 / 10. Juni 1964 BGBl I 347 = SaBl 815 dient der Städteplanung und Wohnungspolitik, der Zusammenfassung der zersplitterten baurechtlichen Bestimmungen in einem einheitlichen Bundesgesetz unter Anpassung an das GG, der Festlegung der Inhaltsbestimmung des Eigentums iSd Art 14 GG sowie der Beseitigung des Preisstops für unbebaute Grundstücke und der Überführung des GrstMarkts in die soziale Marktwirtschaft; dazu *Heitzer-Oestreicher* BBauG Einführung II, *Riedel* BBauG und GBA in Rpfleger 1968. Es handelt sich also um Bundes-Städteplanungs-, Erschließungs- und Enteignungsrecht, während das Bauordnungsrecht nach wie vor Ländersache ist, so daß der Ausdruck „Bundesbaugesetz" mißverständlich ist; dazu *Heitzer-Oestreicher* aaO III. Die früheren Aufbaugesetze der Länder sind daher überholt und werden gemäß § 186 BBauG aufgehoben; über die frühere Rechtslage 5. Auflage dieses Kommentars E 197 bis 199.

An **Ergänzungsrecht** ist insbes zu erwähnen

Bundesrecht VO über Grundsätze für die Ermittlung des Verkehrswertes von Grsten vom 7. August 1961 BGBl I 1183

VO über die bauliche Nutzung — BaunutzungsVO — vom 26. Juni 1962 BGBl I 429 = SaBl 901

VO über die Ausarbeitung der Bauleitpläne sowie über die Darstellung des Planinhalts — PlanzeichenVO vom 19. Januar 1965 BBGl I 21

Raumordnungsgesetz vom 8. April 1965 BGBl I 306 = SaBl 518

Landesrecht Durchführungsbestimmungen der Länder zum BBauG und Landes-Bauordnungen mit ergänzenden Bestimmungen — dazu Übersicht BBauG — Textausgabe 7. Aufl 1966 Beck Verlag München bzw jeweils neueste Auflage — unter B Fundstellenverzeichnisse zum LBaurecht

Das BBauG bezieht sich in seinem **Anwendungsbereich** auf Grundstücke, ferner, wie sich aus § 145 BBauG (*Anh*) ergibt, auch auf GrstTeile, und zwar reale Teile eines Grst (dazu *§ 7 Bem 3ff.*) und grstgleiche Rechte (dazu *§ 3 Bem 12ff.*), also insbes das Erbbaurecht (dazu *§ 8 Bem 7ff.*).

**Inhaltlich** bezieht sich das BBauG (*Anh*) auf folgende Sachgebiete:

Bauleitplanung mit Flächennutzungsplan und Bebauungsplan, I. Teil, §§ 1ff. BBauG (*Anh*), Sicherung der Bauleitplanung mit Bodenverkehr und Vorkaufsrecht der Gemeinden, II. Teil, §§ 14ff. BBauG (*Anh*) und Regelung der baulichen und sonstigen Nutzung, III. Teil, §§ 29ff. BBauG (*Anh*); dazu *Bem 83a—d.*

Bodenordnung, nämlich Umlegung und Grenzregelung, IV. Teil, §§ 45ff. BBauG (*Anh*); dazu *Bem 83e,*

Enteignung einschl Entschädigung, V. Teil, §§ 85ff. BBauG (*Anh*); dazu *Bem 83f,*

Erschließung von Grsten einschl Erschließungsbeiträge, VI. Teil, §§ 123ff. BBauG (*Anh*); dazu *Bem 83g,*

Ermittlung von GrstWerten, VII. Teil, §§ 136ff. BBauG (*Anh*); dazu *Bem 83h,*

Allgemeine Vorschriften, insbes auch Verwaltungsvorschriften, VIII. Teil, §§ 145ff. BBauG (*Anh*), Verfahren vor den Kammern bzw Senaten für Baulandsachen, IX. Teil, §§ 157ff. BBauG, Übergangs- und Schlußvorschriften, XI. Teil, §§ 173ff. BBauG; dazu *Bem 83i.*

§ 172 BBauG in Teil X des Gesetzes bezog sich auf die Änderung grundsteuerlicher Vorschriften; es wurde die Baulandsteuer eingeführt, die sich aber nicht bewährte und bald darnach wieder aufgehoben wurde. Dazu *Bem 95.*

Es wird des Zusammenhangs wegen hier das gesamte BBauG besprochen, soweit es für das GBRecht Bedeutung hat.

## 1. Bauleitplanung 83a

Die Bauleitplanung ist in Teil I des BBauG geregelt mit der die Sicherung der Bauleitplanung — Teil II des BBauG — und die Regelung der baulichen und sonstigen Nutzung — Teil III des BBauG — in Zusammenhang stehen.

Die Bauleitplanung ist ein spezieller Ausdruck des BBauG (*Anh*) der in **§ 1 BBauG** (*Anh*) näher umschrieben und begrifflich abgegrenzt wird; dazu *Heitzer-*

*Oestreicher* BBauG § 1 Vorbem 1. Die Raumplanung dient der Ansiedlung von Menschen; dazu *Heitzer-Oestreicher* aaO Vorbem 2. Der Großraumplanung dienten in der Nachkriegszeit die Aufbaugesetze der Länder, die durch § 186 Abs 1 BBauG außer Kraft gesetzt wurden, da nunmehr allein das BBauG maßgebend ist. Die moderne Raumplanung unterscheidet zwischen städtebaulicher Planung, Landesplanung und Raumplanung; dazu *Heitzer-Oestreicher* aaO Vorbem 3, Bem 1 (a). Die städtebauliche Planung ist die sog Bauleitplanung des BBauG. Raumordnung und Landesplanung sind in der BBauO nicht geregelt, aber die Bauleitpläne sind ihnen anzupassen, § 1 Abs 3 BBauG (*Anh*). Raumordnung ist der umfassendste Begriff, während Landesplanung auf Landesebene liegt. Bauleitpläne sind der Flächennutzungsplan dh der vorbereitende Bauleitplan und der Bebauungsplan dh der verbindliche Bauleitplan, § 1 Abs 2 BBauG (*Anh*). Die Bauleitpläne haben die sozialen und kulturellen Belange der Bevölkerung, ihrer Sicherung und Gesundheit usw zu berücksichtigen, § 1 Abs 4, 5 BBauG (*Anh*). Landwirtschaftlich genutzte Flächen sollen hierbei nur in dem notwendigen Umfang für andere Nutzungsarten vorgesehen und in Anspruch genommen werden; in diesem Zusammenhang ist auf § 4 Z 4 und § 8 Z 1 GrstVG (*Anh*) zu verweisen, *Bem 82b, c, 83b*. Die Bebauungspläne werden von den Gemeinden in eigener Verantwortung aufgestellt, sobald und soweit es erforderlich ist; ein Flächennutzungsplan ist entbehrlich, wenn der Bebauungsplan ausreicht, um die städtebauliche Entwicklung zu ordnen, **§ 2 BBauG** (*Anh*), insbes dessen Abs 1, 2 aaO. Die Planung kann im Benehmen mit benachbarten Gemeinden erfolgen, **§ 3 BBauG** (*Anh*), oder in Zusammenschluß mehrerer öffentlicher Planungsträger zu Planungsverbänden, **§ 4 BBauG** (*Anh*). Zum Übergangsrecht § 174 BBauG. Über die Schwierigkeit der Bodenordnung *Bielenberg* Das Dilemma der Bodenordnung BlGBW 1867, 101.

Der **Flächennutzungsplan** enthält die Planung für das ganze Gemeindegebiet sowie die Darstellung der beabsichtigten Art der Bodennutzung nach den voraussehbaren Bedürfnissen der Gemeinde, **§ 5 BBauG** (*Anh*); hierbei sind insbes die Bauflächen und die Baugebiete sowie der Gemeindebedarf kenntlich zu machen. Der Flächennutzungsplan bedarf der Genehmigung der höheren Verwaltungsbehörde, **§ 6 BBauG** (*Anh*). Beteiligte öffentliche Planungsträger haben ihre Planungen dem Flächennutzungsplan anzupassen, **§ 7 BBauG** (*Anh*).

Der **Bebauungsplan**, der die rechtsverbindlichen Feststellungen für die städtebauliche Ordnung enthält, bildet die Grundlage für weitere zum Vollzug des BBauG erforderliche Maßnahmen, **§ 8 BBauG** (*Anh*). Der Inhalt des Bebauungsplans ergibt sich aus **§ 9 BBauG** (*Anh*); er muß insbes ersehen lassen, was Bauland ist, welche Grste von der Bebauung freizuhalten sind und deren Nutzung, die land- und forstwirtschaftlichen Flächen, auch die Grenzen seines räumlichen Geltungsbereichs. Der Bebauungsplan wird als Gemeindesatzung beschlossen, **§ 10 BBauG** (*Anh*), und bedarf der Genehmigung der höheren Verwaltungsbehörde, **§ 11 BBauG** (*Anh*).

Das **Grundbuchamt** kann schon im Stadium der Aufstellung des Flächennutzungsplans bzw Bebauungsplans von der Gemeinde ersucht werden, ihm GBAuszüge zu übersenden, sei es vollständige, sei es teilweise. Solchen Ersuchen ist nachzukommen, da es sich um Amts- oder Rechtshilfe handelt (dazu *§ 1 Bem 9*). Auch der Inhalt des bzw der Liegenschaftskataster (dazu *§ 2 Bem 159*ff.) ist uU von maßgeblicher Bedeutung; daher kann die Gemeinde auch von den hierfür zuständigen Behörden Pläne und sonstige Feststellungen erholen.

Der **Sicherung der Bauleitplanung** dienen

die Veränderungssperre und die Zurückstellung von Baugesuchen, §§ 14ff. BBauG (*Anh*),

der Bodenverkehr, §§ 19ff. aaO; dazu *Bem 83b*,

die gesetzlichen Vorkaufsrechte der Gemeinden, §§ 24ff. aaO; dazu *Bem 83c*.

Die **Veränderungssperre** kann von der Gemeinde als Satzung beschlossen werden und bedarf der Genehmigung der höheren Verwaltungsbehörde, **§§14. 16ff. BBauG** (*Anh*). Eine solche allgemeine Sperre wird angeordnet, wenn ein Bedürfnis hierzu besteht. Sie kann, muß aber nicht angeordnet werden. Die Veränderungssperre bedeutet **keine GBSperre**; dazu auch *Bem 83b*. Es ist, wie aus § 14 Abs 1 aaO hervorgeht, dann unzulässig,

erhebliche oder wesentlich wertsteigernde Veränderungen der Grste vorzunehmen,
nicht genehmigungsbedürftige, aber wertsteigernde bauliche Anlagen zu errichten oder wertsteigernde Änderungen solcher Anlagen vorzunehmen,
genehmigungsbedürftige bauliche Anlagen zu errichten oder zu ändern;

dazu *Heitzer-Oestreicher* BBauG § 14 Bem 1. Zulässig sind also unerhebliche oder nicht wesentlich wertsteigernde Veränderungen an Grsten. Das **Grundbuchamt** kann in Zusammenhang mit dem Bodenverkehr (dazu *Bem 83b*) mit GBEintragungen befaßt werden, die sich hierauf beziehen.

Ausnahmen von der Sperre bestehen nach § 14 Abs 2, 3 BBauG (*Anh*),
bei überwiegend öffentlichen Belangen auf Grund Entscheidung der Baugenehmigungsbehörde im Einvernehmen mit der Gemeinde und
bei Vorhaben, die vor dem Inkrafttreten der Veränderungssperre baurechtlich genehmigt worden sind;

dazu *Heitzer-Oestreicher* aaO Bem 2.

Weitere Einzelheiten zur Veränderungssperre enthalten die §§ 16, 17 BBauG (*Anh*). Nach § 18 aaO ist eine angemessene Entschädigung seitens der Gemeinde zu zahlen, wenn die Sperre länger als 4 Jahre dauert, und zwar nach Enteignungsgrundsätzen, §§ 93ff. aaO.

Liegen die Voraussetzungen für eine Veränderungssperre vor, wird sie aber nicht beschlossen, dann hat eine **Zurückstellung von Baugesuchen** durch die Baugenehmigungsbehörde auf Antrag der Gemeinde im Einzelfalle zu erfolgen nach Maßgabe des **§ 15 BBauG** (*Anh*) zu erfolgen; dazu *Heitzer-Oestreicher* BBauG § 15 Bem a ff. Für die Tätigkeit des **Grundbuchamts** gilt das bez der Veränderungssperre Ausgeführte. Auch hier ist bei Verzögerung der Durchführung des Bauleitplans nach § 18 aaO eine Entschädigung vorgesehen.

Auf einige allgemeine Fragen ist in diesem Zusammenhang hinzuweisen:

Bei Bauten, die schon seit unvordenklicher Zeit, etwa 100 Jahren und mehr stehen und die fortlaufend als zu Recht bestehend von den Behörden behandelt worden sind, spricht die **Vermutung für Legalität** dh dafür, daß solche Bauten in Übereinstimmung mit den bestehenden Gesetzen zustande gekommen sind, **OVG Münster** *Steffens* Das BBauG in der Rspr unter A Z I Ls. Zum Gewohnheitsrecht **BVerwG** NJW 1967, 1291 bez Bebauungsplänen.

Wenn ein Bauvorhaben unzulässig ist, so haben irgendwelche **behördliche Zusagen** keine Wirkung, **OVG Münster** *Steffens* aaO 10 unter A Z II 3 Ls. Formlose Zusagen ersetzen eine notwendige Bauerlaubnis nicht, noch verleihen sie im Regelfall einen Anspruch auf die Bauerlaubnis, da eine Bauerlaubnis regelmäßig schriftlich zu erteilen ist, **OVG Münster** *Steffens* aaO 10 unter A Z II 4 Ls wV. Nur ausnahmsweise kann aus einer mündlichen Zusage ein Anspruch auf schriftlichen Erlaß eines Verwaltungsakts entsprechend der Zusage begründet sein, nämlich wenn dies dem Grundsatz von Treu und Glauben entspricht, die Zusage gegen kein gesetzliches Verbot verstößt und der erklärende Beamte nach seiner Stellung in der Behörde zu ihrer Erteilung befugt ist, **BVerwG** *Steffens* aaO 9 unter A Z II 1 Ls.

Im GB **eingetragene Rechte** können nicht deshalb, weil sie **einem verbindlichen Bebauungsplan widersprechen,** als gegenstandslos von Amts wegen nach §§ 84ff. gelöscht werden, **OLG Hamm** JMBl NRW 1965, 197 = NJW 1965, 2405 = MDR 1966, 51 = DNotZ 1965, 752 = BWNotZ 1966, 123 Ls; dazu bez der Unzulässigkeit von Zurückweisung von Eintragungen bei Eigentumsänderungen *Bem 83c.* Nach § 8 BBauG (*Anh*) enthält der Bebauungsplan rechtsverbindliche Feststellungen für die städtebauliche Ordnung; er bildet die Grundlage für weitere zum Vollzug des BBauG erforderliche Maßnahmen. Es ist zwar anerkannt, daß bereits der verbindlich festgestellte Bebauungsplan enteignende Wirkungen auslösen kann; dazu **OLG Hamm** aaO, *Brügelmann* ua BBauG § 8 Bem I 3, *Heitzer-Oestreicher* BBauG § 8 Bem 3, 4. Eine Enteignung liegt schon in der Einwirkung auf ein vermögenswertes Recht (dazu *Bem 83f*), während hier nur die Aufhebung eines Rechts dh sein Erlöschen in Betracht kommen kann. Dem Bebauungsplan kommt aber nicht die Wirkung zu, daß mit seiner verbindlichen Feststellung die der Planung entgegenstehenden dinglichen Rechte an einem Grst aufgehoben werden, also erlöschen; dazu **OLG Hamm** aaO. Zwar ist nach § 84 Abs 2 eine Eintragung auch dann gegenstandslos, wenn das Recht, auf das sie sich bezieht, aus tatsächlichen Gründen dauernd nicht ausgeübt werden kann (dazu *§ 84 Bem 7*). Doch liegen auch diese Voraussetzungen nicht vor, da ein jetzt gültiger Bebauungsplan geändert werden kann, **OLG Hamm** aaO. Es kann jedoch nach § 53 Abs 1 ein Widerspruch von Amts wegen eingetragen werden, da das GB wegen Verletzung gesetzlicher Vorschriften unrichtig geworden ist, **OLG Hamm** aaaO; dazu *§ 53 Bem 2ff.*

Nach § 2 Abs 9 BBauG (*Anh*) besteht kein Recht auf Aufstellung, Änderung, Ergänzung oder Aufhebung von Bauleitplänen, auch nicht für den GrstEigentümer; dazu *Brügelmann* ua BBauG § 2 Bem 2, § 10 Bem II 1, *Heitzer-Oestreicher* BBauG § 2 Bem 2, 5, § 10 Bem, *Wambsganz* DVBl 1961, 533. Wenn auch den Gemeinden bei der Erstellung und Gestaltung der Bebauungspläne ein weiter Ermessensspielraum zukommt, so ist die Entscheidung doch nicht ihrem freien Belieben anheimgegeben, denn sie haben die Pflicht für die Ordnung der städtebaulichen Entwicklung zu sorgen, **BayVerfGH** BlGBW 1965, 76, **OVG Berlin** BBauBl 1965, 275 = DRspr V (527) 50a, *Brügelmann* ua BBauG § 2 Bem 1, 3, § 9 Bem 2, *Von Hausen-von der Heide* BBauG § 2 Bem 1, *Heitzer-Oestreicher* BBauG § 2 Bem 1, *Schuegraf* bayVBl 1964, 103 (106). Der GrstEigentümer hat nur die Möglichkeit, bei der Aufsichtsbehörde der Gemeinde ein aufsichtliches Verfahren anzuregen. Die auf Art 103 bayVerfassung gestützte Verfassungsbeschwerde wegen Eigentumsverletzung ist unzulässig, da § 2 Abs 9 BBauG (*Anh*) BRecht ist, **BayVerfGH** aaO. Es wäre auch bei Zulässigkeit der Verfassungsbeschwerde eine Eigentumsverletzung zu verneinen; dazu **BGH** NJW 1964, 202, *Brohm* Rechtsschutz im Bauplanungsrecht 71/72, *Hoppe* DVBl 1964, 165ff., auch *Dörffler* Verwaltungsakte mit Drittwirkung NJW 1965, 14 (16ff. unter Z III öffentliches Baurecht). Eine landesrechtliche Bestimmung, wonach Anlagen der Außenwerbung je nach der Art der Werbeanlage und der Art des Baugebietes zulässig sind, ist mit BRecht vereinbar, **BVerwG** NJW 1965, 879.

Der Gleichheits-Grundsatz des Art 3 GG ist im Regelfall nicht verletzt, **bawüVGH** DÖV 1963, 700 = DRspr V (527) 20a, **BayVerfGH** BlGBW 1965, 76, **BVerwG** BBauBl 1965, 597 = DRspr aaO 60a, *Steffens* aaO 10ff. unter A Z III. Bevorzugung der öffentlichen Hand ist im Bereich des BBauG an sich nicht zulässig gegenüber privaten GrstEigentümern, **bawüVGH** aaO. Bei BauGrsten für den Gemeindebedarf muß nach § 9 Abs 1 Z 1 BBauG (*Anh*) der Verwendungszweck von vornherein festgelegt und aus dem Bebauungsplan zu ersehen sein, **bawüVGH** DÖV 1963, 760 = ESVGH 13, 71 = DRspr V (527) 20b. Über die Satzung zum Bebauungsplan darf erst nach Offenlegung des Entwurfs gemäß § 2 Abs 6 BBauG (*Anh*) nach § 10 aaO beschlossen werden, **bawüVGH** DÖV 1963, 228 = DRspr V (527) 21a. Dazu auch *Bem 83d.* Bez Berücksichtigung privater Belange bei Aufstellung von Bauleitplänen **VGH Mannheim** DVBl 1967, 385 = DRspr V (527) 66a.

Neben der rechtmäßigen Veränderungssperre iSd §§ 14ff. BBauG (*Anh*) ist noch Raum für eine faktische Bausperre in dem Sinne, daß auch außer durch eine förmliche Veränderungssperre in der Weise in das Grundeigentum eingegriffen werden kann, daß die Behörde trotz Nichtvorliegens einer förmlichen Veränderungssperre eine nach dem allgemeinen Baurecht an sich zulässige Bebauung tatsächlich verhindert und damit einen Enteignungs-Tatbestand iSd Art 14 GG schafft, **BGH** NJW 1966, 884 = MDR 1966, 486 = BB 1966, 350 = JR 1966, 181 = DVBl 1966, 309 = WM 1966, 514 = ZMR 1966, 135 = LM § 14 BBauG Nr 1 = DRspr V (527) 57a.

Soweit nach §§ 1ff. BBauG (*Anh*) Aufgaben der Gemeinde oder **der höheren Verwaltungsbehörde** zustehen, können sie auf Grund von LRecht nach § 147 BBauG (*Anh*) **anderen Stellen übertragen** werden. Nach § 188 BBauG sind für einzelne Länder **Sonderregelungen** aufrecht erhalten.

**Bodenverkehr** nach **§§ 19ff. BBauG** (*Anh*) **83 b**

Der Bodenverkehr mit Grsten und grstgleichen Rechten (dazu *Bem 83*) ist in §§ 19ff. BBauG (*Anh*) geregelt, insbes die Frage der **Genehmigung.** Hiernach bedarf es nach **§ 19 BBauG** (*Anh*) Genehmigung,

und zwar nach Abs 1, 3 aaO im **Innenbereich** dh innerhalb des räumlichen Geltungsbereichs eines BBauungsplans iSd § 30 BBauG (*Anh*) und innerhalb der im Zusammenhang bebauten Ortsteile, für die ein solcher Bebauungsplan vorhanden ist, bei Teilung eines Grst und

nach Abs 2, 3 aaO im **Außenbereich** dh außerhalb des Innenbereichs bei Auflassung eines Grst, wenn sie nach dem Inhalt des zugrunde liegenden Verpflichtungsgeschäfts zum Zwecke der Bebauung oder kleingärtnerischen Dauernutzung vorgenommen wird,

bei Bestellung eines Erbbaurechts und

bei Teilung eines Grst, wenn das Grst bebaut oder seine Bebauung genehmigt ist, oder wenn die Teilung zum Zwecke der Bebauung oder der kleingärtnerischen Dauernutzung vorgenommen wird,

wobei der Begriff der Teilung aus Abs 3 aaO ersichtlich ist. Über Einzelheiten *§ 5 Bem 16, § 7 Bem 10, 41* sowie *Haegele-Riedel* RPfleger-Handbuch (GrstRecht I 61ff., IV 71ff.), *Riedel* BBauG und GBA in Rpfleger 1968, zu § 30 BBauG (*Anh*) auch *Bem 83d*, zur Übergangsregelung §§ 174, 177 BBauG *Bem 83i.*

Beim Bauen im Außenbereich ergibt sich aus § 19 Abs 2 Z 1, 2 BBauG (*Anh*) die Besonderheit, daß die Angabe des Motivs Bedeutung hat bei Auflassung und bei Teilung, nicht aber bei Bestellung eines Erbbaurechts; dazu *Haegele* GBRecht Bem 2070, Beschränkungen 266, 267. Die Bestellung eines Erbbaurechts ist also in jedem Falle genehmigungspflichtig, ob eine Motivangabe erfolgt oder nicht. Anders bei der Auflassung und bei der Teilung. Hier ist keine Genehmigung erforderlich, wenn der Zweck des GrstErwerbs im schuldrechtlichen Vertrag oder der Teilungszweck nicht angegeben wird; dazu **OVG Lüneburg** BBauBl 1962, 400, **LG Berlin** DNotZ 1961, 654 = Rpfleger 1962, 270 = DRspr V (527) 21c. Wohl aber bedarf es der Genehmigung, wenn der Erwerbszweck in der Vertragsurkunde erkennbar einen Ausdruck gefunden hat, **BayObLG** BayObLGZ 1964, 101 = DNotZ 1965, 423, BayObLGZ 1966, 37 = NJW 1966, 1414 = MDR 1966, 675 = DNotZ 1966, 668 = RdL 1966, 136 = MittBayNotV 1966, 61 = BWNotZ 1966, 257/1967, 122 Ls = OLGZ 1966, 367 Ls = DRspr V (527) 58ab, während es keiner Genehmigung bedarf, wenn Erweiterung des verlautbarten zur Genehmigung führenden Erwerbszwecks auf nicht genehmigungspflichtige Benutzungszwecke erfolgt, **BayObLG** aaO. Dies folgt aus § 19 Abs 2 Z 1 BBauG (*Anh*), der auf das Verpflichtungsgeschäft verweist; dazu **BVerwG** DVBl 1964, 742, *Steffens* aaO 25 unter B Z I 1. Erklärungen außerhalb der Urkunde, die den schuldrechtlichen Vertrag enthält, bleiben unberücksichtigt. Durch Vertragsänderung kann ein Rechtsgeschäft genehmigungspflichtig werden oder umgekehrt genehmigungsfrei. War auf dem Grst bereits ein unzulässigerweise errichtetes Gebäude, so kann die Baubehörde ohne Rücksicht auf die GrstVeräußerung den Abbruch verlangen; dazu **BVerwG** und *Steffens* aaO 25. Die Genehmigungsbehörde hat keine Ausforschungspflicht, muß also nicht prüfen, ob der eigentliche Vertragszweck, insbes eine Bauabsicht, angegeben wird; dazu **BVerwG** und *Steffens* aaO 25 unter B Z I 2. Es ist aber nicht ohne Bedeutung, ob der wahre Zweck oder ein Zweck überhaupt angegeben wird oder nicht, da nur bei gleichbleibendem Zweck die Wirkung des § 21 Abs 1 BBauG (*Anh*) eintritt. Das **GBA hat von dem Standpunkt der Genehmigungsbehörde auszugehen,** auch wenn es eine abweichende Rechtsauffassung hat, so daß es insoweit kein selbständiges Prüfungsrecht hat; dazu **BVerwG** und *Steffens* aaO 26 unter B Z I 3. Wird die behördliche Genehmigung versagt, so ist die Auflassung dann als wirksam anzusehen, wenn der GrstKäufer zwar den Bebauungszweck in der Vertragsurkunde ausdrücklich bekennt, aber zusätzlich erklärt, er wolle das Grst auf jeden Fall erwerben, gleichgültig, ob es derzeit bebaubar ist oder nicht, **BayObLG** BayObLGZ 1966, 37 aaO wV. Das Gesetz hat die Genehmigungsbedürftigkeit der Auflassung eines Grst im Außenbereich letztlich weder von objektiven Eigenschaften des Grst noch auch vom objektiv feststellbaren Inhalt des Verpflichtungsgeschäfts im Rechtssinne abhängig machen wollen, zu dem auch die nur einseitige Motiverklärung des Käufers nicht gehört, da die Beteiligten die Möglichkeit der Kundgabe oder des Verschweigens des Erwerbsmotivs haben. Dann aber muß es den Beteiligten auch möglich sein, die Auflassung von der Rechtsbedingung der Genehmigung unabhängig zu machen, indem der Käufer das kundgegebene Erwerbsmotiv der Bebauung ausdrücklich erweitert und erklärt, er wolle das Grst auf alle Fälle erwerben, auch wenn er den primären Erwerbszweck der Bebauung bei Versagung der Genehmigung nicht erreichen könne, **BayObLG** aaO; dazu auch **LG Köln** NJW 1966, 891 (in *Bem 83b* bei Baugenehmigung) bez Rücktrittsvorbehalt.

**Genehmigungsfreiheit** besteht nach § 19 Abs 5 BBauG (*Anh*); dazu *Haegele* GBRecht Bem 2075, Beschränkungen Bem 270, Unterrichtsbriefe (Bundesbaugesetz 7/8), *Haegele-Riedel* RPfleger-Handbuch (GrstRecht I 64/65), *Heitzer-Oestreicher* BBauG § 19 Bem 5(a). In Frage kommen Rechtsvorgänge

in Verfahren zur Enteignung oder Bodenordnung, § 19 Abs 5 Z 1 BBauG (*Anh*), und zwar nach BBauG (dazu *Bem 83e, f*) oder anderen bundes- oder landesrechtlichen Vorschriften oder für ein Unternehmen, für das die Enteignung für zulässig erklärt wurde, oder in einem bergbaulichen Grundabtretungsverfahren,

bei Beteiligung des Bundes, eines Landes oder einer Gemeinde (dazu *§ 3 Bem 55ff., § 32 Bem 57ff.*) als Vertragsteil, Eigentümer oder Verwalter, § 19 Abs 5 Z 2 BBauG (*Anh*),

mit ausschließlich kirchlichen, wissenschaftlichen, gemeinnützigen oder mildtätigen Zwecken bei Beteiligung einer solchen Zwecken dienenden öffentlich-rechtlichen Körperschaft, Anstalt oder Stiftung, wenn eine mit den Rechten einer Körperschaft des öffentlichen Rechts ausgestattete Religionsgesellschaft (dazu *§ 3 Bem 59ff., § 32 Bem 62ff.*) oder eine den Aufgaben einer solchen Religionsgesellschaft dienende rechtsfähige Anstalt, Stiftung oder Personenvereinigung als Vertragsteil oder Eigentümer beteiligt ist, § 19 Abs 5 Z 3 BBauG (*Anh*), bei Teilung eines Grst, wenn ein Teil desselben veräußert oder mit einem Erbbaurecht belastet werden soll, sofern die Auflassung des GrstTeils oder die Einigung über die Bestellung des Erbbaurechts daran bereits genehmigt ist, § 19 Abs 5 Z 4 BBauG (*Anh*),

bei Umwandlung von Einzeleigentum in Miteigentum nach Bruchteilen oder in Gesamthandseigentum bzw von Miteigentum nach Bruchteilen in Gesamthandseigentum oder umgekehrt, § 5 Abs 4 Z 5 BBauG (*Anh*),

bei Vereinbarung über die Errichtung von Anlagen der öffentlichen Versorgung mit Elektrizität, Gas, Wärme und Wasser sowie von Anlagen der Abwasserwirtschaft, § 19 Abs 5 Z 6 BBauG (*Anh*).

**Landesrechtliche Befreiungen** von der Genehmigungspflicht nach § 19 Abs 6 BBauG (*Anh*) bestehen — dazu *Haegele* GBRecht Bem 2067, 2076, Beschränkungen Bem 271, Unterrichtsbriefe (Bundesbaugesetz 8), *Heitzer-Oestreicher* BBauG § 19 Bem 5 (b), Anhang, ferner BBauG-Textausgabe BeckVerlag aaO (dazu *Bem 83*) — in

**Baden-Württemberg** VO vom 18. Juli 1961 GBl 221/31. Oktober 1963 GBl 14/16. Dezember 1953 GBl 212

**Bayern** VO vom 22. Juni 1961 GVBl 162

**Hessen** VO vom 20. Juni 1961 GVBl 84

**Niedersachsen** VO vom 11. Juli 1961 GVBl 167/31. Oktober 1962 GVBl 219, Bek vom 24. Juli 1961 NdsRpfl 170

**Nordrhein-Westfalen** VO vom 29. November 1960 GVBl 436/ 28. November 1961 GVBl 361

**Rheinland-Pfalz** VO vom 20. Januar 1961 GVBl 26/24. August 1961 GVBl 189/23. Mai 1962 GVBl 49

**Schleswig-Holstein** VO vom 14. Februar 1964 GVBl 21.

Die lrechtlichen Befreiungen beziehen sich auf Gebiete, in denen es wegen der geringen Wohnsiedlungstätigkeit nicht erforderlich ist, den Bodenverkehr zu überwachen. Es handelt sich um generelle Befreiung durch RechtsVO.

**Genehmigungsbehörde** ist die Gemeinde, wenn diese für die Erteilung der Baugenehmigung zuständig ist, im übrigen die Baugenehmigungsbehörde im Einvernehmen mit der Gemeinde, § 19 Abs 4 S 1 BBauG (*Anh*). Es ist auch auf § 36 Abs 1 S 1 BBauG (*Anh*) hinzuweisen. Zu der Frage der **Beteiligung der Gemeinde** ist mit dem **BVerwG** NJW 1966, 513 = MDR 1966, 357 = DVBl 1966, 177 (*Schrödter*) = DNotZ 1966, 426 Ls = DRspr V (527) 55 abc, davon auszugehen, daß ebenso wie bei der Beteiligungsform der Zustimmung nach § 9 Abs 2 FernstraßenG und § 12 Abs 2 LuftverkehrsG die Baugenehmigungsbehörde bei der Beteiligungsform des Einvernehmens mit der Gemeinde bei den Entscheidungen über die Zulässigkeit von Vorhaben nach §§ 33 bis 35 BBauG (*Anh*) allein zur Regelung des Anspruchs des Bürgers auf Verwirklichung seines Bauvorhabens nach außen durch Verwaltungsakt berufen ist. Die Baugenehmigungsbehörde ist aber — unbeschadet der rechtlichen Möglichkeit der Ersetzung des Einvernehmens der Gemeinde bei rechtswidriger Versagung im Wege der Rechtsaufsicht — gehindert, eine Baugenehmigung auszusprechen, solange die Gemeinde ihr Einvernehmen nicht erklärt hat. Allein aus dem Umstand, daß die Gemeinde im Zeitpunkt der Einreichung des Baugesuchs ihre Planungshoheit noch nicht oder noch nicht vollständig ausgeübt hat, kann ein Verzicht der Gemeinde auf ihr Recht zum Einvernehmen aus § 36 Abs 1 BBauG (*Anh*) nicht gefolgert werden. Wenn die Bodenverkehrsgenehmigung erteilt wird, ohne daß die erforderliche Zustimmung der Gemeinde bzw der höheren Verwaltungsbehörde vorliegt, oder gegen deren ausdrückliche Ablehnung, so liegt ein Verfahrensmangel vor, da die erwähnten Zustimmungen die Planungen nach § 1ff. BBauG (*Anh*) sicherstellen sollen, um zu verhindern, daß durch gesetzwidrige Bodenverkehrsgenehmigungen der Bauleitplan undurchführbar wird. Es steht daher der Gemeinde bzw der höheren Verwaltungsbehörde ein Widerspruchsrecht gegen den Genehmigungsbescheid zu, das dann zu einer Überprüfung im Verwaltungsgerichtsverfahren führen kann; dazu *Heitzer-Oestreicher* BBauG § 19 Bem 4. Wenn also ein Genehmigungsbescheid antragsgemäß — vom Gesichtspunkt des Antragstellers aus — erlassen ist bzw bei der fiktiven Genehmigung nach § 19 Abs 4 S 3 aaO als erlassen gilt und er selbst daher nicht beschwert ist, kann daher solchenfalls eine Aufhebung des Genehmigungsbescheids und Zurückweisung seines Antrags erfolgen. Im übrigen dazu auch *Bem 83d*.

**Aufgaben der Gemeinde und der höheren Verwaltungsbehörde** im Rahmen des Bodenverkehrs können lrechtlich durch andere Stellen wahrgenommen werden, § 147 BBauG (*Anh*).

Die Ermessensfreiheit bei der Genehmigung ist durch **§ 20 BBauG** (*Anh*) eingeengt, da **Versagung der Genehmigung** nur im Rahmen des § 20 Abs 1 aaO erfolgen darf, also im Regelfall Bewilligung zu erfolgen hat; dazu **BVerwG** MDR 1964, 698 = BBauBl 1964, 349 = DVBl 1964, 530 = DRspr V (527) 38b, BBauBl 1965, 121 = DRspr aaO 48a, *Heitzer-Oestreicher* BBauG § 20 Bem 1, *Steffens* Das BBauG in der Rspr 28ff. unter B Z III. Der Antragsteller hat also einen Rechtsanspruch auf Gewährung der Baugenehmigung, wenn öffentliche Belange nicht entgegenstehen; dazu *Steffens* aaO 30. Die Behörde hat insoweit keinen Ermessensspielraum. Liegen allerdings die Voraussetzungen für eine Versagung der Genehmigung vor, dann muß die Genehmigungsbehörde die Versagung aussprechen, *Steffens* aaO 30.

Eine geordnete städtebauliche Entwicklung bestimmt sich nach der Bauleitplanung (dazu *Bem 83a*), und nach § 35 BBauG (*Anh*), **OVG Lüneburg** RdL 1962, 187 = DRspr V (527) 22c, **OVG Münster** BBauBl 1962, 236 = DVBl 1962, 729, im übrigen *Bem 83d*. Es muß daher schon im Genehmigungsverfahren geprüft werden, ob im Außenbereich nicht privilegierte Vorhaben nach § 35 Abs 2 BBauG zugelassen werden können; dazu **OVG Lüneburg** BBauBl 1961, 815 = DVBl 1962, 63 = DRspr aaO 24a, über die Zulässigkeit einer Grstteilung im Außenbereich an der Grenze eines Bebauungsplans **BVerwG** BB 1964, 1236 = DÖV 1964, 782 = DRspr V (527) 39bc. Versagung der Genehmigung kann auch erfolgen, weil die Erschließung nicht gesichert ist, **OVG Münster** DVBl 1966, 189.

Die Genehmigung kann unter **Auflagen** erteilt werden, § 20 Abs 2 BBauG (*Anh*), über Auflagen *Bem 79e*. Unzulässig wäre eine Auflage, die ein Bebauungsverbot für das ganze Grst beinhaltet; dazu *Heitzer-Oestreicher* BBauG § 20 Bem 1 (b). Dagegen ist es für zulässig anzusehen, daß im Zusammenhang mit einer Genehmigung ein beschränktes Verbot bez Bauen ausgesprochen wird, etwa daß ein bestimmter Teil des Grst nicht bebaut werden darf. Ferner ist es zulässig, daß zur Auflage der ganze oder teilweise Abriß eines beanstandeten Baues gemacht wird, **BVerwG** BBauBl 1965, 596 = DRspr V (527) 54a; zur Dauer der Fristsetzung für Abrißgebot **BVerwG** NJW 1964, 314, zur Versagung der Bodenverkehrsgenehmigung, wenn der Erwerber ein gesetzwidriges Bauwerk stehen lassen will, **BVerwG** GlGBW 1966, 154. Gerade wegen der Bedeutung der Genehmigung des Bodenverkehrs für die spätere Baugenehmigung, also wegen des Zusammenhangs mit § 21 BBauG (*Anh*), haben die Auflagen die zukünftige Gestaltung zu berücksichtigen; dazu *Heitzer-Oestreicher* aaO. **Um die Erfüllung von Auflagen** hat sich das **GBA nicht zu kümmern,** so daß auch eine **Überprüfung** in dieser Richtung **nicht** zu erfolgen hat; dazu *Haegele* Beschränkungen Bem 268, 282.

**Bedingungen** (dazu *Bem 79e*) sind bei Bescheiden der Genehmigungsbehörde im Bereich des BBauG nicht vorgesehen und deshalb auch nicht zulässig; dazu *Haegele* aaO Bem 282. Es kann aber eine als Bedingung bezeichnete Anordnung in einem Beschluß möglicherweise in eine Auflage umgedeutet werden; dann wäre sie wirksam. Das **GBA** kann uU zur **Klarstellung verlangen,** daß die Beteiligten eine Stellungnahme der Genehmigungsbehörde vorlegen. Eine Genehmigung unter einer echten Bedingung kann vom GBA nicht als Genehmigung angesehen werden und deshalb ist ein hierauf gestützter Antrag zurückzuweisen, falls nicht durch eine Zwischenverfügung nach § 18 GBO Aussicht auf Klärung besteht; dazu *Haegele* aaO Bem 282. Unwirksam wäre es, wenn die Bodenverkehrsgenehmigung oder die Baugenehmigung von der Gemeinde davon abhängig gemacht würde, daß seitens des Bauherrn ein bei Erteilung der Bodenverkehrs- bzw Baugenehmigung fälliger sog Kulturbeitrag zu zahlen ist, jedenfalls dann, wenn die Erteilung der Genehmigung oder Zustimmung davon abhängig gemacht wird; dazu **LG Hannover** NdsRpfl 1963, 224 = DNotZ 1964, 358 Ls bez Baugenehmigung unter Hinweis auf § 138 Abs 1 BGB.

Die Genehmigungsbehörde darf in Fällen des Außenbereichs nach § 19 Abs 2 BBauG (*Anh*) die Genehmigung nur mit **Zustimmung der höheren Verwaltungsbehörde** erteilen, soweit der Rechtsvorgang der Vorbereitung eines in § 36 BBauG (*Anh; dazu Bem 83d*) bezeichneten Vorhabens dient, § 19 Abs 4 S 2 BBauG (*Anh*). Die Bezugnahme gilt nur für § 36 Abs 1 S 2 aaO, ist also insofern ungenau; so auch *Heitzer-Oestreicher* BBauG § 19 Bem 3, *Schütz-Frohberg* BBauG § 19 Bem 5. Es ist hier also außer der Zustimmung der Gemeinde auch die der höheren Verwaltungsbehörde erforderlich. Für die Bedeutung dieser Zustimmung gilt dasselbe, was bez der Gemeinde von **BVerwG** NJW 1966, 513 (in *Bem 83b*) ausgeführt wird, wenn auch in § 36 Abs 1 BBauG einmal von Einvernehmen, das andere Mal von Zustimmung gesprochen wird. Anstelle der höheren Verwaltungsbehörde kann nach § 147 Abs 2 BBauG (*Anh*) eine andere lrechtlich bestimmte Behörde treten.

Nach § 19 Abs 4 S 3 BBauG (*Anh*) gibt es eine **fiktive Genehmigung** dh die Genehmigung gilt als erteilt, wenn sie nicht binnen **2 Monaten** nach Eingang des Antrags versagt wird; dazu *Heitzer-Oestreicher* BBauG § 19 Bem 3, *Steffens* Das BBauG in der Rspr 30/31 unter B Z IV. Die Baugenehmigungsbehörde ist an eine solche fingierte Bodenverkehrsgenehmigung ebenso wie an eine tatsächlich erteilte gebunden, weil beide Genehmigungsarten als gleichrangig angesehen werden müssen, wie sich aus dem Gesetz ergibt, **VG Düsseldorf** NJW 1966, 1427 = DNotZ 1967, 43 Ls. Die Frist, die das Gesetz hier aufstellt, ist, wie allgemein in der Praxis sich ergeben hat, zu kurz. Eine genehmigungsfähige GrstTeilung iSd § 19 Abs 3 BBauG (*Anh*) liegt in dem Antrag auf Bodenverkehrsgenehmigung, wenn in ihm die beabsichtigte GrstTeilung klar und eindeutig bezeichnet wird, **BVerwG** NJW 1964, 1976 = MDR 1964, 945 = RdL 1964, 249 = BBauBl 1964, 457 = BB 1964, 1065 = DVBl 1964, 742 = DÖV 1964, 780 = DRspr V (527) 39a, **OVG Lüneburg** BBauBl 1965, 122 = SchlHA 1966, 70 (überholt die frühere Auffassung DVBl 1964, 534 = DRspr aaO 38a, wonach die GrstTeilung noch nicht im Antrag gesehen wird), **OVG Münster** *Steffens* aaO 31. Es kann dies gerade wegen des Fristablaufs besondere Bedeutung haben und bedarf daher der Beachtung. Strittig ist, ob durch einen Zwischenbescheid die gesetzliche Frist verlängert oder unterbrochen werden kann; dies ist mit der hM zu verneinen, so insbes **OVG Münster** aaO, *Haegele* GBRecht Bem 2074, Beschränkungen Bem 268, *Steffens* aaO 30. Deshalb empfiehlt *Steffens* aaO, daß die Genehmigungsbehörde in solchen Fällen die Genehmigung versagt und daß dann nach Klärung einem erhobenen Widerspruch abgeholfen wird; so wird übrigens das Verfahren in solchen Fällen überwiegend gehandhabt. Die Frist von 2 Monaten beginnt erst dann zu laufen, wenn der Antrag bei der Genehmigungsbehörde eingegangen ist, die über den Antrag zu entscheiden hat, **OVG Münster**

DNotZ 1967, 32 = BWNotZ 1967, 122 Ls unter Hinweis auf **RG** JW 1938, 2153, **BGH** BGHZ 2, 31, **BVerwG** BVerwGE 10, 293, *Eyermann-Fröhler* VwGO § 70 Bem 6. Es ist der Landesgesetzgebung nicht überlassen, den Lauf der Frist zu regeln; die Einreichung eines Antrags bei einer unzuständigen Stelle setzt die Frist nicht in Lauf, weil keine Gewähr für Weiterleitung besteht, **OVG Münster** aaO. Bei der Bedeutung der Bodenverkehrsgenehmigung sollte der Gesetzgeber die Folgerung ziehen und die gesetzliche Frist verlängern oder die Möglichkeit eines Zwischenbescheides normieren, und zwar bei Gelegenheit, nicht erst bis sich eine weitergehende Reform des Gesetzes ergibt. Man sollte § 19 Abs 4 S 3 BBauG (*Anh*) an die zweckmäßigere Regelung des § 6 GrstVG (Anh) angleichen; dazu *Bem 82c*.

**Inhalt** und **Wirkung der Genehmigung** ergeben sich aus **§ 21 BBauG** (*Anh*); im übrigen ist auf *Bem 79e* zu verweisen. Um ein Doppelverfahren in kurzer Zeit zu vermeiden, wirkt eine nach § 19 BBauG (*Anh*) erteilte Genehmigung auf **3 Jahre** in der Weise, daß ein Antrag auf ein Bauvorhaben nicht aus Gründen des § 20 aaO abgelehnt werden kann; andere Versagungsgründe, wie Ablehnung, weil ein Bauvorhaben dem Bebauungsplan widerspricht, sind statthaft, *Haegele-Riedel* RPfleger-Handbuch (GrstRecht I 63/64, IV 71/72), *Heitzer-Oestreicher* BBauG § 21 Bem 1. Die Baugenehmigungsbehörde ist selbstverständlich frei bez Beanstandungen eines Bauvorhabens, wenn die Pläne gegen anerkannte Grundsätze der Baukunst oder der Statik verstoßen, da derartige Fragen mit der Bodenverkehrsgenehmigung nichts zu tun haben. Die Angabe des Zwecks des GrstErwerbs und die Herbeiführung einer Genehmigung hat also für den GrstErwerber großen Vorteil, weil sie ihm die Vergünstigung des § 21 Abs 1 aaO verschafft, während er sie andernfalls dh wenn er ohne Genehmigung das Grst erwirbt, weil er kein Motiv für den Erwerb angab, diesen Vorteil nicht hat. Wird ein Grst, für dessen Auflassung oder Teilung die Bodenverkehrsgenehmigung erteilt worden ist, innerhalb der im § 21 Abs 1 BBauG (*Anh*) genannten Frist von 3 Jahren zu demselben Nutzungszweck weiterveräußert, der schon Gegenstand der Prüfung in dem früheren Verfahren war, so darf in entsprechender Anwendung des § 21 Abs 1 aaO bei unverändert gebliebenen tatsächlichen und rechtlichen Voraussetzungen (dazu § 21 Abs 2 S 1 aaO) zu der erneuten Auflassung die Bodenverkehrsgenehmigung nicht versagt werden. In den genannten Fällen ist die Baugenehmigungsbehörde jedoch gegenüber einem Bauantrage, der die Verwirklichung der mit beiden Rechtsvorgängen bezweckten Nutzung zum Ziele hat, gemäß § 21 Abs 1 aaO nur für eine Frist von 3 Jahren gebunden, die von der Erteilung der 1. Bodenverkehrsgenehmigung an rechnet, **OVG Münster** NJW 1964, 2078 = BBauBl 1964, 502 = DÖV 1964, 750 = DVBl 1966, 190 = DNotZ 1966, 427 Ls; dazu *Heitzer-Oestreicher* BBauG § 21 Bem 6 (B 2), *Steffens* aaO 32/33 unter B Z VI.

Die Wirkung der Genehmigung hat aber zur Voraussetzung gleichbleibende Verhältnisse, gilt also nicht, wenn sich gegenüber der früheren Entscheidung die rechtlichen oder tatsächlichen Voraussetzungen des § 20 BBauG (*Anh*) geändert haben. Für derartige Änderungen sieht § 21 Abs 2 aaO eine sog *clausula rebus sic stantibus* vor; dazu *Heitzer-Oestreicher* aaO Bem 2. Dann haben Eigentümer und Erbbauberechtigte Anspruch gegen die Gemeinde auf angemessene Entschädigung in Geld, und zwar insoweit durch die Versagung der Wert des Grst gemindert wird und Aufwendungen an Wert verlieren, die der Eigentümer oder der Erbbauberechtigte für Vorbereitungen zur Nutzung des Grst im Vertrauen auf die Genehmigung bereits gemacht haben, § 21 Abs 2, Abs 3 S 3 BBauG (*Anh*). Es ist hier also kein Ausgleich in Land vorgesehen; dadurch wird natürlich nicht ausgeschlossen, daß im Wege der Vereinbarung, die den Charakter eines Vergleichs hat (dazu § 21 Abs 3 S 4 BBauG), ein Landausgleich vorgenommen wird; eine dem § 100 BBauG (*Anh*) entsprechende Regelung für Enteignung fehlt hier. Für die Geldentschädigung gelten im übrigen unter Berücksichtigung des § 21 Abs 3 BBauG (*Anh*) die Vorschriften über die Entschädigung bei Enteignung, also §§ 93 ff. BBauG (*Anh*). Mangels Einigung entscheidet zunächst die höhere Verwaltungsbehörde, § 21 Abs 3 S 4 BBauG (*Anh*), gegen deren Bescheid das Landgericht, Kammer für Baulandsachen, angerufen werden kann, und zwar binnen 1 Monat seit Zustellung des Verwaltungsaktes, § 157 BBauG; dazu *Bem 83i*; sowie *Heitzer-Oestreicher* BBauG § 21 Bem 4, 5, § 157 Bem 1 ff.

Die **Frist** des § 21 Abs 1 BBauG (*Anh*) bezieht sich auf die **Bodenverkehrsgenehmigung,** hat aber innerhalb der gesetzlichen Frist auch einen Einfluß auf die eigentliche Baugenehmigung, und zwar im Rahmen des § 20 aaO, nicht darüber hinaus, wie bereits erwähnt ist. Wo keine Bodenverkehrsgenehmigung vorliegt, wirkt sich die Vergünstigung nicht aus, andernfalls nur im Rahmen und in den Grenzen der angeführten gesetzlichen Bestimmungen. Die Baugenehmigung ist also auch unabhängig von der Bodenverkehrsgenehmigung, wenn die Frist des BBauG überschritten bzw abgelaufen ist. Die Frist von 3 Jahren rechnet ab Genehmigung des Bodenverkehrs, und zwar von Erlaß des Bescheids der Genehmigungsbehörde, wenn dem Antrag in vollem Umfange stattgegeben wird. Wird später im verwaltungsgerichtlichen Verfahren der Bescheid aufgehoben, so wird die Frist ohnedies gegenstandslos. Hat bei einem ganz abgelehnten oder teilweise dh mit Auflagen genehmigten Vertrag eine Anrufung der Verwaltungsgerichte Erfolg, so rechnet die Frist ab der zuletzt ergangenen positiven Entscheidung; so auch **OVG Münster** NJW 1964, 1078 wV *Bem 83b* sowie *Heitzer-Oestreicher* BBauG § 21 Bem 6 (B 2). Hat ein Rechtsmittel keinen Erfolg, so wird der Lauf der Frist nicht berührt. Dieser spätere Beginn der Frist kommt auch in Betracht, wenn die Genehmigung nur oder auch deshalb versagt wird, weil die Gemeinde oder bzw und die höhere Verwaltungsbehörde nach § 19 Abs 4 und § 36 BBauG nicht zustimmen und der bzw die Betroffenen diese ablehnende Stellungnahme erfolgreich mit Aufsichtsbeschwerde angreifen und anschließend der Bodenverkehrsgenehmigungsbescheid erteilt wird, uU erst in einem anschließenden Verwaltungsgerichtsverfahren. So kann sich der Beginn der 3 Jahresfrist gegebenenfalls sehr verzögern. Wenn bei **OVG Münster** und *Heitzer-Oestreicher* aaO von einer Hemmung des Fristablaufs gesprochen wird, so dürfte dies nicht die zutreffende Bezeichnung sein; es handelt sich vielmehr um einen verzögerten Beginn des Fristablaufs. Die **Baugenehmigung** ihrerseits kann befristet sein; sie kann also zeitlich bestimmen, daß nur ein Bauvorhaben, das innerhalb bestimmter Frist ausgeführt wird, als genehmigt anzusehen ist. Eine solche zeitliche Begrenzung kann auch landesrechtlich bestimmt sein, dann bedarf es keines ausdrücklichen Vorbehalts im Baugenehmigungsbescheid; dazu *Dorn* Zur Geltungsdauer der Baugenehmigung BlGBW 1964, 238. Es können also die Fristen nach BBauG und LBauordnung konkurrieren. Das BBauG regelt nur die Fristen der Bodenverkehrsgenehmigung, nicht der Baugenehmigung. Ob bei letzterer um eine Fristverlängerung nachgesucht oder ein neues Baugesuch gestellt werden muß, richtet sich nach Landesrecht, wenn der Fall eintritt, daß die Frist bez der Bodenverkehrsgenehmigung später zu laufen beginnt, zwischenzeitlich aber eine Baugenehmigung erteilt wird.

Die **Baugenehmigung** ist nur beschränkt an die Bodenverkehrsgenehmigung gebunden; dazu **OVG Lüneburg** NJW 1967, 842. Wird die Bindung, die § 21 Abs 1 BBauG (*Anh*) ausspricht, nicht beachtet, so kann der Baugenehmigungsbescheid mit den üblichen Rechtsbehelfen, insbes auch im Verwaltungsrechtsverfahren, angegriffen und der Verstoß geltend gemacht werden. Im übrigen ist ein Baugenehmigungsbescheid unabhängig von der Bodenverkehrsgenehmigung. Liegt eine Baugenehmigung für ein noch nicht ausgeführtes Bauvorhaben bereits vor, so ist, wenn darnach eine Bodenverkehrsgenehmigung erteilt wird, die von ihm abweicht, diese zu beachten und der Bescheid über die Baugenehmigung entsprechend abzuändern, uU auf Antrag. Vollendete

Bauvorhaben, etwa Schwarzbauten, werden durch die Bodenverkehrsgenehmigung nicht berührt, so daß die Baubehörde insoweit alle Maßnahmen treffen kann, die die Bauordnungen der Länder vorsehen. Eine Baugenehmigung kann ihrerseits außerhalb des erwähnten Bereichs des BBauG, also im reinen Bereich der Baukunst, baurechtswidrig sein; hier bestehen dann die gesetzlichen Rechtsbehelfe, um eine Zurücknahme des Bescheides zu erreichen; dazu *Evers* Die baurechtswidrige Baugenehmigung BlGBW 1962, 241. Bedenklich erscheint es, wenn nach *Evers* aaO eine Abrißverfügung unzulässig sein soll wegen Wahrung des Vertrauensschutzes; es kann hier uU Amtshaftung in Betracht kommen, wenn eine Abrißverfügung erlassen wird, **BGH** WM 1963, 1125 = VersR 1963, 1175. Eine solche Abrißverfügung kann insbes notwendig werden, weil Nachbarn geschädigt werden, die wiederum ihrerseits sonst mit Haftungsansprüchen an die Behörde herantreten, oder weil das Bauobjekt den Planungen nach §§ 1 ff. BBauG (*Anh*) widerspricht (dazu *Bem 83 a*). Amtshaftung kann eintreten, wenn die Baubehörde einen Bau genehmigt, obwohl der erforderliche Grenzabstand nicht eingehalten wird, **BGH** DB 1964, 1331 = WM 1964, 824 = DRspr I (147) 98a, wenn die Bauerlaubnis versagt wird, obwohl zuvor ein genehmigender Vorbescheid mit Inaussichtstellung der endgültigen Genehmigung erteilt worden ist, **OLG Bremen** BB 1955, 779 = DRspr aaO 24a, wenn die Baubehörde es unterläßt, auf unmittelbar bevorstehende Rechtsänderungen, die die Bearbeitung des Gesuchs beeinflussen, hinzuweisen, wie Änderung der Baustaffel, **BGH** NJW 1960, 1244 = MDR 1960, 571 = BB 1960, 574 = DB 1960, 638 = DÖV 1960, 428 = VersR 1960, 559 = LM § 839 (C) BGB Nr 54 = DRspr I (147) 63a, wenn die Baubehörde die Prüfung statischer Berechnungen nicht sachgemäß durchführt und dadurch Dritte geschädigt werden, **BGH** BGHZ 39, 358 = NJW 1963, 1821 = MDR 1963, 747 = JZ 1963, 707 = BB 1963, 835 = LM § 839 (A) BGB Nr 28 (*Kreft*), § 839 (C) BGB Nr 79 Ls. Andererseits ist die Baubehörde nicht verpflichtet, bei der Beantwortung einer Bauvoranfrage Hinweise auf die mögliche Aufstellung eines dem Bauvorhaben entgegenstehenden Bebauungsplanes (dazu *Bem 83 a*) zu geben, wenn ein solcher Bebauungsplan mit einiger Wahrscheinlichkeit noch nicht zu erwarten ist und wenn die Bekanntgabe der in Aussicht genommenen Regelung es dem um Auskunft Ersuchenden ermöglichen würde, die Planung der Baubehörde zu durchkreuzen, **BGH** VersR 1964, 289. Eine bloße Voranfrage ist kein genehmigungsfähiger Rechtsvorgang, **OVG Lüneburg** RdL 1962, 187 = DRspr V (527) 22c. Wenn ein Vorhaben offensichtlich materiell baurechtmäßig und dafür die Baugenehmigung erteilt worden ist, darf die Behörde die Bauarbeiten nicht deshalb verbieten, weil ein Nachbar gegen die Baugenehmigung Widerspruch erhoben hat, **OVG Münster** NJW 1967, 594. Eine Grunddienstbarkeit kann in Form einer Beubeschränkung bestellt werden, etwa zur Erhaltung des Charakters einer Villengegend, **BGH** JZ 1967, 322 = DB 1967, 726 = WM 1967, 582 = DRspr I (154) 78a. Im übrigen über das Verhältnis von Baugenehmigung und zivilrechtlichem Bauverbot **BVerwG** BVerwGE 20, 124 wV *Bem 83 d*.

Haben Verkäufer und Käufer eines Grst einen Rücktrittsvorbehalt für den Fall vereinbart, daß die behördliche Genehmigung nicht erteilt wird, so ist nach § 157 BGB für den Zeitpunkt des Rücktritts nach Durchführung eines Widerspruchsverfahrens gegen einen ablehnenden Bescheid der zuständigen Behörde die Kenntnis des belasteten Vertragsteils von der Versagung der Genehmigung im Widerspruchsbescheid maßgebend, **LG Köln** NJW 1966, 891; dazu auch **BayObLG** BayObLGZ 1966, 37 wV aaO *Bem 83 b*.

Für das Verhältnis von Bodenverkehrsgenehmigung zum **Landwirtschaftsrecht** einschl Forstrecht, und zwar zum Landwirtschaftsverkehrsrecht nach GrstVG (*Anh*), trifft **§ 22 BBauG** (*Anh*) eine Regelung; dazu *Bem 82 b, c, 83 a*, auch *Haegele* GBRecht Bem 2077, Beschränkungen Bem 272, Unterrichtsbriefe (Bundesbaugesetz 9), *Haegele-Riedel* RPfleger-Handbuch (GrstRecht 65), *Heitzer-Oestreicher* BBauG § 22 Bem. Nach der Überschrift zu § 22 aaO, in der das Verhältnis zu anderen Vorschriften über den

Bodenverkehr erwähnt wird, könnte man annehmen, daß sich § 22 aaO auch noch auf andere Gebiete bezieht; dies ist aber nicht der Fall. Im Bereich der §§ 19ff. BBauG (*Anh*) findet das GrstVG (*Anh*) keine Anwendung. Hierbei ist es gleichgültig, ob nach dem BBauG (*Anh*) eine Genehmigung nötig ist oder nicht. Die Nichtanwendung des GrstVG gilt also nicht nur in den Fällen, in denen eine Überprüfung erfolgt und bezieht sich auf Veräußerungs- und Belastungsbeschränkungen; so auch *Haegele* aaO, *Eppig* DNotZ 1960, 521, **aA** *Ripfel* BB 1960, 1184 (1186). § 22 BBauG (*Anh*) stimmt mit § 4 Z 4 GrstVG (*Anh*) überein; dazu *Bem 82c*. Diese Regelung dient im wesentlichen der Klarstellung. Im Innenbereich ist nach § 19 Abs 1 BBauG (*Anh*) eine Genehmigung nach dem BBauG nur für Teilungen vorgeschrieben, nach dem Landwirtschaftsrecht ist aber dazu eine Genehmigung nicht erforderlich; dazu *Haegele* Beschränkungen Bem 272 und Fußn 290. Im Außenbereich jedoch kommt bei Veräußerung eines Grst eine Genehmigung nach dem GrstVG (*Anh*) in Betracht und kann daher Konkurrenz mit § 19 BBauG (*Anh*) eintreten, wenn Motivangabe erfolgt; dazu *Haegele* Beschränkungen Bem 272. Das Grst muß im räumlichen Geltungsbereich eines Bebauungsplans iSd § 30 BBauG (*Anh*) liegen; dazu *Bem 83d*. Landwirtschaftliche Grundstücke sind im Flächennutzungsplan als solche auszuweisen, § 5 Abs 2 Z 8 BBauG (*Anh*), ebenso im Bebauungsplan, § 9 Abs 1 Z 10 BBauG (*Anh*). Die Genehmigung nach GrstVG (*Anh*) ist in 2 Fällen erforderlich, nämlich wenn eine Veräußerung einer Wirtschaftsstelle eines land- oder forstwirtschaftlichen Betriebs vorliegt, ferner bei Veräußerung von land- und forstwirtschaftlichen Grsten, die im Bebauungsplan als solche ausgewiesen sind. In der Praxis ist es ratsam, daß die Genehmigungsbehörde, die nach dem GrstVG zu entscheiden hat (dazu *Bem 82c*) die Entscheidung aussetzt, bis nach dem BBauG entschieden ist; dazu *Haegele* Beschränkungen Bem 272. Wird die Genehmigung nach dem BBauG erteilt, so wird in der Regel auch der Genehmigung nach dem GrstVG nichts im Wege stehen. Bei Versagung der Genehmigung nach dem BBauG wird auch nach dem GrstVG Zurückweisung des Antrags zu erfolgen haben, da der Kaufvertrag regelmäßig nichtig ist; dazu **OLG München** RdL 1962, 126, *Haegele* aaO.

Es kann auch das FlBG einschlägig sein, wenn es sich um Bau- oder Bauerwartungsland handelt, das im Bereich der Flurbereinigung liegt (dazu *§ 38 Bem 69*); dazu **BVerwG** RdL 1966, 268 = DRspr II (285) 83a, wonach die Eigenschaft eines Grst als Bau- oder Bauerwartungsland nach den Verhältnissen im Zeitpunkt der vorzeitigen Ausführungsanordnung zu beurteilen ist, §§ 61ff. FlBG, auch für die Frage der Abfindung nach § 44 FlBG.

Zum **Verfahren** bei Bodenverkehrsgenehmigung nach dem BBauG im übrigen *Bem 83i*.

### Verfahren vor dem Grundbuchamt

Zur Sicherung der Regelung über den Bodenverkehr ist nach **§ 23 BBauG** (*Anh*) das GBA verpflichtet darauf zu achten, ob eine Genehmigung erforderlich ist, bejahendenfalls erteilt ist, wenn eine GBEintragung erfolgen soll; dazu *Haegele* GBRecht Bem 2078, 2079, Beschränkungen Bem 273ff., Unterrichtsbriefe (Bundesbaugesetz 9ff.), Verkehrsbeschränkungen und Vorkaufsrecht nach dem BBauG Rpfleger 1961, 3, *Haegele-Riedel* RPfleger-Handbuch (GrstRecht 66), *Heitzer-Oestreicher* BBauG § 23 Bem. Eine ähnliche Sicherung besteht für den landwirtschaftlichen Bodenverkehr nach § 6 Abs 3, § 7 GrstVG (*Anh*); dazu *Bem 82c*. Es werden hier für die GBEintragungen 3 Grundsätze aufgestellt:

Eintragung der Rechtsänderung nur nach Vorlage eines Genehmigungsbescheids, § 23 Abs 1 BBauG (*Anh*),

Eintragung auf Grund eines Zeugnisses der Genehmigungsbehörde, § 23 Abs 2 BBauG (*Anh*),

Eintragung eines Widerspruchs im GB bei unrichtiger Eintragung, § 23 Abs 3, 4 BBauG (*Anh*).

Das GBA hat sich hieran streng zu halten; dazu *Bem 79e.* Andernfalls besteht die Gefahr einer Haftung, weil unrichtige Eintragungen bei Beachtung des § 23 aaO vermieden werden, wenn sie trotzdem erfolgen, nicht zu Lasten des GBA gehen, das ja durch einen Bescheid oder ein Zeugnis der Genehmigungsbehörde gedeckt ist.

Das GBA hat also bei der **Prüfung** folgendes zu beachten:

Bei **Auflassungsvormerkungen** kann ohne weiteres dh ohne Rücksicht auf die zu erteilende Genehmigung GBEintragung erfolgen. Hier ist die Rechtslage dieselbe wie früher, **KG** JFG 14, 123 = DNotZ 1936, 729, *Cammerer* DNotZ 1935, 279, **aA** (überholt) *Jansohn* aaO 286.

Wenn dem GBA ein Antrag vorgelegt wird, hat es zu prüfen, ob derselbe einen **Gegenstand** enthält, der unter §§ 19ff. BBauG (*Anh*) fällt oder fallen kann; über die Prüfung in anderen Fällen nach dem BBauG *Bem 83c bis h.* Zu den Voraussetzungen des § 19 BBauG (*Anh*) ist zu verweisen auf *§ 7 Bem 10.* Es kommt hierbei auf den Einzelfall an; so ist auch bei Aufhebung einer Vereinigung von Grsten nach § 890 BGB eine Genehmigung nur unter den Voraussetzungen des § 19 BBauG (*Anh*) erforderlich, **AG Naila** Rpfleger 1961, 361 (*Haegele*). Von Bedeutung ist auch, daß die Rechtsvorgänge, die in § 19 Abs 5, 6 BBauG (*Anh*) aufgeführt sind (dazu in *Bem 83b* bei Genehmigungsfreiheit), keiner Genehmigung bedürfen. Hier kann von der Vorlage eines Negativzeugnisses der Genehmigungsbehörde abgesehen werden. Man wird dies nur tun, wenn die Rechtslage völlig eindeutig und klar ist. Andernfalls wird das GBA nicht davon absehen, ein Zeugnis der zuständigen Behörde sich vorlegen zu lassen oder anzufordern. Das GBA hat keine Verpflichtung, von Amts wegen Erhebungen durchzuführen und die Bebauungspläne einzusehen, um klarzustellen, wo die Grste, bez deren Eintragungsanträge vorliegen, sich befinden und ob sie im Bebauungsplan eingezeichnet sowie wie sie gekennzeichnet sind; so auch *Haegele* Beschränkungen Bem 275 mit Fußn 295, Unterrichtsbriefe (Bundesbaugesetz 10 mit Fußn 21), **aA** *Ripfel* BB 1966, 1184 (1185), wonach das GBA die Lage eines Grst im Außenbezirk von Amts wegen festzustellen hat. Damit aber würde dem GBA eine unmittebare Prüfungspflicht auferlegt, wie sich insbes nicht aus § 23 BBauG (*Anh*) ergibt, der gerade die Verantwortung vom GBA auf die Genehmigungsbehörde verlagert.

Wie sich aus § 23 Abs 1, 2 BBauG (*Anh*) ergibt, haben die **Beteiligten** die erforderlichen **Nachweise zu führen** durch Vorlage des Genehmigungsbescheids bzw eines Zeugnisses der Genehmigungsbehörde. Die Vorschrift bezieht sich auf **Antragsverfahren.** Das GBA hat also nicht von Amts wegen tätig zu werden und selbst die Unterlagen sich im Wege der Amtshilfe (dazu *§ 1 Bem 9*) zu beschaffen. Es würde damit von § 23 Abs 1, 2 aaO, wo ausdrücklich von der Vorlage des Nachweises seitens der Beteiligten ausgegangen wird, da in Abs 1 von Vorlegen gesprochen wird und in Abs 2 hervorgehoben wird, daß das Zeugnis der Genehmigungsbehörde auf Antrag eines Beteiligten auszustellen ist. Mit einer Abweichung von dieser Handhabung aber könnte sich eine Amtshaftung ergeben, etwa wenn kurz nach Übersendung der Genehmigungsurkunde eine Änderung eintritt, zB durch Zurücknahme des Antrags auf Genehmigung oder durch Vertragsänderung usw. Es hat daher schon einen Sinn, daß das Gesetz in § 23 Abs 1, 2 aaO insoweit die Verantwortung den Beteiligten auferlegt, die dafür zu sorgen haben, daß der Nachweis richtig geführt wird. In **Verfahren von Amts wegen** (dazu *§ 1 Bem 16, § 13 Bem 7, 8, § 18 Bem 143, § 53 Bem 9*) ist § 23 Abs 1, 2 BBauG (*Anh*) nicht einschlägig. Das GBA hat hier daher von der Genehmigungsbehörde selbst die erforderlichen Urkunden, nämlich Genehmigungsbescheid oder Zeugnis, uU die behördlichen Akten anzufordern, um die notwendigen Feststellungen selbst treffen zu können.

Bei der Vorlage des Bodenverkehrsgenehmigungsbescheides oder des Zeugnisses über die fiktive Genehmigung ist nötig, daß die **Rechtskraft** der Genehmigung bescheinigt wird. Dies wird zwar in § 23 Abs 1, 2 aaO nicht erwähnt; der Grundsatz des § 6 Abs 3, § 7 Abs 1 GrstVG (*Anh*) gilt auch hier (dazu *Bem 82c*). Ein Bescheid, der nicht rechtskräftig ist, kann noch zum Nachteil eines Beteiligten geändert werden, da der Bescheid als Verwaltungsakt abänderbar ist. Dann aber wäre eine GBEintragung auf Grund eines nicht rechtskräftigen Bescheides geeignet, eine Unrichtigkeit des GB herbeizuführen; dies aber soll ja gerade durch die Regelung des § 23 aaO vermieden werden. Es bleibt den Beteiligten überlassen, sich in dem Vorstadium entsprechend anderweitig zu sichern, insbes durch Eintragung einer Vormerkung. Wenn einem Antrag auf Bodenverkehrsgenehmigung in vollem Umfange stattgegeben ist, so besteht für den Antragsteller kein Rechtsmittel, wie sonst auch, weil keine Beschwer vorliegt; dazu *Haegele* Beschränkungen Bem 282, 283. Wenn aber ein Antrag nur teilweise Erfolg hat, ist ein Rechtsmittel möglich; der Betroffene kann, soweit seinAntrag keinen Erfolg hatte, Widerspruch gegen den Bescheid erheben und uU ein verwaltungsgerichtliches Verfahren durchführen. Wenn die Gemeinde bzw die höhere Verwaltungsbehörde nicht zugestimmt hat oder trotz deren Ablehnung die Genehmigung erteilt wurde, so ist das Verfahren zu beanstanden und es kann seitens dieser Behörden Widerspruch erhoben werden, wie bereits erwähnt wurde. Die Frage der Rechtskraft eines Genehmigungsbescheides kann daher aus verschiedenen Gründen unklar oder zweifelhaft sein, selbst in dem Fall, daß dem Antragsteller sein Gesuch nach Antrag genehmigt wurde. Es bestehen deshalb Bedenken, daß dem GBA empfohlen wird, ohne Rechtskraftbestätigung könne in jedem Falle eine GBEintragung vollzogen werden, wenn eine Genehmigung vorgelegt wird, ohne daß es einer Rechtskraftbescheinigung bedürfe. Wenn die Beteiligten eine solche Rechtskraftbescheinigung nicht ausgestellt erhalten, etwa weil die Genehmigungsbehörde sich weigert, eine solche auszustellen, so kann das GBA im Wege der Amtshilfe um eine entsprechende Auskunft ersuchen, die ihm keinesfalls verweigert werden darf, weil nach Art 35 GG Amtshilfe gewährt werden muß (dazu *§ 1 Bem 9*). Wenn das GBA die Rechtskraftbescheinigung sich geben läßt, ist es der Prüfung enthoben, ob ein Verfahrensverstoß in dem Genehmigungsverfahren vorliegt. Eine solche Prüfung erscheint auch nicht zweckmäßig und könnte nur unter Beiziehung der Genehmigungsakten erfolgen, mit Risiko für das GBA, weil es etwas prüft, wozu es nicht verpflichtet ist. Es kann daher den GBÄmtern nahegelegt werden, die Rechtskraftbescheinigung stets zu verlangen und, wenn sie die Beteiligten nicht vorlegen können, im Wege der Amtshilfe anzufordern. Denn dann geht die Unrichtigkeit des Rechtskraftzeugnisses nicht zu Lasten des GBA, sondern der Genehmigungsbehörde. Bei einer Reform wäre eine Gesetzesergänzung iSd GrstVG (*Anh*) wünschenswert.

**Bei der Eintragung** bestehen 2 Möglichkeiten:

Eintragung auf Grund eines vorgelegten Genehmigungsbescheids, § 23 Abs 1 BBauG (*Anh*),

Eintragung nach Vorlage eines Zeugnisses der Genehmigungsbehörde, § 23 Abs 2 aaO.

Wenn eine **Genehmigungspflicht** besteht, darf eine Eintragung nur erfolgen, wenn der **Genehmigungsbescheid** dem GBA **vorgelegt** wird, § 23 Abs 1 BBauG (*Anh*). Zu Erhebungen darüber, ob ein Grst im Innenbereich oder Außenbereich liegt, ist das GBA nicht verpflichtet; uU ergibt sich die Lage des Grst aus dem GB, den Grundakten oder von den Beteiligten übergebenen Urkunden. Das GBA ist jedoch nicht verpflichtet, sich hierauf zu verlassen und in eigner Verantwortung zu entscheiden. Es ist dies auch nicht zweckmäßig, da ja Änderungen zwischenzeitlich eingetreten sein können; dazu *Haegele* Unterrichtsbriefe (Bundesbaugesetz 10 Fußn 21). Bei Grst-

Teilungen ist zwar in Baugebieten im Regelfall anzunehmen, daß die Parzellierung zu Beubauungszwecken erfolgt; notwendig ist dies nicht, da zB eine Teilung auch erfolgen kann zwecks Auflösung einer Erbengemeinschaft oder nach geschiedener Ehe. Nach *Ripfel* BB 1960, 1184 (1185), kann das GBA bei einer Teilung eines Grst die Vorlage der Genehmigung nur verlangen, wenn das Grst bebaut oder seine Bebauung genehmigt ist oder wenn nach den vorgelegten Erklärungen seine Teilung zum Zwecke der Bebauung oder der kleingärtnerischen Dauernutzung vorgenommen werden soll. Man würde jedoch dem GBA zuviel zumuten, weshalb wohl auch bei *Ripfel* aaO bei der praktischen Betrachtungsweise mit Recht wiederum eine Einschränkung vorgenommen wird und zur Prüfung auf den Genehmigungsbescheid bzw das Zeugnis der Genehmigungsbehörde verwiesen wird. Es ist also auch hier von der Regel des § 23 Abs 1, 2 BBauG (*Anh*) auszugehen; so auch *Haegele* Beschränkungen Bem 276 mit Fußn 296, Unterrichtsbriefe (Bundesbaugesetz 10 mit Fußn 22, *Wolff* MittRhNotK 1961, 278. Bei GrstVeräußerungen wird meist der schuldrechtliche Vertrag mit vorgelegt werden. Aus ihm ergibt es sich, ob ein Fall des § 19 BBauG (*Anh*) vorliegt, wenn der Zweck der Veräußerung dem Vertrag entnommen werden kann. Fehlt eine Motivangabe, da die Beteiligten nicht verpflichtet sind, den Grund und den Zweck der Veräußerung anzugeben — geschieht eine solche Angabe doch im eigenen Interesse wegen § 21 BBauG (*Anh*) —, so kommt eine Bodenverkehrsgenehmigung nicht in Betracht und es fragt sich nur, ob irgendeine andere Genehmigung möglich ist, etwa nach dem GrstVG (dazu *Bem 82*). In solchem Falle braucht sich das GBA um die Frage einer Genehmigung nach §§ 19ff. BBauG (*Anh*) nicht zu kümmern, weil ja eine Genehmigungsmöglichkeit ausscheidet; dies ist allgemein anerkannt, so insbes **LG Berlin** Rpfleger 1962, 270 (Schriftl) = DNotZ 1961, 654 = BWNotZ 1962, 28 Ls, **LG Bonn** MittRhNotK 1962, 529, **LG Duisburg** aaO 567, **LG Düsseldorf** Rpfleger 1962, 448 (*Grauel*) = MittBayNotV 1963, 31 = DNotZ 1963, 304 Ls = BWNotZ 1963, 29 Ls, **LG Traunstein** MittBayNotV 1962, 65, **AG Köln** MittRhNotK 1961, 823, *Haegele* Beschränkungen Bem 277 mit Fußn 296a. Freilich ist die Rechtslage nicht immer eindeutig. Es kann nämlich der Zweck der Veräußerung aus der Urkunde über die GrstÜbertragung ersichtlich sein, ohne daß er ausdrücklich erklärt wird, etwa wenn in der Urkunde von steuerbegünstigtem oder sozialem Wohnungsbau die Rede ist; dazu *Haegele* Beschränkungen Bem 276. Wird nur die Auflassung eines Grst dem GBA vorgelegt, so ist ungewiß, ob eine Genehmigungspflicht besteht. Daher kann das GBA einen Genehmigungsbescheid oder ein Zeugnis der Genehmigungsbehörde verlangen, um Klarheit zu haben; so auch *Haegele* Beschränkungen Bem 277 mit Fußn 298, Unterrichtsbriefe (Bundesbaugesetz 11 mit Fußn 24). Wenn auch das Grundgeschäft regelmäßig nicht der Prüfung des GBA unterliegt (dazu *§ 18 Bem 141, 142*), so bestehen doch keine Bedenken, wenn mit Rücksicht auf die Besonderheiten des BBauG das GBA von den antragstellenden Beteiligten die Vorlage der Urkunde über das Verpflichtungsgeschäft anfordert, um zu ersehen, ob darin eine Motivangabe enthalten ist; so auch mit Recht *Haegele* Beschränkungen aaO mit Fußn 298, *Ripfel* BB 1960, 1184 (1185). Dagegen ist mit *Haegele* aaO die Auffassung von *Kehrer* BBauG S 638/8 abzulehnen, wonach bei Vorlage der Auflassung es ausreichend sein soll, wenn die Beteiligten erklären, daß in dem Verpflichtungsvertrag keine Motivangabe enthalten sei. Das GBA würde damit von der Regel des § 23 Abs 1, 2 BBauG (*Anh*) und von den Grundsätzen über den Nachweis von Eintragungsvoraussetzungen (dazu *§ 18 Bem 145ff.*, *§ 29 Bem 4ff.*) abweichen, wenn es sich auf solche Erklärungen verläßt. Es würde damit die Verantwortung übernehmen, wenn die Äußerungen der Beteiligten unrichtig sind; daraus kann sich eine Amtshaftung ergeben. Wie bereits erwähnt, kann sich ja aus der Urkunde indirekt die Motivangabe ergeben, weil sie nicht ausdrücklich ausgesprochen werden muß. Daher handelt es sich hier um keine rechtsgrundsätzliche Frage, die durch die Rspr allgemein geklärt werden könnte.

Es kann nur abgeraten werden, sich mit einem solchen vereinfachten Weg zu begnügen, der zudem nicht dem § 23 Abs 2 BBauG (*Anh*) entspricht; man sollte vielmehr seitens des GBA von den Beteiligten einen Bescheid bzw ein Zeugnis der Gehehmigungsbehörde anfordern, auch wenn unklar ist, ob in der Urkunde über das Verpflichtungsgeschäft indirekt eine Motivangabe enthalten ist.

Das GBA kann nach § 23 Abs 2 S 1 BBauG (*Anh*) **Vorlage eines Zeugnisses der Genehmigungsbehörde** verlangen, wenn nach § 19 BBauG (*Anh*) eine Genehmigung nicht erforderlich ist oder als erteilt gilt. Es werden hier 2 Fälle erfaßt,

fiktive Genehmigung und
Genehmigungsfreiheit und Nichterfordernis einer Genehmigung.

Durch ein Zeugnis kann die positiv **erteilte Bodenverkehrsgenehmigung** nicht ersetzt werden. Hier ist vielmehr Vorlage des Genehmigungsbescheids durch die Beteiligten erforderlich. Würde sich das GBA mit einem bloßen Zeugnis begnügen und es würde sich später dieses als unrichtig erweisen, so könnte dies zu einer Amtshaftung führen, weil § 23 Abs 1, 2 BBauG (*Anh*) nicht beachtet wurde. Für die sog **fiktive Genehmigung** nach § 19 Abs 4 S 3 BBauG (*Anh*) gilt dasselbe wie nach §§ 5, 6 Abs 3 GrstVG (*Anh*); dazu *Bem 82c*. Der Nachweis einer solchen fiktiven Bodenverkehrsgenehmigung wird durch Vorlage eines Zeugnisses der Genehmigungsbehörde geführt, § 23 Abs 2 S 1 BBauG (*Anh*). Das Zeugnis steht der Genehmigung gleich, § 23 Abs 2 S 2 aaO; dieser Satz aaO bezieht sich nur auf diesen Teil des S 1 aaO, insoweit ist der Gesetzestext ungenau. Das GBA sollte eine andere Führung des Nachweises bei der ausdrücklichen gesetzlichen Regelung nicht vornehmen lassen, da nur bei dieser Art der Beweisführung dem Gesetz Genüge getan ist und eine Amtshaftung ausgeschlossen ist. Man sollte daher den Weg, den § 23 Abs 2 aaO ausdrücklich vorschreibt, nicht nur als die regelmäßige und allgemein übliche Art der Nachweisführung ansehen; so insbes *Eppig* DNotZ 1960, 522, *Haegele* Beschränkungen Bem 278, Unterrichtsbriefe (Bundesbaugesetz 11 mit Fußn 25). Es könnte nämlich der Nachweis auch in der Weise geführt werden, daß eine von der Beurkundungsperson ausgestellte und mit Stempel versehene Empfangsbescheinigung der Genehmigungsbehörde über den Zeitpunkt des Eingangs des Genehmigungsantrags bei ihr dem GBA vorgelegt wird, wozu allerdings noch in der Form des § 29 GBO die Nichtversagung der Genehmigung nachzuweisen wäre; so *Haegele* Beschränkungen Bem 278, der darauf hinweist, daß ein solcher Nachweis nur dann einfach ist, wenn der Notar zur Empfangnahme der Entscheidung von den Beteiligten beauftragt ist und nach Ablauf der Frist von 2 Monaten eine Tatsachenbescheinigung ausstellen kann, wonach ihm bis zum Tage der Ausstellung der Bescheinigung ein die Genehmigung versagender Bescheid nicht zugegangen ist. Hier zeigt sich, daß ein solcher Nachweis verhältnismäßig kompliziert ist und daher keineswegs dem normalen Weg des § 23 Abs 2 BBauG (*Anh*) vorzuziehen oder gleichzustellen ist. Man sollte daher von jeder anderen Art des Nachweises absehen, sei es die angegebene Art oder eine sonstige; dazu auch *Röll* MittBayNotV 1961, 207 (209). Der vereinfachte Nachweis erscheint übrigens auch deshalb ungenügend, weil auch bei der fiktriven Genehmigung ja nur die Genehmigung zugunsten des Antragstellers fingiert wird, während die Anfechtbarkeit durch Gemeinde bzw. höhere Verwaltungsbehörde nicht ausgeschlossen ist, wie bereits erwähnt ist.

Bei **Genehmigungsfreiheit** im Bodenverkehr nach § 19 Abs 5, 6 BBauG (*Anh*) ist nach § 23 Abs 2 S 1 BBauG (*Anh*) ebenfalls dem GBA gegenüber der Nachweis durch ein Zeugnis zu führen. Hier handelt es sich um ein sog Negativattest. Bei der Fassung der gesetzlichen Vorschrift ist darüber hinaus ein solches Zeugnis der Genehmigungsbehörde auch dann auszustellen, wenn nach § 19 Abs 1 bis 3 BBauG (*Anh*) eine Genehmigung nicht erteilt werden kann, weil die **gesetzlichen Voraussetzungen fehlen**;

auch hier handelt es sich um Rechtsvorgänge, in denen eine Genehmigung nicht erforderlich ist. Würde man die Vorschrift einengend auf § 19 Abs 5, 6 aaO beschränken, so würde man dem GBA bei der Prüfung zuviel zumuten, weil es andernfalls die Verhältnisse bez der Bebauungspläne usw genau kennen müßte. Gerade weil eine solche umfassende Prüfungspflicht für das GBA nicht besteht, muß die Bezugnahme auf § 19 aaO auf die Fälle der Abs 1 bis 3, 5, 6 aaO bezogen werden. Übrigens hätte sonst andernfalls das Gesetz in § 23 Abs 2 aaO den § 19 Abs 5, 6 aaO anführen müssen, nicht § 19 aaO schlechthin wie in § 23 Abs 1 aaO — ein Zeichen, daß eine umfassende Auslegung Platz zu greifen hat. Das GBA wird sich nicht darauf beschränken, nur in Zweifelsfällen ein Negativerzeugnis anzufordern, weil es glaubt, die Rechtslage selbst beurteilen zu können; dazu *Haegele* Beschränkungen Bem 280. Es wird vielmehr zur eigenen Sicherung stets den Nachweis durch ein Zeugnis erbringen lassen und zu den Grundakten legen. Dann können später nie Schwierigkeiten entstehen.

Im übrigen zur Frage des Umfangs der Prüfung auch *Bem 82c.*

Wenn das **landwirtschaftliche Bodenverkehrsrecht** einschlägig ist bzw konkurriert, wie sich aus § 22 BBauG (*Anh*) ergibt, dann muß das GBA auch Nachweise in dieser Richtung fordern dh von den Beteiligten vorlegen lassen; dazu *Haegele* Beschränkungen Bem 279, Unterrichtsbriefe (Bundesbaugesetz 11). Für die Führung des Nachweises sind dann §§ 6, 7 GrstVG (*Anh*) maßgebend; dazu *Bem 82.*

Mit Rücksicht auf die auch in der Rspr geäußerte abweichende Auffassung erscheint es notwendig wegen der Bedeutung der Frage des Prüfungsumfangs seitens des GBA hierauf näher einzugehen.

Das **LG Düsseldorf** Rpfleger 1962, 448 (wV aaO) weist zur **Prüfungspflicht des GBA** auf die unterschiedliche Textierung der § 23 Abs 1, 2 BBauG (*Anh*) **hin,** wonach nach Abs 1 aaO die GBEintragung erst nach Vorlage des Genehmigungsbescheides erfolgen kann, während nach Abs 2 aaO bei dem Zeugnis eine solche Voraussetzung nicht aufgestellt ist. Dies ist richtig, trotzdem darf daraus nicht eine Erweiterung der Prüfungspflicht des GBA gefolgert werden. Es wird in der erwähnten Entscheidung über den Einzelfall hinausgehend rechtsgrundsätzlich ausgeführt:

*„Eine Negativbescheinigung gemäß § 23 Abs 2 BBauG ist für die Eintragung nicht notwendig. Zwar hat nach dieser Vorschrift die Genehmigungsbehörde, wenn zu einem Rechtsvorgang eine Genehmigung nach § 19 BBauG nicht erforderlich ist oder als erteilt gilt, auf Antrag eines Beteiligten darüber ein Zeugnis auszustellen, das der Genehmigung gleichsteht. Es ist aber durch die Bestimmung des § 23 Abs 2 BBauG im Gegensatz zu § 23 Abs 1 BBauG keine Regelung dahingehend getroffen worden, daß die Eintragung genehmigungsfreier Rechtsvorgänge erst nach Vorlage einer Negativbescheinigung erfolgen dürfe. Allerdings wird bei Bestehen von Zweifeln das GBA die Vorlegung einer solchen Negativbescheinigung verlangen müssen, soweit deshalb die Genehmigungsbedürftigkeit in Frage steht.*

*In der Entscheidung des* LG Berlin *(DNotZ 1961, 656) und im Schrifttum* Schütz-Frohberg *BBauG § 23 Bem 1,* Eppig *DNotZ 1960, 511,* Ripfel *BB 1960, 1186) wird zu Recht die Meinung vertreten, bei Zweifel über tatsächliche Umstände, die das GBA nicht von sich aus aufzuklären vermag, wie zB hinsichtlich der Nichtzugehörigkeit zum räumlichen Geltungsbereich eines Bebauungsplanes oder der im Zusammenhang bebauten Ortsteile oder hinsichtlich der Bebauung des Grundstücks, müsse dem GBA zumindest das Recht eingeräumt werden, die Eintragung des Grundstücks von einer Negativbescheinigung abhängig zu machen. ... Rechtliche Fragen hinsichtlich der Erforderlichkeit einer Bodenverkehrsgenehmigung hat das GBA zunächst selbst sorgfältig zu prüfen; vgl* BayObLG *DNotZ 1953, 439. Das alleinige Prüfungsrecht der Geneh-*

*migungsbehörde kann sich nicht aus § 23 Abs 3, 4 BBauG ergeben; denn dort wird nur bestimmt, welche Maßnahmen die Genehmigungsbehörde ergreifen kann, wenn auf Grund eines genehmigungsbedürftigen, aber nicht genehmigten Rechtsvorganges eine Eintragung vorgenommen worden ist. ... Aller Wahrscheinlichkeit nach würde die Genehmigungsbehörde im Falle ihrer Anrufung in der gleichen Weise entscheiden wie das GBA und hätte dann die Negativbescheinigung auszustellen.*

*Bei dieser Sachlage wäre es ein mit dem Zweck des BBauG ... nicht zu vereinbarender Formalismus, wenn in einem Falle, in dem keinerlei ernsthafte Zweifel hinsichtlich der Nichterforderlichkeit einer Bodenverkehrsgenehmigung bestehen, das GBA vor der Eintragung die Vorlage einer Negativbescheinigung verlangen könnte; vgl* LG Berlin *DNotZ 1961, 656.*"

*Grauel* aaO stimmt in der Anm dazu zu. *Reichert* Die Negativbescheinigung hinsichtlich der Bodenverkehrsgenehmigung nach § 23 Abs 2 BBauG für die Auflassung eines Grst BWNotZ 1966, 238 kommt unter Hinweis auf die angeführte Entscheidung zu demselben Ergebnis bez der Prüfungspflicht des GBA. Es besteht daher Veranlassung zur Frage der Prüfungspflicht noch folgendes hervorzuheben, wobei zu berücksichtigen ist, daß in den dem GBA übergeordneten Instanzen sich die Beurteilung der Sach- und Rechtslage regelmäßig vereinfacht, weil inzwischen aus dem Sachvortrag der Beteiligten und aus vorgelegten oder beigezogenen urkundlichen Belegen oder Akten die Verhältnisse klar und offen vorliegen und alles das bekannt ist, was dem GBA zuvor im Regelfall nicht bekannt war:

Im Falle der fiktiven Genehmigung ersetzt das Zeugnis der Genehmigungsbehörde die Genehmigungsvorlage des § 23 Abs 1 BBauG (*Anh*), wie sich aus Abs 2 aaO ergibt. Hier wird man Abs 2 S 2 aaO mit Abs 1 aaO in Zusammenhang bringen müssen und folgern können, daß in diesem Falle sogar eine Vorlage einer Bescheinigung der Behörde notwendig ist, wenn eine Eintragung im GB erfolgen soll. Geht man nicht so weit, so wird man es keinesfalls als einen Mißbrauch ansehen können, wenn ein GBA in einem solchen Falle die GBEintragung von der Beibringung einer Bescheinigung der Genehmigungsbehörde abhängig macht. So ergibt sich auch auf diesem Wege die Notwendigkeit für das GBA stets eine Bescheinigung zu verlangen, wenn eine fiktive Genehmigung in Frage steht, zumal auch eine solche Entscheidung durch Widerspruch angefochten werden kann wegen § 19 Abs 4 S 1, 2 BBauG (*Anh*). Für eine Unterscheidung bei der Prüfungspflicht zwischen tatsächlicher und rechtlicher Seite ist kein Raum.

So bleibt noch der andere Fall des Abs 2 S 1aaO, der Fall, daß eine Genehmigungspflicht nicht besteht bzw Genehmigungsfreiheit gegeben ist; es sind dies die Fälle des § 19 Abs 1 bis 3, 5, 6 BBauG (*Anh*). Hier kann man ebenfalls schwerlich zwischen rechtlichen und tatsächlichen Fragen unterscheiden und dem GBA vor allem in rechtlichen Fragen eine besondere Prüfungspflicht auferlegen. Die Problematik um § 19 BBauG (*Anh*) ist in tatsächlicher und rechtlicher Hinsicht so umfassend, daß es dem GBA nicht zugemutet werden kann, die Fragen, die von Verwaltungsstellen und -gerichten entschieden werden, meist in mehrinstanziellen Verfahren, in eigener Verantwortung und ohne umfassende Prüfungsmöglichkeiten zu lösen. Dies um so mehr, als § 19 aaO nicht isoliert betrachtet werden kann, sondern in Zusammenhang mit anderen Teilen des BBauG steht, insbes mit den §§ 1ff. und §§ 29ff. BBauG (*Anh*). Zu all diesen Vorschriften besteht Literatur und Rspr, teilweise in größerem Umfange. Es kann dem GBA nicht zugemutet werden, sich selbst Klarheit über die Notwendigkeit der Genehmigung zu beschaffen und, nur wenn dies scheitert, ein Negativattest anzufordern. Besonders im Antragsverfahren ist ja das GBA auf das angewiesen, was ihm die Beteiligten vorlegen; uU kann es sich weitere Unterlagen durch Zwischenverfügung vorlegen lassen. Gerade ein solches Verfahren der eigenen sachlichen Prüfung durch das GBA will die Vorschrift des § 23 Abs 2 S 1 BBauG (*Anh*) ausschließen, wenn es der Genehmigungsbehörde zur Pflicht macht, daß sie eine solche Negativbescheinigung ausstellt. Die Genehmigungsbehörde hat die besondere Sachkunde, auf dem Gebiet des Bauwesens, nicht das GBA. Dies berücksichtigt man nicht ausreichend, soweit man den abweichenden Standpunkt einnimmt und dem GBA eine erhöhte Prüfungspflicht zumutet. Unrichtige GBEintragungen werden nur dadurch vermieden, daß das GBA von der Möglichkeit, Vorlage von Negativbescheinigungen zu verlangen, weitgehendst Gebrauch macht. Ob das GBA auf Grund eigener Erwägungen und Überlegungen oder Überprüfung zu demselben Ergebnis käme oder kommen kann bzw kommt wie die Genehmigungsbehörde, die das Negativzeugnis nach § 23 Abs 2 BBauG (*Anh*) auszustellen hat und dazu verpflichtet ist, ist unerheblich. Es ist dies auch kein Formalismus im Bereich des GBRechts, sondern eine wohl erwogene gesetzliche Regelung, die der Sicherung des Bodenverkehrs dienen will, und es widerspricht dem Gesetz und den anerkannten Grundsätzen im Bereiche des GBVerkehrs, wollte man hier dem GBA Aufgaben zuschieben, die ihm gesetzlich nicht obliegen.

Wenn trotz der Sicherung richtiger GBEintragungen nach § 23 Abs 1, 2 BBauG (*Anh*) es im GB zu einer **unrichtigen Eintragung** kommt, so ist nach § 23 Abs 3, 4 aaO eine Klärung und Richtigstellung herbeizuführen. Diese Regelung entspricht im wesentlichen dem § 7 Abs 3 GrstVG (*Anh*); dazu *Bem 82c*. Nach § 7 Abs 4 GrstVG (*Anh*) ist eine fiktive Genehmigung auch für den Fall vorgesehen, daß eine GBEintragung nach Ablauf 1 Jahres seit Eintragung bei einem nicht genehmigten Rechtsgeschäft dazu führt, daß ein solches als genehmigt anzusehen ist, falls nicht zwischenzeitlich ein Widerspruch im GB eingetragen ist oder Antrag auf GBEinrichtigung oder Eintragung eines Widerspruchs gestellt ist; dazu *Bem 82c*. Im Bereich des BBauG fehlt eine entsprechende derartige Regelung; insofern ist also die Rechtslage — auf die Dauer gesehen — unklarer als im Bereich des landwirtschaftlichen Bodenverkehrs. Dieser Unterschied ist verständlich und erklärt sich daraus, daß durch Fiktion nicht ein Rechtszustand rechtsverbindlich werden darf, der der Bauleitplanung und dem Bebauungsplan widerspricht. Wo allerdings Genehmigungen nach dem BBauG und GrstVG kumulativ vorgeschrieben sind, kann es sich ergeben, daß die Genehmigung nach dem GrstVG selbständig zu beurteilen ist und die fiktive Genehmigung nach Jahresfrist eintritt, während dies für die Genehmigung nach dem BBauG nicht gilt. Auch bei Eintragung eines Widerspruchs in solchem Doppelfalle ist sowohl bei Antragstellung wie bei der Eintragung darauf zu achten, daß klar ist, ob der Widerspruch sich auf das BBauG oder auf das GrstVG bzw auf beide Genehmigungen bezieht; erforderlichenfalls hat das GBA durch Zwischenverfügung nach § 18 GBO auf Klarheit hinzuwirken, um Amtshaftungen auszuschließen. Bei Beantragung einer GBBerichtigung gilt bei Doppelgenehmigung dasselbe.

Es ergeben sich folgende Möglichkeiten:

**Eintragung eines Widerspruchs** auf Ersuchen der Genehmigungsbehörde nach § 23 Abs 3 HalbS 1 BBauG (*Anh*); dazu im einzelnen *Bem 82c*. Die **Löschung des Widerspruchs** hat zu erfolgen, wenn die Genehmigungsbehörde darum ersucht oder wenn die Genehmigung erteilt ist, § 23 Abs 4 BBauG (*Anh*). Für den Nachweis der Erteilung der Bodenverkehrsgenehmigung gilt § 23 Abs 1, 2 aaO, da es sich um eine echte oder fiktive Genehmigung handeln kann. Dazu *Bem 82 c*, ferner *Brügelmann* ua BBauG § 23 Bem III, *Haegele* GBRecht Bem 2079, Beschränkungen Bem 274, *Heitzer-Oestreicher* BBauG § 23 Bem, *Ripfel* BB 1960, 1184 (1186).

**Eintragung eines Amtswiderspruchs** unter den Voraussetzungen des § 53; dazu *Bem 82c*. Die Prüfung, ob diese Voraussetzungen vorliegen, hat unabhängig von der Eintragung eines Widerspruchs auf Ersuchen der Genehmigungsbehörde und der Löschung desselben auf weiteres Ersuchen der Genehmigungsbehörde zu erfolgen. Eine Löschungsersuchen der Genehmigungsbehörde ist stattzugeben; dies schließt aber nicht aus, daß das GBA einen Amtswiderspruch einträgt, wenn Anlaß dazu besteht. Wenn dies auch selten der Fall sein wird, so kann es doch vorkommen. Es ist auch möglich, daß das GBA neben dem Widerspruch auf Ersuchen der Genehmigungsbehörde einen Amtswiderspruch einträgt, auch wenn es nur um die Frage der strittigen Genehmigung geht. Ein Amtswiderspruch kann natürlich auch aus anderen Gründen eingetragen werden. Die **Löschung** des Amtswiderspruchs richtet sich nach § 53 Abs 2 S 2; daneben kann auch die Löschung gemäß § 22 erfolgen. Im übrigen *Bem 82c*, auch *Haegele* aaO.

Hat ein **Notar**, der zugleich Rechtsanwalt ist, einen GrstVerkauf beurkundet und zum Vollzug des Geschäfts die Erteilung einer Genehmigung oder eines Negativzeugnisses nach den §§ 19, 23 BBauG (*Anh*) beantragt, dann ist auch sein Widerspruch gegen den ablehnenden Bescheid der Verwaltungsbehörde nach §§ 68ff. VwGO der notariellen, nicht der Anwaltstätigkeit zuzurechnen und durch die in § 146 Abs 1 KostO (*Anh*) vorgesehene **Gebühr** abgegolten, **BGH** MDR 1965, 815.

**Gemeindliche Vorkaufsrechte** nach §§ 24ff. BBauG (*Anh*) **83 c**

Das Vorkaufsrecht der Gemeinden ist in §§ 24ff. BBauG (*Anh*) bundeseinheitlich neu geregelt und an die Stelle der früheren Aufbaugesetze der Länder getreten (dazu *Bem 83*); eine Übergangsregelung enthält § 178 BBauG, *Bem 83i, 87a*. Es sind 3 Arten von Vorkaufsrechten möglich:

das kraft Gesetzes bestehende allgemeine Vorkaufsrecht für bebaute und unbebaute Grste nach § 24 BBauG, (*Anh*),

das durch Satzung einführbare besondere Vorkaufsrecht für unbebaute Grste nach § 25 BBauG (*Anh*) und

das durch Satzung einführbare besondere Vorkaufsrecht in Sanierungsgebieten nach § 26 BBauG (*Anh*).

Die Gemeinde kann das Vorkaufsrecht zugunsten anderer ausüben, wenn der Begünstigte einverstanden ist, § 27 BBauG (*Anh*).

Nach Ausübung des gemeindlichen Vorkaufsrechts erhalten Inhaber älterer Erwerbsrechte nach § 28 BBauG (*Anh*) eine Entschädigung.

Das gesetzliche Vorkaufsrecht der Gemeinden schließt nicht aus, daß ein bürgerlich-rechtliches Vorkaufsrecht seitens der Gemeinde vereinbart wird, also neben §§ 24ff. BBauG (*Anh*); dazu **LG Lübeck** SchlHA 1963, 119 = DNotZ 1963, 755 Ls = BWNotZ 1964, 30 Ls, *Haegele* GBRecht Bem 2158. Für ein solches Vorkaufsrecht gelten keine Besonderheiten, auch nicht für die gbmäßige Behandlung.

**Aufgaben der Gemeinden** und **der höheren Verwaltungsbehörde** können nach § 147 BBauG (*Anh*) nach LRecht einer anderen Stelle **übertragen** werden. Dies gilt auch für den Bereich der Vorkaufsrechte.

Dazu *Dieterle* Das Vorkaufsrecht nach dem BBauG in Konkurrenz mit älteren Erwerbsrechten BlGBW 1966, 87, *Dittus* Die gesetzlichen Vorkaufsrechte der Gemeinden nach dem BBauG GrundE 1961, 440, Die Regelung der Vorkaufsrechte im BBauG aaO 502, *Ebert* Die gesetzlichen Vorkaufsrechte nach dem BBauG NJW 1961, 1435, *Frischknecht* Die Vormerkung nach § 25 Abs 2 BBauG VerwPraxis 1962, 224, *Gföhrer* Vorkaufsrecht und Bodenverkehrsgenehmigung nach dem BBauG WGZ 1962, 60, *Haegele* GBRecht Bem 2136ff., Beschränkungen Bem 368ff., Unterrichtsbriefe (Bundesbaugesetz 18ff.), Verkehrsbeschränkungen und Vorkaufsrechte nach dem BBauG Rpfleger 1961, 3, Haben die Vorkaufsrechte nach dem BBauG eine GBSperre zum Inhalt?

Rpfleger 1962, 250, Die Vorkaufsrechte nach dem BBauG DNotZ 1961, 229, Die Rspr zu den Verkehrsbeschränkungen und Vorkaufsrechten nach dem BBauG AIZ 1963, 144, Die Vorkaufsrechte der Gemeinden nach dem BBauG BlGBW 1962, 1, 20, *Haegele-Riedel* Rpfleger-Handbuch (GrstRecht I 72ff., IV 73), *Kehrer* Muß die Nichtausübung der Vorkaufsrechte nach dem BBauG dem GBA nachgewiesen werden? WBNotZ 1962, 1, *Krämer* Die gesetzlichen Vorkaufsrechte der Gemeinden nach dem BBauG MittRhNotK 1961, 186, *Lutter* Vorkaufsrechte nach dem BBauG und GBSperre MDR 1962, 177, *Rienhardt* Zum Vorkaufsrecht der Gemeinden nach dem BBauG WGZ 1963, 113, *Ripfel* Die Beschränkungen des Bodenverkehrs sowie die Vor- und Ankaufsrechte der Gemeinden nach dem BBauG BB 1960, 1184, *Sellmann* Das Vorkaufsrecht der Gemeinden nach dem BBauG / Deutsche Wohnwortschaft 1960, 255, *Stöber* Die Vorkaufsrechte nach dem BBauG in der ZwV Rpfleger 1961, 275, *Weber* Die baugesetzlichen Vorkaufsrechte der Gemeinden und der Vertrauensschutz DNotZ 1961, 236, Die baugesetzlichen Vorkaufsrechte im GBVerfahren aaO 510,

im übrigen LitHinweise *Bem 83*

### **Allgemeines Vorkaufsrecht** nach **§ 24 BBauG** (*Anh*)

Das allgemeine Vorkaufsrecht nach **§ 24 BBauG** (*Anh*) kommt nach Abs 1 aaO nur bei einem **Kauf** von Grst und grstgleichen Rechten (dazu *Bem 83*) in Betracht. Es muß sich also um einen Kauf iSd §§ 433ff. BGB handeln (dazu *Bem 4ff.*), nicht um einen sonstigen Rechtsvorgang, wie Schenkung, Erbteilung, Ausstattung, Hofübergabe usw; dazu *Haegele* GBRecht Bem 2137, Beschränkungen Bem 377, Unterrichtsbriefe (Bundesbaugesetz 21 mit Fußn 44). Wohl gehören zum Kauf die besonderen Arten von Kaufverträgen, insbes die gesetzlich geregelten, §§ 495ff. BGB, dagegen nicht kaufähnliche Verträge, auf die zB nach § 493 BGB das Kaufrecht anzuwenden ist. Es muß also eine einengende Auslegung Platz greifen, da der gesetzliche Begriff klar ist; deshalb sind auch Erbteilsübertragungen, Einbringung von Grsten in eine Gesellschaft usw nicht als Kauf anzusehen. Wenn ein echter Tauschvertrag vorliegt, ist § 24 BBauG (*Anh*) ebenfalls nicht einschlägig; anders ist es, wenn in Wirklichkeit ein Doppelkauf vorliegt, der nur als Tausch bezeichnet wird, oder wenn bei einem Kauf neben einem Kaufpreis eine Nebenleistung vereinbart wird, die in Zahlung genommen wird (dazu *Haegele* Beschränkungen und Unterrichtsbriefe aaO). Umgehungsgeschäfte sind zu berücksichtigen; sie können nichtig sein, so eine Nießbrauchbestellung, die die Ausübung des Vorkaufsrechts vereiteln soll; dazu **BGH** DNotZ 1961, 263 = MDR 1961, 402 = BB 1961, 311, *Haegele* Beschränkungen aaO Fußn 409 S 183, *Heitzer-Oestreicher* BBauG § 24 Bem 6 (A 3), auch *Bem 79c*. Der Begriff des Kaufes ist hier in demselben Sinne verwendet wie in § 4 Abs 1 S 1 RSiedlG (*Anh*); dazu *Bem 87b*.

Die Grste, auf die sich das gesetzliche Vorkaufsrecht bezieht, müssen nach Abs 1 aaO
in einem **Bebauungsplan** als Baugrste für den Gemeindebedarf oder als Verkehrs-, Versorgungs- oder Grünflächen festgesetzt (dazu *Bem 83a*) oder
in ein Verfahren zur **Bodenordnung** (dazu *Bem 83d*) eingezogen sein.

Auch wenn die Voraussetzungen des § 24 Abs 1 aaO erfüllt sind, wird noch nach Abs 2 aaO ausdrücklich gefordert, daß die Ausübung des Vorkaufsrechts zum **Wohl der Allgemeinheit** erfolgt. Der Begriff ist hier derselbe wie bei der Enteignung, also wie in § 87 BBauG (*Anh*) und Art 14 GG; dazu *Bem 83f*. Die Erleichterung des § 88 aaO bei städtebaulichen Maßnahmen kommt hier nicht in Betracht; kommt es auf diese besonderen Voraussetzungen an, so muß von der Enteignung (dazu *Bem 83f*) Gebrauch gemacht werden, da dann ein Vorgehen nach § 24 aaO nicht genügen würde. Fiskalische Gründe würden nicht ausreichen; dazu **BGH** NJW 1959, 478 = RdL 1959, 57, *Haegele* Unterrichtsbriefe (Bundesbaugesetz 18/19 Fußn 39a), *Heitzer-Oestreicher* BBauG § 24 Bem 2. Die besondere Voraussetzung des Gemeinwohls muß, wenn das Verfahren gerichtlich ausgetragen wird, an sich von der Gemeinde bewiesen werden; es handelt sich bei dem Begriff des Gemeinwohls um einen unbestimmten Gesetzesbegriff, der aber der richterlichen Nachprüfung unterliegt (dazu *Heitzer-Oestreicher* aaO). Da die Gemeinde gesetzlich ein Recht auf Vorkauf hat, hat derjenige, der Einwendungen hat, eine umfassende Darlegungspflicht, uU die Beweislast, weil nach den Grundsätzen des Anscheinsbeweises das Handeln der Gemeinde gerechtfertigt und gesetzmäßig erscheint, so daß sich also die Beweislast umkehrt; dazu **BGH** DNotZ 1961, 220 (231), RdL 1962, 101, *Haegele* Beschränkungen Bem 369 mit Fußn 401 S 181. In der Praxis wird das öffentliche Wohl nur verneint, wenn seitens der öffentlichen Hand eine Willkür vorliegt, etwa bei Hortung wertvollen Baugeländes und Bodenspekulation; dazu *Haegele* Unterrichtsbriefe aaO.

In den Fällen der Bodenordnung, also nach § 24 Abs 1 Z 2 mit §§ 45ff. BBauG (*Anh*) — dagegen nicht bei § 24 Abs 1 Z 1 aaO, soweit das Grst als BauGrst für den Gemeindebedarf oder als Verkehrs-, Versorgungs- oder Grünfläche benötigt wird — gilt eine Ausnahme. Hier ist, selbst wenn das Wohl der Allgemeinheit vorliegt und das Vorkaufsrecht rechtfertigen würde, das Vorkaufsrecht ausgeschlossen, und zwar nach § 24 Abs 3 BBauG (*Anh*) aber nur, wenn als Käufer jemand in Frage kommt, der mit dem Verkäufer iSd erwähnten Vorschrift verwandt oder verschwägert ist. Besteht kein solches Verwandtschafts- oder Schwägerschafts-Verhältnis, dann gilt keine Besonderheit. Wird das Grst benötigt, trotzdem beim Käufer das Verwandtschafts- oder Schwägerschafts-Verhältnis vorliegt, so kann dies nur im Wegege der Enteignung (dazu *Bem 83f*) geschehen. Der erwähnte Ausnahmefall liegt nur vor bei bestimmten **Verwandtengeschäften**, nämlich

> wenn der Eigentümer das Grst an seinen Ehegatten oder an eine Person veräußert, die mit ihm in gerader Linie verwandt oder verschwägert oder in der Seitenlinie bis zum 3. Grad verwandt ist;

dazu *Haegele* GBRecht Bem 2159, Beschränkungen Bem 370, Unterrichtsbriefe aaO 19, *Heitzer-Oestreicher* BBauG § 24 Bem 4, zu dem ähnlich gestalteten Fall bei dem Vorkaufsrecht nach dem RSiedlG *Bem 87b*. Wenn mehrere Verkäufer in Betracht kommen, genügt die Verwandtschaft usw mit einem von ihnen. Bei dem Ehegatten wird nicht eine noch bestehende Ehe vorausgesetzt, so daß auch nach deren Beendigung die Vorschrift anwendbar ist (dazu *§ 11 Bem 6*). Verwandtschaft in gerader Linie (dazu *§ 11 Bem 7*) nach § 1589 BGB kann auf- oder absteigend sein, also einerseits Eltern, Großeltern usw, andererseits Kinder, Enkel usw. Die Verwandtschaft in der Seitenlinie (dazu *§ 11 Bem 7*) ist gradmäßig begrenzt, bezieht sich auf Geschwister, Onkel bzw Tante, Neffe bzw Nichte. Geschwisterkinder sind im 4. Grade verwandt, gehören also nicht hierher. Das uneheliche Kind gilt mit dem Vater nach § 1589 Abs 2 BGB nicht als verwandt. *Schwägerschaft* (dazu *§ 11 Bem 7*) nach § 1590 BGB besteht mit den Verwandten des Ehegatten; hier kommt nur Schwägerschaft in gerader Linie, nicht in Seitenlinie in Frage, also in aufsteigender Linie mit den Schwiegereltern usw, in absteigender Linie mit den Stiefkindern (Kindern des anderen Ehegatten) usw. Keine Schwägerschaft besteht zwischen den Verwandten der Ihegatten. Die Schwägerschaft dauert fort, auch wenn die sie begründende Ehe aufgelöst wird. § 511 BGB, wonach das Vorkaufsrecht im Zweifel nicht bei einem Verkauf gilt, der mit Rücksicht auf ein künftiges Erbrecht an einen gesetzlichen Erben erfolgt, ist daher auf das gesetzliche Vorkaufsrecht nicht anwendbar, wie auch aus § 24 Abs 4 S 2 BBauG (*Anh*) hervorgeht; dazu *Haegele* Beschränkungen Bem 370.

Das gesetzliche Vorkaufsrecht nach § 24 BBauG (*Anh*) ist in allen Fällen, also bei Z 1 und 2 des Abs 1 aaO ausgeschlossen bei Verkauf im Wege der **Zwangsvollstrekkung** oder durch den **Konkursverwalter**, § 512 BGB, der nach § 24 Abs 4 S 2 BBauG (*Anh*) anzuwenden ist. Bei der ZwV handelt es sich um Zwangsversteigerung nach dem ZVG, wenn eine echte Versteigerung vorliegt, nicht aber bei unechten Versteigerungen, die den Charakter von Verkäufen haben, wie insbes die Teilungsversteigerung nach §§ 180ff. ZVG; dazu *Haegele* aaO, GBRecht Bem 2145 mit Fußn 3 S 529/530, auch *Riedel* ZVG Einl Z I 3 (a), Auch die sog freiwilligen Versteigerungsverfahren gehören nicht hierher; dazu *Riedel* aaO. Verkäufe, die der *Konkursverwalter* vornimmt, werden vom gesetzlichen Vorkaufsrecht nicht erfaßt. Soweit § 512 BGB nicht einschlägig ist, verbleibt es bei der Regel des § 24 Abs 1 bis 3 BBauG (*Anh*).

Für die **Ausübung** des Vorkaufsrechts ist noch auf folgendes hinzuweisen:

Mehrere mit einem Vorkaufsrecht belastete Grundstücke, die einheitlich veräußert werden, sind auch für das gesetzliche Vorkaufsrecht als Einheit zu behandeln **OLG, Karlsruhe** BWNotZ 1948, 218, *Haegele* GBRecht Bem 2145 mit Fußn 3 S 529, Beschränkungen Bem 378 mit Fußn 410 S 184, Unterrichtsbriefe aaO 21 mit Fußn 48. Benötigt die Gemeinde auf Grund des gesetzlichen Vorkaufsrechts nur einen Teil eines Grst, so wird die nicht betroffene Restfläche vom Vorkaufsrecht nicht erfaßt, **BayObLG** BayObLGZ 1966, 310 = NJW 1967, 113 = Rpfleger 1967, 217 (*Haegele*) = OLGZ 1967, 101 LS = BWNotZ 1967, 31 Ls; kann jedoch in einem solchen Falle die vom Vorkaufsrecht erfaßte Teilfläche nicht ohne Nachteil für den Verpflichteten abgetrennt werden, so kann dieser in entsprechender Anwendung des § 508 S 2 BGB, § 92 Abs 3 BBauG (*Anh*) verlangen, daß der Vorkauf auf das gesamte Grst erstreckt wird, **BayObLG** aaO, auch **OLG Karlsruhe** aaO, wobei letzteres Gericht bei einem gesetzlichen Vorkaufsrecht ein nur teilweises Erfassen des Grst nicht zuläßt.

Bei Miteigentümern eines Grst kommt das Vorkaufsrecht nach § 504 BGB mit § 24 Abs 4 S 2 BBauG (*Anh*) nicht in Betracht, wenn ein Miteigentümer das Grst erwirbt, da er nicht Dritter iSd Gesetzes ist; dazu **BGH** NJW 1954, 1035 = DNotZ 1954, 385, *Haegele* Unterrichtsbriefe aaO S 21 mit Fußn 49.

Bei der Ausübung des Vorkaufsrechts muß die Vertretung der Gemeinde dem zuständigen Landesrecht entsprechen. Die Ausübung des Vorkaufsrechts nach BBauG gehört zwar nicht zu den Geschäften der laufenden Verwaltung iSd § 44 Abs 2 bawü GemO, die der Bürgermeister in eigener Zuständigkeit erledigt; trotzdem bindet schon allein die Erklärung des Bürgermeisters die Gemeinde, weil die dem Bürgermeister in § 42 Abs 1 S 2 aaO übertragene Verfügungsmacht allumfassend und unbeschränkt ist, so daß die Gemeinde auch durch solche Rechtshandlungen berechtigt und verpflichtet wird, die er ohne die erforderliche Beschlußfassung des Gemeinderats vorgenommen hat, **BGH** BB 1966, 603 = DNotZ 1967, 43 Ls, *Haegele* GBRecht Bem 2156. Anders ist es in einer Großstadt; so hat der BGH DNotZ 1962, 386 = BWNotZ 1962, 265 Ls in Ergänzung zu BGHZ 32, 375 = MDR 1962, 122 = BB 1962, 12 = LM Nieders AufbG Nr 4, Nieders GemeindeO Nr 3 Ls ausgesprochen, daß in Nds bei einer Großstadt mit erheblichen Zerstörungen die Ausübung des Vorkaufsrechts entsprechend den dem Oberstadtdirektor nach § 62 nds GemO übertragenen Befugnissen zu den Geschäften der laufenden Verwaltung iSd § 68 Abs 2 aaO gehört (dazu *Haegele* aaO). Die Ausübung des gesetzlichen Vorkaufsrechts ist ein anfechtbarer Verwaltungsakt, **OVG Münster** NJW 1962, 653 = JZ 1962, 321 = DNotZ 1962, 390 = DVBl 1962, 174 = MittRhNotK 1961, 879 = MittBayNotV 1962, 55 = DRspr V (527) 22d, (556) 36bc mit eingehender Begründung und Hinweisen auf Lit und Rspr, auch abweichende Auffassungen, **VG Neustadt** DVBl 1961, 761, *Heitzer-Oestreicher* BBauG § 24 Bem 6 (B 2), **aA** insbes **BGH** DNotZ 1962, 387, wonach die Ausübung des gesetzlichen Vorkaufsrechts nicht durch Verwaltungsakt, sondern allein durch privatrechtliche Willenserklärung ausgeübt wird. Es bestehen jedoch gegen die abweichende Meinung erhebliche Bedenken, da die Abgabe der Erklärung im Bereiche der Verwaltung liegt, auch die Art der Entscheidung; dafür spricht auch, daß der **BGH** DNotZ 1962, 386 = BWNotZ 1962, 265 Ls selbst einräumt, daß die Ausübung des Vorkaufsrechts in einer Großstadt zu den Geschäften der laufenden Verwaltung gehört. Eine andere Frage ist, ob im Zivilrechtsweg die Frage nachgeprüft werden kann, ob eine Gemeinde ihr gesetzliches Vorkaufsrecht wirksam ausgeübt hat, wie **BGH** NJW 1959, 478 = DNotZ 1959, 255 Ls bejaht hat und **OVG Münster** aaO auch erwähnt; dazu auch *Haegele* GBRecht Bem 2159, zu der

Frage der nachträglichen Genehmigung durch den Verwaltungsausschuß, wenn der Stadtdirektor allein eine Erklärung abgegeben hat, für Nds **BGH** NJW 1966, 2402 = MDR 1967, 103 = BB 1966, 1290 = LM Nieders GemeindeO Nr 4.

Es fragt sich, ob auf das gesetzliche Vorkaufsrecht im voraus vertraglich verzichtet werden kann. Man wird dies bejahen. Es muß sich aber um einen Erlaßvertrag iSd § 397 BGB, nicht um einen einseitigen Verzicht handeln; der Vertrag bedarf der Irechtlich zulässigen Form, nicht jedoch der Beurkundung nach § 313 BGB, **RG** RGZ 114, 158, JW 1912, 858, **BGH** BB 1956, 1086, DNotZ 1957, 306 = WM 1957, 554, LM § 504 BGB Nr 7, WM 1966, 893 = BWNotZ 1967, 78 Ls, **OLG Celle** NJW 1963, 352, *Haegele* GBRecht Bem 2147 mit Fußn 1 S 530, Beschränkungen Bem 379 mit Fußn 412, Unterrichtsbriefe aaO 21 mit Fußn 50. Die Beisetzung des Gemeindesiegels ist wegen § 29 GBO zweckmäßig. Ist ein solcher Erlaßvertrag geschlossen, so kann die Gemeinde auch ihr Ankaufsrecht nach § 25 BBauG (*Anh*) nicht mehr ausüben; dazu *Haegele* Beschränkungen aaO Fußn 412 S 184, Rpfleger 1962, 103, unter Hinweis auf **BGH** MDR 1962, 644 = RdL 1962, 209.

Das gesetzliche Vorkaufsrecht ist nicht abtretbar, § 24 Abs 4 S 3 BBauG (*Anh*); so auch *Haegele* Beschränkungen Bem 372 mit Fußn 404 S 182, Unterrichtsbriefe aaO 20 mit Fußn 43, ebenso *Ripfel* BB 1960, 1184, **aA** (teilweise dh mit Einschränkungen) *Krämer* MittRhNotK 1961, 218. Nach **§ 27 BBauG** (*Anh*) kann jedoch das Vorkaufsrecht für einen Begünstigten ausgeübt werden; dazu *Haegele* Beschränkungen Bem 390, Unterrichtsbriefe aaO 24/25. Es kann auch der Auflassungsanspruch nach den allgemeinen Vorschriften abgetreten werden; dazu *Haegele* Beschränkungen Bem 372, Unterrichtsbriefe aaO 20.

Verjährung des Vorkaufsrechts kann nicht eintreten; dazu *Haegele* Beschränkungen Bem 376.

Auf das Vorkaufsrecht finden die in § 24 Abs 4 S 2 BBauG (*Anh*) genannten Vorschriften des BGB, nämlich §§ 504 bis 509, 510 Abs 1, §§ 512, 1099 bis 1102 BGB, Anwendung; dazu *§ 13 Vorbem 70ff.* Das Vorkaufsrecht kann nach § 24 Abs 4 S 1 BBauG (*Anh*) nur innerhalb einer Frist von 1 Monat ausgeübt werden; dazu *Haegele* GBRecht Bem 2139, Beschränkungen Bem 371, Unterrichtsbriefe aaO 20, *Heitzer-Oestreicher* BBauG § 24 Bem 3. Die gesetzliche Frist kann weder verlängert noch verkürzt werden, sei es durch Vereinbarung, sei es durch eine Behörde oder ein Gericht. Wenn der Vorkaufsverpflichtete von der Gemeinde eine Bestätigung über die Ausübung des Vorkaufsrechts verlangen kann, so kann sie der Bürgermeister der Gemeinde ausstellen. Bei Nichtausübung des Vorkaufsrechts ist im Interesse der Klarheit uU ebenfalls eine Bescheinigung dienlich. Läuft die Frist ungenutzt ab und hat die Gemeinde im voraus durch Verzichtsvertrag für einen bestimmten Fall auf die Ausübung des Vorkaufsrechts verzichtet, so wirkt dies nicht für spätere Vorverkaufsfälle; dazu *Haegele* Beschränkungen Bem 379. Nach § 510 Abs 1 BGB hat der Verkäufer der Gemeinde unverzüglich von dem Vertragsabschluß Mitteilung zu machen; eine Mitteilung seitens des Käufers ersetzt diese Mitteilung. Unterbleibt eine solche Mitteilung, so wird die Frist nicht in Lauf gesetzt; es kann auch ein Schadenersatzanspruch ausgelöst werden. Hängt der Verkauf von einer oder mehreren behördlichen Genehmigungen ab, so hat die Mitteilung erst zu erfolgen, wenn die Genehmigungen, etwa des VormGer (dazu *§ 18 Bem 112ff.*), oder nach GrstVG (dazu *Bem 82*), wobei die Gemeinde bei der Mitteilung hierauf hinzuweisen ist. Dazu *Haegele* GBRecht Bem 2155, Unterrichtsbriefe aaO 25ff., *Heitzer-Oestreicher* BBauG § 24 Bem 3.

Für das gesetzliche Vorkaufsrecht besteht **Eintragungsfähigkeit**, nicht Eintragungsbedürftigkeit, § 24 Abs 5 S 1 BBauG (*Anh*); zu solchen Rechten *§ 13 Vorbem 16 (d)*. Die Rechtslage ist ähnlich wie bei dem Vorkaufsrecht nach dem RSG. Daher gilt hier dasselbe; so auch **KG** NJW 1962, 1446 = Rpfleger 1962, 267 (269), *Heitzer-Oestreicher*

BBauG § 24 Bem 2, **aA** *Horber* GBO § 13 Vorbem 6 (Ca), *Lutter* MDR 1962, 177, *Ripfel* BB 1960, 1187, *Weber* DNotZ 1961, 236, die auch die Eintragungsfähigkeit verneinen. In der Praxis freilich werden solche Vorkaufsrechte im GB nicht vermerkt, weil keine Anträge auf Eintragung gestellt werden; dazu *Haegele* GBRecht Bem 2141, Beschränkungen Bem 373, Unterrichtsbriefe aaO 20. Eine **GBSperre** besteht **nicht**, weil das Vorkaufsrecht auch ohne GBEintragung existent ist und daher für das GBA eine exakte Kontrollmöglichkeit nicht gegeben ist; daher ist das GBA auch nicht berechtigt, eine Eigentumseintragung von der Vorlage einer Bescheinigung der Gemeinde über das Nichtbestehen bzw die Nichtausübung eines Vorkaufsrechts nach §§ 24 ff. BBauG (*Anh*) abhängig zu machen. Wenn trotzdem empfohlen wird, solche gemeindliche Bestätigungen dem GBA vorzulegen, so deshalb, weil es den Beteiligten nicht viel Mühe macht und dadurch ein einwandfreier GBEintrag sichergestellt wird, während sonst weiterhin eine unklare GBLage fortbestehen kann. Das GBA kann mit Rücksicht auf die Besonderheit des gesetzlichen Vorkaufsrechts eine solche Bestätigung nicht von den Beteiligten fordern, insbes nicht durch eine Zwischenverfügung nach § 18 GBO, wohl aber anraten und empfehlen, wobei dann die Vorlage im Belieben der Beteiligten steht, auch bei der Gemeinde nicht erzwingbar ist. Einer amtlichen Anfrage des GBA, das Behörde ist, müßte die Gemeinde allerdings nachkommen; zu Amts- und Rechtshilfe *§ 1 Bem 9*. Die Frage bez GBSperre ist bestritten, wird aber von der hM, die auch als allgemeine Meinung gelten kann, wie hier verneint; so insbes **KG** NJW 1962, 1446 = DNotZ 1962, 555 = Rpfleger 1962, 267 (*Haegele*) = MDR 1962, 653 = JR 1962, 343 = ZMR 1963, 54 = DRspr IV (473) 73b, **OLG Hamm** JMBl NRW 1965, 245 = NJW 1965, 2405 = MDR 1966, 50 = DNotZ 1966, 106 = Rpfleger 1965, 373 (*Haegele*) = MittBayNotV 1966, 11, 79 Ls = OLGZ 1965, 241 (dazu auch *§ 18 Bem 145*), **LG Bielefeld** Rpfleger 1962, 266, **LG Hof** aaO 264, **LG München** MDR 1962, 653, **LG Traunstein** MittBayNotV 1962, 5, **LG Wiesbaden** Rpfleger 1962, 266, **LG Würzburg** Rpfleger 1967, 265, **AG Stuttgart** aaO 265, *BGB-RGRK* BGB § 1094 Bem 2, *Haegele* aaO Rpfleger 1961, 8 / 1962, 250 / 1964, 208, *Palandt* BGB § 1094 Vorbem 3 (c), ebenso zu früheren ähnlichen Gesetzen **OLG Celle** DNotZ 1952, 364, **OLG München** DNotZ 1941, 174, **aA** ua **LG Berlin** Rpfleger 1962, 270 (überholt durch KG-Entscheidung), *Horber* GBO § 20 Bem 6 (Lb), *Schippel* DNotZ 1962, 279, *Weber* DNotZ 1961, 244 / 1962, 510. Die hM hat sich so stark durchgesetzt, daß die gegenteilige Auffassung kaum mehr Bedeutung hat und GBÄmter, wenn sie sich dem abweichenden Standpunkt anschließen wollten, uU Gefahr laufen, daß Amtshaftung eintritt. Daß diese Lösung die richtige ist, ergibt sich auch daraus, daß im GB eingetragene Rechte, die einem verbindlichen Bebauungsplan widersprechen, nicht als gegenstandlos gelöscht werden können. **OLG Hamm** JMBl NRW 1965, 197 (wV *Bem 83a*). Der Umschreibungsantrag des GrstKäufers kann auch dann nicht abgelehnt werden, wenn die Gemeinde dem GBA mitgeteilt hat, daß sie ihr Vorkaufsrecht ausübe, **LG Kassel** MDR 1965, 906 = MittBayNotV 1966, 13. Dieser Standpunkt wird deshalb eingenommen, weil das Vorkaufsrecht als schuldrechtlicher Anspruch, nicht als dingliches Recht anzusehen ist und daher eine Unrichtigkeit des GB nicht herbeigeführt wird, auch kein Berichtigungsanspruch nach § 894 BGB besteht; es ist vielmehr Sache des Vorkaufsverpflichteten, in Erfüllung des Kaufvertrags das Grst aufzulassen, wobei der Dritte seine Zustimmung zu erteilen hat, § 883 Abs 2, § 888 Abs 1, BGB § 24 Abs 4 BBauG (*Anh*). Der Vorkaufsberechtigte hat nötigenfalls auf Auflassung und Zustimmung des Dritten zu klagen. Es fehlt also eine den § 10 RSG (*Anh*) und § 11 Abs 3 HG (*Anh*) entsprechende Regelung, wonach das GBA die Eigentumsumschreibung so lange aussetzen soll, bis ihm die Nichtausübung des Vorkaufsrechts nachgewiesen ist. Die von der hM zum BBauG vertretene Auffassung ist daher richtig und gesetzentsprechend, aber im Ergebnis nicht befriedigend. Man sollte daher bei Gelegenheit oder bei einer Reform eine diesen Vorschriften gleichlautende

Bestimmung auch in das BBauG aufnehmen, da nur so die öffentlich-rechtlichen Belange der Gemeinde gewahrt sind. Man kann den Gemeinden nicht langwierige Prozesse um das Vorkaufsrecht zumuten, damit das GB mit der tatsächlichen Rechtslage in Einklang gebracht wird. Solange jedoch die unzweckmäßige gegenwärtige Regelung noch gilt, kann das GBA nichts weiter tun, als in derartigen Fällen die Beteiligten auf die Unzweckmäßigkeit der GBEintragung, die nicht abgelehnt werden kann, hinzuweisen.

Macht ein **Notar** gemäß § 510 BGB im Auftrag der Vertragsschließenden der möglicherweise nach § 24 BBauG (*Anh*) vorkaufsberechtigten Gemeinde Mitteilung von der Veräußerung eines Grst, so dient diese Maßnahme der Klärung des Rechtsbestandes und damit dem Vollzug der GrstVeräußerung; sie löst daher die **Vollzugsgebühr** des § 146 Abs 1 S 1 KostO (*Anh*) und nicht die in § 147 Abs 1 aaO für sonstige Geschäfte vorgesehene Gebühr aus, **OLG Neustadt** Rpfleger 1965, 123.

Das Vorkaufsrecht hat die Wirkung einer **Vormerkung**, § 1098 Abs 2 BGB mit § 24 Abs 4 S 2 BBauG (*Anh*); eine besondere Art der Vormerkung ist in § 25 Abs 2 BBauG (*Anh*) geregelt. Die Wirkung bezieht sich auf Dritte; dazu *BGB-RGRK* BGB § 1098 Bem 5, *Staudinger-Dittmann* BGB § 1098 Bem 20ff. Es tritt hier eine relative Unwirksamkeit ein. Der Anspruch richtet sich auf die Übertragung des Eigentums an dem Grst, und zwar nach Ausübung des Vorkaufsrechts, **RG** RGZ 154, 366. Die Vormerkung dient der Sicherung des künftigen Anspruchs, § 883 Abs 1 S 2 BGB. Bevor ein Vorkaufsrechtsfall eingetreten ist, kann über das Grst in einer Weise verfügt werden, die keinen Fall des Wirksamwerdens des Vorkaufsrechts begründet, insbes ist Belastung zulässig; dazu *BGB-RGRK* aaO. Erst eine Belastung nach Eintritt des Vorkaufsfalls ist unwirksam, wenn das Vorkaufsrecht ausgeübt wird, *Staudinger-Dittmann* aaO Bem 21. Falls der Kaufvertrag einer behördlichen Genehmigung bedarf, setzt der Vormerkungsschutz erst mit Erteilung der Genehmigung ein, **RG** RGZ 154, 376, *BGB-RGRK* aaO, *Staudinger-Dittmann* aaO Bem 22. Der Vormerkungsschutz führt zu **keiner Sperre des GBuchs**, wie allgemein anerkannt ist, **RG** JW 1922, 576, **KG** KGJ 53, 162, *BGB-RGRK* aaO, *Staudinger-Dittmann* aaO Bem 23. Dazu auch *Haegele* Beschränkungen Bem 373 mit Fußn 406, 407.

Das gesetzliche Vorkaufsrecht nach BBauG hat **Vorrang** vor allen anderen Vorkaufsrechten, § 24 Abs 5 S 1 BBauG; dazu *Haegele* GBRecht Bem 2143, Beschränkungen Bem 374, Unterrichtsbriefe aaO S 20, *Heitzer-Oestreicher* BBauG § 24 Bem 5. Unberührt gelassen ist lediglich das gesetzliche Vorkaufsrecht nach §§ 4ff. RSG (*Anh*); dieses Vorkaufsrecht im Siedlungsbereich (dazu *Bem 87*) konkurriert jedoch im allgemeinen nicht mit dem BBauG. Das Vorkaufsrecht nach dem RSG muß nämlich schon während des Genehmigungsverfahrens nach dem GrstVG (dazu *Bem 82*) ausgeübt werden, während das Vorkaufsrecht nach dem BBauG dagegen erst nach der Genehmigung zulässig ist; dazu *Haegele* Beschränkungen aaO Fußn 408 S 183. Auch der Rang bedarf keiner GBEintragung, § 24 Abs 5 S 1 BBauG (*Anh*). Rechtsgeschäftliche Vorkaufsrechte erlöschen bei Eigentumserwerb auf Grund der Ausübung des Vorkaufsrechts, § 24 Abs 5 S 2 BBauG (*Anh*), auch solche für alle Verkaufsfälle, auch An- und Wiederkaufsrechte; dazu *Haegele* Beschränkungen Bem 374. Das Erlöschen tritt kraft Gesetzes ein; dazu *Heitzer-Oestreicher* BBauG § 24 Bem 5. Daher kann Löschung solcher nicht mehr bestehender Vorkaufsrechte auf Antrag nach § 22 oder von Amts wegen nach §§ 84ff. erfolgen; dazu *Haegele* aaO, *Heitzer-Oestreicher* aaO. Rechtsgeschäftliche Vorrangeinräumung an andere dinglich Berechtigte wird man schon vor Ausübung des Vorkaufsrechts für zulässig halten, **OLG Braunschweig** OLG 43, 225 = JFG 1, 423, *Staudinger-Dittmann* aaO Bem 23. Über die Entschädigung für ältere Erwerbsrechte ist in **§ 28 BBauG** (*Anh*) eine Regelung getroffen.

**Besonderes Vorkaufsrecht für unbebaute Grundstücke** nach **§ 25 BBauG** (*Anh*):

**Voraussetzung** für dieses besondere Vorkaufsrecht nach **§ 25 BBauG** (*Anh*) nach dessen Abs 1 S 1 aaO ist, daß es sich um **unbebaute Grste** handelt, und zwar Grste jeder Art, auch genehmigungsfreie, auch Grste mit nicht genehmigten, aber genehmigungspflichtigen Bauten; dazu *Haegele* GBRecht Bem 2149, Beschränkungen Bem 386, Unterrichtsbriefe (Bundesbaugesetz 23), *Heitzer-Oestreicher* BBauG § 25 Bem 1 (zu c). Grstgleiche Rechte stehen Grsten gleich; dazu *Bem 83*. Weiter wird nach § 24 Abs 1 S 1 BBauG (*Anh*) vorausgesetzt, daß es sich um GrstFlächen handelt

im **Geltungsbereich eines Bebauungsplans** nach § 30 BBauG (*Anh*), wobei Beschränkungen auf Gemeindebedarfs- oder Gemeindegebrauchsflächen nicht bestehen, und bzw oder

in Gebieten, für die die Gemeinde die **Aufstellung eines Bebauungsplans beschlossen** hat, und zwar durch Satzung nach § 10 BBauG (*Anh*); dazu *Bem 83a, d*, auch *Haegele* aaO, *Heitzer-Oestreicher* aaO (zu a).

Ferner ist zur Begründung eines Vorkaufsrechts nach § 25 BBauG (*Anh*) nach Abs 1 S 1 aaO weiter nötig, daß es durch eine **Satzung der Gemeinde**, die der Genehmigung der höheren Verwaltungsbehörde bedarf, entsteht, nicht kraft Gesetzes — abweichend von § 24 aaO; dazu *Haegele* aaO, *Heitzer-Oestreicher* aaO (zu b). Nach § 147 BBauG (*Anh*) besteht bez der Aufgaben der Gemeinde und der höheren Verwaltungsbehörde die Möglichkeit der Delegation; für die BLänder Berlin, Bremen und Hamburg ist nach § 188 Abs 1, 2 aaO eine Sonderregelung aufrecht erhalten. Gegen die Satzung kann ein Betroffener nach § 47 VwGO vorgehen, wenn dies lrechtlich zugelassen ist; dazu *Heitzer-Oestreicher* aaO (zu b).

Von § 24 BBauG (*Anh*) ist Abs 1 aaO nicht anzuwenden, wohl aber Abs 2 bis 5, wie sich aus § 25 Abs 1 S 2 aaO ergibt; insoweit wird auf die Ausführungen zum allgemeinen Vorkaufsrecht verwiesen. Die **Ausübung** des Vorkaufsrechts setzt aber über § 24 Abs 2 aaO nach § 25 Abs 1 S 3 aaO weiter voraus, daß anzunehmen ist, daß der GrstKäufer nicht **binnen** einer Frist von **3 Jahren** entsprechend den bestehenden oder den beabsichtigten baurechtlichen Festsetzungen nutzen wird. Fristbeginn ist der Zeitpunkt, in dem die Gemeinde die Mitteilung von dem Kaufvertrag erhalten hat, und zwar wenn der Bebauungsplan noch nicht aufgestellt ist, nicht vor dem Zeitpunkt, in dem ein bauliches Vorhaben nach § 33 aaO zulässig ist, § 25 Abs 1 S 4 aaO. Die Beweislast für den Nutzungswillen hat die Gemeinde; dazu *Haegele* GBRecht Bem 2150, Beschränkungen Bem 386 mit Fußn 415 S 186, Unterrichtsbriefe aaO 23, *Heitzer-Oestreicher* BBauG § 25 Bem 1 (zu d). Diese Frist kann nach § 25 Abs 4 BBauG (*Anh*) auf Antrag des Eigentümers angemessen verlängert werden.

Kann die Gemeinde das Vorkaufsrecht innerhalb der Frist nicht ausüben, so kann sie vor Fristablauf durch schriftliche Mitteilung an den Käufer ihre Rechte sich vorbehalten, § 25 Abs 2 S 1 BBauG (*Anh*). Nach § 25 Abs 2 S 2, 3 aaO kann die Gemeinde ihre Rechte durch **Vormerkung** im GB sichern, wobei sie die Kosten der Eintragung und Löschung zu tragen hat; dazu *Haegele* Beschränkungen Bem 387, Unterrichtsbriefe aaO 23, *Heitzer-Oestreicher* BBauG § 25 Bem 2. Das GBA hat dem Ersuchen um Eintragung und Löschung der Vormerkung nachzukommen, ohne die Voraussetzungen des § 25 Abs 2 BBauG (*Anh*) prüfen zu müssen. Die Eintragung der Vormerkung ist auch zulässig, wenn noch der Verkäufer des Grst, also noch nicht der Käufer desselben im GB eingetragen ist; dazu **LG Hamburg** Rpfleger 1962, 102 (*Haegele*) = BWNotZ 1962, 223 Ls. Von einem Dritterwerber kann die Übereignung seitens der Gemeinde nur gefordert werden, wenn die Vormerkung im GB eingetragen ist; dasselbe gilt von der Löschung von Belastungen, die zwischenzeitlich eingetragen wurden, *Haegele*

Beschränkungen Bem 387. Sobald der GrstEigentümer mit der Nutzung des Grst begonnen hat, entfällt das Verlangen der Gemeinde auf Übereignung, § 25 Abs 3 S 2 BBauG (*Anh*).

Wenn ein Grst nach Ablauf der Frist von 3 Jahren nicht entsprechend den bestehenden oder beabsichtigten baulichen Festsetzungen genutzt worden ist und hat die Gemeinde sich ihre Rechte vorbehalten, so kann sie binnen einer Frist von 1 Jahr von dem Eigentümer verlangen, daß ihr das Grst Zug um Zug gegen Zahlung eines Entgelts übereignet wird, § 25 Abs 3 S 1 BBauG (*Anh*). Es handelt sich um ein Ankaufrecht, das im Zivilrechtsweg durchgesetzt werden kann. Bei Aufhebung des Kaufvertrages durch die Parteien entfällt dieses Recht; so auch *Haegele* Beschränkungen Bem 387 mit Fußn 415a S 187, **aA** *Brügelmann* ua BBauG § 25 Bem IV 5. Das von der Gemeinde zu leistende Entgelt darf den vom Käufer aufgewendeten Kaufpreis nicht übersteigen; jedoch sind Aufwendungen zu berücksichtigen, die zu einer Werterhöhung des Grst geführt haben, § 25 Abs 3 S 3 BBauG (*Anh*). Die Entschädigung für ältere Erwerbsrechte richtet sich nach § 28 BBauG (*Anh*). Dazu *Haegele* GBRecht Bem 2150, Beschränkungen aaO, Unterrichtsbriefe aaO 24, *Heitzer-Oestreicher* BBauG § 25 Bem 2.

Die Gemeinde hat nach § 25 Abs 5 S 1, 2 BBauG (*Anh*) die Verpflichtung, die durch das Ankaufsrecht erworbenen Grste,

soweit sie nicht im Bebauungsplan als Baugrste für den Gemeindebedarf oder als Verkehrs-, Versorgungs- oder Grünflächen festgesetzt sind (dazu *Bem 83a*; vgl auch § 24 Abs 1 Z 1 BBauG (*Anh*),

oder als Austauschland oder zur Entschädigung in Land § 100 BBauG (*Anh*) benötigt werden,

binnen 3 Jahren nach dem Erwerb unter Berücksichtigung ihrer Aufwendungen, aber ohne Gewinn an Baulustige zu übereignen, die bereit sind, die Grste innerhalb angemessener Frist entsprechend den baurechtlichen Festsetzungen zu nutzen; dabei sollen nach Möglichkeit solche Bauwillige bevorzugt werden, die noch kein Grundeigentum besitzen. Es handelt sich hier um eine Verpflichtung zur Weiterveräußerung, die also von der Gemeinde selbst benötigte Grste ausnimmt. Dazu *Haegele* GBRecht Bem 2151, Beschränkungen Bem 388, Unterrichtsbriefe aaO 24, *Heitzer-Oestreicher* BBauG § 25 Bem 3.

Der ursprüngliche Käufer wird durch ein Wiederkaufsrecht gesichert, wenn die Gemeinde ihre Verpflichtung zur Weiterveräußerung nicht erfüllt, und zwar durch § 25 Abs 5 S 3, 4 BBauG (*Anh*); dazu *Haegele* GBRecht Bem 2152, Beschränkungen Bem 388, Unterrichtsbriefe aaO 24, *Heitzer-Oestreicher* BBauG § 25 Bem 4. In diesem Falle kann der Käufer, in dessen Rechte die Gemeinde in Ausübung ihres Vorkaufsrechts eingetreten ist, binnen 1 weiteren Jahres die Rückübertragung des Grst verlangen, und zwar zu dem vertraglich vereinbarten Entgelt, jedoch unter Berücksichtigung werterhöhender Aufwendungen. Dieser Anspruch kann im Zivilrechtsweg durchgesetzt werden. Die Übereignung kann nicht mehr verlangt werden, wenn sich die Gemeinde einem anderen gegenüber zur Übereignung des Grst bindend verpflichtet hatte, bevor das Verlangen an sie gestellt wurde. Maßgebend ist hierbei der Eingang des Verlangens bei der Gemeinde; dazu *Heitzer-Oestreicher* aaO.

Die **§§ 27, 28 BBauG** (*Anh*) über die Ausübung des Vorkaufsrechts zugunsten anderer und die Entschädigung für ältere Erwerbsrechte sind auch hier anwendbar.

**Besonderes Vorkaufsrecht in Sanierungsgebieten** nach **§ 26 BBauG** (*Anh*)

Für Sanierungsgebiete dh Stadterneuerungsgebiete, nämlich Gebiete, in denen zur Beseitigung städtebaulicher Mißstände dienende Maßnahmen erforderlich sind und die im Flächennutzungsplan (dazu *Bem 83a*) besonders kenntlich zu machen sind, § 5

Abs 4 BBauG (*Anh*), gilt **§ 26 BBauG** (*Anh*) für das Vorkaufsrecht; dazu *Haegele* GBRecht Bem 2153, Beschränkungen Bem 389, Unterrichtsbriefe (Bundesbaugesetz 24), *Heitzer-Oestreicher* BBauG § 5 Bem 5 (c), § 26 Bem a bis d.

Die **Voraussetzungen** sind dieselben wie beim Vorkaufsrecht für unbebaute Grste, wie die Verweisung auf § 25 Abs 1 S 1 BBauG (*Anh*) ergibt, § 26 Abs 1 S 1 aaO. Das Vorkaufsrecht nach § 26 aaO steht aber unabhängig und selbständig neben dem des § 25 aaO, wie § 26 Abs 2 BBauG (*Anh*) klarstellt.

Die Gemeinde kann in diesem Falle durch **Satzung** Sanierungsgebiete bezeichnen, in denen ihr bei dem Kauf von **bebauten Grundstücken** ein Vorkaufsrecht zusteht, § 26 Abs 1 S 1 BBauG (*Anh*). Damit bekommt die Gemeinde die Möglichkeit, solche bebaute Grste zu erwerben, die aus städtebaulichen Gründen abgetragen werden müssen; dazu *Haegele* Beschränkungen aaO. Zur Satzung ist darauf hinzuweisen, daß sie ebenso wie bei § 25 BBauG (*Anh*) der Genehmigung der höheren Verwaltungsbehörde bedarf. Es ergibt sich dies daraus, daß auf § 25 Abs 1 S 1 aaO verwiesen ist, so daß hieraus die entsprechende Ergänzung für § 26 aaO folgt; dazu *Heitzer-Oestreicher* BBauG § 26 Bem a. Auch § 147 Abs 2, § 188 Abs 1, 2 BBauG sind hierbei zu beachten. Ein Betroffener kann die Satzung nach § 47 VwGO angreifen; dazu *Heitzer-Oestreicher* aaO Bem d.

Im übrigen gelten die Grundsätze des allgemeinen Vorkaufsrechts nach § 24 Abs 2 bis 5 BBauG (*Anh*). Das Vorkaufsrecht darf nur zum **Wohl der Allgemeinheit** ausgeübt werden, § 24 Abs 2 aaO, und ist bei **Verwandtengeschäften** ausgeschlossen, § 24 Abs 3 aaO. Die **Ausübung** des Vorkaufsrechts richtet sich nach § 24 Abs 4 aaO und die dort in Bezug genommenen Vorschriften des BGB. Für **Rang** und **gbmäßige Behandlung** sowie das **Erlöschen rechtsgeschäftlicher Vorkaufsrechte** gilt § 24 Abs 5 aaO.

Die Regelung für Ausübung des Vorkaufsrechts zugunsten anderer nach **§ 27 BBauG** (*Anh*) und für Entschädigung nach **§ 28 BBauG** (*Anh*) ist auch bei dieser Art von Vorkaufsrechten anzuwenden.

## 83 d Regelung der baulichen und sonstigen Nutzung nach § 29ff. BBauG (*Anh*)

Anstelle der durch § 186 Abs 1 Z 15 BBauG aufgehobenen BauregelungsVO vom 15. Februar 1936 RGBl I 104 ist eine Neuregelung getreten, die Vorschriften enthält, die die Baugenehmigungsbehörde beim Vollzug der städtebaulichen Pläne bez der Zulassung baulicher Anlagen binden — Teil III des BBauG; dazu *Heitzer-Oestreicher* BBauG § 29 Vorbem 1. Auch hier stehen grstgleiche Rechte den Grsten gleich; dazu *Bem 83*. Die Regelung bezieht sich im 1. Abschnitt auf die Zulässigkeit eines Bauvorhabens, §§ 29ff. BBauG (*Anh*) und im 2. Abschnitt auf Entschädigungen, §§ 40ff. aaO.

Die besondere Regelung gilt für **Bauvorhaben** iSd **§ 29 BBauG** (*Anh*), nämlich nach S 1 aaO für Vorhaben, die die Errichtung, Änderung oder Nutzungsänderung von baulichen Anlagen zum Inhalt haben und die einer lrechtlichen bauaufsichtlichen Genehmigung oder Zustimmung bedürfen, **hessVGH** BBauGl 1965, 597 Ls. Dazu gehören nach § 29 S 2, 3 aaO auch Vorhaben der Landesverteidigung, ferner — jedoch mit Ausschluß der Anwendung von § 35 aaO — Aufschüttungen und Abgrabungen größeren Umfangs sowie Ausschachtungen. Unter Vorhaben iSd § 29 aaO fallen auch nur anzeigepflichtige Vorhaben, **BVerwG** BVerwGE 20, 12 = NJW 1965, 548 = MDR 1965, 154 = DVBl 1965, 200 (*Schack*) = BBauBl 1965, 70 = DÖV 1965, 460 = DRspr V (527) 43a, **OVG Lüneburg** ZMR 1963, 157, *Heitzer-Oestreicher* BBauG § 29 Bem 2 (A). Bauliche Anlage ist die Anbringung eines Automaten an einer Hauswand, und zwar gleichgültig, ob er klein oder groß ist; so **OVG Berlin** NJW 1967, 997, *Gädtke* BauO für NRW (2. Aufl) S 9, 103, **aA** (zu Unrecht) **OVG Münster** NJW 1966, 1938 = DRspr aaO 60b, *Stadel* Zur baurechtlichen Zulässigkeit von Warenautomaten NJW 1967, 1404. Eine Nutzungsänderung einer baulichen Anlage bei einem als Garage genehmigten Gebäude liegt vor bei Aufstellung einer Wagenhebeanlage oder bei Einrichtung eines Absprühbetriebs, **OVG Hamburg** BBauBl 1965, 532 = DRspr aaO 52a.

Die Vorschriften des Bauordnungsrechtes und andere öffentlich- rechtlicheVorschriften bleiben unberührt, § 29 S 4 BBauG (*Anh*). Unter dem Bauordnungsrecht sind Vorschriften herkömmlichen baupolizeilichen Inhalts in den Bauordnungen der Länder zu verstehen, **OVG Münster** *Heitzer-Oestreicher* aaO Bem 2 (B 1). Soweit eine Gemeinde die Erteilung einer Ausnahmegenehmigung von einer Bausperre von wirtschaftlichen Leistungen des Bauherrn oder Auflagen an diesen abhängig macht, die im inneren Zusammenhang mit den Zwecken der Bausperre stehen und die den Bauherrn im Grunde nicht schlechter stellen als bei der Durchführung hoheitlicher Maßnahmen (Enteignung), kann in der Regel ein Verstoß gegen das Verbot, die Erfüllung von Amtsobliegenheiten mit wirtschaftlichen Gegenleistungen des Gesuchstellers zu koppeln, nicht angenommen werden, **BGH** BGHZ 26, 84 = NJW 1958, 379 = MDR 1958, 158 = LM Art 14 GrundG Nr 69 (*Pagendarm*); dazu auch **BGH** MDR 1966, 915 = BB 1966, 919 = LM § 134 BGB Nr 50.

**§ 30 BBauG** (*Anh*) hat insofern besondere Bedeutung, als er in Zusammenhang mit §§ 19 und 22 BBauG (*Anh*) steht, in denen er auch erwähnt wird, also mit Vorschriften über die Bodenverkehrsgenehmigung; dazu *Bem 83b*. Nach § 30 aaO ist im **Geltungsbereich eines Bebauungsplanes** (dazu *Bem 83a*), der allein oder gemeinsam mit sonstigen baurechtlichen Vorschriften mindestens Festsetzungen über die Art und das Maß der baulichen Nutzung, über die überbaubaren GrstFlächen und über die örtlichen Verkehrsflächen enthält, ein Vorhaben zulässig, wenn es diesen Festsetzungen nicht widerspricht und die Erschließung nach §§ 123ff. BBauG (*Anh*) gesichert ist. Hier sind für den Bebauungsplan gesetzlich Mindestvoraussetzungen aufgestellt; sind diese erfüllt, so müssen Bauvorhaben baubehördlich genehmigt werden, wenn sie dem Plan entsprechen und die Erschließung gesichert ist, *Heitzer-Oestreicher* aaO § 30 Bem 1ff. Erfüllt ein Bebauungsplan diese Mindestvoraussetzungen des § 30 aaO nicht, so macht dies allein das Bauvorhaben nicht unzulässig, **OVG Münster** DVBl 1962, 65 = DÖV 1962, 272 = ZMR 1962, 54 = DRspr V (527) 24b, *Heitzer-Oestreicher* aaO Bem 3 (B 1); dazu **OVG Münster** DVBl 1963, 634 / 864 (*Meyer*) = DRspr aaO 25a. In einem solchen Falle ist eine Prüfung nach §§ 34 bzw § 35 BBauG (*Anh*) mit § 19 Abs 2 aaO nötig, **OVG Münster** DVBl 1962, 65 wV aaO. Ein Bebauungsplan, der unterschiedliche Bebauung zuläßt, § 9 BBauG (*Anh*), insbes die Bebauungstiefen und Grundflächenzahl nicht einheitlich festsetzt, verletzt nicht den Gleichheits-Grundsatz des Art 3 Abs 1 GG; dazu **BVerwG** BBauBl 1965, 597 = DRspr V (527) 60a, **OVG Münster** OVGE 19, 35 = NJW 1964, 73 = BBauBl 1963, 538 = DÖV 1965, 536 = DRspr aaO 32a, im übrigen *Bem 83a*.

**Ausnahmen** und Befreiungen von den Feststellungen im Bebauungsplan sind im Rahmen des **§ 31 BBauG** (*Anh*) zulässig. Ausnahmen sind zulässig, soweit sie im Bebauungsplan vorgesehen sind, § 31 Abs 1 aaO. Die Baugenehmigungsbehörde bedarf hierzu des Einvernehmens der Gemeinde; dazu *Heitzer-Oestreicher* BBauG ( 31 Bem 1 (zu 1). Die Befreiung kann nach § 31 Abs 2 BBauG (*Anh*) von der Baugenehmigungsbehörde nur im Einvernehmen mit der Gemeinde und mit Zustimmung der höheren Verwaltungsbehörde bzw den nach LRecht nach § 147 BBauG (*Anh*) zuständigen Behörden erteilt werden; dazu *Heitzer-Oestreicher* aaO Bem 1 (zu 2). Die Befreiungen sollen einen Härteausgleich bewirken. Eine offenbar nicht beabsichtigte Härte iSd § 31

Abs 2 BBauG (*Anh*) und § 24 Abs 3 BaunutzungsVO liegt nur vor, wenn durch die Anwendung planungsrechtlicher Vorschriften im Einzelfall eine Bebauung unmöglich gemacht oder unverhältnismäßig erschwert werden würde, die den Zielsetzungen oder dem Schutzzweck der Vorschriften nicht oder nur unwesentlich zuwiderläuft, **bawü-VGH** bawüVerwaltungsblatt 1965, 129 = NJW FH für öffentliches Recht XVI Nr 3047 S 136 Ls. Befreiung aus Gründen des Allgemeinwohls kann erteilt werden für gewerbliche Anlagen in einem Wohngebiet zur Verminderung von Lärm, **OVG Münster** NJW 1966, 1833 = DRspr V (527) 61a. Bei § 31 BBauG (*Anh*) wird von dem Begriff des Bebauungsplans iSd § 1ff. BBauG (*Anh*) ausgegangen (dazu *Bem 83a*), nicht von dem Bebauungsplan, der den Mindestforderungen des § 30 aaO entspricht, **BVerwG** NJW 1964, 2442 = MDR 1965, 70 = DVBl 1964, 918 = BBauBl 1964, 548 = DÖV 1964, 740 = DRspr V (527) 40ab. Im Bereich von überbauten Flächen, die im Bebauungsplan als Baugrste für den Gemeinbedarf oder als Verkehrs-, Versorgungs- sowie Grünflächen festgesetzt sind (dazu auch bei der Bodenverkehrsgenehmigung § 19 Abs 1 Z 1 aaO und *Bem 83b*), dürfen auf ihnen Vorhaben, die eine wertsteigernde Änderung baulicher Anlagen zur Folge haben, nur unter den Voraussetzungen des **§ 32 BBauG** (*Anh*) zugelassen oder für sie Befreiungen von den Festsetzungen des Bebauungsplanes erteilt werden; dazu *Heitzer-Oestreicher* BBauG § 32 Bem. Während der Planfeststellung iSd § 30 aaO sind Bauvorhaben nur im Rahmen des **§ 33 BBauG** (*Anh*) zulässig; dazu *Heitzer-Oestreicher* aaO § 33 Bem 1ff. Der Anwendungsbereich des § 33 aaO ist beschränkt auf die nach §§ 30, 34 oder 35 BBauG (*Anh*) noch nicht zulässigen Bauvorhaben, **BVerwG** BVerwGE 20, 127 = NJW 1965, 549 (*Hillenmeier*) = DVBl 1965, 284 (*Zinkahn*) = BB 1965, 649 = BBauBl 1965, 167 = DÖV 1965, 457 = DRspr V (527) 44a, 50b.

Für die Zulässigkeit von Vorhaben **innerhalb der im Zusammenhang bebauten Ortsteile** bestimmt **§ 34 BBauG** (*Anh*), daß in Gebieten, für die ein Bebauungsplan nach § 30 aaO noch nicht aufgestellt ist oder die Aufstellung entbehrlich ist, innerhalb der im Zusammenhang bebauten Ortsteile ein Vorhaben zulässig ist, wenn es nach der vorhandenen Bebauung und Erschließung unbedenklich ist. Es handelt sich hier um Bauvorhaben im Innenbereich iSd § 19 Abs 2 aaO; dazu *Bem 83a, § 7 Bem 10* sowie *Heitzer-Oestreicher* BBauG § 34 Bem 1 (b), über die Abgrenzung vom Außenbereich bez Baulücken und Freiflächen **OVG Lüneburg** DÖV 1964, 392 = BBauBl 1964, 351 = DRspr aaO 35a. Für Bauvorhaben im Innenbereich ist § 34 BBauG (*Anh*) ausschließlich einschlägig, **OVG Lüneburg** DVBl 1966, 279 = DÖV 1966, 573 = DRspr aaO 61b.

Das Bauen im nichtverplanten Innenbereich hat in der Praxis der zuständigen Behörden eine große Bedeutung; dazu *Steffens* Das BBauG in der Rspr 35ff. Der Gesetzeswortlaut ist nicht klar genug und kann zu unrichtigen Auslegungen Anlaß geben. In dem Geltungsbereich eines sog qualifizierten Bebauungsplans, wenn also die Voraussetzungen des § 30 BBauG (*Anh*) vorliegen, ist für Anwendung des § 34 aaO kein Raum; dazu *Steffens* aaO 35. § 34 aaO kann nur in Zusammenhang mit § 33 aaO betrachtet werden, da andernfalls sich eine Lücke für die Handhabung ergeben würde. Daher sagt **BVerwG** BVerwGE 20, 127 wV aaO:

> *„§ 33 BBauG gilt, soweit die Anwendung des § 34 BBauG in Betracht kommt, nur für die Fälle, in denen das Vorhaben nach der vorhandenen Bebauung und Erschließung als bedenklich und deshalb unzulässig erscheint, aber den künftigen planerischen Festsetzungen voraussichtlich nicht entgegenstehen wird; im übrigen richtet sich die Zulässigkeit nach § 34 BBauG. Während im Geltungsbereich eines qualifizierten Bebauungsplanes die Zulässigkeit eines Vorhabens davon abhängt, daß es den Festsetzungen des Planes nicht widerspricht, und im Außenbereich die*

*Vereinbarkeit des Vorhabens mit den öffentlichen Belangen erforderlich ist, stellt § 34 BBauG bei einem Vorhaben innerhalb der im Zusammenhang bebauten Ortsteile darauf ab, ob es nach der vorhandenen Bebauung und Erschließung unbedenklich ist. Dies allein — nicht die Frage, ob die Gemeinde einen Planaufstellungsbeschluß gefaßt hat oder die Aufstellung eines qualifizierten Bebauungsplanes erforderlich ist — ist der den §§ 30 und 35 BBauG entsprechende Maßstab des § 34 BBauG für die Feststellung der städtebaulichen Unbedenklichkeit des Vorhabens."*

Der **Zusammenhang bebauter Ortsteile** ist von der politischen Gemeinde her zu verstehen, es wird ein in sich geschlossener Bebauungskomplex vorausgesetzt, ob es ein Ortsteil oder eine ganze politische Gemeinde ist; dazu *Steffens* aaO 38ff. **Nach der vorhandenen Bebauung und Erschließung unbedenklich** muß ein Bauvorhaben sein. Der Gesetzestext gibt auch hier zu Zweifeln Anlaß und ist nur in Zusammenhang mit § 24 Abs 2 BaunutzungsVO zu verstehen; dazu *Steffens* aaO 42ff. Es wird in der erwähnten Vorschrift angeordnet, daß in den Fällen des § 34 BBauG (*Anh*), soweit Festsetzungen, die Gegenstand der VO sind, nicht bestehen, die Vorschriften der VO entsprechend der vorhandenen Bebauung sinngemäß anzuwenden sind, wobei das Baugebiet nach der tatsächlichen Eigenart der näheren Umgebung zu bestimmen ist. In diesem Sinne wird § 34 BBauG (*Anh*) auch gehandhabt; dies ist hM, insbes **BVerwG** NJW 1964, 2442 = MDR 1965, 70 = DVBl 1964, 918 = BBauBl 1964, 548 = DÖV 1964, 740 = DRspr V (527) 40a = *Steffens* aaO 44ff., **OVG Lüneburg** DVBl 1961, 825 / 1962, 722, **aA** (überholt) **OVG Münster** DVBl 1962, 65 = DÖV 1962, 272 = ZMR 1962, 54 = DRspr V (527) 24b / 1963, 634 — weitere Hinweise hierzu aus Rspr und Lit bei *Heitzer-Oestreicher* BBauG § 34 Bem 2, 3, *Steffens* aaO 46ff. Die rechtliche Eigenschaft des Bebauungsplans hängt nicht davon ab, ob er die in § 30 BBauG (*Anh*) bezeichneten Mindestvoraussetzungen enthält. Auch die sog einfachen Bebauungspläne sind vollwertige Bebauungspläne; sie unterscheiden sich nur in ihrem Inhalt von den sog qualifizierten Bebauungsplänen. Gelten aber die Bebauungspläne und sind sie rechtsverbindlich ohne Rücksicht darauf, ob sie die Mindestfestsetzungen des § 30 BBauG (*Anh*) enthalten oder nicht, so wäre es ein Widerspruch in sich selbst, wenn sie in Fällen des § 34 aaO für die Entscheidung über die Zulässigkeit eines Bauvorhabens nicht maßgeblich wären. Stimmt die vorhandene Bebauung mit den für das betreffende Gebiet geltenden Festsetzungen des Bebauungsplanes nicht überein, so sind demnach für die städtebauliche Ordnung nicht die tatsächlichen Verhältnisse (wie **OVG Münster** aaO annahm), sondern die rechtsverbindlichen Feststellungen maßgeblich, **BVerwG** aaO.

**Unbedenkliche und zulässige Vorhaben** sind nur solche, die den gesetzlichen Zielen der Bauleitplanung iSd § 1 Abs 4 BBauG (*Anh;* dazu *Bem 83a*) entsprechen, **BVerwG** NJW 1962, 507 = DVBl 1962, 223 = BBauBl 1962, 129 = DRspr V (527) 24c, *Heitzer-Oestreicher* BBauG § 34 Bem 3 (A 1). Es kann sich hierbei nicht um ein Bauvorhaben mit vom Bebauungsplan abweichender Bebauungstiefe handeln, **aA** (überholt) **OVG Münster** NJW 1964, 73 = BBauBl 1963, 538 = DRspr V (527) 32a, das von den tatsächlichen, nicht von den rechtlichen Feststellungen ausgeht. In einem allgemeinen Wohngebiet ist — um einige Beispiele anzuführen, die zeigen, wie die Praxis ist — ein Kindertagesheim zulässig, § 4 BaunutzungsVO, **OVG Hamburg** DÖV 1966, 572 = DRspr V (527) 60c, ausnahmsweise eine Tankstelle, **OVG Münster** *Steffens* aaO 48 wV, dagegen ein Schlachthaus unzulässig, **OVG Lüneburg** BBauBl 1963, 78 = *Steffens* aaO 49/50 wV = DRspr aaO 23a, **OLG Münster** *Steffens* aaO 49 wV. Die in § 15 BaunutzungsVO enthaltene Generalklausel gilt für alle in §§ 2ff. aaO genannten Gebiete; daher ist auch § 3 Abs 3 aaO, daß in reinen Wohngebieten ausnahmsweise nicht störende Handwerksbetriebe zugelassen werden können, dahin auszulegen, daß hier solche Handwerksbetriebe unzulässig sind, von denen Belästigungen oder Störungen ausgehen können, die für die Umgebung nach der Eigenart des Gebietes unzumutbar sind, **OVG Lüneburg** aaO.

Die Zulässigkeit von Bauvorhaben im **Außenbereich** ist in **§ 35 BBauG** (*Anh*) geregelt; dazu *Körner* Das Bauen im Außenbereich NJW 1965, 518, *Steffens* Das BBauG in der Rspr 51ff. Unvereinbarkeit mit einer geordneten städtebaulichen Entwicklung iSd § 20 Abs 1 BBauG (*Anh*); dazu *Bem 83b*) ist die Beeinträchtigung öffentlicher Belange iSd § 35 aaO, da in dieser Vorschrift die öffentlichen Belange, wenn auch nicht erschöpfend, so doch beispielhaft aufgezählt sind; dazu *Steffens* aaO 51, auch *Koenig* Was sind „öffentliche Belange" in § 35 BBauG? / Staats- und Kommunalverwaltung (Zeitschrift) 1965, 250.

Die Zulassung sonstiger Bauvorhaben hindernde **Beeinträchtigung öffentlicher Belange** kann nicht vom Gleichheits-Grundsatz des Art 3 Abs 1 GG hergeleitet werden, wenn die Beeinträchtigung erst bei Zulassung weiterer Vorhaben eintreten würde, **BVerwG** DRspr V (527) 23bc; dazu auch *Bem 83a*. Der Begriff der Beeinträchtigung öffentlicher Belange iSd § 35 Abs 2 BBauG (*Anh*) ist sehr weit gefaßt, so daß darunter alle Gesichtspunkte fallen, die für das Bauen im Außenbereich irgendwie rechtserheblich sein können, wobei alle Besonderheiten des Einzelfalls zu berücksichtigen sind, **BVerwG** BBauBl 1964, 302, *Steffens* aaO 51. Öffentliche Belange bei Zulassung sonstiger Vorhaben im Außenbereich sind auch die im Flächennutzungsplan (dazu *Bem 83a*) zum Ausdruck gebrachten planerischen Vorstellungen der Gemeinde, **BVerwG** BVerwGE 18, 247 = MDR 1964, 699 = BBauBl 1964, 302 = DVBl 1964, 527 = DÖV 1964, 383 = DRspr aaO 36 abc, **aA** (in ständiger Rspr) **OVG Münster** NJW 1965, 553 = BBauBl 1965, 165 = DVBl 1965, 289 = DRspr aaO 45a, wonach der städtebauliche Planungswille der Gemeinde als solcher noch nicht ohne weiteres ein öffentlicher Belang ist, sondern erst der Planungswille, der in einem qualifizierten Bebauungsplan verbindlich niedergelegt ist. Dieser abweichende Standpunkt ist abzulehnen, da er auf der von der hM abgelehnten Auffassung beruht, die von tatsächlichen, nicht von rechtsverbindlichen Feststellungen ausgeht; zu der unberechtigten Kritik seitens des OVG Münster an der Entscheidung des BVerwG *Steffens* aaI 51ff. (53). Der Begriff des Einzelfalls, in § 35 Abs 2 BBauG (*Anh*) bedeutet nicht Zulassung nur eines einzelnen Baues **BVerwG** BVerwGE 18, 247 wV aaO; dazu *Steffens* aaO 55. Werden öffentliche Belange nicht beeinträchtigt, so besteht ein Rechtsanspruch auf Zulassung des Bauvorhabens, **BVerwG** BVerwGE 18, 247 wV aaO, *Steffens* aaO 54, **aA** *Heitzer-Oestreicher* BBauG § 35 Bem 3, wonach eine Ermessensentscheidung angenommen wird. Umgekehrt — wenn öffentliche Belange beeinträchtigt werden, so darf das Vorhaben nicht zugelassen werden, **OVG Münster** *Steffens* aaO 54 wV. Dazu auch **BVerwG** NJW 1967, 1385.

Bei den besonderen Zwecken sind in § 35 Abs 1 BBauG (*Anh*) land- und forstwirtschaftliche Betriebe und Landarbeiterstellen erwähnt; zur Landwirtschaft *Bem 82*, zu Landarbeiterstellen *Bem 86*. Es kommt hierbei auf den wirklichen Zweck der Verwendung des Baues an, nicht auf einen vorgetäuschten oder lediglich angegebenen Zweck, von dem später wieder abgewichen werden könnte, **BVerwG** BVerwGE 19, 75 = DVBl 1964, 956 = RdL 1964, 278 = DVÖ 1964, 742 = DRspr V (527) 42a (bez Erwerbsgartenbaubetrieb, insbes Gewinnung von Schmuckreisig); dazu *Heitzer-Oestreicher* BBauG § 35 Bem 2 (zu a, c), *Steffens* aaO 56ff. (57/58). Ein Objekt, das für einen landwirtschaftlichen Betrieb geeignet wäre, aber dazu nicht verwendet wird, gehört also nicht hierher. Zum landwirtschaftlichen Betrieb iSd § 35 BBauG (*Anh*) gehört, daß die Bodenbenutzung nach Umfang und Ziel erheblich über die Deckung des eigenen Bedarfs hinausgeht, **OVG Münster** RdL 1965, 331 = DRspr aaO 53ab, *Steffens* aaO 58/59 wV. Öffentliche Belange stehen einem solchen Vorhaben entgegen, wenn ein landwirtschaftliches Gehöft außerhalb der Ortschaft erstellt würde, so daß die Gemeinde zu unwirtschaftlichen Aufwendungen für Versorgung mit Wasser und elektrischem Strom und den Wegebau benötigt wäre, § 35 Abs 3 BBauG (*Anh*), **OVG Münster** *Steffens* aaO 59 wV. Eine Landarbeiterwerkswohnung dient dem landwirtschaftlichen Betrieb, **OVG Münster** *Steffens* aaO 59/60 wV.

Besondere Ablehnungsgründe sind in § 35 Abs 3 BBauG (*Anh*) aufgezählt, ebenfalls beispielhaft, also nicht abschließend; dazu *Heitzer-Oestreicher* aaO Bem 4, *Steffens* aaO 61ff.

Über Einzelfälle *Heitzer-Oestreicher* aaO Bem 5, *Steffens* aaO 60ff., insbes Jagdhütten **BVerwG** bayVBl 1963, 249 = DÖV 1964, 744, Forsthütten **OVG Münster** *Steffens* aaO 60 wV, Wochenendhäuser (verneinend) **BVerwG** BBauBl 1962, 635 = DRspr V (527) 26b, **OVG Münster** *Steffens* aaO 60 wV, Sport- und Spielanlage eines Vereins für Freikörperkultur **OVG Münster** BBauBl 1963, 194, Altenteilerhaus (bejahend bei Errichtung auf Hofgrst, damit es bei Generationnenwechsel zur Verfügung steht, verneinend bei Errichtung auf fremdem Boden) **OVG Lüneburg** BBauBl 1963, 131, DÖV 1963, 843 = = DRspr aaO 32bc, Wohnhaus auf landwirtschaftlich genutzter Fläche (verneinend) **OVG Lüneburg** aaO, Unterkunftshütte für Baumschulenbetrieb (verneinend wegen Landschaftsbild) **OVG Münster** RdL 1965, 161 = DRspr aaO 48b, Wohnhaus (verneinend aus demselben Grunde), **VG Saarland** JBl Saar 1966, 50 = DRspr aaO 59a, Umwandlung eines Wochenendhauses in Dauerwohnstätte (verneinend wegen Gefahr einer Splittersiedlung), **OVG Münster** RdL 1965, 331 = DRspr aaO 53ab, wobei der Begriff der Splittersiedlung die räumliche Trennung der Besiedlung von ausgewiesenen Baugebieten und im Zusammenhang bebauten Ortsteilen voraussetzt, **OVG Münster** *Steffens* 63 wV (mit weiteren Hinweisen 63ff.).

Über die Zulässigkeit von Vorhaben nach §§ 33ff. BBauG (*Anh*) wird im **Baugenehmigungsverfahren** entschieden, **§ 36 BBauG** (*Anh*). Es entscheidet nach Abs 1 aaO die Baugenehmigungsbehörde im Einvernehmen mit der Gemeinde, in den Fällen der §§ 33 und 35 Abs 2 aaO auch mit Zustimmung der höheren Verwaltungsbehörde bzw den nach § 147 BBauG (*Anh*) zuständigen Landesbehörden, wobei die höhere Verwaltungsbehörde oder die an ihrer Stelle entscheidende Behörde nach § 36 Abs 2 BBauG (*Anh*) für genau begrenzte Fälle allgemein festlegen kann, daß ihre Zustimmung nicht erforderlich ist; über den Zusammenhang mit der Bodenverkehrsgenehmigung *Bem 83b*. Das Einvernehmen der Gemeinde im Rahmen der Genehmigung des Vorhabens ist kein selbständiger Verwaltungsakt, sondern ein Internum, **BVerwG** NJW 1966, 513 = MDR 1966, 357 = DVBl 1966, 177 (*Schrödter*) = DNotZ 1966, 426 Ls = DRspr V (527) 55abc, **OVG Koblenz** DVBl 1964, 538 = DRspr aaO 37b, **OVG Lüneburg** DVBl 1962, 757 = DRspr aaO 25b, DVBl 1965, 533, **rhpfOVG** DVBl 1964, 538, *Heitzer-Oestreicher* BBauG § 36 Bem 3, *Schrödter* Das Zusammenwirken der Behörden im Baugenehmigungsverfahren DVBl 1962, 743, **aA** (überholt) **hessVGH** DÖV 1964, 744, **OVG Münster** DÖV 1963, 833. Dasselbe gilt von der Zustimmung der höheren Verwaltungsbehörde bzw der Behörde iSd § 147 Abs 2 BBauG (*Anh*), **OVG Lüneburg** DVBl 1962, 757 wV aaO, *Heitzer-Oestreicher* und *Schrödter* aaO, **aA** (zu Unrecht) **bawüVGH** BBauBl 1962, 400, **hessVGH** Rspr der hess Verwaltungsgerichte (hessStAnz) 1965, 21. Die Frage des mehrstufigen Verwaltungsaktes war bisher lebhaft umstritten, kann aber durch die Entscheidung des **BVerwG** aaO als geklärt gelten, wenn sie sich auch nur auf die Gemeinde, nicht auch auf die höhere Verwaltungsbehörde bezieht, da beide Arten von Zustimmungen einheitlich zu betrachten sind, wenn auch im Gesetz einmal von Einvernehmen, das andere Mal von Zustimmung gesprochen wird. Wenn die Gemeinde oder die höhere Verwaltungsbehörde bzw die Behörde nach § 147 Abs 1 oder 2 BBauG (*Anh*) übergangen wurde, also die Frage der Zustimmung oder Ablehnung offen blieb, und trotzdem entschieden wurde, so kann die Gemeinde bzw die höhere Verwaltungsbehörde oder die Behörde nach § 147 Abs 1 oder 2 aaO den Genehmigungsbescheid der Baubehörde angreifen, um die Stellungnahme zu erreichen; dazu **BVerwG** aaO, **OVG Koblenz** BBauBl 1965, 492. Wenn die Gemeinde oder die höhere Verwaltungsbehörde die Zustimmung zu Unrecht versagt (dazu auch *Bem 83b*), so hat die Kommunalaufsichtsbehörde das Recht im Wege der Rechtsaufsicht, ein rechtswidrig verweigertes Einvernehmen der Gemeinde bzw die unberechtigt verweigerte Zustimmung der höheren Verwaltungsbehörde usw zu ersetzen; dazu **BVerwG** aaO. Die höhere Verwaltungsbehörde usw hat jedoch nicht das Recht, durch ihre Versagung der Zustimmung verbindlich über einen Bauantrag zu entscheiden, **OVG Koblenz** rhpf-saarlOVGE 9, 123 = NJW FH für öffentliches Recht XVI Nr 3083 S 138 Ls.

Wenn über die Zulässigkeit von Bauvorhaben nach den §§ 33, 34, 35 BBauG (*Anh*) im Rahmen eines Baugenehmigungsverfahrens entschieden werden soll, so müßte diese Entscheidung zugleich mit der Entscheidung über die Baugenehmigung fallen. § 36 aaO beschränkt sich bez der Regelung auf die Frage Zustimmung von Behörden, dieser begrenzte Anwendungsbereich ergibt sich aus § 36 Abs 1 S 1 aaO. Gegenstand einer **Vorabentscheidung** über die Bebauungsfähigkeit eines Grst ist nicht die Bebaubarkeit überhaupt, sondern stets die Bebaubarkeit mit einem Vorhaben bestimmter Art. Die Vorabentscheidung ist dem Baugenehmigungsverfahren nicht fremd und ist daher auch in den Fällen des § 30 wie auch §§ 34, 35 aaO zulässig, da für eine Differenzierung kein vernünftiger Grund vorliegt und für eine abweichende Auslegung das Gesetz keinen Anhaltspunkt bietet, **OVG Lüneburg** DVBl 1965, 288 = DRspr V (527) 50c. Die Baugenehmigungsbehörde darf einen **Bauantrag** ohne Prüfung der öffentlichrechtlichen Zulässigkeit des Vorhabens **ablehnen**, wenn rechtskräftig entschieden ist, daß aus **zivilrechtlichen Gründen** das Grst nicht bebaut werden darf, **BVerwG** BVerwGE 20, 124 = NJW 1965, 551, 928 (*Schuegraf* ablehnend), 1497 (*Kienzle* Erwiderung, bejahend) = MDR 1965, 321 = DÖV 1965, 580 = BBauBl 1965, 169 = ZMR 1965, 88 = Verwaltungsarchiv 1965, 386 (*Menger* und *Erichsen*). Die bedeutsamen Ausführungen des BVerwG enthalten folgende Rechtsgrundsätze, die zu billigen sind:

> *Bei Erteilung der Baugenehmigung hat die Baugenehmigungsbehörde nach dem maßgebenden Bauordnungsrecht die Übereinstimmung des Bauvorhabens mit dem öffentlichen Recht zu prüfen und gegebenenfalls die Baugenehmigung unbeschadet aller privatrechtlichen Verhältnisse zu erteilen. Dieser Regelung des Bauordnungsrechts liegt der Gedanke zugrunde, daß es nicht Sache der Baugenehmigungsbehörde ist, über strittige private Rechte ... zu entscheiden und die ihr obliegende Entscheidung über den öffentlich-rechtlichen Anspruch auf Baugenehmigung davon abhängig zu machen, wie sie die Rechtslage zivilrechtlich beurteilt. Auf die Frage, ob der Bauherr zivilrechtlich befugt ist, seine Bauabsicht zu verwirklichen, braucht daher im Baugenehmigungsverfahren und im Verwaltungsprozeß grundsätzlich nicht eingegangen zu werden.*
>
> *Der vorliegende Sachverhalt weist nun die Besonderheit auf, daß die Behörde, die über den Bauantrag des Klägers zu entscheiden hat, ein rechtskräftiges Zivilurteil gegen den Antragsteller erstritten hat, durch das festgestellt wird, daß das Grundstück, für das die Baugenehmigung begehrt wird, nicht bebaut werden darf. Die vom Kläger im Verwaltungsprozeß beantragte Verurteilung des Beklagten hätte demnach zur Folge, daß der Beklagte durch die Erteilung der Baugenehmigung dem Kläger gerade das zu erlauben hätte, was der Kläger nach einem schon rechtskräftigen anderen Urteil, das der Beklagte gegen ihn erwirkt hat, nicht tun darf. ... Dieses Begehren ist nicht gerechtfertigt. Nachdem die Frage, ob der Kläger sein vom Beklagten gekauftes Grundstück*

*gegen den Willen des Verkäufers bebauen darf, rechtskräftig zugunsten des Klägers entschieden ist, ist das Zivilurteil auch für das Baugenehmigungsverfahren und den Verwaltungsprozeß beachtlich. Dem steht nicht entgegen, daß es in diesem Verfahren um die öffentlich-rechtliche Befugnis des Klägers zur Ausführung seines Bauvorhabens geht, die Entscheidung des Zivilgerichts hingegen die bürgerlich-rechtliche Befugnis zur Bebauung des Grundstücks betrifft. Der Zivilprozeß betraf denselben Lebenssachverhalt wie das Baugenehmigungsverfahren und der Verwaltungsprozeß. In allen diesen Verfahren ging oder geht es dem Kläger darum, daß er sein Grundstück bebauen darf. ... Da die Baugenehmigung nicht nur die Feststellung der Vereinbarkeit des Vorhabens mit dem öffentlichen Recht enthält, sondern zugleich auch die Ausführung des genehmigten Vorhabens erlaubt, besteht kein Anspruch des GrstEigentümers auf Erteilung der baurechtlichen Genehmigung, wenn das betreffende Grundstück nicht bebaut werden darf und somit das Eigentum an dem Grundstück nicht die Befugnis zur Bebauung des Grundstücks enthält. Ist diese Rechtslage durch ein rechtskräftiges Urteil geklärt, braucht die Baugenehmigungsbehörde nicht darauf zu prüfen, ob das Vorhaben den bau- und bodenrechtlichen Bestimmungen entspricht. ... Die zivilrechtliche Frage ist bereits durch das Urteil des hierfür zuständigen Zivilgerichts entschieden. Aus diesem Urteil werden lediglich Folgerungen für das Baugenehmigungsverfahren gezogen, um eine Divergenz zwischen der rechtskräftigen gerichtlichen Feststellung über das Eigentümerrecht des Bauherrn und dem Ergebnis des Baugenehmigungsverfahrens zu vermeiden. Bei einer derart zweifelsfreien Rechtslage braucht die Baugenehmigungsbehörde die Augen nicht davor zu verschließen, daß die Baugenehmigung von einem Nichtberechtigten beantragt wird. ... Der Kläger könnte daher, selbst wenn sein Vorhaben öffentlich-rechtlich zulässig wäre, seine Bauabsicht nicht verwirklichen, weil er gegenüber dem Beklagten zivilrechtlich zur Ausführung seines Vorhabens nicht berechtigt ist und der Beklagte seine zivilrechtlichen Belange auch weiterhin wahren will. Dabei ist auch zu berücksichtigen, daß die Baugenehmigung nur eine beschränkte Geltungsdauer hat.“*

Die Entscheidung geht ganz von der Praxis aus, wonach theoretische und abstrakte Entscheidungen zu vermeiden sind. Es hätte keinen Sinn, wenn ein Baugenehmigungsverfahren, das sehr umfangreich sein kann, durchzuführen, wenn von vornherein feststeht, daß der Bau offensichtlich nicht errichtet werden darf. Für unklare Fälle stehen Baugenehmigung und zivilrechtlicher Anspruch auf Bauverbot nebeneinander; dazu auch *Bem 83b*.

Bei **Bauvorhaben des Bundes und der Länder** enthält **§ 37 BBauG** (*Anh*) eine ergänzende Regelung. Wenn nach §§ 14, 31, 36 aaO das Einvernehmen mit der Gemeinde nicht erzielt werden kann, entscheidet die höhere Verwaltungsbehörde bzw die nach § 147 Abs 2 aaO zuständige Behörde. Für die Landbeschaffung zu Aufgaben der Verteidigung (dazu *§ 38 Bem 77*) ist in § 37 Abs 4 BBauG (*Anh*) ein vereinfachtes Verfahren geschaffen; dazu *Heitzer-Oestreicher* BBauG § 37 Bem 4.

**§ 38 BBauG** (*Anh*) betrifft **bauliche Maßnahmen auf Grund anderer Gesetze**, die unberührt gelassen werden, also selbständig zu beurteilen sind; dazu *Heitzer-Oestreicher* BBauG § 38 Bem 1, 2. **§ 39 BBauG** (*Anh*) sieht den **Schutz des Mutterbodens** im Interesse der Bodennutzung vor; dazu *Heitzer-Oestreicher* BBauG § 39 Bem.

**Entschädigungen** sind für enteignungsgleiche Tatbestände nach **§§ 40 bis 44 BBauG** (*Anh*) vorgesehen; dazu *Heitzer-Oestreicher* BBauG § 40 Vorbem 1ff.

### 2. Bodenordnung 83 e

Unter Bodenordnung versteht das BBauG die Umlegung iSd §§ 45ff. BBauG (*Anh*) und die Grenzregelung gemäß §§ 80ff. aaO. Beide Gebiete waren zuvor lediglich landesrechtlich geregelt, nur im Bereich der Landwirtschaft besteht eine Sonderregelung für Flurbereinigung; dazu *Heitzer-Oestreicher* BBauG § 45 Vorbem 1. Die Aufbaugesetze der Länder, die durch § 186 BBauG aufgehoben wurden, sahen vielfach ein Umlegungsverfahren und eine Regelung des Grenzausgleichs vor (dazu 5. Auflage dieses Kommentars E 199 S 436ff.), die nunmehr gegenstandslos geworden sind.

**Umlegung** nach **§§ 45ff. BBauG** (*Anh*)

Neben der Umlegung nach dem BBauG (*Anh*) gibt es die nach dem FlBG (*Anh*), die für die Landwirtschaft gilt; dazu *§ 38 Bem 69ff.* Überschneidungen sind bei der gegenwärtigen Regelung nicht zu erwarten; dazu *Heitzer-Oestreicher* BBauG § 45 Vorbem 1, 2, 5. Zum Übergangsrecht §§ 174, 182 BBauG.

Die Umlegung bedeutet keine Enteignung, weil sie im Interesse der Beteiligten erfolgt, **BVerwG** BVerwGE 1, 225 zur früheren RUmlegungsO, wonach die Voraussetzungen des Art 14 Abs 3 GG verneint werden; dazu *Heitzer-Oestreicher* aaO Vorbem 2, 5 (A 1). Es handelt sich um ein GrstTauschverfahren.

Die Umlegung nach BBauG (*Anh*) beschränkt sicht nach **§ 45 BBauG** (*Anh*) nach dessen Abs 1 aaO auf den **Geltungsbereich eines Bebauungsplans** iSd § 30 BBauG (*Anh*); dazu *Bem 83a, d,* auch *Haegele* Beschränkungen Bem 286, *Heitzer-Oestreicher* BBauG § 45 Bem 2. Grstgleiche Rechte stehen den Grsten gleich (dazu *Bem 83*); ergänzend gilt § 61 BBauG (*Anh*).

Der Begriff der **Umlegung** ergibt sich aus § 45 Abs 1 aaO. Man versteht darunter die Neuordnung zur Erschließung iSd §§ 123ff. BBauG (*Anh*) oder Neugestaltung bestimmter Gebiete im Bereiche des Bebauungsplans in der Weise, daß aus den bebauten und unbebauten Grsten nach Lage, Form und Größe für die bauliche oder sonstige Nutzung zweckmäßig gestaltete Grste entstehen; dazu *Haegele-Riedel* RPfleger-Handbuch (GrstRecht I 66/67), *Heitzer-Oestreicher* BBauG § 45 Vorbem 2, Bem 1. Die Zweckmäßigkeit der Neuordnung steht also im Vordergrund, so daß der Einwand der Unzweckmäßigkeit von den Beteiligten möglichst bald zu erheben ist. Zum **LRecht** BlGBW 1967, 98, 118. Das Umlegungsverfahren nach dem BBauG-Rechtsvorschriften der Länder gemäß § 46 Abs 2 BBauG (*Anh*).

Die **Einleitung** des Umlegungsverfahrens ist schon zulässig, bevor ein Bebauungsplan aufgestellt ist, § 45 Abs 2 BBauG (*Anh*). Es ergeht zur Einleitung ein **Umlegungsbeschluß**, der die im Umlegungsgebiet gelegenen Grste einzeln aufführt, **§ 47 BBauG** (*Anh*). Das Umlegungsgebiet ist so zu begrenzen, daß die Umlegung sich zweckmäßig durchführen läßt, **§ 52 BBauG** (*Anh*). **Umlegungsstelle** ist die Gemeinde, die das Verfahren anordnet und durchführt, wobei nach LRecht Umlegungsausschüsse gebildet werden können, die selbständige Entscheidungsbefugnisse haben, **§ 46 BBauG** (*Anh*), dazu *Haegele* GBRecht Bem 2083, *Heitzer- Oestreicher* BBauG § 46 Bem 1, 2. Bez Übertragung der gemeindlichen Aufgaben auf andere Stellen gemäß LRecht § 147 Abs 1 BBauG (*Anh*). Auf Anordnung und Durchführung einer Umlegung besteht kein Anspruch, § 46 Abs 3 aaO; da aber die Umlegung nach § 46 Abs 1 aaO einzuleiten ist, sobald sie erforderlich ist, besteht eine bindende Verpflichtung zur Durchführung, die durch die Aufsichtsbehörde angeordnet werden kann, während jedoch der einzelne keinen Rechtsanspruch darauf hat, *Heitzer-Oestreicher* aaO Bem 1. Der Kreis der Beteiligten ergibt sich aus **§§ 48, 49 BBauG** (*Anh*). Die Umlegungsbeschluß ist gemäß **§ 50 BBauG** (*Anh*) bekannt zu machen. Über unzulässige Mitwirkung eines wegen persönlicher Beteiligung ausgeschlossenen Mitglieds des Gemeinderats an der Beratung und Abstimmung beim Beschluß des Gemeinderats **BGH** NJW 1967, 1662 (auch zur Frage der Gültigkeit des Beschlusses).

Von der Bekanntmachung des Umlegungsbeschlusses bis zur Bekanntmachung des Umlegungsplanes iSd § 71 aaO tritt eine **Verfügungs- und Veränderungssperre** ein, **§ 51 BBauG** (*Anh*) wonach Verfügungen über die betroffenen Grste und Änderungen an Bauten und der Erdoberfläche in dem gesetzlich bestimmten Umfange von einer schriftlichen Genehmigung der Umlegungsstelle abhängig sind. Versagung einer solchen Genehmigung darf allerdings nur erfolgen, wenn Grund zu der Annahme besteht, daß das Vorhaben die Durchführung der Umlegung unmöglich machen oder wesentlich erschweren würde; soweit diese Voraussetzungen nicht vorliegen, muß also die Genehmigung erteilt werden; dazu *Heitzer-Oestreicher* BBauG § 51 Bem 3. Die Beschränkungen beziehen sich nach § 51 Abs 1 Z 1 aaO nicht auf Verfügungen, die nicht die Nutzung oder Bebauung betreffen, wie etwa bei Grundpfandrechten, **LG Hildesheim** MDR 1963, 218 = Rpfleger 1963, 299 (*Haegele*) = DRspr V (527) 26d, 27b, *Haegele* GBRecht Bem 2084ff., Beschränkungen Bem 289ff., wohl auch *Heitzer-Oestreicher* BBauG § 51 Bem 1, 2, **aA** (zu Unrecht) **BayObLG** NJW 1964, 1325 = BB 1964, 909 = MDR 1964, 675 = MittBayNotV 1964, 135 = MittRhNotK 1964, 689 = Rpfleger 1964, 215 = DRspr aaO 37c, **OLG Celle** NdsRpfl 1965, 83 = DRspr aaO 45b, *Baldauf* Die Genehmigung von dinglichen Verfügungen im Umlegungsverfahren BBauBl 1964, 198, *Brügelmann* ua BBauG § 51 Bem zu Abs 1 Z 1. Der Streit über den Umfang der Beschränkungen ist dadurch entstanden, daß der Gesetzeswortlaut bei § 51 Abs 1 Z 1 aaO unklar und nicht eindeutig ist, ob sich der Relativsatz nur auf die Vereinbarungen beziehen kann, hinter die er gesetzt ist, oder aber auch auf die Verfügungen. Je nachdem wären bei der letzteren Auffassung nur Verfügungen, auf die sich der Relativsatz nicht bezieht, genehmigungsfrei, nicht aber bei ersterer Auffassung, wonach alle Verfügungen genehmigungspflichtig wären, gleich welchen Inhalt sie haben. Das **BayObLG** aaO versucht seine Auffassung mit der Entstehungsgeschichte der Vorschrift zu begründen, **OLG Celle** aaO folgt ihm; *Brügelmann* ua aaO meinen, nur eine reine Wortauslegung könne den Relativsatz auch auf Verfügungen beziehen. Diese abzulehnende, den Anwendungsbereich der Vorschrift erweiternde Auslegung wird jedoch dem Sinn und Zweck der gesetzlichen Regelung nicht gerecht; dazu *Haegele* aaO. Es sollen ja nur solche rechtliche und tatsächliche Maßnahmen an den Grsten ausgeschlossen oder von einer Genehmigung abhängig gemacht werden, die das Umlegungsverfahren beeinflussen können, wie sich aus § 51 Abs 1 aaO ergibt. Es ist nicht ersichtlich, warum Vereinbarungen in anderem Umfange als Verfügungen nach Z 1 aaO behandelt werden sollen, da es sich einmal um einseitige, das andere Mal um vertragliche Verfügungen handeln kann. Es würde bei unterschiedlicher Behandlung des Relativsatzes dessen Bedeutung hinfällig, wenn die Vereinbarung zugleich zu einer Verfügung führt oder sie beinhaltet. Daher muß bei einer sinngemäßen Auslegung der Relativsatz auf die ganze Z 1 aaO bezogen werden. Diese Lösung erscheint auch befriedigend, da nur so der Zusammenhang mit dem Umlegungsverfahren hergestellt wird. Wenn schon Abs 4 aaO sich darauf beschränkt, nur Maßnahmen, die zu einer Undurchfährbarkeit oder wesentlichen Erschwerung des Verfahrens führen können, zu untersagen, so besteht kein Interesse, die Umlegungstelle bei Verfügungen immer entscheiden zu lassen, auch wenn offensichtlich keinerlei Zusammenhang mit dem Umlegungsverfahren besteht. Eine hM hat sich bisher in dem Meinungsstreit noch nicht gebildet. Es wäre bedauerlich, wenn die die Genehmigungspflicht bei Verfügungen erweiternde Auslegung sich durchsetzen würde. Wäre dies der Fall, so sollte dies zum Anlaß genommen werden, § 51 Abs 1 Z 1 BBauG (*Anh*) bei Gelegenheit oder Reform des BBauG zu ändern, um die Streitfrage zu beseitigen. Die mit einem Umlegungsverfahren verbundenen Verfügungs- und Baubeschränkungen können zu einem enteignenden Eingriff iSd Art 14 Abs 3 GG werden, wenn sie den Eigentümer mehr und länger belasten, als dies durch die Notwendigkeiten des Verfahrens geboten ist, **BGH** NJW 1965, 2101 = BB 1965, 1250 = BBauBl 1966, 25.

Die erwähnte Auslegung des Begriffs der Verfügung ohne Relativsatz würde eine solche durch das Umlegungsverfahren nicht gebotene Beschränkung bedeuten und sollte daher auch aus diesem Grunde abgelehnt werden. Nicht betroffen von § 51 Abs 1 Z 1 aaO werden auch Erbfolge, Zuschlag in einem ZwVerstVerfahren, Enteignung, ferner Teilung im eigenen Besitz ohne Auflassung eines GrstTeils; dazu *Haegele* GBRecht Bem 2085, Beschränkungen Bem 290, 291. Zum Begriff der Verfügung ist auf *§ 13 Vorbem 119* zu verweisen; dazu auch *Haegele* GBRecht Bdm 2084, Beschränkungen Bem 289. Die Beantragung bei Verfügungen steht dem bisherigen Eigentümer zu, da nur er verfügt; dazu *Haegele* GBRecht Bem 2086, Beschränkungen Bem 292. Die Genehmigung ersetzt andere Genehmigungen, die sonst erforderlich sind, nicht; dazu *Haegele* GBRecht Bem 2088, Beschränkungen Bem 294. Auch kann ein gemeindliches Vorkaufsrecht nach §§ 24ff. BBauG (*Anh*) in Betracht kommen; dazu *Bem 83c*.

Die Umstellungsstelle fertigt eine **Bestandskarte** und ein **Bestandsverzeichnis** nach Maßgabe des **§ 53 BBauG** (*Anh*), die öffentlich zur Einsicht auszulegen sind. Hierzu benötigt die Umlegungsstelle die in § 53 Abs 1 aaO angeführten Angaben, die regelmäßig **beim Grundbuchamt erfragt** werden; dazu *Haegele* GBRecht Bem 2082. Das Bestandsverzeichnis für das Umlegungsverfahren hat die Angaben für jedes Grst gesondert zu enthalten; dazu *Heitzer-Oestreicher* BBauG § 53 Bem 1. Dies gilt auch dann, wenn im GB mehrere Grste gemeinsam und zusammenfassend eingetragen sind. Das Bestandsverzeichnis bei der Umlegung ist insofern nicht identisch mit dem Bestandsverzeichnis des GB (dazu *§ 3 Bem 161ff.*, *§ 5 Bem 43*, *§ 6 Bem 23*). Von dem GBA kann nur ein üblicher GBAuszug angefordert werden, während die weitere Arbeit der Aussonderung nach einzelnen Grsten die Umlegungsstelle selbst vornehmen muß, da das GBA nicht zur Entlastung der Umlegungsstelle eine weitergehende Arbeit zu übernehmen verpflichtet ist. In das Bestandsverzeichnis der Umlegungsstelle werden nicht die Belastungen des Grst in Abt III (dazu *§ 3 Bem 225ff.*), wohl aber die Angaben des Bestandsverzeichnisses, ferner der Abt I und II (dazu *§ 3 Bem 195ff.*) aufgenommen. Wenn hiernach Abt III des GB für die Umlegungsstelle ohne Interesse ist (dazu *Heitzer-Oestreicher* aaO Bem 1), so spricht auch dies dafür, daß die einengende Auslegung des § 51 Abs 1 Z 1 BBauG (*Anh*) wohl die richtige ist, da darnach eine Belastung mit einem Grundpfandrecht nicht genehmigungspflichtig ist, **LG Hildesheim** aaO.

Die Tätigkeit des **Grundbuchamts** bei Einleitung des Umlegungsverfahrens und während dessen Dauer ergibt sich aus **§ 54 BBauG** (*Anh*).

Die Umlegungsstelle teilt dem GBA die Einleitung des Umlegungsverfahrens nach § 47 BBauG (*Anh*) und nachträgliche Änderungen des Umlegungsgebietes nach § 52 aaO mit, § 54 Abs 1 S 1 aaO. Das GBA hat in den GBüchern der umzulegenden Grste einzutragen, daß das Umlegungsverfahren eingeleitet ist. Es handelt sich um den **Umlegungsvermerk**, § 54 Abs 1 S 2 aaO; dazu *Haegele* GBRecht Bem 2081, 2082, Beschränkungen Bem 287, 296, *Heitzer-Oestreicher* BBauG § 54 Bem 1. Der Wortlaut der Eintragung in Abt II des GB (dazu *§ 3 Bem 211, 316*) lautet zweckmäßigerweise entsprechend dem Gesetzestext:

„*Das Umlegungsverfahren ist eingeleitet*".

Das BBauG aaO spricht nicht von einem **Eintragungsersuchen** und es ist daher strittig, ob die Eintragung in den GBüchern von Amts wegen oder nur auf Ersuchen erfolgen darf; dazu *Haegele* GBRecht Bem 2082. Man wird vom Üblichen ausgehen, daß ein Ersuchen vorliegen muß, also §§ 38, 29 GBO erfüllt sein müssen (dazu *§ 38 Bem 2ff.*), da ein Fall einer Eintragung von Amts wegen nicht vorliegt und auch gesetzlich nicht besteht. In der Übersendung der Mitteilung von der Einleitung des Umlegungsverfahrens kann ein solches Ersuchen liegen; im Zweifel wird das GBA eine Zwischenverfügung nach § 18 (dazu *§ 18 Bem 2ff.*) zur Klarstellung erlassen. Auch bei dieser Vorschrift sollte man bei Gelegenheit oder bei Reform des BBauG eine klare Fassung schaffen, die enthält, daß ein Ersuchen an das GBA zu ergehen hat. Bei den Mitteilungen hat das GBA auch § 55 GBO zu beachten (dazu *§ 55 Bem 2ff.*).

Das GBA hat nach § 54 Abs 2 BBauG (*Anh*) die Verpflichtung, die **Umlegungsstelle von allen Eintragungen zu benachrichtigen**, die nach dem Zeitpunkt der Einleitung des Umlegungsverfahrens im GB der betroffenen Grste vorgenommen sind oder werden; dazu *Haegele* GBRecht Bem 2089 mit Fußn 4 S 518. Die Benachrichtigungspflicht besteht ab Erhalt der Mitteilung von der Verfahrenseinleitung und bezieht sich auf auch etwaige zwischenzeitliche Eintragungen ab dem Zeitpunkt des Beginns des Umlegungsverfahrens. Wenn die Umlegungsstelle vorher Unterlagen vom GBA angefordert hat, die auch übersandt wurden, so kann sich nunmehr bereits eine Ergänzung ergeben. Daher muß das GBA sich zu den Grundakten genau vormerken, zu welchem Datum die Benachrichtigungen jeweils erfolgt sind. Diese Mitteilungen haben den Zweck, daß die Umlegungsstelle die Bestandskarte und das Bestandsverzeichnis iSd § 53 BBauG (*Anh*) ergänzen kann; dazu *Heitzer-Oestreicher* BBauG § 54 Bem 1. Die Mitteilungspflicht besteht hier jedoch nicht ohne Einschränkung, wohl aus Versehen des Gesetzgebers, so daß auch insoweit eine Richtigstellung des Gesetzes bei Gelegenheit oder bei Reform des BBauG veranlaßt wäre. Bei der nunmehr geltenden Fassung hat das GBA der Umlegungsstelle von allen Eintragungen einschl Löschungen Mitteilung zu machen, gleichgültig auf welchen Teil des GBBlatts sie sich beziehen und welchen Inhalt sie haben; dazu im allgemeinen über die möglichen Eintragungen *§ 3 Bem 115ff.* Ob die Eintragungen für die Umlegung Bedeutung haben oder überflüssig sind, darf das GBA nicht prüfen; dies ist Sache der Umlegungsstelle. Mitteilung ist auch zu machen von der Eintragung eines Vermerks über **Anordnung der ZwVerst und ZwVerw** (dazu *§ 38 Bem 24*), die auf Ersuchen des VollstrGer erfolgt. Das GBA hat nun seinerseits das Vollstreckungsgericht nach § 55 GBO zu verständigen (dazu *§ 38 Bem 4, § 55 Bem 2ff.*), aber auch nach § 54 Abs 2 BBauG (*Anh*) die Umlegungsstelle. Das GBA kann sich nicht darauf verlassen, daß etwa die Umlegungsstelle ihrerseits eine Verständigung an das Vollstreckungsgericht vornimmt, wozu diese nach § 54 Abs 3 BBauG (*Anh*) verpflichtet ist; dazu *Heitzer-Oestreicher* BBauG § 54 Bem 2. Von der Löschung des ZwVerst- und ZwVerwVermerks gilt dasselbe; auch hier besteht die Mitteilungspflicht des GBA neben der der Umlegungsstelle obliegenden Verständigungspflicht. Bei einer Gesetzesreform könnte man diese Doppelarbeit vereinfachen.

Die **Sperre des GB** dauert, wie sich aus § 51 aaO ergibt, **bis zur Bekanntmachung des Umlegungsplans** nach § 71 aaO, und zwar wenn dieser iSd § 71 Abs 1 aaO unanfechtbar geworden ist; dazu *Haegele* GBRecht Bem 2090, Beschränkungen Bem 297. Das GBA darf keine Eintragungen vornehmen, die von der Sperre des § 51 aaO betroffen werden; dazu *Haegele* GBRecht Bem 2089, Beschränkungen Bem 296. Bei solchen Eintragungen muß das GBA den Nachweis der rechtskräftigen Genehmigung seitens der Umlegungsstelle sich vorlegen lassen, wenn es die Eintragung vornehmen will; dazu im allgemeinen *§ 18 Bem 143/144. 145ff., 148ff.* Ein **Rechtsgeschäft** ist **schwebend unwirksam,** bis die erforderliche Genehmigung vorliegt. Ist das GB unrichtig geworden, und zwar wegen Verstoß gegen gesetzliche Vorschriften, so ist nach § 53 ein **Amtswiderspruch** einzutragen (dazu *§ 53 Bem 2ff.*). Auch kann die Umlegungsstelle einen **Widerspruch nach § 899 BGB** herbeiführen; so auch **LG Hildesheim** aaO, *Haase* NJW 1964, 190, *Haegele* GBRecht Bem 2089, Beschränkungen Bem 296, **aA** (zu Unrecht) **OLG Celle** NdsRpfl 1963, 149 = NJW 1963, 1160 = DRsprV (527) 26e.

Die **Umlegung** richtet sich nach **§§ 55ff. BBauG** (*Anh*); diese Vorschriften bedürfen in diesem Zusammenhang keiner Besprechung.

Die Umlegungsstelle stellt durch Beschluß einen **Umlegungsplan** auf, **§ 66 BBauG** (*Anh*). Er besteht aus der Umlegungskarte, **§ 67 BBauG** (*Anh*), und dem Umlegungsverzeichnis, **§ 68 BBauG** (*Anh*). Aus dem Umlegungsplan muß der in Aussicht genommene Neuzustand mit allen tatsächlichen und rechtlichen Änderungen hervorgehen, welche bei den im Umlegungsgebiet gelegenen Grsten eintreten (dazu *Heitzer-Oestreicher* BBauG § 66 Bem 2); der Umlegungsplan muß nach Form und Inhalt zur Übernahme in das Liegenschaftskataster (dazu *§ 2 Bem 85ff.*) geeignet sein. Während die Umlegungskarte den künftigen Zustand des Umlegungsgebietes ersehen läßt, ergibt sich aus dem Umlegungsverzeichnis die **gesamte Rechtssituation für die betroffenen Grste,** auch soweit sie auf Grund der Regelung außerhalb des Umlegungsgebietes liegen, § 68 aaO. Die einzelnen Grste sind aufzuführen unter genauer Bezeichnung und Angabe, auch bez der Rechte und Belastungen, also auch einschl der in Abt III des GB einzutragenden Rechte; dazu *Heitzer-Oestreicher* BBauG § 68 Bem. Die Eintragungen müssen so sein, daß sie nicht nur dem Liegenschaftsregister entsprechen, sondern auch den Erfordernissen der GBEintragung; dazu auch § 66 Abs 1 aaO. Das Verzeichnis wird für jedes Grst gesondert aufgestellt. Hier ist es dann Sache des GBA, soweit Grste zusammengehören, dies im GB entsprechend einzutragen, da insoweit die gesetzliche Regelung des § 68 Abs 2 aaO von der GBO abweicht. Die §§ 53 und 68 BBauG (*Anh*) decken sich nicht inhaltlich. Das GBA wird daher über die Erfordernisse des § 53 aaO hinaus auf Anfordern der Umlegungsstelle auch den übrigen GBInhalt mitteilen, da nur so das Umlegungsverzeichnis vollständig erstellt werden kann. In dieses Verzeichnis ist auch aufzunehmen, was an sich nicht von § 51 aaO durch die Verfügungs- und Veränderungssperre erfaßt wird, so daß aus § 68 aaO kein Rückschluß auf § 51 aaO und seine Auslegung gezogen werden kann. Der Umlegungsplan tritt nach **§ 71 BBauG** (*Anh*) in Kraft, wenn er iSd Abs 1 aaO unanfechtbar geworden ist. Nach **§ 72 BBauG** (*Anh*) wird mit der Bekanntmachung des Umlegungsplanes der bisherige Rechtszustand durch den in dem Umstellungsplan vorgeschriebenen **neuen Rechtszustand** ersetzt. Die Umlegungsstelle hat den Umlegungsplan zu vollziehen, sobald er unanfechtbar geworden ist. Der rechtswirksam gewordene Umlegungsplan kann nur nach Maßgabe des **§ 73 BBauG** (*Anh*) geändert werden. Auch die Ersatzgrste sollen aus dem Umlegungsverzeichnis ersichtlich sein; dazu *Haegele* GBRecht Bem 2091, 2092, Beschränkungen Bem 298, 299, auch bez der Belastungen von solchen Grsten.

Die Umlegungsstelle ersucht nunmehr um die **Berichtigung der öffentlichen Bücher**, § 74 BBauG (*Anh*). Es werden an das **GBA** bzw die GBÄmter **Eintragungsersuchen** gerichtet, § 38 GBO (dazu *§ 38 Bem 2ff.*), damit die Rechtsänderungen eingetragen werden auch bez Grste, die außerhalb des Umlegungsgebiets gelegen sind, wenn sie zugeteilt wurden. Übersandt werden dazu in der erforderlichen Zahl beglaubigte Abschriften aus dem Umlegungsplan, der Umlegungskarte und dem Umlegungsverzeichnis sowie der Bekanntmachung nach § 71 BBauG (*Anh*). Das Ersuchen hat sich auch auf die **Löschung des Umstellungsvermerks**, der gemäß § 54 Abs 1 aaO eingetragen wurde, zu erstrecken, da dieser Vermerk nicht von Amts wegen zu löschen ist. Bei Unklarheiten hat das GBA eine Zwischenverfügung nach § 18 GBO zu erlassen (dazu *§ 18 Bem 2ff.*). Bis zur Berichtigung des Liegenschaftskatasters dienen die Umlegungskarte und das Umlegungsverzeichnis iSd § 2 Abs 2 GBO (dazu *§ 2 Bem 51ff.*) als Verzeichnis der Grste, jedoch nur, wenn die für die Führung des Liegenschaftskatasters zuständige Stelle, die von der Umlegungsstelle auch zur Berichtigung des Katasters ersucht wird, auf diesen Urkunden bescheinigt hat, daß sie nach Form und Inhalt zur Übernahme in das Liegenschaftskataster geeignet sind. Soweit die Eintragungen des Ersuchens der Umlegungsstelle auf Mitteilungen des GBA beruhen, wird das GBA gut tun, bei der Eintragung auf Grund des Ersuchens zu prüfen, inwieweit diese Eintragungen mit den früher mitgeteilten übereinstimmen und weshalb sie abweichen. Wenn auch die Umlegungsstelle die Verantwortung für den Inhalt des Ersuchens hat, so hat dcoh das GBA die Verantwortung für die früher erfolgten Mitteilungen und für die Unrichtigkeiten, die nunmehr im Umlegungsplan hierauf beruhen. Um Haftungen auszuschließen, können daher auch Unstimmigkeiten, die sich hier ergeben, Anlaß zu Rückfragen und zu einer Zwischenverfügung sein. Von allen in dem GB erfolgten Eintragungen sind nach § 55 GBO Mitteilungen zu machen; dazu *§ 55 Bem 2ff.*

Bis zur Berichtigung des GB ist die **Einsicht in den Umlegungsplan** jedem gestattet, der ein berechtigtes Interesse darlegt, **§ 75 BBauG** (*Anh*). Erst nach der GB-Eintragung wird § 12 GBO für die Einsicht maßgebend; dazu *Heitzer-Oestreicher* BBauG § 75 Bem. In dem Zwischenstadium besteht also kein Recht auf Einsicht in die zum GBA eingereichten Unterlagen, die die Umstellungsstelle dem GBA übersandt hat. Es ist auch nicht zweckmäßig, trotzdem solche Einsicht beim GBA zu gewähren, weil bei Unrichtigkeiten uU eine Amtshaftung mit in Frage kommen kann, während sonst eine etwaige Amtshaftung nur auf einer Amtspflichtverletzung der Umstellungsstelle beruhen kann, soweit nicht der vorerwähnte Fall der Unrichtigkeiten auf Grund irrtümlich falscher Mitteilungen des GBA in Frage steht. Für die Einsicht in das Umlegungsverzeichnis nach § 69 Abs 2 BBauG gelten die Grundsätze des § 12 GBO (dazu *§ 12 Bem 4ff.*) entsprechend (dazu *Schütz:Frohberg* BBauG § 69 Bem 1); daher ist ein berechtigtes Interesse an der Einsichtnahme in offengelegte Verteilungsverzeichnisse grundsätzlich bei Umlegungsbeteiligten und solchen Personen zu bejahen, die von den Umlegungsmaßnahmen betroffen werden; dazu **OVG Münster** DNotZ 1961, 649 = DRspr V (527) 27e, wonach das Interesse zu verneinen ist, wenn es den darum ersuchenden Personen in erster Linie darum geht, festzustellen, welche GrstPreise in dem Umlegungsverfahren festgesetzt worden sind und ob die Festsetzung der GrstPreise einheitlich gehandhabt wird.

**Vorwegnahme der Entscheidung** ist nach **§ 76 BBauG** (*Anh*) in gewissem Umfange zulässig, wenn die betroffenen Rechtsinhaber einverstanden sind. Dies bezieht sich auch auf §§ 74, 75 aaO, also auf die GBEintragungen und die Einsichtnahme in die Entscheidung der Umlegungsstelle; dazu *Heitzer-Oestreicher* BBauG § 76 Bem.

Die **Besitzeinweisung** hat nach § 72 Abs 2 BBauG (*Anh*) zu erfolgen. Vorzeitige Besitzeinweisung ist nach **§ 77 BBauG** (*Anh*) möglich.

Bez **Kosten** ist in **§ 78 BBauG** (*Anh*) geregelt, daß die Gemeinde die Verfahrenskosten und die nicht durch Beiträge nach § 64 Abs 3 aaO gedeckten Sachkosten zu tragen hat. Verfahrenskosten sind die Personal- und Raumkosten einschl der sonstigen Aufwandskosten, der Kosten von Zustellungen, Bekanntmachungen usw, während zu den Sachkosten die Abfindungen, die Entschädigungen und der Wertausgleich gehören; dazu *Heitzer-Oestreicher* BBauG § 78 Bem. **§ 79 BBauG** (*Anh*) ordnet an, daß Geschäfte und Verhandlungen, die der Durchführung oder Vermeidung der Umlegung dienen, einschl der Berichtigung der öffentlichen Bücher, zu denen auch das GB gehört, frei von Gebühren, Auslagen und sonstigen Abgaben sind. Nicht betroffen werden Kosten eines Rechtsstreits, ferner Regelungen bez Gebühren usw nach LRecht sowie Steuern mit örtlich bedingtem Wirkungskreis. Zum Nachweis genügt eine Versicherung der Umlegungsstelle über die Abgabenfreiheit; denn diese Bescheinigung ist von den Behörden ohne Nachprüfung anzuerkennen. Ist eine solche Bestätigung unrichtig, so liegt eine Amtspflichtverletzung der Umlegungsstelle vor, nicht der Stelle, der sie in Vorlage gebracht wurde. So hat das GBA, wenn eine solche Versicherung bzw Bestätigung vorgelegt wird, keine Nachprüfung vorzunehmen; bei offensichtlich erkennbarem Versehen, etwa Verwechslung von Grsten oder ohne weiteres sichtbare Rechenfehlern, wird trotzdem eine Rückfrage zweckmäßig sein. Zum Streitwert im Umlegungsverfahren **OLG München** NJW 1967, 1966, insbes auch dazu, daß er für jeden der Beteiligten gesondert festzusetzen ist.

**Grenzregelung** nach **§§ 80ff. BBauG** (*Anh*)

Die **zivilrechtliche Grenzregelung**, die nachbarrechtlichen Charakter hat (dazu *§ 13 Vorbem 20, § 117 Bem 110*), ist in §§ 919 bis 924 BGB geregelt. Die Vorschriften beziehen sich auf

die Abmarkung, nämlich die Grenzfestlegung zwischen Nachbarn, § 919 BGB,
die Grenzfeststellungsklage im Falle einer Grenzverwirrung, § 920 BGB; dazu *Bem 20*,
die gemeinsam benutzten Grenzeinrichtungen, §§ 921, 922 BGB,
Bäume auf der Grenze, § 923 BGB,
Verjährung, § 924 BGB,
ergänzend Landesrecht;

dazu bez Einzelheiten Kommentare zum BGB, insbes *BGB-RGRK*, *Palandt*, *Staudinger*, ferner *Hodes* Nachbarrecht §§ 1ff., Hessisches Nachbarrecht §§ 1ff., *Ring* Nachbarrecht in Bayern §§ 1ff.

Daneben besteht die **öffentlich-rechtliche Grenzregelung** nach BBauG (*Anh*). Sie dient der Herbeiführung einer ordnungsmäßigen Bebauung oder der Beseitigung baurechtswidriger Zustände **im Geltungsbereich eines Bebauungsplans** (dazu *Bem 83a*) oder **innerhalb der im Zusammenhang bebauten Ortsteile** (dazu *Bem 83c*), **§ 80 BBauG** (*Anh*). Die Grenzregelung besteht darin, daß Grste gegeneinander ausgetauscht oder einseitig zugeteilt werden, wenn dies im öffentlichen Interesse geboten ist und der Wert der Grste nur unerheblich geändert wird, wobei dadurch betroffene Dienstbarkeiten neu geordnet werden können. Auch darf es sich um nicht selbständig bebaubare Grstteile handeln. Grstgleiche Rechte stehen Grsten gleich; dazu *Bem 83*. Die Aufgaben der Gemeinde können nach Maßgabe des § 147 Abs 1 BBauG (*Anh*) durch LRecht einer anderen Stelle übertragen werden. Die Grenzregelung anstelle Umlegung ist bei grundsätzlicher Neuordnung des Bodens unzulässig, **OLG Köln** NJW 1966, 506 = DRspr V (527) 56b.

Das **Verfahren** ist gegenüber der Umlegung vereinfacht. Insbes entfällt ein Einleitungsbeschluß iSd § 47 BBauG (*Anh*), ebenso eine Verfügungs- und Veränderungssperre, wie sie § 51 aaO für das Umlegungsverfahren vorsieht.

Die Grenzregelung erfolgt durch Beschluß, **§ 82 BBauG** (*Anh*). Wertausgleich und Ausgleich von Schäden sind nur im Rahmen des **§ 81 BBauG** (*Anh*) vorzunehmen; dazu auch *Jansen* Grenzregelung eine Enteignung? BlGBW 1967, 31. Die **Bekanntmachung** des Beschlusses über die Grenzregelung und die **Rechtswirkungen** der Neufestsetzung in **§ 83 BBauG** (*Anh*) entsprechen den § 71 Abs 1 S 1 und § 72 Abs 1 BBauG (*Anh*); dazu *Bem 83e* bei Umlegung.

Die Gemeinde bzw die sonst zuständige Stelle hat nach **§ 84 BBauG** (*Anh*) nach dessen Abs 1 aaO die **Berichtigung der öffentlichen Bücher**, insbes des GB und des Liegenschaftskatasters, zu veranlassen; die Regelung entspricht der des § 74 BBauG (*Anh*) und es wird auf die Ausführungen hierzu in *Beß 83e* verwiesen.

Für die **Kosten** der Grenzregelung gelten nach § 84 Abs 2 BBauG (*Anh*) die §§ 78, 79 aaO entsprechend; dazu *Bem 83e* bei Umlegung.

**83f** 3. **Enteignung**

Die sich auf den Bau von Städten und Siedlungen beziehenden Vorschriften über Enteignung sind nunmehr in §§ 85ff. BBauG (*Anh*) — Teil V des BBauG — zusammengefaßt. Dieses neue Recht ist dem durch § 186 Abs 1 Z 20 aaO aufgehobenen Baulandbeschaffungsgesetz vom 3. August 1953 BGBl I 720 = SaBl 985 weitgehend nachgebildet, zugleich ersetzt es aber die nach den früheren Aufbaugesetzen zulässigen Enteignungen; zum früheren Recht 5. Aufl dieses Kommentars E 197ff., insbes 199ff.

Da für das GBRecht vor allem die Tätigkeit des GBA interessiert, wird lediglich eine kurze Übersicht über die Regelung der Enteignung gegeben, in deren Rahmen sich die gbamtlichen Aufgaben einfügen.

**Zulässigkeit der Enteignung** nach **§§ 85ff. BBauG** (*Anh*)

**§ 85 BBauG** (*Anh*) bestimmt den Zweck der Enteignung. Enteignung nach anderen gesetzlichen Vorschriften bleibt unberührt.

Der Gegenstand der Enteignung ergibt sich aus **§ 86 BBauG** (*Anh*). Grstgleiche Rechte stehen den Grsten gleich; dazu *Bem 83*.

In Ergänzung zu § 85 BBauG (*Anh*) wird in §§ 87ff. aaO Näheres über die Voraussetzungen für die verschiedenen Enteignungszwecke bestimmt.

**§ 87 BBauG** (*Anh*) legt die Voraussetzungen für die Zulässigkeit der Enteignung im Anschluß an Art 14 Abs 3 GG fest, insbes auch zu § 85 Abs 1 Z 1, 2 aaO. Allgemeine Voraussetzung zur Enteignung ist, daß das Wohl der Allgemeinheit die Enteignung erfordert und der Enteignungszweck nicht auf andere zumutbare Weise erreicht werden kann. Auch im Enteignungsverfahren nach § 87 aaO sind die in einem rechtswirksamen Bebauungsplan (dazu *Bem 83a*) erfolgten einzelnen Festsetzungen als bindend hinzunehmen; es ist jedoch zu prüfen, ob das Wohl der Allgemeinheit es erfordert, die Festsetzungen des Bebauungsplans für ein bestimmtes Grst dadurch nunmehr zu verwirklichen, daß dem Eigentümer das Eigentum an diesen Grst ganz oder teilweise entzogen wird, **BGH** NJW 1967, 103 = MDR 1967, 31 = BB 1966, 1288 = DVBl 1967, 376 = LM § 87 BBauG Nr 2 = DRspr V (527) 65a. Bei Enteignung aus zwingenden städtebaulichen Gründen bestehen nach **§ 88 BBauG** (*Anh*) Erleichterungen für die Voraussetzungen. Die in **§ 89 BBauG** (*Anh*) vorgesehene Veräußerungspflicht der Gemeinde soll der Beschleunigung dienen. Zu § 87 Abs 2 Z 2 aaO **BGH** NJW 1966, 2012 = MDR 1966, 915 = BB 1966, 919 = LM § 87 BBauG Nr 1.

Die Enteignung von Ersatzland ist wegen § 100 BBauG (*Anh*) wichtig, daher sind in **§ 90 BBauG** §*Anh*) die Voraussetzungen festgelegt. **§ 91 BBauG** (*Anh*) ergänzt dies für den Fall, daß durch Enteignung Ersatz für entzogene Rechte, die nach § 101 BBauG (*Anh*) zu gewähren ist, beschafft wird.

Umfang, Beschränkung und Ausdehnung der Enteignung ergeben sich aus **§ 92 BBauG** (*Anh*).

**Entschädigung** nach **§§ 93ff. BBauG** (*Anh*).

Die Entschädigungsgrundsätze sind in **§ 93 BBauG** (*Anh*) geregelt, während die **§§ 94ff. BBauG** (*Anh*) weitere Einzelheiten bestimmen. Dazu zu §§ 95ff. BBauG (*Anh*) **BGH** BGHZ 43, 300 = NJW 1965, 1480, 2180 (*Dittus*) = MDR 1965, 558 = BB 1965, 566 = DWW 1965, 265 = LM § 95 BBauG Nr 1, NJW 1966, 497 = MDR 1966, 233 = BB 1966, 57 = LM Art 14 (Ea) GrundG Nr 44, § 95 BBauG Nr 2 Ls.

**Enteignungsverfahren** nach **§§ 104ff. BBauG** (*Anh*)

**Enteignungsbehörde** ist die höhere Verwaltungsbehörde, **§ 104 BBauG** (*Anh*), an deren Stelle rechtlich eine andere Behörde treten kann, § 147 Abs 2 BBauG (*Anh*).

Der **Enteignungsantrag** bedarf keiner Form, doch wird er regelmäßig, schon wegen seiner Bedeutung, schriftlich abzufassen sein; dazu *Heitzer-Oestreicher* BBauG § 105 Bem 1 (c). Einreichung erfolgt bei der Gemeinde, **§ 105 BBauG** (*Anh*). Bei Enteignung für industrielle Zwecke ist die Zustimmung der Obersten Landesbehörde notwendig, andernfalls ist der Antrag auf Enteignung abzulehnen, **§ 106 BBauG** (*Anh*).

Der Kreis der **Beteiligten** ist in **§ 107 BBauG** (*Anh*) umgrenzt.

**Einleitung** des Enteignungsverfahrens erfolgt durch Anberaumung eines Termins zur mündlichen Verhandlung, **§ 109 BBauG** (*Anh*) mit **§ 108 BBauG** (*Anh*), der der Vorbereitung dient. Da die Bekanntmachung unter Angabe der betroffenen Grste und deren Eigentümer vorgenommen wird, § 109 Abs 4 aaO, wird das **Grundbuchamt** regelmäßig zuvor um die entsprechende Auskunft ersucht werden, die im Wege der Amtshilfe zu gewähren ist (dazu *§ 1 Bem 9*). Für die weitere Tätigkeit des GBA und der Enteignungsbehörde, auch bei ZwVerst- und ZwVerwVerfahren, gilt § 109 Abs 5, 6 aaO, der dem für die Umlegung geltenden § 54 aaO entspricht; es wird hierzu auf *Bem 83e* verwiesen. Die gesetzliche Regelung weist hier, weil der Text derselbe ist, dieselben Mängel auf wie dort und daher sollte man auch hier bei Gelegenheit oder bei Reform des BBauG Klarheit schaffen.

Wenn Beteiligte sich gütlich einigen, so können nach **§§ 110, 111 BBauG** (*Anh*) die Einigungserklärungen von der Enteignungsbehörde protokolliert werden; auch *Bem 83i* sowie *Heitzer-Oestreicher* BBauG § 110 Bem 2, § 111 Bem 2. Solche Erklärungen erfüllen die Voraussetzungen des § 925 BGB; dazu *Bem 43*.

Es wird, soweit keine Einigung zustandekommt, durch **Beschluß** über den Enteignungsantrag entschieden, **§ 112 BBauG** (*Anh*). Bei Stattgabe handelt es sich um einen **Enteignungsbeschluß**; dazu **§ 113 BBauG** (*Anh*). Da im Enteignungsbeschluß eine Frist bestimmt wird, innerhalb deren das Grst zu dem im Beschluß genannten Enteignungszweck zu verwenden ist, § 113 Abs 1 Z 3 aaO, regeln **§§ 114, 115 BBauG** (*Anh*) den Lauf und die Verlängerung der Verwendungsfrist.

Ist der Enteignungsbeschluß nicht mehr anfechtbar, so ordnet die Enteignungsbehörde auf Antrag eines Beteiligten seine Ausführung durch eine **Ausführungsanordnung** an, **§ 117 BBauG** (*Anh*). Besitzeinweisung erfolgt nach § 117 Abs 4 aaO, vorzeitige nach **§ 116 BBauG** (*Anh*). Geldentschädigungen sind nach **§ 118 BBauG** (*Anh*) zu hinterlegen, wenn mehrere Personen Anspruch darauf erheben; die Hinterlegung erfolgt bei dem Amtsgericht, in dessen Bezirk das von der Enteignung betroffene Grst liegt, wobei § 2 ZVG sinngemäß anzuwenden ist. Wenn nämlich ein Grst in den Bezirken verschiedener AGe belegen ist oder wenn es mit Rücksicht auf die Grenzen der Bezirke ungewiß ist, welches Gericht zuständig ist, bzw bei mehreren Grsten, wenn diese in den Bezirken verschiedener AGe liegen, nimmt das höhere Gericht die Bestimmung des Gerichts vor. Das AG, bei dem die Hinterlegung erfolgt, ist auch für das Verteilungsverfahren zuständig, **§ 119 BBauG** (*Anh*). Das **Verteilungsverfahren** richtet sich nach den Vorschriften des ZVG, insbes nach dessen §§ 10, 13, 19, 105ff. aaO, bzw nach dem hierzu ergänzend ergangenen Landesrecht; dazu Kommentierungen zum ZVG, insbes *Steiner-Riedel* und *Zeller*. Dieses Verteilungsverfahren hat daher der Rechtspfleger durchzuführen, § 20 Abs 1 Z 6 RpflG (*Anh*). Das **Grundbuchamt** wird im Verteilungsverfahren nach § 119 Abs 3 Z 3 BBauG (*Anh*) insofern tätig, als das Verteilungsgericht bei Eröffnung des Verfahrens das GBA vom Amts wegen um die in § 19 Abs 2 ZVG bezeichneten Mitteilungen ersucht. In die beglaubigte Abschrift des GBBlattes sind die zZ der Zustellung des Enteignungsbeschlusses an den Enteigneten vorhandenen Eintragungen sowie die später eingetragenen Veränderungen und Löschungen aufzunehmen. Nach § 19 Abs 2 ZVG hat das GBA eine beglaubigte Abschrift des GBBlatts und der Urkunden, auf die im GB Bezug genommen wird, zu erteilen, die bei ihm bestellten Zustellungsbevollmächtigten zu bezeichnen und Nachricht zu geben, was ihm über Wohnort und Wohnung der eingetragenen Beteiligten und deren Vertreter bekannt ist. Anstatt der Erteilung einer beglaubigten Abschrift der Urkunden genügt die Beifügung der Grundakten oder der Urkunden. Dazu zur Tätigkeit des GBA im einzelnen *Steiner-Riedel* ZVG § 19 Bem 3, *Zeller* ZVG § 19 Bem 12.

Zur Ausführung des Enteignungsbeschlusses und der ergangenen Ausführungsanordnung ergeht von der Enteignungsbehörde ein **Ersuchen an das Grundbuchamt** bzw die GBÄmter auf Eintragung der Rechtsänderungen im GB, **§ 117 Abs 5 BBauG** (*Anh*). Beizufügen sind je eine beglaubigte Abschrift des Enteignungsbeschlusses und der Ausführungsanordnung. Es handelt sich um ein Ersuchen iSd § 38 GBO (dazu *§ 38 Bem 2ff.*). Als Grundlage der Eintragung einer Eigentumsänderung auf Grund einer Enteignung nach dem BBauG ist im GB die Ausführungsanordnung der Enteignungsbehörde anzugeben, die Erwähnung des Enteignungsbeschlusses ist daneben zur Verdeutlichung angebracht; dazu **KG** Rpfleger 1967, 115 (*Haegele*). Der Eintragungsvermerk (dazu *§ 3 Bem 211*) in Abt II des GB kann etwa lauten (dazu *Haegele* aaO):

*Eigentumsübergang am ..... auf Grund Ausführungsanordnung nach § 117 BBauG der* ..... (Bezeichnung der Behörde) *vom* .....

Ist im GB die Anordnung der ZwVerst oder ZwVerw eingetragen, so gibt die Enteignungsbehörde dem VollstrGer von dem Enteignungsbeschluß Kenntnis, wenn dem Enteignungsantrag stattgegeben worden ist, **§ 113 Abs 3 BBauG** (*Anh*). Diese Verständigung obliegt also nicht dem GBA. Von den erfolgten Eintragungen ist Verständigung nach Maßgabe des § 55 vorzunehmen; dazu *§ 55 Bem 2ff.* Bez Einsicht in das GB bzw die Ausführungsanordnung fehlt hier eine dem § 75 BBauG (*Anh*) entsprechende Regelung, obwohl dies zweckmäßig wäre; man sollte dies bei Gelegenheit oder bei einer Reform des BBauG nachholen. Im übrigen wird bez der Tätigkeit des GBA, die den bei Umlegung in Frage kommenden Aufgaben ähnlich ist, verwiesen; dazu *Bem 83e.* Bei den GBEintragungen handelt es sich um GBBerichtigung, also um Eintragungen ohne konstitutive Wirkung; dazu *Heitzer-Oestreicher* BBauG § 117 Bem 4. Im übrigen auch *Bem 18, § 3 Bem 201, § 38 Bem 76.*

**Aufhebung des Enteignungsbeschlusses** erfolgt nach Maßgabe des **§ 120 BBauG** (*Anh*). Zweck dieser Vorschrift ist der Schutz des Eigentümers des enteigneten Grst für den Fall, daß der Enteignungsbegünstigte die ihm obliegende Entschädigungsleistungen nicht erbringt; dazu *Heitzer-Oestreicher* BBauG § 120 Bem a. Zulässig ist die Aufhebung des Enteignungsbeschlusses nur bis zu dem Zeitpunkt, zu dem die Ausführungsanordnung ergangen ist; dazu *Heitzer-Oestreicher* aaO Bem a (aa). Nach § 117 Abs 1 aaO kann nämlich die Ausführungsanordnung erst erlassen werden, wenn der durch die Enteignung Begünstigte die Geldentschädigung gezahlt oder zulässigerweise unter Verzicht auf das Recht der Rücknahme hinterlegt hat. Es ergeht ein **Aufhebungsbeschluß**, der dem **Grundbuchamt** abschriftlich mitzuteilen ist. Da im GB der Enteignungsvermerk auf Ersuchen der Enteignungsbehörde eingetragen worden ist, ist auch die **Löschung** desselben auf Ersuchen vorzunehmen, wenn auch der Gesetzestext in § 120 Abs 2 S 2 aaO dies nicht ausspricht. Auch diese Unklarheit sollte bei Gelegenheit oder bei Reform des BBauG beseitigt werden.

**Rückenteignung** bedeutet, daß der enteignete frühere Eigentümer eines Grst verlangen kann, daß dasselbe zu seinen Gunsten wieder enteignet wird; dasselbe gilt auch für den früheren Inhaber eines Rechts, das durch Enteignung aufgehoben ist, **§§ 102, 103 BBauG** (*Anh*). Die Voraussetzungen ergeben sich aus § 102 aaO; dazu *Heitzer-Oestreicher* BBauG § 102 Bem 1, 3. Für das Verfahren gelten dieselben Vorschriften wie im Enteignungsverfahren, §§ 104ff. BBauG (*Anh*), da § 102 Abs 6 aaO hierauf Bezug nimmt. Für die Tätigkeit des **Grundbuchamts** ist daher auf die Ausführungen zur Enteignung zu verweisen. Zum Übergangsrecht § 179 BBauG.

Die **Kosten des Verfahrens** hat der Antragsteller zu tragen bzw bei Rückenteignung der von der Rückenteignung Betroffene, **§ 121 BBauG** (*Anh*). Maßgebend sind landesrechtliche Vorschriften, auf die § 121 Abs 2 aaO verweist; von den Grundsätzen des § 121 Abs 1 aaO kann hierbei nicht abgewichen werden, **SchlHOLG** SchlHA

1965, 115. Zu den Kosten des Verfahrens vor den Enteignungsbehörden gehören auch diejenigen, die einem von der Enteignung Betroffenen durch anwaltschaftliche Vertretung im behördlichen Enteignungsverfahren notwendig entstehen, **SchlHOLG** aaO. Erledigt sich das behördliche Enteignungsverfahren durch Vergleich oder eine Einigung (nach §§ 110, 111 aaO), so hat auch in diesem Falle der Antragsteller die Kosten des Verfahrens zu tragen, § 121 Abs 1 BBauG (*Anh*), während § 98 ZPO oder § 160 VwGO nicht entsprechend anzuwenden ist, **SchlHOLG** aaO.

Die ZwV kann nach **§ 122 BBauG** (*Anh*) auf Grund **vollstreckbarer Titel** des Enteignungsverfahrens, nämlich gemäß §§ 110, 111 mit § 113 Abs 2, ferner nach § 100 Abs 4 S 2, § 101 Abs 1 S 2, § 113 Abs 2 Z 8 und nach § 116 BBauG (*Anh*) betrieben werden; dazu *Heitzer-Oestreicher* BBauG § 122 Bem 2. Über die Erteilung vollstreckbarer Ausfertigungen trifft § 122 Abs 2 aaO eine Regelung; zuständig ist der UrkBdGeschSt des AG im Bezirk der Enteignungsbehörde bzw des Gerichts, bei dem das Verfahren anhängig ist. Die ZwV kann nach §§ 803ff. ZPO betrieben werden, also nach §§ 866ff. aaO auch in ein Grst durch Eintragung einer Sicherungshypothek für die Forderung, ZwVerst oder ZwVerw. Eine Sicherungshypothek wird nach § 867 ZPO in das GB eingetragen, ZwVerst und ZwVerw werden nach dem ZVG durchgeführt. Das **Grundbuchamt** wird im Rahmen dieser Vollstreckungsverfahren tätig. Besonderheiten gelten nicht; dazu vgl *Sachregister* (Sicherungshypothek, Zwangshypothek, Zwangsversteigerung, Zwangsverwaltung), ferner *Steiner-Riedel* ZVG.

**83 g**

### 4. Erschließung

Erschließung bedeutet die Bereitstellung der hierfür erforderlichen Flächen sowie die baulichen Maßnahmen, die die bauliche Nutzung des Baulandes durch Herstellung der für die Allgemeinheit bestimmten örtlichen Verkehrs- und Grünanlagen, der öffentlichen Wasserversorgungsanlagen, Anlagen für Beseitigung oder Verwertung von Abwasser und festen Anlagen zur Versorgung mit Elektrizität, Gas und Wärme, §§ 123ff., 127 Abs 2 BBauG (*Anh*); dazu *Heitzer-Oestreicher* BBauG § 123 Vorbem I 1, § 127 Bem 2. War früher das Recht der Erschließung ganz den Ländern überlassen, so ist nunmehr durch §§ 123ff. BBauG (*Anh*) — Teil VI des BBauG — eine einheitliche Regelung erfolgt; eine Übergangsvorschrift enthalten § 133 Abs 4 und § 180 BBauG (*Anh*), während der Neuregelung entgegenstehendes LRecht durch § 186 aaO aufgehoben wurde. Die Verfassungsmäßigkeit der Vorschriften über die Erschließung ist zu bejahen; dazu *Heitzer-Oestreicher* BBauG § 123 Vorbem II.

Für den Anwendungsbereich stehen grstgleiche Rechte den Grsten gleich; dazu *Bem 83*.

Eingehende LitHinweise hierzu befinden sich bei *Heitzer-Oestreicher* BBauG § 123 Vorbem V.

#### Allgemeine Vorschriften nach §§ 123ff. BBauG (*Anh*)

**§ 123 BBauG** (*Anh*) regelt die **Erschließungslast**. Die Erschließung ist Aufgabe der Gemeinde, die nach § 147 Abs 1 aaO lrechtlich einer anderen Stelle übertragen werden kann. Die Erschließung kann auch nach anderen gesetzlichen Vorschriften oder öffentlich-rechtlichen Verpflichtungen einem anderen obliegen; dazu *Heitzer-Oestreicher* BBauG § 123 Bem 2. Örtliche Observanz ist durch das BBauG nicht außer Kraft gesetzt worden, **VG Minden** ZMR 1962, 56. Soweit die Gemeinde bzw die sonst lrechtlich zuständige Stelle die Erschließungslast überträgt, § 123 Abs 1, 3 BBauG (*Anh*), handelt es sich um einen öffentlich-rechtlichen Vertrag mit einem Dritten; dazu *Heitzer-Oestreicher* aaO Bem 2 (b). Ein Rechtsanspruch auf Erschließung besteht nicht, § 123 Abs 3 aaO, es kann nur eine Anregung gegeben werden; dazu *Heitzer-Oestreicher* aaO Bem 3.

Die Unterhaltung der Erschließungsanlagen richtet sich nach LRecht, § 123 Abs 5 aaO.

Zum Inhalt der Erschließung wird durch **§§ 124, 125 BBauG** (*Anh*) näher festgelegt. Es besteht eine Bindung an den Bebauungsplan (dazu *Bem 83a*). Richtlinien wurden von dem BMWo bisher nicht erlassen. Die Pflichten der GrstEigentümer sind in **§ 126 BBauG** (*Anh*) teilweise vom BRecht festgelegt.

**Erschließungsbeitrag** nach **§§ 127ff. BBauG** (*Anh*)

Was nunmehr der Erschließungsbeitrag ist, wurde früher überwiegend als Anliegerbeitrag bezeichnet; zum früheren Recht *Steiner-Riedel* (7. Aufl) ZVG § 10 Bem 8 (a/bb). Da der frühere Rechtszustand unbefriedigend war, wie allgemein anerkannt war, kam das neue Recht in §§ 127ff. BBauG (*Anh*), der in mehrfacher Hinsicht Neuerungen brachte; dazu *Heitzer-Oestreicher* BBauG § 127 Vorbem.

Die **Rechtspflicht** für die Erhebung des Erschließungsbeitrags ergibt sich aus **§ 127 BBauG** (*Anh*). Für die Beitragspflicht wird der Begriff der Erschließungsanlagen eingeengt, § 127 Abs 2 BBauG (*Anh*); dazu *Heitzer-Oestreicher* BBauG § 127 Bem 1, 2. Der **Umfang des Erschließungsaufwands** und die Verteilung sind in **§§ 128ff. BBauG** (*Anh*) näher festgelegt.

**Gegenstand und Entstehung** der Beitragspflicht sind in **§ 133 BBauG** (*Anh*) geregelt. Der Beitragspflicht unterliegen **Grste im Bereich des Bebauungsplans** (dazu *Bem 83a*), für die eine **bauliche oder gewerbliche Nutzung** festgesetzt ist, sobald sie bebaut oder gewerblich genutzt werden dürfen, § 133 Abs 1 S 1 aaO; dazu *Heitzer-Oestreicher* BBauG § 133 Bem 2, zum Übergangsrecht **OVG Lüneburg** DVBl 1963, 220, ZMR 1963, 247 = SchlHA 1963, 173 = DRspr V (527) 29a, **OVG Münster** ZMR 1962, 282, DVBl 1963, 639 = BB 1963, 1083 = DÖV 1963, 844 = BB 1963, 1038 = ZMR 1963, 283 = DRspr aaO 30a über Entfallen der Beitragspflicht. Beitragspflicht besteht nach § 133 Abs 1 S 2, 3 aaO auch für **erschlossene Grste**, für die eine bauliche oder gewerbliche Nutzung nicht festgesetzt ist, wenn sie nach der Verkehrsauffassung Bauland sind und nach der geordneten baulichen Entwicklung der Gemeinde zur Bebauung anstehen, wobei die Gemeinde diese Grste bekannt machen muß, ohne daß dies rechtsbegründende Bedeutung hätte; dazu *Heitzer-Oestreicher* aaO. Der Zeitpunkt der Entstehung der Beitragspflicht ist nach § 133 Abs 2 aaO die endgültige Herstellung der Erschließungsanlagen bzw für Teilbeträge bez der der entsprechenden Teilmaßnahmen, bei Übernahme durch die Gemeinde bei Übernahme von Anlagen als gemeindliche Erschließungsanlage; dazu *Heitzer-Oestreicher* aaO Bem 3, auch BVerwG NJW 1967, 1100 Ls. Vorausleistungen auf den Erschließungsbeitrag sind im Rahmen des § 133 Abs 3 aaO zulässig; dazu **BayVGH** BayVGHE 17, 129 = DRspr V (527) 49c, NJW 1966, 219 = DRspr aaO 57cd, **OVG Lüneburg** DVBl 1965, 130 = DRspr aaO 49ab, **OVG RhPf** rhpfOVGE 9, 310 = DRspr aaO 57b, bez gewerblich nutzbarer Grste **BVerwG** NJW 1967, 1100. Für Ansprüche auf Rückübertragung eines Grsts, das zum Straßenbau übertragen wurde, nach Abstandnahme vom Straßenbau ist der ordentliche Rechtsweg gegeben, **BayObLG** NJW 1967, 1664 (für Bayern).

**Beitragspflichtiger** ist nach **§ 134 BBauG** (*Anh*) nach dessen Abs 1 aaO derjenige, der im Zeitpunkt der Zustellung des Beitragsbescheides Eigentümer des Grst ist, bei Erbbaurecht der Erbbauberechtigtes dazu *Heitzer-Oestreicher* BBauG § 134 Bem a. Mehrere Beitragspflichtige haften als Gesamtschuldner, §§ 421ff. BGB. Der Beitrag ruht, wie für das **Grundbuchamt** von Bedeutung ist, als **öffentliche Last** auf dem Grst bzw Erbbaurecht, § 134 Abs 2 aaO; dazu *Heitzer-Oestreicher* aaO Bem b. Es sind daher § 54 GBO (dazu *§ 54 Bem 2ff.*) und § 10 Abs 1 Z 3 ZVG (dazu *Steiner-Riedel* ZVG § 10 Bem 8, *Zeller* ZVG § 10 Bem 37) anzuwenden. **Eintragung in das GB** erfolgt **nicht**, da sie gesetzlich nicht vorgesehen ist; dazu *§ 54 Bem 26ff.* Bei dem Verkauf eines

Grst ist § 436 BGB zu beachten, zweckmäßigerweise wird im Kaufvertrag eine Regelung über den Zeitpunkt des Übergangs der Last getroffen; dazu *Heitzer-Oestreicher* aaO Bem c, *Reiß* Der Erschließungsbeitrag nach dem BBauG und § 436 BGB DNotZ 1962, 307. Die Beitragspflicht trifft nicht den Bauherrn, sondern den Eigentümer des Grst im Zeitpunkt der Heranziehung, **VG Düsseldorf** DWW 1963, 374; Bauherr und Eigentümer können verschiedene Personen sein, auch kann ein Eigentumswechsel inmitte liegen. Zur **Fälligkeit** und **Zahlung** des Beitrags **§ 135 BBauG** (*Anh*), zur Vorausleistung **BVerwG** NJW 1967, 1101.

**83 h** 5. **Ermittlung von Grundstückswerten**

Die Wertermittlung von Grst und grstgleichen Rechten (dazu *Bem 83*) hat im Rahmen des BBauG (*Anh*) große Bedeutung vor allem für den Vollzug der Bauleitplanung (dazu *Bem 83a*); dazu *Heitzer-Oestreicher* BBauG § 136 Vorbem. Die Regelung ist erfolgt in den Vorschriften **§§ 136ff. BBauG** (*Anh*) — Teil VII des BBauG; dazu *Burckhard* Die „Baulandqualität" von Grsten und ihre Behandlung nach dem BBauG BlGBW 1967, 87, 110.

Für das **Grundbuchamt** sind nur 2 Vorschriften von unmittelbarem Interesse:

**§ 140 BBauG** (*Anh*) bez **Auskunfts- und Vorlagepflicht**, nach dessen Abs 2 aaO alle Gerichte und Behörden dem Gutachterausschuß Rechts- und Amtshilfe zu leisten haben, also auch die GBÄmter; dazu *§ 1 Bem 9*, und

**§ 133 BBauG** (*Anh*), nach dessen Abs 1 aaO jeder **Vertrag**, durch den jemand sich verpflichtet, das Eigentum an einem Grst oder grstgleichen Recht gegen Entgelt zu übertragen, von der beurkundenden Stelle in Abschrift dem Gutachterausschuß zu **übersenden** ist; dazu *Heitzer-Oestreicher* BBauG § 143 Bem a. Es geht hier um die Beurkundung des schuldrechtlichen Vertrags, nicht des dinglichen Vertrags, wobei jedoch § 925a BGB die Verbindung zwischen beiden herstellt, da hiernach die Erklärung der Auflassung nach § 925 BGB nur entgegengenommen werden soll, wenn die nach § 313 BGB erforderliche Urkunde über das schuldrechtliche Geschäft vorgelegt oder gleichzeitig errichtet wird. Alle die Stellen, die solche Verträge beurkunden, also vor allem Notare, haben Abschriften zu übersenden; dazu *Bem 3ff.*, *§ 29 Bem 20ff.*, über Amts- und Rechtshilfe *Bem 83i*.

**83 i** 6. **Allgemeine Vorschriften, Verwaltungsverfahren**

In den **§§ 145ff. BBauG** (*Anh*) — Teil VIII des BBauG — sind die Fragen zum Verfahren geregelt, die mit dem BBauG (*Anh*) unmittelbar in Zusammenhang stehen. Nach **§ 152 BBauG** (*Anh*) haben alle Gerichte und Behörden den zuständigen Behörden auf Verlangen **Rechts-** und **Amtshilfe** zu leisten, insbes beglaubigte Abschriften und Abdrucke aus öffentlichen Büchern, Kartenwerken und sonstigen Urkunden zu übersenden. Dies betrifft auch das **Grundbuchamt**; dazu § 1 *Bem 9*. Auch den Gutachter ausschüssen gegenüber ist diese Rechts- und Amtshilfe zu leisten. Es können also die Grundakten oder aus ihnen beglaubigte Abschriften von Kaufverträgen usw angefordert werden; ein solches Ersuchen kann nicht etwa mit der Begründung abgelehnt werden, daß der Gutachter-Ausschuß auch nach § 140 aaO schon anderweitig solche Abschriften haben müsse.

Das **Verfahren vor den Kammern** bzw **Senaten für Baulandsachen** ist in §§ 157ff. BBauG — Teil IX des BBauG — näher gestaltet. Verwaltungsakte, die gerichtlich überprüft werden, können angefochten und es kann dann Antrag auf gerichtliche Entscheidung gestellt werden. Das Gericht kann über die Anträge hinaus auch von Amts wegen Beweise anordnen, § 161 Abs 2 BBauG. Die Beweisaufnahme kann sich auf die GBücher und die Grundakten beziehen; dann hat das **Grundbuchamt** die angeforderten Auskünfte zu erteilen bzw die angeforderten Urkunden vorzulegen.

Bei **Enteignung** (dazu *Bem 83f*) kann eine Einigung iSd §§ 110, 111 BBauG (*Anh*) auch vor Gericht zustande kommen, **§ 171 BBauG.**

Die **Übergangs- und Schlußvorschriften** sind in **§§ 173ff. BBauG** — Teil XI des BBauG — enthalten. Besonders hinzuweisen ist auf

**§ 174 BBauG** Abwicklung eingeleiteter Verfahren — *Bem 83a, b, e, f*

**§ 177 BBauG** Übergangsvorschriften für den Bodenverkehr — *Bem 83b*

**§ 178 BBauG** Übergangsvorschriften für das Vorkaufsrecht der Gemeinden — *Bem 83c*

**§ 179 BBauG** Übergangsvorschriften für die Rückenteignung — *Bem 83f*

**§ 180 BBauG** Überleitung des Erschließungsbeitragsrechtes — *Bem 83g*

**§ 182 BBauG** Fortbestand von Umlegungsausschüssen — *Bem 83e*

**§ 185 BBauG** Aufhebung der Preisvorschriften für den Verkehr mit Grsten; dazu auch **§ 184 BBauG**

**§ 186 BBauG** Aufhebung sonstiger Vorschriften, wobei eine Aufzählung in 67 Nummern erfolgt; hervorzuheben sind die Aufhebung
des Wohnsiedlungsgesetzes,
des Baulandbeschaffungsgesetzes,
der Aufbaugesetze der Länder

**§ 187 BBauG** enthält die sog **Berlin**-Klausel

**§ 188 BBauG** betrifft eine Sonderregelung für einzelne Länder und das Gebiet des Siedlungsverbandes Ruhrkohlenbezirk.

**§ 189 BBauG** regelt das Inkrafttreten des Gesetzes, wonach Teile des Gesetzes am 30. Juni 1960, andere am 30. Oktober 1960 und der Rest am 30. Juni 1961 in Kraft traten; dazu *Heitzer-Oestreicher* BBauG § 189 Bem 1, 2, 3. Da diese Termine längst abgelaufen sind, haben die Einzelheiten keine Bedeutung mehr.

### f) Genehmigung bei Entschuldungsbetrieben 84

Dazu *Bauer* GBEintragungen 33 Z 111, *Brand-Schnitzler* GBSachen § 168 (III), *Haegele* GBRecht Bem 474, 2202ff., Beschränkungen Bem 24, 140ff., 152, 172, 173, Merkbuch 31, 145/146, Unterrichtsbriefe (Landwirtschaftsrecht, Entschuldungsrecht 20ff.), *Hesse-Saage-Fischer* GBO § 19 Bem III aδ (ee), *Horber* GBO § 20 Bem 6D, *Jonas-Pohle* ZwVNotrecht (16. Aufl) 417ff., *Planck-Kettnaker* Führung des GBuchs 548, *Wöhrmann* Die VO über die Löschung der Entschuldungsvermerke RdL 1962, 85

Die landwirtschaftliche Entschuldung ist in der Abwicklung begriffen; dazu *§ 13 Vorbem 130.* Daher wurde auf Grund des Gesetzes zur Abwicklung der landwirtschaftlichen Entschuldung (*Anh*) die VO über die Löschung der Entschuldungsvermerke — **LöschungsVO** — vom 31. Januar 1962 BGBl I 67 = SaBl 229 (*Anh*) erlassen. Für die geschäftliche Behandlung der Löschung des Entschuldungsvermerks sind landesrechtliche ergänzende Vorschriften erlassen, insbes

**Baden-Württemberg** Geschäftliche Behandlung der Verfahren zur Löschung der Entschuldungsvermerke AVJM vom 31. Januar 1963 Justiz 75

**Bayern** BekJM über die geschäftliche Behandlung der Verfahren zur Löschung der Entschuldungsvermerke vom 25. April 1963 JMBl 56

**Hessen** Geschäftliche Behandlung der Verfahren zur Löschung der Entschuldungsvermerke RdErlJM vom 21. Mai 1963 JMBl 71

**Niedersachsen** Feststellung der Entschuldungsvermerke durch die GBÄmter vom AVJM vom 22. April 1964 NdsRpfl 98

**Nordrhein-Westfalen** Geschäftliche Behandlung zur Löschung der Entschuldungsvermerke AVJM vom 7. Dezember 1962 JMBl NRW 1963, 1.

**Beschränkungen** der Entschuldungs-Gesetzgebung wirken sich nur aus, **solange noch ein Entschuldungsvermerk** auf den betroffenen Grsten **eingetragen** ist. Ist derselbe gelöscht, so bestehen keinerlei Beschränkungen oder Nachwirkungen mehr; dazu *Haegele* GBRecht Bem 2203.

Nach Art 1 LöschungsVO (*Anh*) eröffnen die Entschuldungsämter von Amts wegen das Verfahren zur Löschung nicht gelöschter Entschuldungsvermerke. Die **Löschung eines Entschuldungsvermerks** ist an die Voraussetzungen der Art 2ff. aaO gebunden; das GBA hat nicht die Verantwortung für die Voraussetzungen der Löschung eines Entschuldungsvermerks, sondern diese obliegt dem Entschuldungsamt. Die Löschung des Entschuldungsvermerks ist regelmäßig abhängig von der Festsetzung des Ausgleichsbetrags für ungedeckte Entschuldungsmittel; sie kann auch von der vorzeitigen Rückzahlung des Entschuldungsdarlehens oder der Ablösung der Entschuldungsrente abhängig gemacht werden, Art 2 aaO, § 5 EAbwG (*Anh*). Für die Zahlung des Ausgleichsbetrags kann Zahlungsaufschub oder Gestattung von Teilzahlungen gewährt werden; die Löschung des Entschuldungsvermerks soll von der Festsetzung eines Ausgleichsbetrags nicht abhängig gemacht werden, wenn der Ausgleichsbetrag auf weniger als 20 DM festgesetzt werden müßte, Art 3 aaO. Das Verfahren vor dem Entschuldungsamt und die Rechtsmittel sind in Art 4, 5, 6 aaO geregelt. Über die Löschung des Entschuldungsvermerks bei Veräußerung § 4 EAbwG (*Anh*).

Das Entschuldungsamt darf das GBA um Löschung des Entschuldungsvermerks erst ersuchen, wenn die Landwirtschaftliche Rentenbank die Erfüllung der Ausgleichsanordnung bestätigt hat; sind Ausgleichsbeträge auch an Gläubiger zu zahlen, so genügt insoweit der Zahlungsnachweis durch den Betriebsinhaber, Art 7 Abs 1 aaO. Das GBA kann nach Art 7 Abs 2 aaO schon vor Erfüllung der Ausgleichsanordnung um die Löschung des Entschuldungsvermerks ersucht werden, wenn die Landwirtschaftliche Rentenbank und die Gläubiger, an die ein Ausgleichsbetrag zu zahlen ist, dem Entschuldungsamt erklären, daß sie gegen die Löschung des Entschuldungsvermerks keine Bedenken haben. Es handelt sich hier um Ersuchen iSd § 38; dazu *§ 38 Bem 2ff., 46ff.* Das Verfahren vor dem Entschuldungsamt und die Löschung des Entschuldungsvermerks sind kostenfrei, für das Beschwerdeverfahren bestehen keine Abweichungen von der KostO (*Anh*), Art 10 aaO.

Diese Regelung über die Löschung des Entschuldungsvermerks gilt auch für die Löschung desselben auf Grund der früheren Regelung in Bayern und im Bereich der britischen Zone, Art 11 aaO.

Um den Vollzug der den Entschuldungsämtern obliegenden Pflichten nach der LöschungsVO (*Anh*) in vollem Umfange sicherzustellen, haben die Entschuldungsämter aus den Entschuldungsakten die erforderlichen Feststellungen zu treffen, insbes auch bez der GBEintragungen. Die GBÄmter achten bei der Bearbeitung von GBSachen auf in Abt II noch eingetragene Entschuldungsvermerke und teilen solche dem zuständigen Entschuldungsamt unter Angabe der GBBezeichnung und der Entschuldungssache mit. In den landesrechtlichen Anordnungen, die angeführt sind, wird dies den GBÄmtern zur Pflicht gemacht; dies gilt aber auch sonst, wo besondere Anweisungen an die GBÄmter nicht bestehen.

Solange der Entschuldungsvermerk eingetragen ist, kann auch nur die **Entschuldungsrente** durch Ablösung erlöschen. Dann hat das GBA auf Ersuchen des Entschuldungsamtes auf Grund einer Ablösungserklärung der rentenverwaltenden Stelle im GB das Erlöschen der Entschuldungsrente zu vermerken. Gebührenfreiheit besteht hierfür nicht; eine früher anderslautende Regelung ist außer Geltung.

**Beschränkungen** bestehen nur für die **Veräußerung** von Grundbesitz, nicht mehr auch für Belastungen; dazu *§ 13 Vorbem 130.* Ein Antrag auf Veräußerungsgenehmigung kann auch noch nach durchgeführten Amtslöschungsverfahren gestellt werden, solange nicht der Entschuldungsvermerk gelöscht ist, zB weil noch nicht alle Raten gezahlt sind, **SchlHOLG** SchlHA 1963, 76.

Die Genehmigungspflicht bezieht sich auf alle Grste, auf denen im GB ein Entschuldungsvermerk eingetragen ist, Art 1 Abs 1 S 1 VeräußerungsVO vom 6. Januar 1937 RGBl I 5, da diese Grste zu dem Entschuldungsbetrieb gehören. Die VeräußerungsVO wurde durch das EAbwG (*Anh*) nicht aufgehoben. Zur VeräußerungsVO sind die DVOen vom 19. April 1937 RGBl I 466 und vom 19. August 1937 RGBl I 1909 ergangen.

Genehmigungspflichtig sind sowohl die **Veräußerung** wie auch das schuldrechtliche **Verpflichtungsgeschäft**, Art 1 Abs 1 S 2 VeräußerungsVO. Ist das der Veräußerung zugrunde liegende Rechtsgeschäft (Kauf, Tausch, Übergabe ua) genehmigt worden, so gilt auch die Veräußerung als genehmigt, Art 1 Abs 1 S 3 aaO. Wird auf Grund mehrerer hintereinander liegender Kaufverträge die Auflassung unmittelbar vom ersten Verkäufer an den letzten Käufer erteilt, so bedürfen auch die sämtlichen dazwischen liegenden Kaufverträge der Genehmigung; dazu *von Rozycki-von Hoewel* DNotZ 1937, 397.

Für die Genehmigungspflicht ist es gleichgültig, ob der ganze Entschuldungsbetrieb oder nur ein einzelnes bzw einzelne Grste aus ihm veräußert werden. Genehmigungspflichtig ist auch die Veräußerung eines realen GrstTeils oder eines ideellen Miteigentumsanteils. Unter Veräußerung fällt auch die Begründung von Miteigentum anstelle des bisherigen Alleineigentums sowie die Begründung von Gesamthandseigentum anstelle von Alleineigentum.

Genehmigungspflichtig ist weiter jedes **Rechtsgeschäft**, durch das ein der Veräußerung ähnlicher wirtschaftlicher Erfolg herbeigeführt wird, Art 1 Abs 1 S 2 VeräußerungsVO. Welche Rechtsgeschäfte hierunter fallen, richtet sich nach den Umständen des Einzelfalles. Genehmigungspflichtig können sein die Bestellung eines Erbbaurechts, einer Kohlenabbaugerechtigkeit (**KG** JFG 16, 222), eines Nießbrauchs, die Erteilung einer unwiderruflichen Auflassungsvollmacht, die Übertragung eines Erbanteils, der Abschluß eines Ehevertrags, durch den die allgemeine Gütergemeinschaft begründet wird, usw; dazu *von Rozycki-von Hoewel* DNotZ 1937, 395.

Genehmigungspflichtig ist auch die Abtretung und Verpfändung des Auflassungsanspruchs, nicht aber dessen Pfändung, *von Rozycki-von Hoewel* aaO. Der Genehmigungspflicht unterliegt auch die Weiterveräußerung eines Grst, auf dem der Entschuldungsvermerk eingetragen ist. Dagegen ist genehmigungsfrei die Eintragung eines neuen Eigentümers im Wege der GBBerichtigung; genehmigungspflichtig sind aber der Verzicht auf das Eigentum nach § 928 BGB und der Eigentumsübergang durch Enteignung. Genehmigungsfrei ist die Veräußerung eines Grst, das für die Bildung eines Eigenheims als Rentenstelle für ländliche Arbeiter und Handwerker erforderlich ist, § 10 LAVO (*Anh*).

**Genehmigungsbehörde** ist nach § 3 EAbwG (*Anh*) das Entschuldungsamt, und zwar in jedem Falle.

Ob eine Genehmigung nach der VeräußerungsVO erforderlich ist, **entscheidet** die Genehmigungsbehörde endgültig. Diese Entscheidung ist für Gerichte und Verwaltungsbehörden, also auch für das GBA, bindend, Art 2 Abs 1 VeräußerungsVO, Art 1 Abs 1 S 1 DVO vom 19. April 1937. Die Genehmigungsbehörde entscheidet nicht nur darüber, ob ein Rechtsgeschäft seinem Inhalt nach unter die VeräußerungsVO fällt, sondern auch darüber, ob Gegenstand des Rechtsgeschäfts ein Entschuldungsbetrieb ist, *von Rozycki-von Hoewel* DNotZ 1937, 400.

Die Genehmigung darf nur aus den Gründen des Art 3 VeräußerungsVO versagt werden. Sie kann auch unter einer Auflage erteilt werden, Art 1 Abs 2 und Art 3 Abs 2 aaO. Die Wirksamkeit der Genehmigung ist von der Erfüllung der Auflage nicht abhängig, so daß der GBBeamte diese nicht nachzuprüfen braucht. Daneben kommen auch Bedingungen vor, wenn auch das Gesetz nur von Auflagen spricht, dazu *Mellwitz* JW 1937, 2951, *von Rozycki-von Hoewel* DNotZ 1937, 402, JW 1938, 785. Jedenfalls darf der GBBeamte, wenn aus der Genehmigungserklärung ersichtlich ist, daß die Genehmigung aufschiebend bedingt erteilt werden sollte, die Eintragung erst vornehmen, wenn die Erfüllung der Bedingung in der Form des § 29 nachgewiesen ist; dazu **KG** DNotZ 1937, 643 = HRR 1937 Nr 831, **REHG** REHGE 1, 15, **LEHG** (LErbhofgericht) **Celle** DJ 1936, 1303. Ein ohne die erforderliche Genehmigung geschlossenes Rechtsgeschäft ist schwebend unwirksam, kann also durch nachträgliche Erteilung der Genehmigung wirksam werden, wobei diese auf den Zeitpunkt der Vornahme des Rechtsgeschäfts zurückwirkt. Die Auflassung kann also vor oder nach Erteilung der Genehmigung erklärt werden. Die Genehmigung kann auch noch nach Eintragung der Auflassung wirksam erteilt werden. Die Genehmigung wird mit ihrer formlosen Bekanntgabe an die Beteiligten wirksam; nach diesem Zeitpunkt kann sie nicht mehr zurückgenommen werden.

Durch die Genehmigung nach der VeräußerungsVO werden etwa erforderliche **Genehmigungen anderer Behörden nicht ersetzt**, Art 2 Abs 2 VeräußerungsVO; dies gilt insbes von der Genehmigung nach dem GrstVG (*Anh*; dazu *Bem 82*) oder dem BBauG (*Anh*; dazu *Bem 83*).

Der GBBeamte darf bei Entschuldungsbetrieben Eintragungen in das GB auf Grund von Rechtsgeschäften, die möglicherweise unter die Genehmigungspflicht fallen, nur vornehmen, wenn entweder die Genehmigung beigebracht oder eine Bescheinigung der Genehmigungsbehörde vorgelegt wird, daß die Genehmigung nicht erforderlich ist. Nötigenfalls ist die Beibringung dieser Nachweise dem Antragsteller durch Zwischenverfügung nach § 18 aufzuerlegen.

Wenn eine genehmigte Veräußerung eines zu einem Entschuldungsbetrieb gehörigen Grsts erfolgt, so scheidet das Grst aus dem Entschuldungsbetrieb aus; daher ist der **Entschuldungsvermerk** auf Ersuchen des Entschuldungsamts zu **löschen**. Bei einer ZwVerst verliert der Entschuldungsvermerk mit der Rechtskraft des Zuschlagbeschlusses seine Wirkung; in diesem Falle ersucht das Vollstr das GBA um Löschung, § 5a EAbwG (*Anh*).

Ist auf Grund eines genehmigungspflichtigen, aber nicht genehmigten Rechtsgeschäfts eine Rechtsänderung im GB eingetragen worden, so ist dieses unrichtig. Das GBA hat, wenn die Voraussetzungen des § 53 Abs 1 S 1 vorliegen, von Amts wegen einen **Widerspruch** einzutragen. Daneben ist die Genehmigungsbehörde befugt, das GBA um die Eintragung eines Widerspruchs zu ersuchen, Art 2 Abs 3 S 1 VeräußerungsVO, Art 1 Abs 1 S 1, 2 DVO vom 19. April 1937. Der Widerspruch wird entweder auf Ersuchen der Genehmigungsbehörde gelöscht oder von Amts wegen, wenn die Genehmigung erteilt wird; Löschung auf Bewilligung der Beteiligten kommt nicht in Frage, Art 2 Abs 3 S 2 VeräußerungsVO. Im übrigen *Bem 82c*.

Das **gesetzliche Vorkaufsrecht** der Entschuldungsstelle nach § 94 SchRG besteht **nicht** mehr, § 1 EAbwG (*Anh*); dazu *Haegele* Beschränkungen Bem 183.

85 **g) Beschränkungen bei Heimstätte**

Dazu *Brand-Schnitzler* GBSachen § 173, *Güthe* GBO § 20 Bem 55, *Haegele* GBRecht Bem 2103ff., Beschränkungen Bem 336ff., Unterrichtsbriefe (Landwirtschaftsrecht, Heimstätte 22/23), *Hesse-Saage-Fischer* GBO § 20 Bem V 3 (b), *Horber* GBO § 20 Bem 6 (La), *Krämer-Illner* GBPraxis § 160, *Thieme* GBO § 20 Bem 6 (e)

Die Heimstätte dient der Siedlung von Heimstättern, vor allem von Angehörigen der Wehrmacht, politisch Verfolgten usw; dazu *§ 4 Bem 47ff.*

### 1. Veräußerungsbeschränkungen

Bei der Heimstätte bestehen **Veräußerungsbeschränkungen**. Das Erfordernis der Zustimmung des Ausgebers zur Abveräußerung einzelner Grst oder GrstTeile und der behördlichen Zustimmung zur Veräußerung der Heimstätte sowie zur Abveräußerung einzelner Grst oder GrstTeile ist in §§ 9, 22 HG (*Anh*) geregelt; dazu *§ 13 Vorbem 152ff.*

Weil die Veräußerung einer Heimstätte bzw eines zu einer Heimstätte gehörigen Grst an eine nicht heimstättenfähige Person, etwa an eine juristische Person, grundsätzlich nicht ausgeschlossen ist, stellt die Eintragung des Erwerbers im GB keine inhaltlich unzulässige **Eintragung** iSd § 53 Abs 1 S 2 (dazu *§ 53 Bem 51ff.*) dar, **OLG Düsseldorf** JMBl NRW 1956, 208, *Haegele* GBRecht Bem 2104.

### 2. Gesetzliches Vorkaufsrecht

Nach § 11 HG besteht ein gesetzliches Vorkaufsrecht. Darnach steht im Falle der Veräußerung der Heimstätte im ganzen dem Ausgeber der Heimstätte (dazu *§ 4 Bem 56*) ein gesetzliches Vorkaufsrecht zu, das nicht in das GB eingetragen wird, **KG** JFG 7, 378; dazu *§ 4 Bem 76, § 13 Vorbem 152*, ferner *Güthe* GBO 1870 (Heimstätte) bei 1874 unter B V, *Wormit-Ehrenfort* HG § 11 Bem 2.

Das Vorkaufsrecht gilt für alle **Verträge** des Heimstätters, die auf Veräußerung der Heimstätte im ganzen gerichtet sind, und bei Verkauf im Wege der **ZwV**, § 11 Abs 1 S 2 HG (*Anh*); zum Begriff der ZV *§ 13 Vorbem 159*. Es muß sich um eine Veräußerung im ganzen handeln, nicht um eine Abveräußerung von Teilen; dazu *Güthe* GBO aaO, *Wormit-Ehrenforth* HG § 11 Bem 3 (a). An sich wird in § 11 Abs 1 S 2 HG (*Anh*) auch der Verkauf durch den Konkursverwalter erwähnt, doch ist ein freihändiger Verkauf durch den Konkursverwalter während der Dauer des Konkursverfahrens nicht zulässig, wie sich aus § 24 AVOHG (*Anh*) ergibt; dazu *Wormit-Ehrenforth* HG § 11 Bem 3 (c), auch *§ 13 Vorbem 169*.

Unter **ZwVerst** wird nur eine ZwV-Versteigerung verstanden, nicht auch solche ZwVerstVerfahren, die in Wirklichkeit einen Verkauf darstellen, wie die besonderen ZwVerstVerfahren nach §§ 172ff. ZVG (dazu *Steiner-Riedel* ZVG § 172 Vorbem 1, 2) oder die Verfahren der freiwilligen Versteigerung (dazu *Steiner-Riedel* ZVG Einl 3 (a). Insbes ist die Teilungsversteigerung nach §§ 180ff. ZVG nicht als ZwV anzusehen, so daß hier das Vorkaufsrecht zur Auswirkung kommt; dazu **OLG Celle** NdsRpfl 1962, 225 = NJW 1962, 1869 = MittBayNotV 1963, 25 = DNotZ 1962, 652 Ls = BWNotZ 1962, 319 Ls = DRspr II (285) 34c. Die Erklärung der Ausübung des Vorkaufsrechts des Heimstättenausgebers im ZwVerstVerfahren bedarf öffentlicher Beglaubigung (§ 15 AVOHG (*Anh*), und zwar in entsprechender Anwendung des § 81 Abs 2 ZVG; dazu **OLG Braunschweig** NdsRpfl 1963, 227 = NJW 1963, 1503 = BWNotZ 1963, 233 Ls = DRspr II (285) 46c.

Das Vorkaufsrecht kann nach § 13 AVOHG (*Anh*) bei Heimstätten, deren Ausgeber nicht der Bund ist, mit Genehmigung der zuständigen Behörde (dazu *§ 4 Bem 49*) **für einen anderen** zur Ausgabe von Heimstätten berechtigten **Ausgeber begründet** oder auf einen solchen **übertragen** werden.

**Ausgeschlossen** ist das Vorkaufsrecht

nach § 11 Abs 2 HG (*Anh*), wenn der Heimstätter die Heimstätte an seinen Ehegatten (auch wenn die Ehe nicht mehr besteht; dazu *Bem 83c, § 11 Bem 6*) oder an eine Person veräußert, die mit ihm in gerader Linie oder bis zum 3. Grade der Seitenlinie verwandt oder bis zum 2. Grade verschwägert ist (zu Verwandtschaft und Schwägerschaft *Bem 83c*), nach § 14 Abs 1 AVOHG (*Anh*) bei Veräußerung an Verschwägerte in gerader Linie (zu Schwägerschaft *Bem 83c*).

Bei ZwVerst besteht dagegen das Vorkaufsrecht in jedem dieser Ausnahmefälle, § 14 Abs 2 AVOHG (*Anh*); dazu *Wormit-Ehrenforth* HG § 11 Bem 5.

Die Vorschriften **§§ 504, 505 bis 510, 513 BGB** werden **entsprechend** angewendet, § 11 Abs 1 S 3 HG (*Anh*); dazu *Wormit-Ehrenforth* HG § 11 Bem 3, 4, im übrigen auch *Bem 83c, § 13 Vorbem 70ff.*

Das Vorkaufsrecht hat wie der Heimfallanspruch **dingliche Wirkung**, § 14 HG (*Anh*); dazu *§ 13 Vorbem 159.*

Bei **Ausübung des Vorkaufsrechts** bemißt sich der Erwerbspreis nach § 15 HG (*Anh*), der Ausgeber kann einen Dritten bezeichnen, an den die Heimstätte aufzulassen ist, § 16 HG (*Anh*).

Über die Ausübung des Vorkaufsrechts im Rahmen eines ZwVerstVerfahrens § 15 AVOHG (*Anh*); dazu *§ 13 Vorbem 159.*

Über § 21 HG (*Anh*) für den Fall der Nichtausgabe innerhalb 1 Jahres *§ 4 Bem 87.*

Ein Wiederkaufsrecht zugunsten des Heimstättenausgebers, das unabhängig neben Heimfall- und Vorkaufsrecht stehen soll, kann nicht wirksam vereinbart werden, **LG Dortmund** Rpfleger 1962, 444 (*Haegele*).

Das GBA soll die **Eintragung** des Eigentumsübergangs so lange **aussetzen**, bis ihm die Nichtausübung des Vorkaufsrechts nachgewiesen ist, § 11 Abs 3 HG (*Anh*); hierzu bestimmt § 16 AVOHG (*Anh*), daß ein Nachweis entbehrlich ist, wenn die Eigentumsänderung auf Ersuchen des VollstrGer eingetragen wird. Dazu *Wormit-Ehrenforth* HG § 11 Bem 6.

Bei **ZwVerst** hat das GBA keine Verantwortung für die **Prüfung**, ob das Vorkaufsrecht ausgeübt wurde oder nicht; dies obliegt vielmehr dem **Vollstreckungsgericht**, so daß auch gegebenenfalls ein Rechtsmittel im Rahmen des ZwVerstVerfahrens einzulegen ist; dazu *Wormit-Ehrenforth* HG § 11 Bem 6. Die Frage war früher dh bis zum Erlaß des erwähnten § 16 AVOHG (*Anh*) bestritten. *Güthe* aaO 1870 (1875) vertrat in Anschluß an *Krüger-Wenzel* HG § 11 Bem 5 die Auffassung, daß das GBA auch in diesem Falle die Prüfungspflicht habe. Diese Ansicht ist überholt. Das GBA wird jedoch bei Anlaß oder Zweifel eine Rückfrage bei dem Vollstreckungsgericht machen; dies wird durch die nunmehrige gesetzliche Regelung nicht ausgeschlossen, wenn auch keine Prüfungspflicht in diesem Falle mehr besteht. Dazu *Steiner-Riedel* ZVG § 81 Bem 5b, im übrigen *§ 13 Vorbem 159.*

**Sonst** hat das **GBA** die Verantwortung und die **Prüfungspflicht**. Es hat zu prüfen, ob ein Fall des Vorkaufsrechts gegeben ist, ob auf die Ausübung verzichtet wurde oder ob es rechtzeitig ausgeübt wurde. Der Nachweis der Nichtausübung bedarf nicht der Form des § 29; dazu *Güthe* aaO. Es ist eine Erklärung des Vorkaufsberechtigten für den Regelfall zu fordern. Bei einem nicht behördlichen Ausgeber wird man einen Registerauszug nur verlangen, wenn Bedenken gegen die Echtheit der Unterschriften oder die Vertretungsbefugnis bestehen; dazu *Güthe* aaO.

Ist das Vorkaufsrecht nicht verloren gegangen und versehentlich der GBEintrag erfolgt, so kann es noch ausgeübt werden, § 14 HG (*Anh*); dazu *Wormit-Ehrenforth* aaO. Dazu auch *Steiner-Riedel* ZVG § 81 Bem 5 (a, b).

86 **h) Beschränkungen nach LAVO**

Dazu *Haegele* GBRecht Bem 2210ff., Beschränkungen 184ff., Merkbuch 146, 146/1, Unterrichtsbriefe (Landwirtschaftsrecht, Landarbeiterwohnungsbau 25), *Horber* GBO § 20 Bem 6E, *Krämer-Illner* GBPraxis § 161

Nach der VO zur beschleunigten Förderung des Baues von Heuerlings- und Werkwohnungen sowie von Eigenheimen für ländliche Arbeiter und Handwerker (LAVO) vom 10. März 1937 RGBl I 292 = BGBl III 2330-7 bestehen Beschränkungen, die in diesem Zusammenhang zusammenfassend erläutert werden sollen; dazu *Bem 39 § 7 Bem 12, 43, § 13 Vorbem 127, § 18 Bem 154, § 38 Bem 68, § 45 Bem 105, § 54 Bem 9.* Die LAVO wird ergänzt durch 3 DVOen, die 1. DVO vom 17. April 1937 RGBl I 444 = BGBl III 2330 — 7/1, die 2. DVO vom 27. Januar 1938 RGBl I 107 = BGBl III 2330-7/2 und die 3. DVO vom 30. März 1940 RGBl I 605 = BGBl III 2330-7/3.

**Beleihungsbeschränkungen** nach §§ 1ff. LAVO (*Anh*)

Für Schaffung und Einrichtung von Heuerlingsstellen, Werkwohnungen und Eigenheimen für ländliche Arbeiter und Handwerker werden **langfristige Darlehen**, auch Zwischenkredite, gewährt. Die Aufnahme und Bestätigung der Schuldurkunden obliegt den Durchführungsbehörden, § 4 Abs 2 LAVO mit § 2 der 1. DVO dazu. Durchführungsbehörde ist nach § 4 Abs 1 LAVO in dem Gebiet des ehemaligen Landes Preußen der Regierungspräsident, in den übrigen Ländern die oberste Landesregierung oder die von ihr bestimmte Stelle. Soweit in preußische Landesteile selbständige Nachfolgeländer getreten sind, ist auch dort die oberste Landesregierung bzw die von ihr bestimmte Stelle Durchführungsbehörde.

Die Darlehen werden von der **Deutschen Siedlungs- und Landesrentenbank** ausgegeben, die auch über den Rahmen der LAVO hinaus für die Landwirtschaft und ländliche Siedlung Kredite gibt, § 1 LAVO (*Anh*). In der LAVO wird die preuß Landesrentenbank angeführt, deren Aufgaben später im wesentlichen durch die Deutsche Landesrentenanstalt übernommen wurden; dazu Ges über die Deutsche Landesrentenanstalt vom 7. Dezember 1939 RGBl I 2405; dieses Gesetz wurde durch § 30 GrstVG vom 28. Juli 1961 (aaO *Bem 82* wV) geändert. Nunmehr ist die Deutsche Siedlungs- und Landesrentenbank an deren Stelle getreten; dazu §§ 1ff., 20 Ges über die Zusammenlegung der Deutschen Landesrentenbank und der Deutschen Siedlungsbank vom 27. August 1965 BGBl I 1001 = SaBl 1507.

Die **Landesrentenbankrente** lastet nach § 6 LAVO (*Anh*) auf den zur Beleihung kommenden Grsten an **1. Rangstelle**; dazu *§ 45 Bem 105.* Soweit sich Grundpfandrechte innerhalb einer bestimmten Sicherheitsgrenze halten müssen, bleibt die durch die Eintragung der Rente eingetretene Mehrbelastung außer Betracht. Werden Heuerlings- oder Werkwohnungen auf Grsten errichtet, die zugunsten anderer Gläubiger belastet sind, so hat die LRentenbankrente mit dem erstrangig eingetragenen Grundpfandrecht gleichen Rang, soweit dieses zugunsten einer öffentlichen oder privaten Kreditanstalt, die unter Staatsaufsicht steht, oder eines Versicherungsträgers bzw Versicherungsunternehmens eingetragen ist und diese Darlehensgeber sich mit ihren Vermögensanlagen nach bundes- oder landesrechtlichen Vorschriften innerhalb einer bestimmten Sicherheitsgrenze halten müssen. Mehrere im Rang unmittelbar aufeinanderfolgende Grundpfandrechte gelten hierbei als ein einziges Recht. Soweit die Grundpfandrechte zugunsten anderer Gläubiger bestehen, hat die LRentenbankrente den gleichen Rang nur insoweit, als diese Grundpfandrechte innerhalb von 50% des für den 1. Januar 1935 festgestellten steuerlichen Einheitswerts liegen. Wenn nunmehr als Bewertungszeitpunkt für den Einheitswert der 1. Januar 1964 getreten ist, und zwar nach §§ 20ff. BewG vom 16. Oktober 1934 RGBl I 1035 = BGBl III 610-7 idF vom 13. August 1965 BGBl I 851 = SaBl 1197 mit Art 2ff. Ges zur Änderung des BewG vom 13. August 1965 aaO, so gilt dies auch für den in der LAVO erwähnten Einheitswert, sobald und soweit der neue Einheitswert für Grste festgesetzt ist.

Die Rente hat den **Vorrang vor** den übrigen **öffentlichen Lasten**, § 6 Abs 3 LAVO (*Anh*); dazu *§ 54 Bem 9.*

Zur Eintragung der Rente und des Darlehens in das GB bedarf es **nicht** der **Genehmigung von Behörden**, § 6 Abs 4 LAVO (*Anh*). Dies gilt auch für Zwischenkredite, § 1 der 1. DVOLAVO. Entschädigungsansprüche stehen den Betroffenen nicht zu; ein Gläubiger hat auch kein Recht auf Kündigung oder höhere Verzinsung oder Tilgung, § 4 Abs 5 LAVO (*Anh*). Die **Entscheidung** darüber, ob die Voraussetzungen zur Eintragung der LRentenbankrente gegeben sind, liegt bei den Durchführungsbehörden, § 6 Abs 6 LAVO (*Anh*).

Für die **Landesrentenbankrente** gelten nach § 1 der 2. DVOLAVO einige **Besonderheiten**; dazu *Steiner-Riedel* ZVG § 10 Bem 8 (a) (aa), § 52 Bem 4, *Zeller* ZVG § 52 Bem 4, 16:

Die Rente bleibt im ZwVerstVerfahren auch dann bestehen, wenn sie bei der Feststellung des geringsten Gebots nicht berücksichtigt wird; für ein Gebot der Deutschen Siedlungs- und Landesrentenbank kann Sicherheit nicht verlangt werden. Die Rente hat nach § 6 Abs 1 LAVO (*Anh*) auch gegenüber bereits bestehenden Auflassungsvormerkungen, Vorkaufsrechten, Wiederkaufsrechten und ähnlichen Rechten den 1. Rang. Eigentümergrundschulden sind nicht als Grundpfandrechte iSd § 6 Abs 2 LAVO (*Anh*) anzusehen. Das Rangverhältnis der LRentenbankrente zu bereits eingetragenen Rechten nach § 6 Abs 2 S 1, 2 aaO bezieht sich nur auf Rechte, die vor **Eintragung des Rangsicherungsvermerks** gemäß § 1 Abs 3 LAVO in Verbindung mit § 21 Abs 2 preuß LRentenbankG grundbuchlich gesichert sind. Rechte, die erst nach Eintragung dieses Rangsicherungsvermerks eingetragen werden, haben den Rang nach der LRentenbankrente, auch wenn die Rente später zur Entstehung gelangt. Die LRentenbankrente ist unter Hinweis auf die LAVO ohne Rangvermerk **in das Grundbuch einzutragen.**

Die **Erhebung** und Beitreibung der Rente erfolgt durch Landesbehörden, die Finanzämter, § 5 LAVO. Bundesbehörden, insbes BFinanzbehörden, haben insoweit keine Zuständigkeit mehr.

**Beschränkungen für Eigenheime** nach §§ 8 ff. LAVO (*Anh*)

Die nach der LAVO zu schaffenden **Eigenheime** werden als Rentenstellen für ländliche Arbeiter und Handwerker errichtet, § 8 Abs 1 S 1 LAVO (*Anh*). Eine solche Rentenstelle besteht aus einem Wohnhaus, einem Wirtschaftsgebäude bzw Wirtschaftsteil am Wohnhaus und einem Stück Land. Für den Eigentumserwerb gelten die Vorschriften des BGB, zur Beurkundung des Kaufvertrags und zur Entgegennahme und Beurkundung der Auflassung ist die Durchführungsbehörde zuständig, § 8 Abs 1 S 2, 3 aaO. Die Durchführungsbehörde beauftragt einen ihrer Beamten, der die erforderlichen Beurkundungen vornehmen kann, § 8 Abs 1 S 4 aaO. Dazu *Bem 3ff., 39.*

Das zur Errichtung eines Eigenheims veräußerte Grst wird **im Grundbuch auf einem selbständigen GBBlatt lastenfrei eingetragen**, § 8 Abs 2 S 1 LAVO (*Anh*); zur Übertragung eines Grst oder eines GrstTeils auf ein anderes GBBlatt *§ 3 Bem 422ff.* Zugleich ist in der **Aufschrift** des GBBlatts (dazu *§ 3 Bem 150ff.*) der Grundbesitz kenntlich zu machen durch den nach § 8 Abs 2 S 2 LAVO (*Anh*) gesetzlich vorgeschriebenen Vermerk:

*Rentenstelle für ländliche Arbeiter und Handwerker gemäß Verordnung vom 10. März 1936* (RGBl I S 292)

Anstelle der ausführlichen Bezeichnung des Gesetzes genügt eine Abkürzung wie *LAVO* nicht, da keine einheitliche Abkürzungsmethode für diese VO besteht, insbes nicht nach dem Abkürzungsverzeichnis des BMI in der Bek vom 24. August 1965

GMBl 242/12. Januar 1966 GMBl 49 (dazu BekJM NRW vom 3. Februar 1966 JMBl NRW 38/7. März 1966 JMBl NRW 79). Da die Kennzeichnung in der Aufschrift erfolgt, wird in Abt II des GB die Verfügungsbeschränkung des Eigentümers (dazu *§ 3 Bem 211*) nicht noch zusätzlich vermerkt.

Die Eintragung kann nach § 8 Abs 3 LAVO (*Anh*) auch erfolgen, wenn die **GrstTeile in dem amtlichen Verzeichnis** iSd § 2 Abs 2 (dazu *§ 2 Bem 85ff.*) **noch nicht ausgewiesen** sind. Für die Bezeichnung der GrstTeile sind in diesem Falle die Feststellungen der Durchführungsbehörde über die Lage und Größe sowie eine nach den Vorschriften der Katasterverwaltung gefertigten vorläufigen Zeichnung maßgebend. Diese Unterlagen sind dem GBA einzureichen. Ist der GrstTeil in dem amtlichen Verzeichnis nachgewiesen, so ist erforderlichenfalls das **GB von Amts wegen zu berichtigen.**

Die Veräußerung des bzw der für die Bildung eines Eigenheims erforderlichen Grste bedarf keiner öffentlich-rechtlichen behördlichen Genehmigung nach anderen gesetzlichen Vorschriften des BRechts oder LRechts, § 10 LAVO (*Anh*), insbes also nicht nach dem GrstVG (*Anh*). Nicht dagegen werden behördliche Genehmigungen nach bürgerlichem Recht ersetzt, insbes nicht die etwaige Genehmigung des VormGer (dazu *§ 18 Bem 109ff.*).

Die endgültige Beleihung in Form eines Dauerkredits durch die Deutsche Siedlungs- und Landesrentenbank erfolgt erst nach Durchführung der Eintragung der Eigenschaft des Eigenheims als Rentenstelle im GB, § 8 Abs 4 LAVO (*Anh*).

Die **lastenfreie Abschreibung** zur Bildung eines selbständigen unbelasteten Grst bedarf nach § 9 Abs 1, 2 LAVO (*Anh*) nicht der Entpfändungserklärungen der auf dem HauptGrst eingetragenen dinglich Berechtigten, soweit von dem HauptGrst nicht mehr als 1 ha Fläche abgeschrieben werden. Weitere Abschreibungen sind ohne Zustimmung der Gläubiger zulässig, soweit der Wert der abgeschriebenen Fläche 5% des steuerlich festgestellten Einheitswerts des GesamtGrsts nicht übersteigt. Bei Grunddienstbarkeiten und beschränkten persönlichen Dienstbarkeiten kann die lastenfreie Abschreibung ohne Zustimmung der Berechtigten erfolgen, wenn seine Belange dadurch nicht wesentlich beeinträchtigt werden oder das allgemeine Interesse an der Errichtung der Landarbeiterstelle überwiegt.

Ob die Voraussetzungen zur lastenfreien Abschreibung vorliegen, **entscheidet** die zuständige **Durchführungsbehörde**, § 9 Abs 3 LAVO (*Anh*). Entschädigungsansprüche oder sonstige Ansprüche, wie Kündigungsrecht ua, stehen den Betroffenen nicht zu, § 9 Abs 4 aaO.

Die **Belastung** eines Eigenheims bedarf nach § 11 Abs 1 LAVO (*Anh*) der **Genehmigung der Durchführungsbehörde.** Eine ohne diese Genehmigung erfolgte Belastung ist schwebend unwirksam, wenn auch in § 11 Abs 1 S 2 aaO nur von Unwirksamkeit die Rede ist; dazu *Bem 79e.* Als Belastung gilt auch die Veräußerung bzw Abtretung oder Belastung, wie Pfändung oder Verpfändung, einer Eigentümergrundschuld, § 1 Abs 5 der 1. DVOLAVO.

Auch die **Veräußerung, Teilung** oder **Abveräußerung von Teilen des Eigenheims** bedarf nach § 11 Abs 1 LAVO (*Anh*) der **Genehmigung der Durchführungsbehörde.** Eine Veräußerung usw ohne die behördliche Genehmigung ist hier ebenfalls schwebend unwirksam.

Bei ganzer oder teilweiser Veräußerung der Rentenstelle durch den Eigentümer oder bei grober Mißwirtschaft durch ihn, steht der **BRD** ein **Ankaufsrecht** zu, § 11 Abs 2 LAVO (*Anh*). Der Bund hat die Rechtsfolge des im Gesetz erwähnten Reiches angetreten; dazu *Haegele* Beschränkungen Bem 187, *Krämer-Illner* GBPraxis § 161.

Darüber, ob die gesetzlichen Voraussetzungen vorliegen, **entscheidet** die **Durchführungsbehörde**. Bei Ausübung des Ankaufsrechts ist als Kaufpreis höchstens der Betrag zu zahlen, der sich bei Zugrundelegung des für den Boden bei der Errichtung des Eigenheims eingesetzten Betrags unter Hinzurechnung des noch vorhandenen Wertes etwaiger Baulichkeiten und Verbesserungen ergibt. Soweit der Wert des Bodens sich verringert hat, ist der niedrigere Betrag zu zahlen. Es ist aber bei Ausübung des Ankaufsrechts mindestens der Betrag zu zahlen, der sich aus der Belastung der Rentenstelle mit dinglich gesicherten Rechten ergibt. Änderung der Währung sind nach Maßgabe der Umstellungsvorschriften zu berücksichtigen; dazu *§ 28 Bem 14ff.* Werterhöhungen wirken sich darüber hinaus nicht zugunsten des Eigentümers aus. Der Zweck des niedrigen Ankaufspreises ist ja gerade zu verhindern, daß ein Eigentümer aus der Veräußerung ein Geschäft macht oder machen kann.

**Zwangsvollstreckung** in ein Grst des Eigenheims nebst Zubehör ist wegen dinglicher Belastungen zulässig. Wegen **persönlicher Schulden** kann ZwV in den Grundbesitz nur betrieben werden, wenn die **Durchführungsbehörde** die **Genehmigung** erteilt, § 11 Abs 3 LAVO (*Anh*). Da für die ZwV aus dinglichen Rechten keine Sonderregelung besteht und bei persönlichen Forderungen im voraus eine Genehmigung der Durchführungsbehörde nötig ist, darüber hinaus aber keine Beschränkungen bestehen, ist bei der Abgabe von Geboten in einem echten ZwVerstVerfahren keine behördliche Genehmigung nötig; dazu *Haegele* Beschränkungen Bem 188. Bei den besonderen ZwVerstVerfahren, die einem Kauf gleich stehen, und bei freiwilliger Versteigerungen (dazu *Bem 85*) handelt es sich um keine ZwV, daher ist wie bei Veräußerungen die Genehmigung der Durchführungsbehörde erforderlich.

Sofortige Kapitalrückzahlung kann in besonderen Fällen verlangt werden, vor allem bei Verpachtung oder Überlassung an einen Dritten ohne Genehmigung der Durchführungsbehörde, § 11 Abs 4 LAVO, § 3 der 2. DVO; dazu *Haegele* Beschränkungen Bem 190.

Die Deutsche Siedlungs- und Landesrentenbank kann nach § 2 Abs 1 der 2. DVOLAVO Darlehen zum Erwerb von Anliegerland bei Eigenheimen gewähren, auch nach Schaffung oder Einrichtung desselben, wenn die Belastung mit der LRentenbankrente auf der Gesamtfläche an 1. Rangstelle steht.

Wird ein Eigenheim auf einem Grst errichtet, das zugunsten anderer Gläubiger belastet ist, so sind nach § 2 Abs 2 der 2. DVOLAVO die Gläubiger nach Eintragung des Vermerks iSd § 8 Abs 2 LAVO (*Anh*) verpflichtet, die Rückzahlung des grundbuchlich gesicherten Kapitals durch die Deutsche Siedlungs- und Landesrentenbank ohne Einhaltung einer Kündigungsfrist anzunehmen, wenn die fälligen Zinsen bezahlt sind. Wird eine Annahme des Geldes verweigert, so hinterlegt die Durchführungsbehörde den Geldbetrag unter Verzicht auf das Recht der Zurücknahme. Die Forderung nebst bestehenden Nebenrechten (§ 401 BGB) geht auf die Deutsche Siedlungs- und Landesrentenbank über; die Löschung des Rechts im GB erfolgt dann auf Ersuchen der Durchführungsbehörde.

Die Darlehen für Eigenheime werden von der Deutschen Siedlungs- und Landesrentenbank verwaltet und für diese dinglich gesichert, § 2 Abs 3 der 2. DVOLAVO. Einziehung und Beitreibung der Leistungen und des Kapitals erfolgt wie bei der LRentenbankrente durch die LBehörden, nämlich die Finanzämter.

Der **Vermerk im GB** wegen der Eigenschaft als Rentenstelle kann nach § 12 LAVO (*Anh*) **nicht gelöscht** werden, solange auf dem Grst die LRentenbankrente oder ein Bundesdarlehen lastet.

Nur in dem bereits erwähnten Fall des § 10 LAVO (*Anh*) ersetzt die Genehmigung der Durchführungsbehörde gleichzeitig auch andere etwaige öffentlich-rechtliche behördliche Genehmigungen. Dies gilt aber nicht sonst, soweit nach der LAVO Genehmigungen erforderlich sind; dazu *Haegele* Beschränkungen Bem 191. In all diesen Fällen sind andere behördliche Genehmigungen öffentlich-rechtlicher Art daneben, also zusätzlich erforderlich. Behördliche Genehmigungen nach bürgerlichem Recht, wie eine Genehmigung des VormGer, bleiben ohnedies unberührt.

Die **Löschung** des Vermerks nach § 8 Abs 2 LAVO (*Anh*) darf nur mit **Zustimmung der Durchführungsbehörde** erfolgen.

Die **Eintragungen im Grundbuch** werden nicht auf Antrag der Vertragsbeteiligten vorgenommen, sondern **auf Grund behördlichen Ersuchens** der Durchführungsbehörde bzw der lrechtlich ermächtigten Dienststellen, § 13 LAVO (*Anh*), § 4 Abs 2 der 2. DVO; dazu *§ 38 Bem 68*. Damit hat die Durchführungsbehörde die Verantwortung. Soweit sich für das GBA noch Bedenken ergeben, sind sie durch Zwischenverfügung nach § 18 zu klären.

Nach § 14 Abs 2 LAVO (*Anh*) bestehen **Befreiungen von Gebühren und Gerichtskosten**. Die Durchführungsbehörden und die Deutsche Siedlungs- und Landesrentenbank sind verpflichtet auf Antrag eine **Bescheinigung** zur Vorlage bei den Behörden, insbes beim GBA, auszustellen, § 14 Abs 3 aaO. Die Bescheinigung unterliegt nicht der Nachprüfung durch die Behörden, bei denen etwa Gebühren oder Gerichtskosten angefallen wären, außer wenn sich im Einzelfall Bedenken gegen die Anwendbarkeit der Befreiung ergeben. Die Einschränkung der Prüfung auf Verneinung der Anwendbarkeit der Befreiungsvorschrift nach dem Sinn und Zweck einer Gebühren- oder Kostenordnung wird kaum praktisch werden. Da nach § 14 Abs 1 LAVO, § 3 der 2. DVO auch Steuervergünstigungen vorgesehen sind, ist bei der erwähnten Prüfung vor allem an die Steuerbehörden gedacht, da in diesem Bereich der Fall der Nichtbefreiung von Steuern Bedeutung haben kann; dazu *Bem 106*.

Ein **Bestätigungsvermerk zur Zwischenkrediturkunde** ist nach der 3. DVO-LAVO auszustellen. Die Gewährung von Dauerkredit und die zur Sicherung des Dauerkredits erforderlichen dinglichen und sonstigen Rechte können in einem von der Durchführungsbehörde aufzunehmenden Bestätigungsvermerk zur Zwischenkreditschuldurkunde geregelt werden. Die Bestätigung ist wirksam gegen jedermann. Die Bestätigungsurkunde ersetzt die zur Begründung dieser Rechte und Verpflichtungen erforderlichen Erklärungen der Beteiligten. Die Rechte und Pflichten werden, wenn für ihre Entstehung die Eintragung im GB nicht erforderlich ist, mit dem von der Deutschen Siedlungs- und Landesrentenbank bestimmten Zeitpunkt wirksam. Der Kapitalbetrag der in der Bestätigungsurkunde zu begründenden LRentenbankrente und der Darlehenshypothek darf die Höhe des Zwischenkredits nicht übersteigen. Das **GBA** wird unter Beifügung einer Ausfertigung der Bestätigungsurkunde **um die erforderlichen Eintragungen** nach § 38 **ersucht**; dazu *§ 38 Bem 68*.

### i) Gesetzliches Vorkaufsrecht nach RSiedlG und anderen Gesetzen 87

**Gesetzliche Vorkaufsrechte** sind Vorkaufsrechte kraft Gesetzes, also ohne **87a**
Vereinbarung. Die **gesetzlichen Ankaufsrechte** und **Wiederkaufsrechte** die keine Vorkaufsrechte sind, sind ähnlich gestaltet.

Gegenwärtig sind folgende gesetzlichen Vorkaufsrechte von Bedeutung:

die gemeindlichen Vorkaufsrechte nach BBauG (*Anh*); dazu *Bem 83c*,

das Vorkaufsrecht nach dem HG (*Anh*); dazu *Bem 85*,

das Vorkaufsrecht nach dem RSiedlG (*Anh*); dazu *Bem 87b*,

das Vorkaufsrecht des Miterben nach § 2034 BGB; dazu *§ 22 Bem 43*.

Gesetzliche Ankaufsrechte bestehen

nach § 25 Abs 3 BBauG (*Anh*) für die vorkaufsberechtigte Gemeinde; dazu *Bem 83c*,

nach § 11 Abs 2 LAVO (*Anh*) für die BRD; dazu *Bem 86*.

Gesetztliche Wiederkaufsrechte stehen den früheren Eigentümern zu

nach § 25 Abs 5 BBauG (*Anh*); dazu *Bem 83c*,

nach §§ 9, 14 Abs 2, §§ 20, 21 RSiedlG (*Anh*) dazu *Bem 87b*.

Aufgehoben sind folgende gesetzlichen Vorkaufsrechte, die früher bedeutsam waren:

das Vorkaufsrecht der Entschuldungsstelle; dazu *Bem 84*,

die Vorkaufsrechte nach den Aufbaugesetzen der Länder; dazu *Bem 83c*. Beim Aufbau der zerstörten Städte trafen landesrechtliche Aufbaugesetze eine Regelung, die ua auch durch gesetzliche Vorkaufsrechte es ermöglichten, daß der Städtebau nicht behindert war; dazu 5. Aufl dieses Kommentars unter E 197ff. Das BBauG hat diese Vorkaufsrechte nach den Aufbaugesetzen aufgehoben und durch die Vorkaufsrechte nach §§ 24ff. BBauG (*Anh*) ersetzt. Eine Übergangsregelung ist in § 178 BBauG enthalten. Darnach können seit Inkrafttreten des BBauG (dazu *Bem 83i*) die Vorkaufsrechte nach den Aufbaugesetzen nicht mehr ausgeübt werden. Die Vorschriften des BBauG über das Vorkaufsrecht der Gemeinden sind auf Vorkaufsfälle aus der Zeit vorher nur anwendbar, soweit auf Grund der früheren landesrechtlichen Vorschriften der Gemeinde ein gesetzliches Vorkaufsrecht zustand und die Frist für die Ausübung noch nicht abgelaufen war. Seit das BBauG Geltung hat, besteht nunmehr eine bundeseinheitliche Regelung; die Übergangsregelung ist durch Zeitablauf im wesentlichen ihre Bedeutung verloren.

## 87b **Vorkaufsrecht nach dem RSiedlG**

Dazu *Brand-Schnitzler* GBSachen § 80, *Güthe* GBO 2001 (Siedlungsgesetzgebung) unter 2007ff. (RSiedlG), *Haegele* GBRecht Bem 433, 2231ff., 2254, 2255, 2417, Beschränkungen Bem 107, *Herminghausen* Freundschaftsverkauf landwirtschaftlicher Grste BB 1962, 1140, *Henrichs* Übernommene Kostenlast und Ausübung des Vorkaufsrechts nach dem RSiedlG DNotZ 1955, 373, *Hesse-Saage-Fischer* GBO § 20 Bem V 3 (a), *Horber* GBO § 20 Bem 6Lc, *Pannwitz* Zum siedlungsrechtlichen Verkaufsrecht nach § 20 RSiedlG RdL 1955, 145, *Pikalo-Bendel* GrstVG § 27 Vorbem A, B, Bem Iff., *Schulte* Das siedlungsrechtliche Vorkaufsrecht, Voraussetzungen und Rechtsbehelfe RdL 1965, 305, *Siegmann* Das Ankaufsrecht BlGBW 1966, 174, *Thieme* GBO § 20 Bem 6 (d)

Die gesetzliche Regelung ist getroffen im

Reichssiedlungsgesetz (RSiedlG) vom 11. August 1919 RGBl 1429/8. Juni 1923 RGBl I 364/18. Auguxt 1923 RGBl I 805/8. Juli 1926 RGBl I 398/19. Mai 1953 BGBl I 201 = SaBl 475/§ 27 GrstVG vom 28. Juli 1961 BGBl I 1091, 1652, 2000 = BGBl III 7801 = SaBl 1341, 1808, 2289 in Neufassung BGBl III 2331-1 (*Anh*),

Gesetz zur Ergänzung des Siedlungsgesetzes (RSiedlErgG) vom 4. Januar 1935 RGBl I 1/ § 28 GrstVG vom 28. Juli 1961 BGBl I 1091, 1652, 2000 = BGBl III 7801-1 = SaBl 1341, 1808, 2289 in Neufassung BGBl III 2331-2 (*Anh*).

Die VO über das Vorkaufsrecht nach dem RSiedlG vom 15. April 1937 RGBl I 546 wurde durch § 29 GrstVG aufgehoben.

Zur **Förderung der ländlichen Siedlung** wurden die Vorschriften des RSiedlG und des RSiedlErgG in Zusammenhang mit dem GrstVG geändert. Damit erfolgte eine Neuorientierung des Siedlungswesens entsprechend den Bedürfnissen der Zeit; dazu *Pikalo-Bendel* GrstVG § 27 Vorbem A III.

Die Durchführung der Siedlung nach dem RSiedlG (*Anh*) wird **Siedlungsunternehmen** übertragen. Die Länder sind nach **§ 1 RSiedlG** (*Anh*) verpflichtet, wo gemeinnützige Siedlungsunternehmen nicht vorhanden sind, solche zu begründen. Der Kreis der Siedlungsunternehmen wird nach der Neufassung des Gesetzes erweitert, indem die LRegierung durch RechtsVO auch Behörden, Anstalten des öffentlichen Rechts, Teilnehmergemeinschaften nach dem FlurbG oder juristische Personen, die sich satzungsgemäß mit Aufgaben der Verbesserung der Agrarstruktur befassen, als Siedlungsunternehmen bezeichnen können. Damit ist es zulässig, daß nicht nur gemeinnützige Siedlungsunternehmen tätig werden.

Als **gemeinnützige Siedlungsunternehmen** sind anerkannt (dazu *Pikalo-Bendel* GrstVG § 27 Vorbem A IV)

| | |
|---|---|
| in Baden-Württemberg | die Badische LandessiedlungsGmbH in Karlsruhe,<br>die Württembergische LandessiedlungsGmbH in Stuttgart, |
| in Bayern | die Bayerische LandessiedlungsGmbH in München, |
| in Hessen | die Nassausische SiedlungsGmbH in Frankfurt aM,<br>die Hessische Heimat SiedlungsGmbH in Kassel, |
| in Niedersachsen | die Braunschweigische SiedlungsGmbH in Braunschweig,<br>die Niedersächsische Landgesellschaft, Hannover,<br>das Siedlungsamt in Oldenburg, |
| in Nordrhein-Westfalen | die Rote Erde in Münster,<br>die Siedlungsgesellschaft Rheinisches Heim in Bonn, |
| in Rheinland-Pfalz | die Landessiedlung Rheinland-Pfalz GmbH in Koblenz, |
| in Saarland | die Gesellschaft für Innere Kolonisation in Saarbrücken, |
| in Schleswig-Holstein | die Schleswig-Holsteinische LandGmbH in Kiel,<br>die Ostholsteinische LandsiedlungsGmbH in Eutin. |

Die gemeinnützigen Siedlungsunternehmen haben privatrechtlichen Charakter; dies ist hM, wenn auch bestrittene Meinung, *Pikalo-Bendel* GrstVG § 27 Vorbem B I 1. Das RSiedlG sieht selbst keinen Hoheitsakt für die Begründung von gemeinnützigen Siedlungsunternehmen vor. § 1 Abs 1 S 3 RSiedlG (*Anh*) bestätigt dies, indem bei den Siedlungsunternehmen Behörden und Anstalten des öffentlichen Rechts genannt werden, denen Siedlungsaufgaben zugewiesen werden, ohne daß ihnen im Rahmen des RSiedlG dieser öffentlich-rechtliche Charakter verliehen wird.

Die Erweiterung des Kreises der gemeinnützigen Siedlungsunternehmen durch Siedlungsunternehmen, die durch LRecht als solche bezeichnet werden, bedeutet nicht, daß nunmehr der Begriff des Siedlungsunternehmens auch die gemeinnützigen Siedlungsgesellschaften mitumfaßt, Deshalb wird in §§ 2ff. RSiedlG (*Anh*) zwischen gemeinnützigen Siedlungsunternehmen und sonstigen Siedlungsunternehmen unterschieden. Die Bezeichnung als Siedlungsunternehmen hat die Bedeutung, daß ein solches Unternehmen die Rechte eines solchen nach §§ 2ff. aaO hat; dazu *Pikalo-Bendel* GrstVG § 27 Bem I 2e, f.

Von der Möglichkeit der **Bezeichnung als Siedlungsunternehmen** haben schon mehrere Länder Gebrauch gemacht (dazu *Pikalo-Bendel* aaO g, *Haegele* GBRecht Bem 2333):

| | |
|---|---|
| Bayern | VO vom 21. Dezember 1961 GVBl 260 |
| Niedersachsen | VO vom 22. Dezember 1961 GVBl 373 |

jeweils bez Teilnehmergemeinschaften.

**Aufgabe** der Siedlungsunternehmen einschließlich der gemeinnützigen ist es, neue Ansiedlungen zu schaffen sowie bestehende Kleinbetriebe zu heben, doch höchstens auf die Größe einer Ackernahrung, soweit auf Grund der Bestimmungen des RSiedlG das dazu erforderliche Land beschafft werden kann, § 1 Abs 1 S 1 RSiedlG (*Anh*). Der Geschäftsbezirk der Unternehmen, der sog Ansiedlungsbezirk, wird durch die LZentralbehörden bestimmt, § 1 Abs 1 S 2 aaO. Über das Siedlungswesen wird eine Aufsicht geführt, dazu § 1 Abs 3 aaO.

Die **Bereitstellung von Land** ist in **§§ 2, 3 RSiedlG** (*Anh*) geregelt. Außer Staatsdomänen kommt Moor- und Ödland in Betracht; Enteignung ist insoweit nicht vorgesehen. Es kann auch darüber hinaus Siedlungsunternehmen Land angeboten werden; insbes kann LRecht anordnen, daß die Landbereitstellung auch für Siedlungsunternehmen iSd § 1 Abs 1 S 3 aaO gilt, daß und welches Land über die §§ 2, 3 aaO hinaus zu Siedlungszwecken bereit zu stellen ist, da § 27 S 1 aaO Landesrecht zur weitergehenden Förderung des Siedlungswesens unberührt läßt. Zu § 2 aaO **BGH** BGHZ 16, 241 = NJW 1955, 832 = RdL 1955, 129 = DRspr II (284) 101a.

In Ansiedlungsbezirken, deren landwirtschaftliche Nutzung auf große Güter entfällt, sieht **§ 12 RSiedlG** (*Anh*) die Bildung von **Landlieferungsverbänden** vor; die Aufgaben der Landlieferungsverbände können durch die Landeszentralbehörden auch anderen Stellen, insbes gemeinnützigen Siedlungsgesellschaften oder landwirtschaftlichen Organisationen übertragen werden. Die lrechtlich bezeichneten Siedlungsunternehmen iSd § 1 Abs 1 S 3 RSiedlG (*Anh*) sind hier nicht mit aufgeführt. Da die gemeinnützigen Siedlungsunternehmen nur beispielhaft aufgeführt sind, ist es ohne weiteres möglich, daß auch Siedlungsunternehmen iSd § 1 Abs 1 S 3 aaO als Landlieferungsverbände bestellt werden, so daß auch dieser Aufgabenbereich ihnen zugewiesen werden kann. Nach § 13 RSiedlG (*Anh*) hat der Landlieferungsverband auf Verlangen eines gemeinnützigen Siedlungsunternehmen geeignetes Land zu Siedlungszwecken zu einem angemessenen Preis zu beschaffen. Die Siedlungsunternehmen iSd § 1 Abs 1 S 3 aaO werden nicht genannt, sind daher nur berechtigt, das Verlangen an den Landlieferungsverband zu stellen, wenn lrechtlich eine entsprechende ergänzende Regelung besteht, § 27 S 1 RSiedlG (*Anh*). Wenn das Siedlungsunternehmen zugleich Landlieferungsverband ist, spielt sich die Frage der Landbeschaffung nach **§ 13** aaO intern ab. Güter, die bevorzugt erworben werden sollen, Fideikommisse und andere gebundene Grste sind in **§§ 16, 17** aaO als geeignetes Siedlungsland aufgeführt. Erforderlichenfalls muß Land durch Enteignung beschafft werden, §§ 15, 27 S 2 aaO. Die Siedlungsunternehmen sind verpflichtet, das Land dem Landlieferungsverband zu dem von ihm entrichteten Erwerbspreis abzunehmen, **§ 18 RSiedlG** (*Anh*). Über die Berücksichtigung von außerordentlicher Vermögensabgabe in besiedlungsfähigem Land **§ 19** aaO.

Nach **§ 22ff. RSiedlG** ist auch Pachtland für landwirtschaftliche Arbeiter zu beschaffen, nach § 24 aaO erforderlichenfalls durch Zwangspachtung oder Enteignung.

Von den Schlußbestimmungen ist außer **§§ 26 bis 28 RSiedlG** (*Anh*), die von ergänzendem Recht handeln, auch **§ 29** aaO einschlägig, der von Gebühren- und Steuerfreiheit handelt.

**Vorkaufsrecht des Siedlungsunternehmens** nach §§ 4ff. RSiedlG (*Anh*)

Das Vorkaufsrecht des Siedlungsunternehmens ist in **§§ 4ff. RSiedlG** (*Anh*) geregelt. Die Ausübung des Vorkaufsrechts stellt keine Enteignung dar, **OVG Münster** RdL 1952, 319.

Das Vorkaufsrecht steht nach **§ 4** Abs 1 **RSiedlG** (*Anh*) den **gemeinnützigen Siedlungsunternehmen** zu, nach § 4 Abs 5 aaO auch den **sonstigen Siedlungsunter-**

**nehmen** iSd § 1 Abs 1 S 3 aaO, wenn die Siedlungsbehörde es bestimmt. Nach § 27 S 1 aaO wird man darüber hinaus auch eine weitergehende Regelung durch LRecht zulassen, weil es der Siedlung förderlich ist, wenn mehrere Siedlungsunternehmen verteilt tätig sind.

Wenn ein **Genehmigungsverfahren nach dem GrstVG läuft**, so wird nach § 12 GrstVG (*Anh*) zuerst geklärt, ob von dem Vorkaufsrecht nach dem RSiedlG Gebrauch gemacht wird; dazu *Bem 82c*, auch *Haegele* GBRecht Bem 2334.

Die **Voraussetzungen des Vorkaufsrechts** sind in § 4 RSiedlG (*Anh*) umgrenzt.

Es muß sich um einen **Verkauf eines landwirtschaftlichen Grsts** oder **von Moor- und Ödland** handeln, § 4 Abs 1 S 1 aaO. Das Vorkaufsrecht bezieht sich auch auf Weinberge, **BGH** MDR 1966, 490 = RdL 1966, 155 = WM 1966, 516 = BWNotZ 1966, 200, 260 Ls = DRspr II 285) 75d, dagegen nicht auf forstwirtschaftlich genutzte Grste und Forstnutzungsrechte, **OLG Braunschweig** NdsRpfl 1960, 276 = RdL 1960, 291 = DRspr II (284) 158a, **OLG München** RdL 1964, 236 = DRspr II (285) 59e. Der Begriff **Grundstück** im RSiedlG wirtschaftlich, nicht rechtlich verstanden; dazu **LG Karlsruhe** RdL 1965, 65 = MittBayNotV 1965, 203 unter Hinweis auf *§ 3 Bem 4* dieses Kommentars, *Pikalo-Bendel* GrstVG § 27 Bem II 1a, zum früheren Recht, das den gleichen GrstBegriff hatte, **RG** HRR 1926 Nr 1396, **KG** OLG 44, 141, *Güthe* GBO § 20 Bem 55. Da der wirtschaftliche Begriff des Grsts maßgebend ist, ist nicht von Bedeutung wie das Grst im GB eingetragen ist, ob auf 1 oder auf mehreren GBBlättern. Entscheidend ist vielmehr die wirtschaftliche Zusammengehörigkeit und der Charakter als landwirtschaftlicher Grundbesitz. Werden dem Vorkaufsrecht nicht unterliegende kleinere Grste zusammen mit größeren dem Vorkaufsrecht unterliegende Grste in einem einheitlichen Vertrag verkauft und wird für den Vertrag über die Grste eine einheitliche Genehmigung nach dem GrstVG (*Anh*) beantragt, so daß auch nur eine einheitlichr Verbescheidung begehrt wird, so ist ein Fall des Vorkaufsrechts nicht gegeben, da die Mitteilung einer Ausübungserklärung nur einen Teil, nicht den ganzen Vertrag betrifft, falls nicht ein Fall der Gesetzesumgehung vorliegt; dazu *Haegele* GBRecht Bem 2237, *Pikalo-Bendel* GrstVG § 27 Bem IV 3b (7aa). Dasselbe gilt, wenn die Genehmigung nur für die dem Vorkaufsrecht unterliegenden Grste die Mitteilung macht, im übrigen aber Versagung der Genehmigung erfolgt; dazu *Pikalo-Bendel* aaO. Werden mehrere Grste, die alle dem Vorkaufsrecht unterliegen, in einem einheitlichen Vertrag verkauft, ohne daß eine Trennung oder ein Teilverkauf gewollt ist, so kann auch das Vorkaufsrecht nur einheitlich ausgeübt werden, wiederum falls nicht Gesetzesumgehung vorliegt; dazu *Haegele* aaO, *Pikalo-Bendel* GrstVG § 27 Bem 3b (7bb).

Das Vorkaufsrecht kommt erst in Betracht, wenn die verkaufte Fläche eine bestimmte **Mindestgröße** erreicht, § 4 Abs 1 S 1, Abs 4 RSiedlG (*Anh*). Die Mindestgröße beträgt **2 ha**, kann aber lrechtlich höher, uU vorübergehend auch niedriger festgesetzt werden. Mehrere in einem Vertrag gemeinsam verkaufte GrstFlächen werden zusammengerechnet, **OLG Koblenz** RdL 1964, 292 = MittBayNotV 1965, 31 = DRspr II (285) 61d, **LG Karlsruhe** RdL 1965, 65 = DRspr aaO 66b. Wenn ein Verkauf aus einem großen Grundbesitz nacheinander in kleinen Parzellen unter der Mindestgrenze erfolgt, so kommt das Vorkaufsrecht dann in Betracht, wenn eine Gesetzesumgehung vorliegt; dazu *Pikalo-Bendel* GrstVG § 27 Bem II 1b, auch *Bem 79c*. Auf das Verhältnis der veräußerten Flächen zu dem Gesamtgrundbesitz kommt es nicht an; dazu *Haegele* GBRecht Bem 2235 mit Fußn 2 S 552. Landesrechtliche Regelungen sind hierzu ergangen (dazu *Haegele* GBRecht Bem 2232, 2236, *Pikalo-Bendel* GrstVG § 27 Bem II 4b, gg):

| | |
|---|---|
| Baden-Württemberg | VO vom 13. Februar 1962 GBl 6; dazu **OLG Stuttgart** RdL 1966, 236 = DRspr II (285) 82d |
| Bayern | VO vom 21. Dezember 1961 GVBl 260 |
| Hessen | VO vom 7. Januar 1962 GVBl 2 |
| Niedersachsen | VO vom 22. Dezember 1961 GVBl 373. |

Landesrechtliche Vorschriften sind jederzeit abänderbar, so daß sie den Bedürfnissen angeglichen werden können. Soweit eine Herabsetzung unter 2 ha erfolgt, besteht keine Mindestgröße als untere Grenze. Zeitdauer und Umfang richten sich ausschließlich nach den bestehenden durch die Agrarstruktur bedingten Gegebenheiten. Andere Gesichtspunkte dürfen hierbei nicht berücksichtigt werden.

Die Ausübung des Vorkaufsrechts ist beschränkt auf **Kaufverträge** iSd §§ 433ff. BGB, da § 4 Abs 1 S 1 RSiedlG (*Anh*) ausdrücklich die Anwendbarkeit der Vorschrift auf Veräußerung durch Kaufvertrag beschränkt; dazu *Haegele* GBRecht Bem 2238 mit Fußn 4 S 553, *Pikalo-Bendel* GrstVG § 27 Bem II 1c. Es scheiden also alle sonstigen Verträge aus, auch kaufähnliche und sonstigen Verträge aus, wie Tausch, Schenkung, Ausstattung, Ein- und Austritt eines Gesellschafters bei Gesellschaftsverhältnis, Erbauseinandersetzung, Auflösung einer BGB-Gesellschaft oder einer Handelsgesellschaft, Einbringung eines Grsts in eine juristische Person, fiduziarische Übertragung, Abtretung des Meistgebots bei ZwVerstVerfahren, Hofübergabevertrag und ähnliche Verträge, auch gemischte Schenkung, **RG** RGZ 101, 99, Hingabe von Grundbesitz an Zahlungs Statt, freihändiger Verkauf durch Konkursverwalter. Auch die besonderen Arten der ZwVerst, die keine ZwV sind, die das ZwVerstVerfahren nach §§ 180ff. ZVG, und die freiwilligen Versteigerungen sind keine Kaufverträge iS des § 4 S 1 RSiedlG (*Anh*). Ausscheiden auch ZwVMaßnahmen. Der Begriff des Kaufes ist hier in derselben Weise verwendet wie in § 24 Abs 1 BBauG (*Anh*); dazu *Bem 83c.* Umgehungsgeschäfte können das Vorkaufsrecht nicht verhindern; dazu *Bem 79c.* Von der Frage der Nichtausschließung des Vorkaufsrechts, weil ein Umgehungsgeschäft vorliegt, ist die Frage zu unterscheiden, ob eine solche Umgehungsvereinbarung nichtig ist. Zu der letzteren Frage hat **BGH** NJW 1964, 540 = MDR 1963, 309 = JZ 1964, 228 = JR 1964, 344 = BB 1964, 100 = MittBayNotV 1964, 121 = DNotZ 1965, 35/1964, 358 Ls = LM § 1094 BGB Nr 6/7, § 504 BGB Nr 9 Ls Stellung genommen und ausgeführt: Nicht jede Vereinbarung des Vorkaufsverpflichteten mit einem Dritten, durch die statt eines Kaufvertrages ein anderes, besonders ausgestaltetes und darum den Vorkaufsfall nicht auslösendes Rechtsverhältnis begründet wird, ist als Umgehungsgeschäft nichtig; dies gilt vielmehr nur von solchen Abmachungen, die durch ihren Gesamtcharakter oder die Art und Weise ihres Zustandekommens das Gepräge der Sittenwidrigkeit erhalten, sei es daß sie auf verwerfliche Beweggründe oder der Anwendung unlauterer Mittel beruhen oder ausschließlich zu dem Zweck getroffen werden, dem Vorkaufsberechtigten Schaden zuzufügen. Soweit ein solcher Umgehungsvertrag wirksam ist, aber das Vorkaufsrecht auslöst, können von einem Vertragsbeteiligten gegen den anderen Schadensersatzansprüche aus Verschulden bei Vertragsabschluß bestehen.

Es bedarf des Hinweises, daß die Beschränkung des Vorkaufsrechts auf den Kaufvertrag eine Einengung gegenüber dem bisherigen Recht bedeutet. § 11 RSiedlG aF, der durch das GrstVG vom 28. Juli 1961 ersatzlos aufgehoben wurde, wendete nämlich das Vorkaufsrecht auch auf alle Verträge an, die auf die Veräußerung eines Grsts gegen Entgelt gerichtet sind, auf die Veräußerung im Wege der ZwVerst und auf die freihändige Veräußerung durch den Konkursverwalter; dazu

*Picalo-Bendel* GrstVG § 27 Bem IX. Die gesamte Rspr aus früherer Zeit hierzu ist gegenstandslos geworden.

Die Ausübung des Vorkaufsrechts setzt einen wirksamen Kaufvertrag voraus, also einen rechtsgültigen; dazu **BGH** DNotZ 1957, 16 = BB 1956, 1034 = DRspr II (284) 119e = LM § 4 RSiedlG Nr 1, **OLG Köln** OLGZ 1, 327 = ArchZivPr 150, 145, RdL 1965, 201, *Pikalo-Bendel* GrstVG § 27 Bem II 1c (ff), über Nichtigkeit, Anfechtbarkeit usw eines Vertrags *Bem 70, § 18 Bem 141, 142.* Ist ein Vertrag unwirksam, gleichgültig aus welchem Grunde, so kommt das Vorkaufsrecht nicht in Betracht. Dies gilt insbes auch, wenn eine Vereinbarung wegen seines Charakters als Umgehungsgeschäft ausnahmsweise nichtig ist; dazu *Pikalo-Bendel* aaO. Ebenso ist es, wenn eine behördliche Genehmigung, außerhalb des GrstVG (*Anh*) nötig ist; diese muß erteilt sein, insbes die Genehmigung nach dem GrstVG, **BGH** DNotZ 1957, 16 wV aaO.

Die bei dem Vorkaufsrecht nach dem RSiedlG (*Anh*) in jedem Falle praktisch werdende Frage des Verhältnisses zu einer Genehmigung nach dem GrstVG (*Anh*) ist in § 4 Abs 1 RSiedlG (*Anh*) neu geregelt. Das nunmehr geltende Recht weicht wesentlich von dem bisherigen ab. War früher die bodenverkehrsrechtliche Genehmigung nach KRG 45 Art IV Voraussetzung der Ausübung des gesetzlichen Vorkaufsrechts (dazu **BGH** DNotZ 1957, 16 wV aaO), so ist es jetzt im wesentlichen umgekehrt. Es wird vorausgesetzt, daß

die Veräußerung einer Genehmigung nach dem GrstVG (*Anh*) bedarf und

die Genehmigung nach § 9 GrstVG nach Auffassung der Genehmigungsbehörde zu versagen wäre;

dazu *Haegele* GBRecht Bem 2237, 2240, *Pikalo-Bendel* GrstVG § 27 Bem II 1e. Hiernach muß es sich um ein Grst iSd § 1 GrstVG (*Anh*) handeln, die der Genehmigung bedürfen; dazu *Bem 82.* Genehmigungsfrei sind die in § 4 GrstVG (*Anh*) aufgezählten Rechtsvorgänge. In § 8 aaO sind die Fälle aufgezählt, die zwar genehmigungspflichtig sind, bei denen aber stets ohne Rücksicht auf § 9 aaO die Genehmigung zu erteilen ist. Da das Vorkaufsrecht der Verbesserung der Agrarstruktur dienen will, wie auch aus § 6 RSiedlErg (*Anh*) ersichtlich ist, ist bei der Ausübung des Vorkaufsrechts nötig, daß die **Genehmigung nach § 9 GrstVG** (*Anh*), also wegen ungesunder Verteilung von Grund und Boden, **zu versagen wäre**. Das siedlungsrechtliche Vorkaufsrecht dient damit positiv der GrstLenkung; dazu *Pikalo-Bendel* aaO. Es kann also nicht verhindert werden, daß etwa ein hauptberuflicher Land- oder Forstwirt Grste erwirbt; dazu *Pikalo-Bedel* aaO. Es muß ein Versagungsgrund iSd § 9 GrstVG (*Anh*) tatsächlich vorliegen; dazu *Pikalo-Bendel* GrstVG § 9 Bem F. Da § 9 aaO auf § 10, der von Auflagen handelt, und § 11 aaO, der die Bedingungen betrifft, Bezug nimmt, steht der Versagung der Genehmigung nach § 9 aaO die Erteilung der Genehmigung unter Auflagen oder Bedingungen gleich; dazu *Haegele* GBRecht Bem 2240, *Pikalo-Bendel* aaO, bez Auflage **BGH** NJW 1965, 816 = MDR 1965, 285 = RdL 1965, 45 = Rpfleger 1965, 223 (*Haegele*) = BWNotZ 1965, 107 Ls = DRspr II (285) 65c.

Das Vorkaufsrecht steht dem Siedlungsunternehmen zu, in dessen Bezirk die Hofstelle liegt; ist keine Hofstelle vorhanden, so richtet sich die Zuständigkeit des Siedlungsunternehmens danach, in dessen Bezirk das Grst ganz oder zum größten Teil liegt, § 4 Abs 1 RSiedlG (*Anh*).

Die Ausübung des Vorkaufsrechts gegenüber **hauptberuflichen Landwirten** ist auf Grund des § 4 Abs 1 RSiedlG (*Anh*) so gut wie ausgeschlossen, wie bereits erwähnt ist. Damit verliert **§ 11a RSiedlG** (*Anh*), der bereits durch Ges vom

7. Juni 1923 RGBl I 364 in das RSiedlG eingefügt wurde, wesentlich an Inhalt und Bedeutung; dazu *Haegele* GBRecht Bem 2237, *Pikalo-Bendel* GrstVG § 27 Bem X. Nach dieser Vorschrift tritt gegenüber Berufslandwirten, soweit sie enteignet sind und sich innerhalb von 3 Jahren nach erfolgter Enteignung anderweitig Grste ankaufen, um die Landwirtschaft hauptberuflich auszuüben, das gesetzliche Vorkaufsrecht des Siedlungsunternehmens insoweit außer Kraft, als die neu erworbene Fläche die abgegebene an Ausdehnung nicht überschreitet. Regelmäßig wird in einem solchen Falle die Bodenverkehrsgenehmigung nach § 8 Z 7a GrstVG (*Anh*) erteilt und damit bleibt § 11a RSiedlG (*Anh*) außer Anwendung; dazu *Pikalo-Bendel* aaO.

Der Grundsatz, daß die Ausübung des Vorkaufsrechts einen rechtswirksamen Vertrag voraussetzt, wird gesetzlich ergänzt durch § 4 Abs 3 RSiedlG (*Anh*). Darnach wird das Vorkaufsrecht nicht dadurch ausgeschlossen, daß in dem Veräußerungsvertrag ein **geringeres als das vereinbarte Entgelt beurkundet** wird, da in diesem Fall dem Siedlungsunternehmen gegenüber das beurkundete Entgelt als vereinbart gilt; dazu *Haegele* GBRecht Bem 2239, *Pikalo-Bendel* GrstVG § 27 Bem II 3. Während sonst eine behördliche Genehmigung nicht für das verdeckte Geschäft gilt (dazu *Bem 70, 79c*), wird hier eine etwaige Ablehnuug der Genehmigung nach GrstVG (*Anh*), bzw ein sonst unwirksames Scheingeschäft ähnlich wie früher im Preisrecht bei GrstVerkäufen behandelt. Wird ein höheres Entgelt als vereinbart beurkundet, so gilt die gesetzliche Sonderregelung nicht. Der verdeckte nichtige Vertrag kann durch GBEintragung heilen, eine erschlichene Genehmigung kann widerrufen werden; dazu *Pikalo-Bendel* aaO (b). Wird das Vorkaufsrecht des Siedlungsunternehmens nicht ausgeübt, so entfällt der Versagungsgrund der ungesunden Verteilung von Grund und Boden auch dann, wenn das Siedlungsunternehmen wegen des überhöhten Preises das Verkaufsrecht nicht geltend gemacht hat, § 9 Abs 1 Z 1, Abs 5 GrstVG (*Anh*); dazu **BGH** NJW 1966, 2310.

Das Vorkaufsrecht besteht nach § 4 Abs 2 RSiedlG (*Anh*) nicht, wenn der Verpflichtete bei **Verkauf** eines Grst **an**

**eine Körperschaft des öffentlichen Rechts** und an
seinen **Ehegatten** oder an eine **Person**, die mit ihm **in gerader Linie** oder

**bis zum 3. Grad in der Seitenlinie verwandt** oder **bis zum 2. Grad verschwägert** ist;

dazu *Haegele* GBRecht Bem 2237, *Pikalo-Bendel* GrstVG § 27 Bem II 2. Bez Veräußerung an verwandte Personen usw ist dieRegelung ähnlich wie in § 24 Abs 3 BBauG (*Anh*); dazu *Bem 83c*. BeiVeräußerungen an öffentlich-rechtliche Körperschaften, die ohnedies unter die Sonderregelung des § 4 bzw § 8 Z 1, 7c GrstVG (*Anh*) fallen und deshalb für die Ausübung des Vorkaufsrechts ausscheiden. Der Begriff der Körperschaften des öffentlichen Rechts ist hier im üblichen Sinne zu verstehen; dazu *§ 32 Bem 56ff.* Es gehören daher auch öffentlich-rechtliche Anstalten und Stiftungen hierher, **aA** *Pikalo-Bendel* aaO a(aa/b). Dagegen sind nicht hierher zu rechnen privatrechtliche juristische Personen oder Vereine, an denen Körperschaften des öffentlichen Rechts beteiligt sind, selbst wenn dies in erheblichem Umfange der Fall ist. Soweit öffentlich-rechtliche Körperschaften als Veräußerer auftreten, gilt die Ausnahmeregelung nicht.

Für die **Ausübung des gesetzlichen Vorkaufsrechts** bestimmt § 12 GrstVG (*Anh*), daß dann, wenn die Voraussetzungen, unter denen nach dem RSiedlG (*Anh*) das Vorkaufsrecht ausgeübt werden kann, vorliegen, die **Genehmigungsbehörde**, bevor sie über den Antrag auf Genehmigung entscheidet, den **Vertrag der Siedlungsbe-**

**hörde** zur Herbeiführung einer Genehmigung über die Ausübung des Vorkaufsrechts durch die vorkaufsberechtigte Stelle **vorzulegen** hat; dazu *Haegele* GBRecht Bem 2244, auch *Bem 82c*. Nach **§ 6 RSiedlG** (*Anh*) nach dessen Abs 1 S 1 aaO kann das Vorkaufsrecht daher ausgeübt werden, sobald die Siedlungsbehörde den ihr nach § 12 GrstVG (*Anh*) vorgelegten Kaufvertrag dem **Vorkaufsberechtigten mitteilt**; dazu *Haegele* GBRecht Bem 2245, 2246 mit Fußn 1 S 555, *Pikalo-Bendel* GrstVG § 27 Bem IV 3b. Die Vertragsbeteiligten können daher ihren Antrag auf Genehmigung ohne Zustimmung des Siedlungsunternehmers bis zum Zugang der Mitteilung desselben über die Ausübung des Vorkaufsrechts zurücknehmen und dadurch die Ausübung des Vorkaufsrechts verhindern, **BGH** BGHZ 41, 114 = NJW 1964, 1677 = MDR 1964, 585 = RdL 1964, 122 = WM 1964, 424 = Rpfleger 1964, 259 (*Haegele*) = BWNotZ 1964, 215 Ls = LM § 21 GrundstücksverkehrsG Nr 1—4 (*Pipenbrock*), § 1 LwVG Nr 5, § 9 LwVG Nr 9, § 22 LwVG Nr 17 Ls. Die **Erklärung des Vorkaufsberechtigten** über die Ausübung des Vorkaufsrechts ist über die Siedlungsbehörde der Genehmigungsbehörde, die ihr den Kaufvertrag vorgelegt hat, zuzuleiten, § 6 Abs 1 S 2 RSiedlG (*Anh*). Die Genehmigungsbehörde teilt diese Erklärung dem Verpflichteten mit, § 6 Abs 1 S 3 aaO. Es ist dies der umgekehrte Weg, wie ein Kaufvertrag an das Siedlungsunternehmen gelangte. Ein Vertragsentwurf ist nicht geeignet, das Vorkaufsrecht auszulösen; dazu *Pikalo-Bendel* aaO (2). Diese Mitteilung der Erklärung des Siedlungsunternehmens über die Ausübung des Vorkaufsrechts ist ein Akt der Genehmigungsbehörde und hat das öffentlich-rechtlichen Charakter mit privatrechtlichen Inhalt; dazu *Pikalo-Bendel* GrstVG § 27 Bem IV 3a. Der Vertrag ist bis zur Genehmigung schwebend unwirksam, der Antrag auf Genehmigung ist mit dem Zugang der Mitteilung hierüber verbraucht. Mit der erwähnten Mitteilung gilt für das **Rechtsverhältnis** zwischen dem Verkäufer und dem Vorkaufsberechtigten die Veräußerung als **genehmigt**, wie in § 6 Abs 1 S 3 RSiedlG (*Anh*) ausgesprochen wird, da die Ausübung des Vorkaufsrechts erst in dieser Mitteilung liegt; die Genehmigung schafft daher eigentlich erst das Zustandekommen des Vorkaufsrechts, **BGH** aaO. Der Rechtsvorgang ist konstruktiv sehr kompliziert, komplizierter als sich der Gesetzgeber es wohl gedacht hat, da Genehmigung gegenüber dem Verkäufer erfolgt, obwohl dem Käufer gegenüber wegen § 9 GrstVG (*Anh*) nicht genehmigt werden könnte; dazu *Haegele* GBRecht Bem 2246, ausführlich *Pikalo-Bendel* GrstVG § 27 Bem IV 3a (3). Die Mitteilung muß als Antwort auf den gestellten Genehmigungsantrag diesen erschöpfend bescheiden; dazu *Pikalo-Bendel* aaO a (3). Ist nur eine einheitliche Verbescheidung begehrt, so kann auch nur einheitlich das Vorkaufsrecht ausgeübt werden. Eine Teilgenehmigung kommt nur in Betracht, wenn die Beteiligten dies beantragten, sei es auch nur vorsorglich. Wenn das LwG den Bescheid der Genehmigungsbehörde — § 21 GrstVG (*Anh*) — aufhebt, so nimmt es damit dem Siedlungsunternehmen seine bisherige Rechtsstellung, deshalb ist dasselbe auch beschwerdeberechtigt, **BGH** aaO.

Die Ausübung des Vorkaufsrechts ist unwirksam, wenn die Genehmigungsbehörde die Mitteilung nicht binnen der **Frist** des § 6 Abs 1 GrstVG (*Anh*) zugestellt hat; dies gilt nicht im Falle des § 7 S 2 RSiedlG (*Anh*), wie § 6 Abs 2 RSiedlG (*Anh*) bestimmt. So ist § 6 Abs 2 RSiedlG (*Anh*) in Zusammenhang mit **§ 7** aaO zu betrachten; dazu *Haegele* GBRecht Bem 2247 mit Fußn 2 S 555, *Pikalo-Bendel* GrstVG § 27 Bem IV 4, V. Es wurde gegenüber früher die Frist neu geregelt, so daß sich auch hier ältere Entscheidungen nicht mehr verwerten lassen. Die Frist in § 6 Abs 1 GrstVG (*Anh*) beträgt **1 Monat** und kann durch die Genehmigungsbehörde **auf 2** bzw **3 Monate verlängert** werden; dazu *Haegele* aaO Fußn 2 S 555. Der Vorkaufsberechtigte ist befugt, innerhalb dieser Frist das Grst zu besichtigen, **§ 7** S 1 RSiedlG (*Anh*); dazu *Pikalo-Bendel* aaO Bem V 2ff. Wird der Vorkaufsberechtigte von dem Eigentümer oder einem Dritten an der Ausübung dieses Rechts gehindert und teilt er dies der Genehmigungsbehörde binnen der Frist mit, so kann das Vorkaufsrecht noch binnen einer Frist von **1 Monat von dem Tage ab, an dem das Hindernis wegfällt,** sofern die Genehmigungsbehörde die Mitteilung über die Fristverlängerung binnen der Frist des § 6 Abs 1 GrstVG (*Anh*) an den Veräußerer zugestellt hat.

Wenn das Vorkaufsrecht durch ein örtlich unzuständiges Siedlungsunternehmen ausgeübt wurde, insbes weil eine unzuständige Genehmigungsbehörde ihm den Kaufvertrag zusandte, so hat eine solche Erklärung keine Wirkung und es kann unabhängig davon das zuständige Siedlungsunternehmen verständigt werden und die etwaige Erklärung wirksam abgeben, uU im Rahmen eines Verfahrens nach § 10 RSiedlG (*Anh*); dazu *Pikalo-Bendel* GrstVG § 27 Bem IV 3c (a ff.).

Der Ausübung des Vorkaufsrechts steht nicht entgegen, daß über eine **nach anderen Gesetzen erforderliche Genehmigung** des Kaufvertrags noch nicht entschieden ist, § 6 Abs 3 RSiedlG (*Anh*); dazu *Haegele* GBRecht Bem 2248, *Pikalo-Bendel* GrstVG § 27 Bem IV 5. Hierbei handelt es sich um behördliche und gerichtliche Genehmigungen nicht um die Genehmigung von Privatpersonen, wie von gesetzlichen Vertretern (Eltern, Vormund, Pfleger, Beistand usw).

Die **Rechtsfolgen** bei Ausübung des Vorkaufsrechts ergeben sich aus **§§ 5, 8 RSiedlG** (*Anh*); dazu *Haegele* GBRecht Bem 2249ff., *Pikalo-Bendel* GrstVG § 27 Bem III, VI. Rechtsgeschäftliche Vorkaufsrechte erlöschen, wenn das gesetzliche Vorkaufsrecht ausgeübt wird, § 5 S 1 RSiedlG (*Anh*). Für die dadurch entstandenen Vermögensnachteile hat der Vorkaufsberechtigte den Inhaber eines erloschenen Rechts in Geld zu entschädigen, wenn nicht im Zeitpunkt der Begründung des erloschenen Rechts ein Vorkaufsrecht nach dem RSiedlG (*Anh*) bestand, § 5 S 2 aaO. Diese Regelung des Interessenausgleichs ist neu; sie bezieht sich auf dingliche wie schuldrechtliche Vorkaufsrechte. Wegen Art 14 GG besteht die Entschädigungspflicht, falls bei Begründung des privatrechtlichen Vorkaufsrechts kein gesetzliches Vorkaufsrecht nach dem RSiedlG aF (dazu 5. Aufl dieses Kommentars § 20 Bem 87, Text des RSiedlG aF, RSiedlGErgG aF und der VO über das Vorkaufsrecht nach dem RSiedlG Anh 91—93 S 2525ff.) bzw RSiedlG nF (*Anh*) in Frage kam; dazu *Pikalo-Bendel* aaO Bem III 5. Für die Geltendmachung des Rechts bestimmt § 5 S 3 RSiedlG (*Anh*) eine Ausschlußfrist von 3 Jahren; dazu *Pikalo-Bendel* aaO Bem III 5g. Hinzuweisen ist auch auf §§ 1ff. RSiedlErgG (*Anh*), da nach § 6 aaO diese Vorschriften auch bei Ausübung des gesetzlichen Vorkaufsrecht in Betracht kommen. Mit der Ausübung des Vorkaufsrechts kommt der Kauf zwischen dem Berechtigten und dem Verpflichteten unter den Bestimmungen zustande, welche der Verpflichtete mit dem Dritten vereinbart hat, § 505 Abs 2 BGB mit § 8 Abs 1 S 1 RSiedlG (*Anh*); dazu **LG Düsseldorf** RdL 1963, 268 (*Henning*) = DRspr II (285) 50c. Entsprechend anwendbar sind auch §§ 506 bis 509 BGB, auf die § 8 Abs 1 S 1 RSiedlG (*Anh*) ebenfalls verweist, wobei S 2 aaO die Wirkung auch auf das Zubehör erstreckt. Gegenüber dem bisherigen Recht und dem gesetzlichen Vorkaufsrecht nach § 24 Abs 4 BBauG (*Anh*) — dazu *Bem 83c* — bestehen Abweichungen. Dies ist darauf zurückzuführen, daß durch die Verkoppelung von Genehmigungsverfahren und Vorkaufsrecht Verweisungen in größerem Umfange überflüssig erscheinen; dazu *Pikalo-Bendel* GrstVG aaO Bem VI 1, 2.

Einwendungen gegen das gesetzliche Vorkaufsrecht können nach Maßgabe des **§ 10 RSiedlG** (*Anh*) ausgetragen werden, es kann das LwG angerufen werden; dazu *Haegele* GBRecht Bem 2250, *Pikalo-Bendel* GrstVG § 27 Bem VIII. In dem Einwendungsverfahren kann nicht geprüft werden, ob dem Siedlungsunternehmen ein Vorkaufsrecht nach § 4 aaO zusteht, **OLG Nürnberg** RdL 1964, 124. Zulässig ist die Einwendung, daß die Genehmigung aus verfahrensrechtlichen Gründen des GrstVG (Anh) nicht versagt werden dürfe, **OLG Celle** NdsRpfl 1967, 89 = RdL 1967, 128 = DRspr II (285) 89a.

Wird das **Vorkaufsrecht nicht ausgeübt,** obwohl die Möglichkeit dazu bestand, so darf die Genehmigung nicht nach § 9 Abs 1 Z 1 GrstVG (*Anh*) nur versagt oder unter Auflagen und Bedingungen eingeschränkt werden, falls es sich um die Veräußerung eines land- oder forstwirtschaftlichen Betriebes handelt, § 9 Abs 5 GrstBG (*Anh*); dazu **BGH** MDR 1966, 829, auch *Bem 82*. Für die Fälle des § 9 Abs 1 Z 2, 3 aaO gilt dies nicht; dazu *Haegele* GBRecht Bem 2252. Daneben besteht die Möglichkeit des Verzichts auf die Ausübung des Vorkaufsrechts; dazu *Haegele* aaO Bem 2253.

**Vorkaufsrecht des Landlieferungsverbandes** nach § 14 RSiedlG (*Anh*)

Der Landlieferungsverband hat anstelle des gemeinnützigen Siedlungsunternehmens (§ 1 RSiedlG *Anh*) das Vorkaufsrecht auf alle großen Güter seines Bezirks, **§ 14 RSiedlG** (*Anh*). Es muß das Vorkaufsrecht auf Verlangen des gemeinnützigen Siedlungsunternehmens ausgeübt werden; die Ausübung des Vorkaufsrechts kann er dem gemeinnützigen Siedlungsunternehmen mit dessen Zustimmung allgemein oder für den einzelnen Fall übertragen.

Auf das Vorkaufsrecht finden die §§ 5 bis 10 RSiedlG (*Anh*) Anwendung.

Enteignung ist nach § 15 Abs 1 aaO auch vorgesehen, wenn der Weg des Vorkaufsrechts nach § 14 aaO nicht zu einer zweckmäßigen Lösung führt.

**Gesetzliche Wiederkaufsrechte**

Wenn das Siedlungsunternehmen bzw der Landlieferungsverband das **Grst**, das er auf Grund des ausgeübten gesetzlichen Vorkaufsrechts erworben hat, **nicht** innerhalb von 6 Jahren **dem Siedlungszweck zuführt**, so kann derjenige, dem ein im GB eingetragenes oder durch Vormerkung gesichertes Recht zustand, das nach § 5 aaO erloschen ist, verlangen, daß ihm das Grst zu dem in dem früheren Kaufvertrage vereinbarten Entgelt, jedoch unter Berücksichtigung werterhöhender Aufwendungen rückübereignet wird, **§§ 9, 14 Abs 2 RSiedlG** (*Anh*). Diese Rückübertragsrechte werden von dem Gesetz nicht als Wiederkaufsrechte bezeichnet, sind es aber in Wirklichkeit, ähnlich wie im Falle des § 25 Abs 5 BBauG (*Anh*); dazu *Bem 83c*.

Dazu kommen die vom Gesetz als Wiederkaufsrechte bezeichneten Ansprüche nach **§§ 20, 21 RSiedlG** (*Anh*), nämlich

- das Wiederkaufsrecht eines **gemeinnützigen Siedlungsunternehmens** für eine von ihm begründete **Ansiedlerstelle**, wenn der Ansiedler sie ganz oder teilweise veräußert oder aufgibt bzw sie nicht dauernd bewohnt oder bewirtschaftet, § 20 aaO; dazu *Haegele* GBRecht Bem 2254ff., *Pannwitz* Zum siedlungsrechtlichen Wiederkaufsrecht nach § 20 RSiedlG RdL 1965, 193,
- das Wiederkaufsrecht des **früheren Eigentümers** gegenüber dem Siedlungsunternehmen, wenn es das nach §§ 3, 15 aaO **enteignete Grst** nicht innerhalb von 10 Jahren für Siedlungszwecke verwendet hat, § 21 aaO. Dieses Wiederkaufsrecht muß innerhalb 1 Jahres ausgeübt werden.

Die Wiederkaufsrechte nach §§ 20, 21 aaO werden als **Belastung im GB eingetragen**, § 20 Abs 2 S 2, § 21 S 3 RSiedlG (*Anh*); dazu zu § 20 aaO **LG Münster** JMBlNRW 1951, 130 = DRspr II (284) 41d. Es handelt sich also um dingliche Wiederkaufsrechte, nicht etwa nur um eine Art Ankaufsrecht, so daß die Eintragung im GB wie eine Vormerkung iSd § 883 BGB wirkt; dazu zu § 20 RSiedlG (*Anh*) **LG Flensburg** RdL 1966, 318 = BWNotZ 1967, 120 Ls = DRspr II (285) 84d. Ein Wiederkaufsfall der Veräußerung tritt mit der Eintragung des Eigentumswechsels im GB ein; dazu zu § 20 aaO **OLG Braunschweig** NJW 1957, 835 = DRspr II (284) 131d. Zur Frage des Wegfalls der Geschäftsgrundlage, wenn sich im Falle des § 20 aaO die Vereinbarung, Land als Nebenerwerbsstelle zur Fremdnutzung zu überlassen, im Zuge eines Siedlungsverfahrens als undurchführbar erweist, **BGH** MDR 1966, 490 = LM § 242 (Bb) BGB Nr 50.

Das Wiederkaufsrecht des Siedlungsunternehmens nach § 20 RSiedlG (*Anh*) kann auch an einem Erbbaurecht bestellt werden, **SchlHOLG** SchlHA 1958, 48 = DRspr II (284) 136cd; es setzt nicht voraus, daß das Siedlungsunternehmen das Recht, an dem es bestellt wird, vorher innegehabt hat, **SchlHOLG** aaO, **LG Münster** JMBl NRW 1951, 130. Das Wiederkaufsrecht muß befristet werden, **OLG Hamm** JMBl 1955, 126 = RdL 1955, 132 = Rpfleger 1956, 72 (*Haegele*) = DRspr II (285) 101c, **OLG Stuttgart** RdL 1954, 125, **aA** (zu Unrecht) **LG Verden** RdL 1955, 134 = DRspr aaO d. § 20 aaO soll verhindern, daß die unter Einsatz öffentlicher Stellen und Mittel geschaffenen Ansiedlerstellen Objekte der Spekulation werden, **BGH** MDR 1967, 397.

**Gebührenfreiheit** nach § 29 RSiedlG (*Anh*).

Bei Katastergebühren ist der Anspruch auf Erstattung von baren Auslagen, die die Behörde aus ihrem Vermögen gegenüber Dritten gehabt hat, nicht ausgeschlossen, **OVG Münster** MDR 1954, 1040.

Der **Nachweis** der Gebührenfreiheit wird nach § 29 Abs 2 RSiedlG (*Anh*) ohne weitere Nachprüfung den Behörden gegenüber dadurch geführt, daß das gemeinnützige Siedlungsunternehmen bzw, soweit zugelassen, ein sonstiges Siedlungsunternehmen iSd § 1 aaO versichert, daß ein Siedlungsverfahren vorliegt und daß der Antrag oder die Handlung zur Durchführung eines solchen Verfahrens erfolgt. Dies gilt auch für den Nachweis gegenüber dem GBA. Nur wenn besonderer Anlaß zur Prüfung besteht, ist eine solche vorzunehmen bzw eine Rückfrage zur Aufklärung erforderlich; dazu *Bem 86*. Soweit die Regelung in § 29 Abs 2 aaO eine Ermäßigung einer Notariatsgebühr nach § 144 Abs 3, 4 KostO (*Anh*) nach sich zieht, bedeutet dies keinen Verstoß gegen Art 19 Abs 4 GG; dazu **BayObLG** RdL 1965, 144 = DRspr II (285) 69c.

**Tätigkeit des Grundbuchamts.**

Wird das Vorkaufsrecht ausgeübt, so bedarf es, da der Vorkaufsberechtigte hierdurch nur in den schuldrechtlichen Vertrag eintritt, noch der **Auflassung** vom Verkäufer an das Siedlungsunternehmen, **BayObLG** BayObLGZ 21, 305. Der Antrag auf Eintragung des ursprünglichen Erwerbers ist in diesem Falle abzulehnen, **KG** OLG 41, 172/44, 141, *Güthe* GBO § 20 Bem 55. Eine Abtretung der dem Siedlungsunternehmen durch die Ausübung des Vorkaufsrechts erwachsenen Ansprüche, insbes des Rechts auf Auflassung an einen Dritten, ist zulässig, wenn sie nicht dem Siedlungszweck zuwiderläuft, **RG** RGZ 108, 113.

Dem **GBBeamten** obliegt, die **Prüfung**, ob das Vorkaufsrecht nach dem RSiedlG (*Anh*) besteht, ob das Siedlungsunternehmen darauf verzichtet hat oder die Frist für die Ausübung abgelaufen ist. Der Nachweis der Nichtausübung bedarf nicht der Form des § 29; auch die Vorlegung eines Handelsregisterauszugs kann nicht verlangt werden. Nötigenfalls ist auf Erbringung des Nachweises durch Zwischenverfügung nach § 18 hinzuwirken. Dazu **KG** (Gutachten) prJMBl 1919, 457 = BayNotZ 1919, 320, OLG 41, 172, **OLG Dresden** JFG 6, 295, *Güthe* GBO § 20 Bem 55, § 29 Bem 8.

Wird ein Ausübung des Vorkaufsrechts ein Grst oder GrstTeil vom Siedlungsunternehmen bzw Landlieferungsverband erworben, so erlöschen kraft Gesetzes die eingetragenen Vorkaufsrechte und Vormerkungen, die ein Recht auf Auflassung erhalten sollen, bez des Grsts oder GrstTeils, § 5 RSiedlG (*Anh*). Ihre Löschung kann nach § 22 erfolgen, sobald dem GBA die Ausübung des Vorkaufsrechts in der Form des § 29 nachgewiesen ist. Durch die Verquickung des siedlungsrechtlichen Vorkaufsrechts mit dem Genehmigungsverfahren ist die Prüfung für das GBA erleichtert; dazu *Haegele* GBRecht Bem 2266.

**88** **k) Sonstige Genehmigungen usw**

Dazu *Güthe* GBO § 20 Bem 55, *Haegele* GBRecht Bem 2041 ff., BBeschränkungen, *Hesse-Saage-Fischer* GBO § 20 Bem V, *Horber* GBO § 20 Bem 6, *Staudinger-Seufert* BGB §§ 925, 925a Bem 66ff., *Thieme* GBO § 20 Bem 6

Zu den Genehmigungsfällen in *Bem 79ff.* und *§ 7 Bem 9ff., § 13 Vorbem 118ff., § 18 Bem 109ff., 148ff., § 19 Bem 78ff.* ist noch auf folgendes hinzuweisen:

Die **Bodenreform** hat kaum mehr Bedeutung; dazu *Haegele* Beschränkungen Bem 182, *Pikalo-Bendel* GrstVG § 2 Bem D III 2c (aa).

Daher wird hierzu verwiesen auf die Ausführungen in der 5. Aufl dieses Kommentars unter E 205ff. S 441ff. Über Ersuchen der Durchführungsbehörde an das GBA um Eintragungen *§ 18 Bem 76.*

Auch für **Rückerstattung** und **Wiedergutmachung** wird bez Einzelheiten auf die Ausführungen in der 5. Aufl dieses Kommentars unter E 228ff. S 470ff. verwiesen. Über Ersuchen an das GBA um Eintragungen *§ 38 Bem 80.*

Bei Grstücken mit **Fideikommißeigenschaft** kommen ebenfalls behördliche Genehmigungen in Betracht; dazu insbes *§ 4 Bem 28, § 38 Bem 81, § 117 Bem 3ff.*

Über Genehmigung nach § 3 WährG bei **Wertsicherungsklauseln** *§ 28 Bem 18.*

## V. Eintragung der Rechtsänderung 89

Wenn die Rechtsänderung wirksam vereinbart ist (dazu *Bem 3ff.*), kann die Eintragung in das GB erfolgen, falls auch die formellen Voraussetzungen dazu vorliegen.

Über die Eintragungen, die sich auf das **Erbbaurecht** beziehen, *§ 8 Bem 6ff.*

Zur Eintragung einer Eigentumsübertragung auf Grund Auflassung bez eines **Grundstücks** ist auf folgendes hinzuweisen: Wenn alle auf einem GBBlatt eingetragenen Grste auf einen neuen Eigentümer übergehen, erfolgt dessen Eintragung in Form einer selbständigen Eintragung in den Sp 1 bis 4 der 1. Abt; dazu *§ 3 Bem 195ff.*, auch Muster Anl 1 zur GBVfg (*GT 5*). 1. Abt lfd Nr 2 S 62. Wenn nur eines oder einzelne der auf einem gemeinsamen GBBlatt nach § 4 eingetragenen Grste den Eigentümer wechseln, erfolgt die Eintragung des Eigentumsübergangs unter Aufhebung des gemeinschaftlichen Blattes, und zwar entweder durch Belassung der veräußerten Grste auf dem bisherigen Blatt und Übertragung der dem Veräußerer verbleibenden Grste auf ein anderes Blatt oder aber durch Übertragung der veräußerten Grste samt den eingetragenen Rechten auf ein neues Blatt oder endlich durch deren Übertragung samt den eingetragenen Rechten auf ein schon bestehendes Blatt des Erwerbers; dazu *§ 3 Bem 422ff.* Entsprechendes gilt für den Übergang eines GrstTeils auf einen neuen Eigentümer; der Teil muß zunächst abgeschrieben werden; dazu *§ 7 Bem 25ff., § 2 Bem 122ff.*

## VI. Verletzung des § 20 90

Dazu *Güthe* GBO § 20 Bem 2, *Hesse-Saage-Fischer* GBO § 20 Bem I, *Horber* GBO § 20 Bem 1, *Thieme* GBO § 20 Bem 1

§ 20 ist nur eine **Ordnungsvorschrift**; denn er stellt nur eine Erweiterung des § 19 dar, der seinerseits Ordnungsvorschrift ist; dazu *Bem 2, § 19 Bem 1, 88*, auch *Güthe* GBO § 20 Bem 2. Die Eintragung des Eigentumsübergangs usw ist daher auch wirksam, wenn die Einigung nicht vor der Eintragung erklärt ist, sondern ihr erst nachfolgt, also entgegen dem Wortlaut des § 20 stattfindet; dazu *Bem 75*, **KG** JFG 4, 329, *BGB-RGRK* BGB §§ 925, 925a Bem 18ff., *Güthe* GBO § 20 Bem 2, *Hesse-Saage-Fischer* GBO § 20 Bem I, *Staudinger-Seufert* BGB §§ 925, 925a Bem 83, 84.

Da es sich um eine Vorschrift des **formellen GBRechts** handelt, hat das GBA dieselbe zu beachten; die Verletzung derselben kann zu Amtshaftungen führen. Dazu *§ 2 Bem 147, § 3 Bem 114.*

91 **VII. Kosten**

Dazu *Güthe* GBO 1683ff., *Hesse-Saage-Fischer* GBO § 20 Bem VI, *Horber* GBO § 20 Bem 7, *Thieme* GBO § 20 Bem 9,

im übrigen Kommentierungen zur KostO, insbes *Hasl* Gerichtskosten, *Lauterbach* Kostengesetze, *Rohs-Wedewer* KostO

**1. Beurkundung der Einigung**

Für die Beurkundung der Auflassung oder einer sonstigen unter § 20 fallenden Einigung (dazu *Bem 32*) wird die **doppelte Gebühr** erhoben, § 36 Abs 2 mit § 44 KostO (*Anh*); dazu *Lauterbach* Kostengesetze KostO § 36 Bem 2, *Rohs-Wedewer* KostO § 36 Bem III. Die Gebühr **ermäßigt** sich jedoch auf die Hälfte der vollen Gebühr, wenn das zugrunde liegende Verpflichtungsgeschäft (Kauf, Tausch, Auseinandersetzung usw) bereits (gerichtlich oder notariell) beurkundet ist, § 38 Abs 1 Z 6 KostO (*Anh*); dazu *Beushausen* DNotZ 1937, 120, *Lauterbach* aaO § 38 Bem 1G, *Rohs-Wedewer* KostO § 38 Bem I 6. Werden Verpflichtungsgeschäft und Auflassung in ein und derselben Verhandlung beurkundet, so fällt die Doppelgebühr des § 36 Abs 2 KostO (*Anh*) nur einmal an, § 44 Abs 1 KostO (*Anh*); dazu *Rohs-Wedewer* KostO § 38 Bem I 6 (b). Dasselbe gilt bei einem GrstTausch, **OLG Hamm** JMBlNRW 1964, 58 = JurBüro 1964, 357. Unterliegen die Erklärungen verschiedenen Gebührensätzen, so werden die Gebühren gesondert berechnet, wenn dies für den Kostenschuldner günstiger ist, § 44 Abs 1 KostO (*Anh*). Für einen Prozeßvergleich berechnen sich die Gebühren nicht nach der KostO, sondern nach dem GKG; dazu *Rohs-Wedewer* KostO § 36 Bem III (h).

92 **2. Eintragung des Eigentumswechsels**

Für die Eintragung des Eigentumswechsels wird die **volle Gebühr** erhoben, § 60 Abs 1 KostO (*Anh*). Die Gebühr wird auch bei Eintragung von Miteigentümern von dem Wert des ganzen Grst, nicht von dem Wert jedes einzelnen Miteigentumsanteils berechnet, *Rohs-Wedewer* KostO § 60 Bem I. Die Eintragungsgebühr ist auch zu entrichten, wenn die Auflassung vom GBA beurkundet worden ist. Umgekehrt muß die Beurkundungsgebühr auch dann erhoben werden, wenn die Auflassung vor dem GBA erklärt wird. Denn Beurkundung und Eintragung stehen zueinander nicht in dem Verhältnis des Hauptgeschäfts zum gebührenfreien Nebengeschäft. Dazu auch *§ 22 Bem 50*.

Die Eintragungsgebühr **ermäßigt** sich nach § 60 Abs 2 KostO (*Anh*) auf die Hälfte bei Eintragung des Ehegatten oder von Abkömmlingen des eingetragenen Eigentümers einschl der an Kindes Statt angenommenen Personen, auch wenn die Genannten infolge der Auseinandersetzung des Gesamtguts einer Gütergemeinschaft oder eines Nachlasses oder, wenn sie nachträglich als Miteigentümer von Grsten eingetragen werden, die zu einer Gütergemeinschaft gehören. Die Gebührenermäßigung umfaßt 3 Fälle; sie tritt grundsätzlich nur dann ein, (*Fall 1*) wenn die begünstigten Personen unmittelbar von dem noch im GB Eingetragenen das Eigentum erwirbt, darüber hinaus, (*Fall 2*) wenn eine Gütergemeinschaft oder ein Nachlaß auseinandergesetzt wird, oder (*Fall 3*) wenn nachträglich Miteigentum einer Gütergemeinschaft eingetragen wird, zB wenn bei einem auf den Namen des einen Ehegatten eingetragenes Grst nach Einführung der Gütergemeinschaft der andere Ehegatte im GB als Miteigentümer eingetragen werden soll oder wenn bei allgemeiner Gütergemeinschaft nach dem Tode eines Ehegatten Abkömmlinge Teilhaber der fortgesetzten Gütergemeinschaft werden; dazu *Rohs-Wedewer* KostO § 60 Bem II. Bei der Eintragung infolge einer Erbauseinandersetzung oder der Auseinandersetzung einer Gütergemeinschaft macht es keinen Unterschied, ob inzwischen die Erben oder diejenigen, die die Gütergemeinschaft fortgesetzt haben, im GB eingetragen sind oder nicht, § 60 Abs 1 KostO (*Anh*). Begünstigt sind also sowohl die Eintragung der ungeteilten Erbengemeinschaft als auch die später auf Grund Auseinandersetzung erfolgende Eintragung von Bruchteilseigentum. Überträgt aber nach der Auseinandersetzung ein Miterbe seinen Bruchteil auf einen anderen Miterben, so findet § 60 Abs 2 KostO (*Anh*) keine Anwendung; dazu *Lauterbach* Kostengesetze KostO § 60 Bem 2B, *Rohs-Wedewer* aaO (b). Wird einem Miterben, dem ein Grst vermacht ist, das Eigentum auf Grund des Vermächtnisses übertragen, so ist § 60 Abs 2 KostO (*Anh*) anzuwenden, nämlich dann, wenn ein Sohn des Erblassers Miterbe ist und ihm die Erbengemeinschaft das Grst auf Grund eines Vermächtnisses zwecks teilweiser Auseinandersetzung überträgt, **OLG München** JFG ErgBd 18, 131 = HRR 1938 Nr 846 = DRpfl 1938 Rspr Nr 377 = DFG 1938, 81; dazu *Rohs-Wedewer* aaO (a). Im übrigen aber tritt bei Vermächtnis kein unmittelbarer Erwerb ein und daher entfällt der Vorteil des § 60 Abs 2 KostO (*Anh*); dies ist hM, so insbes **OLG Oldenburg** NdsRpfl 1963, 226 = Rpfleger 1963, 389 (ablehnend *Rohs*) = DNotZ 1964, 503 = DRspr IV (476) 61 b, *Hasl* Gerichtskosten KostO § 60 Bem II, *Lauterbach* Kostengesetze KostO § 60 Bem 2B; dazu *Rohs-Wedewer* aaO (a). Dasselbe gilt bei Erbauseinandersetzung bez des Anteils eines verstorbenen Miterben, auch hier greift die Gebührenermäßigung nicht Platz, **LG Aachen** Rpfleger 1962, 415 = DRspr IV (476) 54. Unerheblich ist für die Anwendung der Ermäßigungsvorschrift, ob der bisherige Eigentümer (Ehegatte, Elternteil ua) noch Miteigentümer bleibt oder völlig ausscheidet. Voraussetzung ist aber stets, daß das Eigentum unmittelbar von dem eingetragenen Berechtigten erworben wird. Es ist daher die volle Gebühr zu erheben, wenn ein Abkömmling des eingetragenen Eigentümers, ohne Miterbe zu sein, von dem Erben ein Nachlaßgrst erwirbt, **KG** HRR 1938 Nr 482. Die Gebührenermäßigung greift nicht Platz, wenn ein Grst auf eine oHG umgeschrieben wird, deren sämtliche Gesellschafter Abkömmlinge des bisherigen Eigentümers sind; dazu **KG** JFG ErgBd 13, 95.

§ 60 Abs 2 KostO (*Anh*) ist entsprechend anzuwenden, wenn ein Abkömmling und Nacherbe des Erblassers nach Voreintragung des Vorerben eingetragen wird, **KG** Rpfleger 1963, 309 = DRspr IV (476) 48b, **OLG Düsseldorf** JMBlNRW 1964, 59 = Rpfleger 1964, 383 = JurBüro 1964, 59; dazu *Rohs-Wedewer* aaO (a).

Werden **volle und ermäßigte Gebühren nebeneinander** erhoben, so wird zunächst die volle Gebühr nach dem Gesamtwert berechnet; die so berechnete Gebühr ermäßigt sich um die Hälfte des Anteils der Personen, deren Eintragung nur die halbe Gebühr erfordert, § 60 Abs 3 KostO (*Anh*). Diese Bestimmung ist entsprechend anzuwenden, wenn nur eine Person erwirbt und die Voraussetzungen für die Gebührenermäßigung nur bez eines Teils des erworbenen Grundbesitzes vorliegen, wenn also zB die eine GrstHälfte dem Vater des Erwerbers, die andere Hälfte einem Dritten gehört; dazu *Hasl* aaO KostO § 60 Bem III, *Korintenberg-Wenz-Ackermann* KostO § 60 Bem II 3, *Lauterbach* aaO KostO § 60 Bem 3, *Rohs-Wedewer* KostO § 60 Bem III.

Nach § 60 Abs 4 KostO (*Anh*), der auf Grund des GBMG in das Gesetz eingefügt wurde, werden die Gebühren nach Abs 1 bis 3 aaO nicht erhoben von Erben des eingetragenen Eigentümers, wenn der Eintragungsantrag binnen 2 Jahren seit dem Erbfall bei dem GBA eingereicht wird. Es besteht also **Gebührenfreiheit für die Eintragung von Erben** des eingetragenen Eigentümers, jedoch mit zeitlicher Begrenzung; dazu *Lauterbach* aaO KostO § 60 Bem 4, *Rohs-Wedewer* KostO § 60 Bem IV. Die Anwendbarkeit der Vorschrift ist eng auszulegen, da es sich um eine Ausnahmebestimmung handelt. Deshalb gilt sie nicht für die Eintragung des Nacherben- oder Testamentsvollstreckervermerks, **LG Hildesheim** NdsRpfl 1965, 274 = DRspr IV (476) 84c, **aA** (zu Unrecht) **LG Berlin** Rpfleger 1965, 310 = JurBüro 1965, 827; dazu *Rohs-Wedewer* aaO. Keine Anwendbarkeit besteht auch bei Miterben-Eigenschaft eines Ehegatten usw nach § 60 Abs 2 KostO (*Anh*); so **OLG Köln** Rpfleger 1966, 90 = DRspr IV (476) 84b, **aA** (zu

Unrecht) **KG** Rpfleger 1966, 91 (ablehnend *Stöber*) = DRspr aaO 84a. Erbe iSd Gebührenbefreiung kann auch der Erbeserbe sein; dazu **AG Köln** JMBlNRW 1965, 60. Werden auf Grund eines gleichzeitig gestellten Antrags derselbe Eigentümer oder dieselben Miteigentümer bei **mehreren Grsten** eingetragen, über die das GB bei demselben GBA geführt wird, so werden die Gebühren nur einmal nach dem zusammengerechneten Wert erhoben, § 60 Abs 5 KostO (*Anh*). Die Anträge brauchen nicht in demselben Schriftstück enthalten zu sein. Gleichzeitigkeit des Antrags ist auch dann anzunehmen, wenn der Antrag auf eine weitere Eintragung vor Erledigung des ersten Antrags beim GBA eingeht, **KG** HRR 1938 Nr 482; dazu *Hasl* aaO KostO § 60 Bem IV, *Lauterbach* aaO KostO § 60 Bem 5, *Rohs-Wedewer* KostO § 60 Bem 5. Wenn die Eintragungen bei mehreren, also verschiedenen GBÄmtern zu erfolgen haben, werden getrennte Berechnungen vorgenommen, so daß die Vergünstigung nicht Platz greift. Ob auch die Eintragung gleichzeitig erfolgt, ist gleichgültig.

Um die Beteiligten zur Beantragung von GBBerichtigungen zu veranlassen, bestimmt § 60 Abs 6 KostO (*Anh*), daß dann, wenn der Eigentümer auf Grund des § 82a **von Amts wegen** in das GB **eingetragen** wird, für die Eintragung sowie für das vorausgegangene Verfahren vor dem GBA oder Nachlaßgericht das Doppelte der Gebühren nach § 60 Abs 1, 2 KostO (*Anh*) erhoben wird, also im Falle des Abs 2 aaO anstelle der halben die volle Gebühr; dazu *Hasl* aaO KostO § 60 Bem V, *Lauterbach* aaO KostO § 60 Bem 6, *Rohs-Wedewer* KostO § 60 Bem VI. Mit dieser Gebühr wird das vorausgegangene Verfahren mit abgegolten.

Die Berechnung von **Auslagen** wird durch die Regelung des § 60 KostO (*Anh*) nicht berührt, auch nicht im Falle der Gebührenfreiheit nach Abs 4 aaO.

Geht ein Grst, das für mehrere als Eigentümer zur gesamten Hand eingetragen war, auf einen oder mehrere der Mitberechtigten oder auf eine aus denselben Personen bestehende andere **Gesamthandgemeinschaft** über, so berechnet sich die Gebühr nach § 61 KostO (*Anh*) so, als ob die Beteiligten nach Bruchteilen berechtigt wären. Die Anteile der Erwerber bleiben unberücksichtigt. Wenn ein Grst von einem oder mehreren eingetragenen Eigentümern, die in einer Gesamthandgemeinschaft stehen, auf diese Gemeinschaft übergeht, so wird die Gebühr so berechnet, als ob es sich um eine Gemeinschaft nach Bruchteilen handle; die Anteile der Veräußerer bleiben unberücksichtigt. Treten sonst Änderungen in der Person der an der gesamten Hand Berechtigten ein, so wird der Anteil des ausscheidenden oder neu eintretenden Mitberechtigten zugrunde gelegt. Die Anteile sind entsprechend der Beteiligten an dem Gesamthandvermögen zu bemessen. Mindestens sind die Gebühren nach dem kleinsten Anteil zu berechnen. Für eine oHG und Kommanditgesellschaft gelten diese Vorschriften nicht. Voraussetzung für diese Gebührenermäßigung ist stets, daß das Eigentum der Erbengemeinschaft, das gütergemeinschaftliche Eigentum usw bereits aus dem GB ersichtlich ist; dazu JFG ErgBd 14, 51.

Der **Geschäftswert** berechnet sich nach §§ 18ff. KostO (*Anh*); dazu *Hasl* aaO KostO § 60 Bem VI, *Lauterbach* aaO KostO § 60 Bem 1D, *Rohs-Wedewer* KostO § 60 Bem VII, auch **LG Saarbrücken** DNotZ 1937, 827 (*Müller*), im übrigen *§ 13 Vorbem 186ff.*

### 93 3. Eintragung der Übertragung eines Erbbaurechts usw

Für die Eintragung der Übertragung eines **Erbbaurechts** oder eines **sonstigen grstgleichen Rechts** (dazu *§ 3 Bem 12ff.*) auf einen anderen Berechtigten sind dieselben Gebühren zu erheben, wie für die Eintragung eines Eigentumswechsels, §§ 76, 77, 78 KostO (*Anh*). Die Vorschriften beziehen sich auch auf landesrechtliche grstgleiche Rechte. Zu grstgleichen Rechten *Hasl* Gerichtskosten KostO § 77 Bem I, II, *Lauter-*

*bach* Kostengesetze KostO § 87 Bem 1, *Rohs-Wedewer* KostO § 77 Bem I, II, zu Wohnungseigentum *§ 1 Bem 529*, Erbbaurecht *§ 8 Bem 59, 60.*

Der **Geschäftswert** berechnet sich wie bei Grst, also entsprechend § 18 KostO (*Anh*); dazu *Bem 92*, auch *Beushausen* DNotZ 1937, 124.

### 4. Grundbuchberichtigung 94

Über die Gebührenberechnung in den Fällen der Eintragung eines neuen Eigentümers im Wege der GBBerichtigung *§ 22 Bem 50.*

## Anhang I zu § 20

## Grundsteuer

**Übersicht:**



### 1. Allgemeines 95

Dazu Kommentierung, insbes *Steffens, Stenger, Troll*

Die Grundsteuer gehört zu den **Realsteuern** und belastet den Grundbesitz.

Zur **geschichtlichen Entwicklung** ist darauf hinzuweisen, daß diese Art Steuer bereits vor dem 1. Weltkrieg in Deutschland eingeführt wurde; dazu *Troll* GrStG Einf 13. Die landesrechtlichen Regelungen waren sehr unterschiedlich. Daher wurde reichseinheitlich eine Regelung erstmals durch das LSteuerG vom 30. März 1920 RGBl 402 in der Richtung getroffen, daß Richtlinien festgelegt wurden. Im Laufe der Zeit wurde die Vereinheitlichung verstärkt, bis schließlich das GrstG vom 1. Dezember 1936 RGBl I 986 kam und die lange ersehnte Einheit brachte, die später als BRecht fortgeführt wurde.

Nunmehr ist maßgebend das **Grundsteuergesetz — GrStG —** (*Anh*) idF vom 10. August 1951 BGBl I 519 = BGBl III 611-7 = SaBl 967 / 23. Juni 1960 (BBauG) BGBl I 341 = BGBl III 213-1 = SaBl 865 / 12. April 1961 BGBl I 341 = SaBl 621 / 10. Juni 1964 BGBl I 347 = SaBl 815 / 24. März 1965 BGBl I 155 = SaBl 383 / 24. August 1965 BGBl I 905 = SaBl 1243.

Ergänzend wurde die **Grundsteuerdurchführungs-Verordnung** (GrStDVO) idF vom 29. Januar 1952 BGBl I 79 / 12. April 1961 BGBl I 341 = SaBl 621 / 31. Juli 1961 BGBl I 1118 = SaBl 1395 erlassen.

Zu erwähnen sind auch die **Richtlinien** vom 10. April 1954 BAnz Nr 73 = BStBl I 184.

Die **Baulandsteuer** wurde vorübergehend als gemeindliche Steuer eingeführt, um der Spekulationssucht auf dem GrstMarkt entgegenzuwirken; dazu *Troll* GrStG §§ 12a bis c S 152ff. Sie wurde durch § 172 BBauG eingeführt (dazu *Bem 83*), bewährte sich aber nicht, wurde insbes auch wegen Verfassungswidrigkeit angegriffen und schließlich durch das Ges zur Änderung grundsteuerlicher Vorschriften vom 10. Juni 1964 BGBl I 347 = SaBl 815 aufgehoben.

96 **2. Steuerpflicht**

Nach § 1 GrStG (*Anh*) ist die Grundsteuer eine **Gemeindesteuer**; daher sind die Gemeinden zur Erhebung derselben berechtigt. Die Hebeberechtigung bezieht sich auf den Grundbesitz ihres Gebietes; zum Gemeindegebiet *§ 2 Bem 64ff.* Für gemeindefreien Grundbesitz und für Grundbesitz in Gutsbezirken, kann die Grundsteuer nur nach Maßgabe einer landesrechtlichen Regelung erhoben werden. Die Ermächtigung steht der LRegierung zu, nicht der Obersten Landesbehörde, so daß der Gesetzeswortlaut bez der Zuständigkeitsregelung verfassungswidrig ist und geändert werden muß; dazu **BVerfG** BGBl I 1960, 249, *Troll* GrStG § 1 Bem 3. LRecht ist hierzu ergangen, insbes in

Niedersachsen VO über die Verwaltung gemeindefreier Gebiete vom 15. Juli 1958 GVBl 162;

dazu *Troll* aaO.

In Stadtstaaten, nämlich Berlin, Bremen, Hamburg, steht diesen Städten das Recht auf die Grundsteuer zu; dazu **BFH** BStBl III 1958, 243 bez Berlin, **BVerwG** MDR 1956, 185 bez Hamburg, *Troll* GrStG § 1 Bem 1, 2. Das GrStG gilt auch auf der Insel Helgoland, **BFH** BStBl III 1962, 11, *Troll* aaO Bem 3.

**Grundbesitz** ist nach § 2 GrStG (*Anh*)

1. das land- und forstwirtschaftliche Vermögen iSd §§ 28 bis 49 BewG; dazu *Troll* GrStG § 2 Bem 2ff., auch *Bem 82a,*

2. das Grundvermögen iSd §§ 50 bis 53 BewG; dazu *Troll* § 2 Bem 9, 10. Grundvermögen ist der gesamte Grundbesitz, soweit er nicht zum land- und forstwirtschaftlichen Vermögen oder zum Betriebsvermögen gehört, wie sich aus § 51 BewG ergibt. Die Abgrenzung muß steuerlich vorgenommen werden, da die Steuermeßzahlen und die Hebesätze nach §§ 12, 21 GrStG (*Anh*) verschieden sind, es sich also auf die Höhe der Steuer auswirkt, je nachdem die Eingruppierung in Gruppe 1 und 2 erfolgt. Dem Betriebsvermögen kommt keine besondere Stellung zu. Innerhalb des Grundvermögens muß bebauter und unbebauter Grundbesitz unterschieden werden; dazu *Troll* GrStG § 2 Bem 9, auch *Bem 83a,*

3. das Betriebsvermögen, soweit es in BetriebsGrsten besteht, § 57 BewG; dazu *Troll* GrStG § 2 Bem 11.

**Steuergegenstand** sind nach § 3 GrStG (*Anh*) im Inland befindliche

land- und forstwirtschaftliche Betriebe und ihnen gleichstehende BetriebsGrste sowie

Grundstücke und ihnen zugehörige BetriebsGrste.

Es werden hier also nur 2 Gruppen unterschieden, da die BetriebsGrste auf beide verteilt werden; dazu *Troll* GrstG § 3 Bem 1ff., insbes Bem 11. Die GrStR Z 2 stellen klar, daß sich die Grundsteuer auch erstreckt auf

grstgleiche Rechte, insbes das Erbbaurecht; dazu *§ 3 Bem 12ff.*,

Wohnungs- und Teileigentum; dazu *§ 3 Bem 446ff.*, auch GrStR Z 78. Dagegen gehört das Dauerwohnrecht (dazu *§ 3 Bem 454ff.*) nicht hierher, da es nur ein Nutzungsrecht ist.

**Steuerschuldner** ist nach § 7 GrStG (*Anh*), GrStR Z 79

1. der Eigentümer eines Grsts oder der Berechtigte eines grstgleichen Rechts,

2. der Eigentümer, auch wenn der land- und forstwirtschaftliche Betrieb ihm nicht gehört, auch für den Betrieb,

3. der Berechtigte bei Erbbaurecht und Erbpacht, auch für die errichteten Gebäude; dazu *Troll* GrStG § 7 Bem 2ff. Soweit mehrere haften, liegt ein Gesamtschuldverhältnis vor, § 7 StAnpG. Für die Zurechnung von Wirtschaftsgütern

einer Person oder einem Betrieb gilt § 11 StAnpG. Nach § 8 GrStG (*Anh*) haften neben dem Steuerschuldner gesamtverbindlich der Nutznießer und der Nießbraucher, bei land- und fortswirtschaftlichen Grsten, bei denen die Betriebsmittel usw einem anderen als dem GrstEigentümer gehören, der andere. Es handelt sich insoweit um eine persönliche Haftung, keine dingliche Haftung; dazu GrStR Z 79, auch *Troll* GrStG § 8 Bem 1ff.

Die Grundsteuer ruht auf dem Steuergegenstand als **öffentliche Last**, § 9 GrStG (*Anh*), GrStR Z 80. Das Gesetz hat der Grundsteuer den Charakter einer öffentlichen GrstLast beigelegt und damit diese Steuer mit einem dinglichen Recht an dem ihr unterworfenen Grundbesitz ausgestattet. In der Regel sind der GrstEigentümer und der persönliche Schuldner nach § 7 Abs 1 Z 1 GrStG (*Anh*) ein und dieselbe Person, dann bereitet die Geltendmachung der dinglichen Haftung keine Schwierigkeiten. Es gibt aber Fälle, in denen der Steuergegenstand nicht dem bürgerlich-rechtlichen Eigentümer, sondern einer anderen Person zugerechnet wird, § 7 Abs 3 GrStG (*Anh*); dann kann nach § 120a AO die dingliche Haftung gegen den jeweiligen Eigentümer des Grundbesitzes geltend gemacht werden. Wegen der dinglichen Haftung im Falle des Eigentumsübergangs ist auf § 116 Abs 2 S 2, Abs 3 AO zu verweisen, wonach die dingliche Haftung bei Eigentumswechsel unberührt bleibt und diese Regelung bei Erwerb im Vollstreckungsverfahren und bei Erwerb aus der Konkursmasse nicht gilt. Der dinglichen Haftung unterliegt der Steuergegenstand iSd § 3 GrStG (*Anh*), also das Grst, das Erbbaurecht, das Wohnungseigentum usw; dazu *Troll* GrStG § 9 Bem 1. Voraussetzung ist, daß eine Steuerschuld besteht. Der Steuerschuldner nach § 7 GrStG (*Anh*) und der persönliche Schuldner nach § 8 aaO werden durch das Bestehen der dinglichen Haftung von ihrer persönlichen Schuld nicht befreit; dazu *Troll* aaO. Insofern liegt eine zusätzliche Sachhaftung vor, deren Bedeutung aus § 120a AO ersichtlich ist, wonach die dingliche Haftung gegen den jeweiligen Eigentümer des Grundbesitzes geltend gemacht werden kann, auch wenn er nicht persönlicher Schuldner der Abgabe ist. Bei Gebäuden auf fremdem Grund und Boden ist eine Realisierung der dinglichen Haftung eines Gebäudes nicht zulässig; dazu **BFH** BStBl III 1960, 9, *Troll* GrStG § 9 Bem 2.

Für die Eintragung im GB ist auf § 54 zu verweisen, wonach eine Eintragung im GB ausgeschlossen ist; dazu *§ 54 Bem 7, 28ff.*

Die Geltendmachung der dinglichen Haftung setzt einen abgabenrechtlichen Titel voraus. Daher muß ein Duldungsbescheid bzw Haftungsbescheid gegen den Eigentümer auf Grund eines Steuerbescheides erlassen werden, **BFH** RStBl 1936, 952, *Troll* GrStG § 9 Bem 2. Nach § 326 Abs 2, 3 AO hat wegen der dinglichen Haftung der Eigentümer des Grundbesitzes die ZwV zu dulden; er hat insoweit die Pflichten des Vollstreckungsschuldners, wobei zugunsten des FAs der im GB als Eigentümer Eingetragene als Eigentümer fiktiv gilt. Soweit nichts anderes bestimmt ist, darf die ZwV erst beginnen, wenn dem Vollstreckungsschuldner die Verfügung, durch die er zur Leistung aufgefordert wird dh das Leistungsgebot bekanntgegeben und seit der Bekanntgabe mindestens 1 Woche verstrichen ist. Die ZwV kann nach § 866 ZPO durch ZwVerst, ZwVerw oder Eintragung einer Sicherungshypothek erfolgen. Es muß jedoch feststehen, daß die Steuerschuld in anderer Weise nicht beigetrieben werden kann, § 372 AO; dazu *Troll* GrStG § 9 Bem 3. Die ZwV durch Betreiben der ZwVerst erfolgt auf Grund der Vollstreckungsanordnung, die ein Verwaltungsakt ist, durch Antrag beim VollstrGer; dazu *Troll* aaO. Für den Rang im ZwVerstVerfahren gilt § 19 ZVG und bez ZwV in Miet- und Pachterträge das Ges vom 4. März 1934 RGBl I 181 = RStBl 241; dazu *Steiner-Riedel* Einl IV 5 S 78, § 10 Bem 8, *Troll* GrStG § 9 Bem 3, 4, *Zeller* ZVG § 10 Bem 37.

97 **3. Berechnung der Grundsteuer**

Die Grundsteuer wird **für das Kalenderjahr** festgesetzt, wobei die **Gemeinde** den **Hebesatz** festsetzt, § 21 GrStG (*Anh*). Die nähere Regelung ist in §§ 10ff. GrStG (*Anh*), GrStR Z 81ff. enthalten.

Grundlage der Besteuerung ist der Einheitswert, § 10 GrStG (*Anh*), GrStR Z 81; dazu *Troll* GrStG Einf Z III, § 10 Bem 1ff. Es ist von dem Einheitswert von 1935 auszugehen, bis der neue Einheitswert von 1964 auf Grund des Ges zur Änderung des BewG vom 13. August 1965 BGBl I 851 = SaBl 1197 eingeführt ist. Bei der Berechnung der Grundsteuer ist von einem Steuermeßbetrag auszugehen, der durch Anwendung eines Tausendsatzes, der sog Steuermeßzahl, auf den Einheitswert zu ermitteln ist, § 11 GrStG (*Anh*); dazu §§ 26, 27 GrStDVO, GrStZ Nr 82 bis 84 sowie *Troll* GrStG § 11 Bem 1ff. Die allgemeine Steuermeßzahl beträgt 10/1000, wie § 12 GrStG (*Anh*) bestimmt, wobei Abweichungen in §§ 28 bis 33 GrStDVO geregelt sind; dazu *Troll* GrStG § 12 Bem 1ff.

Die Steuerveranlagung richtet sich nach §§ 13 bis 15 GrStG (*Anh*), wobei zwischen Hauptveranlagung, Fortschreibungsveranlagung und Nachveranlagung unterschieden wird. Ergänzende Vorschriften enthalten § 34 GrStDVO, GrStR Z 113 sowie §§ 212a, b AO.

Ende der Steuerentrichtung tritt nach § 16 GrStG (*Anh*) ein bei Untergang des Steuergegenstandes oder wenn ein Befreiungsgrund nach §§ 4ff. aaO vorliegt; über Befreiungsgründe *Bem 99*. Ergänzende Bestimmungen sind §§ 1, 2 GrStDVO, GrStR Z 85 sowie § 226 AO. Grundsätzlich können Änderungen im Umfang der Steuerpflicht, die im Laufe eines Kalenderjahres eintreten, erst mit Beginn des nächsten Kalenderjahres berücksichtigt werden. Hiervon läßt § 18 Abs 1 GrStG (*Anh*) Ausnahmen zu, in dem in den hier genannten beiden Fällen die Steuer nur bis zum Schluß des laufenden Kalendervierteljahres zu entrichten ist. Wird der Antrag sverpätet gestellt, so endet die Steuerpflicht in dem Kalendervierteljahr, in dem der Antrag eingereicht ist. Über weitere Einzelheiten *Troll* GrStG § 16 Bem 1ff.

Eine Zerlegung der Steuermeßbeträge erfolgt nach §§ 17 bis 20 GrStG (*Anh*), wenn sich der Steuergegenstand über mehrere Gemeinden erstreckt; dazu §§ 35 bis 48 GrStDVO, GrStR Z 86 bis 94, über weitere ergänzende Vorschriften *Troll* GrStG § 17 Bem, § 18ff. jeweils Bem 1ff.

Der Jahresbetrag der Steuer wird nach einem Hundertsatz des Steuermeßbetrags oder nach des auf die Gemeinde entfallenden Teils des Steuermeßbetrags berechnet; dies ist der Hebesatz, der von der Gemeinde festgesetzt wird, § 21 GrStG (*Anh*). Der Hebesatz muß für den ganzen Gemeindebezirk einheitlich sein, und zwar einerseits für die land- und forstwirtschaftlichen andererseits für das Grundvermögen; dazu *Troll* GrStG § 21 Bem 1ff. GrStR Nr 95 handelt hierzu von der dinglichen Wirkung des Grundsteuerbescheids, des Grundsteuermeßbescheids und des Feststellungsbescheids. Für die Grundsteuer steht die sachliche, nicht wie bei den Personalsteuern die persönliche Steuerpflicht im Vordergrund. Mit dem Grundsteuerbescheid wird entschieden, daß auf dem Steuergegenstand eine bestimmte Summe Grundsteuer entfällt. Diese Feststellung hat bindende Wirkung für alle, die die Grundsteuer gleichzeitig oder nacheinander schulden. Diese dingliche Wirkung ist ihm durch § 210a AO beigelegt worden; dazu *Troll* aaO Bem 4. Ein Realsteuerbescheid richtet sich auch gegen den Rechtsnachfolger (dazu § 234 AO) einschl des Nachfolgers im Besitz, auf den nach dem Feststellungszeitpunkt oder nach dem Ablauf des Bemessungszeitraumes der Betrieb das Grst oder das BetriebsGrst übergegangen ist.

### 4. Entrichtung der Grundsteuer 98

Für die Grundsteuer besteht nach § 22 Abs 1 GrStG (*Anh*) Fälligkeit

für land- und forstwirtschaftliche Betriebe am 15. Februar, 15. Mai, 15. August und 15. November zu je ¼ des Jahresbetrags,

für Grste am 15. eines jeden Monats zu je $^1/_{12}$ des Jahresbetrags.

Abweichungen können die Gemeinden bestimmen, § 22 Abs 2 aaO, bei Kleinbeträgen ergeben sich nach § 22 A s 3 aaO andere Fälligkeitszeitpunkte. Im übrigen sind die AO und das StSäumnisG von Bedeutung; dazu *Troll* GrStG § 22 Bem 1 ff.

Die Vorauszahlungen richten sich nach §§ 23, 24 GrStG (*Anh*). Nachentrichtung der Steuer erfolgt nach § 25 GrStG (*Anh*).

Bei Steuerbefreiung (dazu *Bem 99*) von Gebietskörperschaften nach § 4 Z 1 GrStG (*Anh*) sieht § 26 GrstG (*Anh*) die Entrichtung eines Ersatzbetrags vor. Nähere Einzelheiten sind geregelt in §§ 49 bis 54 GrStVO, GrStR Z 96, 97; dazu *Troll* GrStG § 26 Bem.

### 5. Steuervergünstigungen 99

Es kommen an Vergünstigungen nach dem GrStG in Betracht

die Befreiungen nach §§ 4 bis 6 GrstG (*Anh*), §§ 1 bis 25 GrStDVO, GrStR Z 3 bis 77

der Erlaß auf Antrag nach § 26a GrStG (*Anh*), GrStErlaßVO vom 26. März 1952 BGBl I 209/31. Juli 1961 BGBl I 1118, GrStG Z 98 bis 100,

die Vergünstigung zur Förderung von Arbeiterwohnstätten, § 29 GrStG (*Anh*),

die Vergünstigung für abgefundene Kriegsbeschädigte, § 30 GrStG (*Anh*), §§ 61, 62 GrStDVO, GrStR Z 103 bis 105.

Sonderbefreiungsvorschriften oder Ermäßigungsvorschriften nach anderen Gesetzen sind außer Kraft gesetzt, § 31 GrStG (*Anh*).

**Befreiungsvorschriften** nach §§ 4 bis 6 GrstG (*Anh*)

Die Befreiungsvorschriften enthalten eine Vielfalt von Steuerbefreiungen und sind daher sehr wichtig. Der Stichtag für die Steuerbefreiung ergibt sich aus § 1 GrStDVO, GrStR Z 6. Die Voraussetzungen für die Steuerbefreiung sind nur dann als erfüllt anzusehen, wenn anzunehmen ist, daß die im Gesetz und in der GrStDVO bestimmten Voraussetzungen wenigstens auf die Dauer von 12 Monaten vorliegen werden, § 2 GrStDVO, GrStR Z 7. Bei der Anwendung der Befreiungsvorschriften ist ein strenger Maßstab anzulegen, da das Gesetz die Befreiungen möglichst eng haben will; dazu GrStR Z 3. Die Beurteilung, ob ein Befreiungsgrund vorliegt, kann nur geprüft werden, wenn durch Anzeigen oder Anträge dem FA die näheren Umstände und Änderungen mitgeteilt werden; dazu GrStR Z 5. Im übrigen *Troll* GrStG § 4 Bem 1 ff.

Die §§ 4 bis 6 GrStG (*Anh*) sind zusammen zu betrachten. § 5 aaO kann nur in Verbindung mit § 4, uU § 6 aaO betrachtet werden; dazu GrStR Z 4.

Die einzelnen Befreiungs-Tatbestände sind nach § 4 GrStG (*Anh*) folgende:

1. Grundbesitz

   a) von **Gebietskörperschaften**, nämlich des Bundes, eines Landes, einer Gemeinde oder eines Gemeindeverbandes (dazu *§ 3 Bem 55ff.*, *§ 32 Bem 57ff.*), wenn der Grundbesitz von dem Eigentümer für einen öffentlichen Dienst oder Gebrauch benutzt wird,

b) des Bundes, der zum Bundeseisenbahnvermögen **gehört** und von der **Deutschen Bundesbahn** (dazu *§ 5 Bem 290*) für ihre Betriebs- oder Verwaltungszwecke benutzt wird, wobei sich die Befreiung bei dem Grundbesitz, der für Betriebszwecke benutzt wird, auf $^1/_2$ der an sich zu entrichtenden Steuer beschränkt,

c) des Unternehmens **Bundesautobahnen** (dazu *§ 3 Bem 290*), der von ihm für seine Betriebs- oder Verwaltungszwecke benutzt wird,

§ 4 Z 1 GrStG (*Anh*); dazu *Troll* GrStG § 4 Bem 4ff.
zu a) §§ 3, 4, 10 bis 15 GrStDVO, GrStR Z 8 bis 15
zu b) §§ 5, 10 bis 15 GrStDVO, GrStR Z 16 bis 18
zu c) §§ 6, 10 bis 15 GrStDVO, GrStR Z 19, 20.

2. Grundbesitz

a) von **Gebietskörperschaften**, nämlich des Bundes, eines Landes, einer Gemeinde oder eines Gemeindeverbandes (dazu *§ 3 Bem 55ff., § 32 Bem 57ff.*),

b) von **anderen Körperschaften**, nämlich einer inländischen Körperschaft, Personenvereinigung oder Vermögensmasse, die nach der Satzung, Stiftung oder sonstigen Verfassung und nach ihrer tatsächlichen Geschäftsführung ausschließlich und unmittelbar gemeinnützigen oder mildtätigen Zwecken dient,

wenn der Grundbesitz von dem Eigentümer unmittelbar für **gemeinnützige** oder **mildtätige Zwecke** benutzt wird,

§ 4 Z 3 GrStG (*Anh*); dazu *Troll* GrStG § 4 Bem 11ff.
§§ 6a, 10 bis 15 GrStDVO, GrStR Z 21 bis 30.

Für die Begriffe der gemeinnützigen und mildtätigen Zwecke gelten die §§ 17, 18 StAnpG. Darnach sind gemeinnützig solche Zwecke, durch deren Erfüllung ausschließlich und unmittelbar die Allgemeinheit gefördert wird. Mildtätig sind solche Zwecke, die ausschließlich und unmittelbar darauf gerichtet sind, bedürftige Personen zu unterstützen.

3. Grundbesitz eines anerkannten **Sportvereins**, der von ihm für sportliche Zwecke benutzt wird, unter den Bedingungen, die durch RechtsVO der BRegierung mit Zustimmung des BRates bestimmt werden,

§ 4 Z 4 GrStG (*Anh*); dazu *Troll* GrStG § 4 Bem 16, 17
§§ 7, 8, 10 bis 15 GrstDVO, GrStR Z 31 bis 36.

4. Grundbesitz für **kirchliche Zwecke**, nämlich

a) Grundbesitz, der dem Gottesdienst einer öffentlich-rechtlichen Religionsgesellschaft (dazu *§ 3 Bem 58ff., § 32 Bem 62ff.*) gewidmet ist,

b) Grundbesitz, der von einer öffentlich-rechtlichen Religionsgesellschaft, von einem ihrer Orden, von einer ihrer religiösen Genossenschaften, von einer jüdischen Kultusgemeinde oder von einem ihrer Verbände für Zwecke der religiösen Unterweisung und für ihre Verwaltungszwecke benutzt wird und entweder im Eigentum der benutzenden Körperschaft (Personenvereinigung) oder im Eigentum einer Körperschaft des öffentlichen Rechts steht,

c) DienstGrste und Dienstwohnungen der Geistlichen und Kirchendiener, öffentlich-rechtlicher Religionsgesellschaften und jüdischer Kultusgemeinden bis zu dem Ende des Kalenderjahres, in dem die schon vor dem 1. April 1938 nach lgesetzlichen Vorschriften geltenden Grundsteuerbefreiungen abgelöst

werden; die Ablösung wird durch besonderes Gesetz geregelt. § 5 GrStG (*Anh*) und § 25 GrStDVO sind insoweit nicht anzuwenden,
§ 4 Z 5 GrStG (*Anh*); dazu *Troll* GrStG § 4 Bem 19ff.
§§ 9 bis 15 GrStDVO, GrStR Z 37 bis 45.

Grundsteuerfrei sind hiernach insbes Werkstätten und ähnliche Einrichtungen für Anstaltsinsassen, Schulen, höhere Lehranstalten, Lyzeen, Hauswirtschaftsschulen, Hochschulen und andere Schulen mit und ohne Internate, Schülerheime, Schullandheime, Fürsorgeerziehungsanstalten, Kindergärten, Waisenhäuser, Krankenanstalten, Bewahrungsanstalten, wie Alters- und Fürsorgeheime, Siechenheime und ähnliche Einrichtungen, Erholungs- und Genesungsheime, ambulante Krankenpflege-Stationen und Gemeinde-Schwestern-Stationen, Räume für Einkehrtage, kirchliche Bildungstage, Exerzitienkurse, Missionen und religiöse Vorträge, kulturelle Einrichtungen, wie Museen, Volks- und Suppenküchen, Obdachlosenasyle, Flüchtlingsdurchgangslager und Flüchtlingssammellager usw.

5. Grundbesitz, wenn **Eigentümer und Benutzer nicht identisch** sind,
   in den Fällen Z 1 bis 4,
   § 4 Z 6 GrStG (*Anh*); dazu *Troll* GrStG § 4 Bem 23
   §§ 10 bis 15 GrstDVO, GrStR Z 46.

6. Grundbesitz, der für Zwecke der **Wissenschaft**, der **Erziehung** und des **Unterrichts** benutzt wird und nicht bereits nach Z 1 bis 5 befreit ist, wenn durch die LRegierung anerkannt ist, daß der Benutzungszweck im Rahmen der öffentlichen Aufgaben liegt. Der Anerkennung bedarf es nicht bei Hochschulen und bei solchen Schulen oder Erziehungsanstalten, deren Träger der Bund, ein Land, eine Gemeinde, ein Gemeindeverband (dazu *§ 3 Bem 55ff., § 32 Ben 57ff.*), eine öffentlich-rechtliche Religionsgesellschaft (dazu *§ 3 Bem 58ff., § 32 Bem 62ff.*), einer ihrer Orden, eine ihrer religiösen Genossenschaften, eine jüdische Kultusgemeinde oder einer ihrer Verbände ist. Wird der Grundbesitz nicht von dem Eigentümer für die bezeichneten Zwecke benutzt, so tritt die Befreiung nur ein, wenn der Eigentümer eine Körperschaft des öffentlichen Rechts ist (dazu *§ 3 Bem 290*),
   § 4 Z 7 GrStG (*Anh*); dazu *Troll* GrStG § 4 Bem 24ff.
   §§ 10 bis 15 GrStDVO, GrStR Z 47 bis 56.

7. Grundbesitz, der für Zwecke einer **Krankenanstalt** oder einer**Bewahrungsanstalt** benutzt wird, und nicht bereits nach Z 1 bis 6 Befreiung eintritt, soweit die Anstalt Personen zu Bedingungen aufnimmt, die durch RechtsVO der BRegierung mit Zustimmung des BRates bestimmt werden. Wird der Grundbesitz nicht von dem Eigentümer für die bezeichneten Zwecke benutzt, so tritt die Befreiung nur ein, wenn der Eigentümer eine Körperschaft des öffentlichen Rechts ist (dazu *§ 3 Bem 290*),
   § 4 Z 8 GrStG (*Anh*); dazu *Troll* GrStG § 4 Bem 27ff.
   § 16 GrstDVO, GrStR Z 57 bis 61.

8. Grundbesitz für bestimmte **öffentliche Zwecke**, nämlich
   a) die dem öffentlichen Verkehr dienenden Straßen, Wege, Plätze, Brücken, künstlichen Wasserläufe, Häfen und Schienenwege,
   b) das Rollfeld der Verkehrsflughäfen,
   c) die fließenden Gewässer, wie Ströme, Flüsse, Bäche, die deren Abfluß regelnden Sammelbecken und die im Eigentum des Bundes, eines Landes, einer Gemeinde oder eines Gemeindeverbandes (dazu *§ 3 Bem 55ff., § 32 Bem 57ff.*) stehenden Seen und Teiche,

d) die im Interesse der Ordnung und Verbesserung der Wasser- und Bodenverhältnisse unterhaltenen Einrichtungen der öffentlich-rechtlichen Wasser- und Bodenverbände (dazu *§ 32 Bem 73*) und die im öffentlichen Interesse staatlich unter Schau gestellten Privatdeiche,

e) die Bestattungsplätze,
§ 4 Z 9 GrStG (*Anh*); dazu *Troll* GrStG § 4 Bem 31 ff.
§§ 18 bis 20 GrStDVO, GrStR Z 63 bis 68.

9. Grundbesitz eines **fremden Staates**, der für Zwecke von **Botschaften, Gesandtschaften** oder **Konsulaten** dieses Staates benutzt wird, wenn Gegenseitigkeit gewährt
§ 4 Z 10 GrStG (*Anh*); dazu *Troll* GrStG § 4 Bem 38
§§ 21, 22 GrStDVO, GrStR Z 69.

10. Bei der Benutzung für **Wohnzwecke** ist Grundbesitz, der steuerbegünstigten Zwecken nach Z 1 bis 7 dient, unter den Voraussetzungen des § 5 GrStG (*Anh*) von der Steuer befreit; dazu *Troll* GrStG § 5 Bem 1 ff., § 23 GrStDVO, GrStR Z 70 bis 74.

11. Die Steuervergünstigung wirkt sich bei **unmittelbarer Benutzung** des Grundbesitzes für den begünstigten Zweck aus, bei nur teilweiser Benutzung hierzu tritt nur eine teilweise Befreiung ein, § 6 GrStG (*Anh*); dazu *Troll* GrStG § 6 Bem 1 ff.
§§ 1, 2, 24, 25 GrStDVO, GrStR Z 75 bis 77.

### **Erlaß der Grundsteuer** nach § 26a GrStG (*Anh*)

Die Grundsteuer wird nach § 26a GrstG (*Anh*) **auf Antrag erlassen**

1. bei land- und forstwirtschaftlichem Grundbesitz, wenn durch Schäden infolge von Naturereignissen oder Kriegseinwirkungen der Ertrag im Erlaßzeitraum um mehr als 50% hinter dem Normalertrag zurückgeblieben ist,
2. bei Grundbesitz, dessen Erhaltung wegen seiner Bedeutung für Wissenschaft, Kunst oder Heimatschutz im öffentlichen Interesse liegt, wenn die jährlichen Kosten in der Regel die erzielten Einnahmen und die sonstigen Vorteile übersteigen,
3. bei Grundbesitz, in dessen Gebäuden Gegenstände von wissenschaftlicher, künstlerischer oder geschichtlicher Bedeutung dem Zwecke der Forschung oder Volksbildung nutzbar gemacht sind, wie insbes Sammlungen und Bibliotheken,
4. bei öffentlichen Grünanlagen, Spiel- und Sportplätzen, die nicht bereits nach § 4 aaO befreit sind, wenn die jährlichen Kosten in der Regel die Einnahmen und sonstigen Vorteile übersteigen;

dazu *Troll* GrStG § 26a Bem 1 ff.

Ergänzend ist die GrStErlaßVO vom 26. März 1952 BGBl I 209 = BStBl I 221 von Bedeutung, ferner GrstR Z 96 bis 100.

Daneben besteht die Möglichkeit des Steuererlasses **aus Billigkeitsgründen** nach § 131 AO; dazu *Troll* aaO Bem 2.

Steuervergünstigungen bestehen nach näherer gesetzlicher Regelung für
**Arbeiterwohnstätten** nach § 29 GrStG (*Anh*) und
**abgefundene Kriegsbeschädigte** nach § 30 GrStG (*Anh*), §§ 61, 62 GrStDVO, GrStR Z 103 bis 106;
dazu *Troll* GrStG § 29 Bem 1 ff., § 30 Bem 1 ff.

# Anhang II zu § 20

## Grunderwerbsteuer

**Übersicht:**



### 1. Allgemeines

**100**

Dazu *Brand-Schnitzler* GBSachen § 10, *Haegele* GBRecht 2439ff., Merkbuch 365ff., *Hermann-Sonntag* Grunderwerbsteuer, *Kapp* Grunderwerbsteuer, *Krämer-Illner* GBPraxis §§ 216ff., Kommentierungen, insbes *Boruttau-Klein*

Die Grunderwerbsteuer ist eine **Verkehrsteuer,** bei der der Bewertungsunterschied Zweck der Versteuerung ist; dazu *Boruttau-Klein* GrEStG § 1 Vorbem 2.

Die Grunderwerbsteuer ist **Landessteuer**; dazu *Boruttau-Klein* aaO Vorbem 7ff.

Zur **geschichtlichen Entwicklung** ist darauf hinzuweisen, daß die GrstÜbertragung früher auf Grund landesrechtlicher Steuergesetze abgabepflichtig erklärt wurde. Das RStempelgesetz vom 15. Juli 1909 RGBl 833 bedeutete einen Fortschritt in dem vorher zersplitterten Rechtszustand. Das GrEStG vom 12. September 1919 RGBl 1617 gab der Grunderwerbsteuer die Eigenschaft einer Reichssteuer, zu der die Länder Zuschläge erheben durften; dieses Gesetz wurde mehrfach geändert, zuletzt im Jahre 1940. Im BGebiet zählt die Grunderwerbsteuer zur konkurrierenden Gesetzgebung des Bundes, Art 105 Abs 2 GG, unterliegt also der LGesetzgebung; daher wurden seitdem Neufassungen von Ländern vorgenommen. Dazu *Alsen* Die Zersplitterung des Grunderwerbsteuerrechts BB 1965, 1185, *Boruttau-Klein* GrEStG Teil A, GrEStG § 1 Vorbem 7ff., *Haegele* GBRecht Bem 2439, *Hohrmann-Sonntag* Grunderwerbsteuer 4, *Kapp* Grunderwerbsteuer Einf III.

**GrEStG** (*Anh*) idF vom 29. März 1940 RGBl I 585 = RStBl 377.

Landesfassungen, die Abänderungen durch LGesetzgebung enthalten und daher das Recht in dem in Frage kommenden Land enthalten:

**Baden-Württemberg** Neufassung vom 2. August 1966 GBl 165 = SaBl 1582
**Bayern** Ges zur Änderung des GrEStG vom 23. Juli 1965 GVBl 201 = SaBl 1080
**Hamburg** Neufassung vom 26. April 1966 GVBl 129 = SaBl 1113
**Hessen** Neufassung vom 31. Mai 1965 GVBl 110 = BStBl II 116 = SaBl 961
**Niedersachsen** Ges zur Änderung des GrEStG vom 12. Juni 1964 GVBl 94 = BStBl II 96
**Rheinland-Pfalz** Neufassung vom 12. März 1963 GVBl 111 = BStBl II 67 = SaBl 498/17. Dezember 1963 GVBl 229 = BStBl II 1964, 17
**Saarland** Neufassung vom 22. Dezember 1966 ABl 841 = BStBl II 1967, 23 = SaBl 1966, 1997
**Schleswig-Holstein** Neufassung vom 3. Februar 1967 GVBl 20 = SaBl 598
**GrEStDVO** vom 30. März 1940 RGBl I 595 = RStBl 384

Diese Vorschriften gelten in den einzelnen Ländern nur, soweit sie nicht abgeändert oder aufgehoben sind; dazu

**Baden-Württemberg** Aufhebung durch § 43 Abs 1 Z 2 Ges vom 2. August 1966 aaO
**Hessen** § 18 Ges vom 31. Mai 1965 aaO Ermächtigung zum Erlaß von Ausführungsvorschriften

Über die steuerliche Unbedenklichkeitsbescheinigung und Aufklärung, insbes die Anzeigepflicht von Notaren und Behörden, *Bem 80*. Ergänzende lrechtliche Vorschriften sind dazu ergangen in

Baden-Württemberg §§ 36 bis 38 GrEStG

Hamburg § 29 GrEStG Ermächtigung des Senats zum Erlaß einer RechtsVO hierzu

Rheinland-Pfalz § 17b GrEStG Ermächtigung der LRegierung zum Erlaß einer RechtsVO hierzu

Saarland §§ 19 bis 22 GrEStG

Schleswig-Holstein §§ 20 bis 24 GrEStG.

101 **2. Gegenstand der Steuer**

Die steuerlichen Rechtsvorgänge, die das GrEStG erfaßt, sind enthalten in (dazu *Bem 100*)

| | |
|---|---|
| §§ 1,2 GrEStG (*Anh*) | |
| Baden-Württemberg | §§ 1, 2 GrEStG |
| Bayern | §§ 1, 2 GrEStG |
| Hamburg | §§ 1, 2 GrEStG |
| Hessen | §§ 1, 2 GrEStG |
| Niedersachsen | §§ 1, 2 GrEStG |
| Rheinland-Pfalz | §§ 1, 2 GrEStG |
| Saarland | §§ 1, 2 GrEStG |
| Schleswig-Holstein | §§ 1, 2 GrEStG. |

Landesrechtliche Abweichungen bestehen nicht. In § 1 Abs 3 Z 1 GrEStG (*Anh*) war auch der Fall der Übertragung der Gesellschaftsanteile in der Hand des Erwerbers allein oder in der Hand des Erwerbers und seines Ehegatten oder seiner Kinder vorgesehen. Insoweit wurde die Vorschrift vom **BVerfG** BVerfGE 16, 203 = BStBl I 620 im Gegensatz zum **BFH** BStBl III 389 für nichtig erklärt; dazu *Boruttou-Klein* GrEStG § 1 Bem 207, 208, *Haegele* GBRecht Bem 2457 mit Fußn 2 S 595, Merkbuch 365ff. Die Gesetzesneufassungen der Länder berücksichtigen dies.

Die Grunderwerbsteuerschuld **entsteht** mit der Verwirklichung des Erwerbsvorgangs. Hängt die Wirksamkeit des Erwerbsvorgangs von dem Eintritt einer Bedingung ab, auch wenn etwa die Verwendungsfrist abgelaufen ist oder der begünstigte Zweck aufgegeben wird (dazu *Bem 106*), oder bedarf der Erwerbsvorgang der Genehmigung einer Behörde usw, so entsteht die Steuerschuld mit dem Eintritt der Bedingung bzw mit der Erteilung der Genehmigung. Dazu § 15 GrEStG Saarland, § 15 GrEStG Schleswig-Holstein.

**Grundstücke**

Das GrEStG bezieht sich nach § 2 GrEStG (*Anh*) auf **Grundstücke** iSd bürgerlichen Rechts (dazu *§ 3 Bem 4ff.*), wobei jedoch Vorrichtungen aller Art, die zu einer Betriebsanlage gehören, sowie Mineralgewinnungsrechte, Apothekengerechtigkeiten und sonstige Gewerbeberechtigungen (dazu *§ 3 Bem 15, 16*) nicht dazu gerechnet werden,

Erbbaurechte (dazu *§ 8 Bem 6ff.*),

Erbpachtrechte (dazu *§ 117 Bem 14ff.*),

Gebäude auf fremdem Boden.

Da sich die Besteuerung nur auf Vorgänge des bürgerlichen Rechts bezieht, ist auch der Begriff des Grst in diesem Sinne aufzufassen; dazu *Boruttau-Klein* GrEStG § 2 Bem 1. Es wird also der GrStBegriff im Rechtssinne verstanden, wie er auch im GBRecht gilt, da ein Grst im GB eingetragen werden muß; dazu *Boruttau-Klein* aaO Bem 2ff. Miteigentumsanteile an einem Grst werden selbständig betrachtet; dazu *Boruttau-Klein* GEStG § 1 Bem 30ff.

**Inländische** Grste sind solche im Bereich des Bundesgebiets. Da die Steuer jedoch eine Landessteuer ist, folgt hieraus die Beschränkung auf das betreffende **Land**, dessen GrEStG zur Anwendung kommt; dazu *Boruttau-Klein* GrEStG § 2 Bem 5ff.

Zu einem Grst gehören auch dessen **Bestandteile**, §§ 93 bis 95 BGB; dazu *Boruttau-Klein* GrEStG § 2 Bem 9ff., § 11 Bem 56ff., *Haegele* GBRecht Bem 2466, *Steiner-Riedel* ZVG Einl IV 2, 4. Dies gilt auch für den Bereich des GrEStG, soweit nicht gesetzlich Abweichungen ausdrücklich vorgesehen sind, nämlich bei Betriebsvorrichtungen und Gewerbeberechtigungen; dazu *Boruttau-Klein* GrEStG § 2 Bem 32ff., *Haegele* aaO. Zu Aufwendungen für Sandvorkommen **BFH** BStB, III 1966, 550 = DNotZ 1967, 61 Ls, zu Kiesausbeute **BFH** BStBl III 1966, 552 = DNotZ aaO (dazu *Ruyter* DNotZ 1967, 74/79), zu Gewächshäusern **BFH** BStBl III 1965, 116 = DNotZ 1965, 442 Ls. **Zubehör** iSd §§ 97, 98 BGB sind bewegliche Sachen, die anders als Bestandteile eines Grst selbständig sind, sie werden daher nicht dem Grst zugerechnet, auch nicht steuerrechtlich; dazu *Boruttau-Klein* GrEStG § 2 Bem 25, 32ff., *Haegele* GBRecht Bem 2466, *Steiner-Riedel* ZVG Einl IV 3. Der Begriff des Zubehörs ist objektiv nach den gesetzlichen Voraussetzungen umgrenzt, daher kommt es auf eine etwaige unrichtige oder gar irreführende Bezeichnung der Beteiligten nicht an und wäre auch unbeachtlich, wenn sie der Steuerumgehung dienen würde (§ 6 Abs 1 StAnpG); dazu *Haegele* aaO.

**Grstgleiche Rechte** und **Gewerbeberechtigungen**, die sonst den Grsten gleichstehen, werden hier unterschiedlich behandelt; dazu *Boruttau-Klein* GrEStG § 2 Bem 37ff. Es werden nur **Erbbaurechte** und **Erbpachtrechte** den Grsten gleichgestellt, im übrigen entfällt eine Anwendung. Die Bestellung eines Erbbaurechts an einem Grst mit daraufstehendem Gebäude löst auch hinsichtlich des Gebäudes eine Grunderwerbsteuerpflicht nicht aus, wenn der Eigentümer des Grund und Bodens zugleich Eigentümer des daraufstehenden Gebäudes war und im Zeitpunkt der Bestellung des Erbbaurechts auch die wirtschaftliche Verwertungsmacht über dieses Gebäude besaß, **FG Kassel** FGE 1965, 548 = Steuer-Fund XIII 365 Nr 9111 Ls. Auch Wohnungseigentum gehört dazu, *Boruttau-Klein* GrEStG § 2 Bem 64ff.

**Gebäude am fremdem Boden** sind nur dann steuerpflichtig, wenn sie mit dem Boden fest verbunden sind, da sie sonst als bewegliche Sache gelten; dazu *Boruttau-Klein* GrEStG § 2 Bem 52ff. Mit dem Boden fest verbundene Gebäude fallen stets unter das GrEStG, auch wenn nach § 95 BGB wegen nur vorübergehender Verbindung oder Ausübung eines dinglichen Rechts eine Ausnahme vorgesehen ist und die feste Verbindung fiktiv als nicht bestehend angesehen wird.

Bezieht sich ein Rechtsvorgang auf einen oder mehrere **Teile eines Grsts**, so werden diese Teile je als ein Grst behandelt. Betrifft ein Rechtsvorgang **mehrere Grste**, die zu einer wirtschaftlichen Einheit gehören, so werden diese Gsste auch rechtlich als ein einheitliches Grst betrachtet.

## Erwerbsvorgänge

Die steuerpflichtigen Erwerbsvorgänge sind in § 1 GrEStG (*Anh*) aufgezählt. Es sind dies nach Abs 1 aaO

1. ein Kaufvertrag oder ein anderes Rechtsgeschäft, das den Anspruch auf Übereignung begründet,
2. die Auflassung, wenn kein Rechtsgeschäft vorausgegangen ist, das den Anspruch auf Übereignung begründet,
3. der Übergang des Eigentums kraft Gesetzes oder behördlichen Bescheids, wenn kein den Anspruch auf Übereignung begründendes Rechtsgeschäft vorausgegangen ist und es auch keiner Auflassung bedarf,
4. das Meistgebot im ZwVerstVerfahren,
5. ein Rechtsgeschäft, das den Anspruch auf Abtretung eines Übereignungsanspruchs oder der Rechte aus einem Meistgebot begründet,
6. ein Rechtsgeschäft, das den Anspruch auf Abtretung der Rechte aus einem Kaufangebot oder einem Angebot zum Abschluß eines anderen Vertrags, kraft dessen die Übereignung verlangt werden kann, begründet,
7. die Abtretung iSd Z 5, 6, wenn kein Rechtsgeschäft vorausgegangen ist, das den Anspruch auf Abtretung der Rechte begründet.

Daneben ergeben sich noch weitere Tatbestände aus Abs 2 bis 5 aaO, nämlich

8. der Erwerb der Verwertungsbefugnis nach § 1 Abs 2 GrEStG (*Anh*), Rechtsvorgänge, die es ohne Begründung eines Anspruchs auf Übereignung einem anderen rechtlich oder wirtschaftlich ermöglichen, ein inländisches Grst auf eigene Rechnung zu verwerten,
9. die Vereinigung und Weiterübertragung aller Anteile einer Gesellschaft nach § 1 Abs 3 GrEStG (*Anh*).
10. der Tauschvertrag nach § 1 Abs 4 GrEStG (*Anh*) in Ergänzung zu § 1 Abs 1 Z 1 aaO,
11. die Aufeinanderfolge von Rechtsvorgängen in § 1 Abs 1 und Abs 2, 3 GrEStG (*Anh*) nach Abs 5 aaO, und zwar
die Aufeinanderfolgen Abs 1 — Abs 2,
Abs 2 — Abs 1,
Abs 3 — Abs 1,
12. die Umgehungsfälle, welche die Steuerpflicht nicht ausschließen können.

Gegenstand der Besteuerung ist der **GrstWechsel als Rechtsverkehr**; dazu *Boruttau-Klein* GrEStG § 1 Bem 1ff. Es muß sich also um irgendeine Rechtsänderung handeln. Es kann sich um rechtsgeschäftliche oder behördliche Übertragung oder um gesetzlichen Übergang von Eigentum an Grsten usw handeln; dazu *Bem 3ff.*, auch *Boruttau-Klein* GrEStG § 1 Bem 35ff. Daher ist der Anwendungsbereich des GrEStG sehr groß.

Die Besteuerung erfaßt bereits das **Verpflichtungsgeschäft**, nicht erst den dinglichen Rechtsvorgang (dazu *§ 18 Bem 141, 142*), wenn ein schuldrechtlicher Vertrag vorausgeht, wie aus § 1 Abs 1 Z 1, 2, Abs 4 GrEStG (*Anh*) ersichtlich ist; dazu *Boruttau-Klein* GrEStG § 1 Bem 42ff. Es wird hierbei vorausgesetzt, daß ein Vertrag wirksam zustande gekommen ist. Daher löst ein **Vertragsangebot**, solange es noch nicht angenommen ist, keine Steuerpflicht aus. Bei **Vorverträgen** kommt es darauf an, ob bereits eine endgültige Bindung erfolgt oder ob nur eine Verpflichtung zu einem Vertragsabschluß eine solche Bindung erst schafft; dazu *Boruttau-Klein* aaO Bem 43. Die Einräumung und Annahme eines Ankaufsrechts ist deshalb noch nicht steuerpflichtig, erst die Ausübung desselben; dazu **BFH** BStBl III 1965, 265 = Steuer-Fund XIII S 363 Nr 9089 Ls wV. **Nichtigkeit** des Vertrags führt zu keiner Versteuerung, da ein rechtswirksamer Vertrag vorausgesetzt wird; dazu *Boruttau-Klein* aaO Bem 45ff. Ein Formmangel nach § 313 BGB kann allerdings durch Auflassung und GBEintragung heilen;

dazu *Bem 48, 70, § 18 Bem 141.* Mit der Heilung des Formmangels entsteht die Steuerpflicht. Wenn bei Nichtigkeit wegen Fehlens der Geschäfts- oder Rechtsfähigkeit (dazu *Bem 98, § 18 Bem 179*) der Mangel von den Beteiligten beseitigt wird, etwa bei einem Minderjährigen durch Genehmigung nach Eintritt der Volljährigkeit ua, dann ist auch hier die Grunderwerbsteuer zu erheben; dazu *Boruttau-Klein* aaO Bem 51. Bei Verträgen, die gegen ein gesetzliches Verbot oder die guten Sitten verstoßen und deshalb nach §§ 134, 138 BGB nichtig sind, kann nach § 5 Abs 2 StAnpG eine Steuer erhoben werden, wenn die Beteiligten wirtschaftlich ein solches Rechtsgeschäft durchführen; dazu *Boruttau-Klein* aaO Bem 53. Bei Rechtsgeschäften die anfechtbar (dazu *Bem 70*), aber nicht angefochten sind, ist Steuerpflicht gegeben; dazu *Boruttau-Klein* aaO Bem 54. Bei bedingten Verträgen kommt es darauf an, ob aufschiebende oder auflösende Bedingung vorliegt (dazu *Bem 65*), da je nachdem ein Vertrag erst wirksam wird oder ein wirksamer Vertrag hinfällig wird. Steuerpflicht entsteht bei dem aufschiebend bedingten Vertrag mit Eintritt der Bedingung, während das auflösend bedingte Rechtsgeschäft steuerpflichtig ist, § 3 Abs 5 Z 5 StAnpG; dazu *Boruttau-Klein* aaO Bem 55. Soweit ein Vertrag der Genehmigung bedarf, ob es sich um eine Genehmigung eines gesetzlichen Vertreters usw oder einer Behörde handelt (dazu *Bem 57, 79ff., § 18 Bem 99ff., 148ff., 159ff., § 19 Bem 78ff.*), muß die Genehmigung vorliegen, wenn Versteuerung erfolgen soll; dazu § 15 Abs 2 GrEStG Saarland, *Boruttau-Klein* aaO Bem 55, § 19 Bem 11ff., *Haegele* GBRecht Bem 2475, Merkbuch 371. Über Erstattung der Steuer, wenn der steuerpflichtige Vorgang später entfällt *Bem 105.*

Die Verpflichtungsgeschäfte können sehr verschiedener Art sein; dazu *Boruttau-Klein* GrESzG § 1 Bem 58ff., *Haegele* GBRecht Bem 2452, *Krämer-Illner* GBPraxis § 217. Es sind hier insbes zu erwähnen

der **Kaufvertrag** nach §§ 433ff. BGB mit seinen verschiedenen besonderen Arten, wie Kauf auf Probe, §§ 495, 496 BGB, Wiederkauf, §§ 497ff. BGB (dazu *§ 13 Vorbem 16, 19, 22*), Vorkaufsrecht, §§ 504ff., 1094ff. BGB (dazu *Bem 87ff., § 13 Vorbem 70ff.*). Beim Wiederkauf liegen 2 steuerpflichtige Rechtsvorgänge vor, der Kauf und der Rückkauf, während der Vorbehalt keine Steuerpflicht auslöst; dazu *Boruttau-Klein* aaO Bem 62. Beim Vorkauf sind steuerpflichtig der Kaufvertrag mit dem Dritten und der durch die Ausübung des Vorkaufsrechts zustande gekommene Kaufvertrag zwischen dem Berechtigten und Verpflichteten, nicht aber die Einräumung des Vorkaufsrechts; dazu *Boruttau-Klein* aaO Bem 63. Neben diesen schuldrechtlichen und dinglichen Vorkaufsrechten bestehen noch gesetzliche; dazu *Boruttau-Klein* aaO Bem 64. Auch Erbanteilskauf nach § 2033 BGB (dazu *Bem 8, § 22 Bem 43*) und Erbschaftskauf nach § 2371ff. BGB (dazu *Bem 8*) gehören hierher, wobei allerdings die Frage der Steuervergünstigung besonders zu beurteilen ist; dazu *Boruttau-Klein* aaO Bem 66, auch *Bem 106.*

der **Tauschvertrag** bez Grste, § 1 Abs 4 GrEStG (*Anh*), bei dem für beide Vertragsteile der Anspruch auf Übereignung eines Grsts begründet wird; dazu *Boruttau-Klein* aaO Bem 68ff. Hier unterliegen die Vereinbarung über die Leistung des einen und die Vereinbarung über die Leistung des anderen Vertragsteils der Besteuerung, da in Wirklichkeit 2 GrstVeräußerungen vorliegen,

**freiwillige Versteigerungen** und besondere Versteigerungsarten, die den Charakter von Kaufverträgen haben, wie insbes die Teilungsversteigerung nach § 180ff. ZVG; dazu *Bem 51* sowie *Steiner-Riedel* ZVG Einl I 3 (a), § 172 Vorbem 1. Hier erfolgt die Gleichstellung mit einem Kaufvertrag; dazu *Boruttau-Klein* aaO Bem 67, auch *Bem 102,*

**Übergabeverträge** (dazu *§ 49 Bem 2ff.*). Meist liegt eine gemischte Schenkung vor, so daß teilweise die Grunderwerbsteuer, teilweise die Schenkungssteuer einschlägig ist; dazu *Boruttau-Klein* aaO Bem 72, auch *Bem 105*,

Verträge über die **Verschmelzung von Gesellschaften** nach dem AktG (dazu *Bem 15*) auf Grund eines Fusionsvertrags; dazu *Boruttau-Klein* aaO Bem 73ff.,

**Einbringung und Auseinandersetzung bei Gesellschaften und Gemeinschaften** (dazu *Bem 8ff.*), da auch in solchen Fällen Veräußerungen vorliegen; dazu *Boruttau-Klein* aaO Bem 83ff.,

**Vergleiche** (dazu *Bem 37*), da es sich um schuldrechtliche gegenseitige Verträge handelt; dazu *Boruttau-Klein* aaO Bem 89,

Verträge **an Erfüllungs Statt** und **erfüllungshalber**; dazu *Boruttau-Klein* GrEStG § 1 Bem 90. Auch hier besteht Steuerpflicht.

Die **Auflassung** (dazu Bem *3ff.*) ist nach § 1 Abs 1 Z 2 GrEStG (*Anh*) dann maßgebend als steuerpflichtiger Erwerbsvorgang, wenn kein entsprechendes Verpflichtungsgeschäft vorausgeht; dazu *Boruttau-Klein* GrEStG § 1 Bem 91ff., *Haegele* GBRecht Bem 2453, *Krämer-Illner* GBPraxis § 217. Dies ist insbes der Fall, wenn jemand auf Grund Gesetzes ein Grst überträgt, wie zB in Erfüllung eines Auftrags oder bei einem Erbfall zur Ausführung einer testamentarischen Vermächtnisanordnung. Wohl aber entsteht die Steuerpflicht, wenn der Treuhänder das Grst, das er im Auftrag des Treuhänders von einem Dritten erworben hat, an den Treugeber aufläßt; dazu *Boruttau-Klein* aaO Bem 92. Deshalb unterliegt die rechtliche Vereinigung aller Anteile in der Hand des Treuhänders auch dann der Grunderwerbsteuer, wenn die Anteile schon wirtschaftlich in der Hand des Treugebers vereinigt waren, **BFH** NJW 1963, 463 = Steuer- Fund XIII 363 Nr 9084 Ls wV. Nähere Einzelheiten der Treuhänderschaft behandelt der TreuhandErl RMF vom 18. Juli 1940 RStBl III 617 = *Boruttau-Klein* Anh Bem 328ff.; die Auswirkungen der GrEStG wird erörtert für 3 Fälle: (1) Übertragung des GrstEigentums durch Eigentümer auf Treuhänder, (2) Übertragung der Verfügungsmacht auf einen Treuhänder seitens des GrstEigentümers, (3) Erwerb des GrstEigentums durch Treuhänder im Auftrage des Treugebers von einem Dritten. Der Erl enthält Anordnungen zur Beseitigung von Unbilligkeiten, da die Begründung und die Auflösung eines Treuhandverhältnisses je nach der rechtlichen Gestaltung des Einzelfalls zweimal oder zusammen nur einmal der Steuer unterliegt; insofern steht der Erl in Zusammenhang mit den Vorschriften über Steuervergünstigungen (dazu *Bem 106*). Eine nichtige Auflassung begründet keine Steuerpflicht, wohl aber dann, wenn die Beteiligten wirtschaftlich, die GrstÜbertragung bei der rechtlich der Mangel nicht geheilt wird, als bestehend betrachtet, § 5 Abs 3 StAnpG; dazu *Boruttau-Klein* aaO Bem 96. Bei Auflassung durch einen Nichteigentümer oder einen Vertreter ohne Vertretungsmacht (dazu *Bem 55, 57*) ist die Steuer zu leisten, wenn die Genehmigung seitens des GrstEigentümers erfolgt. Bei Verurteilung zur Auflassung ersetzt das Urteil die Auflassungserklärung; dazu *Bem 62* sowie *Boruttau-Klein* aaO Bem 93. In Fällen der GBUnrichtigkeit (dazu *§ 22 Bem 10ff., 32ff.*) kann das GB entweder auf Grund einer Berichtigungsbewilligung (dazu aaO *Bem 16ff., 33*) oder eines Nachweises der Unrichtigkeit des GB (dazu aaO *Bem 22ff., 36*) erfolgen. Die Beteiligten können anstelle der Berichtigungsmöglichkeiten eine Auflassung vornehmen (dazu *Bem 26, § 22 Bem 33*), wenn sie auch nicht erforderlich erscheint. Wenn die Beteiligten diesen Weg wählen, so ist eine Grunderwerbsteuer zu entrichten; so FM Rheinland-Pfalz Erl vom 27. Juli 1954 DVR (Deutsche Verkehrssteuerrundschau) 1954, 183, **aA** *Boruttau-Klein* aaO Bem 97, jedoch ohne überzeugende Begründung, zumal anschließend darauf hingewiesen wird, daß bei Beurkundung mit einer Steuerpflicht gerechnet werden müsse. Bei buchungsfreien Grsten (dazu *§ 3 Bem 53ff.*) ist lediglich Auflassung erforderlich, keine GBEintragung; dazu *Boruttau-Klein* aaO Bem 98.

**Eigentumsübertragung kraft Gesetzes** oder **behördlichen Bescheids** nach § 1 Abs 1 Z 3 GrEStG (*Anh*) hat GBBerichtigung zur Folge. Das GrEStG knüpft an diesen Vorgang die Steuer, wobei selbständig zu prüfen ist, ob jeweils eine Steuervergünstigung besteht. Nach dem Gesetz sind die hier erwähnten Fälle, die nicht schon unter aaO Z 1 oder 2 fallen, steuerpflichtig. Wenn bei *Boruttau-Klein* aaO Bem 99, 100 im Anschluß an **FG Kassel** FGE (Sammlung von Entscheidungen der Finanzgerichte) 1958, 14, angenommen wird, es sei nach dem Einzelfall zu prüfen, ob die Steuerpflicht ausgelöscht wird, so ist diese Feststellung mehr theoretischer Art, da in aaO 101ff. die Tatbestände durchaus richtig beurteilt werden.

**Eigentumsübergang kraft Gesetzes** kommen in Betracht (dazu *Boruttau-Klein* GrEStG § 1 Bem 101ff.) bei Erbfolge (dazu *Bem 8*), beim Gesamtgut der Gütergemeinschaft (dazu *Bem 9*), Buchersitzung nach § 900 BGB (dazu *Bem 19*), Erwerb auf Grund Ausschlußurteil nach § 927 BGB (dazu *Bem 19*), auch wenn der neue Eigentümer zuvor Treuhänder des wirklichen Eigentümers war, *Boruttau-Klein* aaO Bem 106 mit Hinweis auf **FG Kassel** FGE 1957, 205, das Treuhänderschaft ablehnt und insoweit teilweise zu Unrecht abweicht. Eigentumsübergang bei Umwandlung von Kapitalgesellschaften, soweit nicht Fusionsverträge die Grundlage des Eigentumswechsels am Grundbesitz sind (dazu *Bem 15*, auch *Boruttau-Klein* aaO Bem 102, 107ff.), wobei allerdings in der Regel Steuerbefreiungen in Frage kommen (dazu *Bem 106*).

**Eigentumsübergang kraft behördlichen Bescheids** bzw Ausspruchs führen vielfach zu Änderung im Grundbesitz; dazu *Boruttau-Klein* GrEStG § 1 Bem 120ff., *Haegele* GBRecht Bem 2454, *Krämer-Illner* GBPraxis § 217. Vor allem ist hier an die Enteignungsverfahren zu denken (dazu *Bem 18, § 38 Bem 76, § 117 Bem 74ff.*), die die Grunderwerbsteuerpflicht auslösen; dazu *Boruttau-Klein* aaO Bem 121ff.

Das **Meistgebot im ZwVerstVerfahren** ist ebenfalls ein steuerpflichtiger Erwerbsvorgang, § 1 Abs 1 Z 4 GrEStG (*Anh*); dazu *Boruttau-Klein* GrEStG § 1 Bem 125ff., *Haegele* GBRecht Bem 2455, *Krämer-Illner* GBPraxis § 217. Bei Z 3 aaO wird mit Rücksicht hierauf der Fall des Eigentumsübergangs im ZwVerstVerfahren ausgenommen, wohl im Interesse der Klarheit; doch erscheint ein solcher Hinweis entbehrlich und könnte fallen gelassen werden. Da Meistgebote bei Verfahren der freiwilligen Versteigerung und bei besonderen Versteigerungsverfahren unter die Verträge der Z 1 aaO fallen, gehören hierher nur Meistgebote in echten Vollstreckungsverfahren; dazu *Steiner-Riedel* ZVG § 90 Bem 2, 3, *Zeller* ZVG § 90 Bem 3, im übrigen *Bem 16, § 38 Bem 26ff.* Die Steuer ist aus den Nominalwert des Meistgebots auch dann zu berechnen, wenn die nach den Versteigerungsbedingungen bestehenbleibenden Rechte dem Einsteigerer gehören und von diesem unter dem Nennbetrag erworben worden sind, **FG München** FGE 1965, 185 = Steuer-Fund XIII 364 Nr 9094. Wer im Auftrag eines unbenannten anderen das Meistgebot abgibt, schuldet auch dann die Grunderwerbsteuer aus dem Meistgebot, wenn das Grst nach Aufdeckung der Vertretungsmacht nach § 81 Abs 3 ZVG dem Auftraggeber zugeschlagen wird, **BFH** BStBl III 1965, 712 = Steuer-Fund aaO Nr 9092 wV.

Besondere **Zwischengeschäfte** sind nach § 1 Abs 1 Z 5 bis 7 GrStEG (*Anh*) der Grunderwerbsteuer unterworfen; dazu *Boruttau-Klein* GrEStG § 1 Bem 131ff., *Haegele* GBRecht Bem 2456, *Krämer-Illner* GBPraxis § 217. Es handelt sich um Abtretung eines Übereignungsanspruchs oder der Rechte aus dem Meistgebot nach § 81 Abs 2 ZVG, ferner um Abtretung der Rechte aus einem Kaufangebot oder eines anderen kaufähnlichen Vertrag; dazu zur Abtretung der Rechte aus dem Meistgebot *Steiner-Riedel* ZVG § 91 Bem 3, 7, zur Erstattung der Steuer nach § 17 GrEStG (*Anh*) auch *Boruttau-Klein* aaO Bem 133, § 17 Bem 58.

Der Abtretung steht die Erklärung des Käufers gleich, daß für einen Dritten bzw einen erst zu benennenden Dritten erworben werdet dazu *Boruttau-Klein* GrEStG § 1 Bem 133ff., auch **BFH** HFR (Höchstrichterliche FinanzRspr) 1963, 294. Steuerpflichtig sind in solchen Fällen der vom Käufer im eigenen Namen abgeschlossene Kaufvertrag und die Abtretung dh Benennung des Dritten; dazu *Boruttau-Klein* aaO Bem 135 und **BFH** BStBl III 1959, 239. Es wird also der Zwischenerwerb besteuert; dazu *Haegele* aaO. Bei Erwerb durch Käufer als Treuhänder, wobei der Dritte Treugeber ist, handelt es an sich um 3 steuerpflichtige Rechtsvorgänge, nämlich (1) den Kauf durch den Treuhänder, (2) Erwerb der Verwaltungsbefugnis durch den Treugeber und schließlich (3) Übertragung von Treuhänder auf Treugeber, von denen jedoch nur die beiden ersteren der Steuer unterliegen, und zwar auf Grund des TreuhandErl RMF vom 18. Juli 1940 aaO unter (3) a; dazu *Boruttau-Klein* aaO Bem 139.

Der **Erwerb der Verwertungsbefugnis** ist nach § 1 Abs 2 GrEStG (*Anh*) steuerpflichtig. Es sind dies Rechtsvorgänge, die es ohne Begründung eines Anspruchs auf Übereignung einem anderen rechtlich oder wirtschaftlich ermöglichen, ein inländisches Grst **auf eigene Rechnung** zu verwerten; dazu *Boruttau-Klein* GrEStG § 1 Bem 149ff., *Haegele* GBRecht Bem 2458 mit Fußn 4 S 593/594, *Krämer-Illner* GBPraxis § 217. Es wird hier vom Gesetz eine sehr weite Fassung gewählt, um Gesetzesumgehungen zu verhindern. Daher wird nicht nur die rechtliche, sondern auch die wirtschaftliche Stellung des Eigentümers berücksichtigt. Es geht also darum, daß eine eigentümerähnliche Stellung erlangt wird, ohne daß Eigentum erworben wird; dazu **BFH** BStBl III 1956, 92, *Boruttau-Klein* aaO Bem 152ff. Als Anwendungsfälle kommen insbes in Betracht Bau auf fremdem Grund und Boden (dazu *Boruttau-Klein* aaO Bem 151, zur Frage der Besteuerung **RFH** RFHE 53, 90, BFH BStBl III 1952, 137/1954, 130/1956, 92. zur Höhe der Vergütung bei Rechtsverlust **BGH** NJW 1962, 2293), Einräumung eines Nießbrauchs auf 6 Jahre mit Ankaufsrecht zu bestimmtem Preis (**RFH** RFHE 7, 248, *Boruttau-Klein* aaO Bem 158, *Haegele* aaO Fußn 4) oder an einen Hypothekengläubiger mit unwiderruflicher Veräußerungsvollmacht (**RFH** RFHE 12, 298, *Boruttau-Klein* und *Haegele* aaO), § 1 Abs 2 GrEStG (*Anh*) ist auch anzuwenden, wenn ein Dritter als Hilfsperson eingeschaltet wird, **BFH** BStBl III 1965, 561 = BB 1965, 1266 (*Alsen*) = Steuer-Fund XIII 364 Nr 9091 Ls wV. Auch bei Treuhänderschaft kann die Vorschrift anwendbar sein, wenn der Treuhänder die wirtschaftliche Verfügungsbefugnis hat; dazu *Boruttau-Klein* aaO Bem 167ff.

Die **Vereinigung und Weiterübertragung aller Anteile einer Gesellschaft** ist nach § 1 Abs 3 GrEStG (*Anh*) der Steuer unterworfen; dazu *Boruttau-Klein* GrEStG § 1 Bem 177ff., *Haegele* GBRecht Bei 2457, *Krämer-Illner* GBPraxis § 217. Für eine Besteuerung wird vorausgesetzt, daß (1) die Anteile einer Gesellschaft vereinigt oder nach der Vereinigung weiter übertragen werden, (2) daß alle Anteile der Gesellschaft in der Hand eines Teilhabers vereinigt sind oder alle vereinigten Anteile auf einen anderen Erwerber weiter übertragen werden, (3) daß die Anteile in einer Hand oder in der Hand mehrerer im Gesetz genannter Teilhaber vereinigt sind oder aus dieser einen Hand weiter übertragen werden und (4) daß zum Vermögen der Gesellschaft ein Grst gehört; dazu *Boruttau-Klein* aaO Bem 177ff. (179). Sind die Voraussetzungen erfüllt, so kommt es auf irgendwelche Umgehungsabsichten nicht an; dazu **RFH** RStBl 1932, 27, *Boruttau-Klein* aaO Bem 180. Ob beim Austritt eines Gesellschafters aus einer aus 2 Gesellschaftern bestehenden oHG unter gleichzeitigem Eintritt eines neuen Gesellschafters die oHG aufgelöst und eine neue errichtet werden oder ob die bisherige Gesellschaft fortbestehen soll, ist durch Auslegung der vertraglichen Vereinbarungen zu ermitteln, **FG Nürnberg** FGE 1965, 545 = Steuer-Fund XIII 364 Nr 9102. Werden nach der Vereinigung aller Anteile einer Gesellschaft die vereinigten Anteile auf einen steuerlich selbständigen Rechtsträger weiterübertragen, so liegt darin ein selbständiger Grund zur Besteuerung, **FG Karlsruhe** FGE 1965, 387 = Steuer-Fund XIII 364 Nr 9100. § 1 Abs 3 GrEStG (*Anh*) kommt auch dann zur Anwendung, wenn ein Zwerganteil in anderer Hand verbleibt **BFH** BFHE 85, 117 = BStBl III 1966, 254 = DNotZ 1967, 60 Ls (unter Aufgabe der früheren abweichenden Auffassung); dazu *Ruyter* DNotZ 1967, 74 (77).

Für die **Aufeinanderfolge** der Tatbestände von § 1 Abs 1 bis 3 GrEStG (*Anh*) ist in § 1 Abs 5 aaO eine Regelung, und zwar für die Aufeinanderfolge Abs 1 — Abs 2,
Abs 2 — Abs 1,
Abs 3 — Abs 1;
dazu *Boruttau-Klein* GrEStG § 1 Bem 230ff. (233). Nicht erwähnt ist der Fall
Abs 1 — Abs 3,
auf den der Grundsatz des Abs 5 aaO entsprechend anzuwenden ist; dazu *Boruttau-Klein* aaO Bem 233.

**Umgehungsfälle** können die Steuerpflicht nicht ausschließen, wenn die Beteiligten, um die Steuerzahlung zu umgehen, einen der Sachlage nicht entsprechenden Weg wählen, § 6 Abs 1 StAnoG; dazu *Boruttau-Klein* GrEStG § 1 Bem 142, 230, § 17 Bem 84ff. § 1 Abs 3 GrEStG (*Anh*) ist anzuwenden, sobald die Voraussetzungen erfüllt sind, auch bei Umgehungsabsicht; dazu *Boruttau-Klein* aaO Bem 180.

### 3. Besteuerungsgrundlage 102

Die Besteuerungsgrundlage ist geregelt in (dazu *Bem 100*)
§§ 10 bis 12 GrEStG (*Anh*)
Baden-Württemberg §§ 26 bis 28 GrEStG
Bayern §§ 10 bis 12 GrEStG
Hamburg §§ 20 bis 22 GrEStG
Hessen §§ 10 bis 12 GrEStG
Niedersachsen §§ 10 bis 12 GrEStG
Rheinland-Pfalz §§ 10 bis 12 GrEStG
Saarland §§ 10 bis 12 GrEStG
Schleswig-Holstein §§ 10 bis 12 GrEStG
Landesrechtliche Besonderheiten bestehen nicht.

Besteuerungsgrundlage ist entweder der Wert der Gegenleistung oder der GrstWert, wie § 10 GrEStG (*Anh*) als Grundsatz aufstellt. Der Begriff der Gegenleistung wird in § 11 aaO der des GrstWert in § 12 aaO näher umgrenzt.

Im Regelfall wird die Steuer nach dem Wert der Gegenleistung berechnet, § 10 Abs 1 GrEStG (*Anh*). Der Wert des Grst kommt als Berechnungsgrundlage in Betracht, wenn eine Gegenleistung nicht vorhanden oder nicht zu ermitteln ist, bzw bei der Vereinigung aller Anteile oder beim Übergang aller Anteile einer Gesellschaft und bei den entsprechenden schuldrechtlichen Geschäften, § 10 Abs 2 aaO. Ergänzend ist das BewG zu berücksichtigen; dazu eingehend *Boruttau-Klein* GrEStG § 10 Bem 30ff.

#### Wert der Gegenleistung

Die Gegenleistung für den Erwerbsvorgang bez eines Grst (dazu *Bem 101*) ist Berechnungsgrundlage für die Steuer, § 10 Abs 1 GrEStG (*Anh*), soweit nicht ausnahmsweise der GrstWert nach Abs 2 aaO maßgebend ist; dazu *Boruttau-Klein* GrEStG § 1 Bem 1ff., *Haegele* GBRecht Bem 2464, *Krämer-Illner* GBPraxis § 221. Gegenleistung ist nicht die Gegenleistung im Sinne des bürgerlichen Rechts, sondern jede Leistung, die der Erwerber als Entgelt für den Erwerb des Grsts gewährt oder der Veräußerer als

Entgelt für die Veräußerung des Grsts empfängt, **RFH** RFHE 53, 1, 45, **BFH** BStBl III 1958, 280, *Boruttau-Klein* GrEStG § 11 Bem 7ff., *Haegele* GBRecht Bem 2464. Auch Leistungen an einen Dritten, wie Straßenbaukosten, können dazu gehören; so **BFH** SBtBl III 1960, 314, *Boruttau-Klein* aaO Bem 7b; dazu auch **FG Münster** FGE 1963, 494 = DNotZ 1966, 444 Ls.

Der allgemeine Begriff der Gegenleistung wird durch § 11 Abs 2 bis 4 GrEStG (*Anh*) näher umgrenzt.

Zur Gegenleistung gehören nach § 11 Abs 2 aaO

Leistungen, die der Erwerber des Grsts dem Veräußerer neben der beim Erwerbsvorgang vereinbarten **Gegenleistung zusätzlich** gewährt, und zwar **nachträglich**; dazu **RFH** RFHE 53, 45, RStBl 1944, 445, **BFH** BStBl III 1955, 54, *Boruttau-Klein* GrEStG § 11 Bem 320ff., *Haegele* GBRecht Bem 2472, *Krämer-Illner* GBPraxis § 221. Erforderlichenfalls ergeht ein Ergänzungsbescheid, wenn bereits ein Steuerbescheid vorliegt,

die **Belastungen**, die auf dem Grst ruhen, soweit sie auf den Erwerber **kraft Gesetzes übergehen**, wobei jedoch zur Gegenleistung nicht die auf dem Grst ruhenden dauernden Lasten gehören; dazu *Boruttau-Klein* aaO Bem 324ff., *Haegele* GBRecht Bem 2471, *Krämer-Illner* aaO. Es ist hinzuweisen auf §§ 434, 436, 439 BGB. Es wird unterschieden zwischen dauernden und anderen GrstLasten; dazu *Boruttau-Klein* aaO Bem 326. Bei den Lasten kann es sich um öffentlich-rechtliche oder privatrechtliche handeln. Eine Grunddienstbarkeit, die der Veräußerer eines Grst zugunsten des Erwerbers bestellt, kann nicht zur Gegenleistung für das Grst gehören, **FG Schleswig** FGE 1963, 570 = DNotZ 1964, 375 Ls.

Der Gegenleistung sind nach § 11 Abs 3 GrEStG (*Anh*) **hinzuzurechnen**

Leistungen, die der Erwerber des Grst **anderen Personen** als dem Veräußerer als Gegenleistung **dafür** gewährt, **daß sie auf den Erwerb des Grsts verzichten**; dazu *Boruttau-Klein* GrStG § 11 Bem 344ff., *Haegele* GBRecht Bem 2465, *Krämer-Illner* GBPraxis § 221,

Leistungen, die dem Erwerber des Gssts **bei Genehmigung** des Erwerbsvorgangs **durch die Genehmigungsbehörde zugunsten** des Bundes, eines Landes, einer Gemeinde, eines Gemeindeverbandes oder **eines sonstigen Empfängers auferlegt** werden; dazu *Boruttau-Klein* aaO Bem 350ff., *Krämer-Illner* aaO.

Leistungen, die **ein anderer** als der Erwerber des Grsts dem Veräußererer als Gegenleistung **dafür** gewährt, **daß der Veräußerer dem Erwerber des Grsts überläßt**; dazu *Boruttau-Klein* aaO Bem 357, 358, *Krämer-Illner* aaO.

Die **Grunderwerbsteuer** für den zu besteuernden Rechtsvorgang wird der Gegenleistung weder hinzugerechnet noch von ihr abgezogen, § 11 Abs 4 GrEStG (*Anh*); dazu *Boruttau-Klein* aaO Bem 359ff. Grunderwerbsteuer für andere Rechtsvorgänge oder andere Steuern als Grunderwerbsteuer können berücksichtigt werden.

Für die **wichtigsten Fälle der** der Grunderwerbsteuer unterliegenden **Rechtsvorgänge** (dazu *Bem 101*) wird in § 11 Abs 1 GrEStG (*Anh*) der Begriff der Gegenleistung noch speziell umgrenzt, wobei § 11 Abs 2 bis 4 aaO ergänzend zu berücksichtigen sind; dazu *Boruttau-Klein* GrEStG § 11 Bem 98ff., *Haegele* GBRecht Bem 2465, Merkbuch 368ff., *Krämer-Illner* GBPraxis § 221.

Beim **Kauf** (dazu *Bem 101*) ist Gegenleistung der Kaufpreis einschl der vom Käufer übernommenen sonstigen Leistungen und der dem Verkäufer vorbehaltenen Nutzungen, § 11 Abs 1 Z 1 GrEStG (*Anh*); dazu *Boruttau-Klein* aaO Bem 98ff., *Haegele* GBRecht Bem 2405, *Krämer-Illner* GBPraxis § 221. Der Kaufpreis ist regelmäßig ein Geldbetrag, § 433 Abs 2 BGB. Änderungen des Kaufpreises, insbes eine Erhöhung, wirken sich auch auf die Steuer aus; dazu *Boruttau-Klein* aaO Bem 103, zur Frage, ob ein fester Kaufpreis vereinbart ist oder die übernommenen Einzelleistungen selbst unmittelbare Gegenleistungen darstellen, **BFH** HFR 1965 Nr 59. Zwischenzinsen können abgezogen werden, wenn der Kaufpreis längerfristig in Raten getilgt wird, **BFH** BStBl III 1952, 295 / 1960, 200, *Boruttau-Klein* aaO Bem 105; dazu auch *Haegele* aaO. Bei kürzerfristigen Stundungen ist dagegen vom Nennbetrag auszugehen; dazu *Boruttau-Klein* aaO Bem 106, *Haegele* aaO. Vorbehaltene Nutzungen des Verkäufers sind insbes Baukostenzuschüsse und Mietvorauszahlungen, **BFH** BStBl III 1957, 110; dazu *Boruttau-Klein* aaO Bem 110ff. Übernommene sonstige Leistungen sind solche Leistungen, die an sich dem Veräußerer obliegen, aber vertraglich vom Käufer getragen werden; dazu *Boruttau-Klein* aaO Bem 116ff., *Haegele* GBRecht Bem 2465ff. Es kommen in Betracht

- die Übernahme der auf dem Grst ruhenden Hypotheken, Grund- und Rentenschulden (§ 439 Abs 2 BGB); dazu *Boruttau-Klein* aaO Bem 117ff.,
- die Übernahme der auf dem Grst ruhenden sonstigen Belastungen oder die Begründung neuer Belastungen zugunsten des Verkäufers (§ 434 BGB); dazu *Boruttau-Klein* aaO Bem 117, 133ff. Werden bestehende dauernde Grst-Lasten, wie Erbbauzins, Grunddienstbarkeiten, übernommen, so gilt dies nicht als Gegenleistung, § 11 Abs 2 Z 2 S 2 GrEStG (*Anh*); dazu *Boruttau-Klein* aaO Bem 135, *Haegele* GBRecht Bem 2465,
- die vom Käufer übernommenen Kosten der Rechtsänderung (§ 448 BGB); dazu *Boruttau-Klein* aaO Bem 117, 138ff.,
- die vom Erwerber übernommenen öffentlichen Abgaben (§ 446 BGB); dazu *Boruttau-Klein* aaO Bem 117, 141ff., *Haegele* aaO. Nach § 11 Abs 2 Z 2 GrEStG (*Anh*) gehören die kraft Gesetzes auf den Käufer übergehenden Belastungen zur Gegenleistung. Auch die Übernahme von Rückständen ist Gegenleistung. Dauernde Lasten dagegen werden, wie erwähnt, nicht zur Gegenleistung gerechnet, auch wenn Übernahme erfolgt; dazu *Boruttau-Klein* aaO Bem 143,
- sonstige Nebenleistungen, wie Übernahme vom Maklerprovision, Umzugskosten, Aufschließungskosten, als Mietvorauszahlung geleisteten Baukostenzuschüssen und verlorene Baukostenzuschüssen usw sowie von Lastenausgleichsabgaben ua; dazu *Boruttau-Klein* GrEStG aaO Bem 117, 145ff., 192, 395ff., *Haegele* GBRecht Bem 2467.

Eine Wertsicherungsklausel (dazu *§ 28 Bem 18*) hat für die Steuer nur Bedeutung, wenn sie rechtswirksam ist bzw von den Beteiligten so betrachtet und gehandhabt wird (§ 5 StAnpG); dazu *Boruttau-Klein* GrEStG § 11 Bem 39ff. Nach **BFH** BStBl III 1952, 295, soll wegen Unbestimmtheit der künftigen Ratenzahlungen nur ein vorläufiger Steuerbescheid ergehen. Für Hessen wird in einem Erl FM vom 3. Januar 1958 DVR 1958, 95, eine Schätzung nach § 217 AO vorgeschlagen. Für Bayern wird in einer Vfg der Oberfinanzdirektion München vom 8. November 1962 ein Zuschlag von 5 bis 10% empfohlen. Von diesen Möglichkeiten (dazu *Boruttau-Klein* aaO Bem 39, 43) sollte man jeweils denjenigen wählen, der am geeignetsten erscheint.

Bei einem **Tausch** (dazu *Bem 101*) gilt nach § 11 Abs 1 Z 2 GrEStG (*Anh*) die Tauschleistung des anderen Vertragsteils einschl einer vereinbarten zusätzlichen Leistung; dazu *Boruttau-Klein* GrEStG § 11 Bem 193ff., *Haegele* GBRecht Bem 2468, *Krämer-Illner* GBPraxis § 221. Bei einem GrstTausch liegen 2 GrstUmsätze vor, **BFH** BStBl III 1951, 154; dazu *Boruttau-Klein* aaO Bem 196. Der Grundsatz des § 1 Abs 4 GrEStG (*Anh*) gilt entsprechend auch in sonstigen Fällen, etwa bei GrstTausch im Rahmen eines Enteignungsverfahrens; dazu *Boruttau-Klein* aaO Bem 197. Wenn bei einem weniger wertvollen Grst eine zusätzliche Leistung erbracht wird, so bildet beides zusammengerechnet die Gegenleistung; dazu zur Berechnung der Leistungen *Boruttau-Klein* aaO Bem 200ff., *Haegele* aaO mit Beispielen.

Bei einer **Leistung an Erfüllungs Statt** nach §§ 364, 365 BGB (dazu *Bem 101*) gilt der Wert, zu dem die Leistung an Erfüllungs Statt angenommen wird, als Gegenleistung, § 11 Abs 1 Z 3 GrEStG (*Anh*); dazu *Boruttau-Klein* aaO Bem 210ff., *Krämer-Illner* GBPraxis § 221. Für die Steuer kommt es hiernach darauf an, welche Leistung angenommen wird, so daß bei Zuzahlung bei Erwerb des Grsts die Gesamtleistung als Gegenleistung anzusehen ist; dazu *Boruttau-Klein* aaO Bem 212.

Beim **Meistgebot in einem ZwVerstVerfahren** (dazu *Bem 101*) ist nach § 11 Abs 1 Z 4 GrEStG (*Anh*) Gegenleistung das Meistgebot einschl der Rechte, die nach den Versteigerungsbedingungen bestehen bleiben. Hat ein zur Befriedigung aus dem Grst berechtigter Grundpfandgläubiger das Meistgebot abgegeben, so ist auch der durch dieses Gebot nicht gedeckte Anspruch des Meistbietenden hinzuzurechnen, soweit die Gesamtleistung den Wert des Grsts nach § 12 aaO bei der Abgabe des Meistgebots nicht übersteigt. Das Grundpfandrecht wird dabei höchstens mit dem Betrag angesetzt, den der Meistbietende für den Erwerb des Rechts aufgewandt hat. Dazu *Boruttau-Klein* GrEStG § 11 Bem 213ff., *Krämer-Illner* GBPraxis § 221.

Man wird hier ebenso wie bei § 1 Abs 1 Z 4 GrEStG (*Anh*) den Anwendungsbereich der Vorschrift auf die rechten Vollstreckungsverfahren beschränken und nicht auf die freiwilligen Versteigerungen und die besonderen ZwVerstVerfahren, die den Charakter eines Kaufvertrags haben ausdehnen; dazu *Bem 101*. Gerade im Steuerrecht, in dem die wirtschaftliche Betrachtungsweise mehr als im übrigen Recht überwiegt, ist für eine andere Auslegung kein Raum, **aA** *Boruttau-Klein* GrEStG § 11 Bem 213, 214 bez der besonderen Verfahrensarten nach dem ZVG. Es ist also in solchen Fällen nach § 11 Abs 1 Z 1 aaO zu verfahren. Praktisch betrachtet wird allerdings der Unterschied bei der Berechnung nicht abweichen, weil Abs 1 Z 1 aaO sinngemäß anzuwenden ist. Bei der Berechnung der Gegenleistung ist § 11 Abs 2, 3 aaO zu berücksichtigen; dazu *Boruttau-Klein* GrEStG § 11 Bem 243ff.

Bei der **Abtretung der Rechte aus dem Meistgebot** wird nach § 11 Abs 1 Z 5 GrEStG (*Anh*) als Gegenleistung die Übernahme der Verpflichtung aus dem Meistgebot angesehen. Zusätzliche Leistungen, zu denen sich der Erwerber gegenüber dem Meistbietenden verpflichtet, sind dem Meistgebot hinzuzurechnen. Leistungen, die der Meistbietende dem Erwerber gegenüber übernimmt, sind abzusetzen. Für den Anwendungsbereich gilt das zum Meistgebot Ausgeführte; auch hier ist die Vorschrift auf die eigentlichen Vollstreckungsverfahren beschränkt. Bei der Gegenleistung sind auch Abs 2, 3 aaO zu beachten; dazu *Boruttau-Klein* GrEStG § 11 Bem 263ff., *Krämer-Illner* GBPraxis § 221. Bei Verfahren, die keine Vollstreckungsverfahren sind ist Z6 aaO anzuwenden.

Bei **Abtretung des Übereignungsanspruchs** ist nach § 11 Abs 1 Z 6 GrEStG (*Anh*) Gegenleistung die Übernahme der Verpflichtung aus dem Rechtsgeschäft, das den Übereignungsanspruch begründet hat, einschl der besonderen Leistungen, zu denen sich der Übernehmer dem Abtretenden gegenüber verpflichtet. Leistungen, die der Abtretende dem Übernehmer gegenüber übernimmt, sind abzusetzen. Die Regelung entspricht sinngemäß Z 5 aaO; dazu *Boruttau-Klein* GrEStG § 11 Bem 269, 270, *Haegele* GBRecht Bem 2469, *Krämer-Illner* GBPraxis § 221. Infolge der praktischen Gleichbehandlung wirkt sich es nicht aus, ob man die besonderen Vollstreckungsverfahren nach Z 5 oder 6 aaO handelt. Bei Übergang der Verwertungsmacht ist vom Wert der Leistung, die der Erwerber dem bisherigen Eigentümer als Entgelt gewährt, auszugehen; dazu *Haegele* GBRecht Bem 2470.

Bei **Enteignung** (dazu *Bem 101*) gilt nach § 11 Abs 1 Z 7 GrEStG (*Anh*) als Gegenleistung die Entschädigung. Wird ein Grst enteignet, das zusammen mit anderen Grsten eine wirtschaftliche Einheit bildet, so gehört die besondere Entschädigung für eine Wertminderung der nichtenteigneten Grste nicht zur Gegenleistung; dies gilt auch dann, wenn ein Grst zur Vermeidung der Enteignung freiwillig veräußert wird. Dazu *Boruttau-Klein* aaO Bem 271 ff., *Krämer-Illner* GBPraxis § 221.

**Wert des Grundstücks**

Die Grunderwerbsteuer wird ausnahmsweise nicht nach dem Wert der Gegenleistung sondern nach dem Wert des Grsts berechnet, § 10 Abs 2 GrEStG (*Anh*), und zwar in 2 Fällen,

wenn eine **Gegenleistung nicht vorhanden** ist oder **nicht zu ermitteln** ist; dazu *Boruttau-Klein* GrEStG § 10 Bem 7 ff. Es kommen zB hier in Betracht (dazu *Boruttau-Klein* aaO Bem 10 ff.) der Anfall von Vereins- oder Stiftungsvermögen an den Staat nach §§ 45, 46, 88 BGB, Erwerb auf Grund eines Schadenersatzanspruchs nach § 249 BGB, Herausgabe eines Grsts nach ungerechtfertigter Bereicherung gemäß §§ 812 ff. BGB, GrstÜbertragungen zwischen Treuhänder und Treugeber, Eigentumserwerb gemäß § 927 BGB, Abtretung der Rechte aus einem Kaufangebot als Fälle für eine nicht vorhandene Gegenleistung. Gegenleistung ist auch bei niedriger Gegenleistung vorhanden; dazu *Boruttau-Klein* aaO Bem 17. Bei gemischter Schenkung kommt neben der Grunderwerbsteuer die Schenkungssteuer in Betracht, auch wenn scheinbar die Gegenleistung zur Gesetzesumgehung zu hoch bewertet wird; dazu *Boruttau-Klein* aaO Bem 18b, § 3 Bem 42. Eine nicht zu ermittelnde Gegenleistung ist anzunehmen, wenn entsprechende Angaben dazu fehlen oder die vereinbarte Gegenleistung unmöglich ist bzw zu unbestimmt ist; dazu *Boruttau-Klein* GrEStG § 10 Bem 10 ff. Zur Wertermittlung kann die Schätzung Platz greifen, § 217 AO. Wenn die Voraussetzungen des § 10 Abs 2 Z 1 GrEStG (*Anh*) bei einem Rechtsvorgang nur teilweise vorliegen, ist die Vorschrift insoweit anzuwenden; dazu *Boruttau-Klein* aaO Bem 23,

bei der **Vereinigung aller Anteile** oder beim Übergang aller Anteile **einer Gesellschaft** und bei entsprechender schuldrechtlichen Geschäften; dazu *Boruttau-Klein* GrEStG § 10 Bem 25 ff.

Der Wert des Grst wird im Regelfall nach dem **Einheitswert** berechnet, § 12 GrEStG (*Anh*); dazu *Boruttau-Klein* GrEStG § 10 Bem 30 ff., § 12 Bem 1 ff. Es ist von den festgesetzten Einheitswerten auszugehen, bis die neuen Einheitswerte für 1964 eingeführt sind; dazu *Bem 97*. Nähere Einzelheiten über den Wert eines Grsts enthält § 12 GrEStG (*Anh*).

## 4. Steuerberechnung 103

Die Steuerberechnung ist erfolgt gemäß (dazu *Bem 100*)
§§ 13, 14 GrEStG (*Anh*) zur Abrundung der Beträge § 7 GrEStDVO

Baden-Württemberg §§ 29, 30 GrEStG
Bayern §§ 13, 14 GrEStG
Hamburg §§ 23, 24 GrEStG
Hessen §§ 13, 14 GrEStG
Niedersachsen §§ 13, 14 GrEStG
Rheinland-Pfalz §§ 13, 14 GrEStG
Saarland §§ 13, 14 GrEStG, zur Abrundung der Beträge § 24 aaO
Schleswig-Holstein §§ 13, 14 GrEStG, zur Abrundung der Beträge § 25 aaO.

Dazu *Boruttau-Klein* GrEStG § 13 Bem 1ff., § 14 Bem 1ff., *Haegele* GBRecht Bem 2474, Merkbuch 371, *Krämer-Illner* GBPraxis § 222.

Die Steuer wird nach § 10 GrEStG (*Anh*) nach dem Wert der Gegenleistung oder des Grst berechnet; dazu *Bem 102*.

Hieran schließt § 13 GrEStG (*Anh*) sich an, in dem der **Steuersatz** aufgestellt wird. Dieser beträgt

1. im Regelfall 3% (dazu *Boruttau-Klein* GrEStG § 13 Bem 1),
2. ausnahmsweise 2%, nämlich in den in § 13 Abs 2 aaO bezeichneten Fällen (dazu *Boruttau-Klein* aaO Bem 2ff.),
   a) soweit Grste in eine Kapitalgesellschaft gegen Gewähr von Gesellschaftsrechten eingebracht wird,
   jedoch nicht, bei GrstGesellschaften die den Erwerb, die Verwertung oder die Verwaltung von Grsten betreiben,
   b) wenn bei der Verschmelzung von Genossenschaften Grste der aufzunehmenden Genossenschaft auf die aufnehmende Genossenschaft übergehen,
   c) wenn bei der Umwandlung einer Kapitalgesellschaft in eine Genossenschaft Grste der umzuwandelnden Genossenschaft auf die Genossenschaft übertragen werden.

Dazu kommen **Zuschläge**, die erhoben werden können, und zwar von den Stadt- und Landkreisen; dazu *Boruttau-Klein* GrEStG § 13 Bem 18, § 20 Bem 1ff., *Haegele* aaO. Dieser Zuschlag betrug nach § 38 FAusgleichsG zunächst die Hälfte der jeweils für den Regelfall beschlossenen Zuschläge. Nach der Änderung gemäß § 15 Abs 3 SteuervereinfachungsVO vom 14. September 1944 RGBl I 202 = RStBl 577 wurde der Zuschlag des § 13 Abs 3 GrEStG (*Anh*) einheitlich auf 2% festgesetzt.

Weiter kommt dazu ein **Zuschlag zur Abgeltung der Wertzuwachssteuer**; dazu *Boruttau-Klein* aaO § 20 Bem 7ff., *Haegele* aaO. Nach § 15 Abs 1 SteuervereinfachungsVO aaO beträgt der Zuschlag 2%. Dies gilt, soweit nicht lrechtlich eine abweichende Regelung getroffen ist. Ein Wertzuwachs ist nicht erforderlich, **BFH** BStBl III 1952, 35. Zur Wertzuwachssteuer 5. Aufl dieses Kommentars S 588 E 274.

Nach Landesrecht beträgt der Zuschlag regelmäßig 4%; dazu *Boruttau-Klein* aaO Bem 9, 10), und zwar unter Einbeziehung der Zuschläge nach § 13 Abs 3 GrEStG (*Anh*)

Baden-Württemberg Ges vom 27. Oktober 1952 GBl 45 = BStBl II 138
Bayern Ges vom 28. Oktober 1952 GVBl 293 = BStBl II 139
Bremen Ges vom 2. Juli 1954 GBl 74 = BStBl II 130
Hessen Ges vom 12. Februar 1953 GVBl 4
Niedersachsen Ges vom 20. April 1955 GVBl 176 = BStBl II 85
Nordrhein-Westfalen Ges vom 28. April 1953 GVBl 262 = BStBl II 70

Es ist noch auf folgende Besonderheiten bez der lrechtlichen Regelung hinzuweisen:

Baden-Württemberg hat in § 29 GrEStG nur eine dem § 13 Abs 1, 2 GrEStG (*Anh*) entsprechende Regelung mit Rücksicht auf die besondere lrechtliche Regelung wegen des Zuschlags.

Hamburg hat in § 23 GrEStG, der dem § 13 GrEStG (*Anh*) entspricht, eine Regelung ohne Abs 3 aaO der früheren reichsrechtlichen Vorschrift. Es wird zusammenfassend im Falle des Abs 1 aaO 7%, im Falle des Abs 2 aaO 6% erhoben.

Rheinland-Pfalz hat auf Grund des Ges vom 17. Dezember 1963 GVBl 229 = BStBl II 1964, 17 im lrechtlichen § 13 GrEStG in Abs 1 aaO 7%, im Abs 2 aaO 6% zusammenfassend festgesetzt.

Saarland hat in § 13 Abs 3 GrEStG einen 4% igen Zuschlag für die Stadt- und Landkreise angeordnet.

Schleswig-Holstein hat ebenso in § 13 Abs 3 GrEStG einen Zuschlag von 4% angeordnet.

Die Zuschläge setzen also die Erhebung der Grunderwerbsteuer voraus. Befreiung, Herabsetzung oder Erhöhung der Steuer wirkt sich auch auf die Zuschläge aus; dazu *Boruttau-Klein* GrEStG § 20 Bem 3 ff.

**Pauschalbesteuerung**

Pauschalbesteuerung ist nach § 14 GrEStG (*Anh*) und den entsprechenden lrechtlichen Vorschriften anstelle der Besteuerung nach § 13 aaO möglich, und zwar im Einvernehmen mit dem Steuerpflichtigen. Es kann dann von der genauen Ermittlung des Steuerbetrags abgesehen werden und die **Steuer nebst Zuschlag** in Pauschalbeträgen festgesetzt werden; dazu *Boruttau-Klein* GrEStG § 14 Bem 1 ff. Diese Art der Besteuerung kommt vor allem in Betracht, wenn die genaue Ermittlung für die Gegenleistung usw sehr umständlich ist, insbes großen Zeitaufwand erfordert.

### Abrundung der Beträge

Bei der Berechnung der Grunderwerbsteuer und bei den Zuschlägen, soweit diese nicht einheitlich miterhoben werden, werden Pfennigbeträge auf den nächsten durch 5 teilbaren Betrag **nach unten abgerundet**, § 7 GrEStDVO. Für das Saarland bestimmt § 24 GrEStG die Abrundung nach unten auf einen durch 10 teilbaren Betrag; dasselbe gilt für Schleswig-Holstein nach § 25 GrEStG.

## 5. Steuerschuld 104

Die Steuerschuld ist geregelt in (dazu *Bem 100*)

§§ 15, 16 GrEStG (*Anh*), Verjährung §§ 441, 145 AO, wobei § 145 Abs 3 AO idF des § 18 Z 2 GrEStG (*Anh*) anzuwenden ist

Baden-Württemberg §§ 31, 33 GrEStG, Verjährung § 35 aaO, Steuerfestsetzung § 32 aaO

Bayern §§ 15, 16 GrEStG

Hamburg §§ 25, 26 GrEStG, Verjährung § 28 aaO

Hessen §§ 15, 16 GrEStG

Niedersachsen §§ 15, 16 GrEStG

Rheinland-Pfalz §§ 15, 16 GrEStG, Steuerfestsetzung § 17a aaO

Saarland §§ 16, 25 GrEStG, Verjährung § 26 aaO, Entstehung der Steuerschuld § 15 aaO

Schleswig-Holstein §§ 16, 17 GrEStG, Verjährung § 26 aaO, Entstehung der Steuerschuld § 15 aaO, Steuerfestsetzung §§ 19, 24 GrEStG

§§ 15, 16 GrEStG (*Anh*) handeln von den Steuerschuldnern und von der Fälligkeit der Steuer.

**Steuerschuldner**

Steuerschuldner sind nach § 15 GrEStG (*Anh*) bei den Erwerbsvorgängen des § 1 (dazu *Bem 101*)

**im Regelfall** die am Erwerbsvorgang als Vertragsteile beteiligten Personen, also in den Fällen des § 1 Abs 1 Z 1, 2 aaO; dazu *Boruttau-Klein* GrEStG § 15 Bem 1 ff., *Haegele* GBRecht Bem 2476, Merkbuch 371/372, *Krämer-Illner* GBPraxis § 222.

Wer nicht Vertragsbeteiligter ist, also ein nicht beteiligter Dritter, kann nicht Steuerschuldner sein; dazu *Boruttau-Klein* aaO Bem 2c. Zu den vertraglichen

Vorgängen sind auch die Vorgänge nach § 1 Abs 1 Z 5 bis 7 und Abs 2 GrEStG (*Anh*) zu rechnen; dazu *Boruttau-Klein* aaO Bem 6ff.,

bei **besonderen Tatbeständen** (dazu *Boruttau-Klein* aaO *Bem* 4ff., *Krämer-Illner* aaO), nämlich

bei **Erwerb kraft Gesetzes** nach § 15 Z 2 GrEStG (*Anh*) der bisherige Eigentümer und der Erwerber; dies gilt für Fälle nach § 1 Abs 1 Z 3 aaO; dazu *Bem 101*, auch *Boruttau-Klein* aaO Bem 4,

bei Erwerb im **Enteignungsverfahren** nach § 15 Z 3 GrEStG (*Anh*) der Erwerber, § 1 Abs 1 Z 3 aaO; dazu *Bem 101*, auch *Boruttau-Klein* aaO Bem 4,

bei **Meistgebot** im ZwVerstVerfahren, das ein Vollstreckungsverfahren ist, nach § 15 Z 3 GrEStG (*Anh*) der Meistbietende, § 1 Abs 1 Z 4 aaO; dazu *Bem 101*, auch *Boruttau-Klein* aaO Bem 5,

bei der **Vereinigung** aller Anteile einer Gesellschaft nach § 15 Z 5 GrEStG (*Anh*) derjenige, in dessen Hand die Abteile vereinigt werden, § 1 Abs 3 aaO; dazu *Bem 101*, sowie *Boruttau-Klein* aaO Bem 9ff.,

bei der Vereinigung von herrschendem und abhängigem Unternehmen die mehreren Beteiligten, § 1 Abs 3 aaO; dazu *Bem 101*, sowie *Boruttau-Klein* aaO Bem 9ff. Der besondere Fall der Vereinigung von Anteilen einer Gesellschaft in der Hand des Ehegatten oder der Kinder des Erwerbers, der bei § 1 Abs 3 GrEStG (*Anh*) rechtsunwirksam ist (dazu *Bem 101*), kommt deshalb auch hier nicht in Betracht, dazu *Boruttau-Klein* aaO Bem 9. Daher ist die einschlägige Stelle in § 15 Z 5 GrEStG (*Anh*) gegenstandslos geworden. Die Gesetzesneufassungen der Länder haben dies berücksichtigt.

Bei einer **Mehrheit** von Steuerschuldnern, insbes von Veräußerer und Erwerber usw haften die Beteiligten als **Gesamtschuldner** für die Grunderwerbsteuer, § 7 Abs 1 StAnpG mit §§ 421ff. BGB; dazu *Boruttau-Klein* GrEStG ( 15 Bem 13ff. Es kommt dies ferner in Betracht bei Veräußerung durch Miteigentümer eines Grsts oder Erwerb durch eine Mehrheit von Personen, also wenn auf einer oder beiden Seiten mehrere beteiligt sind. Das FA erteilt in den Fällen, in denen Erwerber und Veräußerer als Gesamtschuldner zur Grunderwerbsteuer verpflichtet sind, regelmäßig einen einheitlichen Steuerbescheid, der sich an den Erwerber und den Veräußerer als Gesamtschuldner richtet und beide Gesamtschuldner zur Zahlung der Steuer auffordert; das FA darf aber nach seinem Esmessen den Steuerbescheid nur einem Gesamtschuldner bekanntmachen, § 8 GrEStDVO mit §§ 210, 210b AO; dazu *Boruttau-Klein* GrEStG § 15 Bem 14, DVO Bem 31ff.

**Haftung Dritter** kommt nach Maßgabe der §§ 103, 104, 105, 108, 109, 113 AO in Betracht, also auch wenn der Dritte nicht Steuerschuldner ist; dazu *Boruttau-Klein* GrEStG § 15 Bem 21. Zu erwähnen sind

die gesetzlichen Vertreter geschäftsunfähiger oder in der Geschäftsfähigkeit beschränkter Personen oder von juristischen Personen,

Vermögensverwalter, die kraft Gesetzes, behördlicher Anordnung oder letztwilliger Verfügung ihr Amt ausüben,

Vorstände und Geschäftsführer,

Bevollmächtigte.

Ein **Fortfall eines Steuerpflichtigen** tritt ein bei Gesamtrechtsnachfolge, insbes bei Erbfolge, § 8 StAnpG; dazu *Boruttau-Klein* aaO Bem 15. Bei Erben können sich diese auf Haftungsbeschränkung auf den Nachlaß berufen, §§ 1975, 1990, 2005 BGB. Nach Teilung des Nachlasses haftet jeder Erbe uU verhältnismäßig, §§ 2060, 2061 BGB.

### Fälligkeit

Die Steuer wird binnen 1 Monat nach der Bekanntgabe des Steuerbescheides fällig, das FA darf eine längere Zahlungsfrist festsetzen, § 16 GrEStG (*Anh*); dazu *Boruttau-Klein* GrEStG § 16 Bem 1, 2, *Haegele* GBRecht Bem 2475, Merkbuch 371, *Krämer-Illner* GBPraxis § 222. Die Fälligkeit wird durch die Einlegung von Rechtsmitteln nicht berührt, § 251 AO. Über Säumniszuschlag, Verspätungszuschlag und Steuerzinsen *Boruttau-Klein* aaO Bem 4ff.

### Steuerfestsetzung

Steuerfestsetzung erfolgt, sobald die gesetzlichen Voraussetzungen vorliegen, uU ist ein vorläufiger Bescheid zu erlassen, §§ 100, 225 AO; dazu *Boruttau-Klein* GrEStG § 11 Bem 41, auch § 17a GrEStG Rheinland-Pfalz, § 32 GrEStG Saarland, §§ 19, 24 GrEStG Schleswig-Holstein. Über Entstehung der Steuerschuld *Bem 101*, auch § 15 GrEStG Saarland, § 15 GrEStG Schleswig-Holstein.

### Verjährung

Die Verjährungsfrist bei der Grunderwerbsteuer beträgt 5 Jahre, § 144 AO. Sie beginnt mit dem Ablauf des Jahres, in dem die Steuerforderung entstanden ist, soweit nicht lrechtlich etwas Abweichendes bestimmt ist, § 145 AO. Steuerhinterziehungen verjähren erst in 10 Jahren, § 396 AO. Dazu *Boruttau-Klein* GrEStG § 18 Bem 2ff., *Haegele* GBRecht Bem 2475.

Zum Landesrecht § 35 GrEStG Baden-Württemberg, § 28 GrEStG Hamburg, § 26 GrEStG Saarland, § 26 GrEStG Schleswig-Holstein.

### 6. Erstattung der Steuer 105

Gesetzliche Regelung ist erfolgt in (dazu *Bem 100*)
§ 17 GrEStG (*Anh*)

| | |
|---|---|
| Baden-Württemberg | § 34 GrEStG |
| Bayern | § 17 GrEStG |
| Hamburg | § 27 GrEStG |
| Hessen | § 17 GrEStG |
| Niedersachsen | § 17 GrEStG |
| Rheinland-Pfalz | § 17 GrEStG |
| Saarland | § 17 GrEStG |
| Schleswig-Holstein | § 18 GrEStG. |

Die Rückerstattung erfolgt im Bereich des Steuerrechts und dient dem Ausgleich, wenn der Rechtserwerb nicht stattfindet oder die Gegenleistung herabgesetzt wird; dazu *Boruttau-Klein* GrEStG § 17 Bem 1ff., *Haegele* GBRecht Bem 2477, Merkbuch 372/373, *Krämer-Illner* GBPraxis § 223. Der Rechtsweg steht dazu nicht offen, auch kann nicht ungerechtfertigte Bereicherung geltend gemacht werden. Nur wenn eine Amtspflichtverletzung vorliegt, kann ein Schadenersatzanspruch im Zivilrechtsweg verfolgt werden; dazu *Boruttau-Klein* aaO Bem 4ff.

### Allgemeine Erstattungsgründe

Neben der Sonderregelung in § 17 GrEStG (*Anh*) bestehen die allgemeinen Erstattungsgründe des Steuerrechts; dazu *Boruttau-Klein* GrEStG § 17 Bem 8ff. Regelmäßig setzt die Erstattung einen **Antrag** voraus, erfolgt also nicht von Amts wegen.

105

Kein Erstattungsgrund ist die Behauptung, daß die Steuerfestsetzung unrichtig erfolgt sei; dazu *Boruttau-Klein* aaO Bem 9. Es kann aber Anlaß zu Erlaß aus Billigkeitserwägungen bestehen; dazu *Bem 106*.

Es bestehen folgende Möglichkeiten der Erstattung nach allgemeinen Steuervorschriften:

Erstattung nach §§ 151, 152 AO; dazu *Boruttau-Klein* aaO Bem 10ff., nämlich

- bei Aufhebung, Rücknahme, Änderung des Steuerbescheids zugunsten des Steuerpflichtigen,
- bei Erlöschen des Steueranspruchs, bei Stundung der Steuer, bei unrichtiger Beitreibung,
- bei Über- oder Doppelzahlung der Steuer,
- bei Entrichtung der Steuer durch einen Dritten für den Steuerpflichtigen, obwohl keine Steuerpflicht bestand oder diese weggefallen ist,
- bei Entrichtung einer nicht festgesetzten und unberechtigten Steuer,

Erstattung nach § 4 Abs 2 und Abs 3 Z 2 StAnpG; dazu *Boruttau-Klein* aaO Bem 17ff., nämlich

- bei Eintritt einer auflösenden Bedingung, unter der das Erwerbsgeschäft geschlossen wurde, § 158 Abs 2 BGB,
- bei Wegfall einer gesetzlichen Voraussetzung für die Steuerpflicht für die Vergangenheit,

Erstattung nach § 5 Abs 5 StAnpG; dazu *Boruttau-Klein* aaO Bem 33ff., nämlich

- bei Beseitigung des wirtschaftlichen Ergebnisses bei einem mangelhaften Rechtsvorgang,
- bei erfolgreicher Anfechtung eines anfechtbaren Rechtsgeschäfts.

### Erstattung nach dem GrEStG

Eine besondere Regelung erscheint wegen der besonderen Tatbestände, an die sich die Steuerpflicht knüpft, notwendig; dazu *Boruttau-Klein* GrEStG § 17 Bem 51ff. Die Erstattung der erhobenen Steuer erfolgt auf **Antrag**. Soweit eine Steuer noch nicht erhoben ist, ist sie nicht zu zahlen.

**Erstattungsgründe** sind nach § 17 Abs 1, 2 GrEStG (*Anh*)

Rückgängigmachung des Erwerbsvorgangs vor Übergang des GrstEigentums usw auf den Erwerber, § 17 Abs 1 GrEStG (*Anh*); dazu *Boruttau-Klein* aaO Bem 54ff. Hier wird vorausgesetzt

- Aufhebung durch Vereinbarung, durch Ausübung eines vorbehaltenen Rücktritts oder eines Wiederkaufsrechts innerhalb von 2 Jahren seit der Entstehung der Steuerschuld (*Bem 101*); dazu *Boruttau-Klein* aaO Bem 60ff.,
- Rückgängigmachung des Erwerbsvorgangs wegen Nichterfüllung von Vertragsbedingungen; dazu *Boruttau-Klein* aaO Bem 62ff.,

Rückerwerb des GrstEigentums usw durch den Veräußerer, § 17 Abs 2 GrEStG (*Anh*); dazu *Boruttau-Klein* aaO Bem 93ff.,

- bei Rückerwerb innerhalb einer Frist von 2 Jahren seit der Entstehung der Steuerschuld für den vorausgegangenen Erwerbsvorgang; dazu *Boruttau-Klein* aaO Bem 94ff.,
- bei Nichtigkeit oder wirksamer Anfechtung des Rechtsgeschäfts; dazu *Boruttau-Klein* aaO Bem 100ff.,
- bei Rückgängigmachung des Rechtsgeschäfts wegen Nichterfüllung von Vertragsbedingungen; dazu *Boruttau-Klein* aaO Bem 95ff.

Gründe für **Ermäßigung** oder Erstattung der Steuer sind nach § 17 Abs 3 GrEStG (*Anh*)

bei Herabsetzung innerhalb einer Frist von 2 Jahren seit der Entstehung der Steuerschuld; dazu *Boruttau-Klein* aaO Bem 129ff. Dies kommt insbes in Betracht bei Herabsetzung der Gegenleistung,

bei Minderung des Kaufpreises nach §§ 459, 460 BGB; dazu *Boruttau-Klein* aaO 129ff.

Die **Erstattung entfällt** nach § 17 Abs 4 GrEStG (*Anh*), wenn der Erwerbsvorgang nicht ordnungsgemäß angezeigt war; dazu *Boruttau-Klein* aaO Bem 151, 152, auch *Bem 80, 100.*

### 7. Steuervergünstigungen 106

Steuervergünstigungen, insbes Steuerbefreiungen bestehen in weitem Umfange, und zwar im Rahmen des GrEStG sowie außerhalb desselben, wobei jedoch teilweise lrechtlich solche Befreiungen, die in dem GrEStG 1940 nicht geregelt sind, in das GrEStG einbezogen sind; dazu *Boruttau-Klein* GrEStG § 3 Bem 1ff., *Haegele* GBRecht Bem 2479ff., Merkbuch 373ff., *Krämer-Illner* GBPraxis §§ 218 bis 220. Den Steuervergünstigungen kommt große Bedeutung zu. Daneben besteht die Möglichkeit des Erlasses aus Billigkeitsgründen; dazu *Bem 106b.*

Bei den Befreiungsvorschriften handelt es sich um **sachliche**, nicht persönliche **Steuerbefreiung**; dazu *Boruttau-Klein* GrEStG § 3 Bem 2, 3. Die Befreiungsvorschriften des GrEStG sind ohne Vorbehalt nachträglicher Steuerpflicht. Daher ist die gesetzliche **Befreiung** eine **endgültige** und entfällt also nicht, wenn nachträglich die Gründe, die für die Befreiung maßgebend waren, wegfallen; dazu **BFH** BStBl III 1959, 98, *Boruttau-Klein* aaO Bem 1a.

Die Steuerbefreiungen beziehen sich auf den Gesamtbereich der der Steuer unterliegenden **Gegenstände**, also auch auf grstgleiche Rechte; dazu *Bem 101.*

#### Steuervergünstigungen nach § 3 bis 9 GrEStG (*Anh*)

Die Vorschriften über Steuervergünstigung im GrEStG sind enthalten in (dazu *Bem 100*)

§ 3 bis 9 GrEStG (*Anh*)

| | |
|---|---|
| Baden-Württemberg | §§ 3 bis 25 GrEStG |
| Bayern | §§ 3 bis 9 GrEStG |
| Hamburg | §§ 3 bis 19 GrEStG |
| Hessen | §§ 3 bis 9 GrEStG |
| Niedersachsen | §§ 3 bis 9 GrEStG |
| Rheinland-Pfalz | §§ 3 bis 9 GrEStG |
| Saarland | §§ 3 bis 9 GrEStG |
| Schleswig-Holstein | §§ 3 bis 9 GrEStG. |

In diesem Zusammenhang werden die Steuerbegünstigungen angeführt, die nach § 3 bis 9 GrEStG 1940 (*Anh*) und den entsprechenden lrechtlichen Vorschriften bestehen, da dies nach der Systematik die Regelfälle sind, bei denen Freistellung von der Steuer vorgesehen ist. Die weiteren zusätzlichen Fälle wurden durch die wirtschaftliche Entwicklung in Stadt und Land notwendig. In Zeiten der Wirtschaftsblüte und des Wirtschaftswunders kommt daher weithin den zusätzlichen Steuerbegünstigungen eine die Regelfälle weit überwiegende Bedeutung zu.

**Allgemeine Ausnahmen** von der Besteuerung sind in § 3 GrEStG (*Anh*) geregelt. Im Bereich der lrechtlichen Neufassung der Vorschriften ist § 3 aaO beibehalten, in einzelnen Ländern bei Z 1 und 7 mit Änderung; Baden-Württemberg hat in der zusätzlichen Z 8 eine Regelung für die Treuhänderschaft getroffen.

Von der Versteuerung sind ausgenommen

1. Erwerb eines Grst unter der gesetzlichen **Freigrenze**, wenn der GrstWert (dazu *Bem 102*) den Betrag von **200 DM**, in den Ländern Baden-Württemberg, Hamburg, Hessen, Rheinland-Pfalz und Saarland **500 DM** nicht übersteigt; dazu *Boruttau-Klein* GrEStG § 3 Bem 5ff., *Haegele* GBRecht Bem 2480 mit Fußn 1 S 600, Merkbuch 373, *Krämer-Illner* GBPraxis § 218.

   Wenn mehrere Grste gemeinsam verkauft werden, so kommt es darauf an, ob sie eine wirtschaftliche Einheit bilden; dazu *Bem 101.* Bei freiwilliger Versteigerung ist, wenn mehrere Grste in getrennten Zuschlägen übertragen werden, jeder Vorgang getrennt zu beurteilen, auch wenn dieselbe Person erwirbt; dazu **BFH** DNotZ 1953, 221, *Haegele* aaO Fußn 1. Bei einem einheitlichem Kauf bez mehrerer Teile eines Grsts erfolgt Zusammenrechnung der Werte; dazu *Boruttau-Klein* aaO Bem 7. Werden mehrere Miteigentumsanteile von verschiedenen Personen erworben, so handelt es sich um verschiedene Rechtsvorgänge; über Besonderheiten bei Erwerb der Anteile mehrerer Miteigentümer durch mehrere Personen *Boruttau-Klein* aaO Bem 9ff.

   Wenn ein Grst unter der Freigrenze erworben wird, wobei gleichzeitig auch andere Befreiungsvorschriften erfüllt sind, so ist sie anzuwenden, wenn die etwa verbleibende Besteuerungsgrundlage die Freigrenze nicht übersteigt; dazu *Boruttau-Klein* aaO Bem 15.

2. GrstErwerb im Bereiche des **ErbStG**, nämlich der GrstErwerb von Todes wegen und GrstSchenkungen unter Lebenden iSd ErbStG, wobei Schenkungen unter einer Auflage nur soweit von der Besteuerung ausgenommen sind, als der Wert des Grst (dazu *Bem 102*) den Wert der Auflage übersteigt; dazu *Boruttau-Klein* GrEStG § 3 Bem 16ff., *Haegele* GBRecht Bem 2481, 2495, 2496, Merkbuch 373, *Krämer-Illner* GBPraxis § 218.

   Das ErbStG idF vom 1. April 1959 BGBl I 187/667 = BGBl III 611-1 = SaBl 438, 1226 mit DVO dazu idF vom 19. Januar 1962 BGBl I 22 = SaBl 170 und Verwaltungsanordnung vom 19. Januar 1962 BAnz Nr 17, das eine Personalsteuer ist, bezieht sich nach §§ 1ff. ErbStG auf Erwerb von Todes wegen und auf Schenkungen sowie schenkungsähnlichen Vermögensübergänge; dazu *Boruttau-Klein* GrEStG § 3 Bem 17ff., *Haegele* GBRecht und Merkbuch aaO, *Model-Haegele* Testament und Güterstand des Unternehmers (5. Aufl 1966) Bem 925ff. (mit sehr eingehenden Ausführungen).

   Nach § 2 ErbStG gilt als **Erwerb von Todes wegen** der Erwerb durch Erbanfall, durch Vermächtnis nach §§ 2147ff. BGB oder auf Grund Geltendmachung eines Pflichtteilsanspruchs, der Erwerb durch Schenkung auf den Todesfall nach § 2301 BGB sowie jeder andere Erwerb, auf den die für Vermächtnisse geltenden Vorschriften des BGB anzuwenden sind (dazu *§ 35 Bem 3ff.*) und der Erwerb von Vermögensvorteilen, der auf Grund eines vom Erblasser geschlossenen Vertrags unter Lebenden von einem Dritten mit dem Tode des Erblassers unmittelbar gemacht wird. Als vom Erblasser zugewendet gilt auch der Übergang von Vermögen auf eine vom Erblasser angeordnete Stiftung, ferner was jemand infolge Vollziehung einer vom Erblasser angeordneten Auflage oder infolge Erfüllung einer vom Erblasser gesetzten Bedingung erwirbt, es sei denn, daß eine einheitliche Zweckzuwendung vorliegt, außerdem was jemand dadurch erlangt, daß bei Genehmigung einer Zuwendung des Erblassers Leistungen an andere Personen angeordnet oder zur Erlangung der Genehmigung freiwillig übernommen werden, sowie was als Abfindung für einen Verzicht auf den entstandenen Pflichtteilsanspruch oder für die Ausschlagung einer Erbschaft oder eines Vermächtnisses von dritter Seite gewährt wird, schließlich was als Entgelt für den Übergang der Anwartschaft eines Nacherben gewährt wird. Dagegen gilt das Erlöschen von Leibrenten und anderen von dem Leben einer Person abhängigen Lasten nicht als Erwerb von Todes wegen. Über Einzelheiten *Boruttau-Klein* aaO Bem 18ff., *Haegele* GBRecht Bem 2495, *Model-Haegele* aaO Bem 928ff.

Der Begriff der **Schenkung** unter Lebenden wird in § 3 ErbStG abgegrenzt. Darnach rechnet zur Schenkung jede Schenkung iSd § 516 BGB dh eine Zuwendung, durch die jemand aus seinem Vermögen einen anderen bereichert, wenn beide Teile darüber einig sind, daß die Zuwendung unentgeltlich erfolgt, ferner jede andere freigebige Zuwendung unter Lebenden, soweit der Bedachte durch sie auf Kosten des Zuwendenden bereichert wird, außerdem was infolge Vollziehung einer von dem Schenker angeordnete Auflage oder infolge Erfüllung einer einem Rechtsgeschäft unter Lebenden beigefügten Bedingung ohne entsprechende Gegenleistung erlangt wird, es sei denn, daß eine einheitliche Zweckzuwendung vorliegt, weiter was jemand dadurch erlangt, daß bei Genehmigung einer Schenkung Leistungen an andere Personen angeordnet oder zur Erlangung der Genehmigung freiwillig übernommen werden, sowie was als Abfindung für einen Erbverzicht nach §§ 2346, 2352 BGB gewährt wird, was ein Vorerbe dem Nacherben mit Rücksicht auf die angeordnete Nacherbschaft vor ihrem Eintritt herausgibt, der Übergang von Vermögen auf Grund eines Stiftungsgeschäfts unter Lebenden, endlich was bei Aufhebung einer Stiftung erworben wird. Gegenleistungen, die nicht in Geld veranschlagt werden können, werden bei der Feststellung, ob eine Bereicherung vorliegt, nicht berücksichtigt. Eine Ausstattung, die nach § 1624 BGB an Abkömmlinge gewährt wird, gilt nicht als Schenkung, wenn zZ der Zuwendung ein Anlaß zur Ausstattung gegeben ist und der Zweck der Zuwendung innerhalb von 2 Jahren erfüllt wird; eine Ausstattung, die über das angegebene Maß hinausgeht, ist insoweit als Schenkung zu beurteilen. Über Einzelheiten *Boruttau-Klein* aaO Bem 33ff., *Haegele* GBRecht Bem 2496, *Model-Haegele* aaO Bem 947ff.

Eine sog gemischte Schenkung liegt vor, wenn Leistung und Gegenleistung in einem offenbaren Mißverhältnis stehen, so daß ein Teil des Vertrags als Schenkung aufzufassen ist, nämlich insoweit, als einer Leistung keine Gegenleistung gegenübersteht; dazu *Boruttau-Klein* aaO Bem 41ff., *Haegele* GBRecht Bem 2496, *Model-Haegele* aaO Bem 950ff. Es kommt dies insbes in Betracht bei Übergabeverträgen, vor allem bei Hofübergabe, Altenteilsverträgen, Grst-Überlassung gegen Einräumung eines Nießbrauchs.

Schenkungen unter Auflage kommt in Betracht, wenn dem Beschenkten eine Leistung auferlegt wird, die keine vertragliche Gegenleistung bildet, jedoch seine Bereicherung mindert, **RFH** RFHE 26, 227, **BFH** BStBl III 1960, 412; dazu *Boruttau-Klein* aaO Bem 47ff., *Haegele* GBRecht Bem 2496, *Model-Haegele* aaO Bem 953. Steuerfreiheit besteht hier nur, soweit der GrstWert den Wert der Auflage übersteigt.

3. Erwerb bei **Erbauseinandersetzungen**, nämlich der Erwerb eines zum Nachlaß gehörigen Grsts durch einen Miterben zur Teilung des Nachlasses (dazu *Bem 8*). Hierbei steht den Miterben der überlebende Ehegatte gleich, wenn er

mit den Erben des verstorbenen Ehegatten gütergemeinschaftliches Vermögen zu teilen hat. Den Miterben stehen außerdem ihre Ehegatten gleich, wenn sie auf Grund bestehenden Güterstands das Grst ohne besondere rechtsgeschäftliche Übertragung miterwerben. Dazu *Boruttau-Klein* GrEStG § 3 Bem 54ff., *Haegele* GBRecht Bem 2482, 2497ff., Merkbuch 373, *Krämer-Illner* GBPraxis § 218.

Die Erbauseinandersetzung kann auch durch Teilungsversteigerung nach § 180ff. ZVG oder durch freiwillige Versteigerung (dazu *Bem 101*), die Steuervergünstigung findet auf diesen Fall Anwendung, da keine echte Versteigerung, nämlich keine Vollstreckungsversteigerung vorliegt; dazu *Boruttau-Klein* aaO Bem 79, *Haegele* GBRecht Bem 2497.

4. GrstErwerb bei **Begründung der allgemeinen Gütergemeinschaft** durch einen Ehegatten kraft Gesetzes (dazu *Bem 9*), während sonstige GrstÜbertragungen von einem Ehegatten auf den anderen steuerpflichtig sind; dazu *Boruttau-Klein* GrEStG § 3 Bem 96ff., *Haegele* GBRecht Bem 2483, Merkbuch 373, *Krämer-Illner* GBPraxis § 218.

5. Erwerb bei **Teilung des Gesamtguts der** ehelichen oder fortgesetzten **Gütergemeinschaft**, nämlich der Erwerb eines zum Gesamtgut gehörigen Grsts durch Teilnehmer an einer ehelichen oder fortgesetzten Gütergemeinschaft zur Teilung des Gesamtguts, wobei den Teilnehmern an der fortgesetzten Gütergemeinschaft ihre Ehegatten gleichstehen, wenn sie auf Grund bestehenden Güterstands das Grst ohne besondere rechtsgeschäftliche Übertragung miterwerben; dazu *Boruttau-Klein* GrEStG § 3 Bem 101ff., *Haegele* GBRecht Bem 2484, Merkbuch 373, *Krämer-Illner* GBPraxis § 218.

6. Erwerb durch **Verwandte**, nämlich der Erwerb eines Grsts durch Personen, die mit dem Veräußerer in gerader Linie verwandt sind, wobei den Abkömmlingen die durch Annahme an Kindes Statt Verbundenen, den Kindern die Stiefkinder gleichstehen. Auch stehen den Abkömmlingen deren Ehegatten gleich, wenn sie auf Grund bestehenden Güterrechts das Grst ohne besondere rechtsgeschäftliche Übertragung miterwerben. Dazu *Boruttau-Klein* GrEStG § 3 Bem 104ff., *Haegele* GBRecht Bem 2485, 2499, Merkbuch 373/374, *Krämer-Illner* GBPraxis § 218.

Verwandtschaft in gerader Linie kann nach § 1589 BGB nach oben oder unten gerichtet sein, also sich auf Eltern, Großeltern usw einerseits und Kinder, Enkel usw andererseits beziehen. Ein uneheliches Kind ist nur mit seiner Mutter und deren Verwandten, nicht aber mit dem unehelichen Vater und dessen Verwandten als verwandt anzusehen. Von der Schwägerschaft (dazu § 1590 BGB) kommen hier nur Stiefkinder in Betracht. Bei Adoption nach §§ 1741ff. BGB ergeben sich die gesetzlichen Verwandtschaftsverhältnisse aus §§ 1757, 1762, 1763 BGB.

Jede Art des Erwerbs wird durch die Steuervergünstigung erfaßt, auch ZwVerstVerfahren, ob es sich um Vollstreckungs- oder andere Verfahren handelt; dazu *Boruttau-Klein* aaO Bem 114.

**Schleswig-Holstein** hat in § 3 Z 8 GrEStG eine Ergänzung hierzu, indem der Erwerb eines land- oder forstwirtschaftlichen Betriebs durch Personen, die mit dem Veräußerer in der Seitenlinie verwandt sind, soweit es sich um vollblütige oder halbbürtige Geschwister oder deren Abkömmlinge handelt, ebenfalls steuerfrei ist.

7. Erwerb durch **Familienvereinigungen**, und zwar der Erwerb durch eine ausschließlich aus dem Veräußerer und seinen Abkömmlingen oder aus diesen

allein bestehende Vereinigung, wobei adoptierte Kinder und Stiefkinder sowie Ehegatten in gleichem Umfange wie bei Z 6 den Abkömmlingen gleichstehen. Dazu *Boruttau-Klein* GrEStG § 3 Bem 113ff., *Haegele* GBRecht Bem 2486, Merkbuch 374, *Krämer-Illner* GBPraxis § 218.

Die Steuervergünstigung entfällt, sobald ein Gesellschafter aufgenommen wird, der nicht zu den Abkömmlingen gehört, also etwa die Witwe oder ein nicht zu den Abkömmlingen zählender Erbe; dazu *Boruttau-Klein* aaO Bem 121. Dieser Wegfall der Steuerfreiheit gilt zeitlich unbeschränkt, soweit nicht lrechtlich eine Begrenzung erfolgt ist. Für die unzulässige Aufnahme eines Fremden haben verschiedene Länder die Frist von 5 Jahren eingeführt; nach Ablauf dieser Frist bewirkt dann der Eintritt des nicht zu den Abkömmlingen zu rechnenden Dritten nicht den Wegfall der Steuervergünstigung. Solche **Befristung** besteht für Baden-Württemberg, Hamburg, Hessen, Rheinland-Pfalz und Saarland.

8. Für **Baden-Württemberg**
bei **Treuhänderschaft** der Rückerwerb eines Grsts durch den Treugeber bei Auflösung des Treuhandverhältnisses und bei einem Wechsel des Treuhänders. Voraussetzung ist, daß für den Rechtsvorgang, durch den der Treuhänder den Anspruch auf Übereignung des Grsts oder das Eigentum an dem Grst erlangt hatte, die Steuer entrichtet worden ist. Die Steuererstattung nach § 34 Abs 2 GrEStG Baden-Württemberg, der dem § 17 Abs 2 GrEStG (*Anh*) entspricht (dazu *Bem 105*), bleibt unberührt.

**Besondere Ausnahmen** von der Besteuerung sind in § 4 GrEStG (*Anh*) zusammengefaßt. Im Bereich des LRechts (dazu *Bem 100*) sind teilweise abweichende Fassungen in Geltung, auf die im folgenden in Zusammenhang mit den Einzeltatbeständen hingewiesen wird. Soweit erweiternde Befreiungsvorschriften Tatbestände, die im Regelfall in gesonderten gesetzlichen Bestimmungen enthalten sind, aufführen und von LRechten in das GrEStG aufgenommen sind, werden diese bei den sonstigen Steuervergünstigten miterörtert. Zu den abweichenden lrechtlichen Fassungen *Boruttau-Klein* GrEStG § 4 Bem nach Gesetzestext S 270 sowie Bem 1, 132aff.

Von der Steuer sind hiernach nach § 4 Abs 1 Z 1 GrEStG (*Anh*) weiter ausgenommen

1. GrstErwerb für den **Kleinwohnungsbau**; dazu *Boruttau-Klein* GrEStG § 4 Bem 3ff., *Haegele* GBRecht Bem 2487, Merkbuch 374, *Krämer-Illner* GBPraxis § 218.
Es gehören hierher beim Kleinwohnungsbau iSd Vorschriften über die Gemeinnützigkeit im Wohnungsbau
   a) der Erwerb eines Grst zur Schaffung von Kleinwohnungen durch ein Unternehmen, das als gemeinnütziges Wohnungsunternehmen oder als Organ der staatlichen Wohnungspolitik anerkannt ist (gemeinnützige Bauträger),
   b) der Erwerb eines Grsts, auf dem ein gemeinnütziger Bauträger Kleinwohnungen geschaffen hat, durch einen anderen gemeinnützigen Bauträger,
   c) der 1. Erwerb eines von einem gemeinnützigen Bauträger geschaffenen Wohnhauses, das den für Kleinwohnungen geltenden Bestimmungen entspricht, durch eine Person, die das HauptGrst als Eigenheim übernimmt,
   d) der Rückerwerb und die Weiterveräußerung eines Eigenheims, das den für Kleinwohnungen geltenden Bestimmungen entspricht, durch den gemeinnützigen Bauträger, der das Eigenheim geschaffen hat.

Zum Landesrecht (dazu *Bem 100*):
Baden-Württemberg hat in § 5 Z 1 GrEStG, der dem § 4 Abs 1 Z 1 GrEStG 1940 (*Anh*) entspricht, eine textlich etwas zeitgemäßere Fassung, die aber

keine wesentliche sachliche Abweichung bedeutet. In § 8 Abs 1 GrEStG für BaWü wird der Begriff des Eigenheims gesetzlich umgrenzt.

Hamburg hat in § 5 Z 1 GrEStG eine inhaltlich abweichende Fassung, wonach Steuerbefreiung nur besteht für den Erwerb eines Grsts, auf dem ein Unternehmen, das als gemeinnütziges Wohnungsunternehmen oder als Organ der staatlichen Wohnungspolitik anerkannt ist (gemeinnützige Bauträger), Kleinwohnungen geschaffen hat, durch einen anderen gemeinnützigen Bauträger. Damit ist auch der Bereich der Steuervergünstigung ein engerer als nach dem GrEStG 1940 (*Anh*).

Hessen hat bei § 4 Abs 1 Z 1 GrEStG den Fall c) des GrEStG 1940 zu c) und d) erweitert und den Fall c) unter e) angeführt. Es handelt sich hierbei um zeitgemäßere Textierungen, nicht um Inhaltsveränderungen.

Saarland hat bei § 4 Abs 1 Z 1 GrEStG die Fälle a) bis d) des GrEStG 1940 (*Anh*) unter b) bis e) normiert. Als Fall a) wird zusätzlich als steuerfrei angeführt der Zwischenerwerb eines Grsts durch eine Gemeinde bzw einen Gemeindeverband, wenn die Verwendung des Grsts für den Kleinwohnungsbau und die Weitergabe an ein gemeinnütziges Wohnungsunternehmen oder an ein Organ der staatlichen Wohnungspolitik (gemeinnützige Bauträger) schon im Zeitpunkt des Zwischenerwerbs feststehen. Der Weitergabe wird es gleichgeachtet, wenn zugunsten des gemeinnützigen Bauträgers an dem erworbenen Grst ein Erbbaurecht bestellt wird.

Schleswig-Holstein hat in § 4 Abs 1 Z 1 GrEStG keine abweichende Fassung.

Von Bedeutung ist das Gesetz über die Gemeinnützigkeit im Wohnungswesen (WGG) vom 29. Februar 1950 RGBl I 438 = StBl 309, aus dem sich auch die Voraussetzungen für die Anerkennung als gemeinnützige Wohnungsunternehmen ergeben; dazu *Boruttau-Klein* aaO Bem 4ff. Die Vergünstigung bezieht sich auf Kleinwohnungen und Eigenheime; dazu *Boruttau-Klein* aaO Bem 9ff. Der Begriff der Kleinwohnung ergibt sich aus § 10 WGGDVO. Der Begriff des Eigenheims ist gesetzlich nicht festgelegt; dazu *Boruttau-Klein* aaO Bem 13ff. Es ist daher zweckmäßig, daß für Baden-Württemberg in § 8 Abs 1 GrEStG eine Definition gegeben wird. Die Steuerbefreiungsvorschriften für sozialen Wohnungsbau greifen vielfach ein und schaffen einen weiteren Ausgleich; dazu *Boruttau-Kein* aaO Bem 17ff., auch *Bem 106a.*

Zwischenerwerb ist nur von der Steuer befreit, wenn es lrechtlich besonders angeordnet ist, wie im Saarland nach § 4 Abs 1 Z 1 (a) GrEStG; dazu *Boruttau-Klein* aaO Bem 24ff.,

2. GrstErwerb für **Arbeiterwohnstättenbau**; dazu *Boruttau-Klein* GrEStG § 4 Bem 43ff., *Haegele* GBRecht Bem 2488, Merkbuch 374 *Krämer-Illner* GBPraxis § 218.

Steuerfrei sind

a) der GrstErwerb zur Schaffung von Arbeiterwohnstätten,
b) der 1. Erwerb einer Arbeiterwohnsätte durch eine Person, die die Wohnstätte als Eigenheim übernimmt,
c) der Rückerwerb und die Weiterveräußerung einer von einem Arbeitnehmer eines Unternehmens übernommenen Arbeiterwohnstätte durch den Bauträger, der die Arbeiterwohnstätte geschaffen hat, sofern die Arbeiterwohnstätte nur für die Arbeitnehmer des Unternehmens bestimmt ist,
d) der Erwerb und die Weiterveräußerung einer einem Kleinsiedler als Kleinsiedlung zugeteilten Arbeiterwohnstätte durch den Bund, durch den mit der Schaffung der Kleinsiedlerstelle betrauten Träger des Kleinsiedlungsvor-

habens oder durch die Gemeinde bzw. den Gemeindeverband, der die Verwaltung der Kleinsiedlung übertragen ist.

Zum Landesrecht (dazu *Bem 100*):

Baden-Württemberg hat in § 5 Z 2 GrEStG die Fälle § 4 Abs 1 Z 2 b bis d GrEStG 1940 (*Anh*) unter a) bis c) übernommen, während der Fall des Grst-Erwerbs zur Schaffung von Arbeiterwohnstätten nicht als steuerfrei angeführt ist. Der Begriff der Arbeiterwohnstätte wird in § 8 Abs 2 GrEStG für BaWü erläutert.

Hamburg hat in § 5 Z 2 GrEStG die gleiche Regelung wie BaWü, jedoch keine Erläuterung des Begriffs der Arbeiterwohnstätte. Die Definition erscheint auch entbehrlich, da die LAVO ohnedies anzuwenden ist.

Hessen hat in § 4 Abs 1 Z 2 GrEStG eine unter c) nur geringfügig abweichende, etwas modernisierte Textierung.

Saarland hat in § 4 Abs 1 Z 2 GrEStG unter a) bis c) dieselbe erwähnte Beschränkung, in S 2 aaO eine Definition für Arbeiterwohnstätte. Die frühere Fassung vom 23. Januar 1960 stimmte mit der Regelung im GrEStG 1940 (*Anh*) überein und sah zusätzlich noch den Fall des Zwischenerwerbs als steuerfrei vor; dazu *Boruttau-Klein* aaO Bem 56.

Schleswig-Holstein hat in § 4 Abs 1 Z 2 GrEStG eine textlich verschiedentlich von dem GrEStG 1940 abweichende Fassung, jedoch bedeutet dies keine Abweichung von den begünstigten Tatbeständen.

Im Bereich der Kleinsiedlung bestimmt § 20 Teil 4 Kap II VO des RPräsidenten zur Sicherung von Wirtschaft und Finanzen vom 6. Oktober 1931 RGBl I 551/26. Februar 1938 RGBl I 233/27. Juni 1956 BGBl I 1047 = BGBl III 2230-2, daß auf die Durchführung der vorstädtischen Kleinsiedlung § 29 RSiedlG (*Anh*) entsprechend Anwendung findet; dazu *Bem 106a* sowie *Boruttau-Klein* GrEStG § 4 Bem 45ff., insbes Bem 47.

Zu Heuerlingswohnungen usw und LAVO *Bem 86* sowie *Boruttau-Klein* aaO Bem 48ff., insbes Bem 50. Hier ist § 14 LAVO (*Anh*) einschlägig, auch bez Führung des Nachweises der Steuerbefreiung.

3. GrstErwerb bei **Umlegung** und sonstigen Maßnahmen zur besseren Gestaltung von Grsten und im Auseinandersetzungsverfahren; dazu *Boruttau-Klein* GrEStG § 4 Bem 65ff., *Haegele* GBRecht 2489, Merkbuch 374/375, *Krämer-Illner* GBPraxis § 218.

Steuerbegünstigt sind

a) der Erwerb eines Grsts im Umlegungsverfahren nach den für die Waldumlegung oder die Baulandumlegung geltenden Vorschriften, jedoch nicht der Erwerb durch einen Unternehmer, für dessen Unternehmen das Grst im Umlegungsverfahren bereitgestellt wird,
b) der freiwillige Austausch von Grsten zur Grenzverlegung, zur besseren Bewirtschaftung von zersplitterten oder unwirtschaftlich geformten land- und forstwirtschaftlichen Grsten oder zur besseren Gestaltung von Bauland, wenn der Austausch von der zuständigen Behörde als zweckdienlich anerkannt wird,
c) der Erwerb eines Grsts im gesetzlich geregelten agrarrechtlichen oder forstrechtlichen Auseinandersetzungsverfahren, zB bei Ablösung, Gemeinheitsteilung.

Zum Landesrecht (dazu *Bem 100*):

Baden-Württemberg hat in §§ 16 bis 18 GrEStG eine eingehende Regelung für Steuervergünstigungen beim land- und forstwirtschaftlichen GrstVerkehr, die nur zum Teil hierher gehören; im übrigen *Bem 106a*. Es sind dies nach § 16 Abs 1 aaO folgende Fälle nach näherer Regelung in den Ziffern

1. freiwilliger Austausch von Grsten zur besseren Bewirtschaftung von zersplitterten oder unwirtschaftlich geformten land- oder forstwirtschaftlichen Grsten, wenn der Austausch von der zuständigen Behörde als zweckdienlich anerkannt wird,
2. Erwerb eines land- oder forstwirtschaftlichen Grsts gegen Hingabe eines land- oder forstwirtschaftlichen Grsts, wobei Steuer insoweit erhoben wird, als ein Wertunterschied über 500 DM anderweitig auszugleichen ist. Z 1 bleibt unberührt,
5. Rechtsvorgänge, die der Durchführung der Flurbereinigung nach dem FlurbG dienen,
8. GrstErwerb im gesetzlich geregelten agrarrechtlichen oder forstrechtlichen Auseinandersetzungsverfahren.

Jeweils wird Antragstellung vorausgesetzt.

Bayern hat außer den Fällen a) bis c) des § 4 Abs 1 Z 3 GrEStG 1940 (*Anh*) eine Steuerbefreiung auch noch
d) bei GrstErwerb als Abfindung für die freiwillige Aufgabe eines Forstrechts, eines Rechtes, eines Nebenrechtes oder einer Forstvergünstigung iSd Art 1 Ges über die Forstrechte vom 3. April 1958 GVBl 43, 68 = SaBl 467/30. Mai 1961 GVBl 148 = SaBl 935/9. Juli 1965 GVBl 113 = SaBl 994.

Hamburg hat in § 6 GrEStG Steuerbefreiung bei Maßnahmen zur besseren Gestaltung von Bauland, nämlich bei freiwilligem Austausch von Grsten zur Grenzverlegung oder zur besseren Gestaltung von Bauland, wenn der Austausch von der zuständigen Behörde als zweckdienlich anerkannt wird. Auch hier ist Antragstellung erforderlich.

Hessen hat in § 4 Abs 1 Z 3 GrEStG eine textlich mit dem GrEStG 1940 (*Anh*) übereinstimmende Fassung.

Rheinland-Pfalz hat außer den Fällen, die dem § 4 Abs 1 Z 3 GrEStG 1940 (*Anh*) entsprechen noch den Fall angefügt, daß ein Erwerb angrenzender Grste vorliegt. Ein Antrag ist nicht erforderlich.

Saarland erwähnt in § 4 Abs 1 Z 3 GrEStG als steuerfrei
a) den freiwilligen Austausch von Grsten zur Grenzverlegung, zur besseren Bewirtschaftung von zersplitterten oder unwirtschaftlichen Grsten oder zur besseren Gestaltung von Bauland, wenn der Austausch hinsichtlich der Grste des einen Vertragsteils von der zuständigen Behörde als zweckdienlich anerkannt wird und der anderweitig auszugleichende Wertunterschied dh die Zuzahlung den Wert der hingegebenen Grste nicht übersteigt,
b) den Erwerb eines Grsts im gesetzlich geregelten agrarrechtlichen oder forstrechtlichen Auseinandersetzungsverfahren.

Schleswig-Holstein hat in § 4 Abs 1 Z 3 GrEStG keine abweichende Regelung.

§ 4 Z 3 (a) GrEStG (*Anh*) bezieht sich auf das förmliche Umlegungsverfahren; dazu *Boruttau-Klein* aaO Bem 66ff. Für ländlichen Grundbesitz ist anstelle der RUmlO vom 16. Juni 1936 RGBl I 629, deren § 139 aaO mit § 18 der 1. DVO vom 27. April 1938 GVBl I 425 eine Befreiungsvorschrift enthält, das FlurbG (*Anh*) mit dessen § 108 aaO getreten. Diese Neuregelung gilt aber nicht für die Grunderwerbsteuer, da diese lediglich dem LRecht unterliegt; dazu *Boruttau-Klein* aaO Bem 67ff., § 1 Vorbem 7. Anzuwenden ist daher § 4 Z 3 (a) GrEStG (*Anh*) bzw die entsprechende lrechtliche Befreiungsvorschrift; dazu *Boruttau-Klein* aaO sowie *Bem 106a*. Im Bereich der Baulandumlegung gelten neben § 4 Z 3 (a) GrEStG (*Anh*) die zum BBauG (*Anh*) erlassenen Befreiungsvorschriften; dazu *Boruttau-Klein* aaO und *Bem 106a*. Die Befreiung kommt nicht in Betracht für einen Unternehmer, für dessen Unternehmen das Grst im Umlegungsverfahren bereit gestellt wird, wie im Gesetz hervorgehoben wird. Der GrstErwerb durch einen am Umstellungsverfahren nicht beteiligten Unternehmer weist keine Besonderheiten auf und wird wie ein gewöhnlicher Erwerbsvorgang versteuert; dazu *Boruttau-Klein* aaO Bem 71.

Bei freiwilligen GrstTausch kommt in bestimmten gesetzlich vorgesehenen Fällen nach § 4 Z 3 (b) GrEStG (*Anh*) ebenfalls eine Steuerbefreiung in Betracht; dazu *Boruttau-Klein* aaO Bem 72ff. Es muß sich bei einem Austausch zur Grenzverlegung um eine flächenmäßige Änderung im Grundbesitz handeln. Es kann sich auch auf fertiges Bauland beziehen, wenn dadurch neuzeitliche Bebauung gefördert wird; dazu **BFH** BStBl III 1960, 270, *Boruttau-Klein* aaO Bem 73. Bei einem Tausch von Miteigentumsanteilen wird die Fläche von Grsten nicht berührt, daher greift hier die Steuervergünstigung nicht Platz; dazu *Boruttau-Klein* aaO Bem 74. Austausch von Grundbesitz zur besseren Bewirtschaftung kommt als weiterer Grund für Steuerbefreiung in Betracht. Es muß sich hierbei um den Hauptzweck handeln, **BFH** BStBl III 1960, 204, *Boruttau-Klein* aaO Bem 76. Es kann sich auch um einen sog Ringtausch handeln, an dem mehrere GrstEigentümer beteiligt sind; dazu *Boruttau-Klein* aaO Bem 77, 77a, *Haegele* GBRecht Bem 2489 mit Fußn 8 S 602/603. Die Zuzahlung eines Spitzenbetrags schließt den Charakter des Tausches nicht aus, wenn die Grste die Hauptsache bleiben. Ob dies der Fall ist, richtet sich nach den Einzelumständen; dazu **RFH** RStBl 1932, 749/1934, 862, **BFH** BStBl III 1953, 95/1956, 130/1959, 6/1960, 270, *Boruttau-Klein* aaO Bem 79ff., *Haegele* aaO mit Fußn 8 S 602/603. Hierbei geht die Rspr nicht schematisch vor; auch in Fällen, in denen der Spitzenbetrag hoch ist, kann uU die Steuervergünstigung noch in Betracht kommen. Die bessere Bewirtschaftung setzt nicht voraus, daß der Erwerber die für die Bewirtschaftung erforderlichen Wirtschaftsgebäude bereits zu Eigentum hat; es genügt, daß er andere landwirtschaftliche Grste besessen und behalten hat, die bisher von der gepachteten Hofstelle aus bewirtschaftet wurden und künftig von dem erworbenen Anwesen aus bewirtschaftet werden, **BFH** BFHE 85, 298 = BStBl III 1966, 318, *Ruyter* Übersicht über die Rspr des BFH DNotZ 1967, 74 (86). Austausch zur besseren Gestaltung von Bauland ist als 3. Grund für die Steuerbefreiung angegeben. Es muß eine bessere Bebauungsmöglichkeit herbeigeführt werden, wobei es genügt, wenn nur eines der Grste bebaut werden soll; dazu **RFH** RFHE 16, 316/52, 124, **BFH** BStBl III 1960, 270, *Boruttau-Klein* aaO Bem 82ff. Ein Grst ist als Bauland auch dann anzusehen, wenn es zZ noch landwirtschaftlich genutzt wird, wenn nur für die Zukunft eine Änderung eintritt. Auch eine Bebauung steht nicht entgegen, wenn das Gebäude abgerissen wird zweck Neubebauung. Wenn 2 Nachbarn Grenzstreifen austauschen, um eine bessere Bebauung zu ermöglichen, so besteht Anspruch auf die Steuervergünstigung; dazu **BGH** BFHE 85, 199 = BStBl III 1966, 283, *Ruyter* aaO (86).
Für Rheinland-Pfalz besteht als weiterer Grund für eine Steuervergünstigung der Erwerb angrenzender Grste; dazu *Boruttau-Klein* aaO Bem 90. Hierbei wird nicht vorausgesetzt, daß der Erwerber die neu geschaffenen Bauplätze selbst zu bebauen beabsichtigt; dazu **BFH** BFHE 85, 302 = BStBl III 1966, 319, *Ruyter* aaO (87). Hier braucht kein GrstTausch vorzuliegen.

Nach § 3 Z 3 (c) GrEStG (*Anh*) kommt die Steuerbefreiung auch in Betracht bei Auseinandersetzungsverfahren; dazu *Boruttau-Klein* aaO Bem 103ff. Es muß sich um den Bereich der Land- oder Fortswirtschaft handeln, insbes um Ablösung von Forst- und Gemeinschaftsrechten; dazu *§ 117 Bem 89ff.*

4. GrstErwerb für **öffentliche Straßen, Plätze und Grünanlagen**; dazu *Boruttau-Klein* GrEStG § 4 Bem 106ff., *Haegele* GBRecht Bem 2490, Merkbuch 375, *Krämer-Illner* GBPraxis § 218.

Steuerbefreiung besteht für GrstErwerb

a) zur Schaffung und Erweiterung von öffentlichen Straßen, öffentlichen Plätzen und öffentlichen Erholungs-, Wald- und sonstigen Grünanlagen,

b) zu dem gleichen Zweck bei Weiterveräußerung,

c) für den öffentlichen Bedarf durch die Gemeinde, der der Veräußerer das Grst auf Grund einer Auflage nach dem BBauG (*Anh*).

Zum Landesrecht (dazu *Bem 100*):

Baden-Württemberg hat in § 4 Abs 1 Z 1 GrEStG eine eingehendere Regelung, indem außer den Fällen a) und b) noch 2 weitere Fälle von der Besteuerung ausgenommen sind, nämlich

c) der GrstErwerb von einer Körperschaft des öffentlichen Rechts, von einem gemeinnützigen Bauträger oder von einem freien Wohnungsunternehmen gegen Hingabe eines Grsts, dessen Erwerb durch die Körperschaft des öffentlichen Rechts, den gemeinnützigen Bauträger oder das freie Wohnungsunternehmen nach dem Verwendungszweck begünstigt ist, wobei die Steuer insoweit zu erheben ist, als ein Wertunterschied anderweitig auszugleichen ist,

d) der GrstErwerb durch eine Körperschaft des öffentlichen Rechts, durch einen gemeinnützigen Bauträger oder durch ein freies Wohnungsunternehmen zur Verwendung als TauschGrst bei einem begünstigten Grst-Geschäft, soweit bei der Weiterveräußerung die Steuer nach c) unerhoben bleibt.

Hamburg hat in § 4 Abs 1 Z 4 GrEStG eine Ausdehnung auf Friedhöfe vorgenommen und als steuerfrei erklärt

a) den GrstErwerb zur Schaffung und Erweiterung von öffentlichen Straßen, öffentlichen Plätzen und öffentlichen Erholungs-, Wald- und sonstigen Grünanlagen sowie von Friedhöfen,

b) den GrstErwerb, wenn das Grst den bezeichneten Zwecken dient, durch einen Erwerber, der das Grst zu denselben Zwecken weiterverwendet.

Hessen hat in § 4 Abs 1 Z 4 GrEStG dieselbe Regelung vorgenommen,
Niedersachsen bei § 4 Abs 1 Z 4 GrEStG ebenfalls,
Rheinland-Pfalz ebenso.

Saarland hat in § 4 Abs 1 Z 4 GrEStG eine Ausdehnung auf Friedhöfe und Erwerb für wasserwirtschaftliche Zwecke vorgenommen und steuerbegünstigt,

a) den GrstErwerb zur Schaffung und Erweiterung von öffentlichen Straßen, öffentlichen Plätzen, dem öffentlichen Verkehr dienenden Schienen- und Wasserwegen, öffentlichen Erholungs-, Wald- und sonstigen Grünanlagen und öffentlichen Friedhöfen,

b) den Erwerb eines Grsts, das den bezeichneten Zwecken dient, durch einen Erwerber, der das Grst zu denselben Zwecken weiterverwendet,

c) den GrstErwerb durch eine juristische Person des öffentlichen Rechts (dazu *§ 3 Bem 290*) zur unmittelbaren Verwendung für wasserwirtschaftliche Zwecke.

Schleswig-Holstein hat in § 4 Abs 1 Z 4 GrEStG die Friedhöfe einbezogen und als steuerfrei erklärt

a) den GrstErwerb zur Schaffung und Erweiterung von öffentlichen Straßen, öffentlichen Plätzen, öffentlichen Erholungs-, Wald- und sonstigen Grünanlagen sowie von öffentlichen und kirchlichen Friedhöfen,

b) den Erwerb eines Grsts, das den bezeichneten Zwecken dient, durch einen Erwerber, der das Grst zu denselben Zwecken weiterverwendet.

Der Fall c) in § 4 Abs 1 Z 4 GrEStG 1940 (*Anh*) ist überholt, da das BBauG (dazu *Bem 83*) den Fall der unentgeltlichen Grundabgabe nicht übernommen hat; dazu *Boruttau-Klein* aaO Bem 123.

§ 4 Abs 1 Z 4 (a) GrEStG (*Anh*) bzw die entsprechende lrechtliche Vorschrift setzt eine unmittelbare Zweckverwendung für den steuervergünstigten Zweck voraus; dazu **RFH** RFHE 11, 50. **BFH** BFHE 82, 478 = BStBl III 1965, 420 = BB 1965, 782 = Steuer-Fund XIII Nr 9125 S 365 wV, *Boruttau-Klein* aaO Bem 109ff. Für Zwischenerwerb besteht keine Steuerfreiheit, **BFH** aaO, *Boruttau-Klein* aaO Bem 112. Öffentliche Straßen und Plätze sind solche, die dem öffentlichen Verkehr für Fahrzeuge und Fußgänger gewidmet sind; dazu *§ 3 Bem 66*, auch *Boruttau-Klein* aaO Bem 114ff., *Haegele* GBRecht Bem 2490 mit Fußn 1 S 603. Schienenwege fallen nicht darunter, **RFH** RFHE 41, 252, soweit für sie nicht eine besondere Einbeziehung besteht, wie im Saarland. Dasselbe gilt von Wasserwegen; dazu **RFH** aaO. Friedhöfe, auch Waldfriedhöfe, gehören dazu nicht; es ist vielmehr eine besondere lrechtliche Regelung nötig, wie sie die Länder Baden-Württemberg, Hamburg, Hessen, Niedersachsen, Rheinland-Pfalz und Saarland haben; dazu *Boruttau-Klein* aaO Bem 117a. Öffentliche Erholungs-, Wald- und sonstige Grünflächen müssen dem Publikum zugänglich sein, so daß geschlossene Aufenthaltsstätten, wie Kinderheime, Ferienheime, Jugendherbergen usw nicht dazu gerechnet werden können; dazu *Boruttau-Klein* aaO Bem 117.

Bei § 4 Abs 1 Z 4 (b) GrEStG (*Anh*) bzw der entsprechenden lrechtlichen Vorschrift besteht Steuerfreiheit nur, wenn das dem begünstigten Zweck zugeführte Grst weiterveräußert und hierbei die Zweckbestimmung beibehalten wird. Wird der Zweck aufgegeben, so besteht Steuerpflicht; dazu *Boruttau-Klein* aaO Bem 122.

5. GrstErwerb bei **Übergang von Aufgaben und bei Grenzänderungen**; dazu *Boruttau-Klein* GrEStG § 4 Bem 124ff., *Haegele* GBRecht Bem 2491, Merkbuch 376, *Krämer-Illner* GBPraxis § 218.

Steuervergünstigung besteht bei

GrstErwerb durch den Bund, ein Land, eine Gemeinde bzw einen Gemeindeverband oder eine sonstige Körperschaft des öffentlichen Rechts (dazu *§ 3 Bem 290*), wenn das Grst aus Anlaß des Übergangs von Aufgaben oder aus Anlaß von Grenzänderungen von der einen auf die andere Körperschaft übergeht.

Das Landesrecht (dazu *Bem 100*) stimmt mit dieser Regelung überein:

| | |
|---|---|
| Baden-Württemberg | § 4 Abs 1 Z 2 GrEStG |
| Bayern | § 4 Abs 1 Z 5 GrEStG |
| Hamburg | § 4 Abs 1 Z 2 GrEStG |
| Hessen | § 4 Abs 1 Z 5 GrEStG |
| Niedersachsen | § 4 Abs 1 Z 5 GrEStG |
| Rheinland-Pfalz | § 4 Abs 1 Z 7 GrEStG |
| Saarland | § 4 Abs 1 Z 2 GrEStG |
| Schleswig-Holstein | § 4 Abs 1 Z 8 GrEStG |

Es muß sich um den Übergang von öffentlichen Aufgaben handeln, der übergeht; dazu *Boruttau-Klein* aaO Bem 126.

6. GrstErwerb für **diplomatische Zwecke**; dazu *Boruttau-Klein* GrEStG § 4 Bem 131, 132, *Krämer-Illner* GBPraxis § 218.

Steuerfreiheit besteht bei

GrstErwerb durch einen fremden Staat, wenn das Grst für die Zwecke von Botschaften, Gesandtschaften oder Konsulaten dieses Staates bestimmt ist und Gegenseitigkeit gewährt wird.

Das Landesrecht (*Bem 100*) hat eine gleichlautende Regelung:

| | |
|---|---|
| Baden-Württemberg | § 4 Abs 1 Z 3 GrEStG |
| Bayern | § 4 Abs 1 Z 6 GrEStG |
| Hamburg | § 4 Abs 1 Z 3 GrEStG |
| Hessen | § 4 Abs 1 Z 6 GrEStG |
| Niedersachsen | § 4 Abs 1 Z 6 GrEStG |
| Rheinland-Pfalz | § 4 Abs 1 Z 8 GrEStG |
| Saarland | § 4 Abs 1 Z 6 GrEStG |
| Schleswig-Holstein | § 4 Abs 1 Z 9 GrEStG |

Ob Gegenseitigkeit verbürgt ist, haben die obersten Finanzbehörden der Länder zu entscheiden. Der BMF hat dem Auswärigen Amt mitgeteilt, daß die Länder das Vorliegen der Gegenseitigkeit insoweit unterstellen, als in dem betreffenden Staat beim GrstErwerb für diplomatische Zwecke der BRD praktisch eine der Grunderwerbsteuer vergleichbare Abgabe nicht erheben; dazu Erl FM NRW vom 9. November 1962 DVR 1963, 12, § 4 Abs 1 Z 9 S 2 GrEStG SchlH, *Boruttau-Klein* GrEStG § 4 Bem 132.

Bei **Änderung der Zweckbestimmung** bei den Fällen der Z 1 (a), 2 (a), 4 (a) **entfällt die Steuerfreiheit** nach § 4 Abs 2 GrEStG (*Anh*), und zwar wenn nicht innerhalb von 5 Jahren das Grst dem begünstigten Zweck zugeführt wird. Mit der Aufgabe des begünstigten Zwecks tritt die Steuerpflicht ein; dazu *Boruttau-Klein* GrEStG § 4 Bem 133 ff.

Zum Landesrecht (dazu *Bem 100*):

| | |
|---|---|
| Baden-Württemberg | § 4 Abs 2 GrEStG, Regelung nur für Fall Z 4 mit Frist 10 Jahre |
| Bayern | § 4 Abs 2 GrEStG, Regelung nur für die Fälle Z 1, 4, und zwar bei Z 1 mit Frist von 5 Jahren, bei Z 4 mit Frist von 10 Jahren |
| Hamburg | § 4 Abs 2 GrEStG, Regelung nur für die Fälle Z 1, 4, Frist 10 Jahre |
| Hessen | § 4 Abs 2 GrEStG, Regelung nur für die Fälle Z 1, 4 mit Frist von 10 Jahren |
| Niedersachsen | § 4 Abs 2 GrEStG, Regelung für die Fälle Z 1, 2 mit Frist von 5 Jahren, für die Fälle Z 4, 5 mit Frist von 10 Jahren |
| Rheinland-Pfalz | § 4 Abs 2 GrEStG, Regelung für die Fälle Z 1, 2 mit Frist von 5 Jahren, für den Fall Z 4 mit Frist von 10 Jahren |
| Saarland | § 4 Abs 2 GrEStG, Regelung nur für die Fälle Z 1, 4 mit Frist von 10 Jahren |
| Schleswig-Holstein | § 4 Abs 2 GrEStG, Regelung für die Fälle Z 1, 2, 4 mit Frist von 10 Jahren |

Wird nur ein Teil des Grst dem steuerbegünstigten Zweck zugeführt, so entsteht im übrigen Steuerpflicht; dazu *Boruttau-Klein* aaO Bem 134.

Bei **Übergang auf eine Gesamthand** oder **von einer Gesamthand** entfällt die Steuer nach Maßgabe der §§ 5, 6 GrEStG (*Anh*); dazu *Boruttau-Klein* GrEStG § 5 Bem 1 ff., *Haegele* GBRecht Bem 2494, Merkbuch 376, *Krämer-Illner* GBPraxis § 219. Der Steuervorgang wird einheitlich betrachtet; dazu *Boruttau-Klein* aaO Bem 13 ff. Es werden durch die gesetzlichen Regelungen Härten beseitigt, die bei den Sondertatbeständen eintreten können. Wichtig ist, daß die allgemeinen Steuervergünstigungen der §§ 3, 4 GrEStG (*Anh*) den besonderen Tatbeständen der §§ 5, 6 aaO vorgehen, weil sie weitergehend sind; dazu *Boruttau-Klein* aaO Bem 35ff., § 6 Bem 19ff. Über Wechsel im Personenstand einer Gesamthand und damit verbundene Steuervorteile *Boruttau-Klein* GrEStG § 5 Bem 45ff.

Übergang auf Gesamthand nach § 5 GrEStG (*Anh*)

Geht ein Grst von mehreren Miteigentümern auf eine Gesamthand dh Gemeinschaft zur gesamten Hand (dazu *§ 47 Bem 20ff.*) über, so wird die Steuer nicht erhoben, soweit der Anteil des einzelnen am Vermögen der Gesamthand Beteiligten seinem Bruchteil am Grst entspricht. Geht ein Grst von einem Alleineigentümer auf eine Gesamthand über, so wird die Steuer in Höhe des Anteils nicht erhoben, zu dem der Veräußerer am Vermögen der Gesamthand beteiligt ist.

Das Landesrecht (dazu *Bem 100*) enthält gleichlautende Fassungen:

| | |
|---|---|
| Baden-Württemberg | § 21 GrEStG |
| Bayern | § 5 GrEStG |
| Hamburg | § 15 GrEStG |
| Hessen | § 5 GrEStG |
| Niedersachsen | § 5 GrEStG |
| Rheinland-Pfalz | § 5 GrEStG |
| Saarland | § 5 GrEStG |
| Schleswig-Holstein | § 5 GrEStG |

Die Besteuerungsgrundlage ist wie sonst nach § 10ff. GrEStG (*Anh*) in erster Linie die Gegenleistung; dazu *Bem 102*, auch *Boruttau-Klein* aaO Bem 64ff.

Übergang von einer Gesamthand nach § 6 GrEStG (*Anh*)

Geht ein Grst von einer Gesamthand in das Miteigentum mehrerer an der Gesamthand beteiligten Personen über oder erfolgt ein Übergang von einer Gesamthand auf eine andere, so wird die Steuer nicht erhoben, soweit der Bruchteil, den der einzelne Erwerber erhält, dem Anteil entspricht, zu dem er am Vermögen der bisherigen Gesamthand beteiligt ist. Bei Auflösung einer Gesamthand ist eine vereinbarte Auseinandersetzungsquote maßgebend. Geht ein Grst von einer Gesamthand in das Alleineigentümer einer an der Gesamthand beteiligten Person über, so wird die Steuer in Höhe desAnteils nicht erhoben, zu dem der Erwerber am Vermögen der Gesamthand beteiligt ist, wobei auch hier eine vereinbarte Auseinandersetzungsquote maßgebend ist.

Die Vergünstigungen treten insoweit nicht ein, als ein Gesamthänder, im Fall der Erbfolge sein Rechtsvorgänger, innerhalb von 5 Jahren vor dem Erwerbsvorgang seinen Anteil an der Gesamthand durch Rechtsgeschäft unter Lebenden erworben hat, ferner als die vom Beteiligtenverhältnis abweichende Auseinandersetzungsquote innerhalb der letzten 5 Jahre vor der Auflösung der Gesamthand vereinbart worden ist.

Das Landesrecht (dazu *Bem 100*) hat gleichlautende Fassungen:

| | |
|---|---|
| Baden-Württemberg | § 22 GrEStG |
| Bayern | § 6 GrEStG |
| Hamburg | § 16 GrEStG |
| Hessen | § 6 GrEStG |
| Niedersachsen | § 6 GrEStG |
| Rheinland-Pfalz | § 6 GrEStG |
| Saarland | § 6 GrEStG |
| Schleswig-Holstein | § 6 GrEStG |

Auch bei **Umwandlung von gemeinschaftlichem Eigentum in Flächeneigentum** nach § 7 GrEStG (*Anh*) besteht eine Steuervergünstigung; dazu *Boruttau-Klein* GrEStG ( 7 Bem 1ff., *Haegele* GBRecht Bem 2494, Merkbuch 376, *Krämer-Illner* GBPraxis § 219.

Wird ein Grst, das mehreren Miteigentümern gehört von den Miteigentümern flächenweise geteilt, so wird die Steuer nicht erhoben, soweit der Wert des TeilGrsts, das der einzelne Erwerber erhält, dem Bruchteil entspricht, zu dem er am gesamten zu verteilenden Grst beteiligt ist. Dies gilt auch sinngemäß bei der Teilung eines einer Gesamthand gehörigen Grsts, wobei jedoch die etwa vereinbarte Auseinandersetzungsquote maßgebend ist. Bei Gesamthand entfällt die Steuervergünstigung aus den gleichen Gründen wie bei Übergang von einer Gesamthand im Falle des § 6 aaO.

Das Landesrecht (dazu *Bem 100*) stimmt mit dieser Regelung überein:

| | |
|---|---|
| Baden-Württemberg | § 23 GrEStG |
| Bayern | § 7 GrEStG |
| Hamburg | § 17 GrEStG |
| Hessen | § 7 GrEStG |
| Niedersachsen | § 7 GrEStG |
| Rheinland-Pfalz | § 7 GrEStG |
| Saarland | § 7 GrEStG |
| Schleswig-Holstein | § 7 GrEStG |

Steuerbegünstigung besteht auch für **Kriegsbeschädigte** nach § 8 GrEStG (*Anh*); dazu *Boruttau-Klein* GrEStG § 8 Bem 1ff., *Haegele* GBRecht Bem 2492, Merkbuch 376, *Krämer-Illner* GBPraxis § 219.

Nach dem 2. Weltkrieg wurde durch das Bundesversorgungsgesetz (BVG) idF vom 21. Februar 1964 BGBl I 102 = SaBl 339 die Versorgung der Kriegsopfer und Beschädigten neu geregelt; dazu *Boruttau-Klein* aaO Bem 10ff. Dies wird bei den Fassungen des GrEStG durch die Länder großenteils berücksichtigt, wie aus der folgenden Übersicht erkennbar ist.

Zum Landesrecht (dazu *Bem 100*):

| | |
|---|---|
| Baden-Württemberg | § 24 GrEStG Erwerb durch Beschädigte |
| Bayern | § 8 GrEStG |
| Hamburg | § 18 GrEStG Erwerb durch Kriegsbeschädigte, Kriegshinterbliebene und diesen versorgungsrechtlich gleichgestellte Personen |
| Hessen | § 8 GrEStG Erwerb durch Beschädigte |
| Niedersachsen | § 8 GrEStG |
| Rheinland-Pfalz | § 8 GrEStG Erwerb durch Beschädigte |
| Saarland | § 8 GrEStG Erwerb durch Beschädigte |
| Schleswig-Holstein | § 8 GrEStG |

Nach § 9 GrEStG (*Anh*) ist auch der **Erwerb zur Rettung von Grundpfandrechten** in der ZwVerst steuerbegünstigt; dazu *Boruttau-Klein* GrEStG § 9 Bem 1ff., *Haegele* GBRecht Bem 2493, Merkbuch 376, *Krämer-Illner* GBPraxis § 219, *Steiner-Riedel* ZVG § 81 Bem 7.

Das Landesrecht (dazu *Bem 100*) hat hierzu keine sachlich abweichenden Textfassungen:

| | |
|---|---|
| Baden-Württemberg | § 25 GrEStG |
| Bayern | § 9 GrEStG |
| Hamburg | § 19 GrEStG |
| Hessen | § 9 GrEStG |
| Niedersachsen | § 9 GrEStG |
| Rheinland-Pfalz | § 9 GrEStG |
| Saarland | § 9 GrEStG, wonach bei Abs 1 Z 3 eine Erweiterung dahin besteht, daß angefügt ist: |

insbesondere darf es sich nicht um ein Pfandrecht handeln, das bei Berücksichtigung seines eigenen gbmäßigen Ranges und des gemeinen Wertes des Grsts außerhalb dessen Wertgrenze liegt.

**Sonstige Steuervergünstigungen** **106 a**

Der Bereich der Steuervergünstigungen geht über den Rahmen der §§ 3ff. GrEStG (*Anh*) nebst den lrechtlichen Ergänzungen (dazu *Bem 100, 106*) hinaus und bezieht sich noch auf eine Reihe von Sondergebieten; dazu *Boruttau-Klein* GrEStG § 4 Bem 131ff., Teil C S 767ff. Bem 1ff., *Haegele* GBRecht Bem 2501, 2503, 2504, Merkbuch 376ff., *Krämer-Illner* GBPraxis § 220.

Es sind folgende Vorschriften hervorzuheben, die eine ganze oder teilweise Befreiung von der Grunderwerbsteuer bzw sonstige Erleichterungen zulassen:

**Wohnungsbau**, soweit nicht bereits in *Bem 106* erwähnt

Dazu *Boruttau-Klein* GrEStG Teil C Bem 11ff., *Krämer-Illner* GBPraxis § 220

| | |
|---|---|
| Baden-Württemberg | § 5 Z 3, §§ 6ff. GrEStG |
| Bayern | Ges über die grunderwerbsteuerliche Behandlung von Erwerbsvorgängen aus dem Bereich des BBauG vom 26. Oktober 1962 GVBl 280 |
| | Ges über die Grunderwerbsteuerbefreiung für den sozialen Wohnungsbau idF vom 12. November 1958 GVBl 330 |
| Bremen | Ges über die grunderwerbsteuerliche Behandlung von Erwerbsvorgängen aus dem Bereich des BBauG vom 20. November 1962 GBl 217 |
| | Ges über die Befreiung des sozialen Wohnungsbaus von der Grunderwerbsteuer idF vom 19. Dezember 1961 GBl 243 / 14. November 1961 GBl 217 |
| Hamburg | §§ 7ff. GrEStG |
| Hessen | § 4 Abs 1 Z 8, 9, Abs 2ff. GrEStG |
| Niedersachsen | Ges über Befreiung von der Grunderwerbsteuer bei Erwerbsvorgängen aus dem Bereich des BBauG vom 20. Oktober 1962 GVBl 217 / 2. November 1962 BStBl II 1963, 2 |
| | Ges über die Befreiung des sozialen Wohnungsbaues von der Grunderwerbsteuer idF vom 6. Oktober 1958 GVBl 179 = BStBl II 158 |
| Nordrhein-Westfalen | Ges über die Befreiung von der Grunderwerbsteuer bei Grunderwerb nach dem BBauG vom 25. Juni 1962 GVBl 347 = BStBl II 140 |
| | Ges über Grunderwerbsteuerbefreiung für den Wohnungsbau idF vom 19. Juni 1958 GVBl 282 = BStBl II 105 |
| Rheinland-Pfalz | Ges über Grunderwerbsteuerbefreiung bei Durchführung des BBauG vom 19. Dezember 1962 GVBl 1963, 2 = BStBl II 1963, 85 |
| | Ges über Grunderwerbsteuerbefreiung beim Wohnungsbau idF vom 25. Mai 1961 GVBl 145 = BStBl II 167 / 24. März 1965 GVBl 53 / 4. April 1967 GVBl 119 = SaBl 691 |
| Saarland | Ges über Grunderwerbsteuerbefreiung bei Grundstückserwerben nach dem BBauG vom 22. April 1964 ABl 397 = BStBl II 135 |

| | |
|---|---|
| | Ges über die Grunderwerbsteuerbefreiung beim Wohnungsbau idF vom 25. Juni 1964 ABl 594 |
| Schleswig-Holstein | Ges über die Befreiung von der Grunderwerbsteuer bei Maßnahmen des sozialen Wohnungsbaues und bei Maßnahmen aus dem Bereich des BBauG idF vom 28. Juni 1962 GVBl 265 = BStBl II 163 |

**Landwirtschaft**

Dazu *Boruttau-Klein* GrEStG aaO Bem 250ff., 304ff., *Krämer-Illner* GBPraxis § 220

| | |
|---|---|
| Baden-Württemberg | §§ 16 bis 18 GrEStG |
| Hessen | § 4 Abs 1 Z 10, Abs 6ff. GrEStG |

**Naturschutz**

Dazu *Boruttau-Klein* GrEStG § 4 Bem 132aff., Teil C Bem 314ff.

| | |
|---|---|
| Baden-Württemberg | § 4 Abs 1 Z 9, Abs 2 GrEStG |

**Wasser- und Bodenverbände, Energiewirtschaft**

Dazu *Boruttau-Klein* GrEStG Teil C Bem 313ff.

| | |
|---|---|
| Baden-Württemberg | § 4 Abs 1 Z 10, 11 GrEStG |

**Kirchen und karitative Zwecke**

| | |
|---|---|
| Baden-Württemberg | § 4 Abs 1 Z 7, 8, Abs 2, 3 GrEStG |
| Bayern | § 4 Abs 1 Z 7 (b), Abs 2 GrEStG |
| Hamburg | § 4 Abs 1 Z 4, Abs 2 GrEStG |
| Niedersachsen | § 4 Abs 1 Z 5 (c), (d), Abs 2 GrEStG |
| Nordrhein-Westfalen | Ges über Befreiung des Grunderwerbs zu gemeinnützigen, mildtätigen und kirchlichen Zwecken von der Grunderwerbsteuer vom 14. Juli 1964 GS 258 = BStBl II 130 |
| Rheinland-Pfalz | § 4 Abs 1 Z 6, Abs 2 GrEStG |
| Saarland | § 4 Abs 1 Z 9, Abs 2, 3 GrEStG |
| Schleswig-Holstein | § 4 Abs 1 Z 5 (b), Abs 2 GrEStG |

**Wissenschaft, Kunst, Schule, kulturelle Zwecke und andere öffentliche Zwecke**

Dazu *Boruttau-Klein* GrEStG § 4 Bem 131ff.

| | |
|---|---|
| Baden-Württemberg | § 4 Abs 1 Z 4ff., Abs 2 GrEStG |
| Bayern | § 4 Abs 1 Z 7, Abs 2 GrEStG |
| Hamburg | § 4 Abs 1 Z 4, Abs 2 GrEStG, internationaler Kulturaustausch § 4 Abs 1 Z 3, Abs 2 GrEStG |
| Hessen | § 4 Abs 1 Z 7, Abs 2 GrEStG |
| Niedersachsen | § 4 Abs 1 Z 5, Abs 2 GrEStG |
| Nordrhein-Westfalen | Ges über Befreiung des Grunderwerbs zu gemeinnützigen, mildtätigen und kirchlichen Zwecken von der Grunderwerbsteuer vom 14. Juli 1964 GS 258 = BStBl II 130 |
| Rheinland-Pfalz | § 4 Abs 1 Z 5, Abs 2 GrEStG, internationaler Kulturaustausch § 4 Abs 1 Z 9, Abs 2 GrEStG |
| Saarland | § 4 Abs 1 Z 7, 8, Abs 2 GrEStG, ausländische kulturelle Einrichtungen § 4 Abs 1 Z 7, Abs 2 GrEStG |
| Schleswig-Holstein | § 4 Abs 1 Z 5 (a), (c), 6, 7, Abs 2 GrEStG, ausländische kulturelle Zwecke § 4 Abs 1 Z 10, Abs 2 GrEStG |

**Flüchtlinge und Vertriebene**

Dazu *Boruttau-Klein* GrEStG Teil C Bem 270ff.

| | |
|---|---|
| Baden-Württemberg | §§ 19, 20 GrEStG |

## § 21

(Subjektiv-dingliche Rechte)

**Steht ein Recht, das durch die Eintragung betroffen wird, dem jeweiligen Eigentümer eines Grundstücks zu, so bedarf es der Bewilligung der Personen, deren Zustimmung nach § 876 Satz 2 des Bürgerlichen Gesetzbuchs zur Aufhebung des Rechtes erforderlich ist, nur dann, wenn das Recht auf dem Blatte des Grundstücks vermerkt ist.**

**Übersicht**



### I. Allgemeines 1

Dazu *Güthe* GBO § 21 Bem 1, *Hesse-Saage-Fischer* GBO § 21 Bem 1, *Horber* GBO § 21 Bem 1, *Thieme* GBO § 21 Bem 1

§ 21 wurde bei der Neufassung der GBO im Jahre 1935 unberührt gelassen.

Die Vorschrift bezieht sich auf **subjektiv-dingliche Rechte** dh Rechte, die dem jeweiligen Eigentümer eines Grst zustehen. § 21 hat vor allem für Grunddienstbarkeiten Bedeutung.

Zu Eintragungen, durch die ein solches Recht betroffen wird, ist in erster Linie die Eintragungsbewilligung des Berechtigten (des Eigentümers oder Erbbauberechtigten) als des unmittelbar Betroffenen erforderlich, **§ 19**. An diesem Erfordernis ändert § 21 nichts; dazu *Güthe* GBO § 21 Bem 8.

Ist das herrschende Grst selbst wieder mit dem Recht eines Dritten belastet, so ist nach materiellem Recht zur Aufhebung des Rechts (§ 876 S 2 BGB) sowie zur Änderung des Ranges (§ 880 Abs 3 BGB) oder des Inhalts (§ 877 BGB) des Rechts auch die Zustimmung des Dritten als des mittelbar Berechtigten erforderlich, es sei denn, daß das Recht des Dritten durch die Rechtsänderung nicht berührt wird. Dasselbe gilt, wenn der Realberechtigte im Falle der Teilung seines Grst bestimmt, daß die Reallast nur mit einem der Teile verbunden sein soll, § 1109 Abs 2 BGB. An sich dürfte daher, wenn das Recht des Dritten durch die Rechtsänderung berührt wird, die Eintragung der Rechtsänderung nur erfolgen, wenn die Zustimmung des Dritten als des mittelbar Betroffenen in gbmäßiger Form nachgewiesen wird. Im Interesse des Verkehrs und der Erleichterung der GBFührung bestimmt aber **§ 21** eine **Ausnahme von** dem formellen Konsensprinzip des **§ 19**.

### II. Voraussetzungen 2

Dazu *Güthe* GBO § 21 Bem 2ff., *Hesse-Saage-Fischer* GBO § 21 Bem II, III, *Horber* GBO § 21 Bem 2, 3, *Thieme* GBO § 21 Bem 2ff.

Die Voraussetzungen der Anwendung des § 21 sind folgende:

1. Es muß ein **subjektiv-dingliches Recht** in Frage stehen, das dem jeweiligen Eigentümer eines Grst zusteht; dazu *§ 9 Bem 5ff.*

2. Ein solches Recht (dazu *Bem 2*) muß durch die Eintragung **betroffen** werden; **3**
dazu *Güthe* GBO § 21 Bem 3. § 21 findet daher keine Anwendung, wenn der Berechtigte von der Eintragung überhaupt nicht berührt wird oder durch sie nur gewinnt; dazu

*§ 19 Bem 63ff.* Ob die Eintragung zum Zwecke der Rechtsänderung oder der GBBerichtigung erfolgen soll, ist gleichgültig. Soweit jedoch die GBBerichtigung nicht auf Grund einer Bewilligung, sondern auf Grund des Nachweises der Unrichtigkeit des GB erfolgt, findet § 21 keine Anwendung, weil dann eine Zustimmung Dritter nicht erforderlich ist; dazu *§ 22 Bem 22.*

Es kommen nicht nur die **Fälle des § 876 S 2 BGB**, nämlich Aufhebung eines Rechts, sondern alle Fälle in Betracht, in denen § 876 S 2 BGB sonst Anwendung findet, also auch die Fälle der Änderung des Inhalts (§ 877 BGB) oder des Rangs des Rechts (§ 880 Abs 3 BGB) sowie der Beschränkung einer Realberechtigung auf einen Teil des herrschenden Grst (§ 1109 Abs 1 BGB). Bei § 1116 Abs 2, §§ 1132, 1168, 1180 BGB ist zwar § 876 BGB auch für anwendbar erklärt; da aber die Anwendung des § 876 S 2 BGB nach der Natur der Sache ausgeschlossen ist, entfällt auch die Anwendung des § 21.

**4** 3. Das **herrschende Grst** muß **mit dem Recht eines Dritten belastet** sein, insbes mit einer Hypothek. Daß das Recht des Dritten eingetragen ist, ist nicht erforderlich. Wenn freilich der GBBeamte von dessen Bestehen keine Kenntnis hat, so kommt die Bewilligung für ihn nicht weiter in Frage; dazu *Güthe* GBO § 21 Bem 8. Gleichgültig ist, ob das Recht des Dritten oder das subjektiv-dingliche Recht zeitlich früher entstanden ist; dazu *Güthe* aaO Bem 8.

**5** 4. Auch dieses Recht (dazu *Bem 4*) muß **durch die Eintragung berührt** werden. Ob dies zutrifft, ist nach Lage des Einzelfalls zu entscheiden.

Hypotheken und Nießbrauch werden von allen auf das subjektiv-dingliche Recht bezüglichen Eintragungen berührt. Wird das Recht des Dritten durch die Eintragung nicht berührt oder kann es durch diese nur gewinnen, so ist die Bewilligung des Dritten entbehrlich (dazu *§ 19 Bem 63ff.*) und § 21 findet keine Anwendung. Dies gilt auch, wenn die Bewilligung zwar notwendig ist, aber ersetzt wird, zB durch Unschädlichkeitszeugnis; dazu *Güthe* GBO § 21 Bem 4, *Staudinger-Seufert* BGB § 876 Bem 5 (c), zu Unschädlichkeitszeugnis *§ 27 Bem 43.*

Bei Belastung des Rechts des Dritten mit einem Recht (Pfandrecht, Nießbrauch) ist die Bewilligung desjenigen, zu dessen Gunsten die Belastung besteht, nicht erforderlich; dazu *Güthe* GBO § 21 Bem 8, *Staudinger-Seufert* aaO Bem 4.

**6** 5. Während nach materiellem Recht zur Rechtsänderung unter den Voraussetzungen der *Bem 2ff.* die Zustimmung des Dritten stets erforderlich ist, bedarf es nach formellem GBRecht (§ 21) zur Vornahme der Eintragung der Bewilligung des Dritten — und zwar in der Form des § 29 — nur dann, **wenn das Recht auf dem Blatte des Grst vermerkt ist.** Andernfalls kann die Eintragung lediglich auf Grund der Bewilligung des Eigentümers des herrschenden Grst erfolgen. Über die Eintragung des Vermerks *§ 9 Bem 16ff.* Daß die in § 9 Abs 2 vorgeschriebene Berichtigung des Vermerks versehentlich unterblieben ist, schließt die Anwendung des § 21 nicht aus. Ist dagegen die Eintragung des Vermerks unterblieben, so bedarf es der Bewilligung des Dritten selbst dann nicht, wenn der GBBeamte von dem Recht des Dritten Kenntnis hat. Dazu *Güthe* GBO § 21 Bem 9, *Hesse-Saage-Fischer* GBO § 21 Bem III, *Horber* GBO § 21 Bem 3 (b).

**7** 6. Auf einige **Besonderheiten** ist hierzu noch hinzuweisen:

a) Soweit hiernach die Bewilligung Dritter erforderlich ist, ist es gleichgültig, ob sie der Erklärung der Beteiligten über die Aufhebung oder Änderung des Rechts vorangeht oder nachfolgt. Sie wirkt aber immer nur unter den unmittelbar Beteiligten. Geht daher das Recht des Dritten vor der Eintragung der Rechtsänderung in andere Hände über, so darf die Eintragung nur bewirkt werden, wenn der **Rechtsnachfolger** eine neue Bewilligung erteilt. Dem steht nicht entgegen, daß § 876 S 3 BGB die Zustimmung für unwiderruflich erklärt.

b) Im Falle der **ZwVerst** des herrschenden Grst darf das subjektiv-dingliche Recht auf Bewilligung des Erstehers erst gelöscht werden, wenn das Eintragungsersuchen des Vollstreckungsgerichts nach § 130 ZVG vollzogen ist; dazu **KG** JFG 10, 199 (200).

## III. Wirkung 8

Dazu *Güthe* GBO § 21 Bem 9, *Hesse-Saage-Fischer* GBO § 21 Bem III, *Horber* GBO § 21 Bem 3 (a), *Staudinger-Seufert* GBB § 876 Bem 5 (b)

Das Verhältnis des § 21 GBO zu § 876 S 2 BGB ist strittig. Nach der heute wohl als hM anzusprechenden Auffassung ist § 21 lediglich eine **Verfahrensvorschrift**, die sich bloß auf die rein formelle Zulässigkeit der Eintragung bezieht, keinesfalls aber die im § 876 BGB aufgestellten materiellen Voraussetzungen der Rechtsänderung beseitigt; dazu *Achilles-Strecker* GBO § 8 Bem, *Eccius* GruchBeitr 46, 466, *Güthe* GBO § 21 Bem 9, *Hesse-Saage-Fischer* GBO § 21 Bem III, *Horber* GBO § 21 Bem 5 (b), *Staudinger-Seufert* BGB § 876 Bem 5 (b). Darnach ist auf Grund des § 21 zwar die Eintragung der Rechtsänderung zulässig, weil mangels eines Vermerks die Bewilligung Dritter nicht erforderlich ist; dazu *Bem 6*. Die Rechtsänderung tritt aber gleichwohl nicht ein. wenn die nach dem materiellen Recht erforderliche Zustimmung des Dritten fehlt. Das **GB** ist dann **unrichtig** geworden; es kann dessen Berichtigung verlangt werden. Die überholte abzulehnende Ansicht, die früher von *Henle-Schmitt* GBWesen GBO § 21 Bem 3, *Predari* GBO § 21 Bem 1, *Turnau-Förster* GBO § 21 Bem 1 vertreten wurde, hält § 21 nicht für eine bloße Verfahrensvorschrift, sondern auch für eine materiell-rechtliche Bestimmung, die §§ 876, 877, 880, 1109 Abs 2 BGB dahin ergänzt, daß die Zustimmung des Dritten zur Aufhebung oder Änderung des belasteten Grst nur dann erforderlich ist, wenn dieses auch auf dem Blatt des herrschenden Grsts vermerkt ist. Wenn der Dritte Wert darauf legt, bei der Aufhebung oder Änderung des Rechts gehört zu werden, so muß er nach dieser Auffassung die Eintragung des Vermerks nach § 9 betreiben.

## IV. Verfahren 9

Nach Eintritt der Rechtsänderung ist gegebenenfalls der Vermerk von Amts wegen zu berichtigen, § 9 Abs 2; dazu *§ 9 Bem 18*.

## V. Verletzung des § 21 10

Die Vorschrift ist eine **Ordnungsvorschrift**, deren Nichtbeachtung weder die Nichtigkeit der Eintragung noch die Unrichtigkeit des GB zur Folge hat. Es kann jedoch eine Unrichtigkeit des GB eintreten bei Widerspruch zwischen materieller und formeller Rechtslage; dazu *Bem 8*. Das GBA hat die Einhaltung der Vorschrift zu beachten, die Nichteinhaltung kann zu einer Amtspflichtverletzung führen; dazu *§ 2 Bem 147*.

## § 22

(Grundbuchberichtigung)

**(1) Zur Berichtigung des Grundbuchs bedarf es der Bewilligung nach § 19 nicht, wenn die Unrichtigkeit nachgewiesen wird. Dies gilt insbesondere für die Eintragung oder Löschung einer Verfügungsbeschränkung.**

**(2) Die Berichtigung des Grundbuchs durch Eintragung eines Eigentümers oder eines Erbbauberechtigten darf, sofern nicht der Fall des § 14 vorliegt oder die Unrichtigkeit nachgewiesen wird, nur mit Zustimmung des Eigentümers oder des Erbbauberechtigten erfolgen.**

**Übersicht:**



## 1 I. Fassung der Vorschrift

Dazu *Güthe* GBO § 22 Bem 1, *Hesse-Saage-Fischer* GBO § 22 Bem IV 1, *Horber* GBO § 22 Bem 1, 8 (Db)

§ 22 wurde bei der Neufassung der GBO im Jahre 1936 unverändert gelassen. Jedoch wurden später, und zwar durch die VO vom 5. Oktober 1942 RGBl I 573, in

Abs 2 die Worte *oder die Unrichtigkeit nachgewiesen wird* in den Gesetzestext eingefügt; dazu *E 1.*

## II. Bedeutung der Vorschrift 2

Dazu *Güthe* GBO § 22 Bem 2, *Hesse-Saage-Fischer* GBO § 22 Bem I, *Horber* GBO § 22 Bem 1, *Staudinger-Seufert* BGB § 894 Bem 11, *Thieme* GBO § 22 Bem 1

Es werden in § 22 die Voraussetzungen für Eintragungen zwecks **GBBerichtigung** bestimmt. Auch für diese Eintragungen gilt das formelle Konsensprinzip; auch diese Eintragungen erfolgen auf Grund der Bewilligung desjenigen, dessen Recht von der Eintragung betroffen wird, § 19. Um jedoch den Rechtsverkehr nicht zu sehr zu erschweren, insbes wenn der ursprünglich richtige Inhalt des GB durch Rechtsänderungen, die sich außerhalb des GB vollziehen, nachträglich unrichtig wird, läßt § 22 eine Berichtigung des GB ohne Bewilligung des Betroffenen auch dann zu, wenn die Unrichtigkeit des GB nachgewiesen wird. Es hat daher der **Antragsteller** die **Wahl**, ob er die **Eintragungsbewilligung vorlegen oder** die **Unrichtigkeit des GB nachweisen** will, **OLG Colmar** OLG 9, 332, **aA** (überholt) *Kretschmar* ZBlFG 2, 631/4, 363; dazu *Bem 16, 21, 60.* Doch gibt es Fälle, in denen aus tatsächlichen Gründen nur der eine der beiden Wege gangbar ist; so kann zB die Umschreibung von Nachlaßgegenständen auf den Erben nur auf Grund des Nachweises der Unrichtigkeit erfolgen, da eine Berichtigungsbewilligung der Erben oder des Testamentsvollstreckers ausgeschlossen ist, war doch Betroffener nur der Erblasser, **KG** OLG 26, 131, JW 1938, 122 = HRR 1938 Nr 314 = DFG 1938, 15, **BayObLG** 34, 181, *Güthe* GBO § 22 Bem 28.

Ausnahmen von der Regel des § 22 Abs 1 sind enthalten in § 22 Abs 2 (dazu *30ff.*) sowie in §§ 23, 24, 25, 27.

## III. Unrichtigkeit des Grundbuchs 3

Dazu *Brand-Schnitzler* GBSachen § 63ff., *Güthe* GBO § 22 Be, 3ff., *Henle-Schmitt* GBWesen GBO § 22 Bem 1, *Hesse-Saage-Fischer* GBO § 22 Bem II, *Horber* GBO § 22 Bem 2, *Thieme* GBO § 22 Bem 2,

Kommentierungen zu § 894 BGB, insbes *BGB-RGRK, Palandt, Staudinger-Seufert*

### 1. Allgemeines

Unrichtigkeit des GB ist ein Widerspruch zwischen Inhalt des GB und wirklicher Rechtslage; dazu *Staudinger-Seufert* BGB § 894 Bem 6. Das GB ist also unrichtig, wenn sein Inhalt bez eines Rechts an dem Grst, eines Rechts an einem solchen Recht oder einer Verfügungsbeschränkung der in § 892 Abs 1 BGB bezeichneten Art mit der materiellen Rechtslage (dazu **RG** RGZ 51, 418) nicht im Einklang steht, § 894 BGB; dazu **KG** DR 1942, 1796. Die GBBerichtigung ist auch dann erforderlich, wenn eine Eintragung undeutlich, also an sich richtig, aber unklar ist; dazu **RG** RGZ 53, 412, **OLG Karlsruhe** BadRspr 1904, 323 = Recht 1905 Nr 757.

Es ist klarzustellen, was im einzelnen unter Unrichtigkeit des GB zu verstehen ist (dazu *Bem 4ff.*) und welche Arten von Unrichtigkeit man unterscheidet (dazu *Bem 9*). Auf wichtige Fälle der Unrichtigkeit ist hinzuweisen (dazu *Bem 10ff.*).

### 2. Begriff der Unrichtigkeit des Grundbuchs 4

Die Unrichtigkeit des GB (dazu *Bem 3*) bezieht sich nur auf die dingliche Rechtslage, dazu *Güthe* GBO § 22 Bem 3, *Staudinger-Seufert* BGB § 894 Bem 3, *Weimar* Der dingliche und schuldrechtliche Berichtigungsanspruch MDR 1959, 631. Sie kommt daher nicht in Betracht bei Angaben rein tatsächlicher Natur (dazu *Bem 5*), bei inhaltlich unzulässigen Eintragungen (dazu *Bem 6*), bei Schreibversehen ua offensichtlichen Versehen (dazu *Bem 7*), bei bloßer Berichtigung der Bezeichnung eines Berechtigten (dazu *Bem 8*), auch nicht bei Vermerken hinweisender Art (dazu *Hesse-Saage-Fischer* GBO § 22 Bem II 1/b, auch *§ 13 Vorbem 6*).

### 5 a) Unrichtigkeit rein tatsächlicher Angaben

Die Berichtigung rein tatsächlicher Angaben über ein Grst (Bestandsangaben, wie Benennung, Wirtschaftsart, Lage, Hausnummer, Straßenbezeichnung, Bebauung, uU Größe und Flächenangaben) fällt nicht unter § 22. Hier ist auch eine Berichtigungsbewilligung ausgeschlossen. Unrichtige Angaben dieser Art werden **von Amts wegen berichtigt**. Dazu *§ 3 Bem 178ff.*, ferner *Güthe* GBO § 22 Bem 4, *Hesse-Saage-Fischer* GBO § 22 Bem II 1 (a), *Horber* GBO § 22 Bem 2 (Ba).

Voraussetzung für eine Berichtigung von Amts wegen ist aber stets, daß die zu berichtigenden Angaben rein tatsächlicher Natur, also rechtlich bedeutungslos sind und nicht in irgendeiner Weise die Grundlage für einen gutgläubigen Rechtserwerb bilden können, **KG** KGJ 27, 86.

Zur Berichtigung von Flächenangaben ist noch auf folgendes hinzuweisen: Wenn von der Berichtigung die Grenze in der Örtlichkeit unberührt bleibt, ist Berichtigung von Amts wegen zulässig, sonst, also bei Grenzänderung oder -unrichtigkeit ist § 22 anzuwenden; dazu **KG** OLG 7, 213/8, 312. Von Amts wegen kann auch eine Flächenänderung berichtigt werden, die durch Elementarereignisse bewirkt wurde und nicht mehr rückgängig gemacht werden kann, außer wenn geltend gemacht wird, daß eine bestimmte Fläche infolge Abspülung (**KG** OLG 10, 428) oder infolge Trockenlegung (**KG** OLG 6, 197) in das Eigentum eines Dritten übergegangen sei. Manchesmal ist es zweifelhaft, ob die Änderung des auf den Flächeninhalt sich beziehenden GBInhalts nur eine Änderung tatsächlicher, die Beschreibung des Grst betreffender Angaben in sich schließt oder ob ihr eine rechtliche Bedeutung für den Umfang des Rechts des Eigentümers oder dritter Personen zukommt, zB wenn eine Parzelle von dem Bestandsverzeichnis eines Grst abgeschrieben und als zu einem anderen Grst gehörend in das Bestandsverzeichnis des letzteren eingetragen werden soll; dazu **KG** OLG 3, 33/5, 1/6, 12, **BayObLG** 16, 153, *Neumann* GruchBeitr 48, 49. Letzterenfalls kommt auch § 53 zur Anwendung. Dazu *§ 5 Bem 186*, über Doppelbuchung *§ 3 Bem 39ff.* Sind 2 Grst versehentlich vereinigt oder ist eines einem anderen aus Versehen als Bestandteil zugeschrieben owrden oder umgekehrt, so handelt es sich um eine Unrichtigkeit rechtlicher Natur iSd § 22, **KG** OLG 12, 145, *Güthe* GBO § 22 Bem 4; dazu *§ 5 Bem 58, § 6 Bem 32.* Dagegen ist die Anlegung eines gemeinschaftlichen GBBlattes nach § 4 eine Einschreibung tatsächlicher Natur, die jederzeit von Amts wegen rückgängig gemacht werden kann; dazu *§ 4 Bem 36ff., 46.*

### 6 b) Inhaltlich unzulässige Eintragungen

Auch unzulässige Eintragungen fallen nicht unter § 22; dazu *Güthe* GBO § 22 Bem 5, *Hesse-Saage-Fischer* GBO § 22 Bem II 1 (c), *Horber* GBO § 22 Bem 2 (Bc). Man unterscheidet bei unzulässigen Eintragungen zwischen den ihrem Inhalt nach unzulässigen Eintragungen (dazu *§ 13 Vorbem 19ff., 32ff.*) und den übrigen Eintragungen, die das GBA unter Verletzung einer gesetzlichen Vorschrift vorgenommen hat. Erstere hat das GBA **von Amts wegen zu löschen**, § 53 Abs 1 S 2, gleichviel ob durch die Eintragung der Inhalt des GB unrichtig wurde oder nicht; § 22 kommt daher nicht in Frage.

Eine etwaige Berichtigungsbewilligung oder ein Unrichtigkeitsnachweis hat nur die Bedeutung einer Anregung des GBA zur Tätigkeit von Amts wegen; dazu *Güthe*

GBO § 22 Bem 5. Bei letzteren ist, wenn durch die Eintragung das GB unrichtig geworden ist, von Amts wegen ein Widerspruch einzutragen, um die Wirkungen des öffentlichen Glaubens des GB auszuschließen, § 53 Abs 1 S 1; für die GBBerichtigung selbst gelten die gewöhnlichen Vorschriften, insbes §§ 14 und 22.

### c) Schreibversehen ua offensichtliche Versehen 7

Nicht jede noch so unwesentliche Unrichtigkeit begründet eine Unrichtigkeit des GB. Die **Beseitigung** von offenbaren Versehen, insbes von bloßen Schreibversehen, von unzutreffenden oder schiefen Bezeichnungen, einer unrichtigen Beschreibung des Grst ua, kann, da diese Richtigstellung lediglich die Form der Eintragung betrifft und die Änderung für den Inhalt des eingetragenen Rechts und für den Rechtserwerb keine Bedeutung hat, auch ohne die Voraussetzungen des § 22 von Amts wegen erfolgen, **RG** RGZ 53, 412, **KG** OLG 7, 197/18, 210/45, 226, JFG 8, 241 (243), **OLG Frankfurt aM** Rpfleger 1964, 116 (*Haegele*) = DRspr IV (473) 86d, *Güthe* GBO § 22 Bem 7, *Hesse-Saage-Fischer* GBO § 22 Bem II 1 (d), *Horber* GBO § 22 Bem 2 (Bb). Unerhebliche Schreibversehen, die weder den Sinn ändern noch das Verständnis beeinträchtigen, können unberichtigt bleiben, **KG** OLG 8, 219. Über die Verwechslung in der Bezeichnung von Vormerkung und Widerspruch *§ 25 Bem 17*.

Ist bei solchen Versehen nach Lage des Einzelfalls die Möglichkeit nicht ausgeschlossen, daß insbes im Hinblick auf die Wirkungen des öffentlichen Glaubens des GB aus der unrichtigen Eintragung für Beteiligte oder andere Personen Rechte entstanden sind, die durch die Vornahme der Berichtigung gefährdet oder verletzt würden, so darf die Berichtigung vorbehaltlich des § 53 nur unter Beachtung des § 22 erfolgen; dazu **KG** OLG 8, 211, **BayObLG** 12, 605, **OLG Colmar** OLG 8, 311, *Woerle* JW 1934, 3172. Im übrigen ist zur Beseitigung offensichtlicher Versehen und Ungenauigkeiten ein einfacher Antrag erforderlich und genügend, da §§ 22 und 29 keine Anwendung finden, **KG** OLG 23, 357.

### d) Berichtigung der Bezeichnung eines Berechtigten 8

Die Grundsätze in *Bem 7* gelten auch bei der Berichtigung der Bezeichnung eines Berechtigten, insbes bez nachträglicher Änderung des Standes oder Wohnorts, ferner bez der Durchführung der Berichtigung; dazu *Güthe* GBO § 22 Bem 4, 7, *Hesse-Saage-Fischer* GBO § 22 Bem II 1 (a), *Horber* GBO § 22 Bem 2 (Ba, b). Die **Grenze** gegenüber dem Fall des Klarstellungsvermerks (dazu *Bem 12*) ist im Einzelfall **oft flüssig**. Wo Zweifel bestehen, muß der Weg des § 22 beschritten werden, um eine Amtshaftung auszuschließen.

Wird bei einem Eintrag bez der Person des Berechtigten behauptet, es liege eine Namensverwechslung vor, so kommt es darauf an, ob formelle und wahre Rechtslage miteinander übereinstimmen, also der wahre Berechtigte mit dem eingetragenen identisch ist; dann handelt es sich nur um eine falsche Bezeichnung und es kann die Nichtübereinstimmung zwischen dem eingetragenen Recht und einer zB vorgelegten Löschungsbewilligung unberücksichtigt bleiben. Eine vorherige GBBerichtigung erscheint bei klarer Sachlage (dazu *Bem 12*) nicht notwendig. Dazu **OLG Hamburg** DNotZ 1955, 148 (*Hoche*) = DRspr IV (473) 30b, auch **BayObLG** NJW 1952, 29. Über die Richtigstellung der Eigentumsverhältnisse bez einer Gemeindesparkasse **KG** JW 1938, 2407. Zur Berichtigung eines unrichtig angegebenen Vornamens und zur Berichtigung des Namens einer Frau, der sich durch die Verheiratung geändert hat, **LG Darmstadt** DNotZ 1952, 198. Bei einer Änderung der Schreibweise oder Bezeichnung des Namens (auch zB nach §§ 1355, 1706 Abs 2, §§ 1719, 1736, 1758,

1772 BGB) bedarf es nicht des Verfahrens nach § 22; dazu **OLG Rostock** OLG 20, 397, *Güthe* GBO § 22 Bem 7; dasselbe gilt von der Firmenänderung einer Handelsgesellschaft, Genossenschaft usw, **LG Berlin III** JW 1930, 1431, bei der Umwandlung einer oHG in eine KG unter Beibehaltung der Firma, **KG** JFG 1, 368, bei der Umwandlung einer oHG oder KG in eine Gesellschaft des BGB, **BayObLG** BayObLGZ 1948/1951, 426 = NJW 1952, 28 = DNotZ 1951, 430 = DRspr I (150) 44f, **OLG Hamburg** DNotZ 1955, 148, **LG Darmstadt** DNotZ 1960, 388. Hierher gehören auch etwaige Berichtigungen bei unrichtiger Adelsbezeichnung; über den adeligen Namen *Staudinger-Coing* BGB § 12 Bem 4ff., bez Bayern aaO Bem 13.

Dagegen ist § 22 anzuwenden, wenn die Auflösung einer Handelsgesellschaft, einer Genossenschaft, eines eingetragenen Vereins ua in das GB eingetragen werden soll oder wenn eine für eine Handelsgesellschaft unter der Firma ihrer Hauptniederlassung eingetragenes Recht auf die davon abweichende Firma einer Zweigniederlassung umgeschrieben werden soll, **KG** JFG 15, 104, wenn für eine nicht entstandene (nicht ins Handelsregister eingetragene) GmbH eine Hypothek eingetragen wurde, da diese nichtig und zu löschen ist, **RG** RGZ 83, 83, **BayObLG** 24, 9.

Keine GBBerichtigung liegt vor, wenn eine nichtige Auffassung wiederholt und daraufhin eine bereits erfolgte GBEintragung ergänzt wird, **KG** JFG 4, 329 (334/335).

9 **3. Arten der Unrichtigkeit des Grundbuchs**

Die Unrichtigkeit des GB kann eine **ursprüngliche** oder **nachträgliche** sein, je nachdem ob das Recht von Anfang an unrichtig eingetragen wurde oder ob es nachträglich eine außerhalb des GB wirksam gewordene Veränderung erfahren hat. Dazu *Henke-Mönch* Bem 2A.

Über Unrichtigkeit des GB § 894 BGB sowie *BGB-RGRK* BGB § 894 Bem 1ff., *Palandt* BGB § 894 Bem 3, *Richter* Deutsches GBRecht S 109ff. zu § 22, *Staudinger-Seufert* BGB § 894 Bem 6ff., über eingetragene Rechte und Verfügungsbeschränkungen *§ 3 Bem 312ff., § 13 Vorbem 38ff., 118ff.* Zum Begriff der Unrichtigkeit des GB ist darauf hinzuweisen, daß sich § 53 im Gegensatz zu § 22 nur auf die ursprüngliche Unrichtigkeit bezieht; dazu **KG** DNotZ 1965, 683 = Rpfleger 1965, 232 (*Haegele*) = OLGZ 1965, 69, **OLG Stuttgart** DNotZ 1961, 94 = Rpfleger 1960, 338 = BWNotZ 1959, 305/1961, 39 Ls = DRspr IV (473) 65d, f, auch *§ 53 Bem 18.*

Es ist insbes auf folgende Fälle hinzuweisen:

a) Ein **ohne Eintragung in das GB entstandenes Recht** oder eine **eintragungsfähige Verfügungsbeschränkung** (dazu **KG** OLG 40, 54) ist in das GB **nicht eingetragen**; dazu *BGB-RGRK* BGB § 894 Bem 2, 8.

Ein schuldrechtlicher Anspruch auf Rechtsänderung genügt zur Berichtigung nicht, **RG** RGZ 53, 375/60, 264; deshalb können rechtsbegründende Eintragungen (wie zB Nachholung der versehentlich unterbliebenen Eintragung der Verzinsung einer Hypothek) niemals im Wege der Berichtigung verlangt werden, **KG** OLG 21, 412, *Güthe* GBO § 22 Bem 3.

b) Ein **eingetragenes Recht** oder eine **eingetragene Verfügungsbeschränkung** wurde **zu Unrecht gelöscht**.

c) Ein **Recht** ist **nicht richtig eingetragen**; dazu *BGB-RGRK* BGB § 894 Bem 7, *Güthe* aaO Bem 3.

Beispiele:

Eine Hypothek zu 2000 DM ist eingetragen, während nur eine solche zu 1000 DM bewilligt wurde. Wurde dagegen durch Versehen des GBA (dazu *Bem 15*) ein geringerer Betrag als bewilligt eingetragen, so liegt keine Unrichtigkeit vor; ob die Hypothek in dem geringeren Umfang entstanden ist, ist nach § 139 BGB zu entscheiden; dazu **RG** RGZ 108, 149, **KG** 53, 169, *Güthe* aaO Bem 3, *Horber* GBO § 22 Bem 2 (Aaα). Dasselbe gilt, wenn der Zinsfuß höher oder niedriger als bewilligt eingetragen wurde oder wenn die Unrichtigkeit nicht deren Umfang, sondern deren Inhalt (Zahlungsbedingungen, Kündigungs- und Zahlungsbestimmungen usw) betrifft; dazu **KG** HRR 1934 Nr 169, *Güthe* aaO, ferner *§ 13 Vorbem 34ff.*

Eine Dienstbarkeit, ein Erbbaurecht usw ist mit einem anderen Inhalt als dem sich aus der Eintragungsbewilligung ergebenden eingetragen. Die Eintragung über ein gemeinschaftliches Recht entspricht nicht dem § 47 (dazu *§ 47 Bem 16ff., 33*), **RG** RGZ 54, 85, **KG** KGJ 50, 151, etwa wenn Miterben zu Unrecht als Bruchteilseigentümer bezeichnet sind, **KG** KGJ 51, 220. Eine Eintragung entspricht nicht dem Inhalt des ihr zugrunde liegenden Zuschlagbeschlusses, **RG** RGZ 86, 258; dazu *Bem 11, 13.* Die Nacherben sind im Nacherbenvermerk unrichtig bezeichnet; dazu *Bem 11, § 51 Bem 20, 26.* Ein Recht ist mangels Einigung über eine Rangänderung nicht mit dem ihm zukommenden Rang eingetragen; dazu *§ 45 Bem 159.*

Der Erbbauzins (dazu *§ 8 Bem 39*), der zu Unrecht gelöscht ist, ist mit dem bisherigen Rang von neuem einzutragen, soweit dies noch möglich ist, insbes wegen nicht eingetretenen gutgläubigen Erwerbs; die Eintragung eines Amtswiderspruchs gegen die Löschung ist schon vorher vorzunehmen, um zwischenzeitlich gutgläubigen Erwerb zu verhindern, **BayObLG** BayObLGZ 1961, 23 = NJW 1961, 1263.

d) Ein **eingetragenes Recht** ist in Wirklichkeit **nicht entstanden**, zB wegen Fehlens materiell-rechtlicher Voraussetzungen; dazu *Bem 10.*

e) Ein im GB **eingetragenes Recht** ist inzwischen **erloschen**, auch wenn dies infolge Änderung der Gesetzgebung erfolgte; dazu **KG** OLG 6, 203, 492.

f) Ein **Recht** steht einem **anderen als dem eingetragenen Berechtigten** zu, etwa infolge Erwerbs außerhalb des GB; dazu *Bem 11.*

g) Das GB ist auch unrichtig, wenn der einer **Vormerkung** zugrunde liegende Anspruch nicht entsteht oder erloschen ist oder eine Vormerkung zu Unrecht gelöscht wurde, da auch der Vormerkungsberechtigte geschützt ist. Dies ist heute allgemein verbreitete, wohl als unbestritten anzusehende Meinung; dazu **RG** RGZ 129, 184/132, 419, **KG** KGJ 52, 164, RJA 11, 60, DNotZ 1958, 255 = DRspr IV (473) 49a (während die abweichenden Entscheidungen OLG 30, 21, JFG 5, 317 als überholt anzusehen sind), **BayObLG** BayObLGZ 1959, 223 = DNotZ 1959, 543 = Rpfleger 1960, 161 = DRspr aaO 60b, *BGB-RGRK* BGB § 883 Bem 21, § 886 Bem 9, 11, *Güthe* GruchBeitr 57, 94, *Palandt* BGB § 886 Bem 1, *Planck* BGB § 886 Bem 1 (b), *Staudinger-Seufert* BGB § 883 Bem 52, § 886 Bem 2. Auch wenn eine Vormerkung durch Ausschluß unbekannter Gläubiger nach § 887 BGB erlischt, handelt es sich um eine Berichtigung; dazu *BGB-RGRK* BGB § 887 Bem 4, *Palandt* BGB § 887 Bem 3, *Staudinger-Seufert* BGB § 887 Bem 4. Beim Erlöschen einer Vormerkung nach § 887 BGB bleibt freilich der materiell-rechtliche Anspruch, dessen Sicherung die Vormerkung dient unberührt und unabhängig vom Erlöschen der Vormerkung bestehen.

Das GB wird unrichtig, wenn eine Vormerkung zu Unrecht gelöscht wird, so daß die Wiedereintragung der Vormerkung mit dem früheren Rang verlangt werden kann, solange nicht ein gutgläubiger Erwerb die Vormerkung materiell zum Erlöschen gebracht hat, **BayObLG** BayObLGZ 1961, 63 = Rpfleger 1962, 406. Auch eine auf Grund einer einstweiligen Verfügung eingetragene Auflassungsvormerkung kann auf Antrag des Eigentümers nach § 22 gelöscht werden, wenn der Wegfall der Auflassungsanspruchs durch rechtskräftige Versagung einer notwendigen behördlichen Genehmigung des Kaufvertrags nachgewiesen ist (dazu auch *Bem 10*) wobei die Löschung der Auflassungsvormerkung ohne Bewilligung nicht dadurch gehindert wird, daß der buchmäßig Vormerkungsberechtigte dem Anspruch auf Löschungsbewilligung die Zurückbehaltungseinrede wegen Verwendungen auf das Grst entgegensetzen könnte, **BayObLG** BayObLGZ 1959, 223 aaO wV; zur Löschung einer Auflassungsvormerkung auch **KG** DNotZ 1958, 255, **LG München II** MittBayNotV 1953 Nr 1 = MittRhNotK 1953, 147.

Was zur Vormerkung ausgeführt ist, gilt auch für den **Widerspruch**, wenn ein solcher zu Unrecht eingetragen oder gelöscht wird. Auch dies kann als allgemein anerkannte Meinung angesehen werden; dazu *BGB-RGRK* BGB § 886 Bem 11, § 899 Bem 18, *Güthe* GBO § 22 Bem 7, *Staudinger-Seufert* BGB § 894 Bem 9, 27. Die gegenteilige frühere Rspr des **KG** RJA 15, 238 ist also überholt anzusehen durch die erwähnte neuere Rspr zur Vormerkung.

Keine GBUnrichtigkeit besteht, wenn eine **Verfügung relativ unwirksam** ist, weil sie einer eingetragenen Vormerkung zuwiderläuft. Die hier erforderliche Zustimmung des Dritterwerbers (§ 888 Abs 1 BGB) ist rechtsändernder Natur, **RG** RGZ 132, 424, **KG** JFG 5, 324; dazu *§ 25 Bem 43.* Ebensowenig wird das GB unrichtig, wenn eine eingetragene Verfügung einer **relativen Verfügungsbeschränkung** widerspricht (§ 888 Abs 2 BGB); dazu *§ 13 Vorbem 124.* Anders ist es bei der **absoluten Verfügungsbeschränkung**, hier kommt GBBerichtigung in Betracht; dazu *§ 13 Vorbem 121.*

h) Unrichtigkeit des GB besteht auch dann, wenn die **Bezeichnung des Grst** mit der Bezeichnung im amtlichen **GrstVerzeichnis** (§ 2 Abs 2) nicht übereinstimmt.

i) Ist im Eintragungsvermerk auf eine Urkunde **Bezug genommen** und weicht die bei den Grundakten befindliche Ausfertigung oder beglaubigte Abschrift dieser Urkunde von der Urschrift inhaltlich ab, so ist das GB in gleicher Weise unrichtig, wie wenn der Eintragungsvermerk selbst fehlerhaft wäre, **KG** JFG 15, 85; dazu *§ 3 Bem 300.*

10

### 4. Fälle der Unrichtigkeit

Aus welchen **Gründen** das GB unrichtig geworden ist, ist **gleichgültig**. Hervorzuheben sind vor allem folgende Fälle:

#### a) Materiell-rechtliche Gründe der Unrichtigkeit

Die Unrichtigkeit des GB hat ihren Grund darin, daß die zum Erwerb oder zur Entstehung des Rechts erforderliche Einigung nicht zustande gekommen (**RG** RGZ 88, 89, RPflB 1911, 118) oder wegen Fehlens einer erforderlichen Zustimmung, behördlichen Genehmigung usw unwirksam geblieben ist (**RG** RGZ 82, 20, **KG** OLG 40, 274, auch *Bem 9/g*), oder daß sie nichtig ist (zB als Scheingeschäft, **RG** RGZ 51, 418/79, 265, **KG** OLG 42, 174,wegen unzulässigen Inhalts, *§ 13 Vorbem 14ff.* etwa bei einer Grunddienstbarkeit, **OLG Stuttgart** Justiz 1964, 285, oder wegen Geschäftsunfähigkeit) oder infolge Anfechtung (nicht jedoch bei Anfechtung auf Grund AnfG oder nach §§ 29ff. KO, **RG** RGZ 67, 41/71, 178, **KG** KGJ 49, 200) als von Anfang an nichtig anzusehen ist, ferner darin, daß Einigung und Eintragung nicht übereinstimmen, mag auch letztere der Eintragungsbewilligung entsprechen (**RG** RGZ 53, 412, **KG** OLG 39, 245, *§ 19 Bem 11*). Über nachträgliche Entstehung eines wirksamen Rechts aus einer unwirksamen Eintragung durch Nachholung der Einigung **RG** RGZ 108, 148/139, 129, *BGB-RGRK* BGB § 873 Bem 31ff., 85ff. sowie *§ 20 Bem 90.* Im übrigen auch *Hesse-Saage-Fischer* GBO § 22 Bem II 2 (a).

11

#### b) Rechtserwerb außerhalb des Grundbuchs

Hier wird das GB unrichtig bzw unvollständig; dazu *Güthe* GBO § 22 Bem 12ff., *Hesse-Saage-Fischer* GBO § 22 Bem II 2 (b), *Thieme* GBO § 22 Bem 2.

Die wichtigsten Fälle dieser Art sind solche auf Grund **gesetzlichen Rechtsübergangs,**

wie beim Erwerb durch Gesamtrechtsnachfolge, vor allem bei Erbgang, insbes auch ferner bei allgemeiner Gütergemeinschaft (dazu **BayObLG** BayObLGZ 1954, 12, 141 = DNotZ 1954, 201) usw, außerdem in den in *§ 20 Bem 7ff.* erwähnten Fällen des Eigentumserwerbs ohne Eintragung (zu Zuschlagsbeschluß bei VollstreckungsZwVerst *Bem 9/e, 13*), bei Vermögen des Bundes und der Länder, *§ 3 Bem 290,*

bei Übergang einer Hypothek kraft Gesetzes auf den Eigentümer nach §§ 1143, 1163, 1168, 1170, 1171, 1173, 1175, 1177, 1182 BGB, §§ 868, 932 Abs 2 ZPO (dazu *§ 3 Bem 347*), den persönlichen Schuldner, §§ 1164, 1174, 426 Abs 2 BGB, oder einen Dritten, § 268 Abs 1 S 1, § 774 Abs 1 S 1, § 1150 BGB; dazu **RG** RGZ 80, 319/86, 240/101, 233, ferner *Bem 26ff.*

Zu erwähnen sind **weiter folgende Fälle:**

Abtretung und Belastung (Verpfändung und Nießbrauchbestellung) sowie Pfändung und Überweisung einer Briefhypothek usw, §§ 1154, 1069 Abs 1, § 1274 Abs 1 BGB, §§ 830, 837 ZPO, Abtretung und Belastung einer Sicherungshypothek für eine Inhaberschuldverschreibung usw, § 1187 S 3 BGB, Abtretung, Belastung und Pfändung eines Erbanteils, **RG** RGZ 90, 232 (dazu *Bem 43*) oder eines eingetragenen Nacherbenrechts, **RG** RGZ 83, 437; dazu *Bem 9/c* sowie *§ 51 Bem 12ff.*, insbes *Bem 20, 26*), die Fälle der Surrogarion, insbes in § 1075 Abs 1, § 1287 S 2 BGB und der Sequestration in § 848 Abs 2 ZPO.

Über eine Anordnung des Aufsichtsamts bez Bausparkassen hinsichtlich der Verzinslichkeit der Hypotheken **KG** JFG 20, 184; dazu *Bem 13.*

Zu der Bedeutung von Baubeschränkungen ua **KG** JFG 22, 188 = HRR 1941 Nr 447 = DFG 1941, 48.

Über Fragen zur Währungsreform *Bem 45ff.*

### c) Klarstellungsvermerk 12

§ 22 ist auch anwendbar, wenn nur die **Richtigstellung einer ungenauen** oder **unklaren Bezeichnung** des in Wahrheit von vorneherein als eingetragen anzusehenden wirklichen Berechtigten erfolgt. Hier handelt es sich weniger um eine Berichtigung als um eine Klarstellung; dazu *§ 13 Vorbem 30.* Die **Abgrenzung** gegenüber den Fällen, in denen der Weg des § 22 entbehrlich erscheint und Berichtigung von Amts wegen erfolgen kann oder der GBEintrag klar genug erscheint, ist im Einzelfall oft **flüssig**; dazu *Bem 8.* Wenn daher **Zweifel** bestehen, so sollte — um eine Amtshaftung zu vermeiden — der Weg des § 22 gewählt werden. Im Falle einer Namensverwechslung ist es daher durchaus denkbar, daß das GBA vorsichtig ist. Eine GBBerichtigung kommt, wenn ein falscher Name des Berechtigten im GB eingetragen ist, jedoch nicht in Betracht, wenn nur eine unzutreffende Bezeichnung vorliegt, also die Identität zweifelsfrei feststeht, da dann eine Richtigstellung der GBEintragung erfolgen kann, also zulässig ist, ohne daß der Weg des § 22 eingehalten werden muß; dazu **OLG Hamburg** DNotZ 1955, 148 (*Hoche*) = DRspr IV (473) 30b. Fehlt die Diskrepanz zwischen der eingetragenen Rechtslage und der wahren Rechtslage, so darf der Weg des § 22 vom GBA nicht verlangt werden; führen die Beteiligten den erforderlichen Nachweis nach Art des § 22, so steht nichts im Wege. Über den Fall einer doppelten Auflassung eines Grsts *§ 3 Bem 201,* über die Richtigstellung einer unklaren Bezeichnung des Berechtigten **OLG Stuttgart** Rpfleger 1960, 338 (wV *Bem 9*), auch *Bem 23.*

§ 22 ist daher insbes anzuwenden (dazu auch *Bem 8*), wenn ein Recht zugunsten einer zZ der Eintragung bereits verstorbenen Person eingetragen wurde und deren

Erben ohne weiteres an die Stelle des eingetragenen Berechtigten treten, ferner wenn die Firma einer oHG oder KG erloschen und ihr Vermögen einem Gesellschafter zugewachsen ist (§ 738 BGB) und ein Recht nach diesem Zeitpunkt auf den Namen der Firma eingetragen wurde; dieses Recht gelangt unmittelbar in der Person des Gesellschafters zur Entstehung und kann im Wege der Klarstellung auf ihn umgeschrieben werden, **KG** DNotZ 1936, 961.

13 **d) Weitere Fälle der Unrichtigkeit**

Als Gründe der Unrichtigkeit des GB können außer den genannten Fällen weitere in Frage kommen (dazu *Güthe* GBO § 22 Bem 12ff., *Thieme* GBO § 22 Bem 2):

das Ausfallen der **Bedingung** bei Rechten, die als aufschiebend bedingt eingetragen sind, **LG Dresden** ZBlFG 1, 767, der Eintritt einer auflösenden Bedingung (§ 158 BGB),

die Umschreibung eines Grst von dem **Nachlaßkonkursverwalter** auf die Erben (ohne Auflassung), **LG Bonn** JW 1937, 2121 (*Henke*),

das Erlöschen des **Vorkaufsrechts** nach § 1097 BGB, **KG** OLG 41, 21, das Erlöschen des eingetragenen Vorkaufsrechts und der Auflassungsvormerkung, wenn ein Siedlungsunternehmen in Ausübung des gesetzlichen Vorkaufsrechts ein Grst erwirbt, § 9 Abs 1 RSiedlG (*Anh*); dazu *§ 20 Bem 87*. Dagegen macht sonst die Ausübung des Vorkaufsrechts das GB nicht unrichtig, **KG** KGJ 53, 162,

das **Erlöschen** der Hypothek durch Befriedigung, § 1181 BGB, das Erlöschen von Rechten durch den Zuschlag, § 91 ZVG (dazu *Bem 9/c, 11*), das Erlöschen von Nießbrauch und Pfandrecht an einem GrstRecht sowie von Vormerkungen im Falle der Vereinigung von Eigentum und Recht in einer Person, **KG** OLG 6, 123, **BayObLG** 13, 172, *Staudinger-Seufert* BGB § 889 Bem 2,

das Erlöschen der auf Lebenszeit des Berechtigten oder einen sonstigen Zeitraum beschränkten Rechte, wie bei Nießbrauch, beschränkter persönlicher Dienstbarkeit oder subjektiv-dinglichem Vorkaufsrecht nach §§ 23, 24,

das Erlöschen einer Dienstbarkeit oder Reallast bei Teilung eines Grst, §§ 1025, 1026, 1109 Abs 2, 3 BGB, ferner der Fall des § 1028 BGB,

die Erstreckung eines **Pfändungspfandrechts** oder eines **Vertragspfandrechts** auf die nach der Pfändung oder Verpfändung für die Forderung eingetragene Hypothek, **KG** JFG 4, 413, **BayObLG** 32, 23,

die Beschränkung einer **Gesamthypothek** durch inhaltslos gewordene Eventualberechtigungsvermerke nach § 123 ZVG, **KG** OLG 34, 169,

das Eingetragensein von **Rechten**, die nach inzwischen eingetretener Rechtsänderung **nicht mehr eintragungsfähig** sind, **RG** RGZ 48, 61, die Nichteintragung einer vor dem Zeitpunkt der GBAnlegung entstandenen Grunddienstbarkeit, **KG** OLG 8, 129,

die **versehentliche Nichtmitübertragung** eines auf dem Hauptgrst eingetragenen Rechts bei Abschreibung eines Trennstücks; dazu *§ 46 Bem 10ff.*,

die Entstehung, Änderung und Aufhebung einer **Verfügungsbeschränkung**, § 22 Abs 1 S 2, **KG** OLG 40, 54, **BayObLG** 22, 147, *Güthe* GBO § 22 Bem 12 (c), *Horber* GBO § 22 Bem 7,

der Übergang von **Bausparhypotheken** beim Übergang von Rechten, bei Übertragung des Versicherungsbestandes eines Versicherungsunternehmens oder des Bestandes einer Bausparkasse an Bausparverträgen auf eine andere Bausparkasse, §§ 14, 112 VersAufsG (dazu auch *§ 13 Vorbem 15, 151*), **KG** JFG 12, 260/13, 151; dazu auch *Bem 11*.

Über **Parzellenverwechslung** *§ 20 Bem 52*, über **Doppelbuchung** *§ 3 Bem 39ff.*

Über **Währungsumstellung** *Bem 45ff.*

### e) Besonderheiten 14

In gewissen Fällen dürfen **Rechtsänderungen**, die sich außerhalb des GB vollzogen haben, **nicht in das GB eingetragen** werden. Die **GBBerichtigung** ist also **unzulässig**. Hier handelt es sich auch nicht um eine eigentliche Unrichtigkeit des GB, sondern um eine Durchbrechung des Eintragungsgrundsatzes.

Hierher gehören

die Fälle, in denen gewisse dingliche Rechte kraft besonderer Vorschrift **von der Eintragung** in das GB **ausgeschlossen** sind; dazu *§ 13 Vorbem 20*,

die Fälle, in denen ein **gesetzliches Rangverhältnis** im GB nicht vermerkt wird; dazu *§ 45 Bem 92ff.*

In anderen Fällen ist zwar die **Eintragung** einer außerhalb des GB eingetretenen Rechtsänderung nicht unzulässig; sie ist aber auch **nicht notwendig**, da zur Erhaltung der Wirksamkeit der Rechtsänderung gegenüber dem öffentlichen Glauben auf Grund besonderer gesetzlicher Vorschrift die Aufnahme in das GB nicht erforderlich ist,

wie zB bei den Zinssenkungsvorschriften; dazu *§ 19 Bem 44.*

### f) Versehen des Grundbuchamts 15

§ 22 bezieht sich auch auf die Fälle, in denen durch ein Versehen eines GBBeamten etwas **objektiv Unrichtiges eingetragen** wird; dazu § 53 Abs 1 S 1 und *§ 53 Bem 2ff.*

Dagegen bezieht sich § 22 nicht auf solche Unrichtigkeiten des GB, die darin ihren Grund haben, daß der GBBeamte bei der Eintragung einen ihm unterbreiteten und daher bekannten Sachverhalt **unrichtig beurteilt** hat, auch wenn es auf Grund ungenauer Arbeitsweise geschieht, **RG** RGZ 55, 404, **KG** RJA 3, 258, **BayObLG** 9, 328/10, 90/28, 202, *Henle-Schmitt* GBO § 22 Bem 1, zB bei unrichtiger Auslegung der vorgelegten Urkunden, **KG** KGJ 26, 80; in diesem Falle kann nur nach § 53 vorgegangen werden, **BayObLG** RPfliB 1922, 21. Dazu auch *Maier* Die Richtigstellung versehentlich fehlerhafter GBEinträge WürttNV 1951, 85.

Wird ein Grst infolge eines Versehens des GBA nicht auf den Namen des Erwerbers, sondern eines Dritten eingetragen, so kann der Gläubiger des Erwerbers die Löschung der Falscheintragung und die Überschreibung des Grsts auf den Erwerber nicht unter Bezugnahme auf §§ 14, 22 durchsetzen; dazu **OLG Frankfurt aM** Rpfleger 1964, 116 (*Haegele*) = DRspr IV (473) 86d. Über unrichtige Eintragung bei Erbbauzins *Bem 9 (c)*.

## IV. Berichtigungsbewilligung 16

Dazu *Güthe* GBO § 22 Bem 28ff., *Horber* GBO § 22 Bem 3, 4, *Thieme* GBO § 22 Bem 4

1. Der **Antragsteller** hat die **Wahl zwischen Berichtigungsbewilligung und Unrichtigkeitsnachweis**, wenn dies auch nicht ausnahmslos gilt; dazu *Bem 2, 21, Güthe* GBO § 22 Bem 28. Wenn der Unrichtigkeitsnachweis nicht geführt werden kann, muß der Weg der Eintragungsbewilligung gewählt werden; dazu *Hesse-Saage-Fischer* GBO § 22 Bem III 2.

2. Die **Berichtigungsbewilligung** ist eine Unterart der **Eintragungsbewilligung**. Auch sie ist Ausfluß des formellen Konsensprinzips (dazu *§ 19 Bem 1*) und nicht etwa ein Beweismittel oder Beweisersatzmittel für die GBUnrichtigkeit. Der Betroffene hat die Möglichkeit, die Berichtigung des GB herbeizuführen; dazu **BayObLG** 34, 181, *Güthe* aaO Bem 31. 17

**Betroffen** sind **Buchberechtigte**, wenn nämlich durch die Berichtigung deren Rechte nicht bloß geändert oder eingeschränkt, sondern vollständig in Wegfall gebracht werden sollen, zB der eingetragene Hypothekengläubiger, dessen Hypothek gelöscht werden soll, oder der eingetragene Eigentümer, wenn ein anderer Eigentümer eingetragen werden soll; dazu *Güthe* GBO § 22 Bem 32. Das gilt auch von den **materiell Berechtigten**, wenn deren Recht berührt wird, zB bei Eintragung des Pfandrechts an einer Briefhypothek, der Änderung des durch Vormerkung gesicherten Anspruchs, bei Richtigstellung des Rangs 2 Rechte; dazu *Güthe* aaO Bem 33. Über den Begriff des Betroffenen *§ 19 Bem 62ff.*

Regelmäßig ist der Eingetragene Betroffener. Eine Ausnahme besteht nur bez des Erben eines Eingetragenen; zum Vollzug der Berichtigung bedarf es dessen Eintragung nicht, weil dadurch das GB wieder unrichtig werden würde; dazu *Güthe* GBO § 22 Bem 32. Im Fall der Veräußerung eines zu einer Vorerbschaft gehörigen Grsts bedarf es zur Löschung des Nacherbenvermerks im GB nur der Bewilligung des eingetragenen Nacherben, nicht auch der dort eingetragenen Ersatznacherben, **OLG Oldenburg** NdsRpfl 1961, 271 = MDR 1962, 57 = JR 1963, 20 (*Jansen*) = DNotZ 1962, 405 = Rpfleger 1962, 180 (*Haegele*) = BB 1961, 1141 = DRspr IV (473) 71b; dazu *§ 51 Bem 20.*

**18** 3. Die **Bewilligung** braucht nicht besonders zum Ausdruck zu bringen, daß sie zwecks Berichtigung des GB erteilt wird. Die Bewilligung ist auslegungsfähig, **OLG Karlsruhe** DNotZ 1958, 257 (*Westermann*); dazu *Bem 33, § 19 Bem 22, 23.* Es genügt, wenn der Buchberechtigte die Eintragung bewilligt, **RG** RGZ 73, 154, **BayObLG** 18, 19, **KG** OLG 18, 111, **aA** (überholt) *Kretschmar* ZBlFG 2, 631/4, 363. Eine Ausnahme gilt nur für den Fall, daß die Berichtigung durch Eintragung eines Eigentümers erfolgen soll; denn wenn der Berichtigungszweck nicht ausdrücklich genannt wird, muß der GBBeamte mit der Möglichkeit rechnen, daß mit der Bewilligung der Zweck einer Rechtsänderung verfolgt wird, und dann hat er auf Einhaltung des § 20 zu bestehen; zum Nachweis der Unrichtigkeit in diesem Falle **KG** OLG 2, 410/14, 76. Eine Umgehung des § 20 ist, wenn eine klare Erklärung verlangt wird, nicht möglich; dazu **RG** RGZ 73, 154, **KG** RJA 9, 59, **OLG Colmar** OLG 9, 332, **BayObLG** 11, 19/34, 182. Die Auflassung ersetzt stets die Berichtigungsbewilligung, **KG** RJA 9, 59.

Ausfluß des GBBerichtigungsanspruchs ist auch ein Anspruch auf Einwilligung in die Vermessung, **BayObLG** RdL 1962, 243 = DRspr I (150) 125c. Gegenüber dem GBBerichtigungsanspruch kann bei Anspruch auf Eigentumsübertragung ein Zurückbehaltungsrecht wegen eines Verschaffungsanspruchs geltendgemacht werden, jedoch mangels Fälligkeit nicht bez einer noch nicht vermessenen Teilfläche, **BGH** DNotZ 1965, 286. Betrifft der GBBerichtigungsanspruch nicht das Eigentum am Grst, sondern eine zur Eigentümergrundschuld gewordene Sicherungshypothek, dann kann derjenige, von dem die GBBerichtigung verlangt wird, sich diesem Verlangen nicht mit dem Hinweis auf Investitionen in das Grst widersetzen, da die Geltendmachung des Zurückbehaltungsrechts Identität der Gegenstände voraussetzt, **BGH** BGHZ 41, 30 = NJW 1964, 811 = MDR 1964, 405 = JZ 1964, 458 = BB 1964, 283 = WM 1964, 267 = BWNotZ 1964, 325 Ls = LM § 273 BGB Nr 17 (*Rothe*) = DRspr I (125) 102 ab. Zur Löschungsbewilligung Zug um Zug gegen Zahlung eines bestimmten Betrags **BGH** MDR 1964, 836 = JR 1964, 343 = BB 1964, 818 = LM § 320 BGB Nr 8.

**19** 4. Wenn zur Eintragungsbewilligung die **Zustimmung Dritter** (zB des Grst-Eigentümers nach § 880 Abs 2 S 2 BGB oder nach § 27) oder eine gerichtliche oder behördliche **Genehmigung** erforderlich ist (dazu *§ 18 Bem 98ff., 148ff.*), gilt dasselbe für die Berichtigungsbewilligung, auch wenn sie ausdrücklich als solche bezeichnet ist, **KG** OLG 25, 390, RJA 11, 75, *Güthe* ZBlFG 13, 181.

5. Wenn die Bewilligung durch ein **Urteil** ersetzt wird, § 894 ZPO (dazu *§ 19 Bem 46*), so gilt das in *Bem 16ff.* Ausgeführte. Denn das Urteil als solches erbringt nicht den Nachweis der Unrichtigkeit; dazu *Güthe* GBO § 22 Bem 34. Ein solches Urteil, ob es der Klage stattgibt oder sie abweist, ist rechtsgestaltend und daher für den GBBeamten bindend, **KG** JFG 11, 219. **20**

6. Für die **Prüfung** durch den GBBeamten gilt folgendes: **21**

Liegt eine **Berichtigungsbewilligung** vor, so braucht der GBBeamte nicht zu prüfen, ob das GB tatsächlich unrichtig ist. Es kann also neben der Berichtigungsbewilligung nicht noch der Nachweis der Unrichtigkeit verlangt werden, **RG** RGZ 73, 154, **KG** OLG 18, 179, KGJ 40, 153, **BayObLG** DNotZ 1934, 778, **LG Verden** Rpfleger 1952, 341, *Güthe* aaO Bem 29, *Hesse-Saage-Fischer* GBO § 22 Bem III 3; dazu *Bem 2, 16.*

Nur dann ist der Nachweis notwendig, wenn der **GBBeamte weiß**, daß die **Angaben der Beteiligten unrichtig** sind, **RG** RGZ 73, 154, **BayObLG** 11, 19, BayObLGZ 1954, 225 = DRspr IV (473) 31a, **KG** OLG 43, 180, JFG 3, 404 (407), **OLG Hamm** JMBl NRW 1961, 249 = DRspr aaO 71a, *Güthe* aaO Bem 29, 34. Bloße Zweifel rechtfertigen aber die Ablehnung des Antrags nicht, **KG** RJA 11, 237, KGJ 48, 186, **BayObLG** 34, 181. Dazu *§ 1 Bem 24, § 18 Bem 86.*

Wird **sowohl** eine **Berichtigungsbewilligung als auch** der **Unrichtigkeitsnachweis** vorgelegt (dazu *Bem 16*), so ist letzterer für das GBA maßgebend; dazu *Güthe* aaO Bem 34. Der Berichtigungsantrag ist zurückzuweisen, wenn sich aus den mit der Berichtigungsbewilligung vorgelegten Urkunden ergibt, daß durch die der Bewilligung entsprechende Eintragung das GB gerade unrichtig werden würde, **BayObLG** 11, 19, BayObLGZ 1954, 225 = DRspr IV (473) 31a, **KG** HRR 1932 Nr 269, *Güthe* aaO. Dazu auch *Thieme* GBO § 22 Bem 4.

## V. Nachweis der Unrichtigkeit des Grundbuchs **22**

Dazu *Güthe* GBO § 22 Bem 35ff., *Hesse-Saage-Fischer* GBO § 22 Bem III, *Horber* GBO § 22 Bem 5, *Thieme* GBO § 22 Bem 4

### 1. Allgemeines

Der **Nachweis der Unrichtigkeit** des GB **ersetzt** die **Berichtigungsbewilligung**, *Bem 16, 21.* Ist die Unrichtigkeit nachgewiesen, so kann nicht daneben noch die Bewilligung des Betroffenen gefordert werden; dazu *Hesse-Saage-Fischer* GBO § 22 Bem III 3, *Thieme* GBO § 22 Bem 4.

Der Unrichtigkeitsnachweis muß lückenlos erbracht sein, **RG** RGZ 48, 55, **BayObLG** 11, 493, und zwar vom Antragsteller ohne Rücksicht auf die Beweislast nach der ZPO, **KG** OLG 12, 281, *Güthe* GBO § 22 Bem 35. Ist dies nicht der Fall, so ist der **Antrag** auf GBBerichtigung **zurückzuweisen**. Besteht Aussicht, daß die fehlenden Belege oder die Berichtigungsbewilligung nachgebracht werden kann, so ist **Zwischenverfügung nach § 18** zu erlassen; dazu **RG** RGZ 55, 408, **BayObLG** 9, 328, 654/11, 493. Es kann dann vom Antragsteller anstatt der Ergänzung des Nachweises der Unrichtigkeit die Berichtigungsbewilligung des Betroffenen (dazu *Bem 16ff.*) vorgelegt werden. Jedoch wird der Nachweis der Unrichtigkeit nicht ersetzt durch eine Berichtigungsbewilligung der passiv Beteiligten; dazu **BayObLG** BayObLGZ 1954, 225 = DRspr IV (473) 31a, **OLG Hamm** JMBl NRW 1961, 249 = DRspr aaO 71a. Der Antragsteller muß die Unrichtigkeit des GB lückenlos nachweisen; hierbei sind an den Nachweis strenge Anforderungen zu stellen, eine gewisse Wahrscheinlichkeit genügt nicht, **OLG Hamm** JMBl NRW 1959, 282 = DRspr IV (473) 58b. Auf Grund der Unterlagen hat das GBA zu prüfen; dazu **OLG Neustadt** NJW 1963, 2162, im übrigen *Bem 26ff.*

23 **2. Nachweis der Unrichtigkeit des Grundbuchs**

Die Unrichtigkeit des GB muß nachgewiesen sein. Glaubhaftmachung genügt nicht. Eines Nachweises bedarf es nicht, wenn die Unrichtigkeit bei dem GBA **offenkundig** ist; dazu **OLG Stuttgart** Rpfleger 1960, 338 (wV *Bem 9*), auch *§ 29 Bem 69, 70*. Im übrigen muß der **Nachweis** durch Vorlage von öffentlichen oder öffentlich beglaubigten Urkunden geführt werden, § 23 Abs 1 S 1, **KG** OLG 7, 28, **BayObLG** 12, 537; dazu *Horber* GBO § 22 Bem 5 (b), *Thieme* GBO § 22 Bem 3. Eine eingetragene Vormerkung ist kein genügender Nachweis, **BayObLG** 22, 322. An die Führung des Nachweises sind strenge Anforderungen zu stellen, **OLG Darmstadt** JFG 11, 221; dazu auch *Güthe* GBO § 22 Bem 35.

Durch **Bezugnahme** auf dieselbe Urkunde, auf Grund deren die Eintragung erfolgt ist, kann der Nachweis der Unrichtigkeit nicht erbracht werden.

Es kann zB nicht geltend gemacht werden, daß infolge falscher Auslegung des Testaments die Kinder als Erben eingetragen worden seien, während bei richtiger Auslegung die Mutter als Vorerbin und die Kinder als Nacherben hätten eingetragen werden sollen, **KG** OLG 2, 258/7, 28, **OLG Celle** OLG 5, 295.

Der Nachweis der Unrichtigkeit ist gegenüber **allen GBEintragungen** möglich, auch wenn eine Eintragung auf einem Ersuchen einer Behörde beruht, **BayObLG** BayObLGZ 1952, 157; dazu *Hesse-Saage-Fischer* GBO § 22 Bem III 1.

**Beispiele:**

24 a) Für den Nachweis kommen hauptsächlich folgende **Fälle** in Betracht:

Die Löschung einer Auflassungsvormerkung hat zu erfolgen auf Grund Unrichtigkeitsnachweises durch nachgewiesene rechtswirksame Auflassung und Umschreibung des Eigentums auf den Vormerkungsberechtigten, **KG** DNotZ 1958, 255 = DRspr IV (473) 49a. Eine auf Grund einer einstweiligen Verfügung eingetragene Auflassungsvormerkung wird durch rechtskräftige Versagung einer erforderlichen behördlichen Genehmigung des Kaufvertrags gegenstandslos und ist bei Nachweis der fehlenden nötigen Genehmigung ohne Bewilligung des Betroffenen zu löschen, **BayObLG** BayObLGZ 1959, 223 = DNotZ 1959, 543 = Rpfleger 1960, 161 = DRspr aaO 60b,

einer Dienstbarkeit, wie etwa einem dinglichen Wegerecht (dazu *§ 13 Vorbem 41ff., 54ff.*) gibt ein übermäßiger Gebrauch zwar ein Recht, sich gegen Beeinträchtigungen nach § 1004 Abs 1 BGB zur Wehr zu setzen, nicht aber ein Recht auf Löschung des GBEintrags, **BGH** NJW 1965, 1229 = MDR 1965, 563 = JZ 1965, 361 = BB 1965, 566 = WM 1965, 289 = WarnRspr 1965 Nr 77 = LM § 1004 BGB Nr 79. Zur Unmöglichkeit der Bestellung einer Grunddienstbarkeit wegen GrstVerkaufs **BGH** MDR 1967, 291 (keine Herausgabe eines Mehrerlöses mangels Bereicherung).

Der Erbschein oder die in einer öffentlichen Urkunde enthaltene letztwillige Verfügung nebst Eröffnungsprotokoll dient zum Nachweis der Erbfolge, § 35; dazu *§ 35 Bem 23ff.*, auch **LG Hagen** NJW 1966, 1660. Der Ehevertrag oder das Zeugnis über die Eintragung in das Güterrechtsregister bildet einen Nachweis des Bestehens eines vertragsmäßigen Güterstandes, § 33, ein Zeugnis nach § 1507 BGB, einen Nachweis der fortgesetzten Gütergemeinschaft; dazu *§ 33 Bem 3ff.*

Der Nachweis wird geführt durch die Ausfertigung des Ausschlußurteils in den Fällen der § 1170 Abs 2, § 1171 Abs 2 BGB. Ferner kommen in Betracht ein rechtskräftiges Urteil zum Nachweis, daß die Auflassung nichtig war, ein Handelsregisterauszug bei Firmenänderung, Sitzverlegung, Verschmelzung, Umwandlung der Gesellschaftsform usw, Vorlage einer einstweiligen Verfügung, wenn auf Grund derselben ein Veräußerungsverbot eingetragen werden soll (wobei der Nachweis der Zustellung an den Schuldner nicht erforderlich ist, *§ 19 Bem 53*), bei einer Arresthypothek (§ 932 Abs 2, § 868 ZPO) die Vorlage des den Arrestbefehl aufhebenden

Urteils (§§ 925, 926, 927 ZPO) oder des den Arrest aufhebenden Beschlusses (§ 934 ZPO), zum Nachweis des Erlöschens eines Pfändungspfandrechts entweder der Nachweis des Verzichts des Gläubigers auf das Pfandrecht (§ 843 ZPO) oder die Vorlage des den Pfändungsbeschluß aufhebenden Beschlusses des Vollstreckungsgerichts (§§ 775, 776 ZPO, *Predari* GBO § 25 Bem 1); dasselbe gilt für die Zwangshypothek im Falle des § 868 ZPO. Über die erforderlichen Nachweise in den Fällen des Eigentumserwerbs außerhalb des GB *§ 20 Bem 7ff.* Über Löschung des Rechts des Nacherben und der Testamentsvollstreckung *§ 51 Bem 2ff., § 52 Bem 2ff.*

Über den Nachweis der Entgeltlichkeit bei Verfügung des befreiten Vorerben **BayObLG** BayObLGZ 1956, 54 = DNotZ 1956, 304 = BWNotZ 1956, 159 Ls, BayObLGZ 1957, 285; dazu *§ 13 Vorbem 146.* Wenn Auflassung eines zu einem Nachlaß gehörenden Grsts durch den befreiten Vorerben auf Grund eines entgeltlichen Veräußerungsgeschäfts erfolgt ist, so ist zur Löschung des Nacherben im Wege der Berichtigung in der Regel ein besonderer Nachweis der Entgeltlichkeit der Verfügung entbehrlich, **OLG München** JFG 18, 173 = HRR 1938 Nr 1467.

Über Berichtigung auf Grund eines Eisenbahn-Messungsverzeichnisses und den Nachweis, daß die Voraussetzungen des Art 8, 10 bayWasserG vorliegen, **AG Lichtenfels** bayJMBl 1954 140.

Bei **Rückerstattung** (dazu *§ 20 Bem 88*) ist zur Berichtigung des GB der Eintritt der Rechtskraft des Rückerstattungsbeschlusses erforderlich, **KG** DNotZ 1953, 402 (*Jansen*), NJW 1955, 1233/1956, 106 (*Schwulst* ablehnend) = DRspr IV (473) 33d, **LG Berlin** JR 1954, 225 = DRspr aaO 27b. Da ein Vergleich in einem Rückerstattungsverfahren die in Art 12 REG (brit Zone) bestimmte Wirkung hat, ist bei einem Grst-Verkauf nur eine GBBerichtigung erforderlich, **OLG Hamburg** NJW 1951, 320. Die nach der erwähnten Vorschrift sich ergebende Wirkung eines Rückerstattungsvergleichs besteht nicht gegenüber einem jüdischen GrstEigentümer, der seine Stellung als im GB eingetragener Eigentümer nicht verloren hat und nicht zu dem Rückerstattungsverfahren zugezogen worden ist; ihm gegenüber wird die Unrichtigkeit des GB auch nicht durch eine solche Entscheidung oder einen derartigen Vergleich iSd § 22 nachgewiesen, **OLG Frankfurt aM** NJW 1955, 269.

b) Bei **Briefrechten** wird die außerhalb des GB erfolgte Abtretung oder Verpfändung (§§ 1154, 1274 Abs 1 BGB) durch Vorlage des Briefs und der in der Form des § 29 erteilten Abtretungs- bzw. Verpfändungserklärung nachgewiesen; bei mehrfacher Abtretung bedarf es auch der Abtretungserklärungen aller Zwischengläubiger, § 1117 Abs 3 BGB. Kommt es auf den Zeitpunkt der Briefübergabe an, zB weil inzwischen über das Vermögen des bisherigen Gläubigers das Konkursverfahren eröffnet worden ist, so muß auch dieser Zeitpunkt nachgewiesen werden, **KG** KGJ 40, 278; dazu *BGB-RGRK* BGB § 1154 Bem 12, *Güthe* GBO § 22 Bem 38. Die Pfändung und Überweisung eines Briefrechts wird durch Vorlage des Briefs und des Überweisungsbeschlusses des Vollstreckungsgerichts (§§ 830, 837 ZPO) nachgewiesen, dazu auch § 857 Abs 6 ZPO sowie *§ 19 Bem 52.* **25**

c) Das Entstehen einer **Eigentümergrundschuld** (§§ 1177 Abs 1 BGB) wird, wenn die Forderung nicht entstanden ist (§ 1163 Abs 1 S 1 BGB), durch Anerkenntnis des Gläubigers in der Form des § 29 oder durch Urteil nachgewiesen; dazu *Güthe* GBO § 22 Bem 42ff., ferner *§ 3 Bem 347.* Die Nichtvalutierung einer Grundschuld berührt das dingliche Recht des Gläubigers nicht; es entsteht keine Eigentümergrundschuld, **RG** RGZ 78, 60/85, 91, JW 1929, 248, **KG** KGJ 53, 219, *BGB-RGRK* § 1191 Bem 1ff., **aA** *Güthe* GBO 1853 (1854) bei Grundschuld, *Staudinger-Scherübl* BGB § 1192 Bem 9. Bewilligt der Eigentümer die Eintragung der Umwandlung einer Hypothek in eine Grundschuld nach § 1177 Abs 1 BGB (dazu *§ 3 Bem 349*), so bedarf es nicht des Nach- **26** weises, daß er die Hypothek tatsächlich ohne die Forderung erworben hat, **KG** OLG 18, 179. Bei einer für eine Scheinforderung bestellten Hypothek entsteht diese als Eigentümergrundschuld, wenn die Bestellung ernstlich gewollt ist, **BGH** BGHZ 36, 94 = NJW 1962, 295 = MDR 1962, 204 = JZ 1962, 313 = BGB 1962, 81 = DNotZ 1962, 396 = WM 1962, 88 = LM § 117 BGB Nr 3, § 1198 BGB Nr 1 Ls = DRspr I (113) 162a. Ein Urteil, durch das die Klage des eingetragenen Grundschuldgläubigers auf Herausgabe des Grundschuldbriefs abgewiesen worden ist, weil eine Grundschuld nicht entstanden ist, genügt als Nachweis der Unrichtigkeit des GB dem GBA gegenüber, **LG Freiburg** MDR 1966, 339; dazu auch *§ 13 Vorbem 114*. Über Entstehung einer Eigentümergrundschuld bei einer Tilgungshypothek *Lahnert* Eigentümergrundschuld aus einer noch teilweise valutierten Tilgungshypothek BWNotZ 1964, 147.

Daneben kann **im Einzelfalle** sich auch **aus dem Zusammenwirken tatsächlicher und rechtlicher Verhältnisse ein schlüssiger Nachweis für die Unrichtigkeit des GB** ergeben, **BayObLG** 33, 12. Bei der **Höchstbetragshypothek** bedarf zwar die endgültige Feststellung der Forderung eines Vertrags zwischen Gläubiger und Schuldner; dem GBA gegenüber genügt aber die einseitige Erklärung des Gläubigers, daß die Feststellung stattgefunden und einen geringeren Forderungsbetrag als den eingetragenen Höchstbetrag ergeben habe, **KG** HRR 1933 Nr 199. Im Falle des **Erlöschens der Hypothekenforderung** durch **Befriedigung** (es gibt noch andere Gründe für das Erlöschen der Hypothekenforderung: Vereinigung von Recht und Verbindlichkeit in einer Person, Eintritt einer auflösenden Bedingung ua) seitens des Eigentümers, der zugleich persönlicher Schuldner ist (§ 1163 Abs 1 S 2 BGB) erfolgt der Nachweis durch Vorlage einer **Quittung** in der Form des § 29 oder einer Hinterlegungsbescheinigung, **BayObLG** 12, 537, *Güthe* GBO § 22 Bem 43; über den Fall daß der Gläubiger einer Hypothek an einem im Bruchteilseigentum stehenden Grst von allen Miteigentümern befriedigt wird, **KG** JFG 16, 345. Dasselbe gilt bez der Eigentümerhypothek (§ 1177 Abs 2 BGB) bei Befriedigung durch den Eigentümer, der nicht persönlicher Schuldner ist (§§ 1143ff. BGB), in diesem Falle ist außerdem der durch eine entsprechende Erklärung des Gläubigers zu erbringende Nachweis erforderlich, daß der Eigentümer nicht persönlicher Schuldner ist, *Güthe* aaO Bem 48. Die Quittung muß ersehen lassen, wer gezahlt hat; dazu **KG** KGJ 40, 294, OLG 4, 79/8, 141, 209 (210), *Güthe* aaO Bem 43, auch *§ 27 Bem 22*, bez Quittung des Vormunds **OLG Hamburg** OLG 20, 416 (417). Im Falle der Befriedigung durch den Eigentümer, der zugleich persönlicher Schuldner ist, ist weiter der Nachweis der persönlichen Haftung des Eigentümers erforderlich, zB durch die aus den Grundakten sich ergebende Tatsache, daß er die Hypothek für eine eigene Schuld bestellt oder in Anrechnung auf den Kaufpreis übernommen hat, **KG** OLG 14, 113, **OLG Braunschweig** OLG 2, 318 (320), *Güthe* aaO Bem 43, *Planck* BGB § 1144 Bem 4b, § 1177 Bem 5, **aA** (wohl überholt) **KG** OLG 1, 416, RJA 9, 218. Zum Nachweis des Übergangs einer gepfändeten Hypothek oder Grundschuld auf den Eigentümer bedarf es neben der löschungsfähigen Quittung des Pfandgläubigers, wonach der Eigentümer an ihn bezahlt hat, des Nachweises der Fälligkeit der Hypothekenforderung bzw Grundschuld und des Nachweises des Bestandes und der Fälligkeit der Forderung des Pfandgläubigers, **KG** JW 1935, 1641 = HRR 1935 Nr 738. Hat der Vorerbe die Hypothek aus eigenen Mitteln bezahlt, so gehört die Eigentümergrundschuld nicht zum Nachlaß und kann ohne Zustimmung des Nacherben auf den Vorerben umgeschrieben werden, **KG** KGJ 50, 210. Wenn eine Nachlaßhypothek an den nicht befreiten Vorerben bezahlt wird oder dieser das Nichtbestehen der Schuld anerkennt, entsteht keine Eigentümergrundschuld, **KG** KGJ 50, 217. Die Umschreibung einer Hypothek als Eigentümergrundschuld aus Anlaß der Tilgung der Forderung durch den noch nicht eingetragenen Grundstückserwerber ist zulässig, wenn sie ersichtlich in Erwägung der Eigentumsumschreibung beantragt und die Eintragung erfolgt ist, **KG** OLG 9, 315, **OLG Dresden** ZBlFG 6, 339. Ist der eingetragene Hypothekengläubiger nicht der materiell Berechtigte, so genügt seine Quittung nicht, um den mit einer gutgläubigen Zahlung verbundenen Übergang der Hypothek auf den zahlenden Eigentümer darzutun, **KG** RJA 11, 62. Über die Zahlung einer Nachlaßhypothekenforderung durch den Testamentsvollstrecker, der zugleich Grundstückseigentümer ist, **KG** OLG 8, 31, RJA 4, 63. Steht die Briefhypothek dem Eigentümer zu, weil dem Gläubiger der Brief nicht ausgehändigt wurde (§ 1163 Abs 2 BGB), so genügt die Vorlage des Briefs durch den Eigentümer nicht; es muß vielmehr auch eine Erklärung des Gläubigers in der Form des § 29 beigebracht werden, daß ihm der Brief noch nicht übergeben worden ist, **KG** OLG 3, 362/14, 132, *Güthe* GBO § 22 Bem 44, *Planck* BGB § 1117 Bem 3c. Zur Löschung einer für Gesamtgläubiger bestellten Hypothek genügt die löschungsfähige Quittung nur eines der Gesamtgläubiger, **KG** 1965, 366 = DNotZ 1966, 429 Ls.

d) Erfolgt bei einer Hypothek **Befriedigung durch den persönlichen Schuldner**, der nicht Eigentümer ist (§ 1164 BGB), so ist außer dem Nachweis der Befriedigung (dazu *Bem 26*) darzutun, daß der Befriedigende persönliche Schuldner ist und daß ihm dem Eigentümer gegenüber ein Ersatzanspruch zusteht. Dies wird in der Regel durch eine Anerkennungserklärung des Eigentümers bewiesen werden können; diese darf keinen Zweifel darüber lassen, daß das Rechtsverhältnis im Zeitpunkt der Befriedigung noch bestand. Die Umschreibungsbewilligung des Eigentümers ersetzt diese Erklärung, **BayObLG** 11, 31, *Staudinger-Scherübl* BGB § 1164 Bem 7, dazu auch **BayObLG** SeuffBl 75, 325, *Bückle* DNotZ 1933, 699. Ebenso ist, wenn der persönliche Schuldner nicht ersatzberechtigt ist und deshalb die Hypothek auf den Eigentümer übergeht, dies durch eine Erklärung des Schuldners nachzuweisen. Hat nach dem Kaufvertrag der Eigentümer die Hypothek nicht übernommen und der Schuldner sich zur Herbeiführung der Löschung verpflichtet, so ergibt sich auch daraus, daß der persönliche Schuldner nicht ersatzberechtigt ist; dazu *Güthe* aaO Bem 43. Auch für die Frage, ob eine persönliche Schuld des Zahlenden vorliegt, kann der Umstand, ob die Hypothek übernommen wurde oder nicht und ob die Schuldübernahme genehmigt wurde oder nicht, beweiskräftig sein. **27**

Erfolgt **Befriedigung** und damit Erwerb der Hypothek **durch einen Dritten** (§ 268 Abs 1 S 1, §§ 1150, 774 Abs 1 S 1 BGB), so ist außer der Befriedigung nachzuweisen, daß der Dritte ablösungsberechtigt oder Bürge ist. Soweit die Ablösungsberechtigung sich nicht aus dem GB ergibt, ist sie durch Urteil gegen den Gläubiger festzustellen; dazu *Güthe* aaO Bem 50. Will der Bürge wegen Zahlung der Hypothekenforderung durch ihn die Hypothek auf sich umschreiben lassen, so hat er das Vorliegen des Bürgschaftsvertrags (§ 765 BGB) nachzuweisen, also nicht nur die vom Bürgen erteilte Bürgschaftserklärung, sondern auch die Annahmeerklärung des Gläubigers, beides in der Form des § 29, vorzulegen, **BayObLG** 12, 537.

e) Erlischt eine **Gesamthypothek** auf einzelnen Grsten (§ 1173 Abs 1, § 1174 Abs 1 BGB), so ist außer der Befriedigung das Nichtbestehen eines Ersatzanspruchs durch Erklärung des Eigentümers oder des persönlichen Schuldners oder durch Urteil nachzuweisen, **KG** KGJ 47, 214, OLG 9, 316 (318), *Meikel* SeuffBl 68, 112. Die Grundsätze der §§ 1173ff. BGB gelten auch, wenn mehrere Miteigentümer gemeinschaftlich eine Hypothek am ganzen Grst bestellt haben, ebenso wenn ein zuerst im Alleineigentum des Hypothekenschuldners stehendes Grst später auf mehrere Bruchteilseigentümer übergegangen, **RG** RGZ 146, 363, **BayObLG** 23, 50, **KG** RJA 11, 283, *Güthe* aaO Bem 13, *Staudinger-Scherübl* BGB § 1132 Bem 24; dazu auch **KG** JW 1938, 230, *BGB-RGRK* BGB § 1132 Bem 17, 18. **28**

## 29 3. Prüfung durch das Grundbuchamt

Die Vorlegung der Urkunden ist Sache des Antragstellers. Das GBA hat nicht die Aufgabe, Ermittlungen über das Vorhandensein solcher Urkunden anzustellen und sie gegebenenfalls herbeizuschaffen, **BayObLG** 8, 236/22, 187. Bei der GBBerichtigung hat grundsätzlich der Antragsteller alle Möglichkeiten auszuräumen, die der beantragten Eintragung entgegenstehen würden, zB die Möglichkeit gutgläubigen Erwerbs, **KG** JFG 2, 401 (406).

Über die **Prüfung** des GBA im allgemeinen *§ 18 Bem 82ff.*, zu § 22 auch *Bem 16ff.* Bei der Berichtigung des GB im Wege des § 22 muß der GBBeamte immer im Auge behalten, daß diese Berichtigung ohne Wissen und Willen des von ihr Betroffenen erfolgt, wenn sie durch Nachweis der Unrichtigkeit vorgenommen wird. Er hat deshalb mit doppelter Vorsicht vorzugehen und darf den Nachweis der Unrichtigkeit nur dann als erbracht ansehen, wenn eine Verletzung der Rechte des von ihr Betroffenen ausgeschlossen erscheint, **BayObLG** 22, 185, **LG Hamburg** DRZ 1946/47, 382 = hamJVBl 1946 Anh 16. Doch darf er sich bei der Prüfung an die Lebenserfahrung halten und daher, wenn nicht im Einzelfall besondere Umstände auf das Gegenteil hinweisen, vom Regelmäßigen des Lebens ausgehen, **BayObLG** 23, 50.

Aus diesen Gründen kann der **Nachweis**, daß das GB unrichtig geworden ist, nicht genügen, sondern es wird der Nachweis verlangt, daß das **GB auch jetzt noch unrichtig** ist. Denn wenn auch ursprünglich der Inhalt des GB unrichtig war (dazu *Bem 9*), so kann es doch nachträglich richtig geworden sein, sei es, daß zB die ursprünglich fehlende Einigung nachträglich erfolgte, sei es daß auf Grund des öffentlichen Glaubens des GB der eingetragene Berechtigte oder ein Dritter Rechte erwarb. Dies gilt insbes, wenn eine GrstParzelle auf einem falschen GBBlatt vorgetragen ist; hier ist die Möglichkeit eines gutgläubigen Rechtserwerbs nicht nur des Eigentümers, sondern auch anderer Berechtigter, insbes von Hypothekengläubigern, zu berücksichtigen. Gegebenenfalls müssen die Bewilligungen dieser Berechtigten beigebracht oder durch Urteil ersetzt werden, **KG** OLG 5, 1/10, 427/18, 208.

Zu der Frage der Rechtslage, wenn ein unter Verstoß gegen die guten Sitten (zur Umgehung eines gesetzlichen Verbots) erwirktes rechtskräftiges Urteil als Grundlage für eine GBBerichtigung vorgelegt wird, **KG** JW 1938, 3244 = DFG 1939, 12.

Zum GBBerichtigungsverfahren *Bem 38ff.*

## 30 VI. Fall des § 22 Abs 1

§ 22 Abs 1 läßt den Unrichtigkeitsnachweis anstatt der Eintragungsbewilligung genügen; § 22 Abs 2 stellt eine Einschränkung dar; dazu *Bem 31.* Über weitere Ausnahmen *Bem 2.*

Die Berichtigung des GB kann ohne die Bewilligung nach § 19 erfolgen,
wenn die Unrichtigkeit des GB (dazu *Bem 3ff.*)
nachgewiesen wird (dazu *Bem 22ff.*), § 22 Abs 1 S 1.

§ 22 Abs 1 S 2, wonach dies insbes für die Eintragung und Löschung von Verfügungsbeschränkungen gilt (dazu *Bem 9*), erwähnt nur beispielhaft eine der Möglichkeiten der Unrichtigkeit des GB. Diesem Satz kommt daher keine besondere Bedeutung zu.

Da der Unrichtigkeitsnachweis die Berichtigungsbewilligung ersetzt, wie sich aus § 22 Abs 1 S 1 ergibt, ist daraus zu folgern, daß ein **Wahlrecht** zwischen der Möglichkeit der Führung des Unrichtigkeitsnachweises (dazu *Bem 22ff.*) und der Beschaffung der Berichtigungsbewilligung (dazu *Bem 16ff.*) besteht, *Bem 2, 16, 21.*

## VII. Fall des § 22 Abs 2 31

Dazu *Güthe* GBO § 22 Bem 58ff., *Hesse-Saage-Fischer* GBO § 22 Bem IV, *Horber* GBO § 22 Bem 8, *Thieme* GBO § 22 Bem 6

### 1. Allgemeines

§ 22 Abs 2 bezieht sich auf die Eintragung des Eigentümers und des Erbbauberechtigten im Wege der GBBerichtigung. Die Anforderungen sind strenger als bei § 22 Abs 1; dazu *Bem 30*. Allerdings brachte die Neufassung der Vorschrift im Jahre 1942 eine gewisse Erleichterung, indem der Unrichtigkeitsnachweis zugelassen wurde; dazu *Bem 1*.

Zweck der Vorschrift ist, zu verhüten, daß jemand, der nicht Eigentümer oder Erbbauberechtigter ist, als solcher im GB eingetragen wird. Diese Sonderstellung des Eigentümers hat darin ihren Grund, daß das Eigentum nicht nur Rechte gewährt, sondern auch Pflichten öffentlich-rechtlicher Art, insbes in steuerlicher und polizeilicher Hinsicht, auferlegt. Zu Rechtsschutzbedürfnis bei Prozeß **OLG Zweibrücken** NJW 1967, 1809, auch *§ 23 Bem 2*.

### 2. Voraussetzungen und Anwendungsbereich des § 22 Abs 2 32

#### a) Regelfall

1. § 22 Abs 2 bezieht sich auf die **Fälle des § 20**; dazu *Güthe* GBO § 22 Bem 58, *Horber* GBO § 22 Bem 8.

Der Anwendungsbereich erstreckt sich auf

den Eigentümer; dazu *§ 13 Vorbem 39*,

den Erbbauberechtigten; dazu *§ 8 Bem 6ff.*, *§ 13 Vorbem 40*, *§ 20 Bem 28*,

sodann nach **§ 118 Abs 1** (dazu *Horber* GBO § 22 Bem 8F) auf

die in den Art 63, 68 EGBGB bezeichneten grstgleichen Rechte (dazu *§ 6 Bem 13*), nämlich das Erbpachtrecht (*§ 20 Bem 29*) und das Abbaurecht an nicht bergrechtlichen Mineralien (*§ 20 Bem 30*),

ferner auch auf die **grstgleichen Rechte** kraft Landesrecht (dazu *§ 6 Bem 15*, *§ 20 Bem 31*),

insbes auf das Bergwerkseigentum.

2. Erforderlich zur GBBerichtigung ist die **Zustimmung** des Eigentümers usw 33
(dazu *Bem 32*), und zwar **des neu einzutragenden**, nicht des buchmäßigen Eigentümers usw; dazu *Güthe* GBO § 22 Bem 60, *Hesse-Saage-Fischer* GBO § 22 Bem IV 1, 3, *Horber* GBO § 22 Bem 8C, *Thieme* GBO § 22 Bem 6.

Es genügt zur GBBerichtigung die Berichtigungsbewilligung des von ihr buchmäßig Betroffenen nicht, sondern es wird noch außerdem die Zustimmung des nicht eingetragenen wahren Eigentümers usw gefordert. Denn als Eigentümer usw iSd § 22 Abs 2 ist der wirkliche Eigentümer usw zu verstehen und nicht etwa der bloße Buchberechtigte; dazu **RG** RGZ 73, 156, **BayObLG** 7,46, **KG** OLG 1, 479/5, 297/6, 197, *Güthe*, *Hesse-Saage-Fischer*, *Horber* und *Thieme* aaO, *Thurnau-Förster* GBO § 22 Bem II 2.

Zustimmen muß also derjenige, der eingetragen werden soll. Erteilt er die Zustimmung nicht freiwillig, so kann er auf Grund des § 894 BGB auf Erteilung der Zustimmung verklagt werden.

§ 22 Abs 2 ist auch bei der Eigentumsumschreibung auf Grund **Umwandlung einer Kapitalgesellschaft** oder des Übergangs des Vermögens einer Kapitalgesellschaft auf den alleinigen Gesellschafter nach dem Umwandlungsgesetz (dazu *§ 20 Bem 15*) anzuwenden; dazu **OLG München** JFG 18, 170 = HRR 1938 Nr 1479, *Bosch* DJ 1937, 1698, *Recke* JW 1936, 1273, *Saage* DJ 1937, 1699, *Seybold* DNotZ 1934, 716, bez Kosten *Bem 50*.

Zur Frage, ob und inwieweit die Einwilligung von Berechtigten, die in der **SBZ** wohnen oder ihren Sitz haben, verlangt werden kann, *Rabeling* Neuere Rechtsentwicklung zur Auswirkung ostzonaler Verfügungen über westliches Vermögen MDR 1951, 715, insbes auch im Falle einer Enteignung.

Sollen **mehrere** als Eigentümer eingetragen werden, sei es zur gesamten Hand, sei es nach Bruchteilen, so müssen sie alle ihre Zustimmung erklären.

Beantragt zB ein Miterbe die Umschreibung des Eigentums an einem Nachlaßgrst auf die Erben, so ist die Zustimmung aller Miterben erforderlich, **BayObLG** 10, 355/ 11, 103, **KG** KGJ 25, 112, RJA 10, 69. Dies gilt auch dann, wenn ein als Alleineigentümer eingetragener Miterbe dazu verurteilt ist, der Berichtigung des GB durch Eintragung aller Miterben in Erbengemeinschaft zuzustimmen, **KG** DNotV 1931, 238. Das Erfordernis der Zustimmung gilt auch für die an die Stelle eines schon eingetragenen Erben tretenden Erbeserben und Erbanteilserwerbers. Soweit sie aber als Miteigentümer bereits eingetragen sind, ist ihre Zustimmung entbehrlich, da nur eine Erweiterung ihrer Anteilsrechte eintritt, **KG** JR 1926 Nr 60. Wer den Erbanteil eines Miterben gepfändet hat und zwecks Eintragung der Pfändung als Verfügungsbeschränkung (dazu *Bem 43*) die Berichtigung des GB durch Eintragung der Erben beantragt, muß die Zustimmung sämtlicher Miterben, auch die seines Schuldners, beibringen, **KG** RJA 10, 69, nötigenfalls durch Klage aus § 895 BGB, da durch ein Vorgehen nach § 14 nur die Zustimmung des Schuldners, nicht auch die der übrigen Miterben ersetzt wird (*§ 14 Bem 21*); dazu *Bürger* JW 1935, 593, *Rasch* aaO 1136. Die Zulässigkeit des Unrichtigkeitsnachweises (dazu *Bem 36*) beseitigt vielfach derartige Schwierigkeiten, die bisher auftraten; dazu *Hesse-Saage-Fischer* aaO Bem IV 3.

Sämtliche Miteigentümer müssen auch zustimmen, wenn die bisher nicht eingetragene Bruchteilsberechtigung nachträglich eingetragen werden soll; Auflassung ist hierbei nicht erforderlich, **BayObLG** 10, 355, **KZ** OLG 6, 114. Die Zustimmung ist auch erforderlich, wenn ein bisheriger Bruchteilseigentümer zusammen mit anderen als Gesamthandseigentümer eingetragen werden soll; ebenso umgekehrt, wenn sich Gesamthandseigentum in Bruchteilseigentum verwandelt hat. Da nur die Zustimmung des nicht eingetragenen Eigentümers erforderlich ist, so bedarf es, wenn sich ergibt, daß ein als Alleineigentümer Eingetragener nur Miteigentümer ist, zur Berichtigung des GB durch Eintragung des Miteigentumsverhältnisses seiner Zustimmung nicht, **BayObLG** 9, 328.

Über die Zustimmung bei Eintragung von Ehegatten als Miteigentümer kraft allgemeiner Gütergemeinschaft *§ 33 Bem 27ff.*, über die Zustimmung bei Testamentsvollstreckung *§ 35 Bem 77ff.*

Die **Zustimmung** muß **deutlich** und **erkennbar** das Gewollte zum Ausdruck bringen (dazu *§ 20 Bem 52*). Sie braucht jedoch nicht ausdrücklich erklärt zu werden, da die Auslegungsregel des § 133 BGB auch für sie gilt; dazu *Bem 18*. Es genügt daher jede Willenskundgebung, die das Einverständnis mit der Eintragung unzweifelhaft erkennen läßt, so daß die Zustimmung auch stillschweigend erteilt werden kann; dasselbe gilt für die Bevollmächtigung hierzu, **BayObLG** 8, 556/14, 423/20, 386, **OLG Darmstadt** RJA 13, 163. Die Zustimmung muß in jedem Verhalten des wahren Eigentümers erblickt werden, das erkennen läßt, daß er selbst die GBBerichtigung anstrebt, **BayObLG** 30, 63.

So liegt, wenn der wahre, im GB noch nicht eingetragene Eigentümer das Grst verkauft hat und den Vollzug dieses Kaufvertrags für sich beantragt, in diesem Antrag die stillschweigende Zustimmung zu allen gbmäßigen Schritten, die der Vollzug des Kaufvertrags erfordert, **BayObLG** 20, 386. Ebenso ist, wenn der Ehemann auf Grund des § 1416 BGB die Eintragung der Ehefrau als Miteigentümerin beantragt und beide

Ehegatten auf Benachrichtigung verzichten, die Zustimmung der Ehefrau für genügend ausgedrückt anzusehen, **BayObLG** 7, 46; dazu *§ 33 Bem 27ff.*

Die Zustimmung bedarf der in § 29 Abs 1 S 1 vorgeschriebenen **Form**; dazu **BayObLG** 13, 151, **KG** OLG 8, 19 (21), *Güthe* GBO § 22 Bem 60, *Hesse-Saage-Fischer* GBO § 22 Bem IV 4, *Horber* GBO § 22 Bem 8C, *Thieme* GBO § 22 Bem 6. Die Wahrung der Form der Auflassung ist nicht erforderlich, **KG** OLG 3, 33, doch wird natürlich die Zustimmung durch die Auflassung vollgültig ersetzt; dazu *§ 20 Bem 26.* Ausreichend ist, wenn der Eigentümer den Eintragungsantrag in der Form des § 29 Abs 1 S 1 stellt, § 30, **BayObLG** 13, 151. Dazu *Bem 39.*

### b) Ausnahmen 34

Dazu *Güthe* GBO § 22 Bem 58, *Hesse-Saage-Fischer* GBO § 22 Bem IV 2, *Horber* GBO § 22 Bem 8D, *Thieme* GBO § 22 Bem 6

Wie sich aus dem Wortlaut des § 22 Abs 2 ergibt, bestehen Ausnahmen im Falle des § 14 (dazu *Bem 35*) und bei Nachweis der Unrichtigkeit des GB (dazu *Bem 36*). Eine weitere Ausnahme ist der Fall, daß der Unrichtigkeitsnachweis durch ein behördliches Ersuchen ersetzt wird; dazu *Bem 37.*

### 1. Fall des § 14 35

Vorausgesetzt wird hier, daß gegen den nicht eingetragenen Eigentümer ein vollstreckbarer Titel vorliegt, daß auf Grund dieses Titels eine Eintragung in das GB verlangt werden kann und daß die Zulässigkeit dieser Eintragung von der vorgängigen Berichtigung des GB abhängt, **BayObLG** BayObLGZ 1096, 154; dazu *§ 21 Bem 21.*

**§ 14** steht **selbstständig neben § 22**, geht daher inhaltlich über denselben hinaus; dazu *Hesse-Saage-Fischer* GBO § 22 Bem IV 2. Allerdings ist die praktische Bedeutung des § 14, soweit § 22 einschlägig ist, infolge der Zulässigkeit des Unrichtigkeitsnachweises nicht mehr so groß als früher; dazu *Horber* GBO § 22 Bem 8D.

### 2. Nachweis der Unrichtigkeit 36

Dieser durch die VO vom 5. Oktober 1942 eingefügte (dazu *Bem 1, 31*) Ausnahmefall ist sehr wichtig. Er brachte eine wesentliche Erleichterung im GBVerkehr, besonders in den Fällen, in denen ein Eigentumswechsel sich außerhalb des GB vollzogen hat, wie bei Erbfolge ua (*§ 20 Bem 7ff.*); dazu *Bem 11.*

Über Einzelheiten *Bem 22ff.*

### 3. Ersuchen von Behörden 37

Die Beschaffung des Unrichtigkeitsnachweises kann ersetzt werden durch ein Ersuchen einer Behörde; dazu *Hesse-Saage-Fischer* GBO § 22 Bem IV 2. Über Behörden-, Ersuchen *§ 38 Bem 2ff.*

Der wichtige Anwendungsfall dieser Art ist die Eintragung des Erstehers im **ZwVerstVerfahren** auf Grund eines Ersuchens des Vollstreckungsgerichts nach § 130 ZVG, die Zustimmung des Erstehers ist nicht erforderlich; dazu *§ 20 Bem 16.*

Es kommen aber noch **weitere Fälle** in Betracht, insbes die Zwangsenteignung, **BayObLG** 8, 552 (dazu *§ 20 Bem 18*), das Verfahren nach den landesrechtlichen Berggesetzen (so ersetzt zB der rechtskräftige Beschluß der Bergbehörde die Zustimmung des neuen Eigentümers, Art 183 Abs 2 bayBergG), das Flurbereinigungsverfahren (dazu *§ 20 Bem 17, § 38 Bem 69ff., § 117 Bem 90*).

38

## VIII. Grundbuchberichtigungsverfahren

### 1. Antrag oder Ersuchen

#### a) Allgemeines

Die GBBerichtigung nach § 22 bezieht sich auf den dinglichen Berichtigungsanspruch; dazu *Bem 4.*

Die GBBerichtigung erfolgt auf **Antrag** oder auf **Ersuchen** einer Behörde; dazu *Horber* GBO § 22 Bem 6 (a), 8E. Eine Berichtigung **von Amts wegen** ist nur in den gesetzlich zulässigen Fällen möglich, nämlich nach § 9 Abs 2, §§ 51, 52, 53 Abs 1 S 2 sowie in den in *Bem 5 bis 7* besprochenen Fällen; dazu **RG** RGZ 88, 91, **BayObLG** 12, 605, *Horber* aaO Bem 6 (a).

Hat der GBBeamte Anhaltspunkte dafür, daß das GB unrichtig ist, so soll er die Beteiligten zur Stellung der Berichtigungsanträge veranlassen, soweit solche erforderlich sind. Bez Unrichtigkeit des GB hinsichtlich der Eintragung des Eigentümers oder Erbbauberechtigten infolge eines Rechtsübergangs außerhalb des GB geben §§ 82, 82a die Möglichkeit, den Eintragungsantrag zu erzwingen, § 22 Abs 2 ist auch im Berichtigungszwangsverfahren zu beachten; dazu *Saage* DJ 1935, 1331, JW 1935, 2773, 3207.

Im GBBerichtigungsverfahren ist der Einwand der **Verwirkung** des Berichtigungsanspruchs zu berücksichtigen; es handelt sich um den Einwand der unzulässigen Rechtsausübung. Der Zweck der Verwirkung würde vereitelt, wenn im Verfahren nach § 22 der Verwirkungseinwand unberücksichtigt bleiben müßte; dazu **OLG Braunschweig** NdsRpfl 1962, 16 = BWNotZ 1962, 203 Ls = DRspr IV (473) 72b, I (150) 121d. Bei Miterben ist nach **BGH** NJW 1966, 773 der Einwand der unzulässigen Rechtsausübung gegenüber der Berichtigungsklage nur unter besonderen Umständen Erfolg haben. Der Nachlaßschuldner kann der von Miterben erhobenen GBBerichtigungsklage nicht den Einwand eines arglistigen Verhaltens entgegensetzen, das ein Miterbe sich zuschulden kommen ließ; dazu auch **RG** RGZ 132, 81. Macht dieser jedoch allein den Anspruch geltend und widersprechen die Miterben der Klageerhebung, so liegt ein Mißbrauch der Prozeßführungsbefugnis vor, der zur Abweisung der Klage als unzulässig führt.

39

#### b) Antrag

Der Antrag, dem das Ersuchen von Behörden gleichsteht, bildet den Normalfall, wenn es um GBBerichtigung geht; dazu *Bem 38*, auch *Horber* GBO § 22 Bem 6 (a).

Der Antrag ist an eine **Form** nicht gebunden. Dasselbe gilt für die Vollmacht zur Antragstellung, **KG** RJA 6, 235 (239). Nur wenn der Antrag des nicht eingetragenen Eigentümers oder Erbbauberechtigten auf Eintragung seines Rechts zugleich dessen Zustimmung nach § 22 Abs 2 enthält, bedarf er der Form des § 29, wie sich aus § 30 ergibt; dazu *Bem 33.*

Der Antrag kann auch auf eine nur **teilweise Berichtigung** des GB gerichtet sein. So ist es zulässig, die Berichtigung bez einzelner Parzellen zu beantragen, wenn die Auflassung eines Grst nichtig ist, **RG** RGZ 78, 374.

**Antragsberechtigt** sind nicht nur derjenige, dessen Recht nicht oder nicht richtig eingetragen ist, **KG** KGJ 52, 162, sondern auch derjenige, der zu Unrecht eingetragen ist, also der von der Berichtigung Betroffene, ferner die nach § 14 Berechtigten, also auch der Pfandgläubiger, sofern er die Verfügungsbeschränkung in gbmäßiger Form nachweist, was durch Vorlage des Pfändungsbeschlusses geschehen kann, **KG** RJA 6, 235 (239). Kein Antragsrecht steht dagegen demjenigen zu, der schuldrechtlich zur Herbeiführung einer Eintragung verpflichtet ist, **KG** KGJ 52, 163. Dazu auch *Hesse-Saage-Fischer* GBO § 22 Bem III 1 (a).

## 2. Zustimmung ua 40

Dazu *Güthe* GBO § 22 Bem 53ff., *Hesse-Saage-Fischer* GBO § 22 Bem III 1, *Horber* GBO § 22 Bem 6 (b, c, d), *Thieme* GBO § 22 Bem 5

Schließt sich der Betroffene dem Antrag (dazu *Bem 39*) an, so liegt hierin eine Berichtigungsbewilligung, wenn die hierzu erforderlichen Voraussetzungen (dazu *Bem 16ff.*) erfüllt sind. Da der Nachweis der Unrichtigkeit nur die Berichtigungsbewilligung ersetzt, werden sonstige Zustimmungserklärungen Dritter und gerichtliche oder behördliche Genehmigungen (dazu *§ 18 Bem 98ff., 148ff.*) nicht entbehrlich; dazu *Bem 2* sowie *Güthe* GBO § 22 Bem 53.

Erfolgt die Berichtigung durch Löschung einer Hypothek, Grund- oder Rentenschuld, so ist die Zustimmung des Eigentümers nach Maßgabe des **§ 27** notwendig; dazu *§ 27 Bem 13ff.*

Auch die **§§ 23, 24** enthalten Besonderheiten; dazu *Güthe* GBO § 22 Bem 56.

Eine sonst nach materiellem Recht erforderliche Zustimmung Dritter ist bei nachgewiesener Unrichtigkeit insoweit entbehrlich, als das Recht des Dritten schon in dem Zeitpunkt bestand, in dem der die Unrichtigkeit verursachende Rechtsakt sich vollzog; die Zustimmung derjenigen **Personen**, die erst **später** einen auf das von der Berichtigung betroffene Recht sich beziehenden Rechtserwerb gemacht haben, ist dagegen auch hier erforderlich, **KG** OLG 18, 208, *Güthe* aaO Bem 53. Erfolgt die Berichtigung des GB auf Grund einer **Berichtigungsbewilligung**, so ist die Zustimmung aller mitbetroffenen dritten Personen nach allgemeiner Regel erforderlich.

Auch die **§§ 39, 40** gelten im Falle der Berichtigung. Der von ihr Betroffene muß also regelmäßig eingetragen sein, auch wenn die Unrichtigkeit nachgewiesen ist; dazu *Güthe* aaO Bem 57.

Schließlich gelten auch die Vorschriften über Vorlegung des Hypothekenbriefs usw nach **§§ 41 bis 43** auch für die GBBerichtigung, **KG** JFG 2, 381 (382); dazu *Güthe* aaO Bem 57.

Soweit eine **Genehmigung** an eine Rechtsänderung geknüpft ist (dazu *§ 18 Bem 109ff., 148ff., 159ff., § 20 Bem 79ff.*), ist auch bei der GBBerichtigung von Bedeutung, ob eine solche vorliegt oder nicht, insbes ob der Berichtigung ein genehmigungspflichtiger Rechtsvorgang zugrunde liegt. Eine Genehmigung kann uU widerrufen werden; zur Frage der Widerruflichkeit einer stattsaufsichtlichen Genehmigung **OLG München** DNotZ 1951, 418 (*Hieber*).

## 3. Vollzug der Berichtigung im Grundbuch 41

Der Vollzug der Berichtigung im GB erfolgt in der Form einer **neuen Eintragung**. Auch offensichtliche Schreibfehler, Rechenfehler und sonstige Unrichtigkeiten dürfen nach Unterzeichnung der Eintragung nur durch einen besonderen Vermerk berichtigt werden; dazu *§ 53 Bem 4ff.*

Ist ein **Recht zu Unrecht gelöscht** worden und soll es nunmehr im Wege der Berichtigung wieder eingetragen werden, so ist nicht etwa der Löschungsvermerk zu löschen, sondern das Recht ist unter einer eigenen Nummer unter Beachtung aller an eine **Neueintragung** zu stellenden Anforderungen wieder einzutragen; eine Bezugnahme auf die gelöschte Eintragung ist nicht statthaft. Erfolgt sie trotzdem, so macht sie die Eintragung aber nicht unwirksam; dazu **KG** Gutachten JW 1929, 3346, *Strecker* LZ 1930, 1159.

Beim **Vorhandensein von Zwischenrechten** bedarf es auch eines Rangvermerks. Das zu Unrecht gelöschte Recht behält grundsätzlich seinen alten **Rang**; doch kann ein in der Zwischenzeit gutgläubig erworbenes Recht den Vorrang erworben haben. Sind solche Rechte vorhanden, so kann die Wiedereintragung mit dem alten Rang nur erfolgen, wenn die Inhaber der Zwischenrechte diese bewilligen oder wenn nach § 22 nachgewiesen wird, daß ihnen der öffentliche Glaube des GB nicht zur Seite steht. Liegen diese Voraussetzungen nur bez einzelner Zwischenrechte vor, so ist anzugeben, welchen von ihnen das wieder eingetragene Recht vorgeht und welchen es nachsteht; dazu *Güthe* GBO § 22 Bem 53.

Über Berichtigung des GB durch Eintragung eines neuen **Eigentümers** *§ 3 Bem 271ff.*, insbes Berichtigung der Bezeichnung des **Berechtigten** *§ 3 Bem 291*, über Berichtigung von **Versehen** bei der Eintragung *§ 3 Bem 260*, über Ergänzung **unvollständiger Eintragungen** *§ 53 Bem 12ff.*

Bei **Zurückweisung** des GBBerichtigungsantrags, der auf eine Eintragung abzielt, findet ein **Rechtsmittel** nach Maßgabe des § 71, also im Rahmen des § 71 Abs 2, statt; dazu **OLG Stuttgart** DNotZ 1961, 94 (wV *Bem 9*), im übrigen *§ 71 Bem 8ff.* Daher ist die Beschwerde gegen die Zurückweisung eines Antrags auf GBBerichtigung mit dem auf Grund Unrichtigkeitsnachweises die anfängliche Unrichtigket des GB geltend gemacht wird (dazu *Bem 9*), nur mit dem beschränkten Ziel der Eintragung eines Amtswiderspruchs oder einer Löschung wegen inhaltlicher Unzulässigkeit zulässig; die Beschwerde gegen die Zurückweisung eines Berichtigungsantrags ist aber unbeschränkt zulässig, wenn die Berichtigung nicht auf den Nachweis der Unrichtigkeit des GB, sondern auf die Berichtigungsbewilligung sämtlicher Betroffener in der Form des § 29 gestützt wird, **KG** DNotZ 1965, 683 (wV *Bem 9*). Dazu auch *Furtner* Verhältnis der gbrechtlichen Rechtsbehelfe zu der Klage aus dem sachenrechtlichen Anspruch DNotZ 1963, 196, *Otto* Die Beschwerde gegen die Zurückweisung eines Berichtigungsantrags nach § 22 GBO NJW 1964, 634, *Otto* aaO trat der hM über den Ausschluß der Beschwerde bei Eintragungen im Bereiche des Berichtigungsantrags entgegen, jedoch zu Unrecht dazu *Haegele* Rpfleger 1965, 233 (Besprehung von **KG** aaO 232), *Jansen* NJW 1965, 619.

## 42 IX. Abtretung, Pfändung und Verpfändung des Berichtigungsanspruchs

Die **Abtretung** des Anspruchs auf Berichtigung des GB nach § 894 BGB kann nicht selbständig, sondern nur zusammen mit dem zugrunde liegenden dinglichen Recht erfolgen.

Sie ist nur in der Weise zulässig, da der Zessionar ermächtigt wird, den dem wahren Berechtigten zustehenden Berichtigungsanspruch im eigenen Interesse, aber nur im Namen des Zedenten geltend zu machen, so daß der Zessionar zB nicht seine eigene Eintragung, sondern nur die des Zedenten verlangen kann. Dazu **RG** RGZ 59, 289/78, 87/91, 365/112, 260, **KG** JFG 5, 317, *BGB-RGRK* BGB § 894 Bem 8ff., *Güthe* GBO § 14 Bem 29, *Staudinger-Seufert* BGB § 894 Bem 29, *Wieacker* DJZ 1936, 989.

Zulässig ist weiter mit der gleichen Einschränkung die **Verpfändung** des Berichtigungsanspruchs sowie die **Pfändung und Überweisung** des Anspruchs zur Einziehung (§§ 828ff. ZPO), nicht aber an Zahlungs Statt (§ 835 Abs 2 ZPO). Dazu **RG** RGZ 60, 264/94, 10, **KG** OLG 14, 185, *BGB-RGRK* aaO, *Güthe* GBO § 14 Bem 29, *Staudinger-Seufert* aaO Bem 31, *Stejn-Jonas* ZPO § 857 Bem II 8, *Stöber* Forderungspfändung 361.

Über die Abtretung usw des auf Eintragung eines **neuen Eigentümers** gerichteten Berichtigungsanspruchs *§ 20 Bem 26, 27.*

Die Abtretung, Verpfändung und Pfändung verschaffen dem Zessionar nur die Ausübung des Berichtigungsanspruchs. **Eintragungsfähigkeit** besteht **nicht**; dazu **KG** OLG 31, 138, *BGB-RGRK* und *Güthe* BGB aaO. Doch kann der Zessonar einen Widerspruch (§ 899 BGB) zugunsten des Zedenten eintragen lassen, **OLG Colmar** OLG 18, 198, *Staudinger-Seufert* aaO Bem 31 Abs 2 ZPO.

Mit der **Übertragung des dinglichen Rechts**, auf das sich der Berichtigungsanspruch bezieht, geht dieser von selbst auf den Erwerber des Rechts über.

## X. Eintragung von Verfügungen über einen Erbanteil 43

Jeder Miterbe kann über seinen **Anteil am ungeteilten Nachlaß** (Erbanteil) **verfügen** dh ihn mit dinglicher Wirkung übertragen oder mit einem Pfandrecht oder Nießbrauch belasten, § 2033 BGB.

Der Anteil eines Miterben am Nachlaß kann auch gepfändet werden, § 859 Abs 2 ZPO, jedoch erst nach Eintritt des Erbfalls und nicht mehr nach der Auseinandersetzung; dazu *Stein-Jonas* ZPO § 859 Bem III 1. Die Pfändung erfolgt nach § 857 ZPO entsprechend den Vorschriften über die Pfändung von Geldforderungen (§§ 828 ff. ZPO), also durch Pfändungsbeschluß des Vollstreckungsgerichts, **RG** RGZ 86, 295. Als Drittschuldner gelten die übrigen Miterben, **RG** RGZ 49, 405/75, 180/86, 294, **KG** KGJ 42, 242, auch der Testamentsvollstrecker, **KG** OLG 23, 221; dazu auch *Staudinger-Lehmann* BGB § 2033 Bem 23.

Bei der Erbengemeinschaft handelt es sich um ein Gesamthandsverhältnis; dazu *§ 47 Bem 22*. Gegenstand der Übertragung nach § 2033 BGB ist der Anteil des Miterben am ganzen Nachlaß; dazu *Palandt* BGB § 2033 Bem 1 (*a*), *Staudinger-Lehmann* BGB § 2033 Bem 3. Es kann sich auch um einen Bruchteil dieses Anteils handeln, **RG** WarnR 1913 Nr 234, **BGH** NJW 1963, 1610, *Palandt* und *Staudinger-Lehmann* aaO. Die Vorschrift findet auch Anwendung, wenn der Nachlaß aus einem einzigen Gegenstand besteht, **OLG Celle** NdsRpfl 1967, 126. Verfügung ist eine solche dinglicher Art, während das schuldrechtliche Verpflichtungsgeschäft nicht darunterfällt; dazu *Palandt* BGB § 2033 Bem 2, *Staudinger-Lehmann* BGB § 2033 Bem 11 ff., auch *§ 13 Vorbem 119*.

Die Veräußerung kann an einen Dritten oder an Miterben erfolgen; über Erwerb des Anteils eines Miterben *§ 20 Bem 8*. Bei Verkauf des Miterbenanteils an einen Dritten haben die übrigen Miterben nach § 2034 BGB ein gesetzliches Vorkaufsrecht; dazu *§ 20 Bem 87*. Dieses Vorkaufsrecht bezieht sich nur auf einen Kaufvertrag, nicht auf sonstige Verträge; dazu *Palandt* BGB § 2034 Bem 2, *Staudinger-Lehmann* BGB § 2034 Bem 5, zum Begriff des Kaufs auch *§ 20 Bem 83c*. Bei Weiterübertragung durch den Käufer des Anteils kommt ein neues Vorkaufsrecht nicht mehr zum Zug, wie sich aus § 2037 BGB ergibt; dazu *Staudinger-Lehmann* aaO Bem 6, § 2037 Bem 3. Das Vorkaufsrecht der Miterben ist an eine Frist von 2 Monaten gebunden, § 2034 Abs 2 BGB. Das Vorkaufsrecht wird nach § 2035 BGB verdinglicht und wirkt auch dem Käufer gegenüber; dazu *Palandt* BGB § 2035 Bem 3, *Staudinger-Lehmann* BGB § 2035 Bem 1, 2. Die Schuldenhaftung des Erwerbers ist in § 2036 BGB geregelt. Bei der erwähnten Weiterübertragung des Anteils oder eines Bruchteils desselben kann, wie sich aus § 2037 BGB ergibt, das Vorkaufsrecht nur ausgeübt werden, wenn die Weiterübertragung innerhalb der Frist von 2 Monaten von der 1. Anzeige, da § 2034 Abs 2 BGB nur einmal in Lauf gesetzt wird; dazu *Palandt* BGB § 2037 Bem 1, *Staudinger-Lehmann* BGB § 2037 Bem 3. Bei der Weiterveräußerung braucht es sich nicht um einen Kauf zu handeln, es kann auch eine Übertragung anderer Art sein, wie Schenkung, Vergleich usw; dazu *Palandt* aaO, *Staudinger-Lehmann* aaO Bem 1. Das gesetzliche Vorkaufsrecht der Miterben ist dann nicht gegeben, wenn derjenige Teilhaber der Gesamthandsgemeinschaft einen weiteren Nachlaßabteil kauft, der durch Erwerb eines Nachlaßanteils mit Rücksicht auf ein künftiges Erbrecht nach einem Miterben als dessen gesetzlicher Erbe in die Gemeinschaft eingetreten ist, da er dann nicht als Dritter iSd § 2034 BGB anzusehen ist; dazu **BGH** MDR 1965, 891 = JZ 1965, 617 = DNotZ 1966, 242 = BB 1965, 1052 = DB 1965, 1627 = LM § 2034 BGB Nr 3. Verkauft der Erbe eines Miterben dessen Anteil an einen Dritten, so sind die übrigen Miterben zum Vorkaufe berechtigt, **BGH** NJW 1966, 2207 = MDR 1966, 820 = JZ 1966, 647 = JR 1966, 383 = DNotZ 1967, 313 = DB 1966, 1388 = WM 1966, 1065.

43 Für die **Eintragung in das GB** sind die Erbteilsübertragung, -verpfändung und -pfändung von Bedeutung.

Gehört zum Nachlaß ein Grst, ein Recht an einem Grst oder an einem GrstRecht, so können die Übertragung und die Belastung sowie die Pfändung des Erbanteils, letztere als Verfügungsbeschränkung iSd §§ 136, 892 Abs 1 S 2 BGB, im GB im Wege der Berichtigung eingetragen werden, **RG** RGZ 90, 232, **BayObLG** 11, 724/25, 444, **KG** RJA 6, 235/10, 69, **OLG Braunschweig** OLG 19, 156, JFG 4, 294 sowie *Güthe* GBO § 35 Bem 19, *Palandt* BGB § 2033 Bem 2 (*c*), *Predari* GBO § 48 Bem 2, *Staudinger-Lehmann* BGB § 2033 Bem 23, *Stein-Jonas* ZPO § 859 Bem III; dazu *§ 20 Bem 8*. Überträgt der Pfändungsgläubiger seinen Anspruch und die durch die Eintragung erworbenen Rechte auf einen Dritten, so kann auch diese Übertragung eingetragen werden; dazu *Güthe* aaO. Nicht eintragungsfähig ist die Abtretung des Auseinandersetzungsanspruchs oder des Auseinandersetzungsguthabens, da auf Grund derselben der Zessionar nicht in die Erbengemeinschaft eintritt, sondern nur ein schuldrechtlicher Anspruch geschaffen wird, **BayObLG** 30, 129, **KG** JW 1931, 1371. Der Anspruch auf Berichtigung des GB durch Eintragung der Erbfolge steht bis zur Auseinandersetzung nicht den einzelnen Miterben, sondern der Erbengemeinschaft als solcher zu, kann also nur letzterer gegenüber wirksam gepfändet werden; die Pfändung kann auch nur der Ausübung nach erfolgen, sie kann im GB nicht eingetragen werden, **KG** JW 1931, 1371 sowie *Bem 42*. Dazu Muster für Erbschaftskauf- und Erbteilsübertragungsvertrag. Dazu bei *Haegele* GBRecht Bem 420ff., für Erbteilsverpfändung aaO Bem 427.

Die Eintragung erfolgt entweder auf Grund der Berichtigungsbewilligung des oder der Miterben oder auf Grund des Nachweises der Unrichtigkeit (Vertrag über die Übertragung oder Belastung, Pfändungsbeschluß mit Zustellungsnachweis). Voraussetzung ist jedoch, daß die Miterben als Berechtigte eingetragen sind, § 39; dazu **RG** RGZ 54, 87, **KG** OLG 18, 219, RJA 10, 69, JW 1931, 1371, *Haegele* GBRecht Bem 427. Ist dies nicht der Fall, so kann der Pfändungspfandgläubiger im Wege des § 14 die Eintragung des Pfandschuldners erreichen; dazu § 792 ZPO. Da aber alle Miterben als Berechtigte nur gleichzeitig eingetragen werden können, muß er noch die Zustimmung (§ 22 Abs 2) der übrigen Miterben herbeischaffen, die nicht erzwungen werden kann; dazu *Bürger* JW 1935, 593, *Rasch* aaO 1136, *Staudinger-Lehmann* BGB § 2033 Bem 23. Da jedoch der Unrichtigkeitsnachweis in der Regel möglich sein wird, tritt dieser Fall selten auf; dazu *Bem 33, 36*. Unterliegt der Nachlaßgegenstand der Verwaltung eines Testamentsvollstreckers, so ist dessen Zustimmung zur Eintragung nicht erforderlich, **KG** RJA 10, 69.

Die Übertragung, Belastung und Pfändung eines Erbanteils wird **in der Veränderungsspalte** derjenigen **Abteilung** eingetragen, in der das von der Verfügung betroffene Recht **vermerkt** ist. Ist dieses das Grst oder grstgleiche Recht selbst, so erfolgt die Eintragung in der 2. Abteilung; dazu auch *Staudinger-Lehmann* aaO. Die Eintragung ist so zu fassen, daß das ganze Grst oder Recht von ihr betroffen wird.

Bei einer Erbteilsübertragung würde daher der GBEintrag etwa lauten:

*Nr. . . . . . . — . . . . . . DM. Der Erbanteil des . . . . . . ist auf . . . . . . übertragen. Eingetragen am . . . . . . .*

Bei der Eintragung einer Erbteilsverpfändung ist die Aufnahme eines Vermerks über den Grund der Verpfändung im GB unzulässig; dazu **OLG Hamm** JMBl NRW 1959, 110, *Haegele* GBRecht Bem 427. Der Vermerk lautet daher in diesem Falle etwa (dazu *Haegele* aaO):

*Nr. . . . . . — . . . . . DM . . . . . hat seinen Anteil am Nachlaß des . . . . . an . . . . . verpfändet. Eingetragen am . . . . .*

Mit eingesetzten Namen würde das Beispiel etwa so lauten:

*Johann Meier hat seinen Anteil am Nachlaß des Franz Meier an Josef Gut verpfändet.*

Ein Miterbenanteil kann auch durch Pfändung und Überweisung Gegenstand einer Vollstreckungsmaßnahme sein; dazu *Haegele* GBRecht Bem 428, *Liermann* Zweifelsfragen bei der Verwertung eines gepfändeten Miteigentumsanteils NJW 1962, 2189, *Löscher* GBBerichtigung bei Erbteilsspfändung JurBüro 1962, 391. *Palandt* BGB § 2033 Bem 2(*c*), *Ripfel* Das Pfändungspfandrecht am Erbanteil NJW 1958, 692, *Staudinger-Lehmann* BGB § 2033 Bem 23ff., *Stein-Jonas* ZPO § 859 Bem III, *Stöber* Forderungspfändung 389ff. Die Pfändung ist erst nach dem Erbfall und nur bis zur Auseinandersetzung der Erbengemeinschaft zulässig; dazu *Stein-Jonas* aaO Bem III 1, *Stöber* aaO 390. Es ergeht ein Pfändungsbeschluß des Vollstreckungsgerichts auf Antrag des Gläubigers. Der Pfändungsbeschluß muß den Miterbenanteil und den Nachlaß als Gegenstand der Pfändung genau bezeichnen und alle Miterben des Schuldners als Drittschuldner anführen, auch das Leistungsverbot an den bzw die Drittschuldner enthalten; dazu *Stöber* aaO 391. Zustellung des Pfändungsbeschlusses hat an den Schuldner, die Drittschuldner, nämlich die übrigen Miterben zu erfolgen, auch an den etwa bestellten Testamentsvollstrecker und bzw oder Nachlaßverwalter bzw -pfleger. Auf Grund der Pfändung tritt eine Verfügungsbeschränkung ein; dazu *§ 13 Vorbem 121ff., 169*, auch *Stöber* aaO 392ff. Ein Erbe ist durch die Pfändung nicht gehindert, die Erbschaft auszuschlagen; dazu *Stein-Jonas* aaO Bem III 2. Andererseits bedeutet die Pfändung für den Miterben, dessen Anteil betroffen wird, eine Beschränkung, indem er nur mit Zustimmung des Pfändungsgläubigers über seinen Anteil verfügen darf. Im Verhältnis zu den Miterben tritt der Pfändungsgläubiger in die Erbengemeinschaft als Mitberechtigter ein; dazu *Stöber* aaO 392. Die Wirkung der Pfändung ist aber keine absolute, sondern eine relative dh die Unwirksamkeit besteht nur dem betreffenden Gläubiger gegenüber; dazu **BayObLG** BayObLGZ 1959, 50 = NJW 1959, 1780 = Rpfleger 1960, 157 = DRspr I (154) 54*c*, *Stöber* aaO 393. Die Pfandverwertung erfolgt auf Grund der Überweisung durch Betreibung der Aufhebung der Gemeinschaft nach §§ 2046ff. BGB, bei einem Grst kann Teilungsversteigerung nach §§ 180ff. ZVG betrieben werden; dazu *Stöber* 395ff.

Zur Verpfändung und Pfändung ist noch auf folgendes hinzuweisen:

Ohne Zustimmung desjenigen, dem der Erbanteil verpfändet ist oder der ihn gepfändet hat, kann eine Nachlaßauseinandersetzung oder eine Verfügung über einzelne Nachlaßgegenstände nicht erfolgen; die Zustimmung ist dem GBA nachzuweisen, **RG** RGZ 83, 27, *Josef* BayNotV 1929, 373. Die Frage, ob eine solche Verfügung auch eingetragen werden kann, wenn die Zustimmung nicht beigebracht wird, aber die Pfändung bzw Verpfändung eingetragen ist, ist bei der Pfändung, die eine Verfügungsbeschränkung ist, zu bejahen; dazu *Stein-Jonas* ZPO § 859 Bem III 3, *Waldmann* BayNotV 1929, 220, *Kreutzer* aaO 1930, 147. Bei der Verpfändung muß dasselbe gelten, da es sich auch hier um eine relative Verfügungsbeschränkung handelt (dazu **RG** RGZ 90, 147, *§ 13 Vorbem 173ff.*), wobei jedoch darauf hinzuweisen ist, daß die Eintragung nur ausnahmsweise erfolgen kann, da es sich um eine rechtsgeschäftliche Verfügungsbeschränkung handelt. Die Übertragung oder Belastung eines verpfändeten oder gepfändeten Erbteils kann ohne Zustimmung des Pfandgläubigers eingetragen werden, auch wenn das Pfandrecht selbst im GB noch nicht vermerkt ist, da keine Sperre des GB eintritt; dazu **KG** HRR 1934 Nr 265, **OLG Hamm** JMBl NRW 1960, 152 = Rpfleger 1961, 201 (*Haegele*) = DNotZ 1961, 530 Ls = BWNotZ 1961, 228 Ls = DRspr IV (473) 62c. Über die Voraussetzungen, unter denen der Vermerk über die Pfändung eines Miterbenanteils nach Umschreibung des Eigentums am Nachlaßgrst auf Grund einer durchgeführten ZwVerst wegen Gegenstandslosigkeit nach §§ 84ff. gelöscht werden kann, **KG** JFG 17, 38.

Unzulässig ist die Eintragung einer Hypothek, auch einer Zwangshypothek, usw an dem Anteil eines Miterben an einem Nachlaßgrst vor Auseinandersetzung, **RG** RGZ 88, 21, **BayObLG** 19, 9, **KG** KGJ 25, 119. Dasselbe gilt von der Eintragung einer

Hypothekenvormerkung, **KG** OLG 10, 82, oder eines Widerspruchs. Unzulässig ist auch die Eintragung der Pfändung des Anteils eines Miterben an einzelnen Nachlaßgegenständen (Grst, Hypothek usw), § 859 Abs 2 ZPO; dazu **KG** OLG 73, 54, *Staudinger-Lehmann* BGB § 2033 Bem 32, *Stein-Jonas* ZPO § 859 Bem III.

Die Verpfändung und Pfändung eines Miterbenanteils kann, wenn zum Nachlaß ein Grst gehört, im Wege der Berichtigung im GB eingetragen werden, weil die eingetragenen Miterben zur Verfügung über das Grst sowie zur Auseinandersetzung des Nachlasses und zur Übertragung aller Miterbenanteile an einen Erben oder Dritten der Zustimmung des Pfandgläubigers bedürfen. Eine ohne diese Zustimmung vorgenommene Übertragung sämtlicher Miterbenanteile auf einen Miterben ist den Erbteilspfandgläubigern gegenüber unwirksam. Wird der Erwerber aller Erbanteile im GB als Alleineigentümer des NachlaßGrsts eingetragen, so wird dadurch das GB nicht unrichtig, wenn auch die Erbteilspfandrechte eingetragen bleiben. Die eingetragenen Erbteilspfändungen sind der Vollstreckungsversteigerung des Grsts entgegenstehende Rechte iSd § 28 ZVG. Betreiben Erbteilspfand- und -überweisungsgläubiger die Teilungsversteigerung des NachlaßGrsts, so sind nachträglich auf dem Grst eingetragene Zwangshypotheken bei der Feststellung des geringsten Gebots nicht zu berücksichtigen. Dazu **BayObLG** BayObLGZ 1959, 50 = NJW 1959, 1780 = Rpfleger 1960, 157 = DRspr I (154) 45c. **LG Oldenburg** MDR 1959, 669 = MittBayNotV 1959, 204 = DNotZ 1960, 430 Ls. Zur Rechtsstellung des Pfändungspfandgläubigers eines Miterben-Schuldners gegenüber den anderen Miterben **OLG Köln** NJW 1962, 1621 = MDR 1962, 574 = BWNotZ 1962, 259 Ls; hiernach wird das Rechtsschutzinteresse an einer Klage des Pfandgläubigers zwecks Klärung ihres Anspruchs bejaht, da der ihm zur Verfügung stehende andere Weg, nämlich das GBBerichtigungsverfahren nicht sicher zum erstrebten Ziele führt (dazu **RG** RGZ 124, 151). Wenn der Pfändungsgläubiger den für die Erlangung eines Erbscheins notwendigen Nachweis beim Nachlaßgericht nach § 2354 BGB nicht führen kann, bleibt ihm nur der Klageweg, um sein bestrittenes Pfändungspfandrecht am Miterbenanteil eintragen zu lassen; dazu auch **LG Hildesheim** MDR 1962, 56 (*Schriftl*), wonach im Rahmen des Erbscheinsverfahrens eine erweiterte Amtsermittlung zugelassen wird, um derartige Schwierigkeiten zu vermeiden.

Bei einem im Eigentum einer ungeteilten Erbengemeinschaft stehenden Heimstätte ist die Pfändung des Erbanteils eines Miterben insoweit unwirksam, als sie den Vollstreckungsschutz des § 20 HG (*Anh*) vereitelte; dazu *§ 13 Vorbem 159*. Die Pfändung darf nicht als Verfügungsbeschränkung in das GB der Heimstätte eingetragen werden, **OLG Frankfurt aM** DNotZ 1959, 474.

## 44 XI. Eintragung der Pfändung sonstiger Anteilsrechte

(außer Erbanteil)

Die Pfändung des Anteils eines Gesellschafters an dem Vermögen einer **Gesellschaft** nach BGB (§ 725 BGB, § 859 Abs 1 ZPO) kann bei den zum Gesellschaftsvermögen gehörigen Grsten und Rechten im GB im Wege der Berichtigung eingetragen werden, **KG** DNotV 1928, 575, *Predari* GBO § 48 Bem 2, **aA** (wohl überholt) **OLG** Dresden SeuffA 64, 248, im Anschluß daran *Stein-Jonas* ZPO § 859 Bem I 2. Dies gilt auch, wenn der Anteil eines Ehegatten bzw eines Abkömmlings an dem **Gesamtgut** einer ehelichen bzw fortgesetzten Gütergemeinschaft nach deren Beendigung gepfändet ist, § 860 Abs 2 ZPO; dazu **RG** RPfliB 1919, 80, *Möhl* aaO 1931, 374. Im übrigen auch *Stöber* Forderungspfändung 367ff., 384/385.

In beiden Fällen besteht aber ebenso wie bei der Erbanteilspfändung (dazu *Bem 43*) das Pfandrecht an dem Anteil am Gesellschaftsvermögen bzw Gesamtgut, nicht an dem Anteil an den einzelnen Gegenständen, auch nicht an diesen selbst.

Eine Übertragung oder Verpfändung des Anteils am Gesellschaftsvermögen bzw am Gesamtgut der beendeten Gütergemeinschaft ist ausgeschlossen und daher nicht eintragungsfähig.

Über Pfändung von Anteilen von **Handelsgesellschaften** *Stein-Jonas* ZPO § 859 Bem II, *Stöber* Forderungspfändung 373ff.

## XII. Währungsumstellung 45

Dazu *Balser*-Dietrich Lastenausgleich und GB (Frankfurt aM 1953), *Bertzel* Ein neuer Weg zur Löschung von RM- oder GMHypotheken, deren Gläubiger verstorben sind, Rpfleger 1963, 72, *Brand-Schnitzler* GBSachen § 84, *Haegele* GBRecht Bem 1599ff., RMHypothekenlöschung auf Grund Finanzamts-Bescheinigung? DNotZ 1965, 32, *Harmening-Duden* Die Währungsgesetze mit ErgBd, *Harmening-Weber* LAG (2. Aufl 1956), *Hesse-Saage-Fischer* GBO § 22 Bem V, *Hetz* Löschung von RM- und GMHypotheken, deren Inhaber verstorben sind, Rpfleger 1964, 136, *Horber* GBO § 22 Anh, *Kosak* In welchen Fällen ist nach § 39 GBO die vorherige Eintragung des Umstellungsbetrages eines auf RM lautenden Grundpfandrechts erforderlich? JR 1956, 42, 83, *Krämer-Illner* GBPraxis §§ 225ff., *Kussin* Aktuelles zum HGA BlGBW 1966, 104, *Lange-Wulff* HöfeO (6. Aufl 1965) Bem 332, *Nehlert-Kielinger* Grundpfandrechte und Währungsreform (Berlin 1951) mit ErgBd, *Riggers* Die HGA wird im GB sichtbar JurBüro 1965, 886, *Ruhl-Drischler* Die HGA (Köln-Berlin 1956), *Thieme* GBO § 28 Anh S 104ff., Die Einwirkungen der Währungsreform auf das Liegenschaftsrecht (Meißner Verlag 1949),

zum Ges über Maßnahmen auf dem Gebiete des GBWesens (*GT 2*) im besonderen

*Buschmann* Änderungen im GBVerfahren BlGBW 1964, 139, *Drischler* Das GBMG JurBüro 1964, 73, *Epple* GBMG BWNotZ 1964, 45, *Haegele* Zum GBMG Rpfleger 1964, 3, *Kussin* Eintragung eines Vermerks über das Bestehen der öffentlichen Last der HGA BlGBW 1964, 177, *Lutz* Erleichterungen auf dem Gebiete des GBWesens DWW 1964, 49, *Niederée* Das GBMG RpflBl 1963, 64, *Schultz* Das GBMG MDR 1964, 288, *Seidl* GBMG DNotZ 1964, 67, *Spiegel* Bereinigung des GB durch das GBMG BB 1964, 65, *Wedewer* Die Kostenbestimmungen des GBMG JVBl 1964, 89

Zum Verständnis der Abwicklung der mit der Währungsreform zusammenhängenden Umstellungen im Bereiche des Sachenrechts, vor allem des GBRechts, ist ein kurzer Überblick über die Rechtsentwicklung erforderlich; dazu *BGB-RGRK* BGB § 1113 Vorbem 25ff., *Haegele* GBRecht Bem 1599ff., *Horber* GBO § 22 Anh, *Staudinger-Scherübl/Fritz Riedel* BGB § 1113 Einl Bem 186ff., 268ff.

### 1. Gesetzliche Grundlagen 45a

Grundlage der Währungsreform im Bundesgebiet ist das

**Währungsgesetz** — 1. Ges zur Neuordnung des Geldwesens — (*Anh*)

Ges Nr 61 amerik Zone, Ges Nr 61 brit Zone, VO Nr 158 franz Zone

Die Texte weichen teilweise voneinander ab; dazu *Harmening-Duden* Währungsgesetze 1ff.

Zum Währungsgesetz sind zahlreiche DVOen ergangen; Texte *Harmening-Duden* aaO 10ff. ErgBd 74ff.

Dazu kommt das

**Emissionsgesetz** — 2. Gesetz zur Neuordnung des Geldwesens —

Ges Nr 62 amerik Zone, Ges Nr 62 brit Zone, VO Nr 159 franz Zone.

Text *Harmening-Duden* aaO 25

Wichtig ist auch das

**Umstellungsgesetz** — 3. Ges zur Neuordnung des Geldwesens — (*Anh*)

Ges Nr 63 amerik Zone, Ges Nr 63 brit Zone, VO Nr 160 franz Zone

Hierzu sind auch DVOen ergangen. Die für das GBWesen wichtigste ist die 40. DVO (*Anh*).

Texte *Harmening-Duden* aaO 28ff., 41ff., ErgBd 43ff.

Zur Entwicklung der Gesetzgebung *Harmening-Duden* aaO 78ff., ErgBd 1ff.

Dazu auch Bek betr Aufhebung oder Änderung von Rechtsvorschriften der

Besatzungsbehörden durch BGesetzgebung vom 31. Mai 1954 ABl AHK 2957 = SaBl 758

Den Abschluß der Gesetzgebung zur Währungsreform bildet das

**Lastenausgleichsgesetz** — Ges über den Lastenausgleich — vom 14. August 1952 BGBl I 446 = SaBl 942 = BGBl III 621 — 1, nach zahlreichen Änderungen nunmehr idF vom 1. Dezember 1965 BGBl I 1946 = SaBl 1966, 53 (*Anh*) Auch hierzu wurden mehrere DVOen erlassen.

Zum Übergang diente das

**Hypothekensicherungsgesetz** — Ges zur Sicherung von Forderungen für den Lastenausgleich — vom 2. Dezember 1948/10. August 1949. mit 2 DVOen.

Für Berlin ist hierzu das

**Grundpfandrechtsumstellungsgesetz** — Ges über die Umstellung von Grundpfandrechten und über die Aufbaugrundschulden — vom 9. Januar 1951 VOBl I 71/15. Januar 1953 GVBl 61 besonders zu erwähnen.
Dazu sind die AV des Senators für Justiz vom 11. Dezember 1952 ABl 1029 (*Anh*) und vom 5. Mai 1953 ABl 465 (*Anh*) ergangen.

Das **Ges über Maßnahmen auf dem Gebiete des GBWesens** (*GT 2*) dient in erster Linie dazu, die Schwierigkeiten, die auf Grund der Währungsreform eingetreten sind, zu beheben und Klarheit zu schaffen, sowie die GBVerhältnisse zu bereinigen; dazu *E 21*. Deshalb bezieht es sich vor allem auf den Umstellungsbetrag, die Umstellungsgrundschulden und die Löschung der umgestellten Grundpfandrechte, die Hypothekengewinnabgabe sowie die Abgeltungshypotheken und -lasten. Die sonstigen Vorschriften des Gesetzes sind deshalb verhältnismäßig wenige und von untergeordneter Bedeutung; dazu *Haegele* Rpfleger 1964, 3 (4), *Seidl* DNotZ 1964, 67. Nach § 35 GBMG (*GT 2*) gelten die Abschnitte I—IV des Gesetzes, also §§ 1 bis 21 aaO nicht im Saarland.

45 b

## 2. Umstellung der Währung

Bei der Umstellung der Währung geht es um die Frage des Umstellungsverhältnisses zwischen alter (RM) und neuer Währung (DM), insbes ob 1 : 1 oder 10 : 1 oder auf einen Mittelwert umzustellen ist, bzw ob ein Rechtsverhältnis von der Umstellung überhaupt ausgeschlossen ist oder von ihr nicht berührt wird. Da das WährG und das UmstG keine Regelung bez der Grundpfandrechte und der Reallasten brachten und das HypothekensicherungsG von einer unterschiedlichen Umstellung dinglicher Rechte ausging, war ergänzend zu § 18 UmstG (*Anh*) eine gesetzliche Festlegung erforderlich. Diese erfolgte durch die 40. UmstGDVO (*Anh*) — Umstellung von Hypotheken, Rentenschulden und Reallasten — ABl AHK 1950 Nr 35 S 612 = BAnz 1949 Nr 11 S 3, für Berlin durch §§ 1 ff. GrUG.

§ 16 Abs 1 UmstG (*Anh*) bestimmt, daß **grundsätzlich** im Verhältnis **10 : 1** umzustellen ist, also 10 RM 1 DM entsprechen. **Ausnahmen** von diesem Grundsatz ergeben sich für Grundpfandrechte und Reallasten aus § 18 UmstG (*Anh*) und aus der 40. UmstGDVO (*Anh*).

In Zusammenhang mit der Währungsumstellung wurde auch eine Regelung über **Wertsicherungsklauseln** getroffen, und zwar in § 3 WährG. Die Bedeutung der Wertsicherungsklausel geht jedoch über die Währungsumstellung hinaus; dazu *§ 28 Bem 18.*

### Umstellungsverhältnis bei Grundpfandrechten und Reallasten

Maßgebend für das **materiellrechtliche Umstellungsverhältnis** ist die Umstellung der durch das dingliche Recht gesicherten persönlichen **Forderung**, § 1 Abs 1, § 4 der 40. UmstGDVO (*Anh*), § 1 Abs 1 GrUG. Bei der Umstellung von Fremdgrundschulden, die nicht zu Sicherungszwecken bestimmt sind, bei sog forderungslosen Grundschulden, gilt § 16 UmstG (*Anh*), soweit nicht § 2 der 40. UmstGDVO (*Anh*) etwas anderes bestimmt, § 1 Abs 2 der 40. UmstGDVO (*Anh*), § 1 Abs 2 GrUG.

Es ist der wirkliche Forderungs-Charakter maßgebend, auch wenn der GBEintrag abweicht, **KG** NJW 1952, 885 (*Skaupy*) = DRspr II (257) 22 S ab. Erlischt eine Forderung, zu deren Sicherung eine Grundschuld bestellt ist, so kann der Eigentümer, der die Grundschuld bestellt hat, sich dem Grundschuldgläubiger gegenüber auf das Erlöschen der Forderung berufen; wird das Grst an einen Dritten veräußert, so hat dieser die Einrede nur, wenn ihm der Bereicherungsanspruch abgetreten ist, **BGH** LM § 1 der 40. DVO UmstG Nr 4.

§ 2 der 40. UmstGDVO (*Anh*) bzw § 2 GrUG bezieht sich auf 6 Fälle bei **Grundpfandrechten** (Hypotheken, Grund- und Rentenschulden), in denen das Umstellungsverhältnis abweichend von der Regel 1 : 1 lautet, also 1 RM = 1 DM entspricht:

1. Grundpfandrechte, wenn deren zugrunde liegende Forderung **nicht dem UmstG** (*Anh*) **unterliegt** bzw nach demselben **erlischt** oder **nicht auf DM umgestellt** wird.

   Nicht dem UmstG unterliegen Valutaforderungen und auf Ostmark lautende RMForderungen. Erlöschen der RMForderung tritt bei Schuldverhältnissen zwischen Geldinstituten ein, § 18 Abs 3 UmstG (*Anh*). Nicht auf DM werden RMVerbindlichkeiten des Reichs ua umgestellt, § 14 UmstG.

   Dazu Begründung zur 40. UmstGDVO BAnz 1949 Nr 11 (*Harmening-Duden* Währungsgesetze ErgBd 196ff.), *Nehlert-Kielinger* Grundpfandrechte GrUG § 2 Bem 1ff.

2. **Höchstbetragshypotheken** und ihnen entsprechende **Grundschulden**, deren Betrag vereinbarungsgemäß den Höchstbetrag für die Haftung des Grsts darstellt.

   Daher hat Umstellung 10 : 1 zu erfolgen, wenn am Währungsstichtag der Haftungsrahmen ausgefüllt oder die Forderung fixiert war, **OLG Celle** NdsRpfl 1952, 187. Wenn jedoch der Betrag nicht eindeutig feststeht, so wird die Umstellung 1 : 1 vorgenommen, etwa wenn Zinsen und Spesenforderungen variabel sind, **BayObLG** NJW 1952, 30 = DRspr II (257) 22 Mb, *BGB-RGRK* BGB § 1190 Bem 32, wenn ein Teil der von ihr gesicherten Kontokorrentschuld durch ein Tilgungsdarlehen ersetzt wurde, **OLG Celle** NdsRpfl 1951, 35 = DRspr II (257) 22M a. Eine sog verdeckte Höchstbetragshypothek (dazu *§ 3 Bem 343b*) wird hierbei der echten Höchstbetragshypothek gleichgestellt, wenn sie ihr wirtschaftlich gleichsteht, **LG Köln** BB 1952, 772 = DRspr II (257) 22D cd wV.

   Zu § 2 Z 2 GrUG *Hehlert-Kielinger* Grundpfandrechte GrUG § 2 Bem 7, 8.

3. **Eigentümer-** und **einredebehaftete Grundpfandrechte**, wobei auf den Währungsstichtag abzustellen ist. Diese Regelung wurde deshalb getroffen, weil der Eigentümer eines nur mit einer Eigentümergrundschuld belasteten Grsts nicht anders behandelt werden kann wie ein Eigentümer eines unbelasteten Grsts; dazu Begründung zur 40. UmstGDVO aaO (*Harmening-Duden* Währungsgesetze ErgBd 200).

   Da auf die wirkliche Rechtslage abzustellen ist, sind wirtschaftliche Veränderungen, wie treuhänderische Übertragung, zu berücksichtigen, **OLG Celle** NdsaRpfl 1951, 158 = DRspr II (257) 22 H c. Da bei einer stillen Gesellschaft die hypothekarische Sicherung der Einlage nicht möglich ist, steht dem stillen Gesellschafter gegen den Geschäftsinhaber eine Geldsummenforderung nicht zu, bei Auflösung des Gesellschaftsverhältnisses aber kann sie entstehen; bis zur Entstehung dieser Auseinandersetzungsforderung ist die Hypothek in Wahrheit eine Eigentümergrundschuld und unterlag daher der Umstellung 1 : 1, **BayObLG** DRspr II (251) 1106c. Umstellung 1 : 1 kommt auch in Betracht bei einer Hypothek zur Sicherung eines Aufbaudarlehens mit aufrechnungsartiger Abwohnklausel, **LG Stuttgart** MDR 1951, 482 = DRspr II (257) 22 S c.

Die Hypothek eines Gläubigers, der gleichzeitig als Miterbe, Miteigentümer zur gesamten Hand des belasteten Grsts ist, ist im Verhältnis 10 : 1 umzustellen, da eine Eigentümergrundschuld nicht vorliegt und die Deutung des wirtschaftlichen Eigentums nicht so weit ausgedehnt werden kann, **BGH** NJW 1951, 355 (*Reinicke*) = LM § 2 der 40. DVO Nr 1 = DRspr II (257) 1002*a*, 1 A RückS wV, **aA** *BGB-RGRK* BGB § 1177 Bem 19.

Auch bei Einreden, die mit einer Hypothek verbunden sind, kommt es darauf an, ob die Hypothek wirtschaftlich dem Eigentümer zusteht; nur dann hat Umstellung 1 : 1 zu erfolgen, **OLG Celle** NdsRpfl 1951, 121 = DRspr II (257) 22 H b. Einreden, die sich nur auf den Zeitpunkt der Geltendmachung der Grundschuld beziehen, wie die Einrede der Stundung, genügen dagegen nicht zu einer Abweichung vom Normalfall; dazu Begründung zur 40. UmstGDVO BAnz 1949 Nr 11 (*Harmening-Duden* Währungsgesetze ErgBd 200). Die Umstellung 1 : 1 setzt voraus, daß die Einrede am Währungsstichtag bestand, **BGH** NJW 1954, 310 = DRspr II (257) 22 Z a, wie etwa eine aufschiebende Bedingung, **BayObLG** BayObLGZ 1953, 304 = DRspr aaO b.

Zu § 2 Z 3 GrUG *Hehlert-Kierlinger* Grundpfandrechte GrUG § 2 Bem 9 ff.

4. Grundpfandrechte zugunsten von **Angehörigen der Vereinten Nationen**; dazu auch § 13 Abs 4 UmstG. Ursprünglich waren begünstigt für die Umstellung 1 : 1 Grundpfandrechte, die Angehörigen der Vereinten Nationen bei Ablauf des 20. Juni 1948 zustanden oder an sie verpfändet oder sicherungshalber abgetreten waren; dazu DRspr II (257) 1 A RückS.

Am 27. Februar 1953 schloß die BRD in London mit einer Reihe von Staaten das Abkommen über deutsche Auslandsschulden (BGBl II 333; dazu das Ges betr das Abkommen vom 27. Februar 1953 über deutsche Auslandsschulden vom 24. August 1953 BGBl *II* 331 = SaBl 1200. Durch § 102 Ges zur Ausführung des Abkommens vom 27. Februar 1953 über deutsche Auslandsschulden vom 24. August 1953 BGBl I 1003 = SaBl 1178 wurde § 15 UmstG idF vom 14. Februar 1951 (Ges Nr 46 AHK BundAnz Nr 31 = SaBl 163) aufgehoben. Gleichzeitig wurde mit Wirkung ab 21. Juni 1948, also rückwirkend, § 2 Z 4 der 40. UmstGDVO (*Anh*) neu gefaßt; dazu *Fleischmann* NJW 1955, 609, *Friedrich* aaO 489, *Horber* GBO § 22 Anh Bem 1 (Ad), *Nehlert* HW 1953, 365. Darnach werden im Verhältnis 1 : 1 umgestellt.

a) Grundpfandrechte, die bei Ablauf des 20. Juni 1948 Angehörigen der Vereinten Nationen zustanden, sofern die durch sie gesicherten Forderungen Schulden der in § 52 AG zum Auslandsschuldenabkommen bezeichneten Art sind,

b) Grundpfandrechte, die bei Ablauf des 20. Juni 1948 zur Sicherung einer Schuld der in § 52 aaO bezeichneten Art abgetreten oder verpfändet waren, soweit sie aus einem Geschäft, das der Angehörige der Vereinten Nationen zu finanzieren oder zu refinanzieren beabsichtigte, herrühren und sie oder die Forderungen, zu deren Sicherung sie bestellt sind, auf DM oder RM mit Goldklausel oder mit Goldoption lauten.

Nach § 52 aaO kommt es darauf an, ob eine in GM oder RM mit Goldklausel oder Goldoption ausgedrückte Schuld spezifisch ausländischen Charakter trägt; dazu **OLG Hamm** NJW 1954, 1005.

Eine ergänzende Regelung enthäls § 3 Abs 1, 3 der 40. UmstGDVO (*Anh*).

Zu § 2 Z 4 GrUG *Nehlert-Kielinger* Grundpfandrechte GrUG § 2 Bem 12, 13.

5. RMHypotheken zur **Sicherung von Valutaforderungen** bestellt wurden, waren keine Seltenheit. Häufig wurden keine Grundschulden bestellt, sondern Hypotheken, bei denen neben der Valutaforderung eine abstrakte persönliche RMForderung gesetzt wurde. Hier wäre die Umstellung 10 : 1 unbillig gewesen; daher wurde durch gesetzliche Regelung eine Umstellung 1 : 1 vorgenommen. Dazu Begründung zur 40. UmstGDVO BAnz 1949 Nr 11 (*Harmening-Duden* Währungsgesetze ErgBd 201).

Eine ergänzende Regelung ist in § 3 Abs 2, 3 der 40. UmstGDVO (*Anh*) enthalten.

Zu § 2 Z 5 GrUG *Nehlert-Kielinger* Grundpfandrechte GrUG § 2 Bem 14, 15.

6. **Forderungslose Fremdgrundschulden** werden grundsätzlich im Verhältnis 10 : 1 umgestellt.

Eine Ausnahme gilt nur für die in § 2 Z 6 der 40. UmstGDVO (*Anh*) bezeichneten Fälle, nämlich

a) wenn die Grundschuld auf einem Verhältnis der in § 18 Abs 1 UmstG (*Anh*) bezeichneten Art beruht, zB ein Erbe bei einer Erbauseinandersetzung dem Miterben eine Grundschuld bestellt hat, ohne zugleich eine persönliche Forderung zu begründen,

b) wenn bei der Grundschuld die Voraussetzungen vorliegen, unter denen eine RMVerbindlichkeit nach dem UmstG erlischt oder nicht auf DM umgestellt wird; dazu unter *Z 1*.

Bei der Frage der Umstellung kommt es darauf an, welchem Zweck am Währungsstichtag die Grundschuld diente. War die Grundschuld zu einem vorher weggefallenen Zweck bestellt worden, steht sie aber zu dem maßgebenden Zeitpunkt einer Person zu, die sie auf Grund der in § 18 Abs 1 UmstG (*Anh*) bezeichneten Rechtsverhältnisse erworben hat, dann ist im Verhältnis 1 : 1 umzustellen, **BGH** NJW 1952, 63 = DRspr II (257) 22K a. Im übrigen Begründung zur 40. UmstGDVO BAnz 1949 Nr 11 (*Harmening-Duden* Währungsgesetze ErgBd 202), ferner *Harmening-Duden* aaO 40. UmstGDVO § 1 Bem 2.

Zu § 2 Z 6 GrUG *Nehlert-Kielinger* Grundpfandrechte GrUG § 2 Bem 16, 17. Für **Reallasten**, die auf Zahlung von RM, Rentenmark, GM oder Feingold lauten, gelten die Grundsätze der §§ 2, 3 UmstGDVO (*Anh*) entsprechend, § 4 aaO, § 4 GrUG. Dazu Begründung zur 40. UmstGDVO BAnz 1949 Nr 11 (*Harmening-Duden* Währungsgesetze ErgBd 202).

§ 18 UmstG (*Anh*) enthält ebenfalls Fälle für Umstellung 1:1, von denen nur § 18 Abs 1 Z 1, 3 aaO interessieren, nämlich bei

Altenteilen, Renten und anderen **wiederkehrenden Leistungen**, die nach dem 20. Juni 1948 fällig wurden. Altenteile und Renten dienen der Versorgung des Berechtigten. Andere wiederkehrende Leistungen sind solche, die entweder Gegenleistungen für nach der Währungsreform weiterlaufende Leistungen sind oder für die Versorgung des Berechtigten bestimmt sind. Dazu **BGH** BGHZ 1, 307 = NJW 1951, 318 = LM § 18 Z 1 UmstG Nr 2 (Pa) = DRspr II (254) 34B, a wV, LM aaO Nr 4, *BGB-RGRK* BGB § 1113 Vorbem 28,

Verbindlichkeiten aus der **Auseinandersetzung** zwischen Gesellschaftern, Miterben, Ehegatten, geschiedenen Ehegatten, Eltern und Kindern, Verbindlichkeiten gegenüber Pflichtteilsberechtigten und Vermächtnisnehmern sowie Verbindlichkeiten, die der Unternehmer eines Guts oder eines anderen Vermögens dem anderen Vertragsteil gegenüber zur Abfindung eines Dritten eingegangen ist. Die Auslegung dieser Ausnahme ist sehr weit; dazu **BGH** BGHZ 2, 270 = NJW 1951, 921 = LM § 18 Abs 1 Z 3 UmstG Nr 5 (*Hartz*), ferner *BGB-RGRK* BGB § 1113 Vorbem 29, *Harmening-*

*Duden* Währungsgesetze UmstG § 18 Bem 17ff. Es gehören hierher nicht nur Auseinandersetzungen sachlich-rechtlicher Vermögensgemeinschaften, sondern auch solche nur wirtschaftlich gemeinsamer Vermögensbestände, **BGH** LM aaO Nr 11. Das Recht geht durch Abtretung nicht verloren, **BGH** BGHZ 3, 135 = NJW 1951, 842 = LM aaO Nr 6 (A), auch nicht durch bloße Umwandlung, etwa einer Erbauseinandersetzungsforderung in ein Darlehen, falls nicht Novation vorliegt, **BGH** LM Art 7ff. EGBGB Nr 3.

Bei Streit oder Ungewißheit über das Umstellungsverhältnis bei Grundpfandrechten wird in einem gerichtlichen **Umstellungsverfahren** nach § 6 UmstGDVO (*Anh*) entschieden; dazu 5. Aufl dieses Kommentars unter E 222 S 459/460, auch *Bem 46a*.

**45c** 

### 3. Eintragung der Umstellung im Grundbuch

#### a) Voraussetzungen der GBEintragung

§ 5 Abs 1 der 40. UmstGDVO (*Anh*) enthält eine Regelung über die formellen Voraussetzungen der GBEintragung; dazu *Haegele* GBRecht Bem 1603ff., *Horber* GBO § 22 Anh Bem 5.

1. Zur Eintragung des Umstellungsbetrags bedarf es nach § 5 Abs 1 S 1 aaO der **Bewilligung des Gläubigers und des Eigentümers.**

Die Zustimmung des **Eigentümers** ist hiernach wesentlich. Hierzu bemerkt die Begründung zur 40. UmstGDVO BAnz 1949 Nr 11 (*Harmening-Duden* Währungsgesetze ErgBd 202), daß von dem Erfordernis der Bewilligung des Eigentümers grundsätzlich auch bei der Eintragung eines Umstellungsbetrags von 1 DM für je 10 RM nicht abgesehen werden könne, weil auch in diesen Fällen mit der Möglichkeit von Rechtsnachteilen für den Eigentümer durch gutgläubigen Erwerb von Rechten zu rechnen sei.

Auch die Zustimmung des **Gläubigers** ist in jedem Falle erforderlich, und zwar des Gläubigers zZ der Währungsumstellung, **LG Hannover** NdsRpfl 1959, 9 = DRspr II (257) 22 Md. Ergeht in einem Umstellungsverfahren nach § 6 der 40. UmstGDVO (*Anh*) eine Entscheidung, so bedarf es nur der Vorlage des Beschlusses, nicht aber noch der Einwilligung des Gläubigers, **LG Bonn** DNotZ 1961, 565 = DRspr II (257) 22 Me.

2. Zur Eintragung eines **Umstellungsbetrags von mehr als 1 DM für 10 RM** bedurfte es bis zum LAG der Zustimmung der Stelle, welche die Umstellungsgrundschulden zu verwalten hatte, § 5 Abs 1 S 2 der 40. UmstGDVO; dazu *Harmening-Duden* aaO 40. UmstGDVO § 5 Bem 1. Durch § 140 Abs 1 LAG wurde die Vorschrift dahin abgeändert, daß nunmehr das **Finanzamt zuzustimmen** hat, § 5 Abs 1 S 3 UmstGDVO (*Anh*). Auch diese Zustimmung ist stets erforderlich. Diese Regelung wurde getroffen, da die Zustimmungserklärung des FAs nicht nur für die HGA, sondern auch für die Kreditgewinnabgabe bedeutsam sein kann.

3. Über **Voreintragung** des Umstellungsbetrags bei umgestellten RMGrundpfandrechten *§ 39 Bem 27ff.*

**45d** 

#### b) Eintragung im GB

Wenn die materiellen (dazu *Bem 45b*) und formellen (dazu *Bem 45c*) Voraussetzungen vorliegen, ist im GB auf Antrag die **GBBerichtigung** vorzunehmen. Die GBEintragung kann etwa bei einem Grundpfandrecht lauten (ebenso *Haegele* GBRecht Bem 1629):

| *Abt III* | *Spalte 3* | *Spalte 6* | *Spalte 7* |
|---|---|---|---|
| | *... RM = ... DM* | *... DM* | *Umstellung auf ... Deutsche Mark* |

Bei einer Eigentümergrundschuld, die an einen neuen Gläubiger zB wegen eines Darlehens **abgetreten** ist, kann der Eintrag etwa so formuliert werden (wie bei *Haegele* aaO Bem 1630):

*Abt III* *Spalte 7*

*Zur Grundschuld des Eigentümers gewordene Hypothek umgestellt auf . . . DM und abgetreten an . . . . . . unter Umwandlung in eine Briefhypothek für . . . . . . in gleicher Höhe, verzinslich zu . . . vom Hundert jährlich. Unter Bezugnahme auf die Bewilligung vom . . . eingetragen am . . . .*

Wenn es sich um eine Buchhypothek handelt, so lautet der Vermerk auf *Hypothek ohne Brief* oder es erfolgt der Zusatz: *Die Erteilung eines Briefes ist ausgeschlossen*, dazu *§ 3 Bem 331*, auch *Haegele* GBRecht Bem 884.

Bei **Teilbefriedigung** ist bei der GBEintragung folgendes zu beachten (im Anschluß an *Haegele* aaO Bem 1631):

| *Abt III* | *Spalte 3* | *Spalte 5* | *Spalte 6* | *Spalte 7* |
|---|---|---|---|---|
| | *. . . RM*<br>*a) . . . RM*<br>*jetzt*<br>*. . . DM* | *1a* | *jetzt*<br>*. . . DM* | *rangletzte . . . Reichsmark infolge Befriedigung des Gläubigers auf den Eigentümer übergegangen und umgestellt auf . . . Deutsche Mark. Eingetragen am . . . .* |
| | *b) . . . RM*<br>*jetzt*<br>*. . . DM* | *1b* | *jetzt*<br>*. . . DM* | *rangerste . . . Deutsche Mark umgestellt auf . . . Deutsche Mark. Eingetragen am . . . .* |

Der Eigentümer kann beim GBA den Antrag stellen, daß ein **Widerspruch** eingetragen wird, wenn ein höherer Umstellungsbetrag als 10:1 eingetragen wurde und er behauptet, daß die RMForderung auf einen niedrigeren Betrag oder überhaupt nicht auf DM umzustellen gewesen wäre, § 5 Abs 2 der 40. UmstGDVO (*Anh*). Dazu *Haegele* GBRecht Bem 1636.

Für die Eintragung des Umstellungsbetrags oder eines Widerspruchs in das GB und für die Beurkundung oder Beglaubigung der hierzu erforderlichen Erklärungen wird die Hälfte der sonst hierfür zu entrichtenden **Gebühren** erhoben, wobei als Geschäftswert der Umstellungsbetrag gilt, § 5 Abs 3 der 40. UmstGDVO (*Anh*). Eine entsprechende Regelung enthält nunmehr § 13 GBMG (*GT 2*); dazu *Bem 46a*.

### 4. Unrichtigkeit des GB und Währungsreform 46

Die Währungsreform führte bei den im GB eingetragenen Geldbeträgen (dazu *Bem 45d*) zu einer Unrichtigkeit des GB. Die Frage war bestritten, die hM hat sie bejaht und sie kann heute als die einzig maßgebende Auffassung angesehen werden, und zwar mit Recht, da die Eintragungen im GB sich inhaltlich wesentlich geändert haben.

Dazu insbes **BGH** BGHZ 16, 101 = NJW 1955, 342 = JZ 1955, 247 (*Baur*) = DNotZ 1955, 141 = Rpfleger 1955, 123 (*Bruhn*) = BB 1955, 240 = DRspr II (257) Wa, **BayObLG** BayObLGZ 1952, 312 = DNotZ 1953, 134, **OLG Düsseldorf** DNotZ 1954, 601 (*Fritz Riedel*), **OLG Frankfurt aM** NJW 1951, 449, **OLG Hamm** Rpfleger 1955, 236 (auch MDR 1950, 429), **LG Aachen** Rpfleger 1951, 37, **LG Berlin** NJW 1954, 1006, **LG Duisburg** NJW 1949, 153, **LG Köln** Rpfleger 1950, 468, **AG Hamburg-Blankenese** Rpfleger 1950, 368, *Cammerer* DNotZ 1950, 13, *Haegele* GBRecht Bem 1634 mit Fußn 2 S 373, *Harmening-Duden* Währungsgesetze UmstG § 13 Bem 7 (a), *Hesse-Saage-Fischer* GBO § 22 Bem VI 1, *Hieber* DNotZ 1950, 116 (117), *Horber* GBO

§ 22 Anh Bem 4, *Kosack* JR 1956, 42, 83, *Reinicke* MDR 1949, 300, *Staudinger-Fritz Riedel* BGB § 1113 Bem 315, 316, **aA** (wohl überholt) **OLG Hamburg** Rpfleger 1950, 420, **SchlHOLG** NJW 1949, 594 = MDR 1949, 299 = DNotZ 1950, 134 = DRspr IV (473) 10c, **LG Hamburg** Rpfleger 1951, 35, **LG Marburg** NJW 1953, 1266.

Dieser Streitfrage kommt gegenwärtig nur noch Bedeutung zu für die Umstellung 10:1, da im übrigen die Frist zur Beantragung der Umstellung abgesehen von einigen Ausnahmen schon abgelaufen ist; dazu *Haegele* GBRecht Bem 1634, auch *Bem 46a*.

46a **5. Abschlußregelung für umgestellte Rechte**

**a) Eintragung der Umstellung bei Grundpfandrechten und Reallasten**

Im 1. Abschnitt des GBMG, in §§ 1 bis 13 aaO (*GT 2*) wurde zur Klarstellung eine Regelung über die Eintragung der Umstellung getroffen; dazu *§ 3 Bem 233a, 234a*, auch *Haegele* GBRecht Bem 1607ff., *Horber* GBO § 22 Anh Bem 5 (B). Diese Regelung dient dazu, Klarheit im GB zu schaffen. **Frist zur Beantragung der Umstellung** bei einer Hypothek, einer Grund- oder Rentenschuld sowie einer Reallast bei einem Umstellungsverhältnis auf mehr als 1 DM für 10 RM, also bei **Vollumstellung**, bestand **bis 31. Dezember 1964**, ist also schon abgelaufen, soweit nicht ein gesetzlicher Ausnahmefall vorliegt. Es sind hiernach nur 2 Ausnahmen vorgesehen,

ein nicht beendetes Verfahren nach § 6 der 40. UmstGDVO (*Anh*); dazu *Bem 45b*, und

ein Fall des § 2 Z 4 der 40. UmstGDVO (*Anh*); dazu *Bem 45b* unter Z 4.

**Ab 1966** ist nach § 3 GBMG (*GT 2*) bei einer Hypothek usw ein Umstellungsbetrag auf Vollumstellung in das GB nur eingetragen werden kann, wenn

zZ der Eintragung der Hypothek usw ein Umstellungsschutzvermerk eingetragen ist oder

im Fall des § 2 Z 4 der 40. UmstGDVO (*Anh*) ein Antrag gestellt worden ist.

Über den **Umstellungsschutzvermerk** und seine Löschung §§ 4, 5 GBMG (*GT 2*), der von Amts wegen einzutragen und zu löschen ist, wenn die gesetzlichen Voraussetzungen vorliegen, *§ 3 Bem 233a, 234a*, auch *Haegele* GBRecht Bem 1611ff., *Horber* GBO § 22 Anh *Bem 5* (Bc).

Wenn eine Vollumstellung nicht mehr erfolgen kann, insbes weil kein Antrag mehr gestellt werden kann, kommt **nur Normalumstellung** im Verhältnis 10:1 in Betracht, §§ 7ff. GBMG (*GT 2*); dazu *§ 3 Bem 233a, 234a*, auch *Haegele* GBRecht *Bem* 1620ff., *Horber* GBO § 22 Anh Bem 5 (Bd, e). Die **Berichtigung des GB** kann **auf Antrag** oder **von Amts wegen** vorgenommen werden. Zuständig zu den Eintragungen ist der RPfleger, da keine Sonderbestimmungen über Zuständigkeit bestehen; dazu *§ 3 Bem 233a, 234a*.

Für die **Kosten** bestehen nach § 13 GBMG (*Anh*) Erleichterungen; dazu *Bem 45d, § 3 Bem 233a, 234a*, auch *Lauterbach* Kostengesetze KostO § 64 Anh.

Es ist darauf hinzuweisen, daß unabhängig von dieser dinglichen Rechtslage die durch die Hypothek usw gesicherte persönliche **Forderung** unberührt bleibt, § 7 Abs 2 GBMG (*Anh*). Ist die persönliche Forderung im Verhältnis 1:1, also 1 RM = 1 DM umgestellt worden, so verbleibt es dabei auch dann, wenn die Hypothek usw im Verhältnis 10:1, also 10 RM = 1 DM umgestellt wurde. Das GBA hat hierauf keine Rücksicht zu nehmen, darf insbes von Amts wegen keinen Widerspruch nach § 53 eintragen, auch wenn ihm die Verhältnisse bekannt sind. Dies folgt aus der gesetzlichen Regelung, die hier der persönlichen Forderung einen eigenen Weg gehen läßt und dies in Kauf nimmt im Interesse der Klarheit der GBEintragung.

Ebenso ist, wie § 9 Abs 1 GBMG (*Anh*) ergibt, ein **Umstellungsverfahren nach** § 6 UmstGDVO (*Anh*), das von Beteiligten verspätet durchgeführt wird, also ein Fall des § 1 (a) aaO nicht vorliegt, vom GBA unbeachtet zu lassen. Dies gilt auch, wenn hier eine Vollumstellung festgestellt wird. Die Beteiligten sind aber nicht gehindert, ein solches Verfahren in Gang zu setzen, um unter sich Klarheit zu schaffen, wie das eigentliche Umstellungsverhältnis lautet, insbes ob Vollumstellung in Frage kommt. Auch hier hat das GBA diese anderweitige Feststellung unbeachtet zu lassen. Anders ist es nur bei der HGA, wie § 9 Abs 2 GBMG (*Anh*) bestimmt; wird hier ein Umstellungsverfahren durchgeführt, so ist das in diesem Verfahren festgestellte Umstellungsverhältnis auch für die GBEintragung maßgebend (dazu *Bem 47ff.*).

### b) Löschung umgestellter Grundpfandrechte und Reallasten 46b

Für umgestellte Hypotheken, Grund- und Rentenschulden sowie Reallasten gilt nach §§ 18, 19 GBMG (*GT 2*), also wenn bei diesen Rechten die Umstellung erfolgt und im GB eingetragen ist (dazu *Bem 46a*), eine **Erleichterung für die Löschung**; dazu *Haegele* GBRecht Bem *1638* ff.

Wird die Löschung solcher Rechte beantragt, deren **Geldwert 500 DM nicht übersteigt**, so bedürfen die erforderlichen **Erklärungen und Nachweise** nicht der Form des § 29, also nicht der Erklärung vor dem GBA bzw der Form der öffentlichen oder öffentlich beglaubigten Urkunde (dazu *§ 29 Bem 19ff.*) Bei dem Nachweis einer Erbfolge oder des Bestehens einer fortgesetzten Gütergemeinschaft kann das GBA nach seinem Ermessen von den in § 35 Abs 1, 2 genannten Beweismitteln (dazu *§ 35 Bem 3ff.*) absehen und sich mit anderen Beweismitteln, für die die Form des § 29 nicht erforderlich ist, begnügen, wenn die Beschaffung des Erbscheins oder des Zeugnisses nach § 1507 BGB nur mit unverhältnismäßigem Aufwand an Kosten oder Mühe möglich ist. Der Antragsteller kann zwecks Nachweises auch zur Versicherung an Eides Statt zugelassen werden. Diese erleichterte Löschung wurde geschaffen, da oft die Löschung solcher Rechte unterbleibt, weil die Beteiligten die Förmlichkeiten schwer erfüllen können, die für die notwendigen Erklärungen und Nachweise vorgeschrieben sind oder weil sie die damit verbundenen Kosten vermeiden möchten.

Bei der Berechnung des Geldbetrags ist nach § 18 Abs 2 GBMG (*GT 2*) von dem im GB eingetragenen **Umstellungsbetrag** auszugehen. Wenn kein Umstellungsbetrag im GB eingetragen ist und liegen die Voraussetzungen vor, unter denen eine GBBerichtigung im Verhältnis 10:1 zulässig ist, so ist von diesem Umstellungsbetrag auszugehen, anderenfalls von einem Umstellungsverhältnis 1:1; dazu *Bem 45b*.

## 6. Hypothekengewinnabgabe und Umstellungsgrundschuld bzw Aufbaugrundschuld 47

### a) Lastenausgleich

Das LAG (dazu *Bem 45a*) bezweckt, wie § 1 aaO ausspricht, die Abgeltung von Schäden und Verlusten, die sich infolge der Vertreibungen und Zerstörungen der Kriegs- und Nachkriegszeit ergeben haben, sowie Milderung von Härten, die infolge der Neuordnung des Geldwesens im Bundesgebiet einschl Berlin eingetreten sind. Die Aufbringung der erforderlichen Mittel bedeutet den **Lastenausgleich**.

An **Ausgleichsabgaben** sieht das LAG vor

die Vermögensabgabe, die eine einmalige Abgabe darstellt, §§ 16ff. LAG,

die Hypothekengewinnabgabe, eine Sonderabgabe auf Gewinne aus Schulden, für die Grundpfandrechte bestellt sind, §§ 91ff. LAG (*Anh*), und

die Kreditgewinnabgabe, eine Sonderabgabe auf Schuldnergewinne in gewerblichen Betrieben, §§ 161ff. LAG.

Die Ausgleichsabgaben werden einem Sondervermögen des Bundes, dem sog Ausgleichsfonds, zugeführt, § 5 LAG.

Für den Bereich des GBRechts interessiert nur die HGA (dazu *Bem 48aff.*), die an die Stelle der früheren Umstellungsgrundschulden (dazu *Bem 47a*) trat.

**47a** **b) Umstellungsgrundschuld**

Die Umstellungsgrundschulden wurden im Bereich der amerikanischen und britischen Zone sowie in dem Land Rheinland-Pfalz und in den ehemaligen Ländern Baden und Württemberg-Hohenzollern auf Grund des § 1 LASG begründet. Es handelte sich um echte Grundschulden. Sie standen treuhänderisch dem Staat zu und dienten der Sicherung des Lastenausgleichs. Sie bedurften zu ihrer Entstehung sowie zu ihrer Wirksamkeit Dritten gegenüber grundsätzlich nicht der Eintragung im GB. In der Zeit vom 13. September 1948 bis 8. August 1949 war die Umstellungsgrundschuld jedoch dann einzutragen, wenn das umgestellte Recht, aus dem es entstanden war, gelöscht wurde, § 13 Abs 3 S 2 der 2. DVO vom 7. September 1948 WiGBl 88, aufgehoben durch § 15 Abs 2 S 2 aaO vom 8. September 1949 WiGBl 233. Gelegentlich sind sie auch in anderen Fällen in das GB eingetragen worden. Nach den einschlägigen gesetzlichen Vorschriften sind Umstellungsgrundschulden unter bestimmten Voraussetzungen ganz oder teilweise auf den Eigentümer des belasteten Grsts übergegangen. In solchen Fällen war die Eintragung der Umstellungsgrundschuld zulässig, aber nicht erforderlich, § 12 Abs 1 der 2. DVO. Dazu Regierungsentwurf zu einem Ges zur Erleichterung des GBVerfahrens BTDrS IV/351 S 13ff., *Haegele* GBRecht Bem 1641., *Horber* GBO § 22 Anh Bem 2, 3, auch *§ 3 Bem 233* sowie 5. Aufl dieses Kommentars unter E 225 S 462ff.

Die Umstellungsgrundschulden bezogen sich wie die HGA auf die Schuldnergewinne anläßlich der Währungsreform, also wenn kein Anspruch auf Vollumstellung erfolgte (dazu *Bem 45b*), auf den dem Gläubiger des Grundpfandrechts nicht zustehenden Teil desselben, nämlich bei der Umstellung 10:1 auf die restigen 9/10.

Die Umstellungsgrundschulden sind, soweit sie nicht vor dem Inkrafttreten des **LAG** (1. September 1952) auf den Eigentümer übergegangen sind, nach § 119 Abs 2 und § 120 Abs 1 LAG (*Anh*) **erloschen**. Das Erlöschen trat auch dann ein, wenn sie im GB eingetragen waren. Soweit Umstellungsgrundschulden auf den Eigentümer übergegangen waren, bedürfen sie nach § 120 Abs 2 LAG zu ihrer Wirksamkeit gegenüber dem öffentlichen Glauben des GBs der Eintragung. Ein Fehlen der Eintragung hat aber nicht das Erlöschen dieser auf den Eigentümer übergegangenen Umstellungsgrundschulden zur Folge. Es ergab sich daher folgende Rechtslage:

Ein Teil der noch nicht eingetragenen Umstellungsgrundschulden war ganz oder teilweise erloschen.

Ein Teil der eingetragenen Umstellungsgrundschulden war ganz oder teilweise auf den Eigentümer übergegangen, ohne daß dies aus der GBEintragung ersichtlich war.

Ein Teil der auf den Eigentümer übergegangenen Eigentümergrundschulden bestand noch, war aber nicht im GB eingetragen.

In allen Fällen ist das GB unrichtig. Fehlt ein Vermerk für den Übergang auf den Eigentümer, so ist aus dem GB nicht erkennbar, daß dieser Übergang erfolgt ist.

Eine **Umstellungsgrundschuld**, die im GB eingetragen ist, ist **gegenstandslos** iSd § 4 (dazu *§ 84 Bem 2ff.*) und kann daher von Amts wegen gelöscht werden, soweit nicht zweifelhaft ist, ob ein Übergang auf den Eigentümer erfolgt ist. Ein Antrag des Eigentümers auf Löschung wird zuzulassen sein, andernfalls wäre ein solcher Antrag als Anregung zu einer Löschung von Amts wegen aufzufassen. Jedenfalls bedarf es keiner Erklärung des Eigentümers nach § 27 S 1, auch nicht einer Bewilligung des FAs oder der beauftragten Stelle. Dazu **BayObLG** BayObLGZ 1953, 165 = Rpfleger 1953, 446 (*Bruhn*), Regierungsentwurf aaO 13, *Balser-Dietrich* Lastenausgleich und GB 39/40, *Haegele* GBRecht Bem 1644, 1645, *Harmening-Weber* LAG § 120 Bem 2, *Hesse-Saage-Fischer* GBO § 22 Bem V 2, *Horber* GBO § 22 Anh Bem 3 (Db), *Spreckelsen* DNotZ 1952, 466.

Soweit eine **Umstellungsgrundschuld** vor dem Inkrafttreten des LAG (1. September 1952) **auf den Eigentümer übergegangen** war, ist das GB ebenfalls unrichtig geworden; dazu *Regierungsentwurf* aaO 13, *Balser-Dietrich* aaO 41 ff., *Haegele* GBRecht Bem 1647, 1647, *Harmening-Weber* LAG § 120 Bem 6 ff., *Horber* GBO § 22 Anh Bem 3 (Dc), auch *§ 3 Bem 233*. Nach § 120 Abs 2 LAG (*Anh*) bedarf ab 1. April 1953 eine solche Eigentümergrundschuld gegenüber dem öffentlichen Glauben des GBs der Eintragung; dazu *Haegele* GBRecht Bem 1647. Zur Eintragung waren ein Antrag des GrstEigentümers und eine Bescheinigung des FAs bzw der beauftragten Stelle nötig, nicht aber eine Bewilligung des Betroffenen; dazu *Haegele* GBRecht Bem 1646.

Der Übergang einer Umstellungsgrundschuld auf den Eigentümer vollzog sich jeweils kraft Gesetzes entweder bei Verzicht des FAs, etwa wegen Wiederaufbau des zerstörten Gebäudes, oder infolge Ablösung bzw Tilgung durch den Eigentümer; dazu *Haegele* GBRecht Bem 1646. über Änderung von Brief- in Buchrecht und umgekehrt sowie Löschung aaO Bem 1659, 1660.

Zur Eintragung der auf den Eigentümer übergegangenen Grundschuld ist eine Bescheinigung des FAs darüber erforderlich, inwieweit die Umstellungsgrundschuld auf den Eigentümer übergangen und ob einem anderen Recht der Vorrang vor der Umstellungsgrundschuld eingeräumt worden ist, § 120 Abs 3 S 1 LAG (*Anh*). Eine Bewilligung des Betroffenen ist nicht erforderlich, § 120 Abs 3 S 2 LAG (*Anh*).

Für die Eintragung gilt § 1115 BGB (dazu *§ 3 Bem 324ff.*); bez Zins- und Tilgungsbedingungen kann auf die Eintragungsbewilligung Bezug genommen werden, soweit sie mit den Bedingungen des Grundpfandrechts übereinstimmen, § 120 Abs 3 S 3 LAG (*Anh*).

Über den Rang enthält § 120 Abs 3 S 4, Abs 4 LAG (*Anh*) eine Regelung. Dazu auch *Haegele* GBRecht Bem 1661, auch *§ 39 Bem 31, 32, § 45 Bem 110.*

Ersatzgrundschulden sind solche, die der Eigentümer für die öffentliche Hand bestellt, weil anläßlich einer Veräußerung eines Grsts, das mit einer Umstellungsgrundschuld belastet war, dieses aus der Haftung entlassen wurde, § 111 Abs 5 Z 2 LAG (*Anh*); dazu *Haegele* GBRecht Bem 1662. Hier trat bei Inkrafttreten des LAG kein Erlöschen ein.

Diese Rechtslage ergab somit eine Unsicherheit, die sich im Rechtsverkehr störend auswirkte bzw auswirken konnte. Daher wurde in §§ 14 ff. GBMG (*Anh*) eine **Abschlußregelung** getroffen; dazu *Haegele* GBRecht Bem 1648 ff., *Horber* GBO § 22 Anh Bem 3 (Dc). Während einer Übergangszeit **bis 31. Dezember 1964** bestand für den Eigentümer die Möglichkeit der Antragstellung, um als Berechtigter im GB eingetragen zu werden, andernfalls trat Erlöschen der Umstellungsgrundschuld ein, wobei allerdings ein durch Rangrücktritt der Umstellungsschuld dem vortretenden Recht eingeräumter Rang erhalten bleibt; dazu *§ 3 Bem 244a.*

### c) Aufbaugrundschuld 48

Im Land Berlin entstand auf einem Grst, das durch die Währungsumstellung betroffen wurde eine Aufbaugrundschuld mit demselben Zweck wie eine Umstellungsgrundschuld (dazu *Bem 47a*). Eine Aufbaugrundschuld entstand außerhalb des GBs, sobald die gesetzlichen Voraussetzungen vorlagen, sodaß das GB unrichtig wurde; dazu *Hesse-Saage-Fischer* GBO § 22 Bem VI. Über Einzelheiten *§ 3 Bem 234*, auch 5. Aufl dieses Kommentars unter E 226 S 465/466.

Eine Eintragung von Amts wegen erfolgt nicht; es ist ein **Antrag** erforderlich, wie § 15 Abs 2 GrUG nF ausdrücklich bestimmt.

Als das LAG am 1. September 1952 in Kraft trat, wurden auch die Aufbaugrundschulden berührt. Für Berlin enthalten §§ 142ff. LAG (*Anh*) Sondervorschriften für die HGA. Hiernach sind § 119 Abs 2 und § 120 Abs 1 LAG (*Anh*) entsprechend anzuwenden; dazu *Bem 47a*. Es trat also ein **Erlöschen** ein, soweit nicht ausnahmsweise ein Grund für ein Fortbestehen vorlag. Dies gilt auch bei einer Übergang der Aufbaugrundschuld auf den Eigentümer. Auch die Regelung über öffentlichen Glauben, Eintragung in das GB und Rangvermerk gilt § 120 Abs 2 bis 4 LAG (*Anh*) sinngemäß; dazu *Bem 47a*.

Die **Abschlußregelung** für Umstellungsgrundschulden nach §§ 14ff. GBMG (*GT 2*) gilt **nicht** für Berlin, § 36 aaO, weil dort keine Umstellungsgrundschulden wie im Regierungsentwurf (dazu *Bem 47a*) aaO 20 angegeben wird.

48a

## d) Hypothekengewinnabgabe

### 1. Sonderabgabe

Die Hypothekengewinnabgabe ist in § 91ff. LAG (*Anh*) geregelt, für Berlin sind in §§ 142ff. aaO Sonderbestimmungen enthalten; dazu auch 5. Aufl dieses Kommentars unter E 227ff. S 467ff. Die HGA wird als Sonderabgabe nach § 91 LAG (*Anh*) erhoben auf Schuldnergewinne aus der Umstellung von RMVerbindlichkeiten, die am 20. Juni 1948 durch Grundpfandrechte an einem im Bundesgebiet belegenen Grst des Schuldners gesichert waren, und ferner aus der Umstellung von Grundpfandrechten an einem im Bundesgebiet belegenen Grst, die am 20. Juni 1948 nicht der Sicherung einer persönlichen Verbindlichkeit dienten, wenn ein Umstellungsverhältnis von 10:1 in Frage kam; dazu *Haegele* GBRecht Bem 1663ff., *Horber* GBO § 22 Anh Bem 3 (A), auch *§ 45 Bem 111ff.* Für den Geltungsbereich der Vorschriften sind zur Begriffsabgrenzung die § 91 Abs 3, §§ 94 bis 96 LAG (*Anh*) von Bedeutung, da die Begriffe des Grsts, des Grundpfandrechts, der RMVerbindlichkeit und der Kriegsschäden gesetzlich erläutert werden. Der Begriff des Grundstücks ist iSd BGB zu verstehen, § 94 Abs 1 LAG (*Anh*); dazu *§ 3 Bem 3ff.* Erbbaurechte an solchen Grsten stehen Grsten gleich, § 94 Abs 2 aaO. Grundpfandrecht ist nach § 94 Abs 3 aaO im Bereich des HGA in weiterem Sinne als sonst üblich zu verstehen; es gehören dazu außer Hypotheken, Grund- und Rentenschulden auch Abgeltungslasten, Rechte der Deutschen Landesrentenbank, Entschuldungsrenten und Rechte für Zusatzforderungen aus den Jahren 1932 und 1933. Eine Vormerkung rechnet nicht dazu, **OLG Hamm** DNotZ 1950, 388, *Harmening-Weber* LAG § 9 Bem 9. Ungesicherte Verbindlichkeiten unterliegen nach Maßgabe des § 92 LAG (*Anh*) der HGA. Für die HGA bei Verbindlichkeiten gegenüber Angehörigen der Vereinten Nationen gilt nach § 93 LAG (*Anh*) eine Sonderregelung. Der Schuldnergewinn ist jeweils zu ermitteln, § 98 LAG (*Anh*). Ausnahmen von der Abgabepflicht bestehen nach § 97 LAG (*Anh*) nur in den gesetzlich vorgesehenen Fällen.

Zu erwähnen ist, daß das Ges zur Regelung der Verbindlichkeiten nationalsozialistischer Einrichtungen und der Rechtsverhältnisse an deren Vermögen vom 17. März 1965 BGBl 79 = SaBl 332 in §§ 25ff. aaO. Vorschriften zur HGA enthält; dazu *Kussin* Aktuelles zur HGA BlGBW 1966, 104.

48b

### 2. Höhe und Entrichtung der Abgabe

Von der Höhe und Entrichtung der Abgabe handeln die §§ 99ff. LAG (*Anh*); dazu auch *§ 45 Bem 118, 119.*

Die Höhe der Abgabe richtet sich nach dem Betrag, um den der Nennbetrag der Verbindlichkeit in RM den Umstellungsbetrag in DM übersteigt, § 99 Abs 1 LAG (*Anh*), beträgt also bei Umstellung 10:1, weil dies 1/10 entspricht, 9/10. Nach § 99 Abs 2 aaO berechnet sich für bestimmte öffentliche Baudarlehen die Höhe der Abgabeschuld abweichend hiervon. Eine Milderung der Abgabeschuld tritt bei Kriegsschäden ein, § 100 LAG (*Anh*). Eine Sonderregelung besteht für Verbindlichkeiten aus der letzten RMZeit, § 101 aaO. Als Entstehungszeitpunkt gilt der 21. Juni 1948, § 102 aaO. Dazu *Haegele* GBRecht Bem 1663, *Horber* GBO § 22 Anh Bem 3 (Ba).

Auf Antrag kann die Abgabeschuld herabgesetzt, werden und zwar bei Kriegsschäden nach dem 20. Juni 1948 und bei Wiederaufbau, §§ 103, 104 LAG (*Anh*). Für Verzinsung und Tilgung ist auf §§ 105ff. LAG (*Anh*) zu verweisen. Aufteilung der Abgabeschuld erfolgt nach § 109 LAG (*Anh*), insbes bei Veräußerung eines GrstTeils oder bei Gesamtbelastung eines oder einzelner Grste. Ist vor Inkrafttreten des LAG bei einer ZwVerst eine Umstellungsgrundschuld (dazu *Bem 47a*) ausgefallen, so ist insoweit auch die Abgabeschuld weggefallen, § 110 LAG (*Anh*).

### 3. **Festsetzung der Abgabe** und **Billigkeitsmaßnahmen** 48c

Die Festsetzung der HGA erfolgt nach Maßgabe der §§ 124ff. LAG (*Anh*). Innerhalb der Erklärungsfrist, die bis 30. September 1952 lief, war eine Erklärung bei dem zuständigen FA einzureichen, § 124 aaO. Die Abgabeschuld wird durch **Abgabebescheid** festgesetzt, § 125 aaO.

**Abgabeschuldner** sind nach § 126 LAG (*Anh*) idF von § 21 GBMG (*GT 2*) der GrstEigentümer oder der Erbbauberechtigte, in den Fällen des § 91 Abs 3 LAG (*Anh*) der Schuldner der RMVerbindlichkeit oder sein Erbe. Die Wirkung des Abgabebescheides erstreckt sich auch auf den Erwerber des Grst oder des Erbbaurechts, § 127 aaO.

Nach § 128 LAG (*Anh*) idF von § 21 GBMG (*GT 2*) besteht eine **Auskunftspflicht des Finanzamts.** Das FA ist verpflichtet, dem GrstEigentümer oder Erbbauberechtigten sowie den Personen, zu deren Gunsten ein Recht am Grst oder Erbbaurecht besteht, über Bestehen und Inhalt der öffentlichen Last (dazu *Bem 48d*) Auskunft zu erteilen. Den letztgenannten Personen ist auch Auskunft über das Vorgehen oder Nachgeben ihrer Rechte im Falle der ZwV zu erteilen. Nach 2 Wochen nach der Abschlußbekanntmachung (dazu *Bem 48d*) beschränkt sich die Auskunftspflicht auf den Inhalt und den Befriedigungsrang der öffentlichen Last; mit einem höheren Betrag und einem besseren Rang als in der Auskunft mitgeteilt, kann die öffentliche Last nicht geltend gemacht werden. Das Nichtbestehen einer am Währungsstichtag eingetragenen Hypothek kann im Verfahren der GBBerichtigung nach § 22 Abs 1 nicht durch die nach § 128 LAG (*Anh*) erteilte Auskunft, eine öffentliche Last sei nicht entstanden, bewiesen werden; ein der Auskunft des FAs beigefügter Zusatz, es sei nachgewiesen, daß die Hypothekenforderung am 20. Juni 1948 nicht bestanden habe, gibt nur die Rechtsauffassung des FAs wieder und hat nicht die Beweiskraft einer öffentlichen Urkunde. **OLG Neustadt** NJW 1964, 2162 = DNotZ 1965, 47 = BWNotZ 1964, 288 Ls.

**Billigkeitsmaßnahmen** sind nach §§ 129ff. LAG vorgesehen bei ungünstiger Ertragslage, bei Aufbaukrediten, bei Verwendung eigener Mittel für die Mindestausstattung von Wohnungen und bei weiteren Modernisierungsmaßnahmen, bei wirtschaftlicher Bedrängnis und bei mildtätigen Zwecken.

### 4. **Öffentliche Last** 48d

Die HGA ist eine öffentliche Last, § 111 LAG (*Anh*); dazu *Haegele* GBRecht Bem 1665ff., *Horber* GBO § 22 Anh Bem 3, auch *§ 38 Bem 20, § 45 Bem 120.*

Durch § 21 GBMG (*GT 2*) wurden die §§ 111a bis d LAG (*Anh*) im Interesse der Klarheit der GBLage in das LAG eingefügt. Diese neuen Vorschriften beziehen sich auf den GBVermerk und dessen Löschung sowie die Abschlußbekanntmachung, Mitteilungen seitens des GBAs und Kosten; dazu *Haegele* GBRecht Bem 1667ff., *Horber* GBO § 22 Anh Bem 3.

Der Rang und das **Befriedigungsvorrecht** der HGA sind in §§ 112ff. LAG (*Anh*) geregelt; dazu *§ 45 Bem 121ff.*, auch *Haegele* GBRecht Bem 1664, 1684ff., *Horber* GBO § 22 Anh Bem 3. Die HGA hat keinen Rang als öffentliche Last, jedoch besteht bei Befriedigung ein Vorrecht, das auch aus dem GB ersichtlich ist, § 117 aaO.

Nach § 111a LAG (*GT 2* und *Anh*) ist ein **GBVermerk** über die öffentliche Last zur Klarstellung der Rechtslage nötig; dazu *Haegele* GBRecht Bem 1667ff., *Horber* GBO § 22 Anh Bem 3 (Cc). Hiernach wird angeordnet, daß dann, wenn ein Grst mit der öffentlichen Last der HGA belastet ist, das FA das GBA um Eintragung eines Vermerks im GB zu ersuchen hat, wonach auf dem Grst eine öffentliche Last der HGA ruht, § 111a Abs 1 aaO. Es handelt sich um ein Ersuchen nach § 38. Das Eintragungsersuchen war befristet **bis 31. Dezember 1965** mit der Wirkung, daß die öffentliche Last erlischt, wenn das Ersuchen bis zu diesem Zeitpunkt nicht beim GBA eingegangen ist, das das GBBlatt für das Grst führt oder nach dem 20. Juni 1948 geführt hat. Der Zeitpunkt des Eingangs bei dem bezeichneten GBA ist maßgebend, nicht der Tag der GBEintragung. Ein GBA, das nicht mehr zuständig war, hatte den Antrag an das zuständige GBA weiterzuleiten. Wenn ein Grund zur Entlassung des Grsts aus der Haftung nach § 111 Abr 5 LAG (*Anh*) bestand (dazu *§ 45 Bem 120*), so konnte das FA im Benehmen mit dem Abgabeschuldner von einem Ersuchen an das GBA absehen, § 111a Abs 4 LAG (*Anh*). Die Voreintragung des Betroffenen nach § 39 wird durch das Ersuchen nicht ersetzt; dazu *§ 38 Bem 20*, auch *Haegele* aaO *Bem* 1671. Wer im Falle des Erlöschens der HGA persönlicher Schuldner wird, ergibt sich aus § 111a Abs 3 aaO. Das Ersuchen des FA muß dem § 29 Abs 3 (dazu *§ 29 Bem 71ff.*) entsprechen; dazu *Haegele* GBRecht Bem 1672, *Horber* aaO. Das GBA hat den Vermerk über die HGA in der 2. Abt im GB einzutragen. Der Vermerk lautet etwa (Fassungsvorchläge wie bei *Haegele* und *Horber* aaO):

*Das Grundstück ist mit Hypothekengewinnabgabe als öffentliche Last belastet.*
*Es besteht eine öffentliche Last der Hypothekengewinnabgabe.*
*Öffentliche Last der Hypothekengewinnabgabe.*

Gebühren und Auslagen werden für die Eintragung nicht erhoben, § 111d Abs 3 LAG (*GT 2* und *Anh*).

Weitere Einzelheiten werden in das GB eingetragen, insbes keine Angaben über die Höhe der BGA; dazu *Haegele* GBRecht Bem 1672.

Das FA hat nach § 111b LAG (*GT 2* und *Anh*) um die **Löschung** des GBVermerks zu ersuchen, sobald der Vermerk mit der wirklichen Rechtslage nicht mehr in Einklang steht; dazu *Haegele* GBRecht Bem 1682, 1683, *Horber* aaO. Wer durch einen unrichtigen Eintrag im GB betroffen wird, kann an das FA einen entsprechenden Antrag stellen und hat, wenn das FA dem Antrag nicht nachkommt, die Möglichkeit des Rechtsmittels. Auch die Löschung im GB ist gebühren- und auslagenfrei, § 111d Abs 3 LAG (*GT 2* und *Anh*).

In **Hypotheken-, Grund-** und **Rentenschuldbriefen** wird kein Vermerk über die HGA aufgenommen, wie § 111d Abs 2 LAG (*GT 2* und *Anh*) anordnet; dazu *Haegele* GBRecht Bem 1675. Es ist dies eine Abweichung von § 57; dazu *§ 57 Bem 13ff.*

**Bekanntmachungen** von Eintragung und Löschung ergehen an das FA und den im GB eingetragenen Eigentümer, § 111d Abs 2 LAG (*GT 2* und *Anh*). Im übrigen gilt § 55; dazu *§ 55 Bem 3ff.*

Für den Rechtsverkehr bedeutsam ist die Regelung in § 111c (*GT* 2 und *Anh*) über die **Abschlußbekanntmachung**; dazu *Haegele* GBRecht Bem 1677, *Horber* GBO § 22 Anh Bem 3 (Cc), ferner Hinweise in DNotZ 1966, 198, 323, 581/1967, 5, 130 sowie die im folgenden abgedruckten Abschlußbekanntmachungen.

Hat das GBA alle ihm vorliegenden Ersuchen um Eintragung von Vermerken über die öffentliche Last der HGA nach § 111a Abs 1 LAG (*Anh*), die rechtzeitig, also fristgemäß, gestellt worden sind, erledigt, so wird dies nach § 111c Abs 1 aaO in einem öffentlichen Mitteilungsblatt amtlich bekanntgemacht. Die LRegierung bestimmt durch RechtsVO, welche Behörde die Bekanntmachung erläßt und in welchem Mitteilungsblatt die Bekanntmachung erscheint; es kann auch bestimmt werden, daß Bekanntmachungen für Zeitabschnitte von höchstens 3 Monaten zusammengefaßt werden. Es kann auch lrechtlich angeordnet werden, daß die Bekanntmachung statt für den Bezirk eines GBAmts für den GBBezirk (dazu *§ 2 Bem 54ff.*) erfolgt, § 111c Abs 3 LAG (*Anh*). Diese Bekanntmachungen erfolgen also zur Unterrichtung für Außenstehende und im Interesse der Rechtssicherheit.

Über die Wirkung der Bekanntmachung wird in § 111c Abs 2 aaO angeordnet, daß mit dem Ablauf von 2 Monaten nach der Bekanntmachung alle im GB nicht vermerkten öffentlichen Lasten der HGA, die auf den in den GBBlättern des betreffenden GBAs eingetragenen Grsten noch ruhen, erlöschen. Es tritt dann die persönliche Schuld des GrstEigentümers entsprechend § 111a Abs 3 aaO.

Es ist insbes auf folgende Abschlußbekanntmachungen, die bis jetzt ergangen sind, hinzuweisen:

**Baden-Württemberg** AVJM vom 18. Mai 1966 Justiz 149, wonach alle GBÄmter des Landes Baden-Württemberg die rechtzeitig gestellten Ersuchen erledigt haben.

**Bayern** BekStMJ vom 1. Februar 1966 StAnz vom 4. Februar 1966/1. März 1966 StAnz vom 4. März 1966/28. März 1966 StAnz vom 1. April 1966, wonach alle rechtzeitig in Bayern gestellten Anträge erledigt sind.

**Berlin** Bek AGPräsidenten vom 11. Mai 1966 ABl Berlin 594/8. August 1966 ABl 971/8. November 1966 ABl 1254/5. Januar 1967 ABl 93; dazu DNotZ 1966, 325, 581/1967, 5, 130.

**Bremen** Bek JSenator vom 1. Juni 1966 ABl Bremen 157; dazu DNotZ 1967, 5, wonach alle rechtzeitig gestellten Anträge beim GBA Bremen erledigt sind.

**Hamburg** Bek AGPräsidenten vom 24. Februar 1966 GVBl II Amtl Anz vom 4. März 1966; dazu DNotZ 1966, 199, wonach bei allen GBÄmtern die rechtzeitig gestellten Anträge erledigt sind.

**Hessen** Bek LGPräsidenten und des AGPräsidenten in Frankfurt aM BAnz vom 22. März/15. April/16. April/29. April/13. Mai/21. Mai/2. Juni/8. Juni/25. Juni/13. Juli 1966; dazu RdErl JM vom 15. Juli 1966 JMBl 241, sowie DNotZ 1966, 581. Darnach sind in Hessen alle rechtzeitig gestellten Anträge erledigt.

**Niedersachsen** Vo über die Abschlußbekanntmachung nach § 111c LAG vom 14. Dezember 1965 GVBl 250 = NdsRpfl 1966, 6, Bek JM vom 4. April 1966 MBl Nr 13 vom 25. April 1966 = Bek JM vom 2. Mai 1966 NdsRpfl 101/4. Oktober 1966 MBl Nr 35 vom 25. Oktober 1966 = NfdRpfl 261, auch in diesem Lande sind alle rechtzeitig gestellten Anträge erledigt.

Mit Rücksicht hierauf erging die Bek JM vom 29. April 1967 NdsRpfl 97 bez Benachrichtigungspflicht im Verfahren der ZwVerst und ZwVerw auf dem Gebiete der HGA, in der es heißt:

*Da nach § 111a LAG über das Bestehen der öffentlichen Last der HGA ein Vermerk in Abt II des Grundbuchs eingetragen worden ist und die Abschlußbekanntmachung gemäß § 111c LAG für den Bereich der niedersächsischen Grundbuchämter bereits erfolgt ist, bin ich im Interesse einer Verwaltungsvereinfachung damit einverstanden, daß die Mitteilungen nach § 6 der 5. AbgabenDV-LA auf die Fälle beschränkt werden, in denen das Bestehen einer öffentlichen Last der HGA bei den betreffenden Grundstücken in Abt II des Grundbuches vermerkt ist.*

*Es ist beabsichtigt, die Vorschrift des § 6 der 5. AbgabenDV-LA entsprechend zu ändern, wenn die Eintragungsarbeiten abgeschlossen und die öffentlichen Bekanntmachungen nach § 111c LAG in allen Bundesländern durchgeführt worden sind.*

**Nordrhein-Westfalen** VO über die Abschlußbekanntmachung gemäß § 111c Abs 1 LAG vom 14. Dezember 1965 GVBl 375 = JMBl NRW 1966, 28, BekJM vom 20. Januar 1966 BAnz vom 1. Februar 1966 = JMBl NRW 50, wonach im ganzen Land alle rechtzeitig gestellten Anträge erledigt sind.

**Rheinland-Pfalz** Bek JM vom 18. April 1966 StAnz Nr 18 = JBl 62, wonach im ganzen Land alle rechtzeitig gestellten Anträge erledigt sind.

**Schleswig-Holstein** Bek JM vom 11. Juli 1966 SchlHA 164, wonach alle rechtzeitig gestellten Anträge im ganzen Land erledigt sind.

**48 e** **7. Abgeltungshypotheken und Abgeltungslasten**

Auch für die sog Abgeltungshypotheken und -lasten ist im GBMG (*GT 2*) in §§ 22ff. aaO eine besondere Regelung getroffen, die der Klarstellung im GB dienen soll; dazu Regierungsentwurf aaO (vgl *Bem 47a*) BTDrS IV/351 S 15ff., *Haegele* GBRecht Bem 1691ff.

Die Abgeltungshypotheken und -lasten gehen auf die sog Gebäudeentschuldungssteuer zurück, die nach der VO über die Aufhebung der Gebäudeentschuldungssteuer vom 31. Juli 1942 RGBl I 501 abzulösen war, soweit Kreditinstitute die erforderlichen Geldmittel zur Verfügung stellten. Auf den betroffenen Grsten entstand kraft Gesetzes eine Abgeltungslast. Die Kreditinstitute ließen sich Abgeltungshypotheken in das GB eintragen. Die Abgeltungslast gemäß § 2 Abs 2 VO mit § 3 Abs 2 S 2 DVO ruhte auf den Grsten, ohne daß ein GBEintrag erfolgte; dazu *§ 54 Bem 4.* Die Abgeltungshypotheken nach § 8 DVO brachten die Abgeltungslast zum Erlöschen; zum Rang der Abgeltungshypothek *§ 45 Bem 106.* Die Forderungen aus Abgeltungsdarlehen erloschen bei regelmäßiger Tilgung am 20. März 1960. Soweit solche Tilgung erfolgte, erloschen die Abgeltungslasten und -hypotheken, so daß keine Eigentümergrundschuld entstand. Da sich jedoch in manchen Fällen die Tilgung verzögerte und auch verzögern wird, bestanden Abgeltungslasten und -hypotheken über den 20. März 1960 hinaus weiter. Um nun erkennbar zu machen, welche Grste noch belastet sind und eine Zeitlang bleiben, wurden die §§ 22ff. GBMG (*GT 2*) erlassen.

Zur Löschung von getilgten Abgeltungshypotheken war nur ein Antrag des Gläubigers erforderlich, der nicht der Form des § 29 bedarf; dazu *§ 27 Bem 22* sowie *Haegele* GBRecht Bem 1692. Gebühren und Auslagen werden hierbei nicht erhoben.

Nach § 22 GBMG (*GT 2*) darf **nach dem 31. Dezember 1964** eine **Abgeltungshypothek nicht mehr** in das GB **eingetragen** werden. Zu diesem Zeitpunkt **erlöschen** nach § 23 aaO alle **Abgeltungslasten**, soweit sie nicht schon vorher erloschen sind. Da diese Regelung sich nur auf den dinglichen Anspruch bezieht, bestimmt § 25 aaO, daß die persönliche Forderung aus dem Abgeltungsdarlehen durch das Erlöschen der Abgeltungslast oder -hypothek nicht berührt wird. Dazu *Haegele* GBRecht Bem 1696.

Soweit daher für die betreffenden Kreditinstitute **Abgeltungshypotheken** im GB noch nicht eingetragen waren, hatten sie letzte Gelegenheit, die **GBEintragung** bis Ende 1964 zu **beantragen.**

Um aber auch die **Abgeltungshypotheken** nicht für lange Zeit im GB eingetragen zu haben, bestimmt § 24 GBMG (*GT 2*), daß dann, wenn eine solche Hypothek im GB eingetragen ist, das **GBA nach dem Ende des Jahres 1964, jedoch frühestens 3 Jahre nach der Eintragung** einer solchen Hypothek im GB den **Gläubiger auffordern** kann, binnen einer Frist von 3 Monaten bei dem GBA eine schriftliche Erklärung einzureichen, ob eine Forderung aus der Abgeltungshypothek nicht besteht. Auf Antrag des Gläubigers vor Fristablauf kann das GBA die Frist auf bestimmte Zeit verlängern. Die Frist beginnt mit der Zustellung der Aufforderung an den, der als Gläubiger der Abgeltungshypothek im GB eingetragen ist. Reicht der Gläubiger **keine Erklärung** ein, so ist die Abgeltungshypothek nach dem Ablauf der Frist **von Amts wegen im GB zu löschen.** In der Aufforderung ist der Gläubiger auf die Rechtsfolge der Nichtbeachtung hinzuweisen. Gibt der Gläubiger eine **Erklärung** ab und ergibt sich daraus, daß eine Forderung aus der Abgeltungshypothek nicht mehr besteht, so gilt die **Erklärung** als **Antrag auf Löschung** der Abgeltungshypothek.

Sind nach Ablauf der Frist die Voraussetzungen für eine Löschung der Abgeltungshypothek nicht gegeben, nämlich dann, wenn der Gläubiger erklärt, daß noch eine Forderung besteht, so bleibt die Abgeltungshypothek im GB weiterhin eingetragen. Das GBA kann, wenn seit dem Ablauf der Frist **3 Jahre verstrichen** sind, die **Aufforderung wiederholen.** Für die Aufforderung und die Abgabe der Erklärung sowie die Rechtsfolgen gilt dasselbe wie bei der 1. Aufforderung. Diese Wiederholung kann mehrmals nacheinander erfolgen, wenn es notwendig sein sollte, jeweils in Abständen von 3 Jahren. Bei der fortlaufenden Tilgung wird dies allerdings nur in Frage kommen, wenn Stundungen längerer Art bewilligt sind.

Mit der Löschung **erlischt die Abgeltungshypothek**, soweit sie nicht schon vorher erloschen ist. Ein durch Rangrücktritt der Abgeltungshypothek dem vortretenden Recht eingeräumter Rang geht dadurch nicht verloren. Die Löschung ist kostenfrei. Die Forderung aus der Abgeltungshypothek wird durch das Erlöschen nicht berührt, § 25 aaO.

Die Vorschriften der GBO über die **Löschung gegenstandsloser Eintragungen**, §§ 84ff., bleiben unberührt.

Für das GBA steht die Entscheidung über die **Einleitung** eines Verfahrens nach § 24 GBMG (*GT 2*) in seinem **pflichtgemäßem Ermessen**, da das Gesetz ausdrücklich von *kann* spricht. Das GBA hat zu prüfen, ob die Voraussetzungen vorliegen; dazu *§ 85 Bem 5.* Eine Verpflichtung des GBA, die GBücher nach etwaigen Abgeltungshypotheken durchzusehen, besteht jedoch nicht; dazu *Haegele* GBRecht Bem 1451, 1697. Diese zusätzliche Regelung wurde eingeführt, weil das Verfahren nach §§ 84ff. unzureichend ist, insbes § 85 Abs 1 die Einleitung von besonderen Umständen abhängig macht; ein Verfahren wegen gegenstandsloser Eintragungen kann auch nur zur Löschung, nicht zum Erlöschen von Rechten führen. Als Gläubiger von Abgeltungshypotheken kommen nur Kreditinstitute in Frage, daher ist eine dem § 88 Abs 2 entsprechende Regelung entbehrlich.

## XIII. Verletzung des § 22 49

Dazu *Güthe* GBO § 22 Bem 2, *Horber* GBO § 22 Bem 1

Die beiden Absätze des § 22 enthalten nur Ordnungsvorschriften. Ihre Nichtbeachtung als solche beeinflußt daher die Wirksamkeit der Berichtigungseintragung nicht; es kommt vielmehr nur auf die materielle Rechtslage an. War nach dieser das GB unrichtig und stimmt es nach der Berichtigung mit derselben wieder überein, so ist es ohne Bedeutung, wenn die Unrichtigkeit dem GBA nicht oder nicht genügend oder aber nicht formgerecht nachgewiesen worden ist. Steht umgekehrt das GB mit der materiellen Rechtslage in Einklang, so wird das GB durch eine Eintragung, die berichtigen will, unrichtig, auch wenn die angebliche Unrichtigkeit formell einwandfrei, zB durch eine gefälschte, aber äußerlich formgültige Urkunde oder durch einen irrtümlich mit unrichtigem Inhalt ausgestellten Erbschein, nachgewiesen worden ist. Eine Berichtigungseintragung nach § 22 Abs 2 ist auch dann gültig, wenn die Zustimmung in nicht gehöriger Form erklärt ist oder gänzlich fehlt.

Wie auch sonst bei Ordnungsvorschriften, so besteht auch hier für das GBA die Verpflichtung zur Beachtung und Einhaltung, da andernfalls eine Amtspflichtverletzung vorliegen kann; dazu *§ 2 Bem 147*.

50

## XIV. Kosten

Besondere Vorschriften über die kostenrechtliche Behandlung von Eintragungen, die nur der Berichtigung des GB dienen, bestehen nicht. Die Gebühren richten sich wie bei den übrigen, also den rechtsändernden Eintragungen, nach §§ 60ff. KostO (*Anh*). Dazu *Wenz* Haftung für Kosten der GBBerichtigung (§§ 14, 22 GBO) Rpfleger 1957, 233.

In Frage kommen daher insbes

§§ 60, 61 KostO (*Anh*) bei Berichtigung der Eigentumseintragung,

§ 64 KostO (*Anh*) bei Veränderung von Rechten, vor allem bei Eintragungen, die den gesetzlichen Übergang eines Rechts, die Entstehung einer Eigentümergrundschuld kraft Gesetzes usw betreffen,

§ 65 KostO (*Anh*) bei Eintragung von Verfügungsbeschränkungen,

§ 66 KostO (*Anh*) bei Eintragung von Vormerkungen und Widersprüchen,

§ 68 KostO (*Anh*) bei Löschungen und Entlassung aus der Mithaft,

§ 67 KostO (*Anh*) bei sonstigen Eintragungen, zB bei Vermerken, die eine Berichtigung des Namens, des Standes, des Wohnorts bzw des Sitzes des eingetragenen Berechtigten zum Gegenstand haben, ferner bei Klarstellungsvermerken (dazu *Bem 12*), bei Vermerken über die Auflösung einer Handelsgesellschaft usw; dazu *Lauterbach* Kostengesetze KostO § 67 Bem 1, *Rohs-Wedewer* KostO § 67 Bem II, III,

§ 63 KostO (*Anh*) kommt in Betracht, wenn mehrere Rechte oder mehrere Grste betroffen werden.

§ 69 KostO (*Anh*) bezieht sich auf Sonderfälle, in denen Eintragungen und Löschungen gebührenfrei sind.

In § 13 GBMG (*GT 2*) ist bei Eintragung einer Umstellung im GB eine besondere Kostenregelung vorgesehen; dazu *Bem 45d, 46a*.

Für die Eintragung eines **neuen Eigentümers** oder **Erbbauberechtigten** im Wege der GBBerichtigung gelten die §§ 60, 61 KostO (*Anh*). Die Vorschrift des § 60 aaO macht keinen Unterschied, ob die Eintragung erst den Rechtserwerb begründet oder nur einen außerhalb des GBs eingetretenen Rechtserwerb berichtigend klarstellt; dazu **KG** JFG ErgBd 17, 19, *Lauterbach* Kostengesetze KostO § 60 Bem 1, *Rohs-Wedewer* KostO § 60 Bem I, auch *§ 20 Bem 91, 92*. Voraussetzung ist jedoch, daß ein neuer Eigentümer eingetragen wird. Betrifft die Eintragung nur die Richtigstellung des alten Eigentümers, zB eine Namens- oder Firmenänderung, so greift § 67 KostO (*Anh*) Platz; dazu **OLG Celle** NdsRpfl 1962, 58 = Rpfleger 1962, 416 = JVBl 1962, 67, **OLG Hamm** JVBl 1960, 141, *Rohs-Wedewer* KostO § 67 Bem III. Diese Vorschrift kommt auch zur Anwendung, wenn die nachträgliche Eintragung der Bruchteile der Berechtigten einer Bruchteilsgemeinschaft oder des für die Gesamthandsgemeinschaft maßgebenden Rechtsverhältnisses, da auch hier kein Eigentumswechsel eintritt; dazu *Rohs-Wedewer* aaO. Anders dagegen ist die Rechtslage in den Fällen des § 61 KostO (*Anh*), der von Eigentumswechsel bei Gemeinschaften zur gesamten Hand handelt. Kostenmäßig wird die Gesamthand hier wie eine Bruchteilsgemeinschaft behandelt; dazu *Lauterbach* aaO § 61 Bem 1. Die Gebühr aus § 60 aaO entfällt, wo kein Wechsel der Rechtsperson vorliegt, wie bei Umwandlung einer oHG in eine KG und umgekehrt, bei Verschmelzung von AGen oder Umwandlung einer Kapitalgesellschaft in eine andere (dazu *Bem 33, § 20 Bem 15*); wohl aber besteht Gebührenpflicht, wenn eine Neubildung in Frage kommt, *Lauterbach* aaO § 60 Bem 1, 2, *Rohs-Wedewer* aaO § 60 Bem I.

Der **Geschäftswert** bestimmt sich nach §§ 18ff. KostO (*Anh*); dazu *Lauterbach* aaO § 60 Bem 1 (D), *Rohs-Wedewer* aaO § 60 Bem VII. Dem Kaufe steht der Erwerb in freiwilliger Versteigerung gleich. Bei ZwVerst handelt es sich um einen kaufähnlichen Vorgang; die Gebühr berechnet sich nach dem Meistgebot zuzüglich des Wertes der bestehenbleibenden Rechte, uU bei Hinzurechnung des dem Ersteher nach § 114a ZVG anzurechnenden Betrags, *Rohs-Wedewer* aaO. Die bestehenbleibenden Rechte sind mit dem Nennbetrag einzusetzen, auch wenn sie dem Ersteher als Gläubiger zustehen. Ist der so errechnete Wert geringer als der Einheitswert, so ist letzterer maßgebend, **KG** JVBl 1937, 188 = JFG ErgBd 16, 53 = HRR 1937 Nr 882, *Rohs-Wedewer* aaO, *Steiner-Riedel* ZVG § 82 Bem 6. Über Streitwert bei GBBerichtigungsklage gegen Miterben **RG** RGZ 156, 263, **BGH** NJW 1958, 1397.

## § 23

### (Löschung eines auf Lebenszeit befristeten Rechts)

**(1) Ein Recht, das auf die Lebenszeit des Berechtigten beschränkt ist, darf nach dessen Tode, falls Rückstände von Leistungen nicht ausgeschlossen sind, nur mit Bewilligung des Rechtsnachfolgers gelöscht werden, wenn die Löschung vor dem Ablauf eines Jahres nach dem Tode des Berechtigten erfolgen soll oder wenn der Rechtsnachfolger der Löschung beim Grundbuchamte widersprochen hat; der Widerspruch ist von Amts wegen in das Grundbuch einzutragen. Ist der Berechtigte für tot erklärt, so beginnt die einjährige Frist mit dem Erlaß des die Todeserklärung aussprechenden Urteils.**

**(2) Der im Abs 1 vorgesehenen Bewilligung des Rechtsnachfolgers bedarf es nicht, wenn im Grundbuch eingetragen ist, daß zur Löschung des Rechtes der Nachweis des Todes des Berechtigten genügen soll.**

**Übersicht:**

## 1 I. Allgemeines, Bedeutung der Vorschrift

Dazu *Güthe* GBO § 23 Bem 1, 2, *Hesse-Saage-Fischer* GBO § 23 Bem I und Vorbem dazu, *Horber* GBO § 23 Bem 1, *Thieme* GBO § 23 Bem 1

§§ 23, 24 dienen der Beschränkung der Berichtigungsvoraussetzungen des § 22, indem in gewissen Fällen die GBBerichtigung auf Grund des Unrichtigkeitsnachweises nicht für ausreichend erklärt wird. Es muß daher unterschieden werden zwischen der zulässigen GBBerichtigung auf Grund Unrichtigkeitsnachweises (dazu *Bem 2ff.*) und der Löschung auf Grund einer Bewilligung des Rechtsnachfolgers (dazu *Bem 9ff.*).

Ein **auf Lebenszeit des Berechtigten beschränktes Recht erlischt** nach materiellem Recht mit dem **Tode** des Berechtigten, ohne daß es einer Aufhebungserklärung oder Löschung bedarf, §§ 163, 158 Abs 2, §§ 1061, 1090 BGB. Mit dem Zeitpunkt des Todes oder der Todeserklärung wird also das GB unrichtig und wäre nach der Regel des § 22 zu berichtigen. Die Vorschrift des § 23 dient nun einerseits dem Schutze des Rechtsnachfolgers des Berechtigten, indem sie die Löschung solcher Rechte erschwert, § 23 Abs 1; denn die Rechte des Rechtsnachfolgers würden durch eine vorzeitige, lediglich auf Grund des Nachweises des Todes (§ 22) erfolgende Löschung gefährdet, da sie durch diese zwar nicht erlöschen würden, aber den Gefahren ausgesetzt wären, die sich für nicht eingetragene Rechte aus dem öffentlichen Glauben des GB ergeben. Andererseits schafft die Bestimmung eine Erleichterung der Löschung im Interesse des Eigentümers durch den besonders gearteten Nachweis des § 23 Abs 2, der für die Praxis sehr wichtig ist.

Nach § 24 gelten die gleichen Grundsätze auch bei anderen zeitlich beschränkten Rechten.

## 2 II. Voraussetzungen zur Grundbuchberichtigung nach § 23

Dazu *Güthe* GBO § 23 Bem 3ff., 19ff., *Hesse-Saage-Fischer* GBO § 23 Bem I, II, *Horber* GBO § 23 Bem 2ff., *Thieme* GBO § 23 Bem 2ff.

Es handelt sich um die Löschung von Rechten der in § 23 bezeichneten Art auf Grund Unrichtigkeitsnachweises, also ohne Bewilligung des Betroffenen dh des Rechtsnachfolgers des verstorbenen Berechtigten. Die erforderlichen Nachweise sind nach § 22 zu führen; dazu *Güthe* GBO § 23 Bem 19, 20.

Es kommen hier nur Löschungen im Wege der GBBerichtigung in Frage. Für rechtsändernde Löschungen gilt § 19.

Als Voraussetzung zur Löschung ist in jedem Falle notwendig, daß ein in § 23 bezeichnetes Recht in Frage steht (dazu *Bem 3*) und daß der Tod des Berechtigten erfolgt ist, bzw eine Todeserklärung vorliegt (dazu *Bem 4*). Zusätzlich ist erforderlich, daß eine der in *Bem 5ff.* besonderen Voraussetzungen gegeben ist.

Zur Frage, ob Klage auf GBBerichtigung aus § 894 BGB erhoben werden kann, wenn die Voraussetzungen zur GBBerichtigung nach § 23 GBO vorliegen, **LG Hamburg** HansRGZ 1940 B 22 = Recht 1940 Nr 2164; dazu auch *§ 22 Bem 31.*

### 3 1. Allgemeine Voraussetzungen

#### a) Auf Lebenszeit befristetes Recht

Dazu *Güthe* GBO § 23 Bem 3ff., *Hesse-Saage-Fischer* GBO § 23 Bem I, *Horber* GBO § 23 Bem 2, *Siegelmann* Die Löschung eines auf Lebzeiten beschränkten dinglichen Rechts DWW 1965, 10, *Thieme* GBO § 23 Bem 2

Es muß sich um Rechte handeln, die auf die Lebensdauer des Berechtigten beschränkt sind. In Betracht kommen nur **dingliche Rechte**, gleichgültig, ob es Rechte an einem Grst oder Rechte an einem solchen Rechte sind. Es muß das Recht selbst, nicht nur die Berechtigung eines bestimmten Inhabers auf die Lebenszeit beschränkt sein; dazu *Güthe* GBO § 23 Bem 3. Es müssen Rückstände möglich sein; daher gehören das nicht subjektiv-persönliche Vorkaufsrecht (§§ 1094, 1098, 514 BGB) und uU das altrechtliche Wiederkaufsrecht gemäß Landesrecht (**BayObLG** 23, 67, *Güthe* aaO) sowie Vormerkungen (**LG Bonn** NJW 1963, 819, = DRspr IV (473) 76a *Güthe* aaO Bem 4, 6, *Horber* GBO § 23 Bem 3/b, **aA** *Hesse-Saage-Fischer* GBO § 23 Bem I) und Widersprüche nicht hierher.

§ 23 bezieht sich nicht nur auf natürliche Personen, sondern auch auf juristische; dazu *Güthe* aaO Bem 3, *Horber* aaO Bem 1. Bei einer Verschmelzung nach §§ 339ff. AktG gilt hinsichtlich solcher Rechte die aufgenommene Gesellschaft als erloschen; dazu **RG** RGZ 123, 298, **KG** KGJ 51, 262. Dasselbe muß für die Einverleibung einer politischen Gemeinde gelten.

**Unter § 23 fallen** deshalb nur folgende Rechte:

1. **Kraft Gesetzes unvererbliche Rechte,** nämlich der Nießbrauch, § 1061 BGB, **LG München I** DNotZ 1954, 260 = DRspr IV (473) 26ab, **LG Nürnberg-Fürth** DNotZ 1954, 262 = DRspr aaO 26c,

auch wenn er zwecks allmählicher Tilgung einer Hypothek bestellt und bestimmt ist, daß er nach voller Befriedigung des Gläubigers erlöschen soll, **KG** SeuffBl 72, 746,

der Nießbrauch, § 1061 BGB,

die beschränkte persönliche Dienstbarkeit, § 1090 Abs 2, § 1061 BGB, **aA** (zu Unrecht) **LG Bonn** aaO bez Wohnungsrecht,

die Reallasten subjektiv-persönlicher Art, wenn nach ihrer Natur eine Beschränkung auf Lebenszeit vorliegt, *Güthe* aaO Bem 4, wie insbes bei den Altenteilsrechten (dazu *§ 49 Bem 4*),

das Vorkaufsrecht subjektiv-persönlicher Art, § 1098 Abs 1, § 514 BGB; dazu *Horber* GBO § 23 Bem 2(a).

Bez der juristischen Personen ist zum Nießbrauch und zu den beschränkten persönlichen Dienstbarkeiten auf §§ 1059a bis e, 1092 Abs 2 BGB zu verweisen; dazu *§ 13 Vorbem 55, 79.*

Wenn bei einer beschränkten persönlichen Dienstbarkeit oder einem Nießbrauch vereinbart wird, daß das Recht schon vor dem Tode des Berechtigten endet und dieser Zeitpunkt, zu dem das Erlöschen eintreten soll, bezeichnet ist, so ist nicht § 23, sondern § 24 anzuwenden; dazu *Horber* GBO § 23 Bem 2(b).

Bei dem Erbbaurecht kann als Endtermin der Tod des Berechtigten nicht vereinbart werden, dies ist hM; dazu **OLG Celle** Rpfleger 1964, 213 (*Diester*), auch *Horber* GBO § 23 Bem 2(b), im übrigen *§ 8 Bem 9k.* **OLG Hamm** NJW 1966, 1488 = Rpfleger 1966, 47 bejaht die Vereinbarung eines Heimfallanspruchs (dazu *§ 8 Bem 16f*) für den Fall des Todes des Erbbauberechtigten. Dieser Auffassung wird zuzustimmen sein; dazu *Palandt* BGB ErbbauVO § 2 Bem 2, auch *Diester* Die Rspr zum WEG (München-Berlin 1967) 72 und 180 (Anm zu Nr 94).

2. **durch Rechtsgeschäft auf Lebenszeit des Berechtigten beschränkbare Rechte**, nämlich

die subjektiv-dinglichen Reallast, § 1111 BGB, sofern die Unvererblichkeit besonders bedungen ist und nicht schon aus ihrer Natur folgt (wie bei den unter *Z 1* erwähnten kraft Gesetzes unvererblichen Rechten); dazu *Güthe* aaO Bem 4, 5,

die Hypothek, sofern nicht nur die Forderung erlöschen, also keine Eigentümerhypothek entstehen soll, **KG** OLG 15, 391/29, 399, *Bendix* SeuffBl 73, 267 (269), *Güthe* GBO § 23 Bem 5, wobei jedoch nach § 1163 Abs 1 S 2, § 1177 BGB eine Eigentümergrundschuld entsteht, **KG** KGJ 33, 238; dagegen würde es nicht genügen, wenn eine Hypothek der Sicherung von Forderungen dienen soll, die nur bis zum Tode des eingetragenen Gläubigers entstehen können, **KG** DR 1943, 449 = DFG 1943, 44, dazu auch **KG** OLG 15, 391, DNotV 1931, 119, *Horber* GBO § 23 Bem 2(b),

die Grund- und Rentenschuld, ferner

das Pfandrecht an einem GrstRecht, wobei es gleichgültig ist, ob das Pfandrecht auf die Lebensdauer des Pfandgläubigers oder das verpfändete Recht selbst auf Lebenszeit des Pfandgläubigers beschränkt ist, und darauf hinzuweisen ist, daß letzterenfalls die Möglichkeit besteht, daß dem Pfandschuldner Rückstände zustehen, die vom Pfandrecht ergriffen werden, *Güthe* aaO Bem 5, 6.

Dagegen kann nicht vereinbart werden ein Dauerwohnrecht oder Dauernutzungsrecht WEG (dazu *§ 3 Bem 460, § 24 Bem 2*) auf Lebensdauer des Berechtigten, **OLG Neustadt** NJW 1961, 1974 = MDR 1962, 216 = DNotZ 1962, 221, *Palandt* BGB WEG § 33 Bem 2, *Soergel* BGB WEG § 33 Bem 2, **aA** *Bärmann* WEG (Kurzausgabe) § 33 Bem II 1, *BGB-RGRK* WEG § 33 Bem 3, 8, *Diester* Rspr zum WEG 72 und 180 (Anm zu Nr 94).

Die **rechtsgeschäftliche Beschränkung** eines Rechts auf Lebensdauer **bedarf** zu ihrer Wirksamkeit **nicht der Eintragung im GB**; die Eintragung ist jedoch zulässig und zum Schutz gegen die Wirkungen des öffentlichen Glaubens zweckmäßig, **KG** KGJ 33, 243/49, 187; dazu *Güthe* GBO § 23 Bem 5.

4

### b) Tod des Berechtigten

Weitere Voraussetzung ist der Tod des Berechtigten, dem die Todeserklärung gleichsteht, wie sich aus § 23 Abs 1 S 2 ergibt. Über die Voraussetzungen der Todeserklärung und das Verfahren bei Todeserklärungen Verschollenheitsgesetz vom 15. Januar 1951 BGBl I 63 = BGBl III 401—6, 7 = SaBl 119.

Der Nachweis des Todes wird gemäß § 29 geführt durch eine beglaubigte Abschrift aus dem Sterbebuch des Standesbeamten bzw eine Sterbeurkunde, bei Todeserklärung durch Vorlage einer Ausfertigung des Beschlusses, der die Todeserklärung ausspricht. Auch ein Erbschein ist als ausreichend anzusehen, *Güthe* GBO § 23 Bem 19, **aA** (wohl überholt) **OLG Karlsruhe** OLG 12, 156; dazu *§ 29 Bem 4ff.* Der Nachweis ist entbehrlich, wenn der Tod wegen der Länge der inzwischen verflossenen Zeit als offenkundig zu betrachten ist, § 29 Abs 1 S 2; dazu *Güthe* aaO.

5

### 2. Besondere Voraussetzung

Zu den allgemeinen Voraussetzungen muß eine der folgenden 3 alternativ in Betracht kommenden besonderen Voraussetzungen hinzukommen, damit GB-Berichtigung ohne Bewilligung des Rechtsnachfolgers des Berechtigten erfolgen kann; dazu *Bem 2*.

### a) Fall des § 23 Abs 2

Der Nachweis des Todes ist ausreichend, wenn im GB eingetragen ist, daß der Nachweis des Todes zur Löschung des Rechts genügen soll, § 23 Abs 2. Hier ist es gleichgültig, wann der Tod erfolgt ist, ob ein Widerspruch des Rechtsnachfolgers im GB eingetragen ist (dazu *Bem 12*) und ob Rückstände möglich sind oder nicht (dazu *Bem 6, 11*).

Die Eintragung des erwähnten Vermerks, der nicht durch Bezugnahme auf die Eintragungsbewilligung ersetzt werden kann, erfolgt entweder bei Eintragung des Rechts oder nachträglich, *Güthe* GBO § 23 Bem 21, *Meyer* BayNotZ 1914, 302. Erforderlich ist die Bewilligung des Berechtigten; nicht genügend ist diejenige des Eigentümers, auch wenn die Eintragung gleichzeitig mit der Eintragung des Rechts selbst erfolgt, **KG** OLG 29, 399 = KGJ 44, 242 = RJA 13, 59, *Güthe* aaO, *Hesse-Saage-Fischer* GBO

§ 23 Bem III 2, *Horber* GBO § 23 Bem 6, *Predari* GBO § 23 Bem 5, **aA** *Achilles-Strecker* GBO § 19 Bem 3, §§ 23, 24 Bem 2, *Meyer* BayNotZ 1914, 302, *Turnau-Förster* GBO § 23 Bem II 5b. Die Eintragung erfolgt in derselben Abteilung des GB, in der das Recht selbst eingetragen wird. Zur Löschung des Vermerks ist, wenn sie nicht gleichzeitig mit der des Rechts selbst erfolgt, Löschungsbewilligung des Belasteten, nicht des Berechtigten notwendig; dazu *Güthe* GBO § 23 Bem 24. Diese Löschung erfolgt in der Veränderungsspalte, wenn der Vermerk in der Hauptspalte (Sp 3 der 2. Abt, Sp 4 der 3. Abt) eingetragen ist, im übrigen in der Löschungsspalte; dazu *Güthe* aaO.

Die Frage, ob bei der Eintragung von Rechten im GB, die auf die Lebenszeit des Berechtigten beschränkt sind, zur gleichzeitigen Eintragung des Vermerks, daß zur Löschung des Rechts der Nachweis des Todes des Berechtigten genügen soll, Zustimmung des künftigen Berechtigten erforderlich ist, ist auch in neuerer Zeit noch strittig. Das **BayObLG** BayObLGZ 1965, 46 = DNotZ 1965, 406 = Rpfleger 1965, 180 (*Haegele*) = MittBayNotV 1965, 79 hält in einem Vorlagebeschluß die Bewilligung des GrstEigentümers für ausreichend. Der **BGH** Rpfleger 1966, 206 = WM 1966, 17 ließ jedoch die Frage offen. Die Bewilligung des Berechtigten, die — wie bereits erwähnt — früher schon von der Rspr für erforderlich gehalten wurde, wird neuerdings für nötig gehalten von **OLG Bremen** DNotZ 1961, 41 (*Horber*) = DRspr IV (473) 69, **OLG Neustadt** DNotZ 1962, 93 = Rpfleger 1961, 440 (*Haegele* ablehnend), *Hesse-Saage-Fischer* GBO § 23 Bem III 2, *Hoeniger-Weißler-Bergmann* GBO (2. Aufl) §§ 23, 24 Bem 3 (Ba), *Horber* GBO § 23 Bem 6, *Thieme* GBO § 23 Bem 5. **aA** außer **BayObLG** aaO **LG Aachen** DNotZ 1962, 94 = Rpfleger 1961, 440 (*Haegele*) = DRspr IV (473) 71c, **LG Göttingen** NdsRpfl 1962, 225, *Haegele* aaO, *Hieber* Die Eintragungsvoraussetzungen der Löschungserleichterung nach § 23 Abs 2 GBO DNotZ 1961, 132 = DRspr aaO 69b, *Lutter* Rpfleger 1961, 442, *Wehrens* DNotZ 1963, 24 (30). Es kann als hM angesehen werden, daß die Bewilligung des Berechtigten zu der erwähnten GBEintragung erforderlich ist, da in dessen Recht eingegriffen wird.

### b) Rückstände ausgeschlossen 6

Der Nachweis des Todes des Berechtigten genügt auch dann, wenn Rückstände auf das zu löschende Recht nach dem Inhalt der Eintragung ausgeschlossen sind. Dies trifft zu bei dem Vorkaufsrecht, bei Vormerkungen und Widersprüchen, ferner uU bei dem altrechtlichen Wiederkaufsrecht gemäß Landesrecht; dazu *Bem 3*.

Gleichgültig ist auch hier, wann der Tod des Berechtigten erfolgt ist, oder ob ein Widerspruch des Rechtsnachfolgers desselben eingetragen ist; dazu *Bem 12*.

Zur Frage der Möglichkeit von Rückständen bei einem Nießbrauch an einem WaldGrst **LG München I** DNotZ 1954, 260 = DRspr IV (473), 26ab.

### c) Ablauf des Sperrjahres und kein Widerspruch des Rechtsnachfolgers 7

Der Nachweis des Todes des Berechtigten ist auch dann ausreichend, wenn die Löschung erst nach Ablauf des sog Sperrjahres dh 1 Jahres seit dem Tode des Berechtigten erfolgen soll und der Rechtsnachfolger desselben der Löschung beim GBA nicht widersprochen hat (dazu *Bem 12*), selbst wenn Rückstände nicht ausgeschlossen sind; dazu *Güthe* GBO § 23 Bem 12, 20, *Horber* GBO § 23 Bem 4 (b$\beta$).

Die Jahresfrist wird nach § 187 Abs 1, § 188 BGB berechnet. Im Falle der Todeserklärung berechnet sich die Jahresfrist ab Rechtskraft des die Todeserklärung aussprechenden Beschlusses, § 29 Abs 1, § 49 Abs 1 VerschG mit § 23 Abs 1 S 2, *Horber* aaO Bem 4 (Bb), *Thieme* GBO § 23 Bem 4. Für das Ende der Frist ist nicht derTag maßgebend, an dem die Löschung beantragt wird, sondern derjenige, an dem die Löschung erfolgen, also in das GB eingetragen werden soll.

8 **3. Sonstige Voraussetzungen**

Im übrigen müsen die sonstigen Eintragungsvoraussetzungen vorliegen, *Güthe* GBO § 23 Bem 11, *Horber* GBO § 23 Bem 4 (c), also

ein **Antrag**, § 13, der in den Fällen *Bem 5 bis 7* keiner Form bedarf, § 30,

die Notwendigkeit der Vorlage des Hypothekenbriefs usw bei **Briefrechten**,

eine etwa erforderliche **Zustimmung Dritter** und vormundschaftsgerichtliche oder **behördliche Genehmigung** usw.

Bez Löschung einer Hypothek, Grund- oder Rentenschuld § 27.

## 9 III. Löschung auf Grund Bewilligung des Rechtsnachfolgers

Dazu *Güthe* GBO § 23 Bem 9ff., *Horber* GBO § 23 Bem 4(b$\gamma$), *Thieme* GBO § 23 Bem 4

**1. Allgemeines**

Es muß hier unterschieden werden zwischen den Fällen, in den die Bewilligung des Rechtsnachfolgers notwendig ist (dazu *Bem 11*), und den Fällen, in denen dieselbe zulässig ist (dazu *Bem 10*).

**Rechtsnachfolger** iSd § 23 ist ein Rechtsnachfolger bei Erbfolge, aber auch unter Lebenden, sowohl ein Gesamtrechtsnachfolger — wie bei Erbschaft; dazu **LG München** DNotZ 1956, 260 = DRspr IV (473) 26ab, **LG Nürnberg-Fürth** DNotZ 1956, 262 = DRspr aaO 26c — als auch ein Sonderrechtsnachfolger — dazu **KG** JW 1938, 2830 = HRR 1938 Nr 1352 = DFG 1938, 204. Es kann sich um einen einzelnen oder um mehrere Rechtsnachfolger handeln (etwa Miterben). Dazu *Güthe* GBO § 23 Bem 9, *Thieme* GBO § 23 Bem 4.

10 **2. Zulässigkeit der Löschung bei Bewilligung**

Löschung auf Grund der Bewilligung des nunmehr Berechtigten dh des Rechtsnachfolgers des Berechtigten (dazu *Bem 9*) nach dessen Tod ist ohne weiteres möglich, wenn der Nachweis der Rechtsnachfolge geführt wird; dazu *Güthe* GBO § 23 Bem 12, *Horber* GBO § 23 Bem 4 (b$\gamma$).

11 **3. Notwendigkeit der Bewilligung**

Wie sich aus § 23 ergibt, ist in bestimmten Fällen die Zustimmung des Rechtsnachfolgers (dazu *Bem 9*) nötig, *Güthe* GBO § 23 Bem 12ff., *Thieme* GBO § 23 Bem 4, nämlich

wenn die Löschung vor Ablauf des Sperrjahres (*Bem 7*) erfolgen soll, falls nach dem Inhalt der Eintragung Rückstände nicht ausgeschlossen sind (*Bem 6*), oder

wenn der Rechtsnachfolger (*Bem 9*) der Löschung widersprochen hat (*Bem 12*), wobei jedoch vorausgesetzt wird, daß kein Fall des § 23 Abs 2 vorliegt (*Bem 5*).

Es gilt dann die Regel des **§ 19**. Die Löschungsbewilligung des Rechtsnachfolgers ist in der Form des § 29 dem GBA vorzulegen.

## 12 IV. Widerspruch des Rechtsnachfolgers

Dazu *Güthe* GBO § 23 Bem 13ff., *Hesse-Saage-Fischer* GBO § 23 Bem III 1, *Horber* GBO § 23 Bem 5, *Thieme* GBO § 23 Bem 4(b)

**Erklärung des Widerspruchs** kann erfolgen solange, als das Recht noch nicht gelöscht ist, also auch nach Ablauf des Sperrjahres (dazu *Bem 7*), selbst dann noch, wenn bereits der Antrag auf Löschung gestellt ist (der sodann zurückzuweisen wäre); denn schon die bloße Erklärung des Widerspruchs hindert die Löschung. Unwirksam ist der Widerspruch, wenn ein Vermerk nach § 23 Abs 2 eingetragen ist (dazu *Bem 5*) oder Rückstände ausgeschlossen sind (dazu *Bem 6*). So auch *Horber* GBO § 23 Bem 5 (C), **aA** (zu Unrecht **LG München I** DNotZ 1954, 260 = DRspr IB (473) 26ab.

**Berechtigt** zum Widerspruch ist der Rechtsnachfolger (dazu *Bem 9*). Sind mehrere Rechtsnachfolger vorhanden, die zusammen berechtigt sind, so genügt der Widerspruch eines von ihnen; dazu *Güthe* GBO § 23 Bem 13, *Predari* GBO § 23 Bem 7. Der Widersprechende hat seine Legitimation als Rechtsnachfolger in der gbmäßigen Form des § 29 **nachzuweisen**; dazu *Güthe* und *Horber* aaO, **aA** *Predari* aaO. Kann er dies nicht, so muß er das Prozeßgericht anrufen und eine einstweilige Verfügung erwirken; über deren Voraussetzungen usw *§ 19 Bem 53*.

Der Widerspruch ist beim GBA, nicht vor ihm anzubringen; deshalb genügt die **Einreichung beim GBA**. Er bedarf der Form des § 29; dazu *Güthe* GBO § 23 Bem 15, *Hesse-Saage-Fischer* aaO, **aA** *Predari* aaO. Dasselbe gilt von der **Zurücknahme** des Widerspruchs und der **Bewilligung der Löschung** derselben.

**Eintragung des Widerspruchs** erfolgt von Amts wegen, § 23 Abs 2 S 1 HalbS 2; dazu **LG München I** DNotZ 1954, 260 = DRspr IV (473) 26ab.

Eines Antrags auf Eintragung bedarf es nicht. Daher findet § 17 keine Anwendung, auch wenn der Widerspruch nach dem Löschungsantrag beim GBA eingeht, *Güthe* GBO § 23 Bem 16. Der Widerspruch ist in der Abteilung einzutragen, in der das Recht eingetragen ist, wobei eine Bezugnahme auf die Widerspruchserklärung nicht zulässig ist. § 12 Abs 2, § 19 GBVfg (*GT 4*) sind auf diesen Widerspruch nicht anwendbar; seine formelle Behandlung richtet sich vielmehr nach §§ 10, 11 GBVfg (*GT 4*). Dazu *Hesse-Saage-Fischer* GBO § 23 Bem III 1, *Horber* GBO § 23 Bem 5 (C).

Die **Löschung des Widerspruchs** erfolgt in der Regel ohne weiteres mit der Löschung des Rechtes selbst, andernfalls ist Löschungsbewilligung (§§ 19, 29) erforderlich.

Der Widerspruch nach § 23 ist **kein Widerspruch iSd § 899 BGB**; denn dieser hat ein bestehendes, aber aus dem GB nicht ersichtliches Recht, also die bereits gegebene Unrichtigkeit des GB zur Voraussetzung und dient deren Beseitigung. Der Widerspruch nach § 23 jedoch setzt die Richtigkeit des GB voraus und bezweckt die Aufrechterhaltung des gegebenen, mit der wirklichen Rechtslage in Einklang stehenden gbmäßigen Zustands; er soll also die Unrichtigkeit verhindern. Auch **mit der Vormerkung** hat dieser Widerspruch **nichts zu tun**; denn er sichert ein dingliches Recht, die Vormerkung dagegen einen persönlichen Anspruch. Über Vormerkung und Widerspruch *§ 25 Bem 8ff*.

## V. Verletzung des § 23 13

Dazu *Güthe* GBO § 23 Bem 25, *Horber* GBO § 23 Bem 1, 4 (b$\gamma$), 5 (D)

§ 23 enthält eine **Ordnungsvorschrift**. Durch die Löschung wird das materielle Recht nicht berührt. Wenn das dingliche Recht durch den Tod des Berechtigten erlischt, so wird das GB unrichtig (dazu *Bem 1*) und durch die Löschung lediglich mit der wirklichen Rechtslage wieder in Übereinstimmung gebracht. Wenn Rückstände geschuldet werden, so bestehen das dingliche Recht und damit auch die Haftung des Grst für die Rückstände fort und bleiben auch bestehen, wenn die Löschung des Rechts zu Unrecht erfolgt ist; in diesem Falle kann die Wiedereintragung des Rechts im Wege der GB-Berichtigung (§ 22) verlangt werden. Ein Widerspruch gegen die Löschung von Amts wegen (§ 53 Abs 1 S 1) wäre aber nur dann einzutragen, wenn nicht nur § 23 verletzt wurde, sondern glaubhaft erscheint, daß das GB wirklich unrichtig geworden ist, daß also tatsächlich Rückstände bestehen, *Predari* GBO § 23 Bem 8. Die Vorschrift ist zu beachten, auch wenn sie Ordnungsvorschrift ist, da andernfalls, wenn Schaden entsteht, Amtshaftung begründet sein kann; dazu *§ 2 Bem 147*.

Hat der Rechtsnachfolger die Löschung bewilligt, so ist hierin ein Verzicht auf die dingliche Sicherung seiner Rechte zu erblicken; eine Wiedereintragung kann in diesem Falle nicht verlangt werden. Dagegen wird der persönliche Anspruch auf Rückstände weder durch die Löschung noch durch die Eintragung einer Löschungsbewilligung berührt; er bleibt vielmehr bestehen, bis er getilgt oder verjährt ist, §§ 901, 902, 197 BGB; dazu **LG Nürnberg-Fürth** DNotZ 1954, 262 = DRspr IV (473) 26c, *Güthe* GBO § 23 Bem 25.

## 14 VI. Kosten

Dazu *Horber* GBO § 23 Bem 7, *Thieme* GBO § 23 Bem 7

Für die **Löschung** des Rechts ist § 68 KostO (*Anh*) maßgebend; dazu *§ 27 Bem 41*. Hiernach wird für die Löschung ½ der vollen Gebühr, die sich für die Eintragung berechnet, erhoben. Soweit Löschung gegenstandsloser Eintragungen nach § 84 in Betracht kommt, ist nach § 70 Abs 1 KostO (*Anh*) das Verfahren gebührenfrei, wobei jedoch, wenn es angemessen erscheint, einem Beteiligten die Gebühr auferlegt werden kann; dazu *§ 84 Bem 9*.

Bei Eintragung eines **Widerspruchs** wird nach § 67 KostO (*Anh*) ¼ der vollen Gebühr erhoben.

Wenn ein **Vermerk nach § 23 Abs 2** (dazu *Bem 5*) zugleich mit dem Recht eingetragen wird, so handelt es sich um ein Nebengeschäft iSd § 35 KostO (*Anh*), für das keine besondere Gebühr erhoben wird, also gebührenfrei ist; dazu *Horber* GBO § 23 Bem 7.

# § 24

(Löschung zeitlich begrenzter Rechte)

**Die Vorschriften des § 23 sind entsprechend anzuwenden, wenn das Recht mit der Erreichung eines bestimmten Lebensalters des Berechtigten oder mit dem Eintritt eines sonstigen bestimmten Zeitpunkts oder Ereignisses erlischt.**

**Übersicht:**



## 1 I. Allgemeines

Dazu *Güthe* GBO § 24 Bem 1, *Hesse-Saage-Fischer* GBO § 24 Bem, *Horber* GBO § 24 Bem 1

§ 24 steht neben § 23 und bezieht sich auf die GBBerichtigung; es werden die Fälle des § 23 erweitert.

## 2 II. Anwendungsfälle

Dazu *Güthe* GBO § 24 Bem 2, *Hesse-Saage-Fischer* GBO § 24 Bem, *Horber* GBO § 24 Bem 2, *Thieme* GBO § 24 Bem 1

§ 24 bezieht sich auf die Löschung von Rechten, die erlöschen mit dem Eintritt

eines **bestimmten Lebensalters des Berechtigten**, zB Erreichung der Volljährigkeit, also nicht des Zeitpunkts des Todes (Fall des § 23; dazu *§ 23 Bem 3, 4*),

eines **bestimmten Zeitpunkts**, insbes eines Kalendertags, zB bis Weihnachten des Jahres .......,

eines **bestimmten Ereignisses**, zB bei Verheiratung, bei der Geburt des ersten Kindes oder beim Tode eines bezeichneten Dritten (dh nicht des Berechtigten), **LG Nürnberg-Fürth** DNotZ 1954, 262 = DRspr IV (473) 26c.

Solche zeitliche Beschränkungen (§ 158 Abs 2, § 163 BGB) können bei allen Rechten außer bei Eigentum und den altrechtlichen Erbbaurechten vereinbart werden; bei den Erbbaurechten neuerer Art, § 1 Abs 4 ErbbauVO (*Anh*) sowie bei Dauerwohn- und Dauernutzungsrechten, §§ 31, 33 Abs 1 WEG (*Anh*) kommt jedoch nur die Form der Befristung in Betracht; dazu *§ 3 Bem 460, § 8 Bem 9k, § 23 Bem 3.*

Die Eintragung der Beschränkung in das GB ist zu ihrer Wirksamkeit nicht erforderlich, *§ 13 Vorbem 177.*

## III. Entsprechende Anwendung des § 23 3

Dazu *Güthe* GBO § 24 Bem 2ff., *Hesse-Saage-Fischer* GBO § 24 Bem, *Horber* GBO § 24 Bem 3, *Thieme* GBO § 24 Bem 2ff.

§ 23 ist entsprechend anzuwenden; dazu *Bem 1, § 23 Bem 1.*

Dies gilt bez der **Voraussetzungen** (dazu *§ 23 Bem 2ff.*) in der Weise, daß ein zeitlich beschränktes Recht in Frage kommt (dazu *Bem 2*) oder daß der Eintritt eines bestimmten Zeitpunkts oder Ereignisses entscheidend ist (dazu *Bem 2*), daß also die allgemeinen Voraussetzungen der GBBerichtigung dem § 24, nicht dem § 23 zu entnehmen sind. Dazu *Güthe* GBO § 24 Bem 2.

Für die **besonderen Voraussetzungen** ist auf *§ 23 Bem 5ff.* zu verweisen.

Ergänzend ist dazu folgendes zu bemerken: Die Eintragung nach **§ 23 Abs 2** (dazu *§ 23 Bem 5*) ist entsprechend abzufassen, also zB *Zur Löschung des Rechts genügt der Nachweis der Vollendung des 21. Lebensjahres des Berechtigten*; dazu *Güthe* GBO § 24 Bem 8. Sind **Rückstände** von Leistungen nach dem Inhalt der Eintragung **ausgeschlossen** (dazu *§ 23 Bem 6*), so bedarf es zur Löschung des Rechts nicht der Bewilligung des Berechtigten; es genügt der Nachweis des Lebensalters (zB durch Vorlage der Geburtsurkunde ua) usw; dazu *Güthe* aaO Bem 7. Das **Sperrjahr** (dazu *§ 23 Bem 7*) wird ab Eintritt des Ereignisses oder des in Frage stehenden Zeitpunktes gerechnet, § 187 Abs 1 BGB; dazu *Güthe* aaO Bem 6.

Zur **Löschung auf Grund Bewilligung** (dazu *§ 23 Bem 9ff.*) ist, soweit eine solche erforderlich ist, normalerweise diejenige des **Berechtigten** erforderlich. Es kann aber auch ein Rechtsnachfolger des Berechtigten (Gesamtrechtsnachfolger, wie zB Erbe, oder Sonderrechtsnachfolger, zB auf Grund Übertragung) in Frage kommen; dazu *Güthe* aaO Bem 5.

Sind **Rückstände nicht ausgeschlossen** (dazu *§ 23 Bem 11*) und ist der Vermerk nach § 23 Abs 2 nicht eingetragen, so bedarf es zur Löschung des Rechts der Bewilligung des Berechtigten bzw seines Rechtsnachfolgers, wenn sie vor Ablauf eines Jahres nach Eintritt des Zeitpunkts bzw des Ereignisses erfolgen soll oder wenn der Berechtigte bzw dessen Rechtsnachfolger der Löschung beim GBA widersprochen hat. Dazu auch **LG München I** DNotZ 1954, 260 = DRspr IV (473) 26 ab.

Bei **Widerspruch** des Rechtsnachfolgers wird ein Widerspruch im GB von Amts wegen eingetragen; dazu *§ 23 Bem 12.*

## § 25

(Löschung von Vormerkung und Widerspruch)

**Ist eine Vormerkung oder ein Widerspruch auf Grund einer einstweiligen Verfügung eingetragen, so bedarf es zur Löschung nicht der Bewilligung des Berechtigten, wenn die einstweilige Verfügung durch eine vollstreckbare Entscheidung aufgehoben ist. Diese Vorschrift ist entsprechend anzuwenden, wenn auf Grund eines vorläufig vollstreckbaren Urteils nach den Vorschriften der Zivilprozeßordnung eine Vormerkung oder ein Widerspruch eingetragen ist.**

**Übersicht:**



## 1 I. Allgemeines

Dazu *Güthe* GBO § 25 Bem 1ff., *Hesse-Saage-Fischer* GBO § 25 Bem I, *Horber* GBO § 25 Bem 1, *Thieme* GBO § 25 Bem 1

§ 25 regelt einen **besonderen Fall der GBBerichtigung**; dazu *Güthe* GBO § 25 Bem 3, *Horber* GBO § 25 Bem 1, *Predari* GBO § 25 Bem 1.

Ist auf Grund einer einstweiligen Verfügung oder eines vorläufig vollstreckbaren Urteils eine Vormerkung oder ein Widerspruch eingetragen, so verliert diese Eintragung mit der Beseitigung der einstweiligen Verfügung oder des Urteils ohne weiteres ihre Berechtigung; dazu Denkschr 41. Das GB wird also insoweit durch die Aufhebung der einstweiligen Verfügung oder des Urteils unrichtig, **BGH** BGHZ 39, 21 = NJW 1963, 813 = MDR 1963, 396 = JZ 1963, 710 (*Rahn*) = WM 1963, 317 = Rpfleger 1963, 190 = LM § 885 BGB Nr 6, § 265 ZPO Nr 8 Ls = DRspr IV (473) 76b, **RG** RGZ 81, 290, **KG** KGJ 43, 207; dazu *BGB-RGRK* BGB § 886 Bem 6, *Palandt* BGB § 886 Bem 1, *Staudinger-Seufert* BGB § 925 Bem 6. **§ 25 erleichtert die Beseitigung dieser Unrichtigkeit**, indem die Löschung schon auf Grund einer vollstreckbaren, noch nicht rechtskräftigen Aufhebungsentscheidung gestattet wird. Auch eine förmliche Aufhebung der Eintragung als Vollstreckungsmaßnahme nach § 776 ZPO ist entbehrlich.

§ 25 schließt jedoch eine **nach den gewöhnlichen Vorschriften** des **§ 19** (Löschungsbewilligung des Berechtigten) oder des **§ 22** (Unrichtigkeitsnachweis) erfolgende Löschung der Vormerkung oder des Widerspruchs nicht aus, **KG** KGJ 43, 207.

Über **Verletzung des § 25** *Bem 46*.

## 2 II. Anwendungsbereich des § 25

Dazu *Güthe* GBO § 25 Bem 25, *Hesse-Saage-Fischer* GBO § 25 Bem II 2, III, *Horber* GBO § 25 Bem 2, *Thieme* GBO § 25 Bem 2

Es muß sich um eine Vormerkung oder um einen Widerspruch handeln, die auf Grund einer einstweiligen Verfügung (§ 885 Abs 1, § 899 Abs 2 BGB, §§ 936ff. ZPO) oder eines vorläufig vollstreckbaren Urteils, durch das der Schuldner zur Abgabe einer Willenserklärung verurteilt ist (§ 895 ZPO), erlassen sind.

Wird durch einstweilige Verfügung zur Sicherung des Anspruchs auf Einräumung einer Hypothek an **mehreren Grsten** die Eintragung einer Vormerkung angeordnet, so kann diese auf jedem Grst zur Sicherung des einheitlichen ungeteilten Anspruchs auf Einräumung einer Gesamthypothek eingetragen werden; § 932 Abs 2 ZPO gilt hier nicht, **KG** JFG 5, 328. Lautet das Urteil auf Zahlung einer Geldsumme, so ist keine Vormerkung, sondern nur nach § 866 ZPO die Eintragung einer Sicherungshypothek zulässig, **RG** RGZ 56, 16, **KG** OLG 31, 138; dazu *BGB-RGRK* BGB § 883 Bem 4ff., *Güthe* GBO § 25 Bem 5. Während eines laufenden Konkursverfahrens sind § 14 Abs 2, § 221 Abs 2 KO zu beachten. Im übrigen *§ 19 Bem 46, 53.*

## 3 III. Voraussetzungen der Grundbuchberichtigung nach § 25

Dazu *Güthe* GBO § 25 Bem 25ff., *Hesse-Saage-Fischer* GBO § 25 Bem II, *Horber* GBO § 25 Bem 3, *Thieme* GBO § 25 Bem 3

Die Voraussetzungen für eine GBBerichtigung nach § 25 sind folgende:

1. Eintragung einer Vormerkung oder eines Widerspruchs auf Grund einer einstweiligen Verfügung oder eines vorläufig vollstreckbaren Urteils; dazu *Bem 4*,
2. Aufhebung des Titels; dazu *Bem 5*,
3. sonstige Eintragungsvoraussetzungen; dazu *Bem 6*.

### 1. Auf Grund einer einstweiligen Verfügung oder eines vorläufig vollstreckbaren Urteils erfolgte Eintragung einer Vormerkung oder eines Widerspruchs 4

§ 25 bezieht sich nur auf solche Vormerkungen und Widersprüche, die auf einer einstweiligen Verfügung oder einem vorläufig vollstreckbaren Urteil beruhen; dazu *Bem 2*. Dies muß sich, wenn nicht aus dem Eintragungsvermerk, so doch aus den Grundakten zweifelsfrei ergeben, **KG** KGJ 46, 206 = OLG 34, 229; dazu *Güthe* GBO § 25 Bem 25, *Hesse-Saage-Fischer* GBO § 25 Bem II 2. Dagegen ist § 25 nicht anwendbar, wenn die Eintragung der Vormerkung bzw des Widerspruchs aus anderen Gründen erfolgt ist; dazu *Bem 32ff*.

### 2. Aufhebung des Titels 5

Es muß die einstweilige Verfügung oder das vorläufig vollstreckbare Urteil vollstreckbar aufgehoben sein.

Hierzu ist im einzelnen folgendes zu bemerken:

a) Es muß eine gerichtliche **Entscheidung** vorliegen, sei es ein Urteil, sei es ein Beschluß, §§ 922, 924 bis 927, 934, 936, 939, 942 ZPO. Ein vollstreckbarer Vergleich iSd § 794 Abs 1 Z 5 ZPO genügt nicht; er kann aber die Grundlage der Löschung bilden, wenn er die Löschungsbewilligung enthält: dazu *Bem 33* sowie *Horber* GBO § 25 Bem 3 (a).

b) Die **Aufhebung** der einstweiligen Verfügung oder des vorläufig vollstreckbaren Urteils muß durch diese Entscheidung erfolgt sein; dazu *Güthe* GBO § 25 Bem 26ff., *Hesse-Saage-Fischer* GBO § 25 Bem II 3, *Horber* GBO § 25 Bem 3, *Thieme* GBO § 25 Bem 3. Es genügt nicht, wenn nur die Klage wegen des Hauptanspruchs, den die einstweilige Verfügung sichert, abgewiesen wird. Ebensowenig genügt die Einstellung der ZwV aus der einstweiligen Verfügung. Wohl aber ist ausreichend die Aufhebung der vorläufigen Vollstreckbarkeit des Urteils oder die Erklärung der Unzulässigkeit der ZwV nach § 775 Z 1 und § 776 ZPO. Die Aufhebung einer Entscheidung liegt auch vor, wenn ein Rechtsmittel mit der Maßgabe zurückgewiesen wird, daß anstelle des durch einstweilige Verfügung angeordneten Widerspruchs ein Verfügungsverbot tritt; dazu *Krech-Seibert* GBO § 25 Bem 3.

c) Die Entscheidung muß **vollstreckbar** sein dh entweder rechtskräftig oder vorläufig vollstreckbar, § 704 ZPO. Urteile, durch die eine einstweilige Verfügung aufgehoben wird, werden ohne Antrag für vorläufig vollstreckbar erklärt, § 708 Z 5 ZPO. Beschlüsse solchen Inhalts sind nach § 794 Abs 1 Z 3 ZPO ohne weiteres vollstreckbar. Dazu **BGH** BGHZ 39, 21 (wV *Bem 1*) sowie *§ 14 Bem 4*, ferner *Güthe* aaO Bem 27, *Hesse-Saage-Fischer* GBO § 25 Bem II 3 (b), *Horber* GBO § 25 Bem 3 (b). Auch die §§ 739ff. ZPO sind zu beachten, **KG** OLG 3, 4; dazu *Güthe* aaO Bem 27.

Wurde die einstweilige Verfügung durch vollstreckbare Entscheidung aufgehoben, so bedarf es nach § 25 S 1 zur Löschung einer Vormerkung, die auf Grund einer einstweiligen Verfügung (§ 885 BGB) eingetragen wurde, **nicht** der **Bewilligung des Berechtigten**; es bedeutet dies sachenrechtlich, daß die Vormerkung schon durch die vollstreckbare Entscheidung über die Aufhebung der einstweiligen Verfügung erlischt und ihre Löschung deshalb lediglich einer GBBerichtigung darstellt, **BGH** BGHZ 39, 21 = NJW 1963, 813 = MDR 1963, 396 = JZ 1963, 718 = Rpfleger 1963, 190 = 21 = NJW 1963, 813 = MDR 1963, 396 = JZ 1963, 710 = Rpfleger 1963, 190 = WM 1963, 317 = LM § 885 BGB Nr 6 (*Mattern*) = DRspr IV (473) 76b.

Zum Devisenrecht *§ 18 Bem 155*. Arreste und einstweilige Verfügungen bedürfen keines Vorbehalts.

Zum **Nachweis** ist dem GBA eine Ausfertigung der Aufhebungsentscheidung vorzulegen. Vollstreckungsklausel ist nur im Falle der Rechtsnachfolge notwendig, §§ 325, 727, 730, 750 ZPO, da sonst zur Aufhebung einer Vollstreckungsmaßnahme, als welche die Eintragung von Vormerkung oder Widerspruch anzusehen ist (dazu **RG** RGZ 81, 289), die Vorlegung einer einfachen Ausfertigung der Entscheidung genügt, § 775 Z 1 sowie §§ 776, 928, 936 ZPO. Bei Beschlüssen ist der Zustellungsnachweis erforderlich, §§ 937 Abs 2, 329 Abs 3 ZPO; dazu **KG** KGJ 41, 222. Ist die Vollstreckung von einer Sicherheitsleistung abhängig, so muß diese in gbmäßiger Form (§ 29) nachgewiesen werden. Dazu *Güthe* GBO § 25 Bem 28, *Hesse-Saage-Fischer* GBO § 25 Bem II 3 (b), *Horber* GBO § 25 Bem 4 (c), *Thieme* GBO § 25 Bem 3.

**6** **3. Sonstige Eintragungsvoraussetzungen**

Dazu *Güthe* GBO § 25 Bem 29, *Hesse-Saage-Fischer* GBO § 25 Bem III, *Horber* GBO § 25 Bem 4, *Thieme* GBO § 25 Bem 3

Auch bei der nach § 25 erfolgenden Löschung ist ein formloser **Antrag** erforderlich, §§ 13, 30. Die Antragsberechtigung bestimmt sich nach § 13 Abs 1. Antragsberechtigt ist daher nicht nur der von der Löschung Betroffene, sondern auch derjenige, zu dessen Gunsten sie erfolgt. Ein Ersuchen des Prozeßgerichts um Löschung ist nicht statthaft; dazu § 941 ZPO.

Es müssen auch die **sonstigen allgemeinen Eintragungsvoraussetzungen** gegeben sein. Es muß daher der Betroffene eingetragen sein, § 39, **OLG Dresden** OLG 3, 3, **aA** (überholt) *Predari* GBO § 25 Bem 3, 5. Ist das Recht aus der Vormerkung oder dem Widerspruch auf einen anderen übergegangen, so ist die vorherige Umschreibung auf ihn erforderlich; auch muß die Rechtsnachfolgerklausel beigebracht werden. Auch die Briefvorlage kann bei einem Briefrecht notwendig sein.

**7** **IV. Löschung**

Dazu *Güthe* GBO § 25 Bem 31, *Horber* GBO § 25 Bem 4

Die Löschung ist nur möglich, wenn auf Grund der Vormerkung oder des Widerspruchs noch keine Umschreibung auf das endgültige Recht erfolgt ist, **KG** KGJ 41, 222; dazu *Horber* GBO § 25 Bem 4.

Über den Vollzug *Bem 39*.

## Anhang zu § 25

## Vormerkung und Widerspruch

**Übersicht:**

## I. Allgemeines 8

Dazu *Brand-Schnitzler* GBSachen §§ 65, 83, *Güthe* GBO § 25 Bem 5 ff., 14, 15, *Haegele* GBRecht Rem 678 ff., 711 ff., *Krämer-Illner* GBPraxis §§ 65, 70, *Ripfel* Sicherheit für den Erwerber einer künftigen Raumeinheit? BWNotZ 1967, 222,
*Kommentierungen* zu §§ 883 ff., 899 BGB, insbes *BGB-RGRK, Palandt, Staudinger-Seufert*

§ 25 bezieht sich nur auf die Löschung von Vormerkungen und Widersprüchen, die auf einer einstweiligen Verfügung oder einem vorläufig vollstreckbaren Urteil beruhen; dazu *Bem 2*. Vormerkung und Widerspruch haben aber auch im übrigen im GBRecht so große Bedeutung, daß eine kurze Besprechung erfolgen soll, und zwar von

Rechtsnatur und Wirkungen sowie Gegenstand von Vormerkung (dazu *Bem 9ff.*) und Widerspruch (*Bem 15ff.*),

Eintragung von Vormerkung und Widerspruch (dazu *Bem 18ff.*),

Löschung von Vormerkung und Widerspruch (dazu *Bem 32ff.*),

Übertragung und Inhaltsänderung von Vormerkung und Widerspruch (dazu *Bem 40ff.*),

Umschreibung von Vormerkung und Widerspruch in die endgültige Eintragung (dazu *Bem 43ff.*) sowie von

Kosten bei GBEintragungen (dazu *Bem 47ff.*).

## II. Rechtsnatur und Wirkungen sowie Gegenstand der Vormerkung 9

Die Vormerkung hat im Sachenrecht und im GBVerkehr besondere Bedeutung. Es handelt sich um eine **vorläufige Eintragung**, die nur solange rechtserheblich ist, bis die endgültige Eintragung erfolgt ist; dazu *§ 3 Bem 292ff.*

10 **1. Rechtsnatur und Wirkungen der Vormerkung**

a) Die Vormerkung (§§ 883 ff. BGB) dient zum **Schutz eines persönlichen Anspruchs** auf Einräumung, Aufhebung, Inhalts- oder Rangänderung eines Rechts an einem Grst oder an einem GrstRecht gegen die Gefahren, die sich für den Anspruch bei gutgläubigem Erwerb durch einen Dritten aus § 892 BGB ergeben würden; dazu § 883 Abs 2, S 1, § 884 BGB, § 24 KO, auch **BGH** BGHZ 28, 182 (wV *Bem 12*).

Dem persönlichen Anspruch wird eine Sicherung mit dinglicher Wirkung gegen Dritte gewährt; die Vormerkung ist ein besonders geartetes Sicherungsmittel, das dem geschützten Recht in gewissem Umfang dingliche Wirkung verleiht, **RG** RGZ 113, 409/129, 185; dazu *Güthe* GBO § 25 Bem 14. Der Anspruch wird dadurch aber nicht verdinglicht, **RG** RGZ 65, 261/81, 289, **KG** OLG 20, 419/33,58. Ferner soll die Vormerkung den Rang für das vorgemerkte Recht wahren, § 883 Abs 3 BGB. Die Vormerkung ist trotz des § 137 BGB auch dann zulässig, wenn durch sie eine Wirkung erzielt wird, die einer Verfügungsbeschränkung gleichkommt, **KG** KGJ 40, 123.

b) Die Vormerkung hat zwar die Unwirksamkeit der nach ihrer Eintragung getroffenen Verfügungen zur Folge, soweit diese den vorgemerkten Anspruch vereiteln oder beeinträchtigen würden, § 883 Abs 2 BGB. Diese Wirkung hat aber nur **relativen Charakter**. Die Vormerkung ist daher **weder eine Verfügungsbeschränkung noch ein Veräußerungsverbot**; dies ist die allgemeine Auffassung, insbes **RG** RGZ 113, 408, *BGB-RGRK* BGB § 883 Bem 63ff., *Güthe* GBO § 25 Bem 14, *Staudinger-Seufert* BGB § 883 Bem 39ff., insbes Bem 41. Die Löschungsvormerkung nach § 1179 BGB (dazu Bem 13) hindert daher den Eigentümer nicht an der Verfügung über eine entstandene Eigentümergrundschuld; dazu **KG** NJW 1964, 1479 = Rpfleger 1965, 14 = DRspr I (154), 67e.

Die Vormerkung nimmt wie das Recht, auf das sie sich bezieht, an dem gbmäßigen **Rangverhältnis** teil, § 879 BGB gilt entsprechend; insbes steht die Auflassungsvormerkung mit den Rechten am Grst in einem Rangverhältnis, **RG** RGZ 55, 270; dazu *BGB-RGRK* BGB § 883 Bem 83ff., *Staudinger-Seufert* BGB § 883 Bem 63. Deshalb sind Rangänderungen nach §§ 879, 880 BGB zulässig und eintragungsfähig, **KG** KGJ 39, 198, OLG 3, 231, JFG 1, 422; dazu *Güthe* GBO § 25 Bem 32, *Staudinger-Seufert* BGB § 880 Bem 2. Soll eine Hypothekenvormerkung zurücktreten, so ist die Zustimmung des Grsteigentümers nicht notwendig, **KG** RJA 3, 158, JFG 13, 418, *BGB-RGRK* BGB § 883 Bem 13, **aA** (wohl überholt) *Güthe* GBO Bem 32, *Predari* GBO § 19 Bem 37; dazu auch *§ 19 Bem 63*. Zu beachten ist, daß der materielle Rang einer Vormerkung auch durch formlose Zustimmung des Vormerkungsberechtigten zu einer Verfügung geändert werden kann, **RG** RGZ 154, 355. Zu Erbbaurecht, § 5 ErbbauVO (*Anh*), **BGH** Rpfleger 1967, 111 = DRspr I (154) 77c.

Der Berechtigte ist durch die Vormerkung **in der Verfügung über das Grst oder Recht nicht gehindert**, zB durch Weiterverkauf oder Belastung trotz Auflassungsvormerkung. Über die Wirkung im Falle der ZwVerst ist in § 48 ZVG eine Regelung getroffen; dazu *Steiner-Riedel* ZVG § 48 Bem 3. Die eingetragene Vormerkung, die eine relative Verfügungsbeschränkung zugunsten des Berechtigten beinhaltet, muß, wenn sie im GB eingetragen ist, der etwaige Erwerber gegen sich gelten lassen, ohne daß er sich auf guten Glauben berufen kann; dazu **RG** RGZ 93, 118, *BGB-RGRK* BGB § 883 Bem 43, 67ff. Der Schutz besteht jedoch nur bei Verfügungen, die von demjenigen ausgehen, gegen den sich der Anspruch richtet, nicht bei Verfügungen anderer, für die etwa eine tatsächliche Verfügungsmöglichkeit besteht; dazu *BGB-RGRK* aaO, *Furtner* Gutgläubiger Erwerb einer Vormerkung? NJW 1963, 1484, *Reinicke* Der Schutz des guten Glaubens beim Erwerb einer Vormerkung, NJW 1964, 2373, *Staudinger-Seufert* BGB § 883 Bem 54ff., auch **BGH** aaO sowie *Bem 12, 40.*

Der **GBBeamte** darf Verfügungen, die der Vormerkung widersprechen, nicht beanstanden; er muß sie vollziehen. Er muß zB, auch wenn eine Löschungsvormerkung nach § 1179 BGB eingetragen ist, beim Nachweis der Voraussetzungen der Eigentümerhypothek den Eigentümer als Gläubiger eintragen, ferner muß er Verfügungen über die Eigentümerhypothek (Abtretung, Pfändung, Verpfändung) vollziehen. Es ist Sache des Vormerkungsberechtigten, seine Rechte im Prozeßwege geltend zu machen. Durch eine derartige Eintragung entsteht **keine GBUnrichtigkeit.** Die Eintragung eines Amtswiderspruchs kommt nicht in Frage, **BayObLG** 17, 3/19, 158, **KG** RJA 8, 154, JFG 5, 324. Der Vormerkungsberechtigte kann auch nicht die Löschung der vormerkungswidrig eingetragenen Rechte nach § 22 herbeiführen. Die Vormerkung bewirkt **keine GBSperre**; dazu **RG** RGZ 57, 211, **BayObLG** 20, 5/22, 320/41, 31, **KG** RJA 11, 242, OLG 14, 120. Eine Ausnahme gilt nur für die Löschung des Rechts, dessen Übertragung, Belastung usw vorgemerkt ist; sie darf nur mit Zustimmung des Vormerkungsberechtigten erfolgen, **KG** RJA 4, 259, JFG 9, 218. Dazu *BGB-RGRK* BGB § 883 Bem 63ff., *Güthe* GBO § 25 Bem 20, *Staudinger-Seufert* BGB § 883 Bem 42ff., insbes Bem 45, 48.

Die auf Grund der Bewilligung des Berechtigten eingetragene Vormerkung ist eine **Verfügung** über das von ihr betroffene Grst oder Recht, **RG** RGZ 118, 234/134, 181, **BayObLG** 31, 296, JFG 2, 409 (411); dazu *BGB-RGRK* BGB § 883 Bem 70, *Staudinger-Seufert* BGB § 883 Bem 40. Doch stellt die Vormerkung selbst **kein** (auch nur bedingtes) **dingliches Recht** am Grst dar, **RG** RGZ 65, 261/116, 239/118, 234/120, 15/129, 185/132, 419/134, 181, **KG** KGJ 51, 251; dazu *Staudinger-Seufert* aaO.

Für die Wirksamkeit einer Vormerkung ist die sonst regelmäßig entbehrliche **Angabe des Schuldgrundes im GB** oder in der in Bezug genommenen Eintragungsbewilligung erforderlich, wenn begründete Zweifel bestehen können, welcher von mehreren in Betracht kommenden Ansprüchen gesichert sein soll, **BGH** NJW 1952, 62 = LM § 883 BGB Nr 1, § 885 BGB Nr 2 Ls.

Die Vormerkung zur Sicherung des Anspruchs auf Einräumung eines Rechts an einem Grst ist nicht als eine **inkongruente Sicherung** iSd § 30 Z 2 KO anzusehen; dazu **BGH** BGHZ 34, 254 = NJW 1961, 456 = MDR 1961, 316 = BB 1961, 189 = LM § 883 BGB Nr 9 Ls, § 885 BGB Nr 5 Ls, § 30 KO Nr 9 (*Meßner*) zu der Frage, ob die zur Sicherung einer Bauhandwerkersicherungshypothek im Wege der einstweiligen Verfügung erwirkte Vormerkung als eine inkongruente Deckung anzusehen und damit der verschärften Anfechtbarkeit des § 30 Z 2 KO unterworfen ist. Verkauft der Konkursverwalter ein mit Auflassungsvormerkung und nachrangiger Grundschuld belastetes Grst an den Vor,erkungsberechtigten, wobei die Grundschuld bestehenbleibt, so steht dem Grundschuldgläubiger bez des Kauferlöses ein **Absonderungsrecht** nicht zu, §§ 46, 47 KO; dazu **BGH** NJW 1967, 1370.

Der **Übernehmer eines Vermögens** haftet nach § 419 BGB, wenn eine Auflassungsvormerkung eingetragen oder deren Eintragung beantragt ist, für die vor der Stellung des Antrags entstandenen Verbindlichkeiten des Übertragenden, wenn er zZ seiner Eintragung als Eigentümer gewußt hat, daß er so gut wie das gesamte Vermögen des Veräußerers erworben hat, **BGH** NJW 1966, 1748/1967, 555 (*Lenzen* kritisch) = MDR 1966, 830 = BB 1966, 877 = DB 1966, 1309 = WarnR 1966 Nr 140 = WM 1966, 836 = Rpfleger 1967, 10 = DNotZ 1967, 178 = BWNotZ 1966, 295 Ls = LM § 419 BGB Nr 19 = DRspr I (128) 70 cd; dazu auch **BGH** BGHZ 33, 123 = NJW 1960, 1757 = MDR 1960, 832 = DNotZ 1960, 655 = Rpfleger 1961, 14 = BB 1960, 997 = DB 1960, 1153 = WM 1960, 1014 = LM § 419 BGB Nr 15 Ls = DRspr aaO 51 cd, **OLG Karlsruhe** DNotZ 1959, 315, *Reinicke* Der Zeitpunkt, zu dem die subjektiven Voraussetzungen bei der Übernahme eines Vermögens iSd § 419 BGB vorliegen müssen, NJW 1967, 1249.

11 **2. Gegenstand der Vormerkung**

**a) Allgemeines**

**Vorgemerkt** werden kann **nur, was endgültig eingetragen werden kann, RG** RGZ 55, 273, **KG** OLG 43, 9; dazu *Güthe* GBO § 25 Bem 5, *Staudinger-Seufert* BGB § 883 Bem 14c.

Deshalb ist eine **Vormerkung auf Einräumung, Änderung oder Aufhebung eines persönlichen Rechts unzulässig.**

Als persönliches Recht sind Miete, Pacht usw anzusehen. Dagegen kann das Wiederkaufsrecht (§§ 497ff. BGB) durch Auflassungsvormerkung gesichert werden, **RG** RGZ 67, 48/69, 281/104, 13/125, 247; dazu *Güthe* GBO § 25 Bem 9, *Staudinger-Seufert* BGB § 883 Bem 17a, ebenso das schuldrechtliche Vorkaufsrecht, **RG** RGZ 67, 48/72, 392/104, 123; dazu *Güthe* und *Staudinger-Seufert* aaO. Nicht vormerkungsfähig ist der Anspruch auf Einräumung, Aufhebung oder Änderung einer Vormerkung selbst oder einer Verfügungsbeschränkung, **KG** OLG 6, 123, *Güthe* GBO § 25 Bem 10; eine Ausnahme gilt jedoch für die Vormerkung nach § 18 Abs 2 (dazu *§ 18 Bem 62*).

Der zu sichernde Anspruch kann auf **Rechtsgeschäft** (auch Vermächtnis, **RG** WarnRspr 1914 Nr 50) oder **Gesetz** beruhen. Er kann auch bedingt oder zukünftig sein, § 883 Abs 1 S 2 BGB. Der Anspruch muß aber bereits entstanden sein, da die bloße Möglichkeit seiner Entstehung nicht genügt, **KG** HRR 1933 Nr 1849. Er muß in eindeutiger eintragungsfähiger Weise bezeichnet sein, **OLG München** JFG 15, 251; dazu *Bem 17*. Zur Bauhandwerkersicherungshypothek **OLG Köln** OLGZ 1967, 193.

Auf Grund eines wegen Formmangels nichtigen Kaufvertrags kann eine Auflassungsvormerkung auch nicht unter dem Gesichtspunkt der Sicherung eines künftigen Anspruchs eingetragen werden, **RG** 151, 75, **aA** (zu Unrecht) **OLG Celle** NJW 1958, 1095, 1496 (*Diehl* ablehnend) = DNotZ 1958, 418 (ablehnend *Schilling* Auflassungsvormerkung bei formnichtigem GrstKauf DNotZ 1958, 573) = DRspr I (150) 94d, *Seufert* Auflassungsvormerkung bei formnichtigem GrstKaufvertrag JR 1959, 169. Ebensowenig ist ein nur gedachter, in Wirklichkeit nicht bestehender Anspruch vormerkungsfähig, **RG** JW 1937, 2114 = WarnR 1937, 241. Einen des Schutzes durch eine Vormerkung fähigen künftigen Anspruch stellt die aus einem noch nicht angenommenen Kaufangebot sich ergebende Anwartschaft auf Übereignung des Grst dar, **RG** WarnR 1913 Nr 184, JW 1936, 647, **KG** KGJ 40, 124; dazu *BGB-RGRK* BGB § 883 Bem 55ff., *Staudinger-Seufert* BGB § 883 Bem 17a, auch *Bem 12, 14*. Unzulässig ist eine Vormerkung zur Sicherung des Anspruchs eines durch Erbvertrag bestimmten Vermächtnisnehmers zu Lebzeiten des Erblassers, **BGH** BGHZ 12, 115 = NJW 1954, 633 = JZ 1954, 436 (*Coing*) = DNotZ 1954, 264 (*Hieber*) = LM § 883 BGB Nr 2 (*Pritsch*) = DRspr I (150) 64b. Bei der Vormerkung zur Sicherung eines künftigen Anspruchs ist die Eintragung einer Änderung der Voraussetzungen für die Entstehung des Anspruchs zulässig, aber grundsätzlich nur mit Zustimmung der gleich- und nachstehenden Berechtigten, **KG** HRR 1933 Nr 1849.

Der Anspruch muß sich **gegen den Inhaber des betroffenen Rechts**, nicht gegen Dritte richten, **RG** RGZ 84, 81, **KG** OLG 31, 332. Eine Ausnahme gilt nur für die Löschungsvormerkung nach § 1179 BGB, **RG** RGZ 72, 277/84, 81; dazu *BGB-RGRK* BGB § 883 Bem 15. Der Anspruch kann auch auf Einräumung eines Rechts am Grst an einen Dritten gerichtet sein (zB bei einem Vertrag zugunsten eines Dritten, § 328 BGB), **RG** RGZ 66, 127; dazu *Güthe* GBO § 25 Bem 5. Der Anspruch des Dritten und der Anspruch des Versprechensempfängers können gleichzeitig durch je eine Vormerkung gesichert werden, **KG** JFG 9, 207; dazu *Güthe* aaO.

Der vorgemerkte Anspruch kann auch dem **jeweiligen Inhaber eines anderen Rechts** zustehen, insbes dem jeweiligen Eigentümer eines anderen Grst. Nach der heute wohl kaum noch bekämpften hM wird die früher strittige Frage bejaht; dazu **RG** RGZ 128, 246 = JW 1930, 2422 (*Rosenberg*), **KG** RJA 9, 263, DNotV 1930, 299 sowie *Güthe* GBO § 13 Vorbem 49, § 25 Bem 5, *Staudinger-Seufert* BGB § 883 Bem 16(d).

Dies hat vor allem Bedeutung für die Auflassungsvormerkung und für die Löschungsvormerkung nach § 1179 BGB. Bez beschränkter persönlicher Dienstbarkeit **KG** DNotV 1937, 330, des Wiederkaufsrechts **KG** HRR 1935 Nr 788 = JW 1935, 2155.

Über Vormerkung für unbekannt *Holch* BWNotZ 1956, 144, *Löscher* JurBüro 1962, 254; dazu über Bestimmtheit der Person *Bem 12, 13.*

**Gegenstandslosigkeit** tritt ein mit Fortfall des gesicherten Anspruchs, so daß nunmehr das GB unrichtig wird und nach §§ 22 oder 84ff. berichtigt werden kann, **BayObLG** BayObLGZ 1959, 223; dazu auch *Bem 43.* **Stufenweise Umschreibung** des durch Vormerkung gesicherten Anspruchs, zB auf Einräumung einer Sicherungshypothek, ist zulässig, **BayObLG** BayObLGZ 1962, 322 = DRspr I (150) 128a.

### b) Einzelheiten 12

Es soll hier auf einige wichtige Arten von Vormerkung hingewiesen werden; dazu *Güthe* GBO § 25 Bem 5ff.

#### 1. Auflassungsvormerkung

Dazu *BGB-RGRK* BGB § 883 Bem 55, *Fischer* Die Vormerkung in der ZwVerst BWNotZ 1963, 37, *Granderath-Hoche* Der Übergang der Vormerkung beim Schuldnerwechsel NJW 1960, 462, *Güthe* GBO § 25 Bem 6, *Haegele* GBRecht Bem 678ff., Schutz des GrstKäufers durch Eintragung einer Auflassungsvormerkung BlGBW 1959, 33, *Hieber* Vormerkung eines bedingten Anspruchs DNotZ 1960, 97 = DRspr I (150) 104b, *Holderbaum* Zulässigkeit und Wirkungen ranggleicher Auflassungsvormerkungen JZ 1965, 712, *Palandt* BGB § 883 Bem 6, *Röwer* Verletzung des durch Auflassung entstandenen Anwartschaftsrechts NJW 1961, 539, (dazu *Reich* aaO 1102), *Siegelmann* Die Wirkung der Auflassungsvormerkung im ZwVerstVerfahren BlGBW 1959, 147, *Staudinger-Seufert* BGB § 883 Bem 17ff., *Steiner-Riedel* ZVG § 49 Bem 3, *Weimar* Rechtsfragen zur Vormerkung MDR 1966, 33, *Wörbelauer* Das unter Eigentumsvormerkung stehende Grst eine res extra commercium? DNotZ 1963, 580,

zur Rangwirkung der Auflassungsvormerkung *Hieber* DNotZ 1951, 500, *Sigloch* WürttNV 1951, 225, zur Löschung der Auflassungsvormerkung *Hieber* DNotZ 1952, 23, *Hoche* aaO 21, zum Verzicht auf eine Auflassungsvormerkung *Friese* DNotZ 1955, 243

Der Auflassungsanspruch ist vormerkungsfähig. Es genügt ein bindendes Kaufangebot; dazu *Bem 11.* Ein wirksamer Vorvertrag zu einem GrstKaufvertrag kann Grundlage einer Auflassungsvormerkung sein, **BGH** BWNotZ 1963, 176 Ls, *Staudinger-Seufert* BGB § 883 Bem 17; der Vorvertrag führt jedoch nicht zur Anwendung des § 571 BGB, **LG München** NJW 1962, 2159 = DRspr II (279) 173e. Die unrechtmäßige Löschung der Vormerkung beseitigt nicht die Rechte des Vormerkungsberechtigten, **BayObLG** DNotZ 1961, 587 = DRspr I (150) 121b. Wenn mehrere Ansprüche gesichert werden sollen, wie ein Vorkaufsrecht und ein Ankaufsrecht, so müssen mehrere selbständige Auflassungsvormerkungen im GB eingetragen werden, **OLG Köln** BlGBW 1959, 383. Wer trotz der für einen anderen eingetragenen Auflassungsvormerkung ein Grst erworben und dafür Aufwendungen gemacht hat, kann gegenüber dem Anspruch des Vormerkungsberechtigten auf Herausgabe des Grst und Zustimmung zur Eintragung im GB ein Zurückbehaltungsrecht weder auf Grund eines Eigentümer-Besitzverhältnisses noch aus Geschäftsführung ohne Auftrag noch aus ungerechtfertigter Bereicherung geltend machen, **OLG Hamburg** NJW 1961, 2350 = BWNotZ 1962, 26 Ls. Das allgemeine Zurückbehaltungsrecht (§ 273 BGB) steht dem GrstErwerber bereits gegenüber dem Anspruch des aus Auflassungsvormerkung Berechtigten auf

Zustimmung zu seiner Eintragung als Eigentümer zu, nicht erst gegenüber dem Anspruch auf Herausgabe, **BGH** WM 1959, 1069 = DRspr I (125) 80bc. In einem ZwVerstVerfahren ist eine Auflassungsvormerkung, die dem Anspruch des Gläubigers vorgeht, in das geringste Gebot aufzunehmen, und zwar auch dann, wenn die Vormerkung einen bedingten Auflassungsanspruch sichert; wenn bei einer bei der Feststellung des geringsten Gebots berücksichtigten Auflassungsvormerkung der Auflassungsanspruch nicht entstand, weil nach der Erteilung des Zuschlags eine aufschiebende Bedingung ausgefallen ist, so hat der Ersteher die Ersatzzahlung zu leisten, die sich um den Betrag vermindert, der etwa zur Nichtentstehung des Auflassungsanspruchs aufgewendet werden muß; dazu **BGH** BGHZ 46, 124 = NJW 1967, 566 = MDR 1967, 34 = DNotZ 1967, 490 = Rpfleger 1967, 9 = JR 1967, 98 = BB 1966, 1325 = LM § 44 ZVG Nr 1 (*Mattern*), § 50 ZVG. Nt 2 Ls. Streitbefangenheit eines Grst liegt nicht vor bei Geltendmachung des durch eine Vormerkung gesicherten schuldrechtlichen Anspruchs, **BGH** BGHZ 39, 21 = NJW 1963, 813 = MDR 1963, 396 = JZ 1963, 710 = WM 1963, 317 = LM § 265 ZPO Nr 8 Ls = DRspr IV (413) 75c; dazu *Link* Vormerkung und Streitbefangenheit NJW 1965, 1464. Für den guten Glauben des Vormerkungsberechtigten ist die Zeit der Stellung des Antrags auf Eintragung der Vormerkung maßgebend, **BGH** BGHZ 28, 182 = NJW 1958, 2013/1959, 527 = MDR 1959, 30/200 = JZ 1959, 170 = BB 1958, 1152 = LM § 885 BGB Nr 4, § 893 BGB Nr 1 Ls, auch *Bem 10, 40*.

Vormerkungsfähig ist der Auflassungsanspruch bei Konkursanfechtung aus § 37 KO, **OLG Hamburg** ZBlFG 7, 537, *BGB-RGRK* BGB § 883 Bem 9, *Güthe* GBO § 25 Bem 6, *Staudinger-Seufert* BGB § 883 Bem 29; dazu **RG** RGZ 47, 220/48, 149/50, 341/56, 14. Bei der Anfechtung nach dem AnfG kann jedoch wegen § 7 aaO die Eintragung einer Auflassungsvormerkung nicht verlangt werden; dazu **RG** RGZ 56, 195/60, 425/67, 40, JW 1902, 221/1903, 159, *BGB-RGRK* aaO Bem 10, *Güthe* aaO, *Staudinger-Seufert* BGB § 883 Bem 30, **aA** (überholt) **OLG Köln** OLG 5, 422.

Die Notwendigkeit behördlicher Genehmigung steht der Eintragung einer Auflassungsvormerkung nicht entgegen, etwa bei Genehmigungspflicht nach dem GrstVG (*Anh*) oder BBauG (*Anh*); dazu **LG Ulm** GBPrErl vom 28. Mai 1957 BWNotZ 1957, 267, *Palandt* BGB § 995 Bem 1 (d), über behördliche Genehmigungspflicht *§ 18 Bem 148ff., 159ff., § 20 Bem 82ff.*

Die Auflassungsvormerkung sichert nur den Anspruch auf Einräumung des Eigentums an einem Grst, nicht auch den Anspruch auf Rückabwicklung des Kaufvertrags, **BGH** WM 1966, 1224 = BWNotZ 1967, 30 Ls. Hat der durch Vormerkung gesicherte Wiederkaufsanspruch zum Inhalt, daß die Rückübertragung des Eigentums mit dem auf den Wiederkaufspreis anzurechnenden Belastungen bis zur Höhe des Wiederkaufspreises erfolgen soll, so steht die spätere Vereinbarung zwischen dem Wiederverkäufer und dem Wiederkäufer, daß der Wiederkaufpreis in vollem Umfang bar bezahlt werden soll, eine Erweiterung des Auflassungsanspruchs dar, die zur Wirksamkeit gegenüber den im Rang nach der Vormerkung eingetragenen Grundpfandgläubigern der Eintragung im GB bedarf, **BGH** NJW 1959, 385 = MDR 1959, 650 = DNotZ 1959, 399 = WM 1959, 751 = LM § 883 BGB Nr 6 = DRspr I (150) 99a; zum Wiederkaufsrecht auch **BayObLG** Rpfleger 1962, 406 = BWNotZ 1961, 223 Ls = DRspr I (150) 125a, **OLG Hamburg** MDR 1963, 509, **OLG Hamm** JMBl NRW 1960, 67. Die Auflassungsvormerkung kann sich beziehen auf ein Ankaufsrecht eines Miterben gegen die anderen, das bei einer Erbauseinandersetzung eingeräumt wird, **BayObLG** DNotZ 1956, 206 (ein Ankaufsrecht in Zusammenhang mit einem erbrechtlichen Anspruch, *bawüJM GrBPrErl* vom 26. Juli 1957 BWNotZ 1957, 267, bei Abschluß eines Hofübernahmevertrags **SchlHOLG** SchlHA 1963, 268/1964, 44 (*Scheyhing*), bei einem GrstBruchteil **LG Aachen** Rpfleger 1963, 155, als Vorkaufsrecht bzw Ankaufsrecht einer Gemeinde nach § 25 Abs 2 BBauG (*Anh*) ohne vorherige Eintragung des GrstKäufers, da § 39 nicht entgegensteht, **LG Hamburg** Rpfleger 1962, 102 (*Haegele*) = DRspr IV (473) 72d (dazu auch *§ 20 Bem 83c*). Wird ein Ankaufsrecht und daneben ein Vorkaufsrecht gesichert, so sind 2 Auflassungsvormerkungen nebeneinander in das GB einzutragen, **OLG Köln** JMBl NRW 1960, 30 = Rpfleger 1960, 56 = DRspr IV (473) 59d. Eine Auflassungsvormerkung kann nur für eine von vornherein bestimmte oder mindestens bestimmbare Person im GB eingetragen werden; an genügender Bestimmtheit fehlt es, wenn die Benennung des Auflassungsempfängers einem Dritten überlassen wird, **SchlHOLG** SchlHA 1957, 180 = DNotZ 1957, 661 (*Hieber*) = DWNotZ 1958, 31 Ls; dazu auch *Bem 11, § 3 Bem 280.*

Die Vormerkung kann eingetragen werden zugunsten Gesamtgläubigern **BayObLG** BayObLGZ 1957, 184 = NJW 1957, 1521 = BWNotZ 1957, 322 Ls, BayObLGZ 1963, 128 = DNotZ 1964, 343 = JR 1964, 22 = NJW 1963, 2276 Ls. Bei in allgemeiner Gütergemeinschaft lebenden Ehegatten (dazu *§ 33 Bem 27ff.*) kann eine Auflassungsvormerkung allein zugunsten des grsterwerbenden Eheteils eingetragen werden, sie muß also nicht für beide Ehegatten eingetragen werden; dazu **BayObLG** BayObLGZ 1957, 184 = DNotZ 1957, 658 = Rpfleger 1957, 309 = DRspr I (150) 90b.

Ein zukünftiger Anspruch kann, wenn er bestimmt oder bestimmbar ist und eine Anspruchsgrundlage hat, durch Vormerkung gesichert werden; dazu *Bem 11*, auch *Staudinger-Seufert* BGB § 883 Bem 36. In diesem Bereich ist auch eine Auflassungsvormerkung zulässig. Haben sich Vertragserben zu Lebzeiten des Erblassers bez des künftigen Nachlasses, soweit er aus Grundbesitz besteht, in der Weise auseinandergesetzt, daß jeder ein bestimmtes Grst oder einen bestimmten Miteigentumsanteil an einem Grst erhalten soll, so kann ihr Anspruch auf Übereignung nicht durch Auflassungsvormerkung am Grst bzw Miteigentumsanteil des Erblassers gesichert werden, da die erbvertragliche Erbeinsetzung, die für den künftigen Erben keinen Anspruch begründet, überhaupt nicht Grundlage einer Vormerkung sein kann, **OLG Hamm** NJW 1965, 2303 = MDR 1966, 144 = DNotZ 1966, 181 = Rpfleger 1966, 366 = OLGZ 1965, 347 = DRspr I (150) 151bcd. Unzulässig ist auch die Eintragung einer Auflassungsvormerkung für einen bedingten Auflassungsanspruch zur Sicherung eines Vorausvermächtnisses gegen Verfügungen des Erblassers, **LG Kreuznach** DNotZ 1965, 301 = BWNotZ 1965, 184 Ls = DRspr I (150) 144a. Unzulässig ist auch eine Vormerkung zur Sicherung späterer Ansprüche aus Verfügungen von Todes wegen zu Lebzeiten des Erblassers, also vor Eintritt des Erbfalls, etwa aus Vermächtnis, **BGH** BGHZ 12, 115 = NJW 1954, 633 = LM § 883 BGB Nr 2 (*Pritsch*), BGHZ 13, 115 = NJW 1954, 633 = JZ 1954, 436 = DNotZ 1954, 264; dazu auch **OLG Hamm** DNotZ 1956, 151 = BWNotZ 1956, 116 Ls. Keine Auflassungsvormerkung kann eingetragen werden bei Umdeutung eines Erbvertrags in einen gegenseitigen Vertrag unter Lebenden, bei dem Leistung und Gegenleistung erst mit dem Tode des einen Vertragspartners fällig werden sollen, **BayObLG** BayObLGZ 1953, 226 = DNotZ 1953, 599 = DRspr I (174) 49d. Wird ein Grst veräußert und zugunsten des Erwerbers eine Auflassungsvormerkung im GB eingetragen und dieser veräußert das Grst ganz oder in Parzellen weiter, bevor er als Eigentümer im GB eingetragen ist, so hat bei der Weiterveräußerung der Erwerber aus 2. Hand ein Anwartschaftsrecht auf das Grst. Dieses Anwartschaftsrecht kann seinerseits dann durch Auflassungsvormerkung gesichert werden, wenn der Ersterwerber für ihn ein Recht auf das Grst begründen wollte. War dies nicht sein Wille, so kann eine Auflassungsvormerkung nicht in das GB eingetragen werden; dazu **LG Hagen** NJW 1955, 1798 = DRspr I (150) 75c, *Hoche* Abtretung und Verpfändung des Anwartschaftsrechts aus der Auflassung NJW 1955, 652 = DRspr aaO

75de, im übrigen *Bem 40ff*. Über die sog Kettenverträge und behördliche Genehmigungen *§ 20 Bem 79e*. Über Auflassungsvormerkung an einer wegzuvermessenden Teilfläche *Bem 29*.

Die Auflassungsvormerkung hat wie jede Vormerkung (dazu *Bem 10*) nur **relative Unwirksamkeit** zur Folge, § 883 Abs 2 BGB. Daher hat der durch Auflassungsvormerkung gesicherte GrstKäufer gegenüber demjenigen, der nach Eintragung der Vormerkung gegenüber dem GrstVerkäufer ein Veräußerungsverbot erwirkte, in entsprechender Anwendung des § 888 Abs 1 BGB einen Anspruch auf Einschränkung dieses Verbots, soweit es zur Verwirklichung des durch die Vormerkung gesicherten Anspruchs erforderlich ist, **BGH** NJW 1966, 1509 Ls = MDR 1966, 749 = JZ 1966, 526 = BB 1966, 800 = WM 1966, 710 = DNotZ 1967, 33 = BWNotZ 1966, 251 Ls = WarnR 1966 Nr 128 = JR 1966, 382 = ZMR 1966, 327 = LM § 888 BGB Nr 1 = DRspr I (150) 150f.

Strittig ist, inwieweit die Rechtsposition des Auflassungsempfängers ein sonstiges Recht iSd § 823 Abs 1 BGB ist. Nach **BGH** BGHZ 45, 186 = NJW 1966, 1019 = MDR 1966, 489 = WM 1966, 340 = BB 1966, 349 = DB 1966, 576 = DRspr I (145) 127d ist ein sonstiges Recht jedenfalls dann zu verneinen, wenn der Eintragungsantrag vom GBA zurückgewiesen worden ist.

13 **2. Löschungsvormerkung nach § 1179 BGB**

Dazu *Brand-Schnitzler* GBSachen § 119, *Dempewolf* Der Rückübertragungsanspruch bei Sicherungsgrundschulden Berlin-Bielefeld-München 1958, *Fischer* Die Eigentümergrundschuld im ZwVerstVerfahren NJW 1955, 573, 860, *Güthe* GBO § 13 Vorbem 49, § 25 Bem 7, *Haegele* GBRecht Bem 1228ff., Die Wirkungen der Löschungsvormerkung BWNotZ 1956, 261, *Hieber* Zur Bestellung der Eigentümergrundschuld DNotZ 1958, 381, *Göhler* Die Wirkung der Löschungsvormerkung NJW 1959, 416, *Hoche* Die Wirkung der Löschungsvormerkung des § 1179 BGB in der ZwVerst NJW 1955, 1141 / 1156, 1825, Die Wirkung der Löschungsvormerkung NJW 1959, 413, *Honisch* Die Behandlung der Löschungsvormerkung in Vordrucken Rpfleger 1956, 305, *Knöchlein* Die Verpflichtung zur Briefvorlage als Voraussetzung der Eintragung von Löschungsvormerkungen BlGBW 1958, 100, Die Löschungsvormerkung nach § 1179 BGB in ihren Beziehungen zur Eigentümergrundschuld aaO 193, Löschungsvormerkung und Eigentümergrundschuld, Gefahren bei der Sicherungsabtretung einer Eigentümergrundschuld/Sparkasse 1959, 255, 273, Der Rückgewähranspruch des Eigentümers bei Grundschulden und die bedingte Grundschuld BlGBW 1958, 305, *Kolbenschlag* Die sog Nur-einmal-Valutierungserklärung zur Sicherungsgrundschuld DNotZ 1966, 475, *Krämer-Illner* GBPraxis § 96 (8), § 136 (3), *Lahnert* Ist die Forderungsauswechslung eine löschungsvormerkungswidrige Verfügung? BWNotZ 1966, 234 (die Frage wird bez der infolge fiktiven Bedingungseintritts fiktiv entstandenen Eigentümergrundschuld bejaht), *Pannewitz* Bietet die Löschungsvormerkung nach § 1179 BGB ausreichende Sicherheit? BlGBW 1963, 119, *Planck-Kettnaker* Führung des GBuchs 314ff., *Räbel* Die Wirkung der Löschungsvormerkung des § 1179 BGB in der ZwVerst NJW 1956, 1825, *Fritz Riedel* Über die Eintragung von Löschungsvormerkungen und ergänzenden Sicherungsrechten DNotZ 1956, 344, *Ripfel* GBRecht 211ff., Der Anspruch auf Löschung von Grundpfandrechten und seine Sicherung BB 1963, 1462, Sonderfragen zur Löschungsvormerkung BWNotZ 1957, 85, Die Eigentumsansprüche gegen den Grundschuldgläubiger und ihre Sicherung DNotZ 1957, 518, *Schäfer* Kritische Bemerkungen zu Vordrucken im Realkreditgeschäft BWNotZ 1957, 123, *Schmauß* Praktische Fragen der GBEintragung DNotZ 1956, 132, *Schotenröhr* Bietet die Löschungsvormerkung nach § 1179 BGB ausreichende Sicherheit? BWNotZ 1963, 188, *Sieveking* Über die Inhaberschaft des Löschungsanspruches (§ 1179 BGB) bei Teilübergang des nachrangigen Rechtes MDR 1967, 183, *Staudenmaier* Löschungsvormerkung bei der eigenen Hypothek BWNotZ 1962, 49, *Steiner-Riedel* ZVG § 50 Bem 7, *Stöber* Der Streit um die Löschungsvormerkung nach § 1179 BGB in der ZwVerst Rpfleger 1957, 205, Die Pfändung des (Rück-)Übertragungsanspruches bei Sicherungsgrundschulden Rpfleger 1959, 84, *Wörbelauer* Die verschleierte Eigentümergrundschuld, Löschungsvormerkung und Hypothek NJW 1958, 1513, Die verhinderte Eigentümergrundschuld, Löschungsvormerkung und Sicherungsgrundschuld NJW 1958, 1705,

Kommentierungen zu § 1179 BGB, insbes *BGB-RGRK*, *Palandt* und *Staudinger-Scherübl*, im übrigen *§ 13 Vorbem 116*

Nach § 1179 BGB kann, wenn sich der Eigentümer einem anderen gegenüber verpflichtet, die Hypothek löschen zu lassen, wenn sie sich mit dem Eigentum in einer Person vereinigt, zur Sicherung des Anspruchs auf Löschung eine **Vormerkung** in das GB eingetragen werden. Die Vorschrift gilt auch für Grundschulden, § 1192 BGB, und Rentenschulden, § 1199 BGB. Materiellrechtlich ist ein Vertrag erforderlich, der aber keiner Form bedarf; dazu *BGB-RGRK* BGB § 1179 Bem 1. Formellrechtlich genügt zur Eintragung ein Antrag des GrstEigentümers; dazu *Haegele* GB-Recht Bem 1231.

Die Löschungsvormerkung kann sowohl bei Bestellung der Hypothek usw als auch später eingetragen werden. Das **Recht**, dessen Löschung gesichert werden soll, muß aber im GB **bereits eingetragen** sein, **KG** OLG 3, 387.

Als **Schuldner** kommt nur der **Eigentümer** des Grst in Betracht; dazu *BGB-RGRK* aaO Bem 2. Bei Veräußerung des Grst, bleibt er Schuldner, wenn nicht der Erwerber die Schuld übernimmt; dazu *Palandt* BGB § 1179 Bem 2(b). Geht die Hypothek usw auf den Eigentümer über, so ist er Gläubiger, nicht mehr Schuldner, so daß § 883 BGB, nicht § 1179 BGB anzuwenden ist und auch § 39 einschlägig ist; dazu **RG** RGZ 61, 374/72, 275/75, 250/84, 78/145, 343, **BayObLG** BayObLGZ 1952, 141, *Staudinger-Seufert-Scherübl* BGB § 883 Bem 20, § 1179 Bem 20, zur Löschungsvormerkung bei der Eigentümergrundschuld auch *Ripfel* GBRecht 216.

**Vormerkungsberechtigter** ist der **Gläubiger**. Dies kann jeder andere sein, auch der GrstEigentümer; dazu *BGB-RGRK* aaO Bem 3ff., *Palandt* BGB § 1179 Bem 2, *Staudinger-Scherübl* BGB § 1179 Bem 4ff. Es kann als Gläubiger ein Grundpfandgläubiger eines gleich- oder nachstehenden Rechts in Betracht kommen, ebenso aber auch ein Dritter, der nicht am Grst dinglich berechtigt ist; dazu **RG** RGZ 63, 152, JW 1906, 354/1932, 1550, **KG** KGJ 52, 279, **BayObLG** 3, 329 = OLG 4, 354. Auch zugunsten des **Gläubigers der betreffenden Hypothek** usw kann vormerkungsberechtigt sein, **RG** RGZ 52, 5, **BayObLG** 3, 329 = RJA 3, 129 = ZBlFG 2, 181, **KG** KGJ 42, 316, **OLG Saarbrücken** DNotZ 1950, 65, *Palandt* aaO Bem 2(a), *Staudinger-Scherübl* aaO Bem 4d. Strittig war früher, ob die Löschungsvormerkung auch zugunsten des **jeweiligen Gläubigers** eines Grundpfandrechts bestellt werden kann. Die Frage wurde von jeher von der hM bejaht, heute kann die Zulässigkeit als allgemeine Auffassung gelten; dazu **RG** RGZ 63, 157/128, 250, **KG** RJA 7, 142 = KGJ 32, 212, **LG Flensburg** SchlHA 1964, 103, **LG Stuttgart** BWNotZ 1960, 100 (*Schriftl*)/1964, 162, **LG Wuppertal** DNotZ 1960, 479 (*Hieber*) = BWNotZ 1960, 275 Ls, *BGB-RGRK* aaO Bem 4, *Bühler* Die Auslegung von GBErklärungen, zugleich ein Beitrag zum Inhalt der Löschungsvormerkung BWNotZ 1964, 139 (zu LG Stuttgart aaO 162), *Güthe* GBO § 13 Vorbem 49, *Haegele* GBRecht Bem 1232, *Palandt* aaO Bem 2(a), *Planck-Kettnaker* Führung des GBuchs 315, *Ricks* GBPraxis 309, *Ripfel* GBRecht 215, *Schäfer* BWNotZ 1957, 135, *Staudinger-Scherübl* aaO Bem 4e. Die abweichende Auffassung von **KG** RJA 7, 64 = KGJ 31, 324 ist durch die spätere Rspr des KG überholt. Es geht im Falle der Bestellung der Löschungsvormerkung zugunsten des jeweiligen Inhabers eines Grundpfandrechts das Recht aus der Vormerkung mit der Abtretung der Hypothek usw ohne besondere Abtretung auf den neuen Gläubiger über. Es kann aber andererseits die Abtretung nicht ohne das Grundpfandrecht erfolgen. Aber auch wenn die Vormerkung in sonstiger Weise mit einem bestimmten Recht verknüpft ist, zB die Vormerkung für eine Person *als Gläubiger der Hypothek Nr* ... bestellt ist, geht mit der vorbehaltslosen Abtretung der Hypothek usw der vorgemerkte Anspruch auf den neuen Gläubiger über, **RG** RGZ 143, 73, **KG** KGJ 43, 256, *BGB-RGRK* und *Güthe* aaO. Die Abtretung der Rechte aus der Löschungsvormerkung ohne gleichzeitige Abtretung der Hypothek usw ist nur möglich, wenn die Vormerkung für den Berechtigten persönlich eingetragen ist, **RG** RGZ 52, 11, *BGB-RGRK* aaO.

Die Eintragung einer Löschungsvormerkung nach §§ 1179, 1163 Abs 1 BGB *für den Gläubiger* der betroffenen Hypothek ist inhaltlich unklar und daher auf Fassungsbeschwerde entsprechend zu berichtigen, wenn sich aus der Eintragungsbewilligung ergibt, daß die Löschungsvormerkung nicht dem jeweiligen Gläubiger der gleichzeitig eingetragenen Hypothek, sondern einer bestimmten Person in ihrer Eigenschaft als Gläubigerin oder auch als eingetragener Gläubigerin zustehen soll; auch in diesen Fällen ist die Löschungsvormerkung nach § 63 Abs 3 S 2 KostO (*Anh*) gebührenfrei, **OLG Hamm** NJW 1967, 934 = JurBüro 1966, 739 = BWNotZ 1967, 149 Ls, auch *Bem 11*.

Bei einer nicht valutierten Baugeldhypothek kann der GrstEigentümer Löschungsvormerkungen für nachstehende Hypothekengläubiger eintragen lassen, auch wenn er den Valutierungsanspruch gegen den Hypothekengläubiger an den Zwischenfinanzierer abgetreten hat. Die Vormerkungsberechtigten können die Löschung dieser Hypothek dann verlangen, wenn feststeht, daß sie nicht mehr valutiert wird, wie zB nach Konkurs des GrstEigentümers. Die Abtretung des Auszahlungsanspruchs des GrstEigentümers gegen den Gläubiger der Baugeldhypothek an den Zwischenfinanzierer zwecks Sicherung des Zwischenkredits hat nicht zur Folge, daß dieser in die Rechtsstellung des Baugeldhypothekengläubigers eintritt. Dem Löschungsberechtigten kann von dem Zwischenfinanzierer nicht entgegengehalten werden, daß die Löschung der Baugeldhypothek deswegen gegen Treu und Glauben verstoße, weil er das Baugeld gegen Abtretung des Valutierungsanspruchs gezahlt habe. Von einer „verschleierten Eigentümergrundschuld" durch Auswechslung des Hypothekengläubigers kann in diesem Fall nicht gesprochen werden. Dazu **OLG Hamburg** OLGZ 1966, 288.

**Gegenstand** der Löschungsvormerkung kann kein anderes Recht als Hypotheken, Grund- und Rentenschulden sein; dazu *BGB-RGRK* aaO Bem 6. Deshalb kann sie nicht für eine Reallast bestellt werden, **LG Flensburg** SchlHA 1963, 142. Anwendbar ist die Löschungsvormerkung auf Grundpfandrechte an einer Heimstätte, **LG Bielefeld** Rpfleger 1957, 82 (*Bruhn*).

Da die Löschungsvormerkung eine **echte Vormerkung** ist, sind auch §§ 883ff. BGB auf sie anwendbar, soweit nicht § 1179 BGB etwas Abweichendes bestimmt, **BayObLG** BayObLGZ 1956, 196 = DNotZ 1956, 547 = Rpfleger 1956, 311 = DRspr I (154) 35a. Hieraus folgt (dazu **BayObLG** aaO), daß der Eintragungsvermerk selbst den Vormerkungsberechtigten angeben muß, **KG** KGJ 46, 202, und ersehen läßt, daß es sich um eine Vormerkung handelt, **KG** KGJ 31, 327, ferner welche Grundpfandrechte von dem Löschungsanspruch betroffen werden, **BayObLG** BayObLGZ 1952, 37 = DNotZ 1952, 367. Auf die Eintragungsbewilligung kann Bezug genommen werden für die Frage, ob der Löschungsanspruch auf den Fall der künftigen Vereinigung von Grundpfandrecht und GrstEigentum in einer Person beschränkt sein soll oder auch den Fall der bereits erfolgten Vereinigung und hier wiederum auch das ursprüngliche Zusammenfallen von Hypothek und Eigentum umfassen soll; denn insoweit handelt es sich um die nähere Bezeichnung des zu sichernden Löschungsanspruchs. Ob eine Löschungsvormerkung auch die **bereits entstandenen Eigentümergrundpfandrechte** umfaßt, ist Auslegungsfrage und nach den Umständen des Einzelfalls zu entscheiden; dazu **BayObLG** BayObLGZ 1956, 196 (wV aaO), **OLG Braunschweig** NdsRpfl 1963, 281 = MDR 1964, 148 = Rpfleger 1964, 119 (*Haegele*) = MittBayNotV 1964, 36 = DRspr I (254) 61b, **OLG Bremen** NJW 1957, 1284 = BWNotZ 1957, 269 Ls = DRspr I (154) 38d, **OLG Celle** DNotZ 1958, 544 (*Rötelmann*), **LG Augsburg** NJW 1962, 592 = MittBayNotV 1962, 16, **LG Hagen** MDR 1962, 571, **LG Ulm** GBPrErl vom 28. Mai 1957 BWNotZ 1957, 268, **GBA Karlsruhe** BWNotZ 1960, 49, *bawüJM* GBPrErl BWNotZ 1960, 148. Man ist sich in der Rechtspraxis nicht einig in der Art der Auslegung, indem man teils die Auffassung vertritt, die Löschungsvormerkung umfasse im Zweifel die bestehenden Grundpfandrechte (so OLG Celle). Da es auf den Willen der Beteiligten ankommt, ist es bedenklich eine Auslegungsregel im Sinne einer Vermutung aufzustellen. Es kann nur der Einzelfall entscheiden; dazu *Haegele* GBRecht Bem 1235. Abzulehnen ist die Auffassung des **LG Bochum** MDR 1957, 610 (*Dempewolf* ablehnend) = Rpfleger 1958, 55 (*Bruhn* ablehnend) = DRspr I (154) 40b, wonach in Abweichung von der hM bei einer eingetragenen Eigentümergrundschuld eine Löschungsvormerkung nicht eingetragen werden kann. Eine Vereinigung von Grundschuld und Eigentum in einer Person, die den bei einer Grundschuld nach § 1179 BGB vorgemerkten Löschungsanspruch auslöst, tritt nicht dadurch ein, daß die Forderung, zu deren Sicherung die Grundschuld bestellt ist, nicht besteht, **BGH** MDR 1958, 24 = JZ 1957, 623 = BB 1957, 769 = Rpfleger 1958, 51 (*Bruhn*) = BWNotZ 1957, 323 Ls = LM § 1163 BGB Nr 2, § 1179 BGB Nr 1 Ls, **aA** (überholt) **BayObLG** aaO.

Besonderheiten gelten auch bei der **ZwVerst**. Mit der Erteilung des Zuschlags sind, wenn sie nicht in das geringste Gebot aufgenommen wurden, sowohl die Grundschuld als auch die Löschungsvormerkung erloschen, jedoch nur mit der Maßgabe, daß an die Stelle des Grst das Surrogat des Versteigerungserlöses getreten ist und an diesem die erloschenen Rechte und die früheren Rechtsbeziehungen fortdauern, soweit dies nicht deshalb ausgeschlossen war, daß nicht mehr ein Grst den Gegenstand dieser Rechte und Rechtsbeziehungen bildete, **RG** RGZ 88, 300 (304). Die Löschungsvormerkung ist daher in einem solchen Falle auch nur mit der Maßgabe erloschen, daß an dem Versteigerungserlös die durch sie begründeten Rechtsbeziehungen fortdauern, so daß der durch sie gesicherte Löschungsanspruch auch dann noch hätte verwirklicht werden können, wenn bez des Versteigerungserlöses ein Ereignis eingetreten wäre, das vor dem Zuschlag die den vorgemerkten Löschungsanspruch auslösende Vereinigung von Grundschuld und Eigentum herbeigeführt hätte. Der Grundsatz, daß bei Nichtbestehen einer Forderung der Löschungsanspruch nicht ausgelöscht wird, gilt auch in der ZwVerst bez des nach dem Zuschlag an die Stelle der Grundschuld tretenden Erlöses, **BGH** MDR 1958, 24 (wV aaO). Ist eine mit einer Löschungsvormerkung nach § 1179 BGB belastete Eigentümergrundschuld im Zeitpunkt des Zuschlags in der ZwVerst noch nicht gelöscht, so hat der durch die Löschungsvormerkung begünstigte Grundpfandrechtsgläubiger beim Vorhandensein von Zwischenrechten, auch wenn diese nicht durch eine Löschungsvormerkung begünstigt sind, nur insoweit Anspruch auf den auf die Eigentümergrundschuld entfallenden Erlösanteil, als er auch bei vor dem Zuschlag durchgeführter Löschung der Eigentümergrundschuld zum Zuge gekommen wäre, **BGH** BGHZ 25, 382 = NJW 1958, 21 = MDR 1958, 91 (*Thieme*) = DNotZ 1958, 144 (*Hoche*) = Rpfleger 1958, 49 (*Bruhn*) = WM 1957, 1543 = LM § 1179 BGB Nr 2 Ls = DRspr I (154) 40a. Verzichtet der Gläubiger auf eine Grundschuld nach Zuschlag im ZwVerstVerfahren, so kommt der Verzicht nicht den im Rang nachstehenden Berechtigten, sondern dem Vollstreckungsschuldner dh dem früheren Eigentümer zugute; die Geltendmachung der Löschungsvormerkung nach dem Zuschlag kommt nicht, wie die wirkliche Löschung des Grundpfandrechts es zur Folge gehabt hätte, den Zwischenberechtigten zugute, **BGH** BGHZ 39, 242 = NJW 1963, 1497 = MDR 1963, 580 = JZ 1963, 553 = BB 1963, 712 = Rpfleger 1963, 234 (*Stöber*) = WM 1963, 564 = LM § 1179 BGB Nr 3 (*Grell*). Wenn das behaftete Recht im geringsten Gebot steht, so bleibt die Löschungsvormerkung in der ZwVerstVerfahren bestehen; einer Anmeldung bedarf die Vormerkung nicht, **OLG Hamm** Rpfleger 1959, 130 (*Stöber*).

Die Löschungsvormerkung hat **keine GBSperre** zur Folge; dazu **RG** RGZ 57, 211, **KG** OLG 26, 165, JFG 14, 319 (323), RJA 8, 154, **BayObLG** OLG 39, 258 (259), im übrigen *Bem 10*. Verweigert der Eigentümer die Zustimmung zur Löschung, so bleibt dem Berechtigten nur der **Klageweg**; doch kann das Prozeßgericht zur Sicherung seiner Rechte eine einstweilige Verfügung erlassen, deren Inhalt es nach freiem Ermessen bestimmt, **BayObLG** 15, 325. Die Löschungsvormerkung wirkt gegenüber dem **jeweiligen Eigentümer**; es ist also nicht nur derjenige Eigentümer zur Löschung verpflichtet, auf dessen Bewilligung die Vormerkung eingetragen wurde, sondern auch jeder seiner Rechtsnachfolger im Eigentum; dazu **KG** KGJ 31, 324/44, 302, *Güthe* GBO § 13 Vorbem 49, *Staudinger-Scherübl* BGB § 1179 Bem 6, 6a, **aA** (überholt) *Pitel* ZBlFG 7, 642, LZ 1931, 221. Da keine GBSperre besteht, führt die Pflicht des GBA, das GB mit der wahren Rechtslage in Übereinstimmung zu halten (dazu *§ 1 Bem 16c*) bei der **Prüfung** eines Antrags auf Eintragung einer Löschungsvormerkung nach § 1179 BGB wegen Fehlens einer sachlichrechtlichen Löschungsverpflichtung nur dann zu einer Ablehnung, wenn das GB durch die Eintragung ohne Zweifel unrichtig würde und wenn es ferner nach Lage der Sache ausgeschlossen erscheint, daß die Löschungsvereinbarung der Eintragung nachfolgt, **LG Wuppertal** Rpfleger 1961, 199 = BWNotZ 1961, 227 Ls.

14 **3. Sonstige Fälle**

Zur Frage der **vormerkungsfähigen** bzw **nicht vormerkungsfähigen Rechte und Ansprüche** (dazu *Bem 11*) ist neben der Auflassungsvormerkung (dazu *Bem 12*) und der Löschungsvormerkung (dazu *Bem 12*) noch auf folgendes hinzuweisen:

Die **Vormerkungsfähigkeit** eines Rechts oder Anspruchs ergibt sich aus § 883 Abs 1 BGB, bezieht sich also auf Ansprüche nach §§ 873, 875, 876, 877, 880 BGB und die Aufhebung von Rechten, die ein Recht an einem Grst belasten; dazu *BGB-RGRK* BGB § 883 Bem 4, 5.

Vormerkungsfähig ist daher der Anspruch auf **Umwandlung** einer Buch- in eine Briefhypothek; dazu *Staudinger-Scherübl* BGB § 1116 Bem 10. Dasselbe gilt von der Umwandlung einer Höchstbetrags- in eine feste Hypothek nach Feststellung der Höhe der Forderung, **RG** JW 1931, 2743, **OLG Colmar** OLG 13, 196.

Vormerkungsfähig sind ferner Ansprüche auf **Einräumung eines Rechts an einem Grst**, auf **Aufhebung eines belasteten Rechts**, auf **Einräumung eines Rechts an einer GrstBelastung**, auf **Änderung des Inhalts eines Rechts** und auf **Änderung des Ranges eines Rechts**; dazu *BGB-RGRK* BGB § 883 Bem 27 bis 32. Zulässig ist eine Vormerkung zur Sicherung des Anspruchs auf Einräumung der Unterwerfungsklausel nach § 800 ZPO, **OLG Colmar** OLG 13, 196, bei einer Höchstbetragshypothek aber nur dann, wenn zugleich der Anspruch auf Umwandlung derselben in eine Hypothek mit bestimmtem Betrag vorgemerkt wird, **OLG Colmar** OLG 14, 135 (136). Eine Vormerkung auf Einräumung eines bestimmten Rangs kann auch dann eingetragen werden, wenn dieser Rang vorerst noch nicht verwirklicht werden kann, **KG** OLG 26, 183, **OLG Rostock** OLG 42, 273. Zulässig ist auch eine Vormerkung zur Sicherung des Anspruchs auf Eintragung eines von § 1176 BGB abweichenden Rangs einer Eigentümer-Teilgrundschuld, **KG** KGJ 26, 145. Ist der Hypothekenbrief bzw Grund- oder Rentenschuldbrief vom GBA dem Eigentümer auszuhändigen, so kann der Anspruch des eingetragenen Gläubigers darauf, daß ihm der Eigentümer die Hypothek usw beschafft, durch Vormerkung gesichert werden, **KG** OLG 7, 367. Vormerkungsfähigkeit besteht auch für mehrere Eventualansprüche aus einem Wahlschuldverhältnis, **LG Düsseldorf** NJW 1958, 673 (*Dempewolf*), sowie für einen Anspruch auf Übertragung eines Miterbenanteils an einem ungeteilten Nachlaß,

**AG Saarbrücken** JBl Saar 1959, 186 (*Gaß*) = DRspr I (150) 102a, **aA** (zu Unrecht) **KG** OLG 10, 82. Vormerkung kann erfolgen für den Anspruch des GrstEigentümers auf Rückübertragung einer Grundschuld bei Tilgung der gesicherten Forderung, **OLG Celle** DNotZ 1957, 664, **OLG Düsseldorf** JMBl NRW 1957, 92 = NJW 1957, 1282 = Rpfleger 1957, 377, **OLG Hamm** JMBl NRW 1957, 184 = Rpfleger 1957, 379. Der GrstEigentümer kann sich gegenüber dem Nießbraucher rechtswirksam verpflichten, nach dem Tode des Nießbrauchers dessen Erben einen neuen Nießbrauch mit neuem Rang im GB zu bestellen, wobei der aus einer derartigen Verpflichtung sich ergebende Anspruch Gegenstand einer Vormerkung sein kann, **LG Traunstein** NJW 1962, 2207 (wV *§ 13 Vorbem 76*). **LG Verden** NdsRpfl 1965, 252. Fehlt bei einer Vormerkung zur Sicherung einer Hypothekeneintragung eine Angabe des Beginns der Verzinsung, so beginnt die Verzinsung mit dem Tage der Hypothekeneintragung, **LG Lübeck** SchlHA 1957, 99 = DRspr I (150) 84f.

Vormerkung ist zulässig, wenn der GrstEigentümer Anspruch **auf Rückübertragung** einer Grundschuld für den Fall der Tilgung der gesicherten Forderung hat und der Anspruch an nachrangige Grundpfandgläubiger abgetreten ist, **OLG Celle** DNotZ 1957, 664, **OLG Düsseldorf** JMBlNRW 1957, 92 = NJW 1957, 1282 = Rpfleger 1957, 377, **OLG Hamm** JMBlNRW 1957, 184 = Rpfleger 1957, 379, auch in Verbindung mit den Ansprüchen auf Abgabe einer Verzichtserklärung und einer Löschungsbewilligung im Wahlschuldverhältnis, **LG Düsseldorf** NJW 1958, 673 (*Dempewolf* nur teilweise zustimmend), wobei mit Abtretung der Ansprüche an den nachfolgenden Grundpfandgläubiger das Wahlrecht auf diesen übergeht: dazu DRspr I (150) ÜBl 6 RückS. Vormerkung kann auch erfolgen für den gepfändeten Rückübertragungsanspruch für eine sicherungshalber abgetretene Grundschuld zugunsten des Pfändungsgläubigers, **LG Freiburg** NJW 1956, 144 (*Hoche* kritisch); dazu DRspr aaO.

Dagegen kann nicht vormerkungsweise gesichert werden die Verpflichtung des Eigentümers, eine Hypothek, falls sie ihm zufällt, für eine andere Forderung zu bestellen, also eine **Forderungsauswechslung** vorzunehmen, **KG** KGJ 45, 267.

Der Anspruch auf **Pfändung** auf Grund eines Pfändungsbeschlusses kann nicht vorgemerkt werden, **RG** RGZ 56, 9, **KG** OLG 14, 70; dazu *Bem 40*. Dasselbe gilt vom Anspruch zur Eintragung einer **Arresthypothek**; dazu *Güthe* GBO § 25 Bem 5. Auch eine **Zwangshypothek** kann nicht vorgemerkt werden, **KG** RJA 2, 93. Der Anspruch auf Begründung der Eigenschaft als **Heimstätte** kann Gegenstand einer Vormerkung sein; daher kann die Verpflichtung einer Siedlungsgenossenschaft gegenüber einer als Ausgeber von Heimstätten zugelassenen Person, ihren Grundbesitz nach Aufteilung und Übereignung an ihre Genossen in Heimstätten umzuwandeln, vorgemerkt werden, **KG** JFG 12, 314. Nicht vormerkungsfähig ist der Anspruch auf Bestellung eines Pfandrechts oder eines Nießbrauchs an einer **künftigen Eigentümergrundschuld**; dazu **KG** KGJ 45, 267, *BGB-RGRK* BGB § 883 Bem 16. Unzulässig sind auch Vormerkungen auf Übertragung der künftigen Eigentümerhypothek oder -grundschuld, **RG** RGZ 72, 274/145, 353, **BayObLG** 10, 454; anders ist es, wenn sich die Vormerkung auf eine bereits bestehende vorrangige Grundschuld bezieht, **LG Braunschweig** NJW 1957, 469, *Dempewolf* BlGBW 1956, 26, *Linde* NJW 1957, 449, auf Rangrücktritt, **RG** RGZ 87, 78, **aA** (zu Unrecht) **BayObLG** 14, 320, oder auf Inhaltsänderung derselben, **OLG Colmar** Recht 1911 Nr 2896, überhaupt auf Vormerkungen, die Ansprüche sichern sollen, die sich auf Verfügungen über eine künftige Eigentümerhypothek oder -grundschuld beziehen, abgesehen von dem Fall der Löschungsvormerkung (dazu *Bem 13*). Ist aber eine derartige Vormerkung ordnungswidrig eingetragen und war im Zeitpunkt ihrer Eintragung die Eigentümergrundschuld schon entstanden, nur im GB noch nicht vermerkt, so wird die Vormerkung als wirksam zu betrachten sein. Unzulässig ist eine Vormerkung auf **unzulässige Ansprüche**, zB auf Übernahme der Verpflichtung, den Teil von den auf ihn haftenden Schulden und Lasten zu befreien, **RG** RGZ 55, 270, zur Sicherung von Ansprüchen auf Begründung nicht eintragungsfähiger Rechte und Rechtsverhältnisse (dazu *§ 13 Vorbem 14ff.*), **RG** RGZ 48, 61/53, 415/55, 271; dazu *BGB-RGRK* BGB § 883 Bem 6. Der Anspruch auf Duldung der ZwV ist nicht vormerkungsfähig, auch wenn die Eintragung der Vormerkung durch einstweilige Verfügung angeordnet worden ist, **AG Saarlouis** RPflBlatt 1966, 79.

**Übertragung** bzw Abtretung und **Belastung** des vorgemerkten Anspruchs sind zulässig; dazu *Bem 40*.

**Besondere Vormerkungen** bestehen im **Erbbaurecht** die Vormerkung zur Erneuerung nach § 31 ErbbauVO (*Anh*) und bei Erbbauzins (dazu *§ 8 Bem 16c, 39*), nach der **GBO** die Vormerkung nach § 18 Abs 2 und § 76 (dazu *§ 18 Bem 52ff.*, *§ 76 Bem 9ff.*), für die §§ 883ff. BGB nicht gelten (dazu *BGB-RGRK* aaO Bem 25), und Vormerkungen im **Enteignungsrecht** (dazu *BGB-RGRK* aaO Bem 26). Für einen Bauunternehmer, insbes auch einen Architekt, der die Voraussetzungen des § 648 BGB erfüllt (dazu *§ 13 Vorbem 110*), kann eine Vormerkung auf eine **Bauhandwerker-Sicherungshypothek** eingetragen werden; dazu **OLG Hamm** NJW 1962, 1399 = MDR 1963, 735 = JR 1963, 263 = JurBüro 1963, 53. Eine zwischen dem GrstEigentümer und dem Erbbauberechtigten getroffene Vereinbarung nach § 5 ErbbauVO (*Anh*), daß die Belastung des Erbbaurechts mit einer Hypothek usw der Zustimmung des GrstEigentümers bedarf, hindert nicht, daß auf Grund einer einstweiligen Verfügung eine Vormerkung zur Sicherung einer Hypothek nach § 648 BGB im ErbbauGB eingetragen wird; dazu **OLG Nürnberg** MDR 1967, 213 = OLGZ 1967, 22, auch **OLG Hamm** MDR 1952, 756. Auch im Bereich des **Wohnungseigentums** ist Sicherung durch Vormerkung zulässig; dazu *Glage* WE und Vormerkung NJW 1967, 813. Wenn der Bauherr nach § 8 WEG (*Anh*) Vorratsteilung durchgeführt hat (dazu *§ 3 Bem 476*), kann sich der Wohnungseigentümer durch Vormerkung für den zukünftigen Erwerb sichern; so auch *Bärmann* WEG (Kommentar) § 4 Bem 14, *Glage* aaO (814). Die Vormerkung kann etwa lauten (im Anschluß an *Glage*)

> *zur Sicherung des Anspruchs auf Übertragung des ideellen Miteigentumsanteils* ... (genaue Bezeichnung des Anteils) *und auf Bildung eines damit zu verbindenden Sondereigentums an der Wohnung* ... (genaue Bezeichnung der Wohnung ua).

Zu der Fassung des Eintrags im GB *§ 3 Bem 475, 477*, da sich die Eintragung der Vormerkung nach der späteren endgültigen richtet.

Der Zustimmungsvorbehalt für Veräußerungen nach § 12 WEG (*Anh*) gilt nicht für die Auflassungsvormerkung, **BayObLG** BayObLGZ 1964, 237 = NJW 1964, 1962 = DNotZ 1964, 722 = Rpfleger 1964, 373 = DRspr I (152) 22d.

## 15 III. Rechtsnatur und Wirkungen sowie Gegenstand des Widerspruchs

Der Widerspruch ist wie die Vormerkung nur eine **vorläufige Eintragung**; dazu *Bem 9*.

### 1. Rechtsnatur und Wirkungen des Widerspruchs

Der Widerspruch (§ 899 BGB) hat den **Zweck**, den Berichtigungsanspruch (§ 894 BGB) gegen Vereitelung oder Beeinträchtigung durch gutgläubigen Erwerb zu schützen, **KG** OLG 44, 56 = JFG 2, 293; dazu *BGB-RGRK* BGB § 899 Bem 1, 2, *Güthe* GBO § 25

Bem 15, *Palandt* BGB § 899 Bem 1, *Staudinger-Seufert* BGB § 899 Bem 3. Deshalb ist die Eintragung eines Widerspruchs unzulässig, wenn die Unrichtigkeit des GB unschädlich ist, weil gutgläubiger Erwerb nicht in Frage kommt, **KG** OLG 7, 197, ferner dann, wenn die Unrichtigkeit aus dem GB ohne weiteres zu erkennen, zB wenn Gesamteigentum ohne Angabe des Rechtsverhältnisses eingetragen ist, **KG** OLG 18, 219. Der Widerspruch begründet **kein dingliches Recht** und ist auch **keine Verfügungsbeschränkung**; dazu **RG** RGZ 117, 352, *BGB-RGRK* aaO Bem 3, 8, *Palandt* BGB § 899 Bem 1, *Staudinger-Seufert* aaO Bem 3. Da der Widerspruch vor allem eine Sicherung gegen den Verlust durch gutgläubigen Erwerb ist, unterscheidet er sich von der Vormerkung; dazu *Palandt* aaO.

Der Widerspruch **setzt ein bestehendes dingliches Recht voraus.** Deshalb kann derjenige, der behauptet, zu Unrecht als Eigentümer eingetragen zu sein, nicht die Eintragung eines Widerspruchs verlangen, **KG** RJA 14, 200. Die Eintragung hat nicht zur Folge, daß das Recht selbst als eingetragen gilt, auch nicht hinsichtlich des **Ranges**; dazu *BGB-RGRK* BGB § 899 Bem 8, *Güthe* GBO § 25 Bem 15, 23. Der Widerspruch nimmt am gbmäßigen Rang teil, und zwar kommt ihm der Rang zu, der dem gesicherten Recht zusteht, **RG** RGZ 129, 127; dazu *Staudinger-Seufert* BGB § 899 Bem 27.

Das vom Widerspruch **betroffene Recht** bleibt **bestehen**. Es tritt auch **keine Sperre des GB** ein; dazu *BGB-RGRK* aaO Bem 3, *Staudinger-Seufert* BGB § 899 Bem 18; der Berechtigte kann trotz des Widerspruchs über das Recht verfügen. Die Löschung des betroffenen Rechts jedoch ist ohne Zustimmung des aus dem Widerspruch Berechtigten unzulässig, **KG** DNotV 1928, 577.

### 2. Gegenstand des Widerspruchs 16

Ein Widerspruch kann **eingetragen** werden,

wenn ein bestehendes **Recht nicht eingetragen ist,**

also entweder zu Unrecht gelöscht oder außerhalb des GB entstanden ist, zB die Sicherungshypothek nach § 1287 BGB oder § 848 Abs 2 ZPO,

wenn eine bestehende **Verfügungsbeschränkung nicht eingetragen** ist; dazu *Güthe* GBO § 25 Bem 11,

zB Nacherbschaft, Konkurs ua; dazu *§ 13 Vorbem 118ff.*,

wenn eine **Vormerkung** oder ein **Widerspruch** zu Unrecht **gelöscht** wurde, **RG** RGZ 129, 184/132, 419 bez Vormerkung, *Güthe* aaO, *Staudinger-Seufert* BGB § 899 Bem 8a, **aA** (zu Unrecht) **KG** KGJ 50, 173, DNotV 1931, 297, RJA 13, 140 (142)/15, 238

wenn ein **Recht nicht richtig eingetragen** (dazu *§ 22 Bem 9/g*) oder

wenn es durch die Eintragung einer nicht bestehenden Belastung **beeinträchtigt** ist, zB durch die Eintragung eines erloschenen Pfandrechts, einer nichtigen Hypothek.

Hierzu ist noch auf folgendes hinzuweisen:

Die Eintragung eines Widerspruchs bei einer Gesamthypothek auf nur einem der mitbelasteten Grst ist nur insoweit zulässig, als er sich gegen die Mithaftung dieses Grst richtet, nicht aber insoweit er das Bestehen des Gläubigerrechts betrifft, **KG** JFG, 6, 325. Zulässig ist die Eintragung eines Widerspruchs gegen eine eingetragene Vormerkung, wenn die Eintragungen den Schutz des öffentlichen Glaubens genießen; so insbes **BGH** BGHZ 25, 16 = NJW 1957, 1229 = MDR 1957, 668 = JZ 1957, 627 = DB 1957, 682 = BB 1957, 769 = LM § 883 Bem 5 (*Piepenbrock*), § 899 BGB Nr 1 Ls = DRspr I (150) 85a bez Vormerkung, *Staudinger-Seufert* BGB § 899 Bem 8, **aA** (überholt) **KG** OLG 2, 243, KGJ 21, 148, 286/26, 77/27, 82 = RJA 4, 66, KGJ 46, 205 = RJA 14, 183, JFG 7, 241, **BayObLG** 13, 172, *BGB-RGRK* BGB § 899 Bem 5, *Güthe* GBO § 25 Bem 13.

Unzulässig ist der Widerspruch gegen einen Widerspruch, da dies rechtlich in sich widerspruchsvoll wäre; dies ist allgemeine Meinung, so insbes **RG** RGZ 117, 352, **KG** OLG 2, 60, RJA 4, 48 = KGJ 26, 238, *BGB-RGRK* BGB § 899 Bem 4, *Staudinger-Seufert* BGB § 899 Bem 8b. Unzulässig ist auch der Widerspruch gegen eine eingetragene, aber nicht bestehende Verfügungsbeschränkung (zB den ZwVerstVermerk), **KG** DNotV 1930, 491, OLG 34, 299, *Güthe* GBO § 25 Bem 13, *Planck* BGB § 899 Bem 2b, *Staudinger-Seufert* BGB § 899 Bem 8, **aA** *BGB-RGRK* BGB § 899 Bem 6. Unzulässig ist der Widerspruch auch dann, wenn infolge einer inzwischen erfolgten Eintragung (zB nach § 892 BGB) die Unrichtigkeit nicht mehr besteht; dazu **RG** RGZ 65, 98.

## 17 IV. Verhältnis von Vormerkung und Widerspruch sowie Bezeichnungen derselben

Dazu *Güthe* GBO § 25 Bem 4, *Staudinger-Seufert* BGB § 899 Bem 4

Vormerkung (dazu *Bem 9ff.*) und Widerspruch (dazu *Bem 15, 16*) sind zu unterscheiden, sie schließen sich daher grundsätzlich gegenseitig aus; dazu *Staudinger-Seufert* BGB § 899 Bem 4. Da sie aber verschiedene Zwecke verfolgen, besteht die Möglichkeit, daß sie **nebeneinander eingetragen** werden, wenn aus demselben Tatbestand eine dingliche Wirkung und ein persönlicher Anspruch hervorgehen; dazu *Güthe* und *Staudinger-Seufert* aaO.

Steht zB dem Eigentümer nach § 1169 BGB die Einrede zu, mit der er den Verzicht des Gläubigers auf die Hypothek verlangen kann, so kann sowohl der schuldrechtliche Anspruch auf Aufhebung der Hypothek durch Vormerkung als auch die den Anspruch begründende Einrede durch Widerspruch gesichert werden, **KG** KGJ 33, 261; dazu *Staudinger-Seufert* BGB § 1169 Bem 3, auch *Roth* DNotV 1930, 713.

Sowohl bei der Vormerkung als auch beim Widerspruch ist nicht unbedingt erforderlich, daß sie in der Eintragung als solche bezeichnet werden; eine Verwechslung in der **Bezeichnung** ist unschädlich, wenn sich aus dem Inhalt der Eintragung ergibt, zur Sicherung welcher Art von Rechten sie dienen soll, **RG** RGZ 55, 340/139, 353, **KG** RJA 7, 64, JW 1937, 2918. Die falsche Bezeichnung kann von Amts wegen oder auf Antrag berichtigt werden; dazu *Güthe* und *Staudinger-Seufert* aaO.

Ist in einer einstweiligen Verfügung irrtümlich die Eintragung einer Vormerkung anstatt eines Widerspruchs angeordnet oder umgekehrt, so ist im Wege der Auslegung die richtige Bezeichnung in das GB einzutragen, **KG** JW 1937, 2918; dazu *Staudinger-Seufert* aaO. Dies gilt auch von behördlichen Eintragungsersuchen.

## 18 V. Eintragung von Vormerkung und Widerspruch

Dazu *BGB-RGRK* BGB § 883 Bem 50ff., § 885 Bem 1ff., § 899 Bem 13ff., *Güthe* GBO § 25 Bem 16ff., *Staudinger-Seufert* BGB § 885 Bem 1ff., § 899 Bem 38ff.

### 1. Eintragungsvoraussetzungen

### a) Besondere Voraussetzungen

Eine Vormerkung bzw ein Widerspruch kann eingetragen werden

1. auf Grund Bewilligung; dazu *Bem 19*,
2. von Amts wegen; dazu *Bem 20*,
3. auf Ersuchen einer Behörde; dazu *Bem 21*,
4. auf Grund einer einstweiligen Verfügung oder eines vorläufig vollstreckbaren Urteils; dazu *Bem 22*,
5. auf Antrag im Falle des § 1139 BGB; dazu *Bem 23*.

### 1. Eintragungsbewilligung 19

Eine **Vormerkung** bzw ein **Widerspruch** kann eingetragen werden auf Grund einer Bewilligung desjenigen, dessen Recht von der Vormerkung bzw bei Eintragung eines Widerspruchs von der Berichtigung des GB betroffen wird, § 885 Abs 1 S 1, § 899 Abs 2 S 1 BGB.

Die **Bewilligung** muß **auf Eintragung einer Vormerkung**, nicht des Rechts selbst lauten, doch schließt häufig die Bewilligung der endgültigen Eintragung die der Vormerkung in sich; dazu *BGB-RGRK* BGB § 885 Bem 7ff., *Güthe* GBO § 25 Bem 16, *Staudinger-Seufert* BGB § 885 Bem 3 (g), *Hieber* DNotZ 1954, 67. Im übrigen gilt für die Bewilligung § 19. Der Nachweis des Bestehens des zu sichernden Anspruchs kann nicht verlangt werden, **KG** RJA 7, 142. Soll gegen die Eintragung einer nicht bestehenden Hypothek ein **Widerspruch** eingetragen werden, so ist außer dem Gläubiger auch der Eigentümer Betroffener, **KG** JFG 5, 352. Von der Eintragung der Löschungsvormerkung nach § 1179 BGB (dazu *Bem 13*) wird nur der Eigentümer betroffen, **KG** KGJ 33, 293, OLG 8, 145; dazu *Güthe* aaO.

Die Bewilligung kann durch rechtskräftiges Urteil ersetzt werden, § 894 ZPO; dazu *§ 19 Bem 46*, auch *Güthe* aaO, *Staudinger-Seufert* BGB § 885 Bem 4. Ersatz für die Bewilligung bildet auch der Nachweis der Unrichtigkeit des GB, wenn eine bereits eingetragene Vormerkung bzw ein eingetragener Widerspruch zu Unrecht gelöscht worden ist; dazu *Güthe* aaO, auch *§ 22 Bem 9*.

§ 878 BGB findet auf die Bewilligung einer Vormerkung entsprechende Anwendung, **BGH** BGHZ 28, 182 = NJW 1958, 2013/1959, 527 (*Rahn*), 527 (*Seufert*) = MDR 1959, 30, 200 (*Thieme*) = JZ 1959, 170 = BB 1958, 1152 = DNotZ 1959, 36 = WM 1958, 1386 = LM § 885 BGB Nr 3 Ls. Man wird dies auch für den Widerspruch gelten lassen. Es wird also die Bewilligungserklärung durch **nachträgliche Verfügungsbeschränkung** nicht unwirksam, wenn sie bereits bindend geworden ist und Antrag auf Eintragung bei dem GBA gestellt ist. Ein gegen den GrstKäufer durch einstweilige Verfügung erlassenes Erwerbsverbot hindert die Eigentumseintragung, auch wenn der Eintragungsantrag bereits gestellt ist, **KG** DNotZ 1962, 400 = Rpfleger 1962, 177 = BWNotZ 1963, 359 (dazu *§ 18 Bem 21*), hindert aber nicht die Eintragung einer Vormerkung.

### 2. Eintragung von Amts wegen 20

Eintragung von Amts wegen erfolgt in den gesetzlich zugelassenen Fällen; dazu *Güthe* GBO § 25 Bem 18, *Staudinger-Seufert* BGB § 885 Bem 9.

Hierbei handelt es sich bei **Vormerkung** und **Widerspruch** um Fälle des **formellen GBRechts**, auf die die Bestimmungen des BGB, insbes § 883ff. aaO, keine Anwendung finden. Es kommen hier insbes in Betracht:

- Vormerkung und Widerspruch nach § 18 Abs 2; dazu *§ 18 Bem 60ff.*;
- Widerspruch des Rechtsnachfolgers nach §§ 23, 24; dazu *§ 23 Bem 12*, *§ 24 Bem 3*,
- Amtswiderspruch nach § 53; dazu *§ 53 Bem 2ff.*,
- Widerspruch auf Anordnung der Beschwerdeinstanz nach § 71 Abs 2 und § 76 Abs 1; dazu *§ 71 Bem 31ff.*, *§ 76 Bem 8ff.*,
- Widerspruch bei Anlegung eines GBBlatts nach § 15 Abs 2 S 2 GBOAVO (*GT 3*); dazu *§ 3 Bem 367b*,
- Widerspruch bei Doppelbuchung nach § 38 Abs 1b Z 2 GBVfg (*GT 4*); dazu *§ 3 Bem 414 (10)*,
- Vormerkung bei Erneuerung des Erbbaurechts nach § 31 Abs 4 S 3 ErbbauV (*Anh*); dazu *§ 8 Bem 16c*.

21 3. **Ersuchen von Behörden**

Eintragung einer **Vormerkung** bzw eines **Widerspruchs** kann auch auf Grund eines Ersuchens einer Behörde nach § 38 erfolgen; dazu *Bem 22, § 38 Bem 2ff.*, auch *Güthe* GBO § 25 Bem 18a.

Ein Eintragungsersuchen kann von einem Gericht ausgehen, § 941 ZPO. Die Ersuchen um Eintragung können aber auch von anderen Behörden ausgehen. Insbes sind von Bedeutung der Widerspruch im landwirtschaftlichen Bodenverkehrsverfahren nach GrstVG (*Anh*); dazu *§ 20 Bem 82c*) und der Widerspruch im Bodenverkehrsverfahren nach dem BBauG (*Anh*; dazu *§ 20 Bem 83b*).

22 4. **Einstweilige Verfügung oder vorläufig vollstreckbares Urteil**

a) Auch eine **einstweilige Verfügung** kann zur Eintragung einer **Vormerkung** oder eines **Widerspruchs** führen, §§ 885, 899 BGB; dazu *Güthe* GBO § 25 Bem 17. Kommentierungen zu § 885, 899 BGB, insbes *BGB-RGRK, Palandt, Staudinger-Seufert.*

Besteht ein vormerkungsfähiger Anspruch oder ein Anspruch auf Widerspruch, so kann GBEintragung auf Grund Einwilligung des Betroffenen erfolgen; diese Einwilligung kann auch durch Klage erzwungen werden (dazu *Bem 19*). Neben diesen Möglichkeiten der Eintragung einer Vormerkung bzw eines Widerspruchs sieht das Gesetz die Eintragung auf Grund einer einstweiligen Verfügung vor, und zwar zeitlich vorher dh, bevor Eintragung auf Grund Bewilligung oder Urteils erfolgt; dazu *BGB-RGRK* § 885 Bem 1ff., § 899 Bem 19ff., *Palandt* BGB § 885 Bem 2, § 899 Bem 5(b), *Staudinger-Seufert* BGB § 885 Bem 2ff., § 899 Bem 34ff., zur einstweiligen Verfügung auch *§ 19 Bem 53, § 38 Bem 22.* Die einstweilige Verfügung nach §§ 885, 899 BGB weist gegenüber der normalen einstweiligen Verfügung nach §§ 935ff. ZPO die Besonderheit auf, daß die Gefährdung des Anspruchs, also der Verfügungsgrund, nicht glaubhaft zu machen ist, so daß also Glaubhaftmachung des zu sichernden Anspruchs genügt; dazu *BGB-RGRK* BGB § 885 Bem 1, § 899 Bem 20, *Palandt* aaO, *Staudinger-Seufert* BGB § 885 Bem 2a, § 899 Bem 34. Es kann daher auch nicht der Einwand erhoben werden, für die einstweilige Verfügung fehle das Rechtsschutzbedürfnis. Der Gesetzgeber hat die Möglichkeit der Eintragung einer Vormerkung bzw eines Widerspruchs wegen der Gefahr, daß der zu sichernde Anspruch vor Eintragung durch andere Eintragungen beeinträchtigt werden kann, geschaffen, so daß ein besonderes Sicherungsbedürfnis nicht Voraussetzung der Eintragung der Vormerkung bzw des Widerspruchs ist; dazu **OLG** Hamm MDR 1966, 236 bez Vormerkung. Es besteht daher solange ein Rechtsschutzbedürfnis, als die dingliche Rechtsänderung im GB noch nicht eingetragen ist. Es steht also dem Erlaß nicht entgegen, wenn ein Eintragungsantrag seitens des Betroffenen beim GBA vorliegt, dem Antrag aber Eintragungshindernisse entgegenstehen. In solchem Falle muß auch bei eigener Antragstellung mit einer ähnlichen Entscheidung des GBA gerechnet werden und es kann daher auch solchenfalls die einstweilige Verfügung beantragt und erlassen werden; so auch **OLG Hamm** aaO. Geht man hiervon aus, so kann die Kostenpflicht des betroffenen Grst-Eigentümers nicht durch Anerkennung mit der Begründung abgewendet werden, daß er geltend macht, er habe keine Veranlassung zum Erlaß der einstweiligen Verfügung gegeben; § 93 ZPO ist daher dann nicht anzuwenden, wenn die gesetzlichen Voraussetzungen des § 885 bzw § 899 BGB vorliegen. Andernfalls würde man zu dem Ergebnis kommen, daß bei einem gesetzmäßig gestellten Antrag der Gläubiger, der ein Recht auf die einstweilige Verfügung hat, noch dazu die Kosten des Verfahrens zu tragen hätte; **aA** (zu Unrecht) **OLG Stuttgart** NJW 1955, 1193 (*Nikisch*). Veranlassung zur einstweiligen Verfügung ist also nur dann nicht gegeben, wenn bereits auf Grund Bewilligung oder Urteils eine GBEinrichtung vorliegt. Es braucht jedoch der Beantragung der einstweiligen Verfügung nicht eine Aufforderung an den Betroffenen auf Bewilligung vorausgehen, da die Ablehnung einer solchen Aufforderung vom Gesetz nicht verlangt wird.

Die Vollziehung der einstweiligen Verfügung erfolgt durch Eintragung im GB. Der Antrag kann durch die Parteien erfolgen, ein Antrag des obsiegenden Antragstellers bzw Klägers genügt, § 13. Es kann (muß nicht) das Gericht der einstweiligen Verfügung ein Ersuchen an das GBA richten, § 941 ZPO, § 38. Letzteres erscheint nicht zweckmäßig, von dieser Möglichkeit Gebrauch zu machen, da in solchem Falle die Behörde die Rolle des Antragstellers hat und bei etwaigen Hindernissen für die Behebung sorgen muß. Es kann damit eine Erschwerung bei der Erledigung des Ersuchens eintreten, weil das Gericht sich jeweils erst an die Beteiligten wenden muß, um zu erreichen, daß die Hindernisse behoben werden. Es sollte daher das Gericht regelmäßig ein etwa gestelltes Gesuch des Antragstellers, das sich hierauf bezieht, zurückweisen, damit er selbst die Verantwortung hat, nicht das Gericht eine Verantwortung übernimmt, die uU zu einer Amtshaftung führen kann. Die Gebühr eines Rechtsanwalts, der Vollziehungsantrag stellt, richtet sich nach §§ 57, 59 BRAGebO; dazu *Ulrich* Vollziehungsgebühr für den Antrag auf Eintragung einer Vormerkung oder eines Widerspruchs auf Grund einstweiliger Verfügung Rpfleger 1960, 325.

Ist die Vormerkung bzw der Widerspruch, der im GB eingetragen ist, aus irgend einem Grunde nichtig oder aufgehoben worden, so besteht ein Anspruch auf Beseitigung; dazu *Bem 32ff.*

b) Ebenso kann Eintragung auf Grund eines **vorläufig vollstreckbaren Urteils** erfolgen; dazu *Bem 2*, auch **KG** JFG 18, 148.

### 5. Fall des § 1139 BGB 23

Im Fall des § 1139 BGB, nämlich wenn bei **Bestellung einer Hypothek für ein Darlehen die Erteilung eines Hypothekenbriefs ausgeschlossen** worden ist, genügt zur Eintragung eines **Widerspruchs**, der sich darauf gründet, daß die Hingabe des Darlehens unterblieben sei, der von dem Eigentümer an das GBA gerichtete Antrag, sofern er vor dem Ablauf 1 Monats nach der Eintragung der Hypothek gestellt wird. Der Eintrag hat die gleiche Wirkung, wie wenn der Widerspruch zugleich mit der Hypothek eingetragen worden wäre.

Die Vorschrift des § 1139 BGB bezieht sich nur auf eine Darlehensbuchhypothek, nicht auch auf eine Darlehensbriefhypothek; dazu *BGB-RGRK* BGB § 1139 Bem 1, *Staudinger-Scherübl* BGB § 1139 Bem 1. Diese Regelung dient dem Schutz des Eigentümers. Bei der Darlehensbriefhypothek verbleibt es bei den normalen gesetzlichen Bestimmungen der §§ 1117, 1154 BGB, § 42, wonach der Gläubiger erst mit der Übergabe des Briefs die Verfügungsmöglichkeit erlangt; dazu *BGB-RGRK* aaO. Die gesetzliche Ausnahme des § 1139 BGB gilt auch nicht für sonstige Fälle, insbes auch dann nicht, wenn der Anspruch unmittelbar auf Gesetz beruht, wie zB bei § 648 BGB; dazu *Güthe* GBO § 25 Bem 16.

Die Eintragung des Widerspruchs im GB erfolgt auf Antrag des Eigentümers, der materiellrechtlich keiner Form bedarf, wohl aber formellrechtlich die Form des § 29 zu wahren hat; dazu *§ 30 Bem 6*, auch *BGB-RGRK* aaO Bem 2, *Staudinger-Scherübl* aaO Bem 2, 2a. Eine Eintragungsbewilligung des Gläubigers oder eine einstweilige Verfügung ist nicht erforderlich; dazu *BGB-RGRK* aaO Bem 2. Der Antrag des Eigentümers genügt nur dann, wenn die Einwendung der Nichtzahlung des Darlehens durch Widerspruchseintragung gesichert werden soll, während bei der Sicherung gegen andere Einwendungen die Regelung des § 899 BGB gilt; dazu *BGB-RGRK* BGB

§ 1138 Bem 12, § 1139 Bem 2. Kommt es zu einem Rechtsstreit zwischen den Beteiligten, so hat der Eigentümer die Beweislast der Darlehenshingabe; dazu *Staudinger-Scherübl* BGB § 1139 Bem 3.

Die Vergünstigung des § 1139 BGB kommt auch nur in Betracht, wenn die gesetzliche Frist eingehalten wird, da es sonst bei der allgemeinen Regelung verbleibt; dazu *BGB-RGRK* BGB § 1139 Bem 3.

Der Widerspruch hat rückwirkende Kraft; dazu *BGB-RGRK* aaO Bem 3, *Staudinger-Scherübl* aaO Bem 2c.

24 **b) Allgemeine sonstige Voraussetzungen**

Es müssen aber auch die etwa sonst erforderlichen Eintragungsvoraussetzungen vorliegen; dazu *Staudinger-Seufert* BGB § 885 Bem 7, 8.

Hierzu ist insbes auf folgendes hinzuweisen:

25 1. In den Fällen von *Bem 19, 22, 23* ist weiter ein formloser **Antrag** des Betroffenen oder Berechtigten erforderlich, § 13 Abs 2, § 30.

Ein mit dem Antrag auf Eintragung einer Auflassungsvormerkung verbundener Antrag auf Löschung dieser Vormerkung mit der Eintragung des Käufers, *falls nicht ein anderer Eintragungsantrag beim GBA eingegangen ist*, ist kein Vorbehalt der dem Eintragungsantrag nach § 16 Abs 1 entgegensteht; dazu **LG Kiel** SchlHA 1966, 160, auch **BayObLG** OLG 23, 343, *Güthe* GBO § 16 Bem 3.

26 2. Ferner ist in allen Fällen Voraussetzung das **Eingetragensein des Betroffenen** als Berechtigten, §§ 14, 39, 40 GBO, auch §§ 792, 896 ZPO; dazu *Staudinger-Seufert* BGB § 885 Bem 7.

Hiernach ist zB die Umschreibung auf Erben vor Eintragung einer Auflassungsvormerkung (**KG** OLG 8, 318/10, 440), vorherige Eintragung der Gesamtgutseigenschaft (**KG** OLG 11, 283/41, 30) oder des Anteilsverhältnisses (**KG** OLG 10, 440) notwendig.

27 3. Soweit die **Zustimmung Dritter**, deren Rechte betroffen werden, nach den allgemeinen Vorschriften erforderlich ist, muß sie bzw ein Ersatz (zB ein Urteil) auch bei der Eintragung der Vormerkung oder des Widerspruchs beigebracht werden; dazu *Güthe* GBO § 25 Bem 16, *Staudinger-Seufert* BGB § 885 Bem 8.

So ist zB die Zustimmung des Eigentümers zur Eintragung einer Vormerkung auf Rangänderung einer Hypothek nötig, § 880 Abs 2 S 2 BGB; dazu *Güthe* aaO. Zur Eintragung eines Widerspruchs gegen eine nichtige Hypothek oder Grundschuld auf Grund einer einstweiligen Verfügung bedarf es der Zustimmung des Eigentümers mit Rücksicht auf dessen etwaiges Gläubigerrecht; die Zustimmung kann dadurch ersetzt werden, daß die einstweilige Verfügung sich auch gegen den Eigentümer richtet, **KG** JFG 5, 352, DNotV 1931, 293, *Güthe* aaO Bem 17. Zur Eintragung einer Vormerkung oder eines Widerspruchs bei einer Hypothek bedarf es sonst nicht der Zustimmung des Eigentümers, zur Eintragung einer Löschungsvormerkung nach § 1179 BGB (dazu *Bem 13*) nicht derjenigen des Hypothekengläubigers, **KG** OLG 8, 145; dazu *Staudinger-Seufert* BGB § 885 Bem 8. Zur Sicherung des Anspruchs des Zedenten auf Rückübertragung einer Hypothek durch Vormerkung genügt die Bewilligung des Zessionars, **KG** OLG 8, 306.

28 4. Bez **Vorlage eines Briefs** bei Briefrechten sind §§ 41 ff., 62, insbes § 41 Abs 1 S 2 bei einem Widerspruch, zu beachten; dazu *Staudinger-Seufert* aaO.

29 5. Über Eintragung einer Vormerkung oder eines Widerspruchs an einem **realen Grstteil** *§ 7 Bem 55, 76*. Es kann insbes eine Auflassungsvormerkung (dazu *Bem 12*)

schon vor der katasteramtlichen Vermessung des aufzulassenden Trennstücks eingetragen werden. Dazu auch **BayObLG** Rpfleger 1957, 48 (*Bruhn*).

An einem **ideellen Bruchteil** eines Grst, der in dem Anteil eines Miteigentümers besteht, kann eine Hypothek, ein Vorkaufsrecht oder eine Reallast vorgemerkt werden, während sonst eine Eintragung im GB nicht zulässig ist, **KG** RJA 4, 253, *Staudinger-Seufert* BGB § 883 Bem 7. An dem ganzen Grst kann nicht eine Vormerkung zur Sicherung des Anspruchs auf Eintragung einer Hypothek an einem Bruchteil des Grst, den der Schuldner erst erwerben soll, eingetragen werden; dazu *Güthe* GBO § 7 Bem 6, *Staudinger-Seufert* BGB § 883 Bem 15.

Die Frage des **Parzellenaustausches** und deren Sicherung durch Auflassungsvormerkung beim Kauf hat heutzutage eine große Bedeutung und es liegt daran, daß eine befriedigende Lösung möglich ist. **BayObLG** BayObLGZ 1959, 332 = MDR 1960, 50 = DNotZ 1960, 47 = Rpfleger 1960, 400 = DRspr I (150) 104a (dazu auch *§ 7 Bem 55*) hat ausgesprochen, daß der Anspruch, daß die Verkäufer einer GrstParzelle verpflichtet seien, diese Parzelle gegen eine andere gleichgroße Parzelle auszutauschen, und zwar aus demselben viel größeren StammGrst nach Wahl der Käufer ohne Aufpreis, falls bei einer späteren Erschließung als Baugelände die ursprünglich aufgelassene Parzelle durch Straßenflächenabtrennung usw beschnitten werden sollte, nicht durch Auflassungsvormerkung gesichert werden kann, weil die eventuell aufzulassende Ersatzteilfläche nicht bestimmt oder genügend bestimmbar bezeichnet ist. Es wird hierzu verwiesen auf **RG** JW 1912, 73, GruchBeitr 58, 1017. Diese Auffassung ist richtig. Wie jedoch *Hieber* Vormerkung eines bedingten Anspruchs DNotZ 1960, 97 = DRspr aaO 104b mit Recht betont, ist die Lösung unbefriedigend und der Praxis muß geholfen werden. Dies kann jedoch nur in der Form geschehen, daß mehrere Vormerkungen für bestimmte GrstFlächen eingetragen werden; dazu *Bem 12*. Nur wenn mehrere bestimmte GrstFlächen wahlweise festgelegt werden, ist die dingliche Sicherung durch Vormerkung möglich.

6. Absolut wirkende **Verfügungsbeschränkungen** hindern auch die Eintragung einer Vormerkung; dazu *§ 13 Vorbem 121, 126ff.* Bez relativen Verfügungsbeschränkungen *§ 13 Vorbem 122, 131ff.* **30**

An einem im Bereich eines Bebauungsplans gelegenen Grst (dazu *§ 20 Bem 83a, d)* kann eine Auflassungsvormerkung (dazu *Bem 12*) ohne Genehmigung der Verwaltungsbehörde eingetragen werden, **KG** JFG 14, 123.

### 2. Eintragung im Grundbuch **31**

Dazu *BGB-RGRK* § 885 Bem 17ff., § 899 Bem 13ff., *Güthe* GBO § 25 Bem 19, *Staudinger-Seufert* BGB § 885 Bem 10, § 899 Bem 39ff.

Über Stelle der Eintragung im GB sowie Form und Inhalt der Eintragung *§ 3 Bem 292ff.*

Bei der Vormerkung und bei dem Widerspruch ist Bezugnahme auf die Eintragungsbewilligung zulässig; dazu *§ 3 Bem 303.* Insbes kann bei der Vormerkung zur näheren Bezeichnung des zu sichernden Anspruchs, dessen Fehlen in der Eintragung diese inhaltlich unzulässig iSd § 53 macht (**KG** KGJ 51, 251), auf die einstweilige Verfügung, das Urteil oder die Eintragungsbewilligung Bezug genommen werden, § 885 Abs 2 BGB. Dies gilt auch für die Löschungsvormerkung nach § 1179 BGB; dazu *Bem 13.*

Bei der Eintragung einer Vormerkung auf Einräumung einer Hypothek, Grund- oder Rentenschuld ist in der Eintragung selbst der Geldbetrag anzugeben. Dagegen kann bez der Höhe der Zinsen und Nebenleistungen und des Schuldgrundes auf die

Eintragungsbewilligung Bezug genommen werden, da § 1115 Abs 1 BGB bei Vormerkungen nicht gilt; dazu *BGB-RGRK* BGB § 1115 Bem 20, *Güthe* GBO § 49 Bem 13, *Staudinger-Seufert* BGB § 885 Bem 10. Doch empfiehlt sich die Aufnahme auch dieser Bestimmungen in den Eintragungsvermerk; dazu *Staudinger-Seufert* aaO. Über die dingliche Unterwerfungsklausel *§ 3 Bem 304.*

Neuerdings hat **BGH** Rpfleger 1967, 111 (*Haegele*) zu § 1115 Abs 1 BGB ausgesprochen, daß dann, wenn die Nebenleistung einer Hypothek nach einem Hundertsatz des ursprünglichen Darlehenskapitals bestimmt ist, es keiner Aufnahme in den GB-Vermerk bedarf, daß für die Berechnung der Nebenleistung das Ursprungskapital maßgebend ist; auch braucht in dem GBVermerk eine Tilgungshypothek nicht als solche bezeichnet zu werden. Bei Vormerkungen wird man zweckmäßigerweise in gleicher Weise verfahren.

32 **VI. Löschung von Vormerkung und Widerspruch**

Dazu *Güthe* GBO § 25 Bem 24ff., *Hesse-Saage-Fischer* GBO § 25 Bem VII, *Horber* GBO § 25 Bem 5, *Thieme* GBO § 25 Bem 4,
Kommentierungen zu § 886 BGB, insbes *BGB-RGRK, Palandt, Staudinger-Seufert*

### 1. Löschungsvoraussetzungen

Es ist insbes auf folgende Fälle hinzuweisen:

a) Löschungsbewilligung; dazu *Bem 33,*
b) Verzicht des Berechtigten auf die Rechte aus Vormerkung oder Widerspruch; dazu *Bem 34,*
c) Nachweis der Unrichtigkeit des GB; dazu *Bem 35,*
d) Fall des § 25; dazu *Bem 36,*
e) Ersuchen einer Behörde; dazu *Bem 37,*
f) von Amts wegen; dazu *Bem 38.*

33 **a) Löschungsbewilligung**

Die Löschung von Vormerkung oder Widerspruch kann auf Grund einer Löschungsbewilligung desjenigen erfolgen, dessen Recht durch die Löschung betroffen wird, § 19.

Hier gelten die allgemeinen Vorschriften, insbes §§ 27, 28, 29. Erforderlich ist auch die Zustimmung desjenigen, zu dessen Gunsten der durch Vormerkung gesicherte Anspruch belastet ist, § 876 BGB. Ist eine Vormerkung für den jeweiligen Gläubiger einer Hypothek eingetragen, so genügt die Löschungsbewilligung des gegenwärtigen Gläubigers; dazu *Güthe* GBO § 25 Bem 24. Die Bewilligung kann auch in einem gerichtlichen Vergleich erfolgen.

Die Löschungsbewilligung kann durch Urteil ersetzt werden, § 894 ZPO, insbes im Falle des § 886 BGB; dazu auch *Bem 5. § 19 Bem 46.*

34 **b) Verzicht des Berechtigten**

Löschung kommt auch in Betracht bei einseitigem Verzicht des Berechtigten auf die Rechte aus der Vormerkung oder dem Widerspruch. §§ 875, 876 S 1 und 3 BGB sind entsprechend anzuwenden; so insbes *Güthe* GBO § 25 Bem 24, GruchBeitr 57, 62, *Planck* BGB § 883 Bem 1 (b), **aA** *BGB-RGRK* § 875 Bem 6, weil eine Vormerkung und ein Widerspruch keine dinglichen Rechte darstellen. Soweit man diese einengende Auslegung billigt, müßte man §§ 875, 876 BGB entsprechend anwenden, um zu einer zweckmäßigen Lösung zu kommen.

Die Vormerkung erlischt mit der Löschung; dazu *Güthe* aaO. Diese Grundsätze gelten auch für die Vormerkung eines Rechts an einem GrstRecht; dazu *Güthe* aaO. Die Verzichtserklärung bedarf der Form des § 29 und wird regelmäßig als Löschungsbewilligung abgegeben werden; dazu *Bem 33.*

Auch wenn der Käufer auf die Eintragungsvormerkung vertraglich verzichtet hat, kann er doch eine einstweilige Verfügung auf Eintragung einer solchen Vormerkung erwirken, wenn der Verkäufer durch Verletzung vertraglicher Pflichten in treuwidriger und unzulässiger Weise die Stellung des Antrags auf Eigentumsumschreibung durch den Notar verhindert hat, **OLG Frankfurt aM** NJW 1958, 1924 Ls.

### c) Nachweis der Unrichtigkeit des Grundbuchs 35

Löschung kommt auch in Betracht bei Nachweis der Unrichtigkeit des GB nach Maßgabe des § 22; dazu *§ 22 Bem 9* sowie *Güthe* GBO § 25 Bem 24.

Diese **GBUnrichtigkeit** ist gegeben, wenn die Vormerkung oder der Widerspruch nicht entstanden (zB wegen inhaltlicher Unzulässigkeit, **RG** RGZ 48, 61/53, 415/55, 273) oder wieder erloschen ist (zB durch Zuschlag, Eintritt des Endtermins usw), wenn die Vormerkung durch Eintragung des gesicherten Rechts gegenstandslos geworden ist (dazu *Bem 43, 44*), wenn der vorgemerkte Anspruch oder das durch den Widerspruch gesicherte Recht nicht entstanden oder wieder erloschen ist (zB durch Erfüllung usw, **RG** RGZ 65, 261/77, 406/81, 290, **KG** RJA 13, 140), wenn der Vormerkungsgläubiger im Wege des Aufgebotsverfahrens mit seinem Anspruch ausgeschlossen wird (§ 887 BGB), ferner wenn der persönliche Anspruch ohne das Recht aus der Vormerkung übertragen wird und diese dadurch erlischt (dazu *Bem 40*) sowie wenn das durch die Vormerkung gesicherte Recht sich mit dem Eigentum in einer Person vereinigt (**BayObLG** 13, 175). Dazu *Güthe* GBO § 25 Bem 34, GruchBeitr 57, 7.

Auch eine auf Grund einstweiliger Verfügung eingetragene Auflassungsvormerkung kann auf Antrag des Eigentümers nach § 22 gelöscht werden, wenn der Wegfall des Auflassungsanspruchs durch rechtskräftige Versagung einer behördlichen Genehmigung des Kaufvertrags (zB des landwirtschaftlichen Bodenverkehrs) nachgewiesen ist; daß der buchmäßig Vormerkungsberechtigte dem Anspruch auf Löschungsbewilligung die Zurückbehaltungseinrede wegen Verwendungen auf das Grst entgegensetzen könnte, hindert die Löschung der Auflassungsvormerkung ohne seine Bewilligung gemäß § 22 nicht, **BayObLG** BayObLGZ 1959, 223 = DNotZ 1959, 543 = Rpfleger 1960, 161.

Über die Frage, wann **Erfüllung** eingetreten ist, wenn der vorgemerkte Anspruch auf Übertragung des Eigentums oder eines GrstRechts gerichtet ist und nach Eintragung der Vormerkung dingliche Rechte eingetragen werden, **RG** RGZ 129, 184, **KG** KGJ 50, 173. Der Anspruch ist erfüllt, wenn auch die nach Eintragung der Vormerkung eingetragenen Rechte beseitigt sind; denn der Anspruch ist nicht auf Auflassung bzw Übertragung des Rechts schlechthin, sondern auf Auflassung ohne die nachträglich eingetragenen Rechte gerichtet. Über die Löschung der Vormerkung aus § 1179 BGB *Bem 13* sowie *Kreß* BayNotZ 1913, 408, wegen Gegenstandslosigkeit *Bem 43.*

### d) Fall des § 25 36

Löschung der Vormerkung und des Widerspruchs kommt auch in den Fällen des § 25 in Frage (dazu *Güthe* GBO § 25 Bem 25),

nämlich wenn die Vormerkung bzw der Widerspruch auf einer einstweiligen Verfügung oder einem vorläufig vollstreckbaren Urteil beruht und eine vollstreckbare Aufhebungsentscheidung ergangen ist (**RG** RGZ 81, 288, **KG** OLG 39, 75); dazu *Bem 2ff.*

Durch § 25 wird jedoch die Löschung einer derart eingetragenen Vormerkung bzw eines Widerspruchs auf Grund einer Löschungsbewilligung, eines Verzichts oder des Unrichtigkeitsnachweises nicht ausgeschlossen, **RG** RGZ 81, 288, **KG** KGJ 52, 162. Eine Löschung nach § 25 kann nicht erfolgen, wenn die Vormerkung oder der Widerspruch auf Grund einer Eintragungsbewilligung, eines Urteils nach § 894 ZPO, auf Ersuchen einer Behörde oder von Amts wegen (dazu *Bem 18ff.*) eingetragen wurde. Dies gilt auch, wenn bei einer auf Grund einer einstweiligen Verfügung oder eines vorläufig vollstreckbaren Urteils eingetragenen Vormerkung bzw eines Widerspruchs auf Antrag nachträglich vermerkt worden ist, daß der von der Eintragung Betroffene diese freiwillig bewilligt hat oder zur Bewilligung rechtskräftig verurteilt worden ist; dazu **KG** JFG 2, 409, *Güthe* aaO Bem 39.

37 **e) Ersuchen einer Behörde**

Wie bei der Eintragung, so kommt auch für die Löschung ein behördliches Ersuchen in Betracht, jedoch nur in den gesetzlich vorgesehenen Fällen; dazu *Bem 20.*

Wenn es gesetzlich nicht vorgesehen ist, besteht keine Zuständigkeit einer Behörde zu einem Löschungsersuchen. Insbes kann das Gericht, das auf Grund einer einstweiligen Verfügung um Eintragung einer Vormerkung oder eines Widerspruchs ersucht hat (§ 941 ZPO), nicht auch um Löschung dieser Eintragung ersuchen; dazu *Predari* GBO § 25 Bem 6, *Turnau-Förster* GBO § 25 Bem 2, auch *§ 38 Bem 22.*

38 **f) Von Amts wegen**

Eine Löschung von Amts wegen kommt in Betracht

im Falle des **§ 18 Abs 2**, wenn der früher gestellte Antrag zurückgewiesen wird, **KG** OLG 42, 159,

im Falle des **§ 76**, wenn die Beschwerde zurückgenommen oder zurückgewiesen worden ist.

Im Falle des § 53 dagegen erfolgt die Löschung nur auf Grund einer Löschungsbewilligung; dazu *Bem 33.*

39 **2. Eintragung im Grundbuch**

Dazu *Güthe* GBO § 25 Bem 31

Es ist hinzuweisen auf *Bem 7, § 3 Bem 268, 298* und § 46 *Bem 2ff.*

Über die Umwandlung der Vormerkung und des Widerspruchs in eine endgültige Eintragung *Bem 43, 44.* In diesem Falle werden die Vormerkung und der Widerspruch nicht gelöscht.

Gegen eine auf Grund einstweiliger Verfügung eingetragene Vormerkung ist die unbeschränkte Beschwerde mit dem Ziel der Löschung zulässig, **KG** Rpfleger 1962, 211.

40 **VII. Übertragung, Belastung und Inhaltsänderung von Vormerkung und Widerspruch**

Dazu *BGB-RGRK* BGB § 883 Bem 42, *Güthe* GBO § 25 Bem 32ff., *Staudinger-Seufert* BGB § 883 Bem 70ff.

**1. Übertragung und Belastung**

**a) Vormerkung**

**Übertragung** bzw Abtretung und **Belastung** des vorgemerkten Anspruchs ist zulässig. Die Zulässigkeit der Übertragung der Vormerkung richtet sich nach derjenigen des durch sie gesicherten Anspruchs, **KG** OLG 42, 274. Dies gilt auch für die Belastung des durch Vormerkung gesicherten Anspruchs (zB Bestellung eines Nießbrauchs oder eines Pfandrechts) und für die Pfändung, **KG** JW 1937, 247 = HRR 1937 Nr 246 = DNotZ 1937, 329.

Maßgebend für die Übertragung sind §§ 398ff. BGB; dazu **KG** KGJ 32, 213 = RJA 7, 145. Wird der Anspruch abgetreten, so geht mit ihm die Vormerkung als Nebenrecht ohne weiteres auf den neuen Gläubiger über, **RG** RGZ 78, 73/83, 434/142, 330, **KG** KGJ 43, 210, OLG 25, 385 (386); dazu *Güthe* GBO § 25 Bem 32, GruchBeitr 57, 1, auch *Bem 12.* Ist der Anspruch nicht übertragbar, so ist es auch die Vormerkung nicht; dazu *BGB-RGRK* BGB § 883 Bem 42. Eine Übertragung der Vormerkung ohne den Anspruch ist unzulässig; dazu *BGB-RGRK* aaO. Wird dagegen der Anspruch ohne die Vormerkung übertragen, so erlischt diese, **KG** RJA 12, 170. Bei der Übertragung des Anspruchs kann die Übertragung der Vormerkung ausgeschlossen werden, hat aber das Erlöschen derselben zur Folge, **KG** RJA 12, 170; dazu *Staudinger-Seufert* BGB § 883 Bem 70. Für sich allein kann die Vormerkung nicht übertragen werden, da sie ein unselbständiger Teil des Anspruchs ist, **KG** JFG 32, 213 = RJA 7, 145. Soweit Übertragbarkeit besteht und kein vertraglicher Ausschluß erfolgt ist, geht also die Vormerkung nach § 401 BGB mit dem Anspruch selbst über. Bez der Übertragung der Rechte aus der Löschungsvormerkung nach § 1179 BGB *Bem 13.*

Wenn für den Verkäufer eine Auflassungsvormerkung im GB eingetragen ist, geht die Rechtsstellung auf den Erwerber über, **RG** RGZ 143, 333, *BGB-RGRK* aaO Bem 42; dazu *Bem 12.* Die Grundsätze für die Übertragung der Vormerkung gelten auch bei Übergang kraft Gesetzes, § 412 BGB, Überweisung an Zahlungs Statt, § 835 Abs 2 ZPO (mit § 849 ZPO), Verpfändung des Anspruchs, **KG** KGJ 35, 317, gesetzliche und richterliche Verfügungsbeschränkungen, zB §§ 6, 7, 106 KO, §§ 829, 845, 938 ZPO, §§ 135, 136, 2211 BGB; dazu *Staudinger-Seufert* BGB § 883 Bem 71.

Für die Form ist der Anspruch, zu dem die Vormerkung gehört, maßgebend, nicht § 873 BGB; dazu **RG** RPfliB 1911, 463.

Übertragung und Belastung können im GB eingetragen werden, notwendig ist dies nicht, **RG** RGZ 83, 438, **KG** JFG 8, 326; dazu *BGB-RGRK* aaO Bem 42, *Staudinger-Seufert* aaO Bem 71.

2. Die Übertragung und die Belastung der Vormerkung können im Wege der **GB-Berichtigung** eingetragen werden. Die Wirksamkeit hängt aber nicht von der Eintragung ab, **RG** RGZ 53, 28/53, 438, **KG** OLG 25, 385 (386), JW 1937, 249 = DNotZ 1937, 329; dazu *Güthe* GBO § 25 Bem 33, *Staudinger-Seufert* BGB § 883 Bem 71.

Da der durch Vormerkung gesicherte **Anspruch auf Eigentumsübertragung** nicht schon durch die bloße Übertragung des Eigentums, sondern erst dann verwirklicht wird, wenn die nach der Auflassungsvormerkung eingetragenen dinglichen Rechte beseitigt sind (**RG** RGZ 129, 184), kann, solange diese Rechte nicht gelöscht sind, der Anspruch samt Vormerkung auch noch nach der Auflassung und Eintragung des Vormerkungsberechtigten als Eigentümer übertragen und die Übertragung eingetragen werden, **KG** Recht 1929 Nr 2372.

Der **Nachweis** ist gegenüber dem GBA durch Vorlage der Abtretungs- oder Belastungserklärung zu führen. Der Unrichtigkeitsnachweis kann durch die Eintragungsbewilligung des Berechtigten ersetzt werden. Der Nachweis, daß der durch die Vormerkung gesicherte Anspruch besteht, ist nicht erforderlich, **KG** aaO.

Die **Eintragung** der Übertragung und Belastung erfolgt in der gleichen Abteilung des GB, in der die Vormerkung bzw der Widerspruch eingetragen ist, und zwar stets in der **Veränderungsspalte**; dazu *Güthe* aaO Bem 33.

Gutgläubiger Erwerb ist in der Regel ohne Bedeutung, soweit nämlich keine Verfügung vorliegt. Verfügung iSd § 893 BGB ist die Bewilligung einer Vormerkung, **RG** RGZ 90, 308/118, 232/121, 46, **KG** JFG 2, 409, **BayObLG** 28, 167, *Staudinger-Seufert* BGB § 883 Bem 40 mit Fußn *) S 215 mit weiteren Nachweisen. War der Ersterwerber der Vormerkung gutgläubig, so ist die Vormerkung wirksam entstanden, auch wenn der Schuldner nicht Eigentümer des Grst war; dazu *Staudinger-Seufert* aaO Bem 40, 56, 73a, auch *Bem 10, 12.* Das Recht, die Abtretung einer Grundschuld zu fordern, sobald Grundschuld und Eigentum in einer Person vereinigt werden, kann vorgemerkt werden, **RG** Recht 1933, 456.

41 **b) Widerspruch**

Die Zulässigkeit und Form der Übertragung und Belastung des Widerspruchs richten sich ebenfalls nach den für das durch ihn gesicherte Recht geltenden Vorschriften; dazu *Bem 40.*

Der auf die Eigentumsübertragung bezügliche Widerspruch kann jedoch nicht übertragen werden, auch nicht bei gleichzeitiger Abtretung des Berichtigungsanspruchs, **KG** OLG 31, 138; dazu *Güthe* GBO § 25 Bem 34, *Staudinger-Seufert* BGB § 899 Bem 29. Die Übertragung des Berichtigungsanspruchs allein (dazu *§ 22 Bem 42*) rechtfertigt die Umschreibung des Widerspruchs auf den Zessionar nicht, **KG** OLG 31, 138.

42 **2. Inhaltsänderung**

Ebenso sind Änderung des Inhalts des durch Vormerkung gesicherten Anspruchs im Wege der GBBerichtigung eintragungsfähig; dazu *Güthe* GBO § 25 Bem 32, *Staudinger-Seufert* BGB § 883 Bem 72,

zB bez Höhe, Zinsen, Nebenleistungen usw. Wird nicht auch der Anspruch, sondern nur die Vormerkung bzw der Widerspruch selbst geändert, so wird diese Änderung erst mit der Eintragung wirksam, § 877 BGB, *Güthe* aaO Bem 32, GruchBeitr 57, 36, *Staudinger-Seufert* aaO, zB bei Verzicht auf den Schutz der Vormerkung bez eines Teils seines Gegenstandes.

Dasselbe gilt für Verfügungsbeschränkungen, die sich auf eine Vormerkung oder einen Widerspruch beziehen.

Über Rangänderungen *Bem 10, 15.*

Inhaltliche Änderungen des Anspruchs (Erweiterungen, Einschränkungen, sonstige Veränderungen) beeinflussen auch den Inhalt und Umfang der Vormerkung; dazu *Staudinger-Seufert* aaO Bem 72. Forderungsauswechslung, § 1180 BGB, ist bei der Hypothekenvormerkung nicht zulässig, **KG** OLG 20, 419, *Staudinger-Seufert* aaO Bem 72. Die Notwendigkeit einer Eintragung von Änderungen besteht da, wo die Eintragung dinglich von Bedeutung ist, **KG** DNotZ 1930, 109, zB bei Beschränkung der Vormerkung auf einen Teil des Grst oder bei Ausdehnung auf weitere GrstFlächen. Die Abtretung des Auflassungsanspruchs mit Vormerkung bei einem nach der Eintragung der Vormerkung noch weiter mit Hypotheken belasteten Grst ist auch nach Eintragung des Vormerkungsberechtigten als Eigentümer noch möglich, **KG** Recht 1929 Nr 2372; dazu *Staudinger-Seufert* aaO Bem 73a. Pfändung der Vormerkung kann nur zusammen mit dem Anspruch selbst vorgenommen werden, **KG** JW 1937, 249, *Staudinger-Seufert* aaO Bem 73.

43 **VIII. Umschreibung von Vormerkung und Widerspruch in die endgültige Eintragung**

Dazu *Güthe* GBO § 25 Bem 35ff., *Staudinger-Seufert* BGB § 883 Bem 70ff.

**1. Voraussetzungen**

Die endgültige Eintragung des Rechts, zu dessen Sicherung die Vormerkung oder der Widerspruch dient, erfolgt auf **Bewilligung der** von ihr **Betroffenen**, *Güthe*

GBO § 25 Bem 35; hierzu gehört auch derjenige, der ein Pfandrecht an dem vorgemerkten Anspruch hat; *Güthe* aaO.

Die Bewilligung kann durch Urteil nach § 894 ZPO ersetzt werden; dazu *§ 19 Bem 46.* Es genügt jedoch nicht ein bloßes Zahlungsurteil, das wegen des vorgemerkten Anspruchs ergangen ist, **KG** KGJ 36, 253, DNotV 1931, 123 = JW 1931, 1202; dazu *Güthe* aaO Bem 35, *Staudinger-Seufert* BGB § 888 Bem 4f. Dies gilt insbes auch für die Vormerkung einer Bauhandwerkerhypothek nach § 648 BGB, **KG** DNotV 1931, 123; dazu *Güthe* aaO 1745 (1746). Eine im Wege der Umschreibung auf Grund eines Zahlungsurteils eingetragene Zwangshypothek ist aber nicht inhaltlich unzulässig; sie nimmt jedoch nicht den Rang der Vormerkung ein, sondern den zZ ihrer Eintragung nächstoffenen Rang, **KG** aaO. War die auf Grund einer einstweiligen Verfügung erfolgte Eintragung wegen Nichteinhaltung der Fristen des § 929 Abs 2, 3 ZPO nichtig, so kann die Umschreibung in das endgültige Recht selbst dann nicht erfolgen, wenn der gesicherte Anspruch rechtskräftig festgestellt ist, **RG** RGZ 81, 288. Ist eine Hypothek vorgemerkt, so kann an deren Stelle auch eine Grundschuld eingetragen werden, **KG** HRR 1935 Nr 114 = DNotZ 1935, 321.

Zur **endgültigen Eintragung des Eigentümers** bedarf es im Falle der Vormerkung der Auflassung, im Falle des Widerspruchs der Bewilligung des bisherigen Eigentümers und der Zustimmung des neuen Eigentümers nach Maßgabe des § 22 Abs 2. Zur endgültigen Eintragung eines vorgemerkten Rechts am Grst mit dem Rang der Vormerkung ist die Zustimmung der im Range nachstehenden Berechtigten nicht erforderlich, § 883 Abs 3 BGB. Dazu **OLG Dresden** ZBlFG 13, 772, *BGB-RGRK* BGB § 888 Bem 2ff., *Güthe* aaO Bem 35, *Staudinger-Seufert* BGB § 883 Bem 63.

Ist ein **Recht**, das von der Vormerkung betroffen wird, nach deren Eintragung **auf einen Dritten übergegangen**, so ist zur endgültigen Eintragung des vorgemerkten Rechts sowohl die Bewilligung des ursprünglichen Verpflichteten als auch die des Erwerbers notwendig, **RG** RGZ 53, 29; dazu *Güthe* aaO Bem 36. Das Fehlen der Bewilligung des letzteren macht die Eintragung aber nicht ungültig, da es sich nur um ein formell-rechtliches Erfordernis handelt; dazu *BGB-RGRK* und *Güthe* aaO.

Ist das von einem Widerspruch betroffene Recht auf einen Dritten übergegangen, so ist zur endgültigen Eintragung nur die Bewilligung des Erwerbers erforderlich; dazu *BGB-RGRK* BGB § 899 Bem 10, *Güthe* aaO Bem 37, *Staudinger-Seufert* BGB § 899 Bem 22.

Sind nach Eintragung der Vormerkung **Rechte eingetragen** worden, die den vorgemerkten Anspruch **beeinträchtigen**, so ist zur Löschung dieser Rechte die Zustimmung ihrer Inhaber erforderlich, § 888 Abs I BGB, zB nach Eintragung einer Auflassungsvormerkung Hypotheken auf Grund Bewilligung des Vormerkungsverpflichteten. Eine Löschung auf Grund des Unrichtigkeitsnachweises kommt nicht in Betracht, da nur eine relative Unwirksamkeit, nicht aber eine GBUnrichtigkeit besteht, **RG** RGZ 132, 424, **KG** OLG 5, 296, JFG 5, 324; dazu *BGB-RGRK* BGB § 888 Bem 1ff., *Güthe* GBO § 25 Bem 36, GruchBeitr 57, 72, *Staudinger-Seufert* BGB § 888 Bem 6.

Ist der durch Vormerkung gesicherte **Eigentumsübertragungsanspruch gepfändet**, so hat die beim Eigentumsübergang auf den Schuldner bzw Vormerkungsberechtigten für den Pfändungspfandgläubiger nach § 848 ZPO entstandene Sicherungshypothek nicht ohne weiteres den Rang vor den vormerkungswidrig eingetragenen Rechten; es besteht auch keine GBUnrichtigkeit (§ 22) bez des Ranges und kein Berichtigungsanspruch (§ 894 BGB). Der Pfändungsgläubiger hat gegen die Inhaber jener Rechte nur einen Anspruch auf Rangeinräumung, **KG** JFG 8, 317 (318).

Wird der im GB vorgemerkte Anspruch auf Auflassung durch Eintragung des Vormerkungsberechtigten als Eigentümer erfüllt (dazu *Bem 35*), so ist damit die

Vormerkung in der Regel nicht **gegenstandslos** geworden, da der Rang der Vormerkung für denjenigen der endgültigen Eintragung maßgebend ist und die Vormerkung dem Schutz gegen Zwischenverfügungen dient (§ 883 Abs 2, 3 BGB) und sie ferner auch, wenn keine Zwischenverfügungen vorhanden sind, von Bedeutung bleiben kann, wenn ein späterer endgültiger Rechtserwerb nicht vorliegt, etwa wegen Geschäftsunfähigkeit des einen Vertragsteils; in diesem Falle kann die Vormerkung nicht von Amts wegen (dazu *Bem 38*) auf Grund des § 84, sondern nur auf Antrag nach § 13 im GB gelöscht werden, **OLG Stuttgart** BWNotZ 1960, 48 Ls, **LG Nürnberg-Fürth** DNotZ 1956, 607; dazu auch *Bem 11.*

44 **2. Eintragung im Grundbuch**

Der Vollzug der endgültigen Eintragung erfolgt nach den allgemeinen Vorschriften; dazu *Güthe* GBO § 25 Bem 38.

Über Ort und Form der Eintragung *§ 3 Bem 297*. Bei der endgültigen Eintragung einer vorgemerkten Hypothek, Grund- oder Rentenschuld ist es nicht zulässig, die Aufnahme der in der Eintragung selbst zu bezeichnenden Angaben (*§ 3 Bem 322ff.*) in den Eintragungsvermerk durch einen Hinweis auf den Inhalt der Vormerkung zu ersetzen. Auch bei der Eintragung des durch den Widerspruch gesicherten Rechts darf nicht die Eintragung der zur Bezeichnung des Rechts erforderlichen Angaben durch einen Hinweis auf den Widerspruch ersetzt werden.

Eine Löschung von Vormerkung oder Widerspruch erfolgt im Falle der Umschreibung nicht. Über Rötung der Eintragung *§ 3 Bem 297*.

## 45 IX. Vermerke im Grundbuch nach auf Grund einstweiliger Verfügung erfolgter Eintragung einer Vormerkung bzw eines Widerspruchs

Dazu *Güthe* GBO § 25 Bem 39

Wird nach Eintragung einer Vormerkung oder eines Widerspruchs auf Grund einer einstweiligen Verfügung (dazu *Bem 22*) der Schuldner zu ihrer Bewilligung rechtskräftig verurteilt, **§ 894 ZPO**, oder erteilt er freiwillig eine Eintragungsbewilligung, so kann dies im GB eingetragen werden; denn ein solcher Vermerk ist für den Gläubiger von Bedeutung, weil in diesen Fällen die Löschung nicht mehr nach § 25 erfolgen kann, **KG** KGJ 20, 77, *Güthe* GBO § 25 Bem 39.

In gleicher Weise kann im GB ein Vermerk erfolgen, wenn nach Eintragung einer Vormerkung bzw eines Widerspruchs auf Grund einer einstweiligen Verfügung (dazu *Bem 22*) der Betroffene durch vorläufig vollstreckbares Urteil verurteilt wird, die endgültige Eintragung des Rechts zu bewilligen, **§ 895 ZPO**; dazu *Güthe* aaO, *Predari* GBO § 25 Bem 4.

## 46 X. Verletzung des § 25

Wird unter Verletzung des § 25 eine Vormerkung oder ein Widerspruch zu Unrecht gelöscht, so verlieren sie dadurch ihre Wirkung nicht. Dies gilt auch für den Fall, daß eine aufgehobene einstweilige Verfügung vom Berufungsgericht bestätigt wird, **KG** JW 1926, 847. Es besteht ein Anspruch auf GBBerichtigung; dazu *§ 22 Bem 9*. Die Eintragung eines Widerspruchs gegen die Löschung ist zulässig; dazu *BGB-RGRK* BGB § 886 Bem 11, im übrigen *Bem 16*. Ein Amtswiderspruch nach § 53 kommt nicht in Betracht.

Das GBA muß die Vorschrift des § 25 ebenso wie andere Vorschriften der GBO beachten. In der Nichtbeachtung kann eine zu Schadenersatz verpflichtende Amtspflichtverletzung liegen; dazu *§ 2 Bem 147*.

## XI. Kosten 47

Dazu *Horber* GBO § 25 Bem 6, *Thieme* GBO § 25 Bem 5

Bei **Kauf** trifft § 449 BGB eine Regelung über die Tragung der Kosten der Auflassung und Eintragung, soweit die Beteiligten nicht etwas Abweichendes vereinbaren. Im Regelfall hat der Käufer des Grst diese Kosten zu tragen. Ähnlich ist es bei dem Käufer eines Rechts an einem Grst; ihm fallen die Kosten der zur Begründung oder Übertragung des Rechts nötigen Eintragung in das GB zur Last. Zu diesen Kosten gehören bei einem Kauf nach hM auch die **Kosten der Auflassungsvormerkung**; so insbes **OLG Frankfurt aM** Rpfleger 1964, 187, **OLG Hamm** JMBl NRW 1965, 53 = NJW 1965, 303 = Rpfleger 1965, 117 = JVBl 1965, 41, **KG** DNotZ 1957, 18, **OLG Neustadt** NJW 1964, 2117, **OLG Oldenburg** NdsRpfl 1965, 108 = DNotZ 1965, 745, **SchlHOLG** JurBüro 1962, 589, *BGB-RGRK* BGB § 449 Bem 1, *Erman* BGB § 449 Bem 1, *Rohs-Wedewer* KostO § 13 Bem IIa mit Fußn 3, *Soergel* BGB § 449 Bem 2, *Staudinger-Ostler* BGB § 449 Bem 3a, **aA** (einschränkend dh die Kosten der Auflassungsvormerkung ausschließend) **OLG Braunschweig** NdsRpfl 1954, 202 = DNotZ 1955, 440, **OLG Celle** NdsRpfl 1963, 248 = NJW 1963, 909 = Rpfleger 1963, 207 (*Rohs* ablehnend) = DRspr I (130) 73b, NdsRpfl 1966, 144 = DNotZ 1966, 756, *Beushausen* KostO § 13 Bem 2a, *Korintenberg-Wenz-Ackermann* KostO § 13 Bem 2, *Palandt* BGB § 449 Bem 2 (a). Die abweichende Auffassung widerspricht der allgemeinen Auffassung und der Lebenserfahrung und bedeutet eine Formalauslegung des Gesetzes. Bei der Ausübung des Vorkaufsrechts gilt dasselbe; wird der Kaufvertrag durch die Ausübung des Vorkaufsrechts seitens des Vorkaufsberechtigten gegenstandslos, dann hat der Vorkaufsverpflichtete gegenüber dem Vorkaufsberechtigten keinen Anspruch auf Bezahlung der von ihm an den Dritten zu erstattenden Kosten der Vormerkung, § 505 Abs 2 BGB; dazu **LG Bonn** NJW 1965, 1606. Übernimmt in einem GrstKaufvertrag der gebührenbefreite Käufer die Kosten des Vertrags und seiner Durchführung, so ist der Verkäufer nicht Schuldner der Eintragungskosten für die vertraglich zugunsten des Käufers bewilligte und beantragte Auflassungsvormerkung, § 13 KostO (*Anh*); dazu **OLG Frankfurt aM** DNotZ 1965, 365, **OLG Hamm** Rpfleger 1965, 117.

In einem **Zivilprozeß** wird der Streitwert für Klagen auf Löschung einer Vormerkung oder eines Widerspruchs nach § 3 ZPO, also nach Ermessen des Gerichts bestimmt, *Stein Jonas* ZPO § 3 Bem III 3 (b); dazu zur Auflassungsvormerkung **OLG Frankfurt aM** Rpfleger 1959, 29, MDR 1962, 908 Ls, **OLG Koblenz** Rpfleger 1957, 716, **OLG Oldenburg** NdsRpfl 1955, 135, **SchlHOLG** SchlHA 1966, 85.

Über **Kosten beim GBA** *§ 13 Vorbem 181ff.* Maßgebend sind die §§ 60ff. KostO (*Anh*).

### 1. Vormerkung

a) Für die Eintragung einer Vormerkung werden an **Gebühren** erhoben:

Wenn es sich um die **Sicherung eines Anspruchs auf Einräumung eines Rechts an einem Grst** nach § 883 BGB, insbes auf Eigentumsübertragung, Belastung des Grst, handelt, wird ½ der Gebühr, die für die endgültige Eintragung zu erheben wäre, mindestens jedoch ¼ der vollen Gebühr erhoben, § 66 Abs 1 S 1 KostO (*Anh*); dazu *Hasl* Gerichtskosten KostO § 66 Bem I, *Lauterbach* Kostengesetze KostO § 66 Bem 1A, *Rohs-Wedewer* KostO § 66 Bem I, II. Im Regelfall werden also die Normalgebühren zu ½ erhoben; dazu **BayObLG** BayObLGZ 1961, 112 = DNotZ 1962, 38 = JVBl 1961, 283 = Rpfleger 1962, 195 Ls = BWNotZ 1961, 238 Ls = DRspr IV (476) 47b bez Vormerkung für dingliches Ankaufsrecht. Die Höhe der Gebühren ergibt sich aus §§ 60ff. KostO (*Anh*); dazu *§ 20 Bem 92ff.* Bei Gebührenermäßigung ermäßigt sich auch die Gebühr für die Vormerkung; so ist im Falle des § 60 Abs 2 aaO bei dem Ehegatten oder bei Abkömmlingen als Erwerber von GrstEigentum, bei denen nur $\frac{1}{2}$ der Gebühren anfallen, bei Vormerkung zur $\frac{1}{4}$ der Gebühren zu leisten.

Wenn durch die Vorschrift der Anspruch auf Eintragung einer **Veränderung** oder der **Aufhebung eines Rechts am Grst** gesichert werden soll, so wird die gleiche Gebühr berechnet, die für die gesicherte Eintragung selbst zu erheben wäre, § 66 Abs 1 S 2 KostO (*Anh*). Maßgebend sind die §§ 64, 68 KostO (*Anh*). Bez Löschungsbewilligung nach § 1179 BGB *Bem 51.*

Soweit **Gebührenfreiheit** besteht, wie nach § 69 KostO (*Anh*), gilt dies auch für den Bereich der Vormerkungen. So sind gebührenfrei die von Amts wegen erfolgenden Eintragungen von Vormerkungen nach § 18, wie sich aus § 69 Abs 1 Z 2 KostO (*Anh*) ergibt, sowie Eintragungen auf Grund Ersuchens des Gerichts, insbes Vergleichs-, Konkurs- oder Vollstreckungsgerichts oder des Beschwerdegerichts nach § 76 Abs 1, wie aus § 69 Abs 2 KostO (*Anh*) hervorgeht.

**Mehrere Eintragungen** sind selbständig zu behandeln, wenn sie selbständige Bedeutung haben; Abweichungen können sich ergeben, wenn sie zusammengehören wie in den Fällen des § 64 Abs 3, 4 KostO (*Anh*) oder bei einem gebührenfreien Nebengeschäft nach § 35 KostO (*Anh*); dazu *Rohs-Wedewer* KostO § 66 Bem IV.

**48** b) Wird bei einer Vormerkung eine **Veränderung** eingetragen, also eine inhaltliche Änderung des gesicherten Anspruchs,

zB wenn das bisher unverzinslich vorgemerkte Recht mit Zinsen ausgestattet wird oder die Vormerkung einer Dienstbarkeit einen anderen Inhalt erhält usw,

oder dessen **Abtretung**,

so fällt nicht die Veränderungsgebühr des § 64 KostO (*Anh*) an, sondern dieselbe Gebühr, wie für die Eintragung der Vormerkung selbst; dazu *Rohs-Wedewer* KostO § 66 Bem II (c), V.

Es ist daher auf *Bem 47* zu verweisen.

**49** c) Für die **Löschung** der Vormerkung fällt die allgemeine Löschungsgebühr nach § 68 KostO (*Anh*) an.

Bez Gebührenfreiheit in den Fällen der § 18 Abs 2 S 2 und § 76 Abs 2 *Bem 47.*

**50** d) Der **Geschäftswert** der Eintragung der Vormerkung ist gleich dem Geschäftswert des gesicherten Rechts; dazu *Lauterbach* aaO § 66 Bem 1B, *Rohs-Wedewer* aaO § 66 Bem II (a). Der Geschäftswert berechnet sich daher nach §§ 19ff. KostO (*Anh*); dazu *§ 13 Vorbem 186ff.*

Der Wert der Auflassungsvormerkung entspricht daher dem Wert des Grst, also nach dem Einheitswert, soweit sich nichts anderes aus dem Geschäft ergibt, wie bei dem Kauf der Kaufpreis, §§ 19, 20 KostO (*Anh*). Für die Vormerkung auf Eintragung einer Hypothek usw ist der Gebührenberechnung der Nennwert der Hypothek usw zugrunde zu legen, § 23 Abs 2 KostO (*Anh*). Der Wert einer Vormerkung, die den Rückauflassungsanspruch auf Grund eines Wiederkaufsrechts sichern soll, entspricht dem Wert des Wiederkaufsrechts, der seinerseits unter Berücksichtigung des GrstWertes, der Höhe des Kaufpreises und der Dauer des Rechts nach freiem Ermessen festzusetzen ist; in der Regel ist $\frac{1}{2}$ des GrstWerts als Geschäftswert anzunehmen, **KG** DFG 1938, 81.

**51** e) Zur **Löschungsvormerkung** nach § 1179 BGB (dazu *Bem 13*) ist auf folgendes hinzuweisen:

1. Wird die Löschungsvormerkung **gleichzeitig** mit dem Antrag auf Eintragung des Rechts beantragt, dessen Löschung gesichert werden soll, so ist die Eintragung der Vormerkung **als Nebengeschäft gebührenfrei**, § 62 Abs 3 S 2 KostO (*Anh*); dazu

*Hasl* aaO KostO § 62 Bem IV, *Lauterbach* aaO KostO § 62 Bem 4, *Rohs-Wedewer* aaO KostO § 62 Bem IV. Die Eintragung einer Löschungsvormerkung nach § 1179 BGB, die gleichzeitig mit der Eintragung des durch die Vormerkung begünstigten Grundpfandrechts beantragt ist, genießt die Gebührenbefreiung des § 62 Abs 3 S 2 aaO in dem Falle nur dann, wenn die Eintragung lediglich die Verstärkung des neu einzutragenden Grundpfandrechts bezweckt. **OLG Düsseldorf** JMBlNRW1966, 215 = NJW 1966, 1666 = DNotZ 1966, 120. Die Vorschrift ist auch anwendbar auf Vormerkung und Löschung vorgehender oder gleichstehender Rechte, wie auch auf eine Vormerkung, durch die der Anspruch auf Löschung des neu einzutragenden Rechts selbst zugunsten seines Gläubigers gesichert wird. Gleichzeitigkeit des Antrags iSd § 62 Abs 3 KostO (*Anh*) liegt nicht nur vor bei gleichzeitiger Einreichung der Anträge, sondern auch dann, wenn zu verschiedenen Zeiten gestellte Anträge dem GBA zur gleichzeitigen Erledigung vorliegen, **KG** KGJ 30, B 24, oder wenn gleichzeitig eingereichte Anträge zu verschiedenen Zeiten verbeschieden werden, etwa weil einem Antrag ein Hindernis entgegensteht, zB wenn in solchem Falle der Antragsteller bittet, zunächst nur die Hypothek einzutragen und die Eintragung der Löschungsvormerkung bis zur Vorlage des Briefs über die vorgehenden Rechte zurückzustellen, **KG** JFG ErgBd 17, 97 = HRR 1937 Nr 1469 = JVBl 1937, 272 = DNotZ 1937, 646, **OLG Düsseldorf** DNotZ 1957, 333 = DJBl 1957, 43; dazu *Rohs-Wedewer* KostO § 62 Bem IV. Wird der Antrag auf gleichzeitige Eintragung der Löschungsvormerkung aber zurückgewiesen und nach Eingang der Hypothek usw neu gestellt, so ist die Eintragung der Vormerkung gebührenpflichtig. Wird gleichzeitig mit dem Antrag auf Abtretung einer Hypothek oder Grundschuld die Eintragung der Abtretung der Rechte aus der Löschungsvormerkung beantragt, so ist die letztere Eintragung als Nebengeschäft gebührenfrei, **KG** HRR 1938 Nr 171. Wird die Löschungsvormerkung gleichzeitig mit dem Recht, auf das sie sich bezieht, gelöscht, so entsteht für diese Löschung keine besondere Gebühr, **KG** JW 1936, 681. Für die gleichzeitig beantragte Eintragung der Rangänderung eines Rechts und Löschung einer Löschungsvormerkung sind die Gebühren nach §§ 64, 68 KostO (*Anh*) gesondert zu erheben, **LG Essen** Rpfleger 1966, 185.

In § 63 Abs 3 KostO (*Anh*) wird auf § 62 aaO Bezug genommen; insofern besteht ein Zusammenhang zwischen beiden Vorschriften. Die Eintragung einer Löschungsvormerkung nach §§ 1179, 1163 Abs 1 BGB *für den Gläubiger* der betroffenen Hypothek ist inhaltlich unklar und daher auf Fassungsbeschwerde (dazu *§ 71 Bem 26*) entsprechend zu berichtigen, wenn sich aus der Eintragungsbewilligung ergibt, daß die Löschungsvormerkung nicht dem jeweiligen Gläubiger der gleichzeitig eingetragenen Hypothek, sondern einer bestimmten Person in ihrer Eigenschaft als Gläubigerin oder auch als eingetragene Gläubigerin der Hypothek zustehen soll; auch in diesen Fällen ist die Löschungsvormerkung nach § 63 Abs 3 S 2 KostO (*Anh*) gebührenfrei, **OLG Hamm** NJW 1967, 934.

2. Die Löschungsvormerkung wird, wenn sie **nachträglich** eingetragen wird, gebührenrechtlich als **Veränderung eines Rechts** behandelt, § 64 Abs 1 S 2 KostO (*Anh*). Ihre Eintragung erfordert daher ½ der vollen Gebühr, § 64 Abs 1 S 1 aaO; dazu *Lauterbach* Kostengesetze, § 64 Bem 1 KostO, *Rohs-Wedewer* KostO § 64 Bem II ff.

Gleichgültig ist, ob der Hypothekengläubiger selbst, ein nachstehender Berechtigter oder sonst ein Dritter Vormerkungsberechtigter ist. Bei der Löschungsvormerkung zugunsten eines nach- oder gleichstehenden Gläubigers ist als verändert nicht dessen Recht, sondern das Recht zu betrachten, auf dessen Löschung der vorgemerkte Anspruch gerichtet ist, § 64 Abs 5 KostO (*Anh*). Werden mit der Löschungsvormerkung noch andere Veränderungen gleichzeitig beantragt, so ist § 64 Abs 3 KostO (*Anh*) zu beachten.

Werden für denselben Gläubiger bei mehreren vorgehenden Rechten Löschungsvormerkungen eingetragen, so entsteht eine entsprechende Anzahl von Gebühren, **KG** JW 1937, 1932 = JVBl 1937, 170 = DRpfl 1937 Nr 197, JFG ErgBd 18, 161 = DNotZ 1939, 140 = HRR 1938 Nr 1142, dazu *Rohs-Wedewer* KostO § 64 Bem IV, *Witte* DFG 1939, 171. Wird bei einer Gesamthypothek eine Löschungsvormerkung eingetragen, so entsteht unter den Voraussetzungen des § 63 Abs 2 und des § 64 Abs 4 KostO (*Anh*) nur eine Gebühr, wenn die Eintragung auf Grund eines gleichzeitig gestellten Antrags erfolgt und das GB für die belasteten Grste bei demselben GBA geführt wird, **KG** JW 1937, 1932 = JVBl 1937, 170 = DRpfl 1937 Nr 197; dazu *Rohs-Wedewer* aaO.

3. Werden **mehrere Erklärungen in einer Urkunde** aufgenommen, so ist § 44 KostO (*Anh*) anzuwenden. Wird in einer Hypothekenbestellungsurkunde die Eintragung einer Löschungsvormerkung bei der neu einzutragenden Hypothek für den Gläubiger einer zurücktretenden Post bewilligt, so liegt **Gegenstandsgleichheit** auch insoweit vor, als der Berechtigte aus der Löschungsvormerkung ermächtigt wird, den Löschungsantrag namens des Eigentümers zu stellen und dessen Ansprüche auf Aushändigung des Hypothekenbriefs in der löschungsfähigen Quittung gegen den Hypothekengläubiger geltend zu machen. Wird eine Löschungsvormerkung nicht in der Weise bestellt, daß sie erkennbar zur Verstärkung eines bestimmt bezeichneten Rechts am Grst dient, so findet die Gebührenvergünstigung des § 44 Abs 3 S 2 KostO (*Anh*) bez der Gegenstandsgleichheit mit anderen Erklärungen keine Anwendung, mag auch der aus der Löschungsvormerkung Berechtigte Gläubiger eines nachrangigen Rechts sein, **KG** DNotZ 1966, 626. Dazu auch **KG** JFG ErgBd 17, 24 = DNotZ 1938, 51 = JVBl 1938, 12, **OLG München** JFG ErgBd 17, 17 = DNotZ 1937, 885 = HRR 1937 Nr 1673 = DFG 1937, 231, *Rohs-Wedewer* KostO § 44 Bem V (b).

4. Als **Geschäftswert** ist, wenn die Löschungsvormerkung zugunsten des Gläubigers eines gleich- oder nachstehenden Rechts eingetragen wird, der Wert dieses Rechts, höchstens jedoch der Wert des Rechts maßgebend, auf dessen Löschung der Anspruch gerichtet ist, § 23 Abs 3 KostO (*Anh*); dazu *Lauterbach* Kostengesetze KostO § 23 Bem 3, *Rohs-Wedewer* KostO § 23 Bem V. Dieser letztere Wert ist auch in allen sonstigen Fällen, also wenn der Löschungsanspruch einem Dritten oder dem Gläubiger des zu löschenden Rechts selbst zusteht, maßgebend. Die Vergünstigung des § 23 Abs 3 aaO dh die Berechnung des Wertes nach dem geringerwertigen der beiden betroffenen Rechte darf nur angewendet werden, wenn die Löschungsvormerkung erkennbar zur Verstärkung eines bestimmt bezeichneten Rechts dient; es genügt nicht, daß der Vormerkungsberechtigte gleichzeitig Gläubiger eines nachrangigen Grundpfandrechts ist, **KG** HRR 1938 Nr 164.

**52** f) Für die **Umschreibung** einer Vormerkung, also die Vornahme der endgültigen Eintragung (dazu *Bem 43, 44*) werden die gewöhnlichen Eintragungsgebühren wie in sonstigen Fällen erhoben; dazu *Rohs-Wedewer* KostO § 66 Bem VI.

Die Rötung einer gegenstandslos gewordenen Eintragung (dazu *Bem 44*) ist auch im kostenrechtlichen Sinne keine Löschung und es wird dafür keine besondere Gebühr erhoben.

**53**

## 2. Widerspruch

a) Für die **Eintragung** eines Widerspruchs wird ½ der Gebühr erhoben, die für die GBBerichtigung zu erheben wäre, zu deren Sicherung der Widerspruch eingetragen wird, mindestens jedoch ¼ der vollen Gebühr, § 66 Abs 2; dazu *Haßl* Gerichtskosten KostO § 66 Bem II, *Lauterbach* KostO § 66 Bem 1, *Rohs-Wedewer* KostO § 66 Bem III, im übrigen *Bem 47ff.*

Es kommt daher darauf an, welche Gebühr die endgültige Eintragung des durch den Widerspruch gesicherten dinglichen Rechts erfordern würde. Für den Widerspruch gegen eine Eigentumseintragung fällt also ½ der Gebühr an, die für die Eintragung zu zahlen wäre. Kommt Gebührenermäßigung in Betracht, hat zB der Widerspruch die Löschung eines eingetragenen Rechts zum Ziel, so entsteht ½ der Löschungsgebühr, § 68 KostO (*Anh*), also ¼ der vollen Gebühr. Gebührenfrei erfolgt die von Amts wegen vorzunehmende Eintragung eines Widerspruchs in den Fällen des § 18 Abs 2 und § 53 Abs 1 S 1 sowie § 76, wie in § 69 Abs 1 Z 2, Abs 2 KostO (*Anh*) bestimmt ist.

b) Für die **Löschung** des Widerspruchs fällt die allgemeine Löschungsgebühr des § 68 KostO (*Anh*) an. Über gebührenfreie Löschungen eines Widerspruchs gilt das unter *a*) Ausgeführte bez gebührenfreier Eintragungen.

c) Bez **Umschreibung** des Widerspruchs in eine endgültige Eintragung *Bem 52.*

## § 26

(Abtretungs- und Belastungserklärung anstelle der Eintragungsbewilligung)

**(1) Soll die Übertragung einer Hypothek, Grundschuld oder Rentenschuld, über die ein Brief erteilt ist, eingetragen werden, so genügt es, wenn anstelle der Eintragungsbewilligung die Abtretungserklärung des bisherigen Gläubigers vorgelegt wird.**

**(2) Diese Vorschrift ist entsprechend anzuwenden, wenn eine Belastung der Hypothek, Grundschuld oder Rentenschuld oder die Übertragung oder Belastung einer Forderung, für die ein eingetragenes Recht als Pfand haftet, eingetragen werden soll.**

**Übersicht:**

## 1 I. Allgemeines, Zweck und Bedeutung der Vorschrift

Dazu *Güthe* GBO § 26 Bem 1, 2, *Hesse-Saage-Fischer* GBO § 26 Bem I, *Horber* GBO § 26 Bem 1, *Thieme* GBO § 26 Bem 1

§ 26 bezieht sich

auf Briefhypotheken, -grund- und -rentenschulden, §§ 1116, 1192, 1199 BGB, sowie

auf Forderungen, für die ein eingetragenes Recht als Pfand haftet.

Die Belastung und Übertragung der bezeichneten Rechte kann sich außerhalb des GB vollziehen, §§ 1153, 1154 mit §§ 398ff., 1069, 1274 BGB. Zu der dadurch veranlaßten GBBerichtigung ist entweder nach dem formellen Konsensprinzip (§ 19) die einseitige **Eintragungsbewilligung des Betroffenen** erforderlich und genügend oder es bedarf des **Nachweises der Unrichtigkeit** (§ 22). Dieser wäre aber häufig schwer und umständlich zu führen, da nach materiellem Recht schriftliche Abtretungserklärung und Briefübergabe (§ 1154 Abs 1 BGB) zur Abtretung eines Briefrechts nicht genügen, sondern ein Vertrag (§ 398 BGB) vorliegen, also zu den beiden genannten Erfordernissen noch die Annahmeerklärung des Erwerbers hinzutreten muß. Entsprechendes gilt für die in § 26 Abs 2 bezeichneten Rechtsakte. Es müßte also dem GBA der Vertragsabschluß in der Form des § 29 nachgewiesen werden.

Zur Erleichterung des GBVerkehrs gestattet nun **§ 26** die GBBerichtigung lediglich auf Grund der **materiellen Abtretungs- oder Belastungserklärung**; diese dient hier ausnahmsweise als **Ersatz für die** formelle **Eintragungsbewilligung**; dazu **KG** OLG 34, 220 = RJA 15, 227, *Güthe* Bem 2, *Predari* Bem 2.

Für die **Übertragung und Belastung einer Buchhypothek usw** (dazu *Güthe* GBO § 26 Bem 6) verbleibt es bei der Regel des **§ 19**. Die Eintragung ist in diesem Falle zur Rechtsänderung erforderlich, §§ 873, 1069, 1154, 1274, 1291 BGB, und kann nur auf Grund einer Eintragungsbewilligung erfolgen. Dasselbe gilt für vorgemerkte Ansprüche, § 883 BGB.

## 2 II. Die einzelnen Fälle des § 26

Dazu *Güthe* GBO § 26 Bem 3ff., *Hesse-Saage-Fischer* GBO § 26 Bem I, *Horber* GBO § 26 Bem 2, *Thieme* GBO § 26 Bem 2ff.

§ 26 bezieht sich auf **folgende Fälle**:

Übertragung einer Briefhypothek, -grund- oder -rentenschuld; dazu *Bem 3ff.*,

Belastung einer Briefhypothek, -grund- oder -rentenschuld; dazu *Bem 7ff.*,

Übertragung oder Belastung einer Forderung, für die ein eingetragenes Recht als Pfand haftet; dazu *Bem 11, 12.*

### 3 1. Übertragung einer Briefhypothek, -grund- oder -rentenschuld

#### a) Allgemeines

§ 26 bezieht sich nur auf den Fall der **Abtretung** (dazu *Bem 4*), wie sich aus dem Gesetzeswortlaut ergibt. Nicht dagegen gehören hierher die Überweisung im Zwangswege (dazu *Bem 5*) und der Übergang kraft Gesetzes (dazu *Bem 6*), die unter den weiteren Begriff der Übertragung fallen. Dazu *Güthe* GBO § 26 Bem 3, *Horber* GBO § 26 Bem 2 (Aa), *Thieme* GBO § 26 Bem 2.

#### 4 b) Abtretung einer Briefhypothek, -grund- oder rentenschuld

Fall des § 26 Abs 1

Die Abtretung ist die durch Vertrag zwischen dem bisherigen Gläubiger und dem Erwerber erfolgende, also rechtsgeschäftliche Übertragung, § 398 BGB; dazu *Güthe* GBO § 26 Bem 3, *Horber* GBO § 26 Bem 2 (Ab).

Wesentlich ist der **Gläubigerwechsel**; dazu **RG** RGZ 90, 275. Daher genügt nicht die Eingehung einer Verpflichtung zur Übertragung, **RG** RGZ 54, 147, wohl aber die Überweisung einer Hypothek an einen Miterben bei einer Erbauseinandersetzung, **KG** OLG 7, 372 (373), auch die Abtretung zu Sicherungs- und fiduziarischen Zwecken, **RG** RGZ 53, 416, *BGB-RGRK* BGB § 1154 Bem 1 ff., *Güthe* GBO § 26 Bem 3; zur Treuhänderschaft *§ 3 Bem 279*, auch **BGH** FamRZ 1965, 490 zur treuhänderischen Übertragung einer Grundschuld des Ehemanns auf die Ehefrau im Familieninteresse zwecks Vermeidung eines Zugriffs der Mannesgläubiger und zur Rückübertragung der Grundschuld auf den Ehemann, auch zur Rückübertragungspflicht der Ehefrau, **BGH** BlGBW 1966, 138 zur Grundschuld im Anschlußkonkurs, die in einem Vergleichsverfahren einem Dritten zur Sicherung der Erfüllung übertragen ist und mangels abweichender Vereinbarung bei Eröffnung eines Anschlußkonkurses nicht frei wird. Die Abtretung kann unter einer **Bedingung** der **Zeitbestimmung** erfolgen, **RG** RGZ 90, 276. Die Abtretung einer zukünftigen Hypothek wird erst mit der Entstehung der Hypothek wirksam, **RG** RGZ 74, 418. Deshalb muß die Hypothek zuerst für den Zedenten eingetragen werden; die Abtretung ist unwirksam, wenn die Hypothek auf Grund einer besonderen Eintragungsbewilligung des Eigentümers unmittelbar für den Zessionar eingetragen wird, **KG** DNotZ 1931, 478. Der rechtsgeschäftlichen Übertragung steht die rechtskräftige Verurteilung zur Abgabe einer Abtretungserklärung (§ 894 ZPO) gleich, **KG** OLG 10, 103; die Übergabe des Briefs wird durch seine Wegnahme durch den Gerichtsvollzieher ersetzt, § 897 Abs 1 ZPO. Eine wirksam abgetretene Briefhypothek kann auf den früheren Gläubiger nur durch schriftliche Abtretungserklärung, nicht aber durch Rückgabe der Abtretungsurkunde zurückübertragen werden, **OLG Rostock** OLG 35, 11. Die Überführung einer Nachlaßhypothek in das Vermögen einer von den Erben unter sich gebildeten oHG erfordert Abtretung nach § 1154 BGB, **OLG München** JFG 18, 117.

Bei Abtretung einer **Teilhypothek** muß die Abtretungserklärung (Eintragungsbewilligung) auch das Teilungsverhältnis darlegen und, wenn es sich um eine Tilgungshypothek handelt und bestimmte Tilgungsbeträge abgetreten werden sollen, auch die zur Verselbständigung der abgetretenen Teilhypothek erforderlichen Angaben enthalten, **BayObLG** 13, 419; dazu auch **RG** WarnR 4, 208.

Die Abtretung einer Hypothek an den **Eigentümer** ist auch zulässig, **KG** OLG 18, 177, wenn sie sich dadurch in eine Grundschuld verwandelt, § 1177 Abs 1 S 1 BGB, **KG** OLG 10, 421 (422), RJA 9, 218. Die Umschreibung in die Grundschuld kann nur der Eigentümer bewilligen, **KG** OLG 10, 421 (422); dazu *Güthe* GBO § 26 Bem 3. Über die Umschreibung *§ 3 Bem 347*.

Abtretbar ist auch die **Eigentümerhypothek** oder **-grundschuld** (dazu *§ 13 Vorbem 116*, *§ 19 Bem 64*, *§ 25 Bem 13, 40*), **RG** RGZ 64, 308/69, 36/75, 222. Die Eigentümerhypothek geht bei Veräußerung des Grst nicht ohne weiteres auf den Erwerber über, **KG** JFG 1, 496. Über die Sicherungsabtretung einer Eigentümergrundschuld **LG Freiburg** NJW 1956, 144 (*Hoche*); über Zwischenkreditsicherung durch Abtretung der sog vorläufigen Eigentümergrundschuld *Walberer* DNotZ 1956, 229.

Abgetreten werden können auch **Hypotheken für künftige oder bedingte Forderungen**, § 1153 BGB. Die Abtretung, Verpfändung und Pfändung einer künftigen — vielleicht entstehenden, sog latenten — Eigentümerhypothek bzw -grundschuld ist zulässig, **RG** RGZ 61, 374/72, 274/75, 245/97, 226/120, 110, **KG** OLG 10, 388, **BayObLG** 14, 320, **OLG Naumburg** OLG 25, 193, kann aber nicht in das GB eingetragen werden; dazu bez Pfändung *§ 19 Bem 52c*. Die Frage ist strittig; dazu *BGB-RGRK* BGB § 1163 Bem 9 ff., *Güthe* GBO § 26 Bem 1785 (1789) unter 4b bei „Eigentümerhypothek". *Henle* Recht 1906, 69/1909, 420, *Kreß* BayNotZ 1914, 1, 41, *Staudin-*

*ger-Scherübl* BGB § 1163 Bem 53. Die Eintragung ist jedenfalls erst möglich, wenn die Höhe der Eigentümergrundschuld endgültig festgestellt ist, **KG** DNotV 1929, 36. Unzulässig ist die Eintragung einer Vormerkung, die den Anspruch auf Übertragung oder Belastung einer künftigen Eigentümerhypothek bzw -grundschuld sichern soll, **RG** RGZ 145, 353, **KG** KGJ 45, 267.

Abtretbar sind die **Inhaber- und Orderhypotheken**, § 1187 BGB, und die **Inhaberbriefgrundschuld**, § 1195 BGB.

Der Gläubiger einer **Gesamthypothek** kann diese nicht an dem einen Grst abtreten und an dem anderen für sich behalten, **RG** RGZ 63, 75, **KG** OLG 12, 289. Sind dagegen für eine Gesamtforderung mehrere selbständige Hypotheken zur Sicherung der einzelnen gegen jeden Gesamtschuldner gerichteten Ansprüche bestellt, so kann auch bloß der Anspruch gegen einen einzelnen der Schuldner mit der hierfür bestehenden Hypothek allein abgetreten werden, **RG** RPfliB 1931, 262; dazu auch **RG** JW 1925, 428.

Die **Abtretung** kann **durch Vereinbarung ausgeschlossen** werden, §§ 399, 413 BGB. Diese Vereinbarung ist eintragungsfähig, **KG** JFG 40, 232; dazu *§ 13 Vorbem 176*. Es kann auch vereinbart werden, daß die Hypothek oder Grundschuld nur mit Zustimmung eines Dritten veräußert werden darf; auch diese Vereinbarung kann im GB vermerkt werden, **KG** JFG 16, 288 (291); dazu auch **RG** RGZ 136, 399.

5 **c) Nicht unter § 26 Abs 1 fallende Übertragungen von Briefrechten**

Nicht unter § 26 Abs 1 fallen Überweisungen im Wege der ZwV (dazu *Bem 5*) und gesetzlicher Übergang (dazu *Bem 6*); dazu *Bem 3*, auch *Güthe* GBO § 26 Bem 4.

**1. Überweisung im Wege der Zwangsvollstreckung**

Die Überweisung im Wege der ZwV erfolgt entweder an Zahlungs Statt oder zur Einziehung, §§ 835 ff. ZPO. Nur die erstere hat die Wirkung der Übertragung und ist eintragungsfähig; letztere steht der Abtretung nicht gleich und ist nicht eintragungsfähig, da hier der Pfandgläubiger nicht Inhaber der gepfändeten Forderung wird, **KG** OLG 30, 18; dazu *Güthe* GBO § 19 Bem 132.

Bei der Überweisung einer gepfändeten Briefhypothek an Zahlungs Statt vollzieht sich der Gläubigerwechsel mit der Aushändigung des Überweisungsbeschlusses, § 837 Abs 1 S 1 ZPO; der Gläubiger kann schon durch Vorlage dieses Beschlusses und des Briefes sowie durch Stellung eines Eintragungsantrags die Berichtigung nach § 22 erwirken. § 26 kommt hier nicht zur Anwendung.

6 **2. Gesetzlicher Übergang**

Auch im Falle des gesetzlichen Übergangs der Briefhypothek (dazu insbes § 268 Abs 3, §§ 412, 413, 426 Abs 2, §§ 774, 1143, 1163, 1164, 1168, 1173, 1174, 1182, 1416 BGB, § 868 ZPO) erfolgt die GBBerichtigung nur im Wege des § 22. Dagegen ist § 26 nicht anwendbar.

Der Übergang wird durch Vorlage des Briefs und der die Rechtsnachfolge klarstellenden öffentlichen Urkunden oder eines öffentlichen Anerkenntnisses des bisherigen Gläubigers (§ 1115 S 2 BGB) nachgewiesen. Daneben kann auch hier die Berichtigung auf Grund einer Eintragungsbewilligung erfolgen. Dazu *§ 22 Bem 16ff.*

7 **2. Belastung einer Briefhypothek, -grund- oder -rentenschuld**
Fall des § 26 Abs 2 HalbS 1

a) Als **belastete Rechte** kommen nur die in § 26 Abs 1 genannten **Briefrechte** in Betracht, wie sich aus dem Zusammenhang von Abs 2 und 1 aaO ergibt; dazu *Güthe* GBO § 26 Bem 8. Auf Buchhypotheken usw ist die Vorschrift nicht anzuwenden; dazu *Bem 1.*

b) Als **belastende Rechte** sind nur **Nießbrauch** und **Pfandrecht** möglich; dazu *Güthe* aaO Bem 7, *Horber* GBO § 26 Bem 2 (B). 8

Die rechtsgeschäftliche Bestellung erfolgt gemäß §§ 1069, 1274, 1291 BGB nach den für die Übertragung der Briefrechte geltenden Vorschriften, also nach § 1154 Abs 1 S 1 BGB. Die Eintragung ist GBBerichtigung. Die Belastbarkeit kann rechtsgeschäftlich ausgeschlossen werden; der Ausschluß ist eintragungsfähig, **KG** HRR 1934 Nr 457; dazu *§ 13 Vorbem 176*. In gleicher Weise kann die Belastbarkeit durch Vereinbarung beschränkt werden, zB durch Abhängigmachung von der Zustimmung eines Dritten.

c) Zur **Eintragung** genügt neben dem Antrag die Belastungserklärung des Hypothekengläubigers. Erfolgt die Eintragung auf Grund einer Eintragungsbewilligung desselben, so gilt der Eigentümer nicht als betroffen. 9

d) Die **Pfändung** einer Briefhypothek usw, die gleichfalls außerhalb des GB wirksam wird (§§ 830, 857 Abs 5, § 930 Abs 1 ZPO), wird im Wege der Berichtigung nach § 22, nicht nach § 26 eingetragen. Vorzulegen sind Brief und Pfändungsbeschluß; dazu *Güthe* GBO § 26 Bem 7, auch *§ 19 Bem 52*. 10

### 3. Übertragung oder Belastung einer Forderung, für die ein eingetragenes Recht als Pfand haftet 11

Fall des § 26 Abs 2 HalbS 2

a) Eine solche **Pfandhaftung** liegt vor,

1. wenn zur Sicherung einer Forderung eine **Hypothek, Grund- oder Rentenschuld** (gleichviel, ob es sich um ein Brief- oder ein Buchrecht handelt; dazu *Bem 1*), oder eine **Reallast** verpfändet oder gepfändet ist.

Die **Reallast** ist insoweit verpfändbar, als sie übertragen werden kann dh nicht an die Person des Berechtigten geknüpft und der Pfändung entzogen ist, §§ 400, 1111 Abs 2 BGB, § 850 Abs 1 ZPO; dazu *Predari* GBO § 19 Bem 39b.

Der **Nießbrauch** kommt nicht in Frage, da er nicht verpfändet werden kann; § 1274 Abs 2 mit § 1059 BGB; dazu *Güthe* GBO § 26 Bem 9. Auch die Verpfändung des Rechts zur Ausübung sowie die nach § 857 Abs 3 ZPO zulässige Pfändung des Rechts zur Ausübung und die nach § 857 Abs 3 ZPO zulässige Pfändung dieses Rechts schaffen kein Pfandrecht am Nießbrauch selbst, wenn sie auch eintragungsfähig sind; dazu *§ 19 Bem 52*,

2. wenn eine durch **Pfandrecht** gesicherte Forderung wiederum zugunsten einer anderen Forderung verpfändet oder gepfändet ist; dazu *Güthe* GBO § 26 Bem 9.

Voraussetzung ist, daß das verpfändete oder gepfändete Recht eingetragen ist. Es muß also auch in diesen Fällen das Pfandrecht im GB eingetragen sein.

b) Es muß eine **Übertragung** oder **Belastung** einer nach *Bem 11* gesicherten Forderung vorliegen; dazu *Güthe* GBO § 26 Bem 10, 11, *Horber* GBO § 26 Be, 2 (C). 12

Ist eine Forderung in der bezeichneten Art gesichert, so geht mit der sich außerhalb des GB vollziehenden Übertragung der Forderung (§ 398 BGB) auch das Pfandrecht auf den neuen Gläubiger über (§ 401 Abs 1, § 1250 Abs 1 BGB). Ebenso ergreift im Falle der Belastung einer so gesicherten Forderung das belastende Recht (dazu *Bem 8*) auch das als Pfand für die Forderung haftende Recht außerhalb des GB (§§ 1069, 1274, 1291 BGB).

Die Eintragung der Übertragung oder Belastung ist **GBBerichtigung**. An ihr hat der neue Gläubiger wegen §§ 876, 1071, 1276 BGB ein Interesse. Sie hat aber nicht die Wirkung, daß der öffentliche Glaube des GB sich auch auf das Bestehen der Forderung oder die Person des Forderungsberechtigten erstreckt (Denkschr 158).

Unter **Übertragung** iSd § 26 Abs 2 wird nur die Abtretung verstanden, nicht die gerichtliche Überweisung oder der gesetzliche Übergang der gesicherten Forderung.

Für letztere Fälle gilt § 22 Abs 1; dazu *Bem 3ff*. Auch für die Eintragung der Pfändung einer pfandgesicherten Forderung auf Grund eines Pfändungsbeschlusses ist § 22 Abs 1 anzuwenden.

## 13 III. Abtretungs- und Belastungserklärung

Dazu *Güthe* GBO § 26 Bem 12ff., *Hesse-Saage-Fischer* GBO § 26 Bem II, III, *Horber* GBO § 26 Bem 3, *Thieme* GBO § 26 Bem 2, 3,

*Hummel* Mitbesitz und Besitzkonstitut bei Grundschuldteilabtretungen ohne Briefübergabe NJW 1965, 2376, *Lahnert* Grundschuld-Teilabtretung und Briefübergabe-Ersatz in der Praxis der Kreditsicherung BWNotZ 1964, 15

Von Bedeutung sind der Inhalt (dazu *Bem 14ff.*) und die Form (dazu *Bem 18*) der Abtretungs- und Belastungserklärung und deren Verhältnis zur Eintragungsbewilligung (dazu *Bem 19*).

### 14 1. Inhalt

Es muß zwischen dem notwendigen Inhalt und den nicht notwendigen Teilen der Erklärung unterschieden werden; dazu *Güthe* GBO § 26 Bem 12ff.

Zum **notwendigen Inhalt** gehören
die bestimmte Bezeichnung des Rechts (dazu *Bem 15*),
die bestimmte Bezeichnung des neuen Gläubigers (dazu *Bem 16*) und
die Erklärung des bisherigen Gläubigers, die den Abtretungs-, bzw den Belastungswillen zum Ausdruck bringt (dazu *Bem 17*),

Im übrigen handelt es sich um **nicht notwendigen Inhalt**, vor allem bei Nebenbestimmungen, *Güthe* aaO Bem 13.

#### 15 a) Bezeichnung des Rechts

Das **Recht** (die Hypothek usw, dazu *Bem 2ff.*), dessen Abtretung oder Belastung eingetragen werden soll, ist **bestimmt zu bezeichnen**, und zwar unter Angabe der Stelle, an der das Recht eingetragen ist, gemäß § 28; dazu *§ 28 Bem 2ff*.

Bezieht sich die Abtretung oder Belastung nur auf einen **Teil** (§§ 1151, 1152 BGB), so ist dieser Teil zweifelsfrei zu bezeichnen, **RG** RGZ 75, 248, **BayObLG** 13, 419, *Horber* GBO § 26 Bem 3 (Ba); über den Vollzug der Teilabtretung im GB *§ 3 Bem 235*.

**Nebenbestimmungen**, wie Zinsen, Kündigung, Zahlung usw brauchen in der Erklärung nicht enthalten zu sein, da sie nicht zum notwendigen Inhalt gehören; dazu *Bem 14*, auch *Güthe* GBO § 26 Bem 13.

Bez der **Zinsen** ist auf folgendes hinzuweisen:

Das Zinsenrecht, also der Anspruch auf die künftigen Zinsen, geht **im Zweifel mit der Hauptforderung** ohne weiteres auf den neuen Gläubiger über, §§ 398, 401 Abs 2 BGB (dazu **RG** RGZ 60, 369/72, 364) und wird vom Pfandrecht mitumfaßt, §§ 1289, 1291 BGB; dazu *Güthe* GBO § 26 Bem 12, 13, *Hesse-Saage-Fischer* GBO § 26 Bem II 2, *Horber* GBO § 26 Bem 3 (Bb), *Thieme* GBO § 26 Bem 2. Das Zinsenrecht kann aber auch **selbständig** übertragen bzw verpfändet oder dem Abtretenden vorbehalten werden, **RG** RGZ 74, 81/86, 218, **KG** OLG 10, 421/41, 177, *BGB-RGRK* BGB § 1069 Bem 2; dazu auch *Güthe*, *Hesse-Saage-Fischer*, *Horber* und *Thieme* aaO. Der **Vorbehalt** der Zinsen kann auch in der Form einer Belastung der Hypothek mit einem Nießbrauch geschehen, **RG** RGZ 86, 219, **KG** KGJ 51, 291.

Daher muß bei einer verzinslichen Hypothek usw die **Abtretungs-** bzw **Belastungserklärung klar** sein, insbes eine Bestimmung darüber enthalten, ob und von wann ab die Zinsen mitübertragen bzw mitverpfändet sind, **KG** OLG 10, 422, KGJ 51, 291 (294)/53, 186, DFG 1941, 48, **OLG Hamm** JMBlNRW 1957, 185 = DRspr I (154) 38c, **LG Lübeck** Rpfleger 1955, 159 = DRspr IV (473) 32c, *Güthe*,

*Hesse-Saage-Fischer, Horber, Thieme* aaO, **aA** für die Buchhypothek **KG** OLG 41, 178, JFG 11, 260 (261). Nicht zu beanstanden ist die Eintragung der Abtretung *mit den laufenden Zinsen* oder *mit den laufenden und rückständigen Zinsen*, **KG** JFG 6, 323, *Staudinger-Scherübl* BGB § 1154 Bem 4 (γ). Unter den laufenden Zinsen sind diejenigen Zinsen zu verstehen, die seit dem letzten der Abtretung vorangehenden oder mit ihr zusammenfallenden Zinsfälligkeitstermin laufen. Genügend ist auch die Erklärung der Abtretung *mit den eingetragenen Zinsen*; hiervon werden sämtliche eingetragene Zinsen umfaßt, **KG** JW 1932, 3276.

Die Abtretung bzw Verpfändung der **Zinsrückstände allein**, die formlos erfolgt (§§ 1159, 1274, 1280 BGB), ist nicht eintragungsfähig, **RG** RGZ 88, 163, **KG** KGJ 42, 248; die hypothekarische Haftung des Grst besteht auch für sie fort, **KG** OLG 15, 336 (338), RJA 12, 146, *Güthe* aaO Bem 12. Das GB gibt keine Auskunft und Gewähr bez des Bestandes und Umfangs der Zinsrückstände und des dazu gehörigen Hypothekenrechts, **RG** RGZ 88, 162. Den Zinsrückständen kann der Vorrang vor anderen Rechten mit dinglicher Wirkung eingeräumt werden, **RG** RGZ 88, 160; dazu *BGB-RGRK* BGB § 1159 Bem 2, *Güthe* aaO Bem 12.

### b) Bezeichnung des neuen Gläubigers 16

Der **neue Gläubiger** muß **bestimmt bezeichnet** sein. Eine Blankoabtretung ohne Nennung des Erwerbers ist unzulässig, **RG** RGZ 63, 230/78, 30, JW 1928, 174, **KG** OLG 35, 337; dazu *BGB-RGRK* BGB § 1154 Bem 2, *Güthe* GBO § 26 Bem 12, *Horber* GBO § 26 Bem 3 (Bc), *Staudinger-Scherübl* BGB § 1154 Bem 35.

Nachträgliche Ausfüllung genügt nur dann, wenn dem Ausfüllenden die Ermächtigung erteilt war, über das Recht frei zu verfügen und einen Dritten als Erwerber zu bezeichnen, **RG** RGZ 81, 260; dazu *BGB-RGRK* aaO. Wird in anderen Fällen auf Grund einer **Blankoabtretung** die Hypothek auf einen neuen Gläubiger umgeschrieben, so ist das GB nur dann unrichtig, wenn eine Einigung zwischen dem bisherigen und dem neuen Gläubiger fehlt. Die Blankoabtretung einer Grundschuld gelangt im Augenblick der Ausfüllung des Gläubigernamens zur Wirksamkeit; eine Rückwirkung auf den Zeitpunkt der Übergabe des Blanketts tritt jedoch nicht ein, **RG** JW 1930, 61, **BGH** BGHZ 22, 128 = NJW 1957, 137 = BB 1956, 1168 = DB 1956, 1178 = DRspr I (154) 33a. **Blankettverpfändung** ist zulässig, weil hier der verpfändende Gläubiger eingetragen bleibt, **RG** RGZ 78, 26.

**Gläubiger** kann eine natürliche oder eine juristische Person sein. Eine natürliche Person ist mit Vor- und Zunamen zu bezeichnen, **KG** OLG 10, 422. Über die Bezeichnung *§ 3 Bem 271ff.* Ob die betreffende Person wirklich existiert, hat das GBA nicht zu prüfen, *Güthe* GBO § 26 Bem 12; dazu *§ 19 Bem 77*. Nur wenn der Antrag auf Eintragung von dem Vertreter einer juristischen Person gestellt wird, muß die Vertretungs- und damit die Antragsbefugnis festgestellt werden. Bei mehreren Erwerbern ist § 47 zu beachten, **KG** OLG 10, 421 (422).

### c) Erklärung 17

Es muß eine Abtretungs- oder Belastungserklärung abgegeben werden, dh es muß eine entsprechende **Willenserklärung** vorliegen; dazu *Güthe* GBO § 26 Bem 12, *Horber* GBO § 26 Bem 3 (A). Dazu ist die Erklärung **des bisherigen Gläubigers**, also des wirklichen Inhabers des Rechts erforderlich, die den Abtretungs- oder Belastungswillen zum Ausdruck bringt. Als bisheriger Gläubiger gilt der eingetragene Gläubiger oder der nach § 1155 BGB ihm Gleichstehende. Der eingetragene Nichtberechtigte kann nur die Berichtigung bewilligen; dazu *Güthe* aaO. Ist das Recht mehrmals nacheinander abgetreten worden, so müssen sämtliche Abtretungserklärungen beigebracht werden. Zwischenberechtigte brauchen jedoch nicht eingetragen zu werden, § 39 Abs 2. Die Abtretungserklärung kann ohne Aushändigung, jedoch mit Verfügungsmöglichkeit für den Erwerber erteilt werden, **BGH** WM 1965, 664 = DRspr I (154) 69f. Zur Abtretung einer verbrieften Teilhypothek bzw Teilgrundschuld durch Übertragung des mittelbaren Briefbesitzes **OLG Köln** NJW 1957, 185 = DRspr aaO 33b.

Der Abtretungs- oder Belastungswille des Erklärenden muß genügend zum Ausdruck kommen. Die **Bezeichnung** *abtreten* ist nicht erforderlich; es können auch andere Ausdrucksweisen gewählt werden, wie *übertragen* oder *überweisen* oder *übereignen* usw, **KG** OLG 7, 372. Wenn das **KG** JW 1934, 1056 die Bezeichnung *Umschreibung* als ungenügend ansieht, so kann dem nicht zugestimmt werden; es kommt auch hier auf den Einzelfall an. Die *Abtretung des Grundschuldbriefs* ist als Abtretung der Grundschuld selbst anzusehen, **RG** RGZ 135, 358.

Ist die Abtretung oder Belastung unter einer **Bedingung** oder **Zeitbestimmung** erklärt, so muß eine unbedingte, auch unbefristete Eintragungsbewilligung (dazu *Bem 19*) erteilt oder der Eintritt oder Ausfall der Bedingung bzw der Eintritt des Zeitpunktes in gbmäßiger Form nachgewiesen werden; dazu *Güthe* GBO § 26 Bem 13, 16, *Hesse-Saage-Fischer* GBO § 26 Bem II 1.

Die **Verpfändungserklärung** muß enthalten die Bezeichnung des Pfandgegenstandes und der pfandgesicherten Forderung sowie den Ausdruck des Verpfändungswillens.

Die pfandgesicherte Forderung braucht nicht in allen ihren Einzelheiten bezeichnet zu sein; sie muß aber so bezeichnet sein, daß sie wenigstens in Verbindung mit anderen, außerhalb der Urkunde liegenden Umständen festgestellt werden kann. Genügend ist Verpfändung *wegen aller gegenwärtigen und künftigen Forderungen*, **RG** RGZ 136, 422. Eine zu verpfändende Hypothekenforderung braucht nicht nach ihren gblichen Merkmalen bestimmt zu sein. Zur wirksamen Verpfändung einer Briefhypothek genügt uU die in den Geschäftsbedingungen einer Bank enthaltene, vom Bankkunden anerkannte allgemeine *Pfandklausel*; eine schriftliche Ergänzung der darin enthaltenen Verpfändungserklärung bei Übergabe des Briefs ist nicht erforderlich, **RG** DNotZ 1933, 808. Über die Verpfändung einer Hypothek durch eine in mehreren Urkunden enthaltene schriftliche Erklärung, **RG** RGZ 148, 349.

Die Abtretungs- oder Belastungserklärung kann durch rechtskräftiges **Urteil** (§§ 894, 897 Abs 2 ZPO) **ersetzt** werden. Ein Urteil, die Abtretungserklärung beglaubigen zu lassen, genügt jedoch nicht, **BayObLG** JW 1934, 2247 = HRR 1934 Nr 1356, wohl aber ein Urteil, die Erklärung in gbmäßiger Form zu wiederholen, **KG** HRR 1934 Nr 1250.

**18**

## 2. Form

Die Abtretungs- oder Belastungserklärung bedarf **dem GBA gegenüber** der in **§ 29** vorgeschriebenen Form, obwohl **materiell-rechtlich** (§ 1154 BGB) einfache Schriftform genügt; dazu *Güthe* GBO § 26 Bem 14, *Horber* GBO § 26 Bem 3 (Ab), *Thieme* GBO § 26 Bem 5.

Die Erklärung kann auch auf den **Brief** selbst gesetzt werden. Die öffentliche Beglaubigung kann auch nachträglich selbst dann noch wirksam erfolgen, wenn der Brief bereits weitergegeben ist.

### 3. Eintragungsbewilligung 19

Durch die einseitige **Abtretungs-** oder **Belastungserklärung** wird die **Eintragungsbewilligung ersetzt**; dazu *Güthe* GBO § 26 Bem 15, *Hesse-Saage-Fischer* GBO § 26 Bem III. Die Abtretungs- bzw Belastungserklärung genügt daher.

Der Antragsteller kann aber nach seiner **Wahl** auch die **Eintragungsbewilligung** vorlegen. Sie muß den Willen zur Abtretung zum Ausdruck bringen. Es ist daher Auslegungsfrage, ob der Ausdruck *Umschreibung* genügt; dazu **KG** KGJ 40, 268, *Güthe* aaO, *Predari* GBO § 26 Bem 2, auch *Bem 17*. Über Bedingung oder Befristung *Bem 17*.

Die Annahme braucht in keinem Fall nachgewiesen zu werden, auch dann nicht, wenn dem neuen Gläubiger Verpflichtungen, insbes Gegenleistungen oder Beschränkungen, auferlegt sind; dazu *Güthe* GBO § 26 Bem 15.

## IV. Verpfändung 20

Dazu *Güthe* GBO S 1958ff. unter Pfandrecht, *Horber* GBO § 26 Bem 4

### 1. Gegenstand

Nur diejenigen Rechte am Grst, die übertragen werden können, kommen als Gegenstand des vertraglichen Pfandrechts in Frage, § 1273 Abs 1, § 1274 Abs 2 BGB; dazu *Güthe* GBO S 1958 Z 1, *Horber* GBO § 26 Bem 4 (A).

Bez der Übertragbarkeit *§ 19 Bem 52a*. Die Übertragbarkeit kann ausgeschlossen werden, §§ 399, 413 BGB; diese Vereinbarung ist eintragungsfähig, *Horber* aaO.

Das Erbbaurecht und andere grstgleiche Rechte (dazu *§ 3 Bem 12ff.*) scheiden hier aus, da ihre Belastung nach den Vorschriften über die Grst erfolgt.

### 2. Inhalt 21

Die **zu sichernde Forderung** braucht nicht fest bestimmt zu sein; es genügt Bestimmbarkeit, **KG** KGJ 44, 269. Die Forderung kann auch eine künftige oder bedingte sein, § 1204 Abs 2 BGB; auch das Pfandrecht selbst kann bedingt oder befristet sein, **KG** KGJ 44, 269, *Güthe* GBO S 1958ff. (1961 Z 3).

Nach § 1273 Abs 2 BGB wird auf die anzuwendenden Vorschriften verwiesen, insbes auf die Besonderheiten der §§ 1274ff. BGB; dazu *BGB-RGRK* BGB § 1273 Bem 5ff., *Güthe* GBO S 1958ff. (1959 Z 2), *Staudinger-Scherübl* BGB § 1273 Bem 9, 10, auch *Bem 22ff.*, insbes bez Rang, Änderung des Inhalts.

### 3. Begründung und Änderung 22

Die **Verpfändung** dh die Begründung des vertraglichen Pfandrechts erfolgt nach den für die Übertragung des Rechts geltenden Vorschriften § 1274 Abs 1 S 1 BGB. Dazu, insbes über den Inhalt der Verpfändungserklärung *Bem 7ff.*, *13ff.*, bez **Teilverpfändung** *§ 19 Bem 52c*. Die Verpfändung einer **Gesamthypothek** wird erst mit der Eintragung des Pfandrechts auf sämtlichen belasteten Grsten wirksam, **RG** RGZ 63, 74, **KG** KGJ 39, 248; dazu *BGB-RGRK* BGB § 1274 Bem 3, *Güthe* GBO S 1958ff. (1961 Z 3). Über Verpfändung verschiedener Teile einer Hypothek, über die nur ein einziger Hypothekenbrief besteht, **KG** JW 1936, 1136.

Wird für eine verpfändete Forderung nach Begründung des Pfandrechts eine Hypothek bestellt, so erstreckt sich das Pfandrecht mit der Eintragung der Hypothek ohne weiteres auch auf diese. Die Eintragung des Pfandrechts ist GBBerichtigung.

Das **Rangverhältnis** zwischen mehreren Pfandrechten, etwa einem Pfandrecht und einem in gleicher Weise begründeten anderen vertraglichen oder Pfändungs-Pfandrecht bestimmt sich nicht nach der Eintragung im GB, sondern nach dem Zeitpunkt der Entstehung (Begründung); dazu *Güthe* aaO, *Horber* GBO § 26 Bem 4 (D). Der GBBeamte hat daher diese Rangfolge der Eintragungen im GB zugrunde zu legen, auch wenn der auf das frühere Pfandrecht bezügliche Eintragungsantrag später als der andere Antrag beim GBA eingegangen ist, **BayObLG** 32, 23, oder wenn das früher bestellte Pfandrecht eine Forderung sichert, die erst nach Bestellung des weiteren Pfandrechts entsteht, **RG** GruchBeitr 56, 905 = WarnR 1912 Nr 345; dazu *Güthe* und *Horber* aaO. Zwischen mehreren dasselbe Recht belastenden Pfandrechten ist eine Rangänderung zulässig.

Über **Übertragung** der pfandgesicherten Forderung *Bem 12.*

Auch der **Inhalt** des Pfandrechts (dazu *Bem 21*) kann eine **Änderung** erfahren. So hat eine Erweiterung der gesicherten Forderung in Haupt- und Nebensache ohne weiteres auch eine Erweiterung des Umfangs des Pfandrechts zur Folge, **KG** KGJ 44, 269. Die Erweiterung hat vor nachstehenden Rechten auch dann den Vorrang, wenn diese vor Eintritt der Erweiterung begründet sind; dazu *Güthe* aaO (1961 Z 6).

Solche Inhalts- und Rangänderungen bedürfen zu ihrer Wirksamkeit nicht der **Eintragung im GB**, können aber auf Grund der Eintragungsbewilligung des Betroffenen eingetragen werden; dazu *Güthe* aaO (1961 Z 6). Zur Umschreibung einer verpfändeten Grundschuld auf den GrstEigentümer reicht eine Quittung des Pfandgläubigers nicht ohne weiteres aus, **KG** DNotZ 1935, 902; dazu *§ 27 Bem 30.*

**23** 

### 4. Erlöschen

Das **Erlöschen** erfolgt stets **außerhalb des GB**, es kann aus verschiedenen Gründen eintreten; dazu *Güthe* GBO S 1958ff. (1961 Z 7), *Horber* GBO § 26 Bem 4 (E).

Erlöschen tritt insbes ein bei rechtsgeschäftlicher Aufhebung, § 1255 Abs 2, § 1273 Abs 2 BGB, bei Konfusion, § 1256 BGB, bei Übertragung der gesicherten Forderung unter Ausschließung des Übergangs des Pfandrechts und bei Erlöschen der gesicherten Forderung, § 1273 Abs 2 mit § 1250 Abs 2, § 1252 BGB. Das Pfandrecht an einem Briefrecht erlischt auch durch bloße Rückgabe des Briefs, § 1253 Abs 1 S 1, § 1278 BGB, **KG** DNotV 1932, 184.

Soll dasselbe Recht zur Sicherung einer neuen Forderung desselben Gläubigers anstelle der bisherigen Forderung verpfändet werden, so ist bei Buchrechten Löschung und Neueintragung des Pfandrechts erforderlich; eine Auswechslung der pfandgesicherten Forderung ist nicht möglich. Dies gilt erst recht, wenn die gesicherte Forderung und damit das Pfandrecht bereits erloschen ist.

**24**

### 5. Verwertung

Die Verwertung einer verpfändeten Hypothekenforderung, Grund- oder Rentenschuld oder einer Reallast erfolgt regelmäßig durch **Einziehung**, § 1282 Abs 1 BGB.

Hat der Pfandgläubiger die Hypothekenforderung eingezogen, so ist er zur Quittungsleistung befugt. Andere Verfügungen über die Forderung sind ihm aber nicht gestattet, **RG** RGZ 97, 39, auch nicht die Erteilung der reinen Löschungsbewilligung. Dem GBA gegenüber bedarf es zur Löschung außer der Vorlage der löschungsfähigen Quittung des Nachweises der Fälligkeit der Grundschuld sowie des Bestandes und der Fälligkeit der pfandgesicherten Forderung, **KG** JW 1935, 1641.

Wenn dem Pfandgläubiger das Recht **an Zahlungs Statt** abgetreten ist, § 1282 Abs 1 BGB, kann er dessen Umschreibung auf sich oder einen Dritten beantragen.

**Im übrigen** erfolgt die Verwertung des verpfändeten Rechts nach **§ 1277 BGB** mit §§ 828ff., insbes §§ 830, 837, 844, 857 ZPO; dazu *BGB-RGRK* BGB § 1277 Bem 1ff., *Horber* GBO § 26 Bem 4 (Cb), *Staudinger-Scherübl* BGB § 1277 Bem 2ff. Ist ein anderes Recht als eine Hypothek, Grund- oder Rentenschuld oder Reallast Gegenstand des Pfandrechts, so kann die Verwertung nur nach diesen Bestimmungen erfolgen. Wird eine Briefhypothek auf Grund einer Anordnung nach § 844 ZPO öffentlich versteigert, so erwirbt der Ersteher die Hypothek durch den Zuschlag und Briefübergabe; er ist (im Wege der Berichtigung) ohne Zustimmung des Pfandschuldners als Gläubiger einzutragen, **KG** KGJ 31, 315/33, 269. Ist eine nach § 1277 BGB zulässige Vereinbarung getroffen, so kann das verpfändete Recht auch ohne vollstreckbaren Titel im Wege der freiwilligen Versteigerung verkauft werden, wenn die pfandgesicherte Forderung entstanden und fällig ist, § 1228 Abs 2 BGB. Dem GBA müssen diese Voraussetzungen in der Form des § 29 nachgewiesen werden, Erklärungen des Pfandgläubigers genügen nicht, **KG** KGJ 40, 285; dazu *Güthe* GBO S 1958ff. (1959 Z 2), *Horber* aaO.

## V. Eintragung im Grundbuch 25

Dazu *Güthe* GBO § 26 Bem 17, *Hesse-Saage-Fischer* GBO § 26 Bem III, *Horber* GBO § 26 Bem 3 (Ac, C), *Thieme* GBO § 26 Bem 6

### 1. Eintragungsvoraussetzungen

a) Nach **§ 26** wird lediglich die **Eintragungsbewilligung** durch die Abtretungs- oder Belastungserklärung **ersetzt**; dazu *Bem 13ff.*

**Im übrigen** gelten für die Eintragung der Abtretung und Verpfändung einer Briefhypothek usw die gewöhnlichen Erfordernisse.

b) Es sind daher **außer der Erklärung nach § 26** insbes noch notwendig:

1. ein **Antrag**;

antragsberechtigt ist sowohl der bisherige wie auch der neue Gläubiger, § 13 Abs 2, nicht dagegen der Eigentümer. Der Antrag bedarf keiner Form, § 30,

2. das **Eingetragensein des bisherigen Berechtigten**, § 39 Abs 1,

soweit nicht die in § 39 Abs 2, § 40 bezeichneten Ausnahmen vorliegen,

3. die **Zustimmung Dritter**, soweit diese mitbetroffen sind, § 19,

zB des Eigentümers, wenn gleichzeitig mit der Abtretung usw eine Rangänderung, Zinsfußerhöhung oder eine dem Eigentümer nachteilige Inhaltsänderung des Rechts vorgenommen wird, oder die Zustimmung der nachstehenden Berechtigten, wenn der Zinsfuß über 5% erhöht wird, § 1119 Abs 1 BGB; dazu *§ 19 Bem 66.* Nicht betroffen ist der Eigentümer, wenn von einer Hypothek ein Teilbetrag unter Rangänderung abgetreten oder belastet wird, **KG** RJA 8, 240, **OLG Dresden,** JFG 4, 427; dazu *Güthe* GBO § 19 Bem 44. Ebensowenig ist betroffen der Inhaber eines als Pfand haftenden Rechts, wenn die durch das Pfandrecht gesicherte Forderung (§ 26 Abs 2) übertragen oder belastet wird; dazu *Güthe* GBO § 26 Bem 15,

4. **Vorlegung des Briefs**, §§ 41, 42, 61, 62.

Die Übergabe des Briefs, § 1154 Abs 1 BGB, braucht nicht nachgewiesen zu werden; dazu *Bem 1.* Dies gilt auch, wenn der Eintragungsantrag von dem neuen Gläubiger gestellt wird, **KG** OLG 40, 39. Der Nachweis ist nur erforderlich, wenn dem GBBeamten bekannt ist, daß der neue Gläubiger den Brief gegen den Willen des bisherigen Inhabers erlangt hat oder wenn es auf den Zeitpunkt der Briefübergabe ankommt, **KG** RJA 9, 207 (211); dazu *Güthe* GBO § 26 Bem 17.

26 **2. Eintragung**

Für die Eintragungen im GB gelten keine Besonderheiten.

**Inhaltlich** muß der Eintrag zum Ausdruck bringen, ob Abtretung, Verpfändung usw vorliegt; dazu *Güthe* GBO § 26 Bem 18.

Über die **Stelle im GB**, bei der einzutragen ist, für den Fall des § 26 Abs 1 insbes § 11 Abs 6 GBVfg (*GT 4*); dazu *§ 3 Bem 235ff.*, sowie *Güthe* aaO, *Horber* GBO § 26 Bem 3 (C). Bez § 26 Abs 2 hat dasselbe zu gelten; dazu *Güthe* aaO, *Predari* GBO § 26 Bem 4.

27 **VI. Verletzung des § 26**

Die Nichtbeachtung der Vorschrift des § 26 ist, da die in Betracht kommenden Eintragungen stets Berichtigungscharakter haben, **ohne Einfluß auf die materielle Rechtslage**. Die Eintragung ist gültig, wenn trotz des Mangels der Rechtsübergang außerhalb des GB wirksam erfolgt ist, und unwirksam, wenn und soweit die Eintragung nicht der materiellen Rechtslage entspricht, also das GB unrichtig macht. In letzterem Falle besteht ein Anspruch auf GBBerichtigung, §§ 894, 899 BGB; dazu *BGB-RGRK* BGB § 894 Bem 3. Auch § 53 ist uU anwendbar.

Wie auch sonst bei Ordnungsvorschriften, so besteht auch hier für das GBA die Verpflichtung zur Beachtung und Einhaltung, da andernfalls eine Amtspflichtverletzung vorliegen kann; dazu *§ 2 Bem 147*.

28 **VII. Kosten**

Dazu *Horber* GBO § 26 Bem 5, *Thieme* GBO § 26 Bem 7

1. Für die **Eintragungsgebühren** gilt folgendes:

Der Übergang eines dinglichen Rechts auf einen anderen Berechtigten, die Abtretung, und seine Belastung werden gebührenrechtlich als **Veränderung des Rechts** behandelt. Die Eintragung der Abtretung oder Belastung eines GrstRechts oder eines Rechts an einem solchen erfordert daher ½ der vollen Gebühr, § 64 Abs 1 S 1 KostO (*Anh*); dazu *Hasl* Gerichtskosten KostO § 64 Bem I, *Lauterbach* Kostengesetze KostO § 64 Bem 1, *Rohs-Wedewer* KostO § 64 Bem II (a).

Wird gleichzeitig mit dem Antrag auf Eintragung der Abtretung einer Hypothek oder Grundschuld beantragt, die Abtretung der Rechte aus einer eingetragenen **Löschungsvormerkung** an den neuen Gläubiger einzutragen, so entsteht hierfür keine besondere Gebühr; es handelt sich um ein gebührenfreies Nebengeschäft, **KG** JFG ErgBd 18, 165.

Ist mit der Abtretung oder Belastung eine **sonstige Veränderung** verbunden, zB eine Rang- oder Inhaltsänderung des Rechts, so wird, wenn beide Eintragungen gleichzeitig beantragt werden, nur eine Gebühr, und zwar nach dem zusammengerechneten Wert der Veränderungen erhoben, gleichviel ob es der Eintragung eines oder mehrerer Vermerke im GB bedarf, § 64 Abs 3 KostO (*Anh*). Mehrere Veränderungen iSd genannten Bestimmung liegen aber nicht vor, wenn die Abtretung die andere Veränderung begriffsnotwendig in sich schließt, zB die Abtretung eines Teils einer Hypothek deren Teilung. Gleichzeitigkeit der Eintragungsanträge ist auch gegeben, wenn die weitere Veränderung beantragt wird, ehe die zunächst beantragte im GB vollzogen wird; dazu *Rohs-Wedewer* KostO § 64 Bem VI. Im übrigen wird verwiesen auf *§ 25 Bem 47, 51.*

Wird ein an mehreren Grsten lastendes Recht, ein **Gesamtrecht**, abgetreten oder belastet, so wird die Eintragungsgebühr nur einmal erhoben, wenn die Eintragung auf Grund eines gleichzeitig gestellten Antrags erfolgt und das GB über die betroffenen

Grste bei demselben GBA geführt wird. Sind die belasteten Grste bei mehreren GB-Ämtern eingetragen, so wird für die Eintragung auf dem Grst, das den höchsten Wert hat, die volle Veränderungsgebühr (also ½ der vollen Gebühr) erhoben, während für jede weitere Eintragung ½ dieser Gebühr (also ¼ der vollen Gebühr) angesetzt wird, und zwar nach dem Wert des Grst, wenn er geringer als der Wert des Rechts ist. Dabei wird der Wert mehrerer Grst, über die das GB bei demselben GBA geführt wird, zusammengerechnet. Dies gilt jedoch nur, wenn die Anträge gleichzeitig gestellt sind, wenn sie also bei dem GBA gemeinsam eingereicht sind oder bei gesonderter Antragstellung, wenn sie innerhalb 1 Monats bei den beteiligten GBÄmtern eingehen. Die gesetzliche Regelung ergibt sich aus § 64 Abs 6 mit § 63 Abs 2, 3 KostO (*Anh*); dazu *Hasl* aaO § 63 Bem IV, § 64 Bem V, *Lauterbach* aaO KostO § 63 Bem 2, § 64 Bem 2, *Rohs-Wedewer* KostO § 63 Bem III, § 64 Bem VII.

2. Der **Geschäftswert** entspricht bei der Abtretung dem Wert des abgetretenen Rechts, bei einer Hypothek, Grund- oder Rentenschuld also dem Nennbetrag des Rechts, § 64 Abs 4 KostO (*Anh*); dazu *Lauterbach* aaO KostO § 64 Bem 3, *Rohs-Wedewer* KostO § 64 Bem VI.

Beim Übergang eines **Teiles** ist der Teilbetrag maßgebend. Sind mehrere Personen zur gesamten Hand als Berechtigte eingetragen und geht das Recht auf einen oder mehrere der Mitberechtigten über, so ist § 61 KostO (*Anh*) entsprechend anzuwenden, wonach bei der Wertbemessung der Anteil, der dem Erwerber bereits zustand, außer Betracht bleibt, § 64 Abs 4 S 2 KostO (*Anh*); dazu *§ 20 Bem 92.*

Bei der **Belastung** mit einem Pfandrecht ist für die Wertbemessung § 23 KostO (*Anh*), bei der Belastung mit einem Nießbrauch § 24 aaO maßgebend; dazu *§ 13 Vorbem 188, 189.*

## § 27

### (Löschung von Grundpfandrechten)

**Eine Hypothek, eine Grundschuld oder eine Rentenschuld darf nur mit Zustimmung des Eigentümers des Grundstücks gelöscht werden. Für eine Löschung zur Berichtigung des Grundbuchs ist die Zustimmung nicht erforderlich, wenn die Unrichtigkeit nachgewiesen wird.**

**Übersicht:**

## 1 I. Fassung der Vorschrift

Dazu *Güthe* GBO § 27 Bem 1, *Hesse-Saage-Fischer* GBO § 27 Bem I, *Horber* GBO § 27 Bem 1, *Thieme* GBO § 27 Bem 1

Die Vorschrift wurde durch die VO vom 5. Oktober 1942 RGBl I 573 geändert; dazu *E 1.* Die jetzige Fassung entspricht § 27 Abs 1 S 1, Abs 2 S 2 aF.

**Früher** hatte die Bestimmung **folgenden Wortlaut:**

(1) *Eine Hypothek, eine Grundschuld oder eine Rentenschuld darf nur mit Zustimmung des Eigentümers gelöscht werden.*

(2) *Ein Recht, mit dem eine Hypothek, eine Grundschuld oder eine Rentenschuld belastet ist, darf nur mit Zustimmung dessen gelöscht werden, dem die Hypothek, die Grundschuld oder die Rentenschuld zusteht. Für eine Löschung zur Berichtigung des Grundbuchs ist die Zustimmung nicht erforderlich, wenn die Unrichtigkeit nachgewiesen wird.*

Über die Bedeutung der Gesetzesänderung *Bem 2.*

## 2 II. Bedeutung und Zweck der Vorschrift

Dazu *Güthe* GBO § 27 Bem 1, 2, *Hesse-Saage-Fischer* GBO § 27 Bem I, *Horber* GBO § 27 Bem 1, *Thieme* GBO § 27 Bem 1

Zur rechtsgeschäftlichen Aufhebung einer Hypothek, Grund- oder Rentenschuld ist nach §§ 875, 1183, 1192, 1200 BGB nicht nur die Erklärung des Gläubigers, daß er das Recht aufgebe, und die Löschung des Rechts, sondern auch die **materiell-rechtlich** formlose Zustimmungserklärung des Eigentümers erforderlich, weil diesem sonst die Möglichkeit entzogen wäre, das Recht für sich selbst als Eigentümerhypothek oder Eigentümergrundschuld (§ 1177 BGB) zu erwerben. Diese Zustimmung müßte **formellrechtlich** im Wege des § 19 beigebracht werden. Ist dagegen die Hypothek usw durch einen außerhalb des GB sich vollziehenden Rechtsakt erloschen und die Entstehung einer Eigentümerhypothek bzw -grundschuld damit ausgeschlossen, so müßte der Nachweis der Unrichtigkeit des GB nach § 22 geführt werden.

Zur Vereinfachung der GBFührung und um dem GBBeamten die vielfach nicht leichte Entscheidung der Frage, ob eine Eigentümerhypothek entstanden ist oder nicht, zu ersparen, schreibt § 27 S 1 grundsätzlich vor, daß **zur Löschung einer Hypothek usw die Zustimmung des Eigentümers erforderlich** ist, gleichgültig, ob die Löschung einer Rechtsänderung oder GBBerichtigung dient, also die Hypothek kraft Gesetzes erloschen oder überhaupt nicht entstanden, die Entstehung einer Eigentümerhypothek somit ausgeschlossen ist, **RG** RGZ 72, 367, **KG** OLG 3, 225/26, 171 (172); dazu *BGB-RGRK* § 1183 Bem 2, *Güthe* GBO § 27 Bem 8, *Staudinger-Scherübl* BGB § 1183 Bem 5 ff. § 27 S 2 läßt allerdings die Möglichkeit offen, daß bei der berichtigenden Löschung der **Unrichtigkeitsnachweis** geführt wird; dann ist die Zustimmung des Eigentümers nicht erforderlich, *Hesse-Saage-Fischer* GBO § 27 Bem I. Dies ist eine Neuerung gegenüber der früheren Fassung, welche bei Hypotheken usw diese Ausnahme nicht vorsah. *Hesse-Saage-Fischer* aaO Bem II ziehen daraus den Schluß, daß § 27 nur die berichtigende Löschung betreffe, nicht auch die rechtsändernde. Dieser Auffassung kann jedoch nicht zugestimmt werden; wie hier *Horber* GBO § 27 Bem 2 (Ba), *Thieme* GBO § 27 Bem 2, auch *Bem 5.* Da *Hesse-Saage-Fischer* aaO bei der rechtsändernden Löschung § 19 anwendet, ergibt sich kein praktischer Unterschied zwischen den verschiedenen Auslegungen der Vorschrift.

Der frühere § 27 Abs 2 S 1 aF bezog sich auf Rechte an Hypotheken, Grund- und Rentenschulden, also auf Nießbrauch und Pfandrecht an den bezeichneten Rechten (dazu *Bem 1*). Für sie gilt nunmehr die Regel der §§ 19, 22 Abs 1. Besondere Bedeutung hatte § 27 Abs 2 S 1 aF neben den genannten Bestimmungen nicht; dazu *Güthe* GBO § 27 Bem 2. Der Wegfall dieser Regelung führt daher zu keiner Änderung der Rechtslage.

## III. Anwendungsfälle des § 27 3

Dazu *Güthe* GBO § 27 Bem 3ff., *Hesse-Saage-Fischer* GBO § 27 Bem IIff., *Horber* GBO § 27 Bem 2, *Thieme* GBO § 27 Bem 1, 2

Für die Anwendung des § 27 ist von Bedeutung, auf welche Rechte sich die Vorschrift bezieht, *Bem 4*, und was unter Löschung zu verstehen ist, *Bem 5ff.*

### 1. Gegenstand 4

Es muß sich um **Hypotheken, Grund- und Rentenschulden** handeln (*§ 13 Vorbem 80ff.*); dazu *Güthe* GBO § 27 Bem 3, *Horber* GBO § 27 Bem 2 (A).

Gleichgültig ist, ob eine Brief- oder Buchhypothek, eine Verkehrs- oder Sicherungshypothek, eine vertragliche oder eine Zwangshypothek, eine Einzel- oder Gesamthypothek usw in Frage steht. Auch eine bereits vor GBAnlegung erloschene Hypothek gehört hierher.

**Nicht** unter § 27 fallen Belastungen von Hypotheken, Grund- und Rentenschulden (dazu *Bem 2*) oder andere Rechte als Hypotheken usw, wie Reallasten. Auch die Löschung von Vormerkungen und Widersprüchen gehört nicht hierher, auch wenn sie sich auf Hypotheken usw beziehen, **RG** RGZ 65, 260. Dazu *Horber* GBO § 27 Bem 2 (A).

Nicht einschlägig ist § 27 auch bei den Löschungen von Vermerken im GB, insbes bez Verfügungsbeschränkungen (Entschuldungsvermerk, Rückerstattungsvermerk, ZwVerstVermerk usw; dazu *§ 3 Bem 211*).

Zur Hypothek, die mehreren in Bruchteilsgemeinschaft zusteht, *Staudenmaier* Zur Anteilsaufgabe an Bruchteilshypothek BWNotZ 1965, 320.

### 2. Löschung 5

Dazu *Güthe* GBO § 27 Bem 4ff., *Hesse-Saage-Fischer* GBO § 27 Bem II, III, V, *Horber* GBO § 27 Bem 2 (B), *Thieme* GBO § 27 Bem 2

#### a) Allgemeines

Es muß sich um die **Löschung einer Hypothek, einer Grund- oder Rentenschuld** handeln (dazu *Bem 4*), also um die Eintragung des Löschungsvermerks, § 46 Abs 1, oder die Nichtmitübertragung des Rechts im Falle der Übertragung des belasteten Grst auf ein anderes GBBlatt, § 46 Abs 2. Dazu *§ 46 Bem 2ff.*

§ 27 ist daher insbes **nicht** anwendbar auf die Eintragung der Abtretung, ferner nicht auf die Eintragung des gesetzlichen Übergangs der Hypothek auf den Eigentümer, § 1163 Abs 1, 2, §§ 1168, 1170 BGB, oder auf einen Dritten, § 268 Abs 1, § 774 Abs 1, §§ 1150, 1164 BGB. Doch ist auch in diesen Fällen zur Löschung neben dem Nachweis des Übergangs und der Bewilligung des Erwerbers die Zustimmung des Eigentümers notwendig, falls die Hypothek nicht auf ihn selbst übergegangen ist; hier genügt die Löschungsbewilligung des Eigentümers auch dann, wenn eine Vormerkung nach § 1179 BGB eingetragen ist, **KG** OLG 14, 132, *Güthe* GBO § 27 Bem 10. Auch auf die Eintragung des Verzichts des Gläubigers findet § 27 keine Anwendung. Über die Ausnahmefälle *Bem 8ff.*

Wenn es sich um eine Löschung handelt, ist gleichgültig, ob die Löschung eine **Rechtsänderung** bezweckt oder ob sie der bloßen **GBBerichtigung** dient, OLG **München** JFG 18, 201, *Horber* GBO § 27 Bem 2 Ba, *Thieme* GBO § 27 Bem 2, **aA** *Hesse-Saage-Fischer* GBO § 27 Bem II, wonach § 27 nur auf die berichtigende Löschung angewendet wird; dazu *Bem 2.* Gleichgültig ist auch der Grund der Löschung; § 27 findet daher auch Anwendung, wenn der Gläubiger die Löschung der auf einem Grst eingetragenen Vollstreckungshypothek beantragt, um die Eintragung einer neuen Vollstreckungshypothek an demselben und an anderen Grsten unter Verteilung der Forderung zu erlangen, **BayObLG** 2, 64. Auch der Fall, daß die Entstehung einer Eigentümerhypothek ausgeschlossen ist, gehört hierher, **RG** RGZ 72, 367; dazu *Bem 2.*

Zu der von Amts wegen erfolgenden Löschung einer inhaltlich unzulässigen Hypothek usw nach § 53 Abs 1 S 2 bedarf es der Zustimmung des Eigentümers nicht; dazu *Güthe* GBO § 27 Bem 3, *Hesse-Saage-Fischer* GBO § 27 Bem III 1.

**6** **b) Besondere Fälle**

1. Die Löschung eines **Teils einer Hypothek** usw gehört hierher; dazu *Güthe* GBO § 27 Bem 4, *Hesse-Saage-Fischer* GBO § 27 Bem III 2, *Horber* GBO § 27 Bem 2 (Bb), über Klarstellungsvermerk (dazu *§ 13 Vorbem 30, § 22 Bem 12, § 53 Bem 11*) bei Teillöschung einer Hypothek **LG Dortmund** NJW 1965, 1233 = Rpfleger 1965, 175 (*Haegele*),

sei es eine Ermäßigung des Kapitalbetrags oder eine Herabsetzung des Zinsfußes, letzterenfalls natürlich nur, wenn sie nicht lediglich persönlich wirken soll, **RG** RGZ 72, 362, **KG** OLG 7, 454/8, 209/10, 89; dazu *BGB-RGRK* BGB § 1158 Bem 3. Hierher gehört auch die Teillöschung einer Zwangshypothek zwecks Verteilung nach § 867 Abs 2 ZPO, **OLG Colmar** OLG 6, 101, **OLG Dresden** OLG 3, 442; dazu *Güthe* GBO § 27 Bem 7. Kann der Gläubiger hier die Zustimmung des Eigentümers nicht erlangen, so darf er nur die Eintragung der Verteilung oder des Verzichts beantragen; dazu *Bem 9* und *Güthe* aaO.

**7** Für die **Gesamthypothek** gilt folgendes (dazu *Güthe* GBO § 27 Bem 6):

Eine Gesamthypothek dh eine Hypothek an mehreren Grsten für eine Forderung, § 1132 Abs 1 BGB (dazu *§ 13 Vorbem 108*) wird nach § 1172 BGB zur Eigentümer-Gesamthypothek bzw -grundschuld, wenn die Voraussetzungen des § 1163 BGB vorliegen; über die Verteilung des Gesamtrechts *Bem 8.* Weitere Fälle der Befriedigung enthalten §§ 1173 bis 1175 BGB; dazu *Bem 9ff.*

**Befriedigt** der Eigentümer eines der mit einer Gesamthypothek belasteten Grst den Gläubiger, so erwirbt er die Hypothek an seinem Grst; die Hypothek an den übrigen Grst erlischt, § 1173 Abs 1 S 1 BGB. Der Befriedigung des Gläubigers durch den Eigentümer steht es gleich, wenn das Gläubigerrecht auf den Eigentümer übertragen wird oder wenn sich Forderung und Schuld in der Person des Eigentümers vereinigen, § 1173 Abs 1 S 2 BGB. Eine Hypothek an Miteigentumsanteilen wird gleichbehandelt. **OLG Hamburg** MDR 1960, 321. Unter Befriedigung ist hier nur eine freiwillige zu verstehen, keine solche auf Grund ZwV, also bei ZwVerst; dazu *BGB-RGRK* § 1173 Bem 1, *Palandt* BGB § 1173 Bem 1, *Staudinger-Scherübl* BGB § 1173 Bem 1ff. Soweit im Falle einer Gesamthypothek der Eigentümer eines Grst, aus dem der Gläubiger befriedigt wird, von dem Eigentümer eines anderen Grst oder einem Rechtsvorgänger dieses Eigentümers Ersatz verlangen kann, geht die Hypothek an dem Grst dieses Eigentümers auf ihn über, § 1182 S 1 BGB; über Teilbefriedigung § 1182 S 2 BGB. § 1182 BGB entspricht dem § 1173 BGB; dazu *BGB-RGRK* BGB § 1182 Bem 1. Diese Vorschrift enthält eine Ausnahme von § 1181 Abs 2 BGB, also bei ZwV; dazu *Staudinger-Scherübl* BGB § 1182 Bem 2a. Die Hypothek an den nicht ersatzpflichtigen Grsten erlischt, § 1181 Abs 2 BGB; dazu *BGB-RGRK* BGB § 1182 Bem 6, *Staudinger-Scherübl* BGB § 1182 Bem 3.

Die Löschung der auf einem oder einzelnen der mitbelasteten Grst erloschenen Gesamthypothek im Falle des § 1173 BGB erfolgt nach § 27. Erforderlich ist die Zustimmung (Löschungsbewilligung) sowohl des Eigentümers, der die Hypothek erwirbt, weil er ersatzberechtigt sein kann, § 1173 Abs 2 BGB; dazu **RG** RGZ 72, 367, **KG** OLG 9, 318/12, 258/18, 178, **OLG Dresden** OLG 26, 163, *BGB-RGRK* BGB § 1173 Bem 5ff., *Güthe* GBO § 27 Bem 6, *Staudinger-Scherübl* BGB § 1173 Bem 2ff. Ferner müssen diejenigen Eigentümer, an deren Grsten die Hypothek erlischt, zustimmen. Im übrigen erfolgt die Löschung unter den allgemeinen Voraussetzungen; insbes sind für jede Löschung die Löschungsbewilligung und der Antrag erforderlich. Die Löschung an den Grsten, an denen die Hypothek kraft Gesetzes erloschen ist, erfolgt nicht von Amts wegen, wohl aber auf Antrag bei Unrichtigkeitsnachweis nach § 27 S 2. Über die Löschung des Mitbelastungsvermerks § 48 Abs 2; dazu *§ 48 Bem 35ff.* Daß im Falle des § 1173 Abs 2 BGB zur Löschung der auf den Eigentümer übergegangenen Hypothek dessen Zustimmung erforderlich ist, ergibt sich aus allgemeinen Grundsätzen. Auch im Falle des § 1174 Abs 1 BGB ist zur Löschung der erloschenen Hypothek die Zustimmung des Eigentümers der betreffenden Grst notwendig, da hier ebenfalls die Möglichkeit eines Erwerbs der Gesamthypothek durch den Eigentümer besteht; dazu *Güthe* GBO § 27 Bem 6, *Meikel* SeuffBl 68, 112, *Staudinger-Scherübl* BGB § 1174 Bem 2b, 2c.

Im Fall des § 1182 BGB, also bei Befriedigung im Wege der ZwV, liegt die Feststellung, ob eine Ersatzhypothek entstanden ist, außerhalb des ZwVVerfahrens, obliegt also nicht dem VollstrGer; dazu *Staudinger-Scherübl* BGB § 1182 Bem 2d. Dies gilt auch bez der nicht versteigerten Grst und der dadurch veranlaßten Berichtigung des GB. Es erfolgt hier als kein Ersuchen des VollstrGer an das GBA, wohl aber kann das VollstrGer das GBA von dem Sachverhalt in Kenntnis setzen. Die Berichtigung des GB herbeizuführen, ist Sache der Beteiligten die Antrag nach § 22 stellen können und den Nachweis nach § 29 zu führen haben; dazu *Staudinger-Scherübl* aaO, *Steiner-Riedel* ZVG § 91 Bem 2 (f). Zur GBBerichtigung, nämlich zur Löschung der Gesamthypothek auf mitbelasteten, aber nicht mitversteigerten Grsten hat der GrstEigentümer neben der Ausfertigung des Versteigerungsprotokolls wegen der Möglichkeit der Ersatzhypothek die Zustimmung des versteigerten Grst beizubringen; dazu *Staudinger-Scherübl* aaO Bem 3.

### c) Keine Löschung iSd § 27 8

Nur eine Löschung fällt unter § 27, nicht andere rechtliche Vorgänge, auch wenn sie zu einer Löschung im GB führen; dazu *Güthe* GBO § 27 Bem 7. Es ist hierzu auf folgende Fälle hinzuweisen:

1. Die Eintragung der **Verteilung** einer Gesamthypothekenforderung auf die einzelnen Grst nach § 1132 Abs 2 BGB ist nicht unter § 27 einzureihen; dazu *Güthe* aaO Bem 7, *Horber* GBO § 27 Bem 2 (Bb).

Infolge der Verteilung erlischt zwar die Hypothek in Höhe des auf das Grst nicht zugeteilten Betrags, so daß die Gesamthypothek in Einzelhypotheken zerfällt. Aber der unmittelbare Inhalt der Eintragung ist nicht auf Löschung, sondern auf die Verteilung gerichtet; das Erlöschen ist nur die notwendige Rechtsfolge der Verteilung, **RG** RGZ 70, 91, **BayObLG** 7, 433, **KG** RJA 14, 210; dazu *BGB-RGRK* BGB § 1132 Bem 17, 18, *Güthe* GBO § 27 Bem 7, *Henle-Schmitt* GBWesen GBO § 27 Bem 3, *Horber* GBO § 27 Bem 2 (Bb), *Predari* GBO § 27 Bem 2, *Staudinger-Scherübl* BGB § 1132 Bem 34ff. Auch die nachträgliche Löschung der Teilbeträge, die infolge der Verteilung erloschen sind, auf den einzelnen Grst kann ohne Zustimmung des Eigentümers erfolgen,

**KG** OLG 31, 352; dazu *Güthe* und *Predari* aaO. § 1132 Abs 2 BGB ist entsprechend anzuwenden, wenn ein im Alleineigentum stehendes, mit einer Hypothek belastetes Grst auf mehrere Miteigentümer nach Bruchteilen übergeht, **KG** JFG 6, 348, **OLG Dresden** JFG 11, 237. Verteilung einer Hypothek durch die Siedlungsbehörde kann erfolgen, wenn eines von mehreren mit einer Gesamthypothek belasteten Grsten oder Teile eines mit einer Hypothek belasteten Grst erworben werden, wobei der Gläubiger der Verteilung nicht widersprechen kann, § 1 Abs 2 RSiedlErgG (*Anh*). Im übrigen zu Gesamthypothek *Bem 7, 9ff.*

Die Verteilungserklärung bedarf der Form des § 29. Pfandgläubiger und Nießbraucher müssen zustimmen, § 877 BGB. Für Briefrechte ist auf §§ 64, 69 hinzuweisen.

Die Löschung des Mitbelastungsvermerks, § 48 Abs 2, ist hier wie in den Fällen *Bem 9, 10* die Folge des kraft Gesetzes eintretenden Erlöschens; dazu *Güthe* GBO § 27 Bem 7.

**9** 2. Auch die Eintragung des **Verzichts** des Gläubigers auf die Einzel- oder Gesamthypothek nach §§ 1168, 1175 BGB fällt nicht unter § 27, da der einseitige Verzicht — im Gegensatz zur rechtsgeschäftlichen Aufhebung, § 1183 BGB — nicht den Untergang der Hypothek, sondern den Übergang auf den Eigentümer bewirkt, **KG** OLG 31, 252; dazu *BGB-RGRK* BGB § 1175 Bem 3, *Güthe* GBO § 27 Bem 7, *Hesse-Saage-Fischer* GBO § 27 Bem II 2, *Horber* GBO § 27 Bem 2 (Bb), *Staudinger-Scherübl* BGB § 1175 Bem 1eff., *Thieme* GBO § 27 Bem 2.

Verzichtet der Gläubiger auf die Hypothek an einem GrstTeil oder an dem Anteil eines Miteigentümers (**RG** RGZ 81, 82) oder der Gläubiger einer Gesamthypothek (dazu auch *Bem 7, 8, 10, 11*) auf die Hypothek an einem der mehreren Grst, so ist, da insoweit die Hypothek erlischt (§ 1175 Abs 1 S 2 BGB), nur der Verzicht einzutragen; dies hat sachlich die Bedeutung einer Löschung, **KG** DNotV 1931, 427, **BayObLG** 7, 432. Die Zustimmung des Eigentümers ist auch in diesen Fällen zur Eintragung des Verzichts nicht erforderlich. Soll nach Eintragung des Verzichts die Hypothek noch gelöscht werden, zB auf Antrag eines nachstehenden Hypothekengläubigers, so ist dies eine GBBerichtigung, wobei die Zustimmung des Eigentümers nicht erforderlich ist, **RG** RGZ 70, 91, **KG** OLG 31, 352 (überholt RJA 11, 154/155), **BayObLG** 23, 47, **OLG München** JFG 23, 322 = HRR 1942 Nr 843 = DFG 1942, 101, *Güthe* GBO § 27 Bem 7, *Henle-Schmitt* GBWesen GBO § 27 Bem 3, *Hesse-Saage-Fischer* GBO § 27 Bem III 2, IV 1, *Horber* aaO, *Predari* GBO § 27 Bem 2, *Staudinger-Scherübl* aaO, **aA** (Rspr überholt) **OLG Colmar** OLG 14, 131, im Anschluß daran *BGB-RGRK* BGB § 1175 Bem 3; dazu *Bem 32*. Wenn der GrstEigentümer Antrag auf Löschung der Hypothek stellt, bedarf es der Eintragung des vom Gläubiger erklärten Verzichts auf seine Hypothek nicht, da dies eine reine Formalität wäre; so **SchlHOLG** SchlHA 1964, 284 (*Rölike*) = NJW 1964, 2022 = BB 1964, 1103 = Rpfleger 1965, 177 (*Wendt-Pommerening* ablehnend) = DRspr I (154) 66b. *Löscher* Ist die Löschung eines Grundpfandrechts zulässig, ohne daß der vorausgehende Verzicht des Gläubigers im GB eingetragen wurde? (bejahend) JurBüro 1965, 850, *Staudenmaier* Hypothekenverzicht und Löschung BWNotZ 1964, 152, **aA** *Wendt-Pommerening* Kann die gbliche Eintragung des Verzichts gemäß § 1168 Abs 2 BGB unterbleiben, wenn gleichzeitig die Löschung des Grundpfandrechts beantragt wird? Rpfleger 1963, 272.

**10** 3. Auch der **Ausschluß unbekannter Gläubiger** nach §§ 1170, 1171 BGB fällt nicht unter § 27; auch hier ist zur Löschung die Zustimmung des Eigentümers nicht erforderlich. Es erfolgt Gleichstellung mit Verzicht, § 1175 Abs 2 BGB.

Das Ausschlußurteil richtet sich nicht nur gegen den Hypothekengläubiger, sondern auch gegen den Pfandgläubiger, **OLG Naumburg** RJA 8, 235. Im übrigen über Gesamthypothek *Bem 7ff., 11.*

4. Auch die **Pfandfreigabe** (Entpfändung, Pfandentlassung, Enthaftung) von Trennstücken oder einzelnen Grst bei einer Gesamthypothek (dazu *Bem 7ff.*) ist nach der Verkehrsauffassung Verzicht auf die Hypothek (dazu *Bem 9*), nicht Löschungsbewilligung, wenn auch die pfandfreie Abschreibung als Löschung wirkt; dazu *Leikam* Die Freigabe eines Grst BWNotZ 1963, 120, *Löscher* Die Pfandfreigabe von Grsten und grstgleichen Rechten JurBüro 1960, 423, *Mansfeld* Die gbliche Behandlung der Haftentlassungserklärungen Rpfleger 1957, 240. Deshalb ist hier zur Abschreibung oder Übertragung eines von mehreren mit einer Hypothek usw belasteten Grst oder GrstTeils die Zustimmung des Eigentümers nicht notwendig, **KG** JFG 11, 243, **BayObLG** 7, 431/23, 47, *Predari* § 27 Bem 2, § 47 Bem 7, *Schmitt* BayNotZ 1916, 461, *Staudinger-Scherübl* BGB § 1183 Bem 13, **aA** *BGB-RGRK* BGB § 1175 Bem 3ff., *Güthe* GBO § 27 Bem 5, § 46 Bem 13, *Horber* GBO § 27 Bem 2 (Bb). Auch bei der abweichenden Auffassung wird eingeräumt, daß meist eine Verzichtserklärung des Gläubigers vorliegen wird, so daß die Zustimmung des Eigentümers entbehrlich erscheint, **KG** JW 1937, 1553, **OLG München** JFG 23, 322; dazu *Horber* aaO. 11

Der freigegebene GrstTeil wird ohne Mitübertragung der Hypotheken abgeschrieben, § 46 Abs 2; dazu *§ 46 Bem 10ff.* Die Enthaftung kann auch durch Verteilung der Hypothek auf die einzelnen Trennstücke erfolgen; dazu *Güthe* GBO § 46 Bem 13. Notwendig sind die Bewilligung des Hypothekengläubigers bzw dessen Erben, § 40, **KG** KGJ 23, 150, und der Antrag des Gläubigers oder Eigentümers im Zeitpunkt der Abschreibung. Die Bewilligung muß den Willen des Gläubigers zum Ausdruck bringen, einen Teil seiner Sicherheit aufzugeben, und den abzuschreibenden GrstTeil gemäß § 28 S 1 genügend bezeichnen, **KG** KGJ 38, 243. Ein Antrag auf lastenfreie Abschreibung kann nicht vollzogen werden, wenn er sich nach dem Willen des Antragstellers auch auf nicht eingetragene, außerhalb des GB bestehende sog unsichtbare Belastungen bezieht. Bei Briefrechten ist der Brief vorzulegen, § 41; auf ihm ist die Pfandentlassung zu vermerken, § 62. Der Anspruch auf Pfandentlassung kann durch Vormerkung gesichert werden, **KG** OLG 4, 23. Über die Wirkungen der versehentlichen Unterlassung der pfandfreien Abschreibung **RG** RGZ 101, 120, *BGB-RGRK* aaO, *Boehm* DNotV 1928, 22.

Eine besondere gesetzliche Regelung für lastenfreie Abschreibung kleiner GrstTeile besteht nach den Vorschriften über das Unschädlichkeitszeugnis; dazu *Bem 43.*

5. Besonderheiten gelten auch für die lastenfreie Abschreibung bei der Schaffung von **Eigenheimen** als Rentenstellen für ländliche Arbeiter und Handwerker nach §§ 8ff. LAVO (*Anh*); dazu *§ 20 Bem 86.* 12

## IV. Zustimmungserklärung des Eigentümers 13

Dazu *Güthe* GBO § 27 Bem 11ff., *Hesse-Saage-Fischer* GBO § 27 Bem III 3, 4, 5, IV, *Horber* GBO § 27 Bem 3, *Thieme* GBO § 27 Bem 3

### 1. Allgemeines

Wenn ein Fall des § 27 vorliegt (dazu *Bem 3ff.*), so ist grundsätzlich die Zustimmung des GrstEigentümers erforderlich, § 27 S 1.

Es bestehen jedoch Ausnahmen, auch kraft ausdrücklicher gesetzlicher Regelung (dazu *Bem 20ff.*); die wichtigste enthält § 27 S 2, wonach der Nachweis der Unrichtigkeit des GB die Zustimmung des Eigentümers entbehrlich macht.

### 2. Rechtsnatur der Zustimmungserklärung 14

Die Zustimmungserklärung, die sich auf die Löschung einer Hypothek, Grund- oder Rentenschuld bezieht (dazu *Bem 5*), ist eine einseitige, empfangsbedürftige, dem

GBA oder dem Gläubiger gegenüber abzugebende Willenserklärung, die der Aufhebungserklärung des Gläubigers (§ 1183 BGB) selbständig gegenübersteht, mit ihr also keinen dinglichen Vertrag bildet, **KG** KGJ 25, 273, HRR 1933 Nr 1012; dazu *Horber* GBO § 27 Bem 3 (A). Sie ist eine Verfügung über das zu löschende Recht, nämlich eine unmittelbar auf seine Beseitigung gerichtete Willenserklärung; dazu *BGB-RGRK* BGB § 875 Bem 21 ff., *Staudinger-Seufert* BGB § 875 Bem 2, auch *§ 19 Bem 69.*

15 **3. Zustimmung des Eigentümers**

Dazu *Güthe* GBO § 27 Bem 11 ff., *Hesse-Saage-Fischer* GBO § 27 Bem III 3, *Horber* GBO § 27 Bem 3 (Da), *Thieme* GBO § 27 Bem 3

**a) Wirklicher Eigentümer**

Zustimmen muß der wirkliche Eigentümer, **KG** OLG 8, 188; dazu *Güthe* GBO § 27 Bem 11, *Hesse-Saage-Fischer* GBO § 27 Bem III 3, *Horber* GBO § 27 Bem 3 (Da).

Für die Frage, wer wirklicher Eigentümer ist, gilt auch im Bereich des GBRechts die Vermutung des § 891 BGB; dazu *§ 18 Bem 86*, auch *Horber* GBO § 27 Bem 3 (Da). Daher gilt als wirklicher Eigentümer zunächst der **Bucheigentümer**, § 891 Abs 1 BGB. Ist dem GBBeamten allerdings bekannt, daß der eingetragene Eigentümer nicht der **wahre Eigentümer** ist, so ist die Zustimmung des wahren Eigentümers erforderlich. Maßgebend ist der **Zeitpunkt der Eintragung** der Löschung. Nach § 39 Abs 1 ist außerdem erforderlich, daß der wahre Eigentümer vor dem Vollzug der Löschung eingetragen wird, **KG** OLG 3, 390/8, 225, *Güthe* GBO § 27 Bem 11, 19, *Hesse-Saage-Fischer* GBO § 27 Bem III 5; dagegen bedarf der Erbe des eingetragenen Eigentümers nicht der **vorherigen Eintragung**, § 40, **KG** OLG 3, 390, *Güthe* GBO § 27 Bem 19, § 40 Bem 9; dazu *Bem 39.*

Ist nach der Einreichung des Löschungsantrags oder der Zustimmungserklärung ein **Eigentumswechsel** eingetreten, so ist die Zustimmung des neuen Eigentümers notwendig, **KG** OLG 4, 492/25, 380. Wenn die Umschreibung des Eigentums und die Löschung der Hypothek gleichzeitig beantragt werden, so die Zustimmung des GrstErwerbers zur Löschung einer Hypothek entbehrlich, **KG** JFG 10, 8 = DFG 1939, 133 = DR 1939, 1174.

16 **b) Verfügungsbefugnis**

Die Zustimmungserklärung ist von demjenigen abzugeben, dem die Verfügung über das Eigentum zusteht, **KG** OLG 33, 341; dazu *Güthe* GBO § 27 Bem 11, *Hesse-Saage-Fischer* GBO § 27 Bem III 3, *Horber* GBO § 27 Bem 3 (Da), *Thieme* GBO § 27 Bem 3.

Dies ist nicht immer der Eigentümer in Person; dazu *§ 19 Bem 70.* Da die Zustimmungserklärung eine Verfügung über die Hypothek usw darstellt, *Bem 14*, ist in den Fällen, in denen der Eigentümer in der Verfügung zugunsten eines Dritten beschränkt ist, auch die Zustimmung des Dritten (des Vormunds, Pflegers, Konkursverwalters, Testamentsvollstreckers usw; dazu *§ 13 Vorbem 131ff.*) notwendig, **KG** OLG 14, 298. Ein gerichtliches Verfügungsverbot gegen den GrstEigentümer erstreckt sich jedoch nicht auch auf die Zustimmung zur Löschung einer Hypothek, **KG** JFG 4, 418.

Steht das belastete Grst im **Miteigentum** mehrerer Personen, so ist, wenn das Recht nur auf dem Bruchteil eines Miteigentümers eingetragen ist, nur dessen Zustimmung, sonst aber die Zustimmung aller Miteigentümer erforderlich, **KG** KGJ 30, 258, OLG 1, 292/3, 226/8, 209. Steht ein Gesamthandsverhältnis in Frage, so ist die Zustimmung der sämtlichen verfügungsberechtigten Gesamthänder notwendig. Dies gilt auch für die eheliche **Gütergemeinschaft**; dazu *§ 13 Vorbem 180, § 33 Bem 27ff.* Im Falle der **Vorerbschaft** ist die Zustimmung des Nacherben erforderlich, außer wenn der Vorerbe befreit und die Entgeltlichkeit nachgewiesen oder offenkundig ist (dazu *§ 13 Vorbem 145*) oder die Tilgung der Hypothekenforderung nicht aus Mitteln des Nachlasses, sondern aus eigenen Mitteln des Vorerben erfolgt ist, **KG** KGJ 50, 210, *Güthe* GBO § 27 Bem 11. Über Löschung ohne Zustimmung des Nacherben im Falle der nicht befreiten Vorerbschaft **KG** JFG 15, 187 = JW 1937, 2120, **OLG München** JFG 21, 81 = HRR 1940 Nr 540. **Vormundschaftsgerichtliche Genehmigung** ist zur Zustimmung nur dann nötig, wenn die Löschung rechtsändernder Natur ist (§ 1812 BGB), **KG** OLG 20, 171/44, 81, also zB nicht, wenn die Zahlung an den Vormund im ZwVerstVerfahren erfolgt. Dazu *Horber* GBO § 27 Bem 3 (Db).

Als **Vertreter** des Eigentümers kann auch der Hypothekengläubiger selbst die von ihm bewilligte Löschung — unter Nachweis der Vertretungsbefugnis — beantragen und damit die Zustimmung des Eigentümers erklären. § 181 BGB ist mit Rücksicht auf die Rechtsnatur der Zustimmung (dazu *Bem 14*) nicht anzuwenden, **KG** OLG 20, 420, **BayObLG** 34, 121; dazu *§ 18 Bem 104.*

### c) Ersetzung der Zustimmung 17

Dazu *Güthe* GBO § 27 Bem 14, *Horber* GBO § 27 Bem 3 (E), *Thieme* GBO § 27 Bem 3

Die Zustimmung des Eigentümers wird ersetzt durch ein

1. rechtskräftiges **Urteil**, durch das der Eigentümer zur Erklärung der Zustimmung verurteilt wird, § 894 ZPO; dazu *§ 19 Bem 46,*

2. **Ersuchen einer Behörde** um Löschung, vorausgesetzt, daß die Behörde zu diesem Ersuchen zuständig ist und selbst um Löschung ersucht; dazu *§ 38 Bem 2ff.*,

so insbes im Falle des § 130 Abs 1 ZVG Ersuchen des VollstrGer, **KG** Recht 1900, 540, OLG 3, 227; dazu Denkschr 48, *Güthe* GBO § 27 Bem 14, *Predari* GBO § 27 Bem 2, *Turnau-Förster* GBO § 27 Bem 5. Das VorGer ist nach § 1844 BGB, § 54 FGG zwar befugt, das GBA um Eintragung einer Sicherungshypothek an den Grst des Vormunds, Pflegers oder Beistands zu ersuchen. Dagegen kann die Löschung der Hypothek nicht auf Ersuchen des VormGer erfolgen, da hierzu eine gesetzliche Ermächtigung fehlt; es ist vielmehr eine Erklärung eines für den Mündel usw zu bestellenden Pflegers, daß er die Hypothek aufgebe, bzw die Zustimmung des Vormunds zur Löschung oder eine Erklärung des Betroffenen nach Volljährigkeit oder wiedererlangter Verfügungsfähigkeit notwendig. Dazu *§ 38 Bem 36.*

Wenn die Behörde die Löschungsbewilligung eines Dritten dem GBA lediglich **übermittelt**, so bedarf es der Zustimmung des Eigentümers, **KG** KGJ 21, 179; dazu *Güthe* GBO § 27 Bem 14,

zB das VollstrGer im ZwVerstVerfahren; dazu *§ 38 Bem 25ff.*

### d) Inhalt 18

Dazu *Güthe* GBO § 27 Bem 13, *Horber* GBO § 27 Bem 3 (B), *Staudinger-Seufert* BGB § 875 Bem 2b

Für den Inhalt der Zustimmungserklärung des Eigentümers ist der Gebrauch bestimmter Worte nicht vorgeschrieben. Es genügt, wenn der Wille, daß die Hypothek usw gelöscht werde, in erkennbarer Weise zum Ausdruck gebracht ist; doch muß die Zustimmung stets auf Löschung, nicht auf Aufhebung des Rechts gerichtet sein, *Güthe* GBO § 27 Bem 13.

Nicht genügt Zustimmung zum Übergang des Rechts auf einen Dritten. Wenn der Eigentümer bei der Veräußerung eines Grst dem Erwerber gegenüber sich verpflichtet hat, den Verzicht der Hypothekengläubiger und die Löschung der Hypotheken an dem

Grst herbeizuführen, so kann darin seine Zustimmung zu den von den Gläubigern abgegebenen Löschungserklärungen liegen; dazu **KG** OLG 3, 224, **BayObLG** 7, 432, auch *Güthe* GBO § 27 Bem 18, *Predari* GBO § 27 Bem 5.

Die Zustimmung kann auch **allgemein erklärt** werden, zB als Zustimmung zur Löschung aller auf dem Grst eingetragenen Belastungen, oder in der Form, daß bei Bestellung eines neuen Rechts allen Erklärungen zugestimmt wird, die erforderlich sind, um diesem den bedungenen Rang zu verschaffen. Ist dabei ein vorgehendes Recht durch Zahlung oder Verzicht des Gläubigers auf den Eigentümer übergegangen, so stellt die Zustimmung eine genügende Löschungsbewilligung dar; dazu *§ 19 Bem 22.*

Ist die Zustimmungserklärung durch Einreichung beim GBA nach § 875 Abs 2 BGB bindend und damit formell unwiderruflich geworden, so ist die Zurücknahme des Löschungsantrags des Eigentümers auf seine Zustimmungserklärung ohne Einfluß, **KG** SeuffBl 72, 453 (455); dazu auch *Staudinger-Seufert* BGB § 875 Bem 2c.

**19** **e) Form**

Dazu *Güthe* GBO § 27 Bem 13, *Hesse-Saage-Fischer* GBO § 27 Bem II 4, *Horber* GBO § 27 Bem 3 (C), *Thieme* GBO § 27 Bem 3

Die Zustimmungserklärung bedarf der in § 29 vorgeschriebenen Form, und zwar auch dann, wenn sie in die Form des Antrags (dazu *Bem 26*) gekleidet ist, § 30. Es kann nämlich die Zustimmung auch durch Bewilligung der Löschung oder durch Stellung des Löschungsantrags erklärt werden, **KG** KGJ 24, 87.

**20** **4. Ausnahmen von Zustimmung**

Dazu *Hesse-Saage-Fischer* GBO § 27 Bem IV, *Horber* GBO § 27 Bem 2 (B, C), *Staudinger-Seufert* BGB § 875 Bem 11b

a) **Ausnahmen** von der Notwendigkeit der Zustimmung ergeben sich in den Fällen, in denen keine Löschung iSd § 27 vorliegt; dazu *Bem 8ff.*

**21** b) Auch bestehen **gesetzliche Ausnahmen** von dem Erfordernis der Zustimmung. Bei den gesetzlichen Ausnahmen ist zu unterscheiden zwischen den Fällen, in denen Ersetzung der Zustimmung erfolgt, *Bem 17*, und
den sonstigen Fällen, *Bem 22.*

**22** Solche sonstige Fälle sind

— dazu *Hesse-Saage-Fischer* GBO § 27 Bem IV, *Horber* GBO § 27 Bem 2 (C), *Staudinger-Seufert* BGB § 875 Bem 11b, *Thieme* GBO § 27 Bem 2 —

der Fall des **§ 27 S 2**, der Nachweis der Unrichtigkeit, *Bem 23*, und
weitere Fälle (aus früherer Zeit),

wie Löschung einer Abgeltungshypothek, § 9 Abs 4 DVO zur VO über die Aufhebung der Gebäudeentschuldungssteuer vom 31. Juli 1942 RGBl I 503 sowie

die Eintragungen der Zinssenkung nach § 2 Ges vom 11. Mai 1937 RGBl I 579.

(aus neuerer Zeit)

die Löschung auf Grund GBMG (*GT 2*) bei der HGA; dazu *§ 22 Bem 48aff.*

**23** d) **Nachweis der Unrichtigkeit des Grundbuchs** — Fall des § 27 S 2.

Nach **§ 27 S 2** ist für die Löschung zur Berichtigung des GB die Zustimmung des Eigentümers nicht erforderlich, wenn die Unrichtigkeit nachgewiesen wird.

Hierzu ist auf folgendes hinzuweisen:

§ 27 S 1 bezieht sich auf Löschungen aller Art; dazu *Bem 5.* § 27 S 2 betrifft nur die berichtigende Löschung auf Grund Unrichtigkeitsnachweises, **BayObLG** BayObLGZ 1953, 171 = Rpfleger 1953, 449; dazu *Hesse-Saage-Fischer* GBO § 27 Bem II 2, IV 1, *Horber* GBO § 27 Bem 2 (Ba).

Der Unrichtigkeitsnachweis steht neben der GBBerichtigung auf Grund der Berichtigungsbewilligung zur Wahl; dazu *§ 22 Bem 16, 21.* Wird der Nachweis der Unrichtigkeit geführt, so ist § 27 S 2 maßgebend. Der Nachweis hat sich darauf zu beschränken, daß das betreffende Recht, nämlich die Hypothek, Grund- oder Rentenschuld, nicht besteht dh nicht entstanden oder untergegangen ist; dazu *Hesse-Saage-Fischer* aaO Bem IV.

Der Nachweis ist in der Form des § 29 zu führen; dazu *§ 22 Bem 22ff.*, auch *Hesse-Saage-Fischer* aaO Bem IV 1.

Über den Unrichtigkeitsnachweis bei Verzicht des Gläubigers *Bem 9*, bei Löschung von Umstellungsgrundschulden **BayObLG** BayObLGZ 1953, 165 = Rpfleger 1953, 446 (*Bruhn*) sowie *§ 22 Bem 47a*, auch *Hesse-Saage-Fischer* aaO.

## V. Löschung im Grundbuch 24

Dazu *Güthe* GBO § 27 Bem 15ff., *Hesse-Saage-Fischer* GBO § 27 Bem III 5, *Horber* GBO § 27 Bem 4, *Thieme* GBO § 27 Bem 4

### 1. Voraussetzungen

#### a) Allgemeines

Die Voraussetzungen der Löschung einer Hypothek, Grund- oder Rentenschuld (dazu *Bem 4ff.*) sind

außer der Zustimmung des GrstEigentümers, § 27 S 1 (dazu *Bem 13ff.*) bzw des sie ersetzenden Unrichtigkeitsnachweises, § 27 S 2 (dazu *Bem 23*),

die sonstigen Eintragungserfordernisse, die durch § 27 unberührt gelassen werden; dazu *Bem 25ff.*

#### b) Sonstige Voraussetzungen 25

1. **Fall des § 27 S 1 und Fall des § 27 S 2**

An sonstigen Erfordernissen, die neben den in § 27 erwähnten Voraussetzungen (dazu *Bem 24*) vorliegen müssen, sind

für den **Fall des § 27 S 1** insbes zu erwähnen
der Löschungsantrag; dazu *Bem 26*,
die Löschungsbewilligung; dazu *Bem 27ff.*,
die Zustimmung Dritter ua; dazu *Bem 37*,
die Vorlage des Hypothekenbriefs ua; dazu *Bem 38*,
die Voreintragung des Eigentümers ua; dazu *Bem 39.*

Für den Fall der **GBBerichtigung nach § 27 S 2** ist auf *§ 22 Bem 38ff.* zu verweisen.

2. **Fall § 27 S 1** 26

Zum Fall des § 27 S 1 (dazu *Bem 13ff.*) ist auf folgende sonstige Voraussetzungen hinzuweisen:

a) **Löschungsantrag, § 13**

Antragsberechtigt ist sowohl der Eigentümer als auch der Gläubiger, § 13 Abs 2. Der Antrag ist an sich formlos; über die Vereinigung von Antrag und Zustimmungserklärung *Bem 19.* § 14 ist nicht anwendbar; dazu *Güthe* GBO § 27 Bem 15, *Horber* GBO § 27 Bem 4 (A).

27 b) **Löschungsbewilligung**

1. **Allgemeines**

**Erforderlich** ist die **Löschungsbewilligung** des von der Löschung Betroffenen, in der Regel also des Berechtigten, des Gläubigers, § 19; dazu *Güthe* GBO § 27 Bem 16, *Hesse-Saage-Fischer* GBO § 27 Bem V 2, *Horber* GBO § 27 Bem 4 (B), *Thieme* GBO § 27 Bem 4.

Die Löschungsbewilligung ist ihrem Wesen nach eine **Eintragungsbewilligung**, § 19; dazu **RG** RGZ 100, 98, **KG** KGJ 38, 273, **OLG Jena** RJA 8, 41, *Staudinger-Scherübl* BGB § 1183 Bem 3, 13.

In Ergänzung zu *§ 19 Bem 12ff.* ist auf folgendes hinzuweisen:

Die Löschungsbewilligung muß vorbehaltlos erteilt sein; dazu *§ 19 Bem 23.* Der der Löschung zugrunde liegende materielle Rechtsvorgang braucht in der Löschungsbewilligung nicht angegeben zu werden, ob es sich um eine Löschung rechtsändernder oder berichtigender Art handelt, **KG** DNotZ 1934, 363 = HRR 1934 Nr 651. Die materiell-rechtliche (formlose) Aufhebungserklärung (§ 1183 BGB) wird meist in der Form der Löschungsbewilligung abgegeben, ist aber mit ihr nicht identisch. Es ist Auslegungsfrage, inwieweit eine Erklärung formellen und materiellen Inhalt hat; dazu *Bem 29, § 19 Bem 22,* auch **OLG Hamm** JMBlNRW 1962, 123, **OLG Köln** Rpfleger 1964, 149 (*Haegele*) = MittRhNotK 1964, 274 zu der Frage, wie eine Löschungsbewilligung des Hypothekengläubigers, die zugleich die Erklärung enthält, die Hypothek sei zurückbezahlt, aufzufassen sei (verneinend, wenn nicht angegeben ist, wer die Zahlung geleistet hat), *Pfäff* Löschung einer Hypothek auf Grund einer löschungsfähigen Quittung oder Löschungsbewilligung JR 1960, 214, ferner **BGH** DNotZ 1965, 343 zur Löschungsbewilligung Zug um Zug gegen Zahlung eines bestimmten Betrags und Verzug . Ist eine Hypothek für mehrere als Gesamtgläubiger eingetragen, so genügt zur Löschung die Bewilligung nur eines Gläubigers, **KG** DFG 1938, 39. Die Löschungsbewilligung bedarf in den Fällen der §§ 107, 1831 BGB der vorherigen Zustimmung (Einwilligung). Wird in einer abstrakten Löschungsbewilligung angegeben, in welcher Höhe die Hypothek usw am Währungsstichtag bestanden hat, so verliert diese Urkunde dadurch noch nicht den Charakter der Abstraktheit, **OLG Hamm** DNotZ 1958, 547. Zur Fassung der Löschungsbewilligung *Käb* SeuffBl 75, 605.

Die Löschungsbewilligung wird **ersetzt** durch rechtskräftiges Urteil oder durch das Ersuchen einer hierzu zuständigen Behörde (§ 38), ferner durch Unschädlichkeitszeugnis (dazu *Bem 43*).

Der Löschungsbewilligung bedarf es nicht, wenn die **Unrichtigkeit des GB nachgewiesen** wird, § 22, (dazu **BayObLG** 19, 163), bzw § 27 S 2; dazu auch *Bem 23.* Dieser Nachweis kann durch löschungsfähige Quittung (dazu *Bem 29*) in der Form des § 29 geführt werden. Die Löschungsbewilligung dient aber oft dazu, diesen Nachweis zu ersparen.

Der in der Form des § 29 gestellte **Löschungsantrag** ersetzt in der Regel die Bewilligung, **RG** RGZ 88, 286; dazu *BGB-RGRK* BGB § 1144 Bem 9, auch *§ 19 Bem 22.*

### 2. Verfügungsbefugnis 28

Die Löschungsbewilligung muß vom **gegenwärtigen Gläubiger** ausgehen.

Auf die Möglichkeit, daß einem früheren Gläubiger Zinsrückstände zustehen, braucht keine Rücksicht genommen zu werden, **OLG Braunschweig** OLG 15, 336 (338); dazu *Güthe* GBO § 27 Bem 16. Auch wenn bei einer Hypothek der Anspruch auf das Kapital und auf die Zinsen verschiedenen Gläubigern zusteht, ist die Hypothek einschl der Zinsen auf die Bewilligung des Kapitalgläubigers zu löschen; der Löschungsbewilligung des Zinsgläubigers bedarf es nicht, **KG** JFG 18, 35 = JW 1938, 2406; dazu auch **KG** HansRGZ 1941 B 67 = Recht 1941 Nr 2023.

a) In der Regel genügt die **Löschungsbewilligung des eingetragenen Gläubigers.** 29

Ist aber dem GBA bekannt, daß der eingetragene Gläubiger nicht der **wahre Gläubiger** ist, so muß letzterer die Löschung bewilligen; dazu *§ 19 Bem 60*. Dies gilt zB im Falle der Abtretung einer Briefhypothek außerhalb des GB, ferner in den Fällen, in denen die Hypothek kraft Gesetzes auf einen anderen übergegangen ist (auf den Eigentümer, den persönlichen Schuldner, einen Dritten, §§ 1143, 1163, 1164, 1168, 1170, 1150 mit 268, ferner 774 BGB); dazu *§ 22 Bem 26ff.* Der GBBeamte braucht nicht zu prüfen, ob die Hypothek getilgt oder übergegangen ist und warum sie gelöscht werden soll, wenn die formgerechte Löschungsbewilligung des eingetragenen Gläubigers (bei Briefhypotheken unter Beachtung der §§ 1177, 1154 BGB) und die Zustimmung (der Löschungsantrag) des Eigentümers vorliegen, **BayObLG** 19, 292; dazu *BGB-RGRK* BGB § 1143 Bem 8ff., § 1144 Bem 7ff., *Güthe* GBO § 27 Bem 10, 16, *Staudinger-Scherübl* BGB § 1144 Bem 2ff. Dies gilt besonders dann, wenn der Gläubiger eine reine Löschungsbewilligung (ohne Quittung) abgibt. Wenn aber aus der mitvorgelegten Erklärung des Gläubigers, insbes aus der Quittung, zu ersehen ist, daß ihm die Hypothek nicht mehr zusteht (zB wegen Befriedigung), so muß zur Quittung die Löschungsbewilligung des neuen (nicht eingetragenen) Gläubigers hinzukommen; dazu auch *Bem 27*. Wird eine ganz oder teilweise getilgte, im GB noch nicht gelöschte Hypothek zur Sicherung für einen Kredit abgetreten, so kann der Hypothekenschuldner, auch wenn der Geldgeber die Hypothek gutgläubig erworben hat, ihn über die erfolgte Tilgung aufklären, um sich vor Schaden zu bewahren, **BGH** MDR 1958, 335 = BB 1958, 249 = LM § 824 BGB Nr 3.

Die **löschungsfähige Quittung** ist keine Löschungsbewilligung; dazu **RG** HRR 1931 Nr 1643, **OLG München** JFG 21, 81, *Hesse-Saage-Fischer* GBO § 27 Bem V 2, *Horber* GBO § 27 Bem 4 (B), auch Erteilung von löschungsfähigen Quittungen bzw Löschungsbewilligungen durch das FA BlGBW 1962, 271. Sie muß ersehen lassen, wer den Gläubiger bezahlt hat und gegebenenfalls, für wessen Rechnung die Zahlung erfolgt ist, **RG** RGZ 73, 174, **KG** KGJ 40, 294, OLG 8, 141/35, 8, DNotV 1932, 113, **BayObLG** 19, 292, **OLG Hamm** und **OLG Köln** aaO *Bem 27*, **SchlHOLG** MDR 1949, 682 = DRspr IV (473) 13e, *Güthe* GBO § 22 Bem 43, § 27 Bem 43, *Hesse-Saage-Fischer* GBO § 27 Bem V, 2, *Horber* GBO § 27 Bem 4 (B), *Ricks* GBPraxis 231, *Thieme* GBO § 27 Bem 4; dazu auch *Bem 27*, § 22 Bem 26. Bei einer für Gesamtgläubiger bestellten Hypothek genügt die löschungsfähige Quittung nur eines der Gesamtgläubiger, **KG** Rpfleger 1965, 366 = BWNotZ 1966, 110 Ls. Das GBA kann die namentliche Bezeichnung der Person des Zahlenden und gegebenenfalls des Zeitpunkts der Zahlung nicht unterschiedslos in jedem Falle verlangen, sondern nur, wenn nach Lage der Sache diese Angaben zur Behebung von Zweifeln über die Person des Verfügungsberechtigten erforderlich sind; dazu **Celle** DNotZ 1955, 317 (*Fritz Riedel*) = DRspr IV (473) 32d. Bei einer Höchstbetragshypothek (dazu *§ 3 Bem 343*) muß sich aus der Quittung ergeben, in welchem Umfang die Forderung entstanden ist, **OLG Dresden** OLG 41, 184. Im Falle des § 1163 Abs 1 S 2 mit § 1143 BGB, nämlich bei Übergang der Hypothek auf den

Eigentümer, ist daher die Löschungsbewilligung vom Eigentümer abzugeben. Es genügt hierzu ein Löschungsantrag; denn die Urkunde, die den Übergang der Hypothek auf den Eigentümer nachweist, ersetzt nicht die Löschungsbewilligung, sondern liefert nur den Nachweis für die Berechtigung des Eigentümers zur Abgabe der Löschungsbewilligung, **KG** JFG 3, 379. Neben der Löschungsbewilligung des Eigentümers ist nur die Quittung des eingetragenen Gläubigers erforderlich; dessen Löschungsbewilligung ist überflüssig, **KG** OLG 14, 132/35, 8; dies gilt auch, wenn der Eigentümer für den Schuldner zahlt, **RG** RGZ 80, 319. Bei einer Grundschuld bleibt der eingetragene Gläubiger, der sich für befriedigt erklärt hat, zur Bewilligung der Löschung berechtigt, wenn die Befriedigung (wie es in der Regel der Fall ist) nicht wegen der Grundschuld, sondern wegen der durch sie gesicherten persönlichen Forderung erfolgt ist, **KG** JFG 17, 201 = DNotZ 1938, 678. Über Löschungsbewilligung durch einen Bevollmächtigten und § 181 BGB **KG** JW 1937, 1401 = DFG 1937, 89, bez Kapital, nicht bez Zinsen *Ottow* Rechtfertigt die Vorlage einer löschungsfähigen Quittung über die Rückzahlung nur des verzinslichen Hypotheken-Kapitals den Löschungsantrag des GrstEigentümers? JR 1956, 412, wonach empfohlen wird, daß nach Rückzahlung des Kapitals wenn die rückständigen Zinsen weiter gesichert sein sollen, in das GB einzutragen ist: *Gelöscht mit Ausnahme der zugehörigen rückständigen Zinsen.*

**30** b) Ist die **Befriedigung** des Hypothekengläubigers **durch** den **persönlich haftenden Voreigentümer** erfolgt, so muß der Voreigentümer die Löschung bewilligen, wenn nicht nachgewiesen wird, daß er keinen Ersatzanspruch gegen den eingetragenen Eigentümer hat (§ 1146 BGB), und zwar ist die Bewilligung neben der Zustimmungserklärung des eingetragenen Gläubigers erforderlich; außerdem muß vorher die Umschreibung der Hypothek auf den Voreigentümer als Hypothekengläubiger nach § 39 herbeigeführt werden. Über den Fall, daß der Voreigentümer sich verpflichtet, die Hypothek zur Löschung zu bringen, *Bem 18.* Wird die Hypothekenforderung zwischen Auflassung und Eintragung des Eigentumswechsels von dem Erwerber bezahlt, so erwirbt die Eigentümergrundschuld der Veräußerer, da diese stets demjenigen zufällt, der im Zeitpunkt des Erlöschens der Forderung Eigentümer ist, **RG** RGZ 55, 220, HRR 1934 Nr 813, *BGB-RGRK* BGB § 1163 Bem 15, *Güthe* GBO § 22 Bem 15, **aA** (überholt) **KG** KGJ 28, 122.

Besondere Schwierigkeiten bez der Zustimmung des Voreigentümers können sich bei der Löschung von **Tilgungshypotheken** ergeben; diese werden am zweckmäßigsten dadurch beseitigt, daß der veräußernde Eigentümer seine Teilhypothek auf den Erwerber überträgt; dazu *Staudinger-Scherübl* BGB § 1178 Bem 3 ff. Zur Frage der Eigentümerhypothek bei solchen Hypotheken **RG** RGZ 54, 92/104, 68/142, 159, **KG** KGJ 53, 181, *Güthe* GBO 1734 „Amortisationshypothek" (1735), *Lange-Recke* JW 1938, 2174, 2175, *Müller* DJ 1940, 870, *Staudinger-Scherübl* BGB § 1163 Bem 29*b*, 34 ff., § 1178 Bem 3 ff.

**31** c) Erfolgt die **Befriedigung durch** einen **Dritten** — auch den Voreigentümer, wenn er nicht mehr persönlicher Schuldner ist — so geht die Hypothek (als Grundschuld) auf den eingetragenen Eigentümer über, § 1163 Abs 1 S 2 BGB; es genügt also dessen Löschungsbewilligung. Ausgenommen sind die Fälle der Befriedigung durch einen Ablösungsberechtigten (§§ 1150, 268 BGB), Bürgen oder Mitbürgen (§§ 1153, 774 BGB) oder Versicherer (§ 102 S 1 VVG (VersicherungsvertragsG), in denen diese die Löschung bewilligen müssen; auch hier ist die vorherige Umschreibung der Hypothek nach § 39 erforderlich.

Der GBBeamte muß im Zweifel stets damit rechnen, daß der Zahlende persönlicher Schuldner ist und einen Ersatzanspruch hat, also die Hypothek auf ihn übergegangen ist (§ 1164 BGB); daher muß er im Zweifel die Bewilligung des Zahlenden verlangen, *Güthe* GBO Bem 17, 18.

d) Bei **Tilgung** der Hypothek **durch** einen **Miteigentümer** des belasteten Grst ist die Löschungsbewilligung aller Miteigentümer erforderlich. Eine Ausnahme gilt nur, wenn in der Form des § 29 nachgewiesen wird, daß der Miteigentümer im eigenen Namen und aus eigenen Mitteln Zahlung geleistet und dadurch die Hypothek (mit der Forderung im Falle des §§ 1143, 1153 BGB) erworben hat; hier haben die übrigen Miteigentümer der Löschung nur zuzustimmen. Dasselbe gilt, wenn bei ungeteilter Erbengemeinschaft ein Miterbe die Hypothek an einem Nachlaßgrst im eigenen Namen und mit eigenen Mitteln bezahlt hat. Dazu **BayObLG** 23, 50, *BGB-RGRK* BGB § 1143 Bem 2ff., § 1163 Bem 5ff., § 1173 Bem 2ff., *Staudinger-Scherübl* BGB § 173 Bem 1ff. **32**

e) Zur Löschung des Anteils eines Berechtigten an einer mehreren in **Bruchteilsgemeinschaft** zustehenden Hypothek bedarf es nicht der Zustimmung der anderen Teilhaber, **KG** JFG 5, 362, **aA** *Güthe* GBO 1839 „Gemeinschaft" (1841 unter 2b). Die Löschung kann nur in der Weise erfolgen, daß ein dem Bruchteil entsprechender summenmäßiger Teilbetrag der Hypothek gelöscht wird. **33**

f) Ist die **Hypothekenforderung gepfändet** (dazu *Stöber* Forderungspfändung 419ff.), so ist, wenn sie dem Pfandgläubiger **an Zahlungs Statt überwiesen** und von ihm eingezogen wurde, dessen Löschungsbewilligung erforderlich und genügend. Ist sie **zur Einziehung überwiesen**, so ist zwar der Pfändungsgläubiger zur Erteilung der reinen Löschungsbewilligung nicht berechtigt (**KG** OLG 8, 209/41, 179), die von ihm erteilte löschungsfähige Quittung (dazu *Bem 29*) liefert aber den Nachweis der Unrichtigkeit des GB, so daß die Löschung auf Grund der Bewilligung desjenigen erfolgen kann, auf den durch die Zahlung die Hypothek übergegangen ist, in der Regel also auf Bewilligung des Eigentümers, **KG** OLG 41, 169, **BayObLG** 13, 63/19, 22, *Güthe* GBO § 19 Bem 132. Ist der Eigentümer der Einziehungsberechtigte, so ersetzt dessen Erklärung, daß er im Wege der Verrechnung befriedigt sei, die Löschungsbewilligung, **KG** OLG 41, 179. Die Einziehungsbefugnis des Pfändungsgläubigers ist dem GBA nachzuweisen, und zwar durch Vorlage des Überweisungsbeschlusses (§ 837 Abs 1 S 1 ZPO). Die Zustimmung des Vollstreckungsschuldners (des Hypothekengläubigers) ist zur Löschung nicht erforderlich, **KG** OLG 3, 392. Voraussetzung der Löschung ist, daß das Pfandrecht eingetragen ist, **BayObLG** 19, 19. Auch wenn die künftige Eigentümerhypothek bzw -grundschuld wirksam gepfändet ist (dazu *§ 19 Bem 52e*), muß der Pfandgläubiger der Löschung zustimmen, **OLG Naumburg** RJA 8, 235, *Güthe* GBO § 27 Bem 17. **34**

Im Falle der anderweitigen Verwertung (§§ 844, 857 Abs 6 ZPO) ist zu verfahren, wie wenn die Hypothek usw abgetreten wäre; dies gilt auch für die Überweisung an Zahlungs Statt. Dazu *Bem 29*.

Der Gläubiger eines GrstEigentümers, der auf Grund eines Pfändungs- und Überweisungsbeschlusses bez einer von einem Dritten **teilweise getilgten Sicherungsgrundschuld** die Herstellung eines Teilgrundschuldbriefs beantragt, muß darlegen, daß die Grundschuld übergangen ist, **OLG Saarbrücken** OLGZ 1967, 102; dazu auch *Bem 38*. Pfändet das FA wegen **rückständiger Steuern** eine Buchgrundschuld und wird die Pfändung in das GB eingetragen, so ist für eine auf Löschung des Pfändungsvermerks gerichtete Klage des Grundschuldgläubigers, die auf die Nichtentstehung oder Tilgung der Steuerschuld gestützt ist, der Rechtsweg zu den ordentlichen Gerichten nicht gegeben, **BGH** WM 1967, 124 = BWNotZ 1967, 84 Ls.

g) Auch im Falle der **Verpfändung der Hypothek** usw ist der Pfandgläubiger zur Einziehung und Quittungsleistung berechtigt, wenn seine Forderung fällig ist, §§ 1282, 1288 Abs 2 BGB; dazu **KG** KGJ 34, 310, *BGB-RGRK* BGB § 1144 Bem 3ff. Der Eigentümer, der nach Zahlung die Löschung der auf ihn übergegangenen Hypothek beantragt, hat neben der löschungsfähigen Quittung (dazu *Bem 29*) den Nachweis der Fälligkeit der Forderung des Pfandgläubigers zu erbringen. Ob hierzu die Vorlage eines **35** vollstreckbaren Urteils genügt, ist Tatfrage. Mit der Einziehung der Hypothekenforderung durch den Erstpfänder erlöschen auch die nachfolgenden Pfandrechte, soweit ersterem der eingezogene Betrag gebührt. Ist die Einziehungsberechtigung des Erstpfänders nicht genügend nachgewiesen, so bedarf es zur Löschung auch der Zustimmung der nachstehenden Pfandgläubiger **BayObLG** 13, 63; dazu *Bem 37*.

**36** h) Soll eine **Briefhypothek** gelöscht werden, die mangels Aushändigung des Briefs noch dem Eigentümer zusteht (§ 1117 Abs 1 BGB), so ist zur Löschung entweder die Bewilligung des eingetragenen Gläubigers oder seine in der Form des § 29 zu erbringende Erklärung erforderlich, daß ihm der Brief nicht übergeben worden sei und ihm deshalb die Hypothek nicht zustehe; dies gilt mit Rücksicht auf § 1117 Abs 2 BGB auch dann, wenn der Brief vom GBA noch nicht ausgestellt ist, **KG** OLG 3, 362, **BayObLG** SeuffBl 72, 301, *BGB-RGRK* BGB § 1117 Bem 1 ff., *Güthe* GBO § 22 Bem 44. Die bloße Versicherung des Eigentümers, daß der Brief noch nicht ausgehändigt sei, genügt in keinem Falle.

**37** c) **Zustimmung Dritter**

Dazu *Güthe* GBO § 27 Bem 17, 18

Die Zustimmung Dritter bzw Mitbetroffener, ist erforderlich, wenn der Hypothekengläubiger **zur Verfügung** über die Hypothek **nicht** oder **nicht allein befugt** ist, zB die Zustimmung des Nacherben bei Zahlung an den Vorerben, **KG** OLG 40, 126, RJA 16, 119, auch **RG** RGZ 69, 258/102, 332. Dasselbe gilt bei **Belastung** einer Hypothek mit einem Pfandrecht oder Nießbrauch, § 876 BGB, § 19 GBO. Die Zustimmung desjenigen, dem ein Recht an der zu löschenden Hypothek zusteht, ist bei Nachweis der Unrichtigkeit des GB entbehrlich, da § 27 Abs 2 aF nicht mehr gilt; dazu *Bem 1, 2, 25*. Über Einziehung der gepfändeten oder verpfändeten Hypothekenforderung *Bem 34, 35*.

Die Löschung eines Rechts, bei dem eine Vormerkung oder ein Widerspruch eingetragen ist, bedarf der Zustimmung dessen, zu dessen Gunsten die Vormerkung bzw der Widerspruch besteht, **KG** JFG 9, 218; dazu *§ 25 Bem 10, 15*.

**38** d) **Vorlage des Hypothekenbriefs ua**

Dazu *Güthe* GBO § 27 Bem 20, *Horber* GBO § 27 Bem 4 (D), *Thieme* GBO § 27 Bem 4

Die Vorlage des Hypothekenbriefs oder der anderen in §§ 41 bis 43 bezeichneten Urkunden ist erforderlich. Die Briefvorlage erübrigt sich, wenn der Brief durch ein Versehen des GBA schon früher unbrauchbar gemacht worden ist, **KG** KGJ 40, 265. Zur Pfändung einer teilweise getilgten Briefgrundschuld *Bem 34*, zur Herstellung eines Teilhypothekenbriefs § 61.

**39** e) **Voreintragung des Eigentümers ua**

Dazu *Güthe* GBO § 27 Bem 19, *Horber* GBO § 27 Bem 4 (C), *Thieme* GBO § 27 Bem 4

Ob der **Eigentümer** im GB eingetragen sein muß, richtet sich nach §§ 39, 40. Dasselbe gilt von der Voreintragung des **Gläubigers**.

Auch wenn aus der Quittung hervorgeht, daß die Hypothek auf den eingetragenen Eigentümer übergegangen ist, ist dessen vorherige Eintragung als Hypothekengläubiger nicht erforderlich, außer wenn die Hypothek nicht auf den Eigentümer allein, sondern auch auf andere Personen übergegangen ist, wie es insbes bei der Gesamthypothek möglich ist, § 1172 Abs 1, §§ 1174, 1175 Abs 1 S 1 BGB. Weitere Beispiele *Bem 15, 30, 31, 42*.

Über **Voreintragung des Umstellungsbetrags** bei umgestellten Grundpfandrechten *§ 39 Bem 27ff.*, im übrigen zur Eintragung bei Währungsumstellung *§ 22 Bem 45cff.*

## 2. Eintragung im GB 40

Dazu *Güthe* GBO § 27 Bem 21, *Horber* GBO § 27 Bem 5

Die Löschung wird in der Weise vollzogen, daß ein Löschungsvermerk eingetragen und die gelöschte Eintragung rot unterstrichen wird; dazu *§ 3 Bem 268, 269, § 46 Bem 4ff.* Über Eintragung des Verzichts nach § 1168 BGB *§ 3 Bem 238d.*

Der bereits bei Eintragung eines Grundpfandrechts gestellte Antrag auf *demnächstige Löschung jeder Eigentümergrundschuld* ist unzulässig, **OLG Hamm** JMBlNRW 1956, 80. Davon zu unterscheiden ist die Löschungsvormerkung nach § 1179 BGB; dazu *§ 25 Bem 13.*

Wenn die Löschung eines Grundpfandrechts an einem bezeichneten Grst *und allerorts* im GB bewilligt, so kann das GBA verlangen, daß auch die mitbelasteten Grst, an denen das **Gesamtrecht** (dazu *Bem 7*) ebenfalls gelöscht werden soll, entweder nach dem amtlichen Liegenschaftsverzeichnis oder nach GBBand, GBBlatt und lfd Nr des Bestandsverzeichnisses bezeichnet werden; dies gilt grundsätzlich auch dann, wenn der Mitbelastungsvermerk auf dem in der Löschungsbewilligung bezeichneten GBBlatt richtig eingetragen ist, **BayObLG** BayObLGZ 1961, 103 = DNotZ 1961, 591 (*Hieber* aaO 576 ablehnend) = Rpfleger 1962, 20 (*Haegele*) = MDR 1961, 609 Ls = BWNotZ 1961, 236 Ls = DRspr IV (473) 70d. Freilich muß auf Grund der eingereichten Erklärungen und vor allem der Löschungsbewilligung ersichtlich oder erkennbar sein, worauf sie sich bezieht, wenn die Ausdrucksweise *von der Löschung an allen Stellen des GB* gebraucht wird, wie aus § 28 zu folgern ist, da andernfalls die Löschungsbewilligung zu unklar wäre und auch dem GBA eine Verantwortung auferlegt würde, die leicht zu Haftungen führen könnte; dazu **OLG Neustadt** Rpfleger 1962, 345 (*Haegele*), wonach mindestens ein Hinweis auf das Bestehen eines Gesamtrechts und auf eingetragene Mithaftvermerke, § 46, erforderlich gehalten wird. Dazu auch *§ 28 Bem 5, 6.*

In einem **ZwVerstVerfahren** ist bei der Feststellung des geringsten Gebots ein noch im GB eingetragenes Recht nicht zu berücksichtigen, wenn sein Erlöschen objektiv, also materiell-rechtlich, feststeht; ein Löschungs- oder Berichtigungsantrag braucht nicht gestellt zu sein, **OLG Hamm** JMBlNRW 1966, 226 = OLBZ 1967, 57.

## 3. Kosten 41

Dazu *Hesse-Saage-Fischer* GBO § 27 Bem VI, *Horber* GBO § 27 Bem 6

Maßgebend für die Gebühren bei dem GBA ist § 68 KostO (*Anh*). Für die **Löschung** wird ½ der für die Eintragung bestimmten Gebühr erhoben; für die **Entlassung aus der Mithaft** wird ½ der Gebühr erhoben, die für die Eintragung der Einbeziehung in die Mithaft zu erheben sein würde. Mindestens wird ¼ der vollen Gebühr erhoben. Voraussetzung ist, daß die Löschung durch Eintragung eines Löschungsvermerks erfolgt. Deshalb ist bei **pfandfreier Abschreibung** keine Löschungsbebühr zu erheben; dies ist einhellige, heute nicht mehr bestrittene Meinung, insbes **OLG Köln** DNotZ 1959, 111 = JVBl 1959, 110 = Rpfleger 1959, 290 (*Riggers*), **LG Berlin** DNotZ 1937, 885, *Rohs-Wedewer* KostO § 68 Bem V mit Fußn 13 (mit weiteren Hinweisen), **aA** (überholt) *Prams-Bückle* DRM 1939, 423, 426.

Bevollmächtigt der GrstEigentümer, der bei einer H y p o t h e k e n b e s t e l l u n g die Verpflichtung zur Löschung von Eigentümergrundschulden übernimmt, den Hypothekengläubiger, an seiner Stelle die Löschungsanträge zu stellen, so sind Löschungsverpflichtung, Löschungsvormerkungen und Löschungsvollmacht gegenstandsgleich mit der der Hypothekenbestellung, § 44 KostO (*Anh*); dazu **OLG Neustadt** DNotZ 1965, 177. Die Einholung der Löschungsbewilligungen der Grundpfandgläubiger in Zusammenhang mit einem Kaufvertrag ist durch die Beurkundungsgebühr des Notars nach § 147 KostO (*Anh*) mit abgegolten, **OLG Hamm** Rpfleger 1965, 185 = JVBl 1965, 139 = DNotZ 1965, 766 Ls; dazu *§ 13 Vorbem 235*. Dazu auch *Gregor* Kostentragungspflicht für zur Löschung der Hypothek erforderlichen Erbschein NJW 1960, 1286.

Der **Geschäftswert** bestimmt sich, wenn der bei einem Gesamt-Grundpfandrecht vermerkte Rangvorbehalt nur auf einem Teil der belasteten Grst, gelöscht wird, nach § 30 Abs 1 KostO (*Anh*), nicht nach § 23 Abs 2, 3 aaO, **OLG Hamm** Rpfleger 1967, 84. Der Geschäftswert für die Kündigung von Hypotheken durch den Notar im Zuge einer Umschuldung ist nach § 30 KostO (*Anh*) zu ermitteln. **OLG Braunschweig** NdsRpfl 1966, 217 = Rpfleger 1967, 59 (*Rohs*).

Der **Streitwert** für einen Zivilprozeß auf Löschung einer Grundschuld wird durch den Nennbetrag der Grundschuld bestimmt, § 6 ZPO; dazu **OLG Nürnberg** JurBüro 1964, 685. Bei einer Klage auf Einwilligung in die Löschung einer Höchstbetragshypothek richtet sich der Streitwert nach der nominellen GBEintragung, **SchlHOLG** SchlHA 1964, 262.

## 42 VI. Umschreibung der Hypothek auf den Eigentümer

Zur Umschreibung genügt eine reine Löschungsbewilligung nicht; dazu **RG** RGZ 56, 327, **KG** OLG 20, 416, **OLG Jena** RJA 8, 41, *BGB-RGRK* BGB § 1144 Bem 9, *Staudinger-Scherübl* BGB § 1144 Bem 2ff. Dagegen kann auf Grund einer löschungsfähigen Quittung (dazu *Bem 29*) sowohl die Löschung als auch die Umschreibung erfolgen. Außerdem genügt zu letzterer auch eine Umschreibungsbewilligung des Gläubigers, **KG** KGJ 39, 232; sie muß aber auf Umschreibung in eine Grundschuld oder in eine Hypothek gerichtet sein und im ersteren Falle die Erklärung enthalten, daß die Forderung erloschen ist, **KG** RJA 7, 152; dazu *BGB-RGRK* aaO. Die Umschreibung auf den Eigentümer ist nach § 39 Voraussetzung für die Eintragung der Abtretung oder Umwandlung der Eigentümerhypothek oder -grundschuld, *Bem 39*. Dazu auch *§ 3 Bem 349*.

Der zahlende Eigentümer kann nach seiner Wahl entweder Quittung oder Löschungs- oder Umschreibungsbewilligung verlangen, nicht aber eines neben dem anderen, **RG** GruchBeitr 60, 318, **OLG Kassel** OLG 18, 173; dazu *Güthe* GBO § 27 Bem 10, *Staudinger-Scherübl* BGB § 1144 Bem 2ff. Dagegen kann er regelmäßig nicht Abtretung an einen Dritten verlangen, doch ist eine entsprechende vorherige Vereinbarung zulässig und eintragungsfähig; dazu *BGB-RGRK* BGB § 1144 Bem 9, 12, *Staudinger-Scherübl* BGB § 1144 Bem 15. Die Pfändung und Überweisung des dem Eigentümer zustehenden Löschungsanspruchs gewährt dem Pfändungsgläubiger nicht das Recht, von dem eingetragenen Hypothekengläubiger die Bewilligung zur Löschung der auf den Eigentümer übergegangenen Hypothek zu verlangen, **RG** RGZ 101, 231. Von der hM wird die Pfändbarkeit des Löschungsanspruchs überhaupt verneint, **KG** OLG 10, 392, **OLG Dresden** OLG 18, 235 (236); dazu *Staudinger-Seufert* BGB § 894 Bem 31, *Stein-Jonas* ZPO § 857 Bem II 8.

Für die Umschreibung ist ½ der vollen Gebühr zu erheben, § 64 Abs 1 KostO (*Anh*); dazu *§ 26 Bem 28, 29*.

## 43 VII. Unschädlichkeitszeugnis

Dazu *Brand-Schnitzler* GBSachen § 73 S 212, *Güthe* GBO prAGGBO Art 20 Bem 1ff., *Haegele* GBRecht Bem 261, *Hesse-Saage-Fischer* GBO § 19 Bem VI 2 (h), *Horber* GBO § 46

Bem 6 (b), *Krämer-Illner* GBPraxis § 233, *Pannewitz* Zum nds Ges über Unschädlichkeitszeugnisse vom 4. Juli 1961 RdL 1963, 175, *Richter* Deutsches GBRecht 103, *Ripfel* GBRecht 232ff., Das Unschädlichkeitsverfahren in Baden-Württemberg Justiz 1960, 105, *Thieme* GBO § 19 Bem 10 (1),

Kommentierungen zu Art 120 EGBGB, insbes *BGB-RGRK, Palandt, Staudinger*

Nach Art 120 Abs 1 EGBGB sind die landesrechtlichen Vorschriften unberührt gelassen, nach denen im Falle der **Veräußerung eines GrstTeils** dieser Teil **von den Belastungen des Grst befreit** wird, wenn von der zuständigen Behörde festgestellt wird, daß die Rechtsänderung für die Berechtigten unschädlich ist. Es kann also darnach eine Teilfläche eines Grst ohne Bewilligung der dinglich Berechtigten lastenfrei abgeschrieben werden, wenn ein Unschädlichkeitszeugnis dh die Feststellung der zuständigen Behörde, daß die Veräußerung für die Berechtigten unschädlich ist, in Vorlage gebracht wird. Art 120 Abs 1 EGBGB bezieht sich nur auf die materiell-rechtlichen Voraussetzungen. Soweit die gbmäßige Durchführung der lastenfreien Abschreibung in Frage steht, kommt der Vorbehalt des § 117 in Frage; dazu *§ 19 Bem 47, § 117 Bem 107.*

Nach Art 120 Abs 2 EGBGB gilt dasselbe, auch unter den gleichen Voraussetzungen

im Falle der **Teilung eines mit einer Reallast belasteten Grst**, wenn die Reallast auf die einzelnen GrstTeile verteilt wird,

im Falle der **Aufhebung eines dem jeweiligen Eigentümer eines Grst an einem anderen Grst zustehenden Rechts**, wobei die Zustimmung derjenigen nicht erforderlich ist, zu deren Gunsten das Grst des Berechtigten belastet ist,

in den Fällen des **§ 1128 BGB** (Gebäudeversicherung) und **Art 52 EGBGB** (Entschädigungsanspruch bei Enteignung) bez der Befreiung des dem Eigentümer zustehenden Entschädigungsanspruchs von dem einem Dritten an dem Anspruch zustehenden Recht.

Auch in diesem Bereich kann Landesrecht eine entsprechende Regelung treffen.

Es ist hierzu insbes auf folgende **landesrechtliche Vorschriften** hinzuweisen:

| | |
|---|---|
| **Baden-Württemberg** | Baden Art 27ff. AGBGB<br>Württemberg Art 38ff. AGBGB |
| **Bayern** | Ges betr das Unschädlichkeitszeugnis vom 15. Juni 1898 GVBl 301/14. August 1923 GVBl 280/28. April 1953 GVBl 48 = BayBS III 124; dazu **BayObLG** 31, 3, OLGZ 1952, 94, **OLG München** JFG 22, 233 (teilweise überholt durch die Gesetzesänderung von 1953), zur Neufassung des Gesetzes **BayObLG** BayObLGZ 1962, 396 = Rpfleger 1963, 87 = MittBayNotV 1965, 97 (wV *§ 8 Bem 10b*), BayObLGZ 1965, 466 = NJW 1966, 1045 = DNotZ 1966, 609 = MittBayNotV 1966, 33 = Rpfleger 1966, 355 *(Schriftl)* |
| **Braunschweig** | §§ 57ff. AGBGB |
| **Bremen** | § 23 AGBGB |
| **Hamburg** | §§ 35ff. AGBGB idF vom 1. Juli 1958 GVBl 195 = SaBl 1015 |
| **Hessen** | Art 97ff. AGBGB, Ges über Unschädlichkeitszeugnisse vom 4. November 1957 GVBl 145 = GVBl Hessen II 231—31 = SaBl 1958, 284 |
| **Lippe** | §§ 25ff. AGBGB<br>Schaumburg-Lippe § 25 AGBGB, Ges betr Erteilung von Unschädlichkeitszeugnissen vom 4. Mai 1899 |
| **Lübeck** | §§ 82ff. AGBGB |
| **Niedersachsen** | Ges über Unschädlichkeitszeugnisse vom 4. Juli 1961 GVBl 159 |

**Nordrhein-Westfalen** Ges über Unschädlichkeitszeugnisse vom 29. März 1966 GVBl 136 = SaBl 842; dazu AVJM vom 21. Juni 1966 JMBl NRW 157 Geschäftliche Behandlung der gerichtlichen Angelegenheiten nach dem Ges über Unschädlichkeitszeugnisse

**Oldenburg** §§ 7ff. AGBGB

**Preußen** Art 19, 20 AGBGB, Ges vom 3. März 1850 prGS 145, 27. Juni 1860 prGS 384, 25. März 1889 prGS 65 und vom 15. Juli 1898 prGS 226, Art 20 AGGBO; dazu auch *Palandt* BGB EG Art 120 Bem 2

**Rheinland-Pfalz** LGes über Unschädlichkeitszeugnisse vom 24. März 1965 GVBl 53 = SaBl 591; dazu AVJM vom 1. Juni 1965 JBl 115 Verfahren nach dem LGes über Unschädlichkeitszeugnisse und AVJM vom 17. August 1966 JBl 176 Geschäftliche Behandlung der gerichtlichen Angelegenheiten nach dem LGes über Unschädlichkeitszeugnisse

**Saarland** Ges über Unschädlichkeitszeugnisse; dazu Geschäftliche Behandlung der gerichtlichen Angelegenheiten nach dem Ges über Unschädlichkeitszeugnisse vom 25. Januar 1967 ABl 206 = AVJM vom 3. August 1967 JBl Saar 154

**Schleswig-Holstein** Ges über die Ausstellung von Unschädlichkeitszeugnissen durch die Katasterämter vom 19. Mai 1953 GVBl 59 = GS SchlH Nr 403 S 3.

Früheres Landesrecht hat nur noch insoweit Bedeutung, als es nicht nach Neubildung der BLänder (dazu *E 2ff.*) durch neues LRecht ersetzt wurde.

Das **Unschädlichkeitszeugnis nach Art 120 Abs 1 EGBGB**, der Regelfall der Praxis, kann nur für Teilflächen eines Grst im Rechtssinne (dazu *§ 3 Bem 4*) erteilt werden. **Teilflächen** sind auch einzelne nach § 890 Abs 1 BGB vereinigte Grste oder einzelne nach § 890 Abs 2 BGB als Bestandteile zugeschriebene Grste, **BayObLG** 31, 3, BayNotV 1932, 470. Dagegen genügt nicht eine nach § 4 erfolgte Zusammenschreibung, **OLG München** JFG 8, 206; dazu *Brand-Schnitzler* GBSachen § 73 S 212. Ganze, also gbrechtlich selbständige Grste können auf Grund eines Unschädlichkeitszeugnisses dann lastenfrei abgeschrieben werden, wenn sie sich wirtschaftlich als Grstteile darstellen, wenn also die Belastungen, von denen sie befreit werden sollen, auch noch auf anderen Grst desselben Eigentümers eingetragen sind, also Gesamtbelastung vorliegt, **BGH** BGHZ 18, 296 = NJW 1955, 1878 = Rpfleger 1955, 348 = MDR 1956, 287 (*Thieme*) = DNotZ 1956, 36 = LM § 39 GBO Nr 3, Art 120 EGBGB Nr 1 Ls, **KG** JFG 17, 266 = DJ 1938, 910 (unter Aufgabe von KGJ 44, 226). Für ideelle Miteigentumsanteile gilt dies entsprechend, **BayObLG** BayObLGZ 1965, 466 (wV aaO), ebenso für das Erbbaurecht, **BayObLG** BayObLGZ 1962, 396 (wV aaO), **LG Lübeck** SchlHA 1965, 216.

Die **Belastung** auf dem GrstTeil muß unschädlich sein; zum Merkmal der Geringfügigkeit **LG Lüneburg** NdsRpfl 1965, 43, wonach dieser Begriff eng auszulegen ist. Auf ein mit dem Eigentum verbundenes subjektiv-dingliches Recht erstreckt sich die Wirkung des Unschädlichkeitszeugnisses nicht, **OLG Hamburg** ZBlFG 6, 904 Nr 927, *Güthe* GBO prAGGBO Art 20 Bem 3. Die lastenfreie Abschreibung bezieht sich nur auf im GB eingetragene, nicht auf außerhalb des GB bestehende Belastungen, **OLG München** JFG 14, 317, **KG** KGJ 31, 281, *Brand-Schnitzler* aaO, **aA** (zu Unrecht) **LG Hildesheim** NdsRpfl 1962, 176, wonach Belastungen auch nicht eingetragene dingliche private GrstRechte sind. Auf Grund eines Unschädlichkeitszeugnisses können nicht Verfügungsbeschränkungen **KG** KGJ 42, 199, oder Rechte, auf die sich das Zeugnis nicht bezieht, wie zB öffentliche GrstLasten, gelöscht werden. Auch der ZwVerstVermerk kann nicht auf Grund eines Unschädlichkeitszeugnisses gelöscht werden; hierzu bedarf es auch in diesem Falle eines Ersuchens des Vollstreckungsgerichts, **KG** HRR 1934 Nr 201. Zu den Voraussetzungen für die Erteilung eines Unschädlichkeitszeugnisses bei Teilveräußerung von mit Wegerechten belasteten Grsten **LG Hof** Rpfleger 1964, 22 (*Haegele*); mit Recht weist *Haegele* aaO darauf hin, daß in komplizierten Fällen die Beibringung einer rechtsgeschäftlichen Freigabeerklärung der Berechtigten nicht schwieriger und kaum taurer kommt, vor allem, wenn im Verfahren wegen des Unschädlichkeitszeugnisses ein Sachverständiger gehört werden muß.

Das Unschädlichkeitszeugnis **ersetzt die Bewilligung aller Berechtigten**, also nicht nur des Inhabers des Rechts selbst, sondern auch derjenigen, zugunsten derer das betroffene Recht belastet ist, also des Pfandgläubigers und des Nießbrauchers. Auch der Bewilligung derjenigen Betroffenen, deren Rechte erst nach Ausstellung des Zeugnisses eingetragen worden sind, bedarf es nicht, **KG** OLG 45, 241, KGJ 41, 199. Der Eintragungsantrag wird durch das Zeugnis nicht ersetzt.

Ein Unschädlichkeitszeugnis darf nicht unter einer Bedingung erteilt werden; doch ist, wenn dies trotzdem geschieht, ein nachträglicher Nachweis des Eintritts der Bedingung, ebenso wie bei der Eintragungsbewilligung (dazu *§ 19 Bem 23*) zulässig, **KG** KGJ 1, 118. Der GBBeamte ist nicht befugt nachzuprüfen, ob die Voraussetzungen für die Ausstellung des Zeugnisses gegeben sind, **RG** RGZ 29, 249, **KG** OLG 45, 241, HRR 1933 Nr 1452.

## VIII. Verletzungen des § 27 44

Dazu *Güthe* GBO § 27 Bem 1, *Thieme* GBO § 27 Bem 1

§ 27 ist eine **Ordnungsvorschrift**.

Die der GBBerichtigung dienende Löschung ist daher auch dann gültig, wenn die Zustimmungserklärung fehlt; soweit jedoch zum Erlöschen der Hypothek usw nach materiellem Recht die Zustimmung des Eigentümers erforderlich ist dh im Falle der rechtsgeschäftlichen Aufhebung des Rechts (§ 1183 BGB), entbehrt die Löschung der materiellen Wirksamkeit, wenn nicht die Zustimmung wenigstens formlos erteilt ist oder nachträglich erteilt wird. Das Recht selbst bleibt sonst außerhalb des GB bestehen, **RG** RGZ 62, 100/73, 174/82, 22. Es kann die Wiedereintragung im Wege der GBBerichtigung verlangt werden, und zwar mit dem alten Rang, soweit das Recht nicht nach § 892 BGB durch gutgläubigen Erwerb überhaupt untergegangen ist oder einem gutgläubig erworbenen Recht im Range weichen muß; dazu *BGB-RGRK* BGB § 875 Bem 21 ff., *Güthe* GBO § 27 Bem 10, § 46 Bem 9, *Staudinger-Seufert/Scherübl* BGB § 875 Bem 7, § 1183 Bem 12.

Die Verletzung des § 27 erfordert auch die Eintragung eines Amtswiderspruchs nach § 53, wenn glaubhaft erscheint, daß das GB durch die Löschung unrichtig geworden ist dh daß die nach dem materiellen Recht erforderliche Zustimmung überhaupt fehlt.

Wenn auch § 27 eine Ordnungsvorschrift ist, so hat sie das GBA doch zu beachten, da bei Nichteinhaltung eine Amtspflichtverletzung vorliegen kann; dazu *§ 2 Bem 147*.

## § 28

(Bezeichnung des Grundstücks und Angabe der Geldbeträge)

**In der Eintragungsbewilligung oder, wenn eine solche nicht erforderlich ist, in dem Eintragungsantrag ist das Grundstück übereinstimmend mit dem Grundbuch oder durch Hinweis auf das Grundbuchblatt zu bezeichnen. Einzutragende Geldbeträge sind in** *Reichs***währung anzugeben.**

**Übersicht:**



1

## I. Zweck der Vorschrift

Dazu *Güthe* GBO § 28 Bem 1, 2, *Haegele* GBRecht Bem 55, 1806, 1870, *Hesse-Saage-Fischer* GBO § 28 Bem I, II, *Horber* GBO § 28 Bem 1, 2, *Krämer-Illner* GBPraxis § 122, *Thieme* GBO § 28 Bem 1, 2

§ 28 S 1 will die **notwendige Bestimmtheit** des Inhalts der Eintragungserklärungen herbeiführen und die Eintragung bei dem richtigen Grst sichern, somit die Führung des GB erleichtern. Auch S 2 dient der Bestimmtheit der Eintragung, und zwar bez des Betrags der einzutragenden Forderung ua.

§ 28 dient der Durchführung des Spezialitäts-Grundsatzes (dazu *E 12*), wie auch in den Motiven des Gesetzes angenommen wurde. *Güthe* GBO § 28 Bem 2 vertritt bez des § 28 S 1 einen abweichenden Standpunkt, da durch diesen Satz nur der Inhalt der Eintragungsbewilligung, nicht der Eintragung selbst geregelt sei. Es wird aber gleichzeitig zugegeben, daß § 28 S 2 eine Beziehung zum GB hergestellt wird, und daraus gefolgert, daß eine allzu wörtliche Auslegung von S 1 aaO dem Sinn des § 28 nicht entspricht, **KG** RJA 17, 346, *Güthe* aaO. So haben die von *Güthe* aaO erhobenen Einwendungen mehr theoretische wie praktische Bedeutung.

Abgesehen von § 28 enthält die GBO keine weiteren Vorschriften über den Inhalt der **Eintragungsbewilligung**. Der Inhalt der **Eintragung** wird durch das materielle Recht und durch die §§ 44 bis 53 bestimmt. Die Eintragungsbewilligung darf über den Inhalt der zu bewirkenden Eintragung keinen Zweifel lassen; andernfalls ist eine Eintragung abzulehnen. Dazu *§ 19 Bem 21ff.*

2

## II. Bezeichnung des Grundstücks — § 28 S 1

*Güthe* GBO § 28 Bem 3ff., *Haegele* GBRecht Bem 55, 1806, 1870, *Hesse-Saage-Fischer* GBO § 28 Bem III, *Horber* GBO § 28 Bem 2, 3, *Krämer-Illner* GBPraxis § 122, *Thieme* GBO § 28 Bem 3

### 1. Anwendungsbereich der Vorschrift

a) § 28 S 1 gilt für die **Eintragungsbewilligung** im weiteren Sinne (§ 19),

also auch für die Löschungs- und Berichtigungsbewilligung, für die Abtretungs- und Belastungserklärung des § 26, für Zustimmungserklärungen nach §§ 21, 22 Abs 2, § 27; dazu **KG** RJA 8, 161, OLG 40, 42, **BayObLG** BayObLGZ 1961, 103 = DNotZ 1961, 591 = Rpfleger 1962, 20 (Haegele) = DRspr IV (473) 70d, ferner

für diejenigen Erklärungen, welche die Eintragungsbewilligung **ersetzen** oder die zur Berichtigung des GB (§ 22) **erforderlich** sind, wie die in § 1155 BGB bezeichneten

Urkunden, löschungsfähige Quittungen, **KG** RJA 8, 161, Urteile nach §§ 894, 895 ZPO, einstweilige Verfügungen, Pfändungs- und Überweisungsbeschlüsse, Ersuchen von Behörden nach § 38, **KG** JFG 11, 325 (328), *Güthe* GBO § 28 Bem 5, 6, *Predari* GBO § 28 Bem 2.

§ 28 S 1 gilt auch für **behördliche Genehmigungen**, die Voraussetzung für die Vornahme der beantragten Eintragung sind; dazu *§ 18 Bem 148ff., 159ff.* Es ist jedoch auf **KG** JW 1937, 896 = HRR 1937 Nr 383 hinzuweisen, wonach (bez des WSG) ausgesprochen wird, daß eine Bezeichnung des Grst nach GB und Kataster nicht erforderlich erscheint, wenn die Genehmigungserklärung deutlich erkennen läßt, auf welchen Rechtsvorgang sie sich bezieht.

§ 28 gilt auch, gleichgültig ob eine endgültige Eintragung oder nur eine Vormerkung bzw ein Widerspruch in Frage kommt; dazu **BayObLG** BayObLGZ 1956, 408 = DRspr IV (473) 41e zu Auflassungsvormerkung für noch nicht abgeschriebenes TrennGrst auch *Bem 11.* In einer Erklärung, welche die Vereinigung oder Bestandteilszuschreibung von Grst (§§ 5, 6) zum Gegenstand hat, müssen alle beteiligten Grst nach § 28 bezeichnet sein. Über Enthaftungserklärungen *Bem 14.*

Dagegen gilt § 28 S 1 **nicht** für die nach formellem GBRecht zur Eintragung nicht erforderlichen **materiell-rechtlichen Erklärungen**, wie Schuldanerkenntnis, Kaufvertrag, Aufhebungserklärung nach § 875 BGB. Die Vorschrift ist auch nicht anzuwenden auf die durch § 20 vorgeschriebene Auflassungs- oder Einigungserklärung, da in diesen Fällen noch eine besondere Eintragungsbewilligung erforderlich ist, für die dann § 28 S 1 gilt. Dazu **BayObLG** 24, 293, BayObLGZ 1952, 24 (29), *Güthe* GBO § 28 Bem 4, *Hesse-Saage-Fischer* GBO § 28 Bem II 1, **aA** hM, insbes **KG** DNotV 1930, 483, **OLG München** JFG 15, 284; im übrigen wird zu dieser Streitfrage auf *§ 20 Bem 77* verwiesen, insbes dazu, daß die Streitfrage keine praktische Bedeutung hat, da die abgegebenen Erklärungen der Auslegung unterliegen und daher normalerweise das Ergebnis nach beiden Auffassungen dasselbe ist.

b) Die Bezeichnung des GrSt im **Eintragungsantrag** (§ 13) genügt nur dann, wenn eine Eintragungsbewilligung (dazu *Bem 2*) nicht erforderlich ist, **3**

also insbes im Falle der GBBerichtigung auf Grund nachgewiesener Unrichtigkeit nach § 22, 27, bei Eintragungen im Wege der ZwV nach §§ 837, 857, 866ff., 895, 930, 941 ZPO, §§ 883ff., 899 BGB, und in den Fällen der §§ 927, 928 BGB, bei Eintragung eines Widerspruchs nach § 1139 BGB und bei Eintragungen auf Grund des Ersuchens einer Behörde nach § 38.

Auch in diesen Fällen müssen die zur Eintragung erforderlichen Urkunden (dazu *Bem 2*) dem Erfordernis des § 28 S 1 genügen, soweit sie nicht — wie Testamente, Erbscheine oder Vollstreckungstitel nach §§ 866, 867 ZPO — in keiner Beziehung zu einem bestimmten Grst stehen; dazu *Güthe* GBO § 28 Bem 6, *Predari* GBO § 28 Bem 2.

Ist aber eine Eintragungsbewilligung erforderlich (dazu *Bem 2*), so genügt es nicht, wenn der Antrag dem § 28 S 1 entspricht. In diesen Fällen ist Ergänzung der Eintragungsbewilligung in der Form des § 29 erforderlich, **KG** OLG 40, 42, **OLG München** JFG 15, 284.

Anderseits muß, wenn eine Eintragungsbewilligung nicht notwendig ist, der Antrag dem § 28 S 1 entsprechen.

c) Auf die **Eintragung im GB** selbst bezieht sich § 28 S 1 **nicht**. **4**

### 2. Grundbuchmäßige Bezeichnung des Grundstücks **5**

#### a) Allgemeines

Gegenstand der gbmäßigen Bezeichnung ist das Grst; dazu *Bem 6*.

Die Bezeichnung hat nach Wahl des Erklärenden übereinstimmend mit dem GB oder durch Hinweis auf das GBBlatt zu erfolgen; dazu *Bem 7ff.*

Ist die nach § 28 S 1 erforderliche Bezeichnung des Grst unterblieben, so kann sie **nachgeholt** werden. Dies gilt insbes bei der Auflassung sowohl vom Veräußerer als auch vom Erwerber; dazu **BayObLG** NJW 1966, 600 (*Schmaltz* ablehnend) = DNotZ 1966, 430 = Rpfleger 1967, 177 (*Haegele* zustimmend, zu *Schmaltz* Stellung nehmend). Ebenso ist es bei Auflassung katasteramtlich noch nicht vermessener Teilflächen eines Grst, wobei Nachholung in der Form des § 29 erfolgen kann, **OLG Hamm** JMBl NRW 1958, 59 = DNotZ 1958, 643 (*Hieber* ablehnend) = Rpfleger 1958, 268 (*Haegele* zustimmend) = DRspr IV (473) 48bc, auch **OLG Hamburg** DNotZ 1951, 422.

Bei der ausreichenden gemäßigen Bezeichnung spielt die Frage der **Auslegung** der Erklärungen der Beteiligten nach §§ 133, 157 BGB und der GBEintragungen (dazu *§ 13 Vorbem 12, § 13 Bem 13, 16, § 19 Bem 22*) eine besondere Rolle, auch wenn das GBA prüft, ob die Anträge und Erklärungen ausreichend sind. Es wird dies in der Praxis der GBÄmter und der Rechtsmittelinstanzen nicht immer genügend beachtet und führt daher häufiger als nötig zu Anordnungen nach § 18 bzw zur Ablehnung von Anträgen oder Ersuchen nach § 38. Andererseits muß darauf hingewiesen werden, daß das GBA bei Antragsverfahren oder bei Erledigung von Eintragungsersuchen nach § 38 nicht ohne weiteres die Verantwortung übernimmt, wenn der Antrag oder das Ersuchen nicht den ganzen Grundbesitz oder alle Rechte umfaßt, für die man eine Eintragung begehrt, dies aber in den Erklärungen nicht zum Ausdruck bringt. Ist der Antrag oder das Ersuchen klar, wenn auch laienhafte Ausdrucksweisen gewählt sind, so ist Vollziehbarkeit gegeben. Nur wenn wirkliche Unklarheiten und Zweifel bestehen (dazu *Bem 6ff., § 27 Bem 40*), besteht für das GBA Anlaß zu einer Verfügung nach § 18 bzw Ablehnung, andernfalls die Gefahr für Amtshaftung. Denn bei Anträgen und bei Ersuchen nach § 38 hat der Antragsteller bzw die ersuchende Behörde die Verantwortung für unzureichenden Inhalt des Antrags oder Ersuchens, wenn Vollziehbarkeit besteht. Wird daher zB auf Grund einer einstweiligen Verfügung eine Eintragung an dem *Grundbesitz in N* begehrt und der Schuldner hat auch Grundbesitz in M, so geht dies zu Lasten des Antragstellers, wenn er sich darauf beschränkte; er kann auf Grund der beschränkt erlassenen einstweiligen Verfügung ohne deren Erweiterung weitere Eintragungen begehren und, wenn eine solche Ausdehnung vorgenommen wird, dann hat dieselbe keine Rückwirkung. Es kann daher auch genügen, wenn bei der Übertragung des Eigentums an mehreren Grsten auf die im *GB von ..... Blatt ..... eingetragenen Grundstücke* verwiesen wird, **aA** (zu Unrecht) **OLG Düsseldorf** JR 1950, 687 = DNotZ 1952, 35 = DRspr IV (473) 16a, da hier § 28 zu formalistisch gedeutet wird; dazu auch *Bem 6*. Die Grst-Bezeichnung bei mehreren Grsten mit den Abkürzungen *f.* (bedeutend: und folgendes) und *ff.* (und folgende) können in Zusammenhang klar sein, wenn erkennbar ist, daß es sich um eine solche Abkürzung handelt und bei den Grsten des betreffenden Grst-Eigentümers keine TeilGrste mit den Bezeichnungen *f* oder *ff* vorhanden sind. Die rein abstrakte, theoretische Möglichkeit, daß Teilflächen so bezeichnet werden können, würde allerdings nicht genügen, um einen Antrag solchen Inhalts als zu unbestimmt anzusehen und zurückzuweisen.

6 **b) Grundstück**

Dazu *Güthe* GBO § 28 Bem 7, *Hesse-Saage-Fischer* GBO § 28 Bem III 1, *Horber* GBO § 28 Bem 3 (A), *Müller* Die Bezeichnung nicht vermessener GrstTeilflächen im notariellen Veräußerungsvertrag DNotZ 1966, 77, *Staudenmaier* GrstBezeichnung in notariellen Urkunden BWNotZ 1964, 4, *Thieme* GBO § 28 Bem 3

**Gegenstand** der Bezeichnung sind:

1. Das **Grundstück**, auf dessen Blatt die Eintragung erfolgen soll. In erster Linie also das belastete oder zu belastende Grst, aber auch das herrschende Grst, **KG** RJA 8, 139, KGJ 35, 243; dazu *Güthe* GBO § 28 Bem 7, *Horber* GBO § 28 Bem 3 (Aa).

2. **Grundstücksgleiche Rechte** (dazu *§ 3 Bem 12ff.*), da sie wie Grst zu behandeln sind; dazu *Güthe* GBO § 28 Bem 7, *Horber* GBO § 28 Bem 3 (Ac).

3. Ein **Grundstücksteil,** zB wenn ein solcher veräußert oder von einem Blatt abgeschrieben und einem anderen zugeschrieben wird; dazu *Güthe* GBO § 28 Bem 7.

4. **Rechte an einem Grst** und **Rechte an GrstRechten** gehören auch hierher; dazu *Güthe* GBO § 28 Bem 7, *Horber* GBO § 28 Bem 3 (Ac).

Bezieht sich die Eintragung nicht unmittelbar auf das Grst selbst, sondern auf ein Recht an einem Grst oder auf Miteigentum, so genügt jede zweifelsfreie Angabe neben der Bezeichnung des Grst, **KG** OLG 9, 330; dazu *Güthe* GBO § 28 Bem 7.

So genügt zB die Angabe *die für X auf dem Grst Parzelle ....... eingetragene Hypothek.* Sind aber dort für X mehrere solche Rechte eingetragen, so bedarf es noch näherer Angaben, zB *Hypothek Nr ....* oder *Grundschuld zu ...... DM.* Sonst ist die Angabe, in welcher Abteilung und unter welcher Nr das Recht eingetragen ist, nicht notwendig. Es kann ferner uU genügen: *Sämtliche für mich auf Parzelle ...... eingetragenen Hypotheken* oder *Sämtliche der Hypothek Nr .... im GB von ... Bd ... Bl ... vorgehenden Rechte.* Solange aber ein, wenn auch nur entfernter Zweifel über die Identität des Rechts besteht, kann der GBBeamte die Beseitigung der Unklarheit verlangen, zB wenn eine Hypothek nach Nr und Betrag bezeichnet ist und unter der angegebenen Nr eine Hypothek mit anderem Inhalt oder eine Hypothek mit dem angegebenen Inhalt, aber unter einer anderen Nr eingetragen ist; dazu **KG** OLG 9, 330.

Handelt es sich um ein **Gesamtrecht** (zB eine Gesamthypothek), so genügt der Hinweis auf eines der GBBlätter, wenn dies genügend klar ist; dazu **KG** OLG 43, 181, **OLG Darmstadt** OLG 41, 27, *Güthe* GBO § 28 Bem 7. Bei Löschung an einem der Grst ist dieses zu bezeichnen; ist nur ein einzelnes Grst bezeichnet, so kann nicht auch auf einem mitbelasteten Grst eine Löschung vorgenommen werden; dazu **OLG München** JFG 20, 128 = DNotZ 1939, 657 = DFG 1939, 179, *Hesse-Saage-Fischer* Bem III 1. Über die Bezeichnung eines bestimmten Grst *und allerorts im GB* bei Löschung von Gesamt-Grundpfandrechten *§ 27 Bem 40.*

Sind **mehrere selbständige Grste** im GB eingetragen und ist unklar, ob sich die Eintragungsbewilligung nur auf 1 Grst oder auf alle oder auf einen Teil von ihnen bezieht, so kann diese Unklarheit nicht im Wege der Auslegung beseitigt werden, **OLG Hamm** NJW 1966, 2411. Es ist aber denkbar, daß auch in einem solchen Falle eine Auslegungsmöglichkeit besteht; dazu *Bem 5, § 18 Bem 144, § 20 Bem 50.* Nur wo die Auslegung versagt, ist von der Unbestimmtheit auszugehen; dazu *Bem 10, 11.*

### c) Art der Bezeichnung 7

Dazu *Güthe* GBO § 28 Bem 8ff., *Hesse-Saage-Fischer* GBO § 28 Bem III 2, 3, *Horber* GBO § 28 Bem 3 (B), *Thieme* GBO § 28 Bem 3

#### 1. Allgemeines

Das Gesetz läßt in § 28 S 1 zwei Möglichkeiten der Bezeichnung des Grst zu, nämlich

Bezeichnung in Übereinstimmung mit dem GB; dazu *Bem 8,*
Hinweis auf das GBBlatt; dazu *Bem 9,*
Weitere Möglichkeiten bestehen nicht; dazu *Bem 10.*

Der Erklärende hat zwischen beiden Möglichkeiten die Wahl; dazu *Bem 11.* Jedoch muß die Möglichkeit der Auslegung der Erklärungen und der GBEintragungen berücksichtigt werden; dazu *Bem 5.* Dadurch wird die scheinbare Starrheit der Vorschrift wesentlich gelockert.

8 **2. Bezeichnung in Übereinstimmung mit dem Grundbuch**

Die Bezeichnung des Grst in Übereinstimmung mit dem GB erfolgt nach Maßgabe der **Bezeichnung im amtlichen Verzeichnis** (§ 2 Abs 2; dazu *§ 2 Bem 85ff.*), also durch Bezeichnung der Gemarkung (Flur), des Kartenblatts und der Flurstücks- bzw Parzellen-Nr (des Flurstücks).

Strittig ist, ob auch die **Bestandsangaben** nach § 6 GBVfg (*GT 4*) hierher gehören, also Angaben über Größe, Wirtschaftsart und Lage des Grst ua. Man wird sie hierher rechnen; so auch *Güthe* GBO § 28 Bem 8, 10, *Hesse-Saage-Fischer* GBO § 28 Bem III 2 (a), *Thieme* GBO § 28 Bem 3, **aA** (wohl überholt) **BayObLG** 4, 232, OLG 7, 333. Diese Frage hat keine erhebliche praktische Bedeutung. Wesentlich ist, daß die Bezeichnung im Anschluß an das GB so genau ist, daß Zweifel ausgeschlossen sind, **LG Hamburg** Recht 1901 Nr 817 S 236. Sind die Angaben ausreichend, so darf nicht noch eine Ergänzung gefordert werden; dazu *Güthe* GBO § 28 Bem 8. Zu Ermittlungen ist das GBA allerdings bei Antragsverfahren nicht befugt oder verpflichtet, sondern bei Zweifel ist vom Erklärenden noch eine Ergänzung der Angaben zu verlangen; dazu *§ 18 Bem 11ff.*, sowie *Güthe* GBO § 28 Bem 8. Aufklärung von Amts wegen ist von Sonderfällen abgesehen im GBRecht nicht Sache des GBA (dazu *§ 18 Bem 82ff.*); mit Recht hält die GBO an diesem Grundsatz fest, da dadurch die Gefahr von Amtshaftung vermindert wird, wenn die Beteiligten dem GBA die erforderlichen Angaben und Unterlagen selbst beschaffen müssen.

**Irrtümliche Bezeichnung** ist unschädlich, wenn klar ist, was gemeint ist; dazu *Güthe* GBO § 28 Bem 8. Über falsche Bezeichnung des Grst bei der Auflassung *§ 20 Bem 52.*

Bestritten ist auch, ob auf den **Zeitpunkt der Eintragung** im GB oder der Beurkundung bzw der Einreichung des Antrags abzustellen ist. Dies hat Bedeutung, wenn sich zwischenzeitlich die Angaben im GB ändern. **BayObLG** 3, 1053 läßt stets den Zeitpunkt der Eintragung im GB entscheidend sein; mit Recht bezeichnet *Güthe* aaO Bem 10 diesen Standpunkt als zu starr. Es kommt auch hier darauf an, ob die Bezeichnung zweifelsfrei ist oder ob Unklarheiten bestehen. Letzterenfalls ist eine Zwischenverfügung nach § 18 zu erlassen, bevor Ablehnung des Antrags erfolgt; dazu *Bem 19.* So dürfen zur Kennzeichnung eines TrennGrst schon vor Erlaß der Ausführungsanordnung des Flurbereinigungsplans die Merkmale des künftigen Abfindungs-Grst herangezogen werden, **LG Bonn** NJW 1964, 870.

9 **3. Hinweis auf das Grundbuchblatt**

Der Hinweis auf das GBBlatt geschieht durch Anführung derjenigen **Angaben**, die nach § 5 S 1 GBVfg (*GT 4*) **in der Aufschrift des GBBlattes** angegeben sind, also durch Bezeichnung des das GB führenden GBA, des GBBezirks, des GBBandes und der GBBlattNummer, zB

*Das im GB des GBA . . . . . . . . von . . . . . Bd . . . Bl . . . eingetragene Grst . . . . . .*

Das Grst braucht nicht ausdrücklich bezeichnet zu sein; dazu *Bem 5ff.*

So genügt die Erklärung: *Ich bewillige die Löschung des für mich im GB von . . . . . Bd . . . Bl . . . Abt . . . Nr . . . eingetragenen . . . . . . zu . . . . . . DM.*

Statt der Bezeichnung des Grst (dazu *Bem 7*) genügt der Hinweis auf das GBBlatt nur dann, wenn entweder dieses nur ein Grst enthält oder die Eintragung alle auf dem Blatt verzeichneten Grste betrifft, **BayObLG** 3, 1053, Recht 1903 Nr 372 S 82; dazu *Güthe* GBO § 28 Bem 9. Stehen auf einem Blatt mehrere Grst, so müssen alle diejenigen als gemeint angesehen werden, die zZ der Bewilligung (Auflassung) auf dem genannten GBBlatt eingetragen waren, **KG** OLG 43, 182, **BayObLG** JFG 4, 371, *Güthe* aaO Bem 9; anders wenn das Grst selbst bezeichnet ist oder durch Auslegung ohne weiteres feststellbar ist, *Bem 5, 8.* Soll die Eintragung nur einzelne von mehreren auf einem GBBlatt eingetragenen Grst betreffen, so müssen die gemeinten einzelnen Grst näher bezeichnet werden, in der Regel durch Angabe des Kartenblattes und der FlurstNr bzw Parzellen-Nr. Es genügen aber auch allgemeinere Angaben, wenn der Grundbesitz erkennbar bezeichnet ist; dazu *Bem 5*, auch *Güthe* aaO Bem 9, *Predari* GBO § 28 Bem 1. So genügt zB die Angabe:

*Das im GB des GBA .... von .... Bd ... Bl ... unter Nr ... eingetragene Grst ...*

Wird ein Grst durch Hinweis auf das GBBlatt bezeichnet, so ist es unschädlich, wenn die daneben erfolgte Angabe der ParzellenNr versehentlich nicht mit der Angabe des Blattes übereinstimmt, soferne über den Gegenstand der Eintragungsbewilligung kein Zweifel besteht, **BayObLG** 10, 308, *Henle-Schmitt* GBWesen GBO § 28 Bem 4; dazu *Bem 8, 10.*

Wenn in einem notariellen Vertrag jemand seinen ganzen Grundbesitz, insbes *die im GB von ..... Bd ... Bl ... eingetragenen Grst*, übereignet, so kann dies ausreichen; dazu *Bem 5.* Wenn in der Urkunde eines Notars ein Grst genau bezeichnet ist, jedoch versehentlich die Nr des GBBlatts mit *1945* anstatt *1845* angegeben wird, so steht dies dem Vollzug im GB nicht entgegen, **aA** (zu Unrecht) **OLG Hamburg** DNotZ 1951, 422 (*Bäumler* ablehnend) = DRspr IV (473) 18cd. Dasselbe gilt von der Bezeichnung der Gläubigerin, wenn deren Mädchenname irrtümlich ohne *e* geschrieben wird, **OLG Hamburg** aaO (*Bäumler* zustimmend).

### 4. Keine weitere Möglichkeit zur Bezeichnung 10

§ 28 S 1 sieht keine weitere Bezeichnungsmöglichkeit vor; dazu *Güthe* GBO § 28 Bem 10, *Hesse-Saage-Fischer* GBO § 28 Bem III 3, *Horber* GBO § 28 Bem 3 (Bc). Andere Bezeichnungen als die in *Bem 8, 9* genannten führt § 28 S 1 nicht auf. Sie braucht das GBA nicht anzunehmen; dazu *Hesse-Saage-Fischer* GBO § 28 Bem III 2.

Andererseits dürfen aber an die Abgrenzung der Bezeichnung nach § 28 S 1 (dazu *Bem 8, 9*) keine übertriebenen Anforderungen gestellt werden, da der Zweck der Vorschrift ist, Irrtümer und Zweifel auszuschließen, **KG** HRR 1930 Nr 1507; dazu *Güthe* GBO § 28 Bem 10. Der Auslegung kommt jedoch große Bedeutung zu (dazu *Bem 5*) und eine rein formalistische Handhabung der Vorschrift kann zu Schwierigkeiten, uU Amtspflichtverletzung führen.

Man wird daher eine Bezeichnung, die außerhalb des Inhalts des § 28 S 1 in diesem weiten Sinne liegt, zurückweisen. Liegt jedoch eine teilweise unvollständige Bezeichnung nach dieser Bestimmung mit gleichzeitigen Zusätzen, die nicht durch sie gedeckt sind, vor, so wird man auf den Einzelfall abstellen müssen, inwieweit eine Ergänzung geboten ist, insbes ob eine **Zwischenverfügung** nach § 18 veranlaßt ist, *Bem 8, 9, 19.*

Wenn auch die Auslegung der Erklärungen Platz zu greifen hat, so erscheint es bedenklich wenn das **BayObLG** BayObLGZ 1952, 24 als Leitsatz den Grundsatz aufstellt: *Weicht in der Abschrift der Erbhöferolle der GrstBestand von dem Bestand nach dem GBBlatt ab, so entscheidet für den Gegenstand des schuldrechtlichen Geschäfts und der Auflassung und für die Eintragungsbewilligung die Eintragung auf dem GBBlatt.* Es kommt vielmehr auf den Einzelfall an, da ja der Parteiwille ein anderer sein kann, wenn die Beteiligten von der Erbhöferolle ausgingen und es auf die Beurkundung durch das Notariat zurückzuführen ist, daß Vorlage an das GBA in der angegebenen Unstimmigkeit der Urkunden erfolgte.

### 5. Wahl zwischen den Bezeichnungs-Möglichkeiten 11

Zwischen den beiden Arten der GrstBezeichnung (dazu *Bem 8ff.*) hat der Erklärende die Wahl. Das GBA kann nicht die eine oder die andere Art der Bezeichnung verlangen oder beide Arten nebeneinander fordern; dazu *Horber* GBO § 28 Bem 3 (Bc). Es muß allerdings die Möglichkeit der Auslegung beachten; dazu *Bem 5, 10.*

Es ist hierzu auf einige Besonderheiten hinzuweisen:

Wenn das **Grst noch nicht eingetragen** ist, weil es **bisher buchungsfrei** war oder weil **durch Teilung neue selbständige Grst entstanden** sind, so kann das Grst nur durch Angabe der FlurstückNr (ParzellenNr) bezeichnet werden, mit der es im amtlichen Verzeichnis aufgeführt ist, gegebenenfalls erst nach Berichtigung des Katasters. Dagegen kann die Auflassung wirksam schon vor der Vermessung erfolgen, wenn auch ohne letztere der Auflassungsgegenstand zweifelsfrei bezeichnet werden kann, **BayObLG** 3, 1055/10, 41/24, 293. Dem § 28 S 1 ist hierbei genügt, wenn die Eintragungsbewilligung in einer vor der Vermessung aufgenommenen Urkunde enthalten ist und in der Urkunde über die Anerkennung des Messungsergebnisses auf die Eintragungsbewilligung Bezug genommen ist, **BayObLG** 24, 293. Zum Dissens bei unrichtiger Flächenangabe in einem Grst Kaufvertrag **BGH** MDR 1967, 477 = DB 1967, 724 = BWNotZ 1967, 144 Ls.

Dasselbe gilt im Falle der **Abschreibung** (§ 7 Abs 1) bez des abzuschreibenden Grst oder GrstTeils. Dabei muß § 28 S 1 auch auf Enthaftungserklärungen, die mit der Eintragungsbewilligung in Zusammenhang stehen, entsprechend angewendet werden, so daß der GrstTeil, der aus dem Pfandverband entlassen werden soll, iSd § 28 S 1 bestimmt bezeichnet werden muß. Eine allgemein gehaltene Pfandfreigabeerklärung genügt nicht, **BayObLG** 25, 293. Doch reicht für eine Enthaftungserklärung, die im voraus in Bezug auf alle künftig von einem Grst abzuschreibenden Trennstücke erteilt wird, die Angabe des GBBlattes des Stammgrst aus, **KG** JW 1937, 479 = HRR 1937 Nr 466. Zur katastermäßigen Bezeichnung des Grst bei Abschreibung eines Teils *§ 7 Bem 27*, *§ 25 Bem 29*. Eine Verurteilung zur Auflassung eines TeilGrst und zur entsprechenden Eintragungsbewilligung ist vor grblich vollzogener Teilung unstatthaft, **BGH** DNotZ 1963, 226.

Soll ein GrstTeil mit einer **Vormerkung**, insbes einer Auflassungsvormerkung, belastet werden, so genügt es, wenn die betreffende Fläche in der Eintragungsbewilligung so genau angegeben ist, daß sich ihre Lage und Größe in einer dem Verkehrsbedürfnis entsprechenden Weise ergeben und ein Zweifel ausgeschlossen erscheint; dazu **RG** GruchBeitr 62, 117, **KG** OLG 34, 228/44, 135, DNotV 1930, 485, **OLG Dresden** OLG 5, 425, *Güthe* GBO § 7 Bem 12, auch *Bem 2*. Ist dies der Fall, so kann die Eintragung nicht davon abhängig gemacht werden, daß der GrstTeil vorher mit einer eigenen ParzellenNr versehen wird; dazu *§ 7 Bem 55*.

## 12 III. Angabe der einzutragenden Geldbeträge — § 28 S 2

Dazu *Güthe* GBO § 28 Bem 11ff., *Haegele* GBRecht Bem 820, *Hesse-Saage-Fischer* GBO § 28 Bem IV, V, *Horber* GBO § 28 Bem 4ff., *Krämer-Illner* GBPraxis § 234, *Ripfel* GBRecht 40, *Thieme* GBO § 28 Bem 4

### 1. Anwendungsbereich der Vorschrift

a) § 28 S 2 gilt im Gegensatz zu § 28 S 1 (dazu *Bem 2ff.*) nicht nur für die **Eintragungsbewilligung** oder den **Eintragungsantrag** und die ihnen gleich zu behandelnden **Urkunden**, sondern auch für die **Eintragung** selbst; dazu *Hesse-Saage-Fischer* GBO § 28 Bem IV 1.

b) Die Vorschrift ist für **alle einzutragenden Geldbeträge** anzuwenden; dazu *Güthe* GBO § 28 Bem 11, *Hesse-Saage-Fischer* aaO Bem IV 1, *Horber* GBO § 28 Bem 4 (a), *Thieme* GBO § 28 Bem 4, auch *§ 3 Bem 324*,

also insbes für Haupt- und Nebenleistungen,

für die Geldbeträge bei der Eintragung von Hypotheken, Grund- und Rentenschulden, von auf Geldzahlung gerichteten Reallasten (§ 1105 BGB), ferner für den Höchstbetrag, der bei Dienstbarkeiten, Vorkaufsrechten, Erbbaurechten, nicht ablösbaren Reallasten, Nutzungsrechten im Falle des Erlöschens in der ZwVerst als Ersatz zu zahlen ist (§ 882 BGB, § 92 ZVG), weiter für die Ablösungssumme der Rentenschuld (§ 1199 Abs 2 BGB) usw.

### 2. Angabe in der jeweiligen Währung 13

#### a) Allgemeines

**Geldbeträge** müssen stets in einer **bestimmten Summe** angegeben werden, **RG** RGZ 108, 148; dazu *Bem 18, § 3 Bem 324, § 56 Bem 5.*

Der Gesetzestext spricht von **Reichswährung**. Darunter ist die **jeweilige Währung** zu verstehen, **KG** OLG 2, 364, KGJ 21, 322; dazu *Horber* GBO § 28 Bem 4 (b), *Staudinger-Scherübl* BGB § 1113 Einl Bem 204, *Thieme* GBO § 28 Bem 4. Nunmehr ist daher die Bundeswährung maßgebend; dazu *§ 3 Bem 264.* Sie gilt im gesamten Bundesgebiet; dazu *E 2ff.*

#### b) Zur Entwicklung der Währung 14

Dazu *Güthe* GBO § 28 Bem 12ff. sowie S 1888 (1907ff. wertbeständige Hypothek), *Hesse-Saage-Fischer* GBO § 28 Bem IV, *Horber* GBO § 28 Bem 5, 6, *Staudinger-Scherübl* BGB § 1113 Einl Bem 186ff., *Thieme* GBO § 28 Bem 4

1. Reichswährung war bis 11. Oktober 1924 die Reichsgoldwährung, deren Recheneinheit die **Mark** bildete, §§ 1, 3 MünzG vom 1. Juni 1909 RGBl 507, aufgehoben durch § 15 Abs 1 MünzGes vom 30. August 1924 RGBl II 254.

Seit dem 11. Oktober 1924 war auf Grund des erwähnten MünzG die Goldwährung nach dem Verfall der alten Währung wieder hergestellt. Ihre Recheneinheit war die **Reichsmark** (§ 1 MünzG) = 1/2790 kg feines Gold (§ 3 MünzG); über die Eintragbarkeit **KG** HRR 1928 Nr 388/1933 Nr 196. Unzulässig waren seitdem Eintragungen in Mark = Papiermark, **BayObLG** 24, 160, und in Rentenmark, da es eine Rentenmark-Währung nie gab (VO vom 15. Oktober 1923 RGBl I 963); dazu *Predari* GruchBeitr 67, 242.

Zulässig und eintragbar war die **Goldmünzklausel RG** RGZ 121, 110/131, 78. Die sog **Goldwertklausel** dh die Vereinbarung, daß im Falle einer Währungsänderung Zahlung in Goldwert zu erfolgen habe, war bei Hypotheken, Grund- und Rentenschulden nicht eintragbar, da sie zu unbestimmt war, **RG** RGZ 103, 384/108, 176; dagegen wurde die Eintragung bei Reallasten zugelassen, **KG** OLG 43, 11. Auch die **Kursgarantieklausel**, wonach bei Geldentwertung die Zahlung einer Kursdifferenz vereinbart wurde, wurde für nicht eintragbar erklärt, **RG** RGZ 108, 146, **BayObLG** 21, 213. Dazu weitere Einzelheiten Bem 10, 11 S 637, 638 der 4. Aufl dieses Kommentars, ferner *Güthe* GBO § 28 Bem 14, 15, *Staudinger-Scherübl* BGB § 1113 Einl Bem 204ff.

2. Besonderer Erwähnung bedürfen die Vorschriften über die **wertbeständigen Grundpfandrechte**. 15

Zur **Inflation** ist hinzuweisen auf das Ges über wertbeständige Hypotheken vom 23. Juni 1923 RGBl I 407 mit den VO vom 29. Juni 1923 RGBl I 482, vom 5. Oktober 1923 RGBl I 933, vom 2. November 1923 RGBl I 1075, vom 6. November 1923 RGBl I 1082 und vom 17. April 1924 RGBl I 415. Dann wurde das 2. Ges über wertbeständige Hypotheken vom 2. Februar 1928 RGBl I 11 mit VO vom 10. Oktober 1931 RGBl I 569 erlassen. Darnach war es zulässig, bei Hypotheken, Grund- und Rentenschulden zu vereinbaren, daß die Höhe der aus dem Grst zu zahlenden Geldsumme sich nach dem Wert einer bestimmten Menge einer Ware oder Leistung und deren Preis im Zeitpunkt der Zahlung richtet. Als Wertmesser dienten Feingold, Roggen und Weizen, Kali- und Kohlensorten, ferner Dollar-Basis.

Forderungen und Grundpfandrechte, bei denen die Leistung oder Belastung in einer bestimmten Menge von Roggen oder Weizen ausgedrückt war, wurden durch das RoggenschuldenG vom 16. Mai 1934 RGBl I 391 mit DVO vom 25. Mai 1934 RGBl I 448 und 5. September 1934 RGBl I 824 fast ausnahmslos in Geldleistungen umgewandelt. Die Änderungen bedurften gegenüber dem öffentlichen Glauben des GB keiner Eintragung. Seitdem konnten keine Rechte dieser Art mehr bestellt werden.

Für die übrigen erwähnten Arten der Wertbeständigkeit (Kali, Kohle, Dollar-Basis) wurde durch das Ges vom 16. November 1940 RGBl I 1521 die Neubestellung für unzulässig erklärt und Ausnahmen von einer Genehmigung abhängig gemacht; eine Umwandlung war nicht vorgesehen.

Dazu nähere Einzelheiten Bem 13ff. S 639 der 4. Aufl dieses Kommentars, *Güthe* GBO 1888 (1907 unter II wertbeständige Hypothek), *Staudinger-Scherübl* BGB § 1113 Einl Bem 186ff., *Thieme* Die Einwirkungen der Währungsreform auf das Liegenschaftsrecht (Meißner Verlag 1949) 15

Die genannten Vorschriften wurden später nicht aufgehoben; sie haben aber ihre Bedeutung verloren. Im Zeitpunkt der Währungsumstellung gab es daher Feingoldhypotheken usw sowie zur Sicherung aus Gutsüberlassungsverträgen bestellte Roggen- und Weizenhypotheken usw, vereinzelt noch Kohlen- und Kaligrundpfandrechte; dazu *Thieme* Die Einwirkungen der Währungsreform auf das Liegenschaftsrecht 16. Nunmehr ist § 3 WährG auch für diese Rechte maßgebend, soweit es sich um die Neubegründung handelt; dazu *Bem 18.*

Die **Währungsumstellung** von 1948 bezog sich auch auf wertbeständige Rechte; dazu *§ 22 Bem 45.*

**16** 3. Auch auf die **Valutahypotheken und -grundschulden** ist hinzuweisen.

Die Eintragung von Hypotheken und Grundschulden in ausländischer Währung wurde durch die VO vom 13. Februar 1920 RGBl I 231 zugelassen. Später wurde die Zulässigkeit der Valutagrundpfandrechte wesentlich beschränkt, und zwar durch Ges vom 17. Dezember 1928 RGBl I 405 und vom 12. März 1931 RGBl I 31.

Bez der Schweizer Goldhypotheken ist auf das Abkommen vom 6. Dezember 1920 RGBl 2033 und das Zusatzabkommen vom 25. März 1923 RGBl II 286 hinzuweisen. Die Währungsumstellung ließ diese Rechte unberührt, ebenso das Londoner Schuldenabkommen von 1953. Eine Regelung erfolgte dann durch Vereinbarung vom 23. Februar 1953 (Ges vom 15. Mai 1953 BGBl II 538, 740). Dazu *Staudinger-Scherübl* BGB § 1113 Einl Bem 227ff.

Für die Neubegründung von Valutahypotheken usw ist nunmehr § 3 WährG maßgebend; dazu *Hesse-Saage-Fischer* GBO § 28 Bem V, *Horber* GBO § 28 Bem 5, *Staudinger-Scherübl* BGB § 1113 Einl Bem 225, auch *Bem 18.*

Über weitere Einzelheiten Bem 20ff. S 643 der 4. Aufl dieses Kommentars, *Staudinger-Scherübl* BGB § 1113 Einl Bem 186ff., 197ff., *Thieme* Die Einwirkungen der Währungsreform auf das Liegenschaftsrecht (Meißner Verlag 1949) 14

**17**

### c) Gegenwärtiger Rechtszustand

#### 1. Deutsche Mark

Die Währungsumstellung ist im Bundesgebiet am 21. Juni 1948 erfolgt. Für die Währung ist das WährG maßgebend; dazu *§ 22 Bem 45.* Darnach ist Rechnungseinheit die Deutsche Mark.

Die Eintragungen im GB haben daher auf die **Bundeswährung** zu lauten; dazu *Hesse-Saage-Fischer* GBO § 28 Bem V, *Horber* GBO § 28 Bem 4 (b).

a) Die Eintragung **Deutsche Mark** oder **DM** ist als ausreichend anzusehen. Eine besondere Bezugnahme auf das Währungsgesetz (ähnlich den Entscheidungen des **LG Berlin** JR 1949, 91, HW 1948, 316) erscheint nicht notwendig; dazu *§ 3 Bem 324.*

b) Andererseits ist grundsätzlich davon auszugehen, daß eine **Eintragung in früherer Währung** (dazu *Bem 14ff.*) **nicht mehr zulässig** ist.

Der **Grundsatz**, daß in früherer Währung kein Eintrag mehr erfolgen darf, ist hM; dazu **OLG Saarbrücken** HEZ 2, 105 = DRZ 1949, 65 (*Duden*), **SchlHOLG** NJW 1949, 595, **LG Hamburg** DNotZ 1950, 433, *Hesse-Saage-Fischer* GBO § 28 Bem V, *Horber* GBO § 28 Bem 4 (b, c).

Für **Ausnahmen** besteht kein ausreichender Grund, wenn Eintragung in DM nach Umstellung möglich ist. Daher ist insbes Eintragung in früherer Währung nicht zulässig für Wiedergutmachungsverfahren, **aA** (zu Unrecht) **OLG Hamm** JMBlNRW 1953, 34 = DRspr IV (473) 21d, **LG Bonn** NJW 1955, 556 = DRspr aaO 31b, oder für Entschuldungsverfahren, **SchlHOLG** SchlHA 1952, 136, **aA** (zu Unrecht) **OLG Celle** RdL 1951, 139, oder bei der Abgeltungshypothek, **LG Hamburg** DNotZ 1950, 433 = DRspr IV (473) 16b, **aA** (zu Unrecht) **LG Berlin** HW 1949, 45 = DRspr aaO 12e, oder für Einträge der GBBerichtigung, *Hesse-Saage-Fischer* aaO, *Horber* aaO Bem 4 (c), **aA** (zu Unrecht) **OLG Hamm** JMBlNRW 1953, 34 = DRspr IV (473) 21d, **LG Bonn** NJW 1955, 456 = DRspr aaO 31b. Die abweichenden Auffassungen können als überholt und gegenstandslos bezeichnet werden.

Nur wo eine Umstellung bis zum Zeitpunkt der Eintragung nach den gesetzlichen Vorschriften nicht möglich ist, wird man eine Ausnahme zulassen müssen, **LG Kiel** HW 1951, 344 = DRspr IV (473) 18b bez einer Forderung gegen das frühere Reich. Auch bei Eintragungen eiliger Art, wie auf Grund einer einstweiligen Verfügung oder eines Arrestes, konnte sich die Notwendigkeit ergeben, eine Eintragung in alter Währung vorzunehmen, wenn eine Umstellung nicht ohne weiteres beschleunigt durchführbar war und eine Berechnung des DM-Betrages Schwierigkeiten bereitete.

Wenn allerdings eine **Eintragung entgegen der gesetzlichen Regelung** erfolgt, ist sie nicht als inhaltlich unzulässig iSd § 53 anzusehen, da § 28 S 2 Ordnungsvorschrift ist, **KG** NJW 1954, 1686 = HW 1955, 333.

### 2. Devisenrecht und Wertsicherungsklausel 18

Die Frage, ob in **anderer Währung als Bundeswährung** eingetragen werden kann, hängt von der devisenrechtlichen Regelung ab, ferner damit in Zusammenhang stehend davon, ob und inwieweit eine Wertsicherung zulässig ist.

Für das Land Berlin (dazu *E 3*) bestanden nach der Währungsreform bis zur Einführung der Bundeswährung Zweifel, ob auch die Ost-Mark-Währung eintragbar sei; dazu **LG Berlin** JR 1949, 60, HW 1949, 76. Nunmehr ist diese Auffassung als gegenstandslos anzusehen, **LG Berlin** JR 1950, 271, DNotZ 1950, 179. Jetzt gelten auch für das Land Berlin bez Währung keine Besonderheiten mehr; dazu *Horber* GBO § 28 Bem 4(c).

Für die Zahlung einer **Geldschuld** bestimmt § 244 BGB, daß dann, wenn eine **in ausländischer Währung** ausgedrückte Geldschuld im Inland zu zahlen ist die Zahlung in Bundeswährung (dazu *Bem 13*) erfolgen kann, außer wenn die Zahlung in ausländischer Währung ausdrücklich bedungen ist. Die Umrechnung erfolgt nach dem Kurswert, der zZ für den Zahlungsort maßgebend ist. Wenn eine Geldschuld in einer bestimmten Münzsorte zu zahlen ist, die sich zZ der Zahlung nicht mehr im Umlaufe befindet, so ist nach § 245 BGB die Zahlung so zu leisten, wie wenn die Münzsorte nicht bestimmt wäre.

### Devisenrecht

Das Außenwirtschaftsgesetz (AWG) regelt das Devisenrecht; dazu *§ 18 Bem 155.* Grundsätzlich bestehen hiernach für die Zahlungsweise keine Beschränkungen, insbes keine Genehmigungen; dazu *Palandt* BGB §§ 244, 245 Bem 6. Zu dem Recht im Verhältnis zur SBZ *§ 1 Bem 72b.*

### Wertsicherungsklauseln

Die nicht verstummenden Befürchtungen um die Kaufkraft des Geldes lassen den Wertsicherungsklauseln besondere Bedeutung zukommen. Die gesetzliche Regelung in

**§ 3 WährG**

bestimmt folgendes:

*Geldschulden dürfen nur mit Genehmigung der für die Erteilung von Devisengenehmigungen zuständigen Stelle in einer anderen Währung als in Deutscher Mark eingegangen werden. Das gleiche gilt für Geldschulden, deren Betrag in Deutscher Mark durch den Kurs einer solchen anderen Währung oder durch den Preis oder eine Menge von Feingold oder von anderen Gütern oder Leistungen bestimmt werden soll.*

Die Auffassungen über die Auslegung dieser Vorschrift waren anfangs sehr verschieden. Neuerdings ist eine gewisse Klärung eingetreten. Es ist dies vor allem der Entwicklung der Rspr zu verdanken, insbes **BGH** BGHZ 14, 306 = NJW 1954, 1486 = DNotZ 1954, 661 (*Eppig*) = BB 1954, 880 = LM § 3 WährG Nr 7 (*Pritsch*) = DRspr II (265) 19a. Darnach ist im Anschluß an die hM die **Vorschrift eng auszulegen**, da das Verbot bei weiter Auslegung die Wirtschaft so einengen kann, daß uU das Wirtschaftsleben erschüttert werden könnte. Leider hat die sich anbahnende günstige Entwicklung der Rechtspraxis einen gewissen Rückschlag erfahren durch die Neue Fassung (1964) der Genehmigungs-Richtlinien der Deutschen Bundesbank (Mitteilung Nr 1018/64) betr Grundsätze bei der Entscheidung über Genehmigungsanträge nach § 3 WährG, da die Neufassung erhebliche Einschränkungen brachte; dazu *Dürkes* Wertsicherungsklauseln (7. Aufl, Heidelberg 1966) Bem B (3a), C (1ff.).

Für das Land **Berlin** gilt eine etwas abweichende Fassung, nämlich

**WährVO** der Kommandanten der amerik, brit und franz Sektoren Berlins VOBl von Groß-Berlin:

2 (c) *Verpflichtungen, die Bezahlung in einer anderen Währung als Deutsche Mark oder der Währung, welche im sowjetischen Sektor von Berlin gesetzliches Zahlungsmittel ist, vorsehen, dürfen nur mit Genehmigung der zuständigen Devisenstelle erfolgen. Das gleiche gilt für Verpflichtungen, deren zahlbarer Betrag durch den Kurs einer solchen anderen Währung, durch den Preis oder eine Menge Feingold oder anderen Gütern oder Leistungen bestimmt werden soll.*

Umfassende Literatur und Rspr haben sich mit den Wertsicherungsklauseln befaßt. Es soll jedoch in diesem Zusammenhang nur der gegenwärtige Stand der Rechtspraxis hervorgehoben werden; zu Wertsicherungsklauseln bei Erbbauzins *§ 8 Bem 39.*

Dazu *Dürkes* Wertsicherungsklauseln (7. Aufl Heidelberg 1966), Wertsicherungsfragen aus der Sicht der Notare und der GBBeamten (stichwortartige Hinweise) BWNotZ 1966, 58 / 1967, 1, Die Bindung der ordentlichen Gerichte an Bescheide der Deutschen Bundesbank nach § 3 WährG, insbes an Negativatteste MDR 1964, 324, *Fögen* Einzelfragen und neue Genehmigungsgrundsätze zu § 3 WährG BB 1964, 1015, *Goltz* Konvertierbarkeit der DM und Genehmigungserfordernis nach § 3 WährG DB 1959, 339, *Haegele* GBRecht Bem 1891ff., *Otto* Die Genehmigung von Wertsicherungsklauseln DWW 1965, 288, *Palandt* BGB §§ 244, 245 Bem 5, *Reithmann* Die Wertsicherungsklausel in der neueren Rspr DNotZ 1960, 172, *Staudinger-Scherübl* BGB § 1113 Einl Bem 197ff., *Stegmaier* Neue Grundsätze für die Genehmigung von Wertsicherungsklauseln / Zeitschrift für Versicherungswesen 1965, 168, *Szagunn* Bedingungen und Bezugsgrößen in Wertsicherungsklauseln BB 1959, 205, *Clotten* Währungsklauseln MittRhNotK 1966, 503.

**Eintragungen im GB** mit Wertsicherungsklauseln sind zulässig. Soweit eine **Genehmigungspflicht** besteht, ist das Rechtsgeschäft schwebend unwirksam, bis die Genehmigung erteilt ist, die rückwirkende Kraft hat, **BGH** MDR 1959, 1005 = DNotZ 1959, 581 = RdL 1959, 303 = WM 1959, 1160 = DB 1959, 973 = BB 1959, 868 = LM § 542 BGB Nr 1, § 3 WährG Nr 9 Ls = DRspr II (265) 21a; dazu *Dürkes* Wertsicherungsklauseln Bem E 3ff., *Haegele* GBRecht Bem 1906ff. Wird die Genehmigung versagt, so ist das Rechtsgeschäft unwirksam dh nichtig, wobei sich nach § 139 BGB entscheidet, ob die Unwirksamkeit nur einen Teil des Vertrags erfaßt; dazu *Dürkes* aaO Bem E 18ff., *Haegele* aaO Bem 1910, 1911. Zuständig zur Erteilung der Genehmigung ist die Deutsche Bundesbank bzw die entsprechende Behörde in den Ländern, die Landeszentralbanken, bei denen die Anträge einzureichen sind; dazu *Dürkes* aaO Bem E 1, *Haegele* aaO Bem 1906. Bei Zweifel über die Genehmigungsfähigkeit kann ein **Negativzeugnis** von der Genehmigungsbehörde ausgestellt werden, aus dem ersichtlich ist, ob eine Genehmigungspflicht verneint wird; dazu *Dürkes* aaO Bem C 98ff., E 12, *Haegele* aaO Bem 1908. Im Gegensatz zu sonst erforderlichen behördlichen Genehmigungen (dazu *§ 18 Bem* 148ff., *159ff.*, *§ 20 Bem 79ff.*), bedeutet die Versagung der Genehmigung hier bei der Wertsicherungsklausel **keine Bindung für die Gerichte**, so daß diese selbständig entscheiden können, also auch Genehmigungsfreiheit und damit Rechtswirksamkeit eines Vertrags feststellen können; so **BGH** BB 1963, 793, *Dürkes* aaO Bem E 11. Dieser Standpunkt wird eingenommen, weil es letztlich nur darum geht, ob eine Vereinbarung eine Gefährdung der Währung bedeutet oder nicht. Für ein sog Negativattest gilt an sich dasselbe. Verneint jedoch die Genehmigungsbehörde selbst die Anwendbarkeit des § 3 WährG, so besteht kein Rechtsschutzinteresse daran, demgegenüber durch das ordentliche Gericht die Genehmigungspflicht feststellen zu lassen, da in einem solchen Falle eine Maßnahme zum Schutze der Währung entbehrlich ist, so daß eine gerichtliche Entscheidung abzulehnen und eine Klage abzuweisen ist; dazu **BGH** BGHZ 1, 294, NJW 1951, 645 (*Schulz*) = BB 1951, 372, sowie BB 1955, 876, NJW 1962, 1303 = MDR 1962, 731 = DNotZ 1963, 41 = BB 1962,737 = LM § 3 WährG Nr 13, *Dürkes* aaO Bem E 11ff. mit Fußn 17ff., *Haegele* aaO Bem 1908.

Wird eine Genehmigung versagt und ist auch kein Fall gegeben, wo nach der Praxis der Rspr Genehmigungsfreiheit angenommen wird, so sind uU die Beteiligten nach Treu und Glauben verpflichtet, mitzuwirken, daß entweder eine genehmigungsfreie Währungsklausel oder eine Klausel, die genehmigt werden kann, in Abänderung des bisherigen Vertrags vereinbart wird. Lehnt eine Vertragspartei dies ab, so muß sie sich so behandeln lassen, als sei diese Voraussetzung eingetreten, wie aus der entsprechenden Anwendung des § 162 BGB folgt. Dazu **BGH** MDR 1959, 1005 (wV aaO), BB 1963, 793 = MDR 1963, 837 = DB 1963, 991 = WM 1963, 763 = ZMR 1963, 272 = LM § 3 WährG Nr 14, NJW 1967, 830 = MDR 1967, 485 = BB 1967, 228 = LM aaO Nr 17, *Dürkes* aaO Bem E 27ff., *Haegele* aaO *Bem* 1915.

Die **Mitteilung Nr 1018/64 der Deutschen Bundesbank** vom 26. August 1964 betreffend Grundsätze bei der Entscheidung über Genehmigungsanträge nach § 3 WährG (Nr 2c WährVO für Berlin) — dazu AVJM für Baden-Württemberg vom 29. Oktober 1964 Justiz 300 —

enthält folgende Hinweise:

1. *Klauseln, nach denen ein in DM geschuldeter Betrag durch den künftigen Kurs einer anderen Währung, durch den künftigen Goldpreis oder durch den künftigen Preis oder Wert anderer Güter oder Leistungen bestimmt werden soll* (§ 3 S 2 WährG, Nr 2c S 2 WährVO für Berlin) *werden nicht genehmigt bei*

a) *Zahlungsverpflichtungen aus Darlehen, auch in Darlehen ungewandelten Schuldverhältnissen anderer Art, aus Schuldverschreibungen, Kapital- und*

*Rentenversicherungen, Bankguthaben oder Abmachungen anderer Art, die die Rückzahlung eines Geldbetrages zum Gegenstand haben* — Zahlungsverpflichtungen aus dem Geld- und Kapitalverkehr,

b) Miet- und Pachtverträge *über Gebäude oder Räume, es sei denn, daß der Vertrag auf die Lebensdauer des Vermieters oder Verpächters, für eine Dauer von mindestens 10 Jahren oder so abgeschlossen ist, daß er vom Vermieter oder Verpächter frühestens nach Ablauf von 10 Jahren durch Kündigung beendet werden kann.*

2. *Unabhängig von der Art des Schuldverhältnisses werden solche Klauseln nicht genehmigt, wenn*
   a) *einseitig ein Kurs-, Preis- oder Wertanstieg eine Erhöhung, nicht aber umgekehrt ein Kurs-, Preis- oder Wertrückgang eine entsprechende Ermäßigung des Zahlungsanspruchs bewirken soll* — Mindestklauseln, Einseitigkeitsklauseln,
   b) *der geschuldete Betrag an den* künftigen Goldpreis *gebunden sein soll,*
   c) *der geschuldete Betrag allgemein von der* künftigen Kaufkraft *der DM oder einem anderen Maßstabe abhängig sein soll, der nicht erkennen läßt, welche Preise oder Werte dafür bestimmend sein sollen.*
3. Außerdem werden Klauseln nicht genehmigt, nach denen der geschuldete Betrag
   a) *von der künftigen Entwicklung der* Lebenshaltungskosten (einem Preisindex für die Lebenshaltung) *abhängig sein soll, es sei denn, daß es sich um wiederkehrende Zahlungen handelt, die auf die Lebenszeit oder bis zur Erreichung der Erwerbsfähigkeit oder eines bestimmten Ausbildungszieles des Empfängers oder für die Dauer von mindestens 10 Jahren zu entrichten sind,*
   b) *von der* künftigen Einzel- oder Durchschnittsentwicklung von Löhnen, Ruhegehältern oder Renten *abhängig sein soll, es sei denn,*
      aa) *daß es sich um eine regelmäßig wiederkehrende Zahlung handelt, die für die Lebensdauer oder bis zur Erreichung oder eines bestimmten Ausbildungszieles des Empfängers zu entrichten ist, oder*
      bb) *daß der jeweils noch geschuldete Betrag von der Entwicklung von Löhnen oder Gehältern abhängig gemacht wird, durch die die Selbstkosten des Gläubigers wesentlich beeinflußt werden,*
   c) *vom* künftigen Preis oder Wert anderer verschiedenartiger Güter oder Leistungen (zB vom Bauindex oder einem anderen die Preis- oder Wertentwicklung von einer Anzahl von Gütern oder Leistungen bezeichnenden Index) *abhängig sein soll, es sei denn, daß der jeweils noch geschuldete Betrag von der Entwicklung der Preise oder Werte für Güter oder Leistungen abhängig gemacht wird, die vom Schuldner in seinem Betrieb erzeugt, veräußert oder erbracht oder durch die wesentlich die Selbstkosten des Gläubigers beeinflußt werden,*
   d) *durch den* künftigen Kurs einer anderen Währung *bestimmt werden soll, es sei denn daß es sich handelt um*
      aa) *Einfuhr-Anschlußverträge zwischen Importeuren und Erstabnehmern, Ausfuhr-Zulieferungsverträge zwischen Exporteuren und ihren unmittelbaren Zulieferern oder Kaufverträgen des „gebrochenen" Transithandels, sofern die Ware von den Importeuren, den Exporteuren oder den Transithändlern unverändert weiterveräußert wird oder*
      bb) *Seepassage- oder Seefrachtverträge.*
4. *Soweit nach den vorstehenden Grundsätzen eine nach* § 3 S 2 WährG (Nr 2c S 2 WährVO für Berlin) *erforderliche Genehmigung nicht ausgeschlossen ist, kann im allgemeinen mit ihrer Erteilung gerechnet werden.*

5. *Bei Verträgen der in Nr 3d bezeichneten Art kann auch mit der Genehmigung zur Eingehung von Verbindlichkeiten in fremder Währung* (§ 3 S 1 WährG, Nr 2c S 1 WährVO für Berlin) *gerechnet werden.*

Dazu im einzelnen *Dürkes* Wertsicherungsklauseln Bem C 19ff., über die Einschränkungen durch die neuen Richtlinien gegenüber früher aaO Bem C 89ff.

Von den Wertsicherungsklauseln ist zu unterscheiden der **Leistungsvorbehalt**, der in der Regel keiner Genehmigung bedarf; dazu *Dürkes* Wertsicherungsklauseln Bem B 10ff. Es handelt sich hier um keine automatische Leistungserhöhung, sondern unter bestimmten vertraglich festgelegten Voraussetzungen muß die Vertragsleistung neu festgelegt und vereinbart werden und, soweit eine neue Vereinbarung nicht zustandekommt, kann das Gericht angerufen werden. Ein solcher Leistungsvorbehalt kommt etwa in Betracht, wenn vereinbart ist: *Ergeben sich im Laufe der Vertragsdauer Veränderungen der Lebenshaltungskosten, so ist der Schuldner bereit eine Angleichung nach billigem Ermessen herbeizuführen*; dazu **BGH** NJW 1962, 1393 = MDR 1962, 731 = BB 1962, 737 = DB 1962, 900 = DWW 1962, 251 (*Schneider*) = WM 1962, 772 = ZMR 1962, 310 = LM § 3 WährG Nr 13, MDR 1965, 291 = BB 1964, 1452 = LM aaO Nr 15; dazu *Dürkes* aaO Bem B 22ff., D 71ff., 181ff., F 32ff., 40ff., zur Entscheidung durch Schiedsgutachten **BGH** MDR 1967, 834. Die Deutsche Bundesbank macht demgegenüber in ihren Richtlinien Einschränkungen; dazu *Dürkes* aaO Bem B 17ff., BWNotZ 1966, 58 (63/64).

Genehmigungsfrei sind die sog **Spannungsklauseln** bei Gleichartigkeit von Leistung und Gegenleistung. In dieser Auslegung stimmten die Auffassungen der Deutschen Bundesbank und des BGH zunächst überein, bis sich seit einiger Zeit gegenüber der Deutschen Bundesbank Unterschiede bez der Beurteilung der Gleichartigkeit der Leistungen ergeben haben; dazu *Dürkes* aaO Bem D 1ff., F 1ff. Es wird hier davon ausgegangen, daß das Spannungsverhältnis jetzt und in Zukunft sich gleich bleiben; deshalb muß die Möglichkeit der Steigerung und der Minderung, also nach oben und unten, bestehen. Gleichartigkeit der zu sichernden Leistung und der Bezugsgröße bedeutet, daß eine sachgleiche, nicht eine artfremde Leistung Vergleichsmaßstab ist, also Löhne, Gehälter usw im Verhältnis zueinander oder Mietpreise unter sich usw, während bei einer Kaufpreisrente, die sich nach dem Gehalt eines Beamten oder Angestellten richtet, Artverschiedenheit vorliegt. Da der BGH an seiner bisherigen bewährten Rspr festhält, auch gegenüber den Einschränkungen der Deutschen Bundesbank, wird sich die einengende Auffassung in der Praxis nicht auswirken; dazu *Dürkes* aaO Bem D 12ff., BWNotZ 1966, 58 (62).

Genehmigungsfreiheit besteht, wenn sich 2 **Sachleistungen** gegenüberstehen, also beim Tausch; dazu *Dürkes* Wertsicherungsklauseln Bem D 103ff., *Haegele* GBRecht Bem 1896. Dagegen ist Genehmigung erforderlich, wenn die Gegenleistung, die in der weiteren Zukunft fällig wird, in eine Geldleistung umgewandelt werden kann; dazu *Haegel* aaO Bem 1897. Ein Wahlschuldverhältnis, also Sach- und Geldleistung wahlschuldweise, ist genehmigungsfrei; dazu *Dürkes* aaO Bem D 93ff., *Haegele* aaO Bem 1898. Es darf sich aber nicht um eine unechte Wahlschuld handeln, die in Wirklichkeit hinter einer Sachleistung eine Geldleistung verdeckt, wobei die Geldleistung gewollt ist. Wird die künftige Leistung der Bestimmung eines Schiedsgutachters überlassen, so bedarf dies in der Regel keiner Genehmigung; dazu **BGH** aaO, *Dürkes* aaO Bem D 82, *Haegele* aaO Bem 1899.

**Vorauszahlungen**, auch bei entsprechenden Zinsvereinbarungen, und **Beteiligung an Erträgnissen** können ohne Genehmigung vereinbart werden; dazu *Haegele* aaO Bem 1899, 1900.

Bei den Berechnungen der Erhöhungen oder Ermäßigungen nach dem Vorbild eines **Gehalts** eines Beamten oder Angestellten oder des **Lohnes** eines bestimmten Arbeiters, die als **Vergleichsmaßstab** dienen, sind regelmäßig alle Änderungen zu berücksichtigen, nicht etwa nur die sich auf die Kaufkraft der DM oder die Änderung der Lebenshaltungskosten beziehenden Teile des Gehalts oder Lohnes. Es sind daher etwaige strukturelle Änderungen, die sich zB auf veränderte oder verbesserte Laufbahnförderung beziehen, um bestimmte Berufe dem Nachwuchs auch wirtschaftlich interessanter zu machen, oder solche, die sich darauf beziehen, daß ein Berufszweig wegen Zuweisung schwierigerer Arbeiten bessere Bezahlung erhält, nicht außer Betracht zu lassen; dazu **OLG Köln** OLGZ 1965, 263, das mit Recht darauf hinweist, daß eine Unterscheidung zwischen einer strukturellen Gehaltsverbesserung und einer Erhöhung aus wirtschaftlichen Gründen regelmäßig gar nicht möglich und ausscheidbar ist. Dies gilt, wenn die Vereinbarung allgemein lautet und ein abweichender Parteiwille nicht erkennbar ist. Es kann jedoch Abweichendes vereinbart werden. Soll die Höhe einer kraft Vertrags zu zahlenden Rente dem jeweiligen Gehalt eines bestimmten Beamten entsprechen, wobei jedoch vereinbarungsgemäß solche Gehaltserhöhungen, die nicht wegen Geldentwertung vorgenommen werden, außer Betracht zu bleiben haben, so darf das Gericht, das über die Bentenhöhe zu entscheiden hat, sie nicht unter Außerachtlassung des erwähnten Beamtengehalts einfach nach dem amtlichen Index für die Lebenshaltungskosten festsetzen; dazu **BGH** NJW 1965, 531 = MDR 1965, 282 = BB 1965, 183 = LM § 157 (Ge) BGB Nr 8. Dasselbe gilt auch sonst, etwa bei einem Leibrentenvertrag auf der Basis eines Stundenlohns eines Arbeiters, der regelmäßig 48 Stunden arbeitet, später aber eine Verkürzung der Arbeitszeit eintritt; dazu **LG Hamburg** NJW 1961, 924. Dazu auch *Dürkes* aaO Bem C 54ff.

### Grundbuch

Der Mangel der Genehmigung nach § 3 WährG wird durch GBEintragung nicht geheilt; dazu **BGH** BB 1949, 1079, *Dürkes* aaO Bem E 5. Eine etwa schwebende Unwirksamkeit endet erst mit Erteilung der erforderlichen Genehmigung, die auch noch nachträglich beantragt werden kann.

Für die GBEintragung gelten gegenüber den sonstigen behördlichen Genehmigungen keine Besonderheiten; dazu § 18 *Bem 148ff.*, *§ 20 Bem 79ff.* Bei einem genehmigungsbedürftigen Rechtsgeschäft muß die erteilte Genehmigung vorliegen; in Zweifelsfällen wird das GBA die Vorlage eines Negativatestes von den Beteiligten verlangen. Da wegen der meist schwierigen Frage der Genehmigungsnotwendigkeit, besonders wegen der verschiedenen Auffassung der Deutschen Bundesbank und der Rspr, insbes des BGH, auch das GBA keine leichte Aufgabe bei Prüfung der Anträge hat, wird es, wenn kein klarer Fall vorliegt, stets ein Negativzeugnis sich vorlegen lassen; dann ist es gedeckt. Andernfalls kann eine Amtspflichtverletzung in Frage kommen, wenn das GBA die Rechtslage falsch beurteilt und daraus Schaden entsteht. Es ist also Vorsicht geboten, weshalb auch ein Überblick gegeben wurde, um aufzuzeigen, wie unsicher die Genehmigungspflicht vielfach ist. Vorläufige GBEintragungen, wie Vormerkungen und Widersprüche, können wie auch sonst schon eingetragen werden, bevor die Genehmigung vorliegt, **OLG Düsseldorf** JMBlNRW 1957, 32 = DRspr IV (473) 39e; dazu *Bem 19.*

## 19 IV. Verletzung des § 28

Dazu *Güthe* GBO § 28 Bem 2, *Hesse-Saage-Fischer* GBO § 28 Bem VI, *Horber* GBO § 28 Bem 1, *Thieme* GBO § 28 Bem 1

Die beiden Sätze des § 28 sind trotz ihres Wortlauts nur Ordnungsvorschriften, **KG** RJA 8, 161 = KGJ 34, 304, OLG 1, 49. Ihre Nichtbeachtung hat daher nicht die

Nichtigkeit der Eintragung zur Folge, wenn sie nur bei dem richtigen Grst erfolgt und der Geldbetrag überhaupt benannt ist. Ist letzteres nicht erfolgt oder das Recht auf einem falschen Grst eingetragen, so ist allerdings die Eintragung nichtig. Die Beachtung des § 28 durch die Beteiligten kann im Wege der Zwischenverfügung nach § 18 erzwungen werden; dazu *Bem 8, 10.*

Erfolgt die Eintragung einer Hypothek mit Feingoldklausel ohne die nach § 3 WährG erforderliche Genehmigung (dazu *Bem 18*), so ist ein Amtswiderspruch nach § 53 GBO einzutragen; dagegen sind die Voraussetzungen für eine Amtslöschung nicht gegeben, da keine inhaltlich unzulässige Eintragung iSd § 53 Abs 1 S 2 vorliegt, **OLG Düsseldorf** JMBlNRW 1957, 32 (wV aaO *Bem 18*), auch **KG** NJW 1954, 1686 (wV aaO *Bem 17*).

Ein materiell-rechtswirksames Rechtsgeschäft, das inbes nach § 3 WährG genehmigt ist (dazu *Bem 18*), wird in seiner Wirksamkeit nicht berührt, wenn gegen § 28 seitens des GBA verstoßen ist; dazu *Hesse-Saage-Fischer* GBO § 28 Bem VI. Das GBA hat jedoch § 28 trotz seines Charakters als Ordnungsvorschrift genau zu beachten, da andernfalls eine Amtspflichtverletzung vorliegen kann; dazu *§ 2 Bem 147.*

**Berichtigung**

MEIKEL-IMHOF-RIEDEL, GRUNDBUCHRECHT BD. II, 6. AUFL.

*§ 19 Bem 50 b Seite 1393, 1394*

*§ 19 Bem 51 b Seite 1400:* statt 300.— DM muß es *richtig 500.— DM* heißen, da §§ 866 und 932 ZPO durch § 33 GBMG (GT 2) geändert wurden, indem die Mindestgrenze erhöht wurde.

*§ 20 Bem 50 Seite 1461 Zeile 12 von oben:* statt § 19 Bem 144 muß es *richtig § 18 Bem 144* heißen.

J. SCHWEITZER VERLAG · BERLIN

FSC
www.fsc.org
MIX
Papier | Fördert gute Waldnutzung
FSC® C083411

Kolibri 360 GmbH
Ferdinand-Jühlke-Straße 7
99095 Erfurt, Deutschland
produktsicherheit@kolibri360.de